Klösel/Klötzer-Assion/Mahnhold
Contractor Compliance

Contractor Compliance

Haftungsprävention und Fallmanagement beim Einsatz von Fremdpersonal

Herausgegeben von

Dr. Daniel Klösel
Rechtsanwalt

Antje Klötzer-Assion
Rechtsanwältin
Diplom-Finanzwirtin (FH)

und

Dr. Thilo Mahnhold
Rechtsanwalt
Fachanwalt für Arbeitsrecht

2., neu bearbeitete Auflage

Bibliografische Information der Deutschen Nationalbibliothek

Die Deutsche Nationalbibliothek verzeichnet diese Publikation in der Deutschen Nationalbibliografie; detaillierte bibliografische Daten sind im Internet über <http://portal.dnb.de> abrufbar.

Print: ISBN 978-3-8114-5956-4
epub: ISBN 978-3-8114-5964-9

E-Mail: kundenservice@cfmueller.de

Telefon: +49 6221 1859 599
Telefax: +49 6221 1859 595

www.cfmueller.de

© 2023 C.F. Müller GmbH, Heidelberg

Dieses Werk, einschließlich aller seiner Teile, ist urheberrechtlich geschützt. Jede Verwertung außerhalb der engen Grenzen des Urheberrechtsgesetzes ist ohne Zustimmung des Verlages unzulässig und strafbar. Dies gilt insbesondere für Vervielfältigungen, Übersetzungen, Mikroverfilmungen und die Einspeicherung und Verarbeitung in elektronischen Systemen.

Satz: TypoScript GmbH, München
Druck: CPI books, Leck

Vorwort zur 2. Auflage

War die Contractor Compliance zum Zeitpunkt der 1. Auflage noch Trend der arbeitsrechtlichen „Fashion Week", darf man einmal mehr feststellen, dass so mancher Trend das Potential zum Dauerbrenner hat. Die AÜG-Reform des Jahres 2017 hat viele Unternehmen angestoßen, Erscheinungsformen des Fremdpersonaleinsatzes zu ordnen und mit den gängigen Mitteln der Compliance soweit als möglich beherrschbar zu machen. Kurzum, die Contractor Compliance ist in der Unternehmenswirklichkeit angekommen und bedarf angesichts einer sich stetig wandelnden Arbeitswelt, Gesetzesreformen und mitunter wegweisenden Gerichtsentscheidungen der permanenten Justierung.

Es hat sich also viel getan, was Anlass genug für eine 2. Auflage ist. Hierbei bleibt das Buch der beschrittenen Linie treu, den Fremdpersonaleinsatz aus den Blickwinkeln sämtlicher maßgeblicher juristischen Disziplinen zu betrachten. Die unterschiedlichen Herangehensweisen, die Sozial-, Arbeits-, Steuer- und Strafrecht insbesondere in der behördlichen Praxis zeigen, bleiben Ärgernis. Neue Trends der Contractor Compliance finden ebenfalls Berücksichtigung. Die gesetzliche Neuordnung des Statusfeststellungsverfahrens schafft Potentiale, um mit schwierigen Abgrenzungsfragen umzugehen. Auf einige Problemstellungen hat die Praxis mit einer „Flucht" in die erlaubnispflichtige, legale Arbeitnehmerüberlassung reagiert. Beides findet in der 2. Auflage Berücksichtigung; wir freuen uns sehr, dass wir hierfür Herrn Dr. Jannis Kamann als weiteren Autor gewinnen konnten. Darüber hinaus möchten wir Herrn Dr. Sebastian Schulte im Kreis der Autoren begrüßen, der das Werk ebenfalls um neue Sichtweisen wesentlich bereichert.

Der besondere Dank der Herausgeber gilt Julia Wild vom C.F. Müller Verlag, die die Entstehung der 2. Auflage angestoßen, vorangetrieben und stets souverän und versiert begleitet hat. Ebenso danken möchten wir den Autoren, die sich ohne jedes Murren auf das Abenteuer einer 2. Auflage eingelassen und das Projekt mit ihrer Erfahrung und Expertise bereichert und erst möglich gemacht haben. Schließlich gebührt unser Dank Herrn Christoph Frieling LL.M (East Anglia), der mit der Erstbearbeitung einen wichtigen Grundstein für diese Zweitauflage gelegt hat.

Frankfurt/Main im September 2022

Dr. Daniel Klösel
Antje Klötzer-Assion
Dr. Thilo Mahnhold

Bearbeiterverzeichnis

Dr. Jannis Kamann
Rechtsanwalt, Fachanwalt für Arbeitsrecht
michels.pmks, Köln

3. Teil 2. Kap. (zusammen mit Klötzer-Assion)
5. Teil 1. Kap., IV
8. Teil
Anhang 2b (zusammen mit Klötzer-Assion)

Dr. Daniel Klösel
Rechtsanwalt
JUSTEM Rechtsanwälte, Frankfurt/Main

1. Teil
2. Teil 1. Kap. und 2. Kap. (zusammen mit Schulte), 5. Kap.
4. Teil 1. Kap.
Anhang 1a-c, 2a (zusammen mit Schulte)

Antje Klötzer-Assion
Rechtsanwältin, Dipl.-Finanzwirtin (FH)
Kanzlei Klötzer-Assion, Frankfurt/Main

2. Teil 4. Kap.
3. Teil 2. Kap. (zusammen mit Kamann), 4. Kap. (zusammen mit Matz/Schulte/Frieling*)
4. Teil 2. und 4. Kap.
5. Teil 3. und 5. Kap.
Anhang 2b (zusammen mit Kamann), Anhang 4

Dr. Thilo Mahnhold
Rechtsanwalt, Fachanwalt für Arbeitsrecht
JUSTEM Rechtsanwälte, Frankfurt/Main

5. Teil 1. Kap., I–III
7. Teil

Dr. René Matz
Rechtsanwalt, Fachanwalt für Steuerrecht
PATZINA LOTZ Rechtsanwälte, Frankfurt/Main

2. Teil 3. Kap.
3. Teil 3. Kap.
3. Teil 4. Kap. (zusammen mit Klötzer-Assion/Schulte/Frieling*)
4. Teil 3. Kap.
5. Teil 4. Kap.
Anhang 3

Sebastian Reinsch, LL.M. (Edinburgh)
Rechtsanwalt
JANKE & REINSCH Rechtsanwälte, Frankfurt/Main

4. Teil 5. Kap.
5. Teil 2. Kap.
Anhang 5

---

* Autor der 1. Auflage

Dr. Sebastian Schulte Rechtsanwalt JUSTEM Rechtsanwälte, Frankfurt/Main	2. Teil 1. und 2. Kap. (zusammen mit Klösel) 3. Teil 1. (zusammen mit Trapp und Frieling*) und 4. Kap. (zusammen mit Klötzer-Assion/Matz/Frieling*) Anhang 2a (zusammen mit Klösel)
Sandra Trapp Rechtsanwältin	3. Teil 1. Kap. (zusammen mit Schulte und Frieling*), 6. Teil

Zitiervorschlag:

Klösel/Klötzer-Assion/Mahnhold/*Matz* Contractor Compliance, 2. Teil 3. Kap. Rn. 3

---

* Autor der 1. Auflage

Inhaltsübersicht

Vorwort zur 2. Auflage V
Bearbeiterverzeichnis VII
Inhaltsverzeichnis XI
Abkürzungsverzeichnis XXIX
Literaturverzeichnis XXXIII

1. Teil Problemaufriss: Contractor Compliance 1
2. Teil Der Arbeitgeberbegriff in der deutschen Rechtsordnung 23
    1. Kapitel Definition des arbeitsrechtlichen Arbeitgeberbegriffs 25
    2. Kapitel Definition des sozialversicherungsrechtlichen
             Arbeitgeberbegriffs 57
    3. Kapitel Definition des steuerrechtlichen Arbeitgeberbegriffs 67
    4. Kapitel Definition des strafrechtlichen Arbeitgeberbegriffs 87
    5. Kapitel Besonderheiten beim internationalen/grenzüberschreitenden
             Sachverhalt 105
3. Teil Anlass und Möglichkeiten der Feststellung der Arbeitgebereigenschaft 125
    1. Kapitel Beschreitung des Arbeitsrechtswegs 127
    2. Kapitel Sozialversicherungsrechtliche Feststellungmöglichkeiten 141
    3. Kapitel Steuerrechtliche Feststellungsmöglichkeiten zur
             Arbeitgebereigenschaft 151
    4. Kapitel Bindungswirkung behördlicher und/oder gerichtlicher
             Entscheidungen 167
4. Teil Konsequenzen der Statusverfehlung 171
    1. Kapitel Arbeitsrechtliche Konsequenzen der Statusverfehlung 173
    2. Kapitel Sozialversicherungsrechtliche Konsequenzen der
             Statusverfehlung 185
    3. Kapitel Steuerrechtliche Konsequenzen der Statusverfehlung 189
    4. Kapitel Straf- und bußgeldrechtliche sowie außerstrafrechtliche
             Konsequenzen der Statusverfehlung 207
    5. Kapitel Zivilrechtliche Konsequenzen für Organe 231
5. Teil Strategien zur Haftungsvermeidung 257
    1. Kapitel Compliance 259
    2. Kapitel Vertragsgestaltung 303
    3. Kapitel Sozialversicherungsrechtliche Möglichkeiten der
             Haftungsvermeidung 327
    4. Kapitel Steuerrechtliche Möglichkeiten der Haftungseingrenzung 333
    5. Kapitel Strategien zur Vermeidung strafrechtlicher Haftung und/oder
             der Sanktionierung wegen Ordnungswidrigkeiten 343
6. Teil Beteiligungsrechte des Betriebsrats 359
7. Teil Work on Demand – Trends der Arbeitsflexibilisierung 379

8. Teil Compliance-Strategie Arbeitnehmerüberlassung – Ausgewählte Fragestellungen 389

Anhang 403
    1. Fallübersicht Arbeitsrecht 405
    2. Fallübersicht Sozialversicherungsrecht 425
    3. Fallübersicht Steuerrecht 437
    4. Fallübersicht Strafrecht 439
    5. Fallübersicht Haftungsrecht 445

Stichwortverzeichnis 453

Inhaltsverzeichnis

Vorwort zur 2. Auflage	V
Bearbeiterverzeichnis	VII
Inhaltsübersicht	IX
Abkürzungsverzeichnis	XXIX
Literaturverzeichnis	XXXIII

1. Teil
Problemaufriss: Contractor Compliance

I. Fremdpersonaleinsatz als Compliance-Thema	3
II. Herausforderungen einer Contractor Compliance	6
1. Vielzahl von Beschäftigungsformen	6
a) Solo-Selbstständige	6
b) Outsourcing/Werkvertragsunternehmer	9
c) Neuartige Fälle: Crowd- und Clickworking, Scrum, „Work-on-Demand" etc.	11
2. Vielzahl „weicher" Abgrenzungskriterien	14
a) Vielzahl von Kriterien	14
b) „Weiche" Kriterien	15
c) Variierender Kriterienkatalog	16
d) Uneinheitliche Rechtsprechungs- und Verwaltungspraxis	17
3. Vielzahl betroffener Rechtsgebiete	17
4. Vielzahl erforderlicher Compliance-Maßnahmen	17
a) Vertrag und/oder gelebte Vertragspraxis?	18
b) Vertragsmanagement	18
c) Fallmanagement	18
d) Sonstige Maßnahmen	19
5. Vielzahl von weiteren compliance-relevanten Bereichen	19
a) Regulierung der Haftungsrisiken	19
b) Regulierung von Eigentums- und Nutzungsrechten	20
c) Keine Beschränkung auf Statusfragen	20
III. Eckpfeiler einer Contractor Compliance	20

2. Teil
Der Arbeitgeberbegriff in der deutschen Rechtsordnung

1. Kapitel
Definition des arbeitsrechtlichen Arbeitgeberbegriffs

I. Einführung 25
II. Abgrenzungskriterien 27
   1. Weisungen 30
      a) Inhalt 30
          aa) Vertragliche Definition des Leistungsgegenstandes 31
          bb) Werk- vs. arbeitsvertragliche Weisungen 32
          cc) Eingeschränkte Bedeutung bei „höherwertigen Leistungen" 33
      b) Zeit 33
      c) Ort 34
      d) Problematische Fälle: „Weisung 4.0" am Beispiel von Crowdworking und Clickworking 35
   2. Betriebliche Eingliederung 37
      a) Ort der Leistungserbringung 37
      b) Zusammenarbeit mit Arbeitnehmern des Einsatzunternehmens 37
          aa) Eigenständige betriebliche Organisation 37
          bb) Weniger problematische Fälle: Betriebsfremde Leistungen, Outsourcing von betrieblichen Nebenleistungen (IT, Werkschutz, Kantine etc.) 40
          cc) Problematische Fälle: Repräsentantenmodelle bei Onsite-Werkverträgen in arbeitsteiligen Prozessen und On-Demand-Werkverträge 41
      c) Einsatz von Betriebsmitteln („Mietmodelle") 43
   3. Umfang der Tätigkeit 44
   4. Unternehmerrisiko 45
   5. Weitere Kriterien 46
   6. Abweichende Kriterien in Sonderfällen: „Programmgestaltende Rundfunkmitarbeiter" etc. 46
III. Vertrag vs. Tatsächliche Durchführung: Anknüpfungspunkt der Vertragstypenqualifizierung und Zurechnung 47
   1. Doppelte Anknüpfung: „Typische" Vertragsdurchführung als Korrektiv 47
   2. Zurechnung: Kennen und Billigen der abweichenden Vertragsdurchführung 48
   3. Sonderfall Dreipersonenverhältnis: Verleiher- vs. entleiherbezogener Ansatz 50
IV. Wertende Gesamtbetrachtung 51
V. Umgehungsmodelle: „Ein-Mann-GmbH" und Vorratserlaubnis 52
VI. Sonderfall: Heimarbeit 53
VII. Fazit 54

2. Kapitel
Definition des sozialversicherungsrechtlichen Arbeitgeberbegriffs

I. Einführung	57
II. Abgrenzungskriterien: Parallelität und Unterschiede zum Arbeitsrecht	58
1. Grundsatz: Wertende Gesamtbetrachtung anhand paralleler Kriterien	58
2. Vergütungshöhe: Von den „Heilpädagogen" zu den „Honorarärzten"	61
3. Umgehungsmodelle: Vom GmbH-Geschäftsführer bis zu stillen Gesellschaftern	62
4. Vertrag vs. Tatsächliche Durchführung: Anknüpfungspunkt der Vertragstypenqualifizierung und Zurechnung	63
5. Sonderfall: Heimarbeit	64
III. Fazit	65

3. Kapitel
Definition des steuerrechtlichen Arbeitgeberbegriffs

I. Einführung	67
II. Einzelheiten zum steuerrechtlichen Arbeitgeberbegriff	69
1. Lohnsteuerlicher Arbeitgeberbegriff nach § 1 Abs. 2 LStDV	69
a) Arbeitgeber und Pflicht zum Lohnsteuereinbehalt	69
b) Bestimmung des Dienstverhältnisses durch Gesamtschau sämtlicher Indizien	71
aa) Wertungskriterien	72
bb) Schulden der Arbeitskraft	73
cc) Weisungsgebundenheit	74
dd) Fehlendes Vermögensrisiko – Abgrenzung zur Selbstständigkeit	77
c) Arbeitgeber und Arbeitnehmer	78
d) Arbeitslohn und Lohnsteuerabzug	79
2. Zur Terminologie im Umsatzsteuerrecht	81
III. Fazit	82
IV. Einzelfälle zur Abgrenzung der selbstständigen Tätigkeit von einer Tätigkeit als Arbeitnehmer im Steuerrecht	82

4. Kapitel
Definition des strafrechtlichen Arbeitgeberbegriffs

I. Einführung	87
II. Arbeitgeber im Sinne des § 266a StGB	90
1. Genuiner Arbeitgeberbegriff in § 266a StGB?	91
2. Bestimmung des strafrechtlichen Arbeitgeberbegriffs im Schrifttum	91
a) Auslegung am Maßstab des Sozialversicherungsrechts	91
b) Rückgriff auf Kriterien nach der Rechtsprechung des BSG	91
c) Dreipersonenverhältnisse/Arbeitnehmerüberlassung	92

3. Begriffsprägung durch den BGH in Strafsachen 93
   a) Auslegung nach dem Sozialversicherungsrecht, das seinerseits auf das Dienstvertragsrecht verweist 93
   b) Kriterien 93
4. Kritik 95
5. Einfügung einer Arbeitnehmer-Definition in das BGB/Auswirkungen auf die Begriffsbestimmung im Strafrecht 96
6. Zur Arbeitgeberstellung bei Fremdpersonaleinsatz im Rahmen der europäischen Niederlassungsfreiheit 97
7. Der faktische Geschäftsführer als Arbeitgeber im Sinne des § 266a StGB 97
8. Verfassungsmäßige Bestimmtheit des Tatbestandsmerkmals „Arbeitgeber" in § 266a StGB 99

III. Arbeitgeber im steuerstrafrechtlichen Sinne 101
1. Vorbemerkung 101
2. Keine Definition des Arbeitgeberbegriffs in § 370 AO 101
   a) Herleitung aus § 1 LStDV 101
   b) Rückgriff auf Kriterien des BFH 102
3. Begriffsbestimmung durch den BGH in Steuerstrafsachen? – Fehlanzeige 102
4. Faktische Arbeitgeberstellung nach steuerrechtlichen Kriterien 103
5. Ergebnis 104

5. Kapitel
Besonderheiten beim internationalen/grenzüberschreitenden Sachverhalt

I. Einführung 105
II. Compliance-relevante Fallkonstellationen 106
1. Solo-Selbstständige (Zweipersonenverhältnis) 106
   a) Inbound 106
   b) Outbound 107
2. Werkunternehmer (Dreiecksverhältnis) 108
   a) Inbound 108
   b) Outbound 109

III. Risikoanalyse im Zweipersonenverhältnis („Solo-Selbstständige") 110
1. Internationale Zuständigkeit (IZPR) 110
   a) Zuständigkeiten bei Arbeits- und Dienst-/Werkverträgen 111
      aa) Objektive Zuständigkeiten: Erfüllungs- vs. Arbeitsort 111
      bb) Individuell: Einschränkungen bei Gerichtsstandsvereinbarungen im Arbeitsvertrag 113
   b) Statusabgrenzung im IZPR: Der unionsrechtliche Arbeitnehmerbegriff 114

2. Anwendbarkeit ausländischen Rechts (IPR) 115
　　　　a) Vertragsstatut bei Arbeits- und Dienst-/Werkverträgen 115
　　　　　　aa) Objektives Vertragsstatut: Aufenthalts- vs. Arbeitsort 115
　　　　　　bb) Individuell: Eingeschränkte Rechtswahl bei Arbeitsvertrag 116
　　　　b) Abgrenzung zwischen Arbeits- und Werkvertrag im IPR 118
IV. Risikoanalyse im Dreiecksverhältnis („Werkunternehmer") 118
　　1. Internationale Zuständigkeit (IZPR) 118
　　　　a) Zuständigkeiten bei Inbound-Fällen 118
　　　　b) Zuständigkeiten bei Outbound-Fällen 119
　　2. Anwendbarkeit des Rechts (IPR) 120
　　　　a) Statusabgrenzung: Feststellung illegaler Arbeitnehmerüberlassung ... 120
　　　　b) Rechtsfolgen: Fiktion von Arbeitsverhältnissen und Equal-Pay 121
V. Öffentliches Recht: Insbesondere Sozialversicherungsrecht 123
VI. Fazit 124

3. Teil
Anlass und Möglichkeiten der Feststellung der Arbeitgebereigenschaft

1. Kapitel
Beschreitung des Arbeitsrechtswegs

I. Anlass zur Statusfeststellung 127
　　1. Mögliche Interessenträger 127
　　2. Ausgangspunkte 127
II. Individuelle Anlässe zur Statusfeststellung 127
　　1. Initiative durch Arbeitgeber 127
　　　　a) Grundsätzliches 127
　　　　b) Statusfeststellungsklage 128
　　　　c) Leistungsklage auf überzahlte Vergütung 128
　　　　d) Beschlussverfahren 129
　　2. Initiative durch Arbeitnehmer 129
　　　　a) Grundsätzliches 129
　　　　　　aa) Allgemeines 129
　　　　　　bb) Eröffnung des Rechtswegs 129
　　　　b) Beendigungsszenarien 130
　　　　　　aa) Kündigungsschutzklage 130
　　　　　　　　(1) Klagegegner 130
　　　　　　　　(2) Klagefrist 130
　　　　　　　　(3) Darlegungs- und Beweislast 131
　　　　　　　　(4) Rechtsfolge 131
　　　　　　bb) Befristungskontrollklage 131
　　　　　　　　(1) Klagegegner 131
　　　　　　　　(2) Klagefrist 133

(3) Darlegungs- und Beweislast	133
(4) Rechtsfolge	133
c) Statusklage	134
aa) Allgemeines	134
bb) Klagegegner	134
cc) Klagefrist	134
dd) Feststellungsinteresse	135
ee) Darlegungs- und Beweislast	135
ff) Rechtsfolge	135
d) (Weiter)Beschäftigungsanspruch	136

III. Betriebsverfassungsrechtliche Anlässe zur Statusfeststellung ... 136
  1. Einleitung ... 136
  2. Abstrakte Feststellung der Arbeitnehmereigenschaft ... 136
  3. Konkrete Anlässe zur Statusprüfung ... 137
    a) Wahlberechtigung/Wählbarkeit ... 137
    b) Zahl der Betriebsratsmitglieder ... 138
    c) Freistellung/Betriebsgröße ... 138
    d) Personelle Einzelmaßnahmen ... 138

2. Kapitel
Sozialversicherungsrechtliche Feststellungmöglichkeiten

I. Anlass zur Statusfeststellung ... 141
  1. Zweifel auf Seiten der Vertragspartner über den sozialversicherungsrechtlichen Status des Auftragnehmers ... 141
  2. Erkenntnisse aus angrenzenden Rechtsgebieten ... 141
  3. Ermittlungen und verdachtsunabhängige Prüfungen ... 142

II. Möglichkeiten der sozialversicherungsrechtlichen Statusfeststellung ... 142
  1. Statusfeststellung nach § 7a SGB IV ... 142
  2. Statusfeststellungen aus Anlass einer Betriebsprüfung der DRV ... 143
    a) Regelprüfung nach § 28p SGB IV ... 143
    b) Außerordentliche Prüfung und kürzere Prüffristen nach § 28p Abs. 1 S. 2 SGB IV ... 143
    c) Ad-hoc-Prüfung, § 28p Abs. 1 S. 3 SGB IV ... 143
  3. Prüfung im Auftrag der Unfallversicherungsträger, § 28p Abs. 1b SGB IV ... 144
  4. Verdachtsprüfung ohne vorherige Ankündigung ... 144
  5. Verfahren nach § 28h Abs. 2 SGB IV ... 144

III. Schwerpunkt: Das optionale Anfrageverfahren nach § 7a Abs. 1 S. 1 SGB IV ... 144
  1. Verfahrensfragen ... 144
    a) Zuständigkeit ... 144
    b) Antragsberechtigung ... 144
    c) Form ... 145
    d) Rücknahme des Antrages ... 145

e) Zulässigkeit des Antrags 145
f) Mitwirkungsobliegenheiten und Amtsermittlungspflichten 146
g) Grundsätze der Verfahrensdurchführung 146
2. Verfahrensgegenstand des Anfrageverfahrens 146
3. Ziel des Verfahrens und Rechtsnatur der Entscheidung der DRV 147
4. Bindungswirkung der Entscheidung 147
5. Rechtsfolgen 149
   a) Feststellung einer Beschäftigung nach § 7 SGB IV 149
   b) Feststellung der Selbstständigkeit 150
6. Überprüfbarkeit der Entscheidung 150
IV. Spezielle Konstellation: Obligatorische Statusfeststellung nach § 7a Abs. 1 S. 2 SGB IV 150

3. Kapitel
Steuerrechtliche Feststellungsmöglichkeiten zur Arbeitgebereigenschaft

I. Einführung 151
II. Anrufungsauskunft nach § 42e EStG 152
   1. Einführung 152
   2. Auskunftsberechtigung und Anfragevoraussetzungen 153
   3. Bindungswirkung der Anrufungsauskunft 155
   4. Rechtsbehelfsmöglichkeiten 156
III. Verbindliche Zusage aufgrund einer Außenprüfung nach § 204 AO 157
   1. Funktion und Anwendungsbereich des § 204 AO 157
   2. Voraussetzungen für die Erteilung einer verbindlichen Zusage 157
   3. Zukunftsbezogenheit und Zusageinteresse 159
   4. Rechtsbehelfsmöglichkeiten 160
IV. Verbindliche Auskunft nach § 89 Abs. 2 AO 161
   1. Verhältnis zu anderen Auskünften und Zusagen 161
   2. Funktion und Voraussetzungen einer verbindlichen Auskunft nach § 89 Abs. 2 AO 161
   3. Bindungswirkung 163
   4. Rechtsbehelfsmöglichkeiten 164

4. Kapitel
Bindungswirkung behördlicher und/oder gerichtlicher Entscheidungen

I. Wechselwirkung arbeitsgerichtlicher und sozialversicherungsrechtlicher Entscheidungen 167
II. Bindungswirkung im Steuerrecht 168
III. Bindungswirkung im Strafrecht 168
   1. Auswirkungen behördlicher Statusfeststellung auf den Tatbestand des § 266a StGB 168

2. Bindung durch sozialgerichtliche Entscheidungen 169
3. Auswirkungen der Statusfeststellung gem. § 7a SGB IV auf § 370 AO .. 170

4. Teil
Konsequenzen der Statusverfehlung

1. Kapitel
Arbeitsrechtliche Konsequenzen der Statusverfehlung

I. Einführung 173
II. Individualrechtliche Folgen: Arbeitsverhältnis 173
   1. Zwei-Personenverhältnis 173
      a) Laufzeit des Vertrags: Befristetes oder unbefristetes
         Arbeitsverhältnis? 174
      b) Höhe des Arbeitsentgelts 175
      c) Sonstiges 176
   2. Dreiecksverhältnis 176
      a) Beginn des Arbeitsverhältnisses 177
      b) Inhalt des Arbeitsverhältnisses 177
III. Individualrechtliche Gestaltungsmöglichkeiten 178
   1. Zwei-Personenverhältnis 178
      a) In Bezug auf das Arbeitsverhältnis 178
      b) In Bezug auf die Rückabwicklung des Scheinwerk/-dienstvertrags ... 178
   2. Dreiecksverhältnis 182
IV. Fazit 182

2. Kapitel
Sozialversicherungsrechtliche Konsequenzen der Statusverfehlung

I. Feststellung der Beschäftigung, Fälligkeit der
   Gesamtsozialversicherungsbeiträge 185
II. Nacherhebung von Gesamtsozialversicherungsbeiträgen 186
III. Anfall von Säumniszuschlägen auf nicht entrichtete Beiträge 186
IV. Tatbestandswirkung nicht angefochtener Bescheide 186
V. Regressmöglichkeiten des Unfallversicherungsträgers 186
VI. (Fort)Bestehen einer sozialversicherungspflichtigen Beschäftigung –
   Wirkungen für die Zukunft 187

3. Kapitel
Steuerrechtliche Konsequenzen der Statusverfehlung

I. Einführung und Ausgangslage 189
   1. Haftung für nicht abgeführte Lohnsteuer 189
      a) Haftung des Arbeitgebers 189
      b) Rückgriff beim Arbeitnehmer 190
   2. Konsequenzen bei der Umsatzsteuer 191
      a) Korrektur von Umsatzsteuer und Vorsteuerabzug 191
      b) Zivilrechtliche Rückabwicklung 192
   3. Kontrollmöglichkeiten der Finanzbehörden 193
II. Zur Haftung des Arbeitgebers für die Lohnsteuer nach § 42d EStG 193
   1. Einführung und Voraussetzungen 193
   2. Umfang der Haftung und Haftungsbescheid 196
   3. Haftung bei Arbeitnehmerüberlassung 196
III. Persönliche Haftung von Vertretern des Unternehmens, §§ 34, 69, 70 f. AO 197
   1. Einführung 197
   2. Voraussetzungen der Haftung gesetzlicher Vertreter gem. § 69 S. 1 AO 198
   3. Haftung des Steuerhinterziehers nach § 71 AO sowie Haftung nach § 70 AO 199
IV. Lohnsteuer-Nachschau gemäß § 42g EStG 201
   1. Einführung 201
   2. Ablauf und Voraussetzungen einer Lohnsteuer-Nachschau 202
   3. Rechtsbehelfsmöglichkeiten 203
V. Lohnsteueraußenprüfung und allgemeine Außenprüfung 204
   1. Lohnsteueraußenprüfung 204
   2. Allgemeine Außenprüfung gem. §§ 193 ff. AO 205
   3. Rechtsbehelfsmöglichkeiten 205
VI. Umsatzsteuer-Nachschau nach § 27b UStG 205

4. Kapitel
Straf- und bußgeldrechtliche sowie außerstrafrechtliche Konsequenzen der Statusverfehlung

I. Straf- und bußgeldrechtliche Verantwortung der Geschäftsleitung – Grundsätze 208
II. Strafbares Vorenthalten von Sozialversicherungsbeiträgen, § 266a StGB ... 209
   1. § 266a Abs. 1 StGB 209
   2. § 266a Abs. 2 StGB 211
      a) § 266a Abs. 2 Nr. 1 StGB 211
      b) § 266a Abs. 2 Nr. 2 StGB 211
   3. Zusammentreffen von § 266a Abs. 1 und Abs. 2 StGB 211
   4. § 266a StGB als Vorsatzdelikt 212
      a) Grundsatz 212

b) Rechtsprechung des 1. Strafsenats des BGH zu den Anforderungen an die subjektive Tatseite und Irrtümer über das Merkmal „Arbeitgeber" 212
5. Rechtsfolgen des § 266a StGB 215
   a) Strafandrohung bei Verwirklichung des Grunddelikts 215
   b) Strafverschärfung bei Vorliegen eines besonders schweren Falles 215
6. Absehen von Strafe und Strafaufhebung, § 266a Abs. 6 StGB 216
7. Verfolgungsverjährung 217
8. Exkurs: Gesetzeskonkurrenz zwischen § 266a StGB und § 263 StGB 218
   a) § 266a StGB als lex specialis 218
   b) Strafbarkeit nach § 263 StGB 219

III. Lohnsteuerhinterziehung nach § 370 AO 219
1. Tatbestandsvoraussetzungen des § 370 AO 219
2. Tathandlungen und Taterfolg bei der Lohnsteuerverkürzung 220
3. Subjektiver Tatbestand 220
4. Rechtsfolgen 221
   a) Verwirklichung des Grunddelikts 221
   b) Strafschärfung im besonders schweren Fall 221
   c) Ergebnis 222
5. Versuchsstrafbarkeit 222

IV. Umsatzsteuerverkürzung gem. § 370 AO 222

V. Zwischenergebnis zu den strafrechtlichen Konsequenzen 222

VI. Bußgeld- und außerstrafrechtliche Konsequenzen der Statusverfehlung .. 223
1. Vorbemerkung 223
2. Ausgewählte Ordnungswidrigkeiten 223
   a) § 111 SGB IV 223
   b) § 8 Abs. 3 SchwarzArbG 223
   c) § 23 AEntG 224
   d) § 21 MiLoG 224
   e) § 16 AÜG 225
   f) Sanktionsmöglichkeiten in Fallgestaltungen mit (EU) Ausländern ... 225
   g) Aufsichtspflichtverletzung, § 130 OWiG 225
   h) Verbandsbuße, § 30 OWiG 226

VII. Eintragungen rechtskräftiger Strafen und Bußen, Vergabesperren 227
1. Gewerbezentralregister 227
2. Ausschluss von öffentlichen Aufträgen, black list 228
3. Landes-Korruptionsregister 228
4. Bundeszentralregister 228
5. Wettbewerbsregister 228

VIII. Vermögensabschöpfungsmaßnahmen 229

5. Kapitel
Zivilrechtliche Konsequenzen für Organe

- I. Ausgangspunkt 231
- II. Haftungssubjekt „Organ" 232
- III. Außenhaftung 232
  - 1. Anspruch der Einzugsstelle nach § 823 Abs. 2 BGB i.V.m. § 266a StGB 232
  - 2. Anspruch der Finanzverwaltung nach § 69 AO 234
- IV. Innenhaftung 234
  - 1. Die Pflichtenstellung 235
    - a) Geschäftsführer und Vorstand 235
      - aa) Objektive Pflichtwidrigkeit 237
        - (1) Organisationsermessen/Business Judgement Rule 237
        - (2) Weisung oder Einverständnis der Gesellschafter/ Hauptversammlung 239
      - bb) Subjektive Pflichtwidrigkeit – Verschulden 240
      - cc) Kausalität/Zurechnung – Rechtmäßiges Alternativverhalten ... 241
    - b) Aufsichtsrat 242
    - c) Vertragliche Haftung 243
  - 2. Entlastungsbeschluss der Gesellschafter/Hauptversammlung 244
  - 3. Compliance-Pflicht im Konzern 244
  - 4. Ersatzfähiger Schaden und Kausalität 246
    - a) Sozialversicherungsbeiträge und Säumniszuschläge 246
    - b) Verbandsgeldbuße 247
    - c) Aufklärungskosten, Kosten einer internal investigation 247
    - d) Lohnsteuer 249
  - 5. Darlegungs- und Beweislastverteilung 249
  - 6. Verjährung 250
- V. Versicherbarkeit von Haftungsrisiken: D&O-Versicherung 251
- VI. Ehrenamtliche Leitungsorgane 253
- VII. Besondere Insolvenzverschleppungsrisiken, § 15a InsO 254

5. Teil
Strategien zur Haftungsvermeidung

1. Kapitel
Compliance

- I. Grundlage der Contractor Compliance 259
- II. Motive zur Implementierung einer Contractor Compliance 263
  - 1. Unternehmensimage 264
  - 2. Haftungsprävention 264
    - a) Vermeidung von Problemfällen 264

b) Vermeidung von Geldbußen etc.	264
c) Haftungsprävention durch Wissensmanagement	265

III. Struktur einer Contractor Compliance ... 271
   1. Einführung einer Contractor Compliance ... 271
      a) Risikoanalyse ... 272
      b) Integration der Contractor Compliance in Compliance-Strukturen ... 274
   2. Elemente eines Compliance-Konzepts ... 275
      a) Maßnahmen „nach innen" ins eigene Unternehmen ... 275
         aa) Aufklärung von Zielgruppen im Unternehmen ... 275
            (1) Leitlinien/Verpflichtungserklärungen ... 276
            (2) Schulungen ... 277
         bb) Beratungsmöglichkeiten ... 278
         cc) Hinweisgebersysteme ... 278
         dd) Monitoring ... 279
         ee) Behandlung von Problemfällen ... 280
      b) Maßnahmen „nach außen" gegenüber Vertragspartner ... 282
         aa) „Contractor Due Diligence" ... 283
         bb) Vertragsmanagement ... 283
            (1) Vertragliche Informations- und Dokumentationspflichten ... 284
            (2) Freistellungserklärungen ... 285
            (3) Beschränkung der Nachunternehmerkette ... 285
            (4) Auditierungsrechte ... 286
            (5) Sonderkündigungsrechte ... 288
   3. Organisation des Fremdpersonaleinsatzes und Vertragsgestaltungen als Element der Haftungsprävention ... 288
      a) Kontaktsteuerung/Repräsentantenmodelle ... 289
         aa) Zwischenschaltung von Disponenten etc. – Einfache Repräsentantenmodelle ... 289
         bb) Ticketsysteme – Institutionalisierte Repräsentantenmodelle ... 290
         cc) Räumliche Abgrenzung ... 290
      b) Durchprogrammierung des Arbeitsprozesses im Vertrag ... 290
      c) Gründung von „Ein-Mann GmbH" ... 291
      d) Betriebsführungsvertrag ... 291
      e) Gemeinschaftsbetrieb ... 292
      f) Personalgestellung und Selbstständigen-Contracting ... 293

IV. Arbeitnehmerüberlassung als Compliance-Strategie ... 293
   1. Abgrenzung Werkvertrag – Arbeitnehmerüberlassung ... 294
      a) Grundsätze ... 294
      b) Abgrenzung im Einzelfall ... 295
         aa) Leistungsinhalt ... 295
         bb) Überlassung von Arbeitnehmern ... 296
         cc) Abnahme ... 296
         dd) Haftung/Gewährleistung ... 296
         ee) Vergütung ... 296

gg) Stellung der Betriebsmittel 296
hh) Eingliederung in die Organisation des Auftraggebers/
     Weisungsrecht 297
2. Compliance-Strategie Arbeitnehmerüberlassung 297
   a) Ampelsystem 297
   b) Vertragliche Grundlagen 298
      aa) Form und Inhalt 298
      bb) Bezeichnungspflicht/Konkretisierungspflicht 298
      cc) Gegenseitige Rechte und Pflichten 299
      dd) Dauer/Beendigung 299
      ee) Arbeitszeit/Überstunden 299
      ff) Weisungsbefugnis/Fürsorgepflichten im Hinblick auf
          Arbeitsschutz 299
      gg) Abberufung und Austausch von Leiharbeitnehmern 299
      hh) Haftung/Gewährleistung des Verleihers 300
      ii) Abwerbung von Leiharbeitnehmern 300
   c) „Schein-Arbeitnehmerüberlassungsvertrag" 300
   d) Aufteilung der Leistungen auf unterschiedliche Verträge 301

2. Kapitel
Vertragsgestaltung

I. Ausgangspunkt/Bedeutung der Vertragsgestaltung 303
II. Individuelle Vertragsgestaltung und AGB-Recht 304
   1. Begriff der AGB 304
   2. Einbeziehung 305
   3. Verbot überraschender Klauseln 305
   4. Unklarheitenregel 306
   5. Inhaltskontrolle 306
   6. Einschränkungen des Anwendungsbereichs 307
   7. Rechtsfolgen bei Nichteinbeziehung und Unwirksamkeit 307
   8. Beweislast 308
III. Die einzelnen Regelungsgegenstände 308
   1. Vertragsgegenstand 308
      a) Allgemeines 308
      b) Rahmenvertrag 310
   2. Vergütung und Abrechnung 310
   3. Verhältnis des Selbstständigen zu Dritten 311
      a) Tätigkeit für andere Auftraggeber 311
      b) Einschaltung Dritter als Erfüllungsgehilfen 311
   4. Geheimhaltung und Datenschutz 312
      a) Geheimhaltung/Verschwiegenheit 312
      b) Datenschutz 312
   5. Aufbewahrung und Rückgabe von Geschäftsunterlagen 313
   6. Nutzung von Betriebsmitteln des Auftraggebers 313
   7. Wettbewerbs- und Abwerbeverbot 313

8. Vertragsdauer und Kündigung 314
9. Compliance 314
10. Sorgfaltsmaßstab und Qualitätskontrolle 316
11. Gewährleistung und Haftung 317
   a) Gewährleistung 317
   b) Haftung 317
      aa) Haftungsbeschränkung 317
      bb) Haftungserweiterung 319
      cc) Verfallklauseln 319
      dd) Vertragsstrafe/Pauschalierter Schadensersatz 320
   c) Haftpflichtversicherung 320
12. Rechte an Arbeitsergebnissen 321
13. Gerichtsstand 323
14. Rechtswahl 324
15. Schlussbestimmungen 324
   a) Schriftform 324
   b) Salvatorische Klausel 324

3. Kapitel
Sozialversicherungsrechtliche Möglichkeiten der Haftungsvermeidung

I. Einholung von Rechtsrat 327
II. Sozialversicherungsrechtliche Feststellung des Erwerbsstatus 327
III. Einfluss der Festsetzungsverjährung auf das Haftungsrisiko 328
   1. Regelverjährung 328
   2. Verjährung bei vorsätzlicher Verletzung von Beitragspflichten 328
IV. Verteidigung gegen Inanspruchnahme durch den Rentenversicherungsträger 328
   1. Nutzung des Anhörungsverfahrens 328
   2. Ausschließliches Abstellen auf Ermittlungsergebnisse des FKS unzulässig 329
   3. Berechnung des Nacherhebungsbetrages 329
   4. Unverschuldete Unkenntnis von der Zahlungspflicht/Vermeidung von Säumniszuschlägen 330

4. Kapitel
Steuerrechtliche Möglichkeiten der Haftungseingrenzung

I. Bedeutung eines Tax Compliance Mangement Systems 333
II. Einholung verbindlicher Auskünfte bzw. Zusagen der Finanzverwaltung ... 334
   1. Möglichkeiten bei der Lohnsteuer 334
   2. Möglichkeiten bei der Umsatzsteuer 335
   3. Einholung externer steuerlicher Expertise 335

III. Rechtsbehelfs- und Klageverfahren 336
1. Einspruchsverfahren gemäß §§ 347 ff. AO 336
2. Klageverfahren zum Finanzgericht 336
3. Aussetzung bzw. Aufhebung der Vollziehung, § 361 AO, § 69 FGO 338

IV. Einbindung und Verantwortung externer steuerlicher Berater 338
1. Externe steuerliche Berater im Tax Compliance-System 338
2. Aufgaben des mit der laufenden Steuerberatung betrauten Steuerberaters 340
3. Voraussetzungen einer Haftung des externen steuerlichen Beraters 342

5. Kapitel
Strategien zur Vermeidung strafrechtlicher Haftung und/oder der Sanktionierung wegen Ordnungswidrigkeiten

I. Grundsätzliche Erwägungen 343

II. Vermeidung strafrechtlicher Haftung nach § 266a StGB 343
1. Auswirkungen des Anfrageverfahrens nach § 7a Abs. 1 S. 1 i.V.m. Abs. 5 SGB IV auf den Tatbestand des § 266a StGB 343
   a) Feststellung einer selbstständigen Betätigung durch die DRV 346
      aa) Bescheid erwächst in Bestandskraft 346
      bb) Anfechtung des Bescheids 346
      cc) Bestands-/Rechtskraft der abweichenden Entscheidung 346
   b) Feststellung einer versicherungspflichtigen Beschäftigung im Anfrageverfahren 346
      aa) Entscheidung erwächst in Bestandskraft 346
      bb) Entscheidung wird angefochten 347
2. Möglichkeiten im laufenden Auftragsverhältnis nach § 7a Abs. 1 SGB IV 347
3. Bindung der Strafgerichte an die Entscheidung nach § 7a SGB IV? 348
4. Erkenntnisse aus dem Anfrageverfahren nach § 7a SGB IV und ihre Verwertbarkeit im Strafverfahren vor dem Hintergrund der Selbstbelastungsfreiheit 348
   a) Risikosetzung durch Mitwirkung 348
   b) Auffassung von Schrifttum und Rechtsprechung 349
   c) Zusammenfassung 350
5. Haftungsvermeidung durch Einholung adäquaten Rechtsrats 350
6. Strafbefreiende Selbstanzeige gemäß § 266a Abs. 6 StGB 350
7. Haftungsvermeidung oder -minimierung durch Verteidigung 350

III. Vermeidung der strafrechtlichen Haftung nach § 370 AO 351
1. Einholung von Auskünften und Zusagen/Haftungsvermeidung durch Prävention 351
2. Strafbefreiende Selbstanzeige nach § 371 AO 352
   a) Grundsätzliches 352
   b) Teilselbstanzeigemöglichkeit bei Lohn- und Umsatzsteuervoranmeldungen 352

c) Berichtigungsmöglichkeiten im Rahmen von Jahreserklärungen 353
    aa) Abgabe einer wahrheitsgemäßen Lohnsteueranmeldung 353
    bb) Korrektur im Rahmen der Umsatzsteuerjahreserklärung 353
    cc) Problem der Tatentdeckung für Folgezeiträume bei Abgabe berichtigter Jahreserklärungen 353
d) Kein Sperrgrund nach § 371 Abs. 2 Nr. 3 AO 353
3. Sperrgrund der Tatentdeckung durch Einleitung eines Ermittlungsverfahrens nach § 266a StGB? 353

IV. Vermeidung der Haftung nach § 378 AO 355

V. Vermeidung der Haftung nach § 8 Abs. 3 SchwarzArbG 356

VI. Haftungsvermeidung durch Verteidigung 356

VII. Haftungsvermeidung, wirksame Delegation von Arbeitgeberpflichten 357

6. Teil
Beteiligungsrechte des Betriebsrats

I. Einleitung 361

II. Beteiligung bei Einstellungen im Sinne des § 99 Abs. 1 BetrVG 361
1. Begriff 362
2. Einzelfälle 363

III. Beteiligung bei Gestaltung von Arbeitsplatz, Arbeitsablauf und Arbeitsumgebung sowie in personellen Angelegenheiten 365
1. Unterrichtungs- und Beratungsrechte aus § 90 BetrVG 365
2. Personalplanung, § 92 BetrVG 365
3. Beschäftigungssicherung, § 92a BetrVG 366

IV. Anspruch auf Unterrichtung und Vorlage von Unterlagen nach § 80 BetrVG 366
1. Einleitung 366
2. Informationspflichten 367
    a) Voraussetzungen des Informationsanspruchs 367
    b) Reichweite des Informationsanspruchs 368
    c) Zeitpunkt der Unterrichtung 369
3. Überlassung der erforderlichen Unterlagen 370
4. Durchsetzung 370

V. Mitbestimmung bei sozialen Angelegenheiten, § 87 BetrVG 371
1. Anwendungsbereich 371
2. Mitbestimmungsrechte des Betriebsrats des Dienst- oder Werkunternehmers gegenüber eigenen Arbeitnehmern 371
3. Mitbestimmungsrechte des Betriebsrats des Einsatzbetriebes gegenüber Fremdarbeitnehmern 372

VI. Unterrichtung des Wirtschaftsausschusses nach § 106 BetrVG 373

VII. Mitbestimmung bei Betriebsänderungen 374

VIII. Compliance-Konzepte ... 375
1. Einholung von Verpflichtungserklärungen ... 375
2. Nutzung von Ticketsystemen ... 376
3. Kontaktsteuerung ... 377
4. Meldemöglichkeiten (Whistleblowing) ... 377
5. Mitbestimmung bei Schulungen ... 377

7. Teil
Work on Demand – Trends der Arbeitsflexibilisierung

I. „Work on Demand" in Zeiten des „Arbeitens 4.0" ... 381
II. „Work on Demand" in Beispielen ... 382
1. Crowdwork ... 382
2. Scrum ... 383
3. Interim Management ... 384
4. Selbstständigen-Contracting ... 386
III. Fazit ... 386

8. Teil
Compliance-Strategie Arbeitnehmerüberlassung – Ausgewählte Fragestellungen

I. Einleitung ... 391
II. Das Konzernprivileg ... 391
1. Grundsatz: Keine Arbeitnehmerüberlassung ohne Erlaubnis ... 391
2. Verstoß gegen die Erlaubnispflicht ... 392
   a) Arbeitsrechtliche Konsequenzen ... 392
   b) Ordnungswidrikeit ... 392
   c) Strafrechtliche Konsequenzen ... 392
3. Privilegierung im Konzern ... 393
III. Höchstüberlassungsdauer ... 393
1. Verstoß gegen die Höchstüberlassungsdauer ... 394
   a) Fiktionswirkung ... 394
   b) Ordnungswidrigkeit ... 394
2. Berechnung der Höchstüberlassungsdauer ... 394
   a) Normalfall ... 394
   b) Umstrittene Fälle ... 395
   c) Handlungsempfehlung ... 396
3. Abweichungen durch Tarifvertrag ... 396
   a) Tarifvertrag regelt abweichende Überlassungsdauer ... 397
   b) Tarifvertrag mit Öffnungsklausel ... 397
   c) Tarifgebundenheit des Arbeitnehmers erforderlich? ... 397
      aa) 4. Kammer des LAG Baden-Württemberg: Tarifgebundenheit erforderlich ... 397

bb) 21. Kammer des LAG Baden-Württemberg: Tarifgebundenheit nicht erforderlich 398
cc) Wie hat das BAG entschieden? 398
dd) Reine Vertriebsgesellschaften 398

IV. Der Equal Pay-Grundsatz 399
1. Grundsätzliches 399
2. Ausnahmen durch Tarifvertrag 399
3. Verstoß gegen den Equal Pay-Grundsatz 400
   a) Ordnungswidrigkeit 400
   b) Strafbarkeit gem. § 266a StGB 400
   c) Handlungsempfehlung 400

V. Anzeige-/Auskunfts-/Aufbewahrungspflichten 400

VI. Lohnuntergrenze 401

VII. Fazit 402

Anhang

1. Fallübersicht Arbeitsrecht 405
   a) Arbeitsrechtlicher Arbeitgeberbegriff 405
   b) Fallübersicht Arbeitsrechtliche Konsequenzen der Statusverfehlung 412
   c) Fallübersicht Besonderheiten beim grenzüberschreitenden/
      internationalen Sachverhalt 417
   d) Fallübersicht Arbeitsrechtsweg 422
   e) Fallübersicht Bindungswirkung 422
2. Fallübersicht Sozialversicherungsrecht 425
   a) Sozialversicherungsrechtlicher Arbeitgeberbegriff 425
   b) Sonstige Fälle 431
3. Fallübersicht Steuerrecht 437
4. Fallübersicht Strafrecht 439
5. Fallübersicht Haftungsrecht 445

Stichwortverzeichnis 453

Abkürzungsverzeichnis

a.A.	anderer Ansicht
a.a.O.	am angegebenen Ort
abgedr.	abgedruckt
Abb.	Abbildung
ABlEG	Amtsblatt der EG
ABlEU	Amtsblatt der EU
abl.	ablehnend
Abs.	Absatz
Abschn.	Abschnitt
abw.	abweichend
a.E.	am Ende
a.F.	alte Fassung
AG	Die Aktiengesellschaft (Zeitschrift), Aktiengesellschaft, Amtsgericht, Ausführungsgesetz
Alt.	Alternative
a.M.	anderer Meinung
amtl.	amtlich
Anh.	Anhang
Anm.	Anmerkung
Art.	Artikel
ASR	Anwalt/Anwältin im Sozialrecht
Aufl.	Auflage
ausf.	ausführlich
BAG	Bundesarbeitsgericht
BAGE	Entscheidungen des Bundesarbeitsgerichts
BAnz	Bundesanzeiger
BB	Der Betriebs-Berater
BGB	Bürgerliches Gesetzbuch
Bearb.	Bearbeiter
Begr.	Begründung
Bek.	Bekanntmachung
betr.	betreffend
BFH	Bundesfinanzhof
BFHE	Entscheidungen des Bundesfinanzhofs
BGBl	Bundesgesetzblatt
BGH	Bundesgerichtshof
BGHZ	Entscheidungen des Bundesgerichtshofs in Zivilsachen
BR-Drucks.	Bundesratsdrucksache
Bsp.	Beispiel
bspw.	beispielsweise
BStBl	Bundessteuerblatt
BT-Drucks.	Bundestagsdrucksache
Buchst.	Buchstabe
BVerfG	Bundesverfassungsgericht
BVerfGE	Entscheidungen des Bundesverfassungsgerichts
bzgl.	bezüglich
bzw.	beziehungsweise
ca.	circa
CSR	Compliance Social Responsibility
CCZ	Corporate Compliance Zeitschrift

DB	Der Betrieb
ders.	derselbe
d.h.	das heißt
dies.	dieselbe/n
DNotZ	Deutsche Notarzeitschrift
DRV	Deutsche Rentenversicherung
DStR	Deutsches Steuerrecht
Einf.	Einführung
Einl.	Einleitung
EG	Europäische Gemeinschaft, Einführungsgesetz
entspr.	entsprechend
erg.	ergänzend
etc.	et cetera
EU	Europäische Union
EuGH	Europäischer Gerichtshof
EuGH Slg.	Sammlung der Rechtsprechung des EuGH
evtl.	eventuell
f.	folgende
ff.	fortfolgende
Fn.	Fußnote
FS	Festschrift
GbR	Gesellschaft bürgerlichen Rechts
gem.	gemäß
ggf.	gegebenenfalls
GmbH	Gesellschaft mit beschränkter Haftung
grds.	grundsätzlich
h.A.	herrschende Ansicht
h.L.	herrschende Lehre
h.M.	herrschende Meinung
Hrsg.	Herausgeber
HS	Halbsatz
i.d.F.	in der Fassung
i.d.R.	in der Regel
i.S.d.	im Sinne der/des
i.S.v.	im Sinne von
i.Ü.	im Übrigen
i.V.m.	in Verbindung mit
jM	Juris Die Monatszeitschrift
JR	Juristische Rundschau
Justiz	Die Justiz
JZ	Juristenzeitung
Kap.	Kapitel
KG	Kammergericht; Kommanditgesellschaft
Komm.	Kommentar; Kommentierung
LG	Landgericht
Lit.	Literatur
MAH	Münchener Anwalts Handbuch
MDR	Monatsschrift für Deutsches Recht

Abkürzungsverzeichnis

m.N.	mit Nachweisen
MK	Münchener Kommentar
m.w.N.	mit weiteren Nachweisen
n.F.	neue Fassung
Nr.	Nummer
NJW	Neue Juristische Wochenschrift
NJW-RR	NJW Rechtsprechungsreport Zivilrecht
NStZ	Neue Zeitschrift für Strafrecht
NZA	Neue Zeitschrift für Arbeit
NZG	Neue Zeitschrift für Gesellschaftsrecht
NZM	Neue Zeitschrift für Miet- und Wohnungsrecht
NZS	Neue Zeitschrift für Sozialrecht
NZWiSt	Neue Zeitschrift für Wirtschafts-, Steuer- und Unternehmensstrafrecht
o.Ä.	oder Ähnliche/s
öAT	Zeitschrift für das öffentliche Arbeits- und Tarifrecht
o.g.	oben genannt/e
OLG	Oberlandesgericht
OHG	offene Handelsgesellschaft
o.V.	ohne Verfasser
Prot.	Protokoll
RdA	Recht der Arbeit
RefE	Referentenentwurf
RegE	Regierungsentwurf
RG	Reichsgericht
RGBl	Reichsgesetzblatt
Rpfleger	Der Deutsche Rechtspfleger
Rn.	Randnummer
S., s.	Satz, Seite, siehe
sog.	so genannte
s.o.	siehe oben
s.u.	siehe unten
str.	streitig
Tab.	Tabelle
u.Ä.	und Ähnliche/s
u.a.	unter anderem, und andere
unstr.	unstreitig
usw.	und so weiter
u.U.	unter Umständen
v.	von, vom
vgl.	vergleiche
Vorb.	Vorbemerkung
VO	Verordnung
WiJ	Journal der Wirtschaftsstrafrechtlichen Vereinigung e.V.
WM	Wertpapier-Mitteilungen
wistra	Zeitschrift für Wirtschafts- und Steuerstrafrecht
z.B.	zum Beispiel
ZGR	Zeitschrift für Unternehmens- und Gesellschaftsrecht

ZHR	Zeitschrift für das gesamte Handels- und Wirtschaftsrecht
Ziff.	Ziffer
ZIP	Zeitschrift für Wirtschaftsrecht
zit.	zitiert
z.T.	zum Teil
zust.	zustimmend
zutr.	zutreffend
zz.	zurzeit

Literaturverzeichnis

Achenbach/Ransiek/Rönnau (Hrsg.) Handbuch Wirtschaftsstrafrecht, 5. Aufl. 2019
Adick/Bülte (Hrsg.) Fiskalstrafrecht, 2. Aufl. 2019
Bader/Fischermeier/Gallner u.a. KR-Gemeinschaftskommentar zum Kündigungsschutzgesetz, 13. Aufl. 2022, zitiert: KR/*Verfasser*
Bamberger/Roth Bürgerliches Gesetzbuch, Band 3, 3. Aufl. 2012
Baumbach/Hueck GmbHG – Gesetz betreffend die Gesellschaften mit beschränkter Haftung, 23. Aufl. 2022
Beck'scher Online-Kommentar, Sozialrecht, 66. Edition, zitiert: BeckOKSozR/*Verfasser*
Brandis/Heuermann (vormals Blümich), EStG, Loseblatt
Boemke/Lembke Arbeitnehmerüberlassungsgesetz, 3. Aufl. 2013
Bubach/Gallner/Heinkel et. al KR-Gemeinschaftskommentar zum Kündigungsschutzgesetz und zu sonstigen kündigungsschutzrechtlichen Vorschriften, 13. Aufl. 2022, zitiert: KR/*Verfasser*
Bunjes UStG, 21. Aufl. 2022
Däubler/Klebe/Wedde (Hrsg.) BetrVG: Betriebsverfassungsgesetz, 18. Aufl. 2022, zitiert: D/K/W/*Verfasser*
Dreier/Schulze Urheberrechtsgesetz, 7. Aufl. 2022
Erman BGB, 16. Aufl. 2020
Fischer StGB, 69. Aufl. 2022
Fischer/Vill/Fischer/Chab/Pape Handbuch der Anwaltshaftung, 5. Aufl. 2019
Fitting (Begr.) Betriebsverfassungsgesetz, 32. Aufl. 2022
Flore/Tsambikakis (Hrsg.) Steuerstrafrecht, 2. Aufl. 2016
Frotscher/Geurts Kommentar zum Einkommensteuergesetz, Onlineausgabe
Fuchs/Marhold Europäisches Arbeitsrecht, 6. Aufl. 2020
Geimer/Schütze Internationaler Rechtsverkehr, Loseblatt
Gercke/Kraft/Richter Arbeitsstrafrecht, 3. Aufl. 2021
Germelmann/Matthes/Prütting Arbeitsgerichtsgesetz, 10. Aufl. 2022
Göhler Ordnungswidrigkeitengesetz 18. 2021, zitiert: Göhler/*Verfasser*
Graf/Jäger/Wittig (Hrsg.) Wirtschaft- und Steuerstrafrecht, 2. Aufl. 2017, zitiert: G/J/W/*Verfasser*
Gräfe/Wollweber/Schmeer Steuerberaterhaftung, 7. Aufl. 2021
Grüneberg BGB, 81. Aufl. 2022
Hauschka/Moosmayer/Lösler Corporate Compliance, 3. Aufl. 2016
Henssler/Braun Arbeitsrecht in Europa, 3. Aufl. 2011
Herberger/Martinek/Rüßmann jurisPK-BGB, 7. Aufl. 2014
Hesse Arbeitnehmer, Scheinselbstständige und Selbstständige, Eine Studie zu historischen, rechtstheoretischen und rechtspraktischen Aspekten des Arbeitnehmerbegriffs, 2012
Hümmerich/Reufels Gestaltung von Arbeitsverträgen, 5. Aufl. 2022
Inderst/Bannenberg/Poppe Compliance, 3. Aufl. 2017
Karlsruher Kommentar zum OWiG, 5. Aufl. 2018, zitiert: KK-OWiG/*Verfasser*
Kasseler Kommentar Sozialversicherungsrecht, SGB IV, zitiert: Kasseler Kommentar/*Verfasser*
Kempf/Schilling Vermögensabschöpfung, 2007
Kindhäuser/Neumann/Paeffgen Nomos Kommentar zum StGB, 5. Aufl. 2017, zitiert: NK-StGB/*Verfasser*
Kirchhof/Seer EStG, 21. Auflage 2022
Klein AO, 16. Aufl. 2022
Koch AktG, 16. Aufl. 2022
Koenig AO, 4. Aufl. 2021
Koppenfels-Spies/Wenner SGB IV, 3. Auflage 2022, zitiert: v. Koppenfels-Spies/Wenner/*Verfasser*
Knickrehm/Kreikebohm/Waltermann Kommentar zum Sozialrecht, 7. Aufl. 2021
Lanzinner Scheinselbstständigkeit als Straftat, Diss. 2014
Leipziger Kommentar zum StGB, Band 9, Teil 1, 12. Aufl. 2012, zitiert: LK-StGB/*Verfasser*
Lüderssen/Volk/Wahle (Hrsg.) FS Schiller, 2014
Mengel Compliance und Arbeitsrecht, 1. Aufl. 2009
Meyer-Ladewig (Begr.) Sozialgerichtsgesetz, 13. Aufl. 2020
Michalski Kommentar zum Gesetz betreffend die Gesellschaften mit beschränkter Haftung (GmbH-Gesetz) Band II, 3. Aufl. 2017

Moll (Hrsg.) Münchener Anwaltshandbuch Arbeitsrecht, 5. Aufl. 2021
Münchener Handbuch zum Arbeitsrecht, 5. Aufl. 2021, zitiert: MünchHdB-ArbR/*Verfasser*
Münchener Kommentar zum Aktiengesetz, Band 2, 9. Aufl. 2022, zitiert: MK-AktG/*Verfasser*
Münchener Kommentar zum GmbHG, Band 2, 4. Aufl. 2023, zitiert: MK-GmbHG/*Verfasser*
Münchener Kommentar zum StGB, Band 5, 4. Aufl. 2022, zitiert: MK-StGB/*Verfassser*
Münchener Kommentar zum StGB, Band 8, 5. Aufl. 2022, zitiert: MK-StGB/*Verfasser*
Münchener Kommentar zum StGB, Band 7, Nebenstrafrecht II, 3. Aufl. 2019
Münchener Kommentar zum BGB, Band 2, 9. Aufl. 2022, zitiert: MK-BGB/*Verfasser*
Münchener Kommentar zum BGB, Band 4, 9. Aufl. 2023, zitiert: MK-BGB/*Verfasser*
Müller-Glöge/Preis/Schmidt Erfurter Kommentar zum Arbeitsrecht, 22. Aufl. 2022, zitiert: ErfK/*Verfasser*
Noack/Servatius/Haas GmbHG – Gesetz betreffend die Gesellschaften mit beschränkter Haftung, 23. Aufl. 2022
Nomos Kommentar zum StGB, 5. Aufl. 2017, zitiert: NK-StGB/*Verfasser*
Plagemann Festschrift für Plagemann, Weiterdenken: Recht an der Schnittstelle zur Medizin, 2020, zitiert: FS Plagemann/*Verfasser*
ders. (Hrsg.) Münchener Anwaltshandbuch Sozialrecht, 5. Aufl. 2018, zitiert: MAH SozialR/*Verfasser*
Rauscher/von Hein Europäisches Zivilprozess- und Kollisionsrecht – EuZPR/EuIPR, Band Rom I–VO, Rom II–VO, Bearbeitung 2011
Reithmann/Martiny Internationales Schuldvertragsrecht, 8. Aufl. 2015
Richardi Betriebsverfassungsgesetz, 17. Aufl. 2022, zitiert: Richardi/*Verfasser*
Riechert/Nimmerjahn Mindestlohngesetz, 2. Aufl. 2017
Rolfs/Giesen/Kreikebohm/Udsching Beck'scher Online-Kommentar, Arbeitsrecht, 65. Edition, zitiert: BeckOKArbR/*Verfasser*
Rotsch (Hrsg.) Criminal Compliance, 2021
Schaub Arbeitsrechts-Handbuch, 19. Aufl. 2021
ders. Arbeitsrechtliches Formular- und Verfahrenshandbuch, 14. Aufl. 2021, zitiert: Schaub/Schrader/Straube/Vogelsang/*Verfasser*
Schmidt EStG, 41. Aufl. 2022
Schönke/Schröder Kommentar zum StGB, 30. Aufl. 2019
Schüren/Hamann Arbeitnehmerüberlassungsgesetz, 6. Aufl. 2022
Schwab/Weth (Hrsg.) Arbeitsgerichtsgesetz, 6. Aufl. 2022
Schwarz/Pahlke Abgabenordnung/Finanzgerichtsordnung, Online-Ausgabe
Schwarz/Widmann/Radeisen UStG, Online-Ausgabe
Sölch/Ringleb Umsatzsteuer, Loseblatt
Spindler/Stilz Aktienrecht, 5. Aufl. 2022
Streck/Mack/Schwedhelm Tax Compliance, 3. Aufl. 2019
Systematischer Kommentar zum StGB, Band 4, 8. Aufl., Loseblatt, zitiert: SK-StGB/*Verfasser*
Thüsing Arbeitnehmerüberlassungsgesetz, 4. Aufl. 2018
Tipke/Kruse AO/FGO, Loseblatt
Ulber/Ulber (Hrsg.) AÜG – Arbeitnehmerüberlassungsgesetz, 6. Aufl. 2023
Ulmer/Brandner/Hensen AGB-Recht, 13. Aufl. 2022
Ulrich Vertragsgestaltung im Inland – Die VDMA-Geschäftsbedingungen, Erläuterungen und Hinweise für die Praxis, 7. Aufl. 2012
Wandtke/Bullinger Praxiskommentar zum Urheberrecht, 6. Aufl. 2022
Werner/Pastor Der Bauprozess, 15. Aufl. 2015
Wiese/Kreutz/Oetker Gemeinschaftskommentar zum Betriebsverfassungsgesetz, 12. Aufl. 2021, zitiert: GK-BetrVG/*Verfasser*
Winkler (Hrsg.) Sozialgesetzbuch IV, 3. Aufl. 2020
Graf von Westphalen/Thüsing Vertragsrecht und AGB-Klauselwerke, 2022
Zöller Zivilprozessordnung mit Gerichtsverfassungsgesetz und Einführungsgesetzen, 34. Aufl. 2022

1. Teil Problemaufriss: Contractor Compliance

Literatur: *Baeck/Winzer* Drittpersonaleinsatz: Risiko der Fiktion eines Arbeitsverhältnisses mit dem Auftraggeber, NZA 2015, 269; *Forst* Arbeitnehmer – Beschäftigte – Mitarbeiter, RdA 2014, 157; *Greiner* Werkvertrag und Arbeitnehmerüberlassung – Abgrenzungsfragen und aktuelle Rechtspolitik, NZA 2013, 697; *ders.* „Personalhoheit als Schlüsselbegriff zur Abgrenzung von echtem Fremdpersonaleinsatz und verdeckter Arbeitnehmerüberlassung, RdA 2014, 262; *Häferer/Koops* Crowdworker als Arbeitnehmer, NJW 2021, 1787; *Heckelmann* Crowdworking – eine arbeitsrechtliche Bestandsaufnahme, NZA 2022, 73; *Henssler* Fremdpersonaleinsatz durch On-Site-Werkverträge und Arbeitnehmerüberlassung – offene Fragen und Anwendungsprobleme des neuen Rechts, RdA 2017, 83; *Holthausen* Statusfeststellung und Scheinselbstständigkeit – ein Praxisbefund über Etikettenschwindel, Umgehungs-, Schein- sowie verdeckte Rechtsgeschäfte und ihre Folgen, RdA 2020, 92; *Klösel/Mahnhold* Contractor Compliance im neuen AÜG, BB 2017, 1524; *Lembke* Der Einsatz von Fremdpersonal im Rahmen freier Mitarbeit, Werkverträgen und Leiharbeit, NZA 2013, 1312; *ders.* AÜG-Reform 2017 – Eine Reformatio in Peius, NZA 2017, 1; *ders.* Fremdpersonaleinsatz vor neuen Herausforderungen, NZA 2018, 393; *Maschmann* Fremdpersonaleinsatz im Unternehmen und die Flucht in den Werkvertrag, NZA 2013, 1305; *Rieble* Industrienahe Dienstleistungen zwischen freiem Werkvertrag und regulierter Arbeitnehmerüberlassung, ZfA 2013, 137; *Richardi* „Scheinselbstständigkeit" und arbeitsrechtlicher Arbeitnehmerbegrifff, DB 1999, 958; *Schlegel/Geiger* Sozialversicherungsrechtliche Statusfeststellung, NJW 2020, 16; *Thüsing/Hütter-Brungs* Crowdworking: Lenkung statt Weisung – Was macht den Arbeitnehmer zum Arbeitnehmer?, NZA-RR 2021, 231; *Uffmann* Aktuelle Fragen der Solo-Selbstständigkeit, RdA 2019, 360; *Werner/Fausel/Bitsch* Selbstständige IT-Entwickler als Heimarbeiter: Fiktionen, Friktionen und eine folgenreiche Verkehrung in Gegenteile, NZA 2021, 991; *Wisskirchen/Haupt* Crowdworker: Arbeitnehmer oder Selbstständiger?, RdA 2021, 355.

I. Fremdpersonaleinsatz als Compliance-Thema

„Fremdpersonaleinsatz als vernachlässigtes Compliance-Thema" – mit dieser Überschrift hatte die Erstauflage begonnen und hiermit darauf aufmerksam machen wollen, dass dem Thema Fremdpersonaleinsatz neben den klassischen Compliance-Themen wie etwa der Kartell- oder Korruptionsbekämpfung zu diesem Zeitpunkt im Jahr 2016 eine – wenn überhaupt – noch allenfalls untergeordnete Bedeutung zukam. Diese Zeiten sind vorbei. Contractor Compliance, d.h. der Umgang und die Abwicklung der vielfältigen Formen von Fremdpersonaleinsätzen im Unternehmen, ist neben AGG-relevanten Themen im Zuge der MeeToo-Bewegung sicherlich der compliancespezifische Bereich, der in den letzten Jahren am stärksten an **Bedeutung gewonnen** hat.

Die Geschichte des Aufstiegs der Contractor Compliance innerhalb der letzten Jahre ist schnell erzählt und im Wesentlichen auf zwei große Treiber zurückzuführen. Der erste ist tatsächlicher Natur und betrifft die grundlegenden Veränderungen der Arbeitswelt, die unter den Begriffen **New Work** oder **Arbeiten 4.0** verhandelt werden und sich in den letzten Jahren sowohl in der Sache als auch in der Geschwindigkeit noch einmal erheblich intensiviert haben. Das „alte" Normalarbeitsverhältnis erodiert – jedenfalls dort wo möglich – und wird zunehmend durch Beschäftigungsformen verdrängt, die durch ein Mehr an zeitlicher und örtlicher Flexibilität geprägt sind und zum Teil in neuartigen Netzwerken aufgehen, in denen starre und hierarchische Kommunikationsformen der „alten" Arbeitswelt in einer „neuen" digitalen Plattformökonomie aufgehen. Begriffe wie Work on Demand, Crowd- und Clickworking, agiles Arbeiten, Scrum oder Kanban, die vor einigen Jahren ausschließlich einem kleinen Kreis von Arbeitsmarktsoziologen bekannt gewesen sein dürften, sind heute in aller Munde und weisen den Weg. Zahlreiche neue Räume, die den Bedarf an Fremdpersonal auf allen Stufen der Wertschöpfungskette zunehmend und nachhaltig erhöhen; in einigen Bereichen – an prominentester Stelle sei hier die IT genannt – ist ein funktionsfähiger Betrieb ohne den flächendeckenden Einsatz von Fremdpersonal heute schlicht gar nicht mehr vorstellbar.[1]

3 Daneben ist der zweite Treiber rechtlicher Natur und betrifft besonders das Risikoportfolio, das mit derartigen Fremdpersonaleinsätzen im Fall einer sog. Statusverfehlung, d.h. in rechtlicher Terminologie mit einer „Scheinselbstständigkeit" und/oder „illegalen Arbeitnehmerüberlassung", verbunden ist und das sowohl für die beteiligten Unternehmen als auch ganz persönlich für die handelnden Akteure zu teilweise sehr erheblichen Konsequenzen führen kann. Nochmal zur Erinnerung ein kurzer Blick auf die (Rechts-)Folgenseite:

4 Hier sind zunächst die **arbeitsrechtlichen Folgen** einer Umdeutung der Werk- und Dienstverträge in Arbeitsverträge – ggf. auch aufgrund einer unerlaubten Arbeitnehmerüberlassung (§§ 9 Nr. 1, 10 Abs. 1 AÜG) – zu nennen, in Folge dessen die betroffenen Scheinselbstständigen bzw. die illegal Überlassenen den Status regulärer Arbeitnehmer einschließlich Kündigungsschutz und allen sonstigen arbeitsrechtlichen Schutzvorschriften einklagen können. Eine sog. illegale Arbeitnehmerüberlassung stellt zudem eine Ordnungswidrigkeit dar (§ 16 Abs. 1 Nr. 1 und 1a AÜG) und darüber hinaus – und hier kann es im Einzelfall richtig ernst werden – hat insbesondere die unterbliebene Entrichtung der **Sozialversicherungsbeiträge** auch eine **strafrechtliche Dimension** (§ 266a StGB) sowie führt zudem zu erheblichen Haftungsrisiken nicht nur für die betroffenen Unternehmen (§ 28d SGB IV), sondern auch die verantwortlichen Personen (§ 823 BGB i.V.m. § 266a StGB). Abhängig von der Größe des Unternehmens sowie der Anzahl und Dauer der scheinselbstständigen Beschäftigungen können diese Risiken im Einzelfall sogar existenzgefährdend sein.[2]

5 Unabhängig davon deutet aber auch die politische Dimension des Themas Scheinselbstständigkeit (Stichwort: Missbrauchsfälle, Lohndumping etc.) darauf hin, dass die möglichen Folgen einer fehlerhaften Statusfeststellung nicht auf die genannten rechtlichen Sanktionen beschränkt bleiben können. Gerade bei größeren und in der Öffentlichkeit bekannten Unternehmen zeigen gerade zahlreiche öffentlichkeitswirksame Fälle aus der Vergangenheit, dass die mediale Berichterstattung hierüber auch zu nachhaltigen Problemen für das Image des Unternehmens und der jeweiligen Marke führen kann, die weit über die rechtlichen Risiken hinausgehen.[3]

---

1 Zu den empirischen Entwicklungen vgl. nunmehr Bundesministerium für Arbeit und Soziales, Forschungsbericht 601, Selbstständige Erwerbstätigkeit in Deutschland (Aktualisierung 2022).
2 Vgl. zusammenfassend *Werths* BB 2015, 697; *Zieglmeier* NJW 2015, 1914; vgl. auch *Lanziner/Nath* NZS 2015, 210 und 251 jeweils m.w.N.
3 Vgl. zahlreiche Fälle aus der Tagespresse, zuletzt z.B. „Ryan-Air im Visier", Süddeutsche Zeitung (Online-Ausgabe) v. 3.11.2015, abrufbar unter: www.sueddeutsche.de/wirtschaft/billig-airlines-ryanair-im-visier-1.2720289 (zuletzt abgerufen am 16.9.2022).

Auf der einen Seite drohen also umfassende und im Einzelfall existenzbedrohende Haftungsrisiken für Unternehmen und handelnde Akteure, auf der anderen Seite lässt der rechtliche Kriterienkatalog zur Statusabgrenzung allerdings erhebliche Graubereiche, die eine rechtssichere Beantwortung von Statusfragen im Einzelfall zumindest zu einer sehr komplexen Aufgabe macht. Eine im Ergebnis entscheidende „wertende Gesamtbetrachtung" aus einer Vielzahl von Kriterien, die teilweise aus normativen Begriffen wie „Weisungsabhängigkeit" oder „betriebliche Eingliederung" gebildet werden, macht das Problem offensichtlich.[4]

Und auf beiden Seiten haben die **Entwicklungen der letzten Jahre** – jedenfalls aus Sicht der handelnden Akteure auf Unternehmensseite – nicht viel Besserung gebracht. Während die Rechtsprechung von BGH und BSG zur subjektiven Seite der Haftungsvorschriften, d.h. insbesondere zu Vorsatz- bzw. Verschuldensfragen, die diesbezüglichen Hürden zwar ein wenig höher gesetzt und das Haftungsrisiko insoweit zumindest ein wenig kalkulierbarer gemacht hat, zog der Gesetzgeber insbesondere mit dem „Gesetz zur Änderung des Arbeitnehmerüberlassung und anderer Gesetze"[5] (in Kraft getreten zum 1.1.2017) sowie dem „Gesetz gegen illegale Beschäftigung und Leistungsmissbrauch"[6] (in Kraft getreten zum 18.7.2019) die Zügel dagegen weiter an: Neue inhaltliche Anforderungen an die Gestaltung von Fremdpersonaleinsätzen werden hier flankiert durch neue Bußgeldtatbestände im AÜG sowie dem SchwarzArbG. Und auch dort, wo es vereinzelte Vorstöße der Rechtsprechung in Richtung objektivierbarer und klarerer Kriterien zur Statusfrage gab – insbesondere die Rechtsprechung des BSG zur Vergütungshöhe als „wesentliches Kriterium" im Rahmen der Gesamtbetrachtung – wurde dies im weiteren Verlauf zumindest wieder relativiert.[7] Von einem größeren Wurf in Richtung einer abstrakten, berufsspezifischen Fallgruppenbildung kann (allerdings mit durchaus sehr berechtigen rechtlichen Einwänden) keine Rede sein. Durch die neue Legaldefinition des Begriffs Arbeitsvertrags in § 611a BGB bleibt in rechtlicher Hinsicht für die Statusfrage weitestgehend alles beim Alten, einschließlich aller bestehenden Graubereiche und Rechtsunsicherheiten.[8]

Vor diesem Hintergrund ist es nur wenig überraschend, dass das Thema Fremdpersonal in den letzten Jahren großflächigen Einzug auf die Compliance-Landkarte gehalten hat. In den rechtlichen Debatten haben sich Begriffe wie „Contractor Compliance" oder verwandte Begriffe wie „(Schein-)Selbstständigen-Compliance", „Status-Compliance", „Werkvertrags-Compliance", „Freelancer-Compliance", „AÜG-Compliance" oder „Compliance bei Fremdpersonaleinsätzen" mittlerweile fest etabliert und auch in der Praxis kommt heute kaum ein Unternehmen ohne ein System zur Contractor Compliance aus.[9]

---

[4] Vgl. Teil 2 hierzu ausführlich aus den Perspektiven der verschiedenen Rechtsgebiete.
[5] BGBl I 2017, 258.
[6] BGBl I 2019, 1066.
[7] Vgl. *BSG* SRa 2017, 198 – Heilpädagogen; *BSG* NZA 2019, 1583 – Honorarärzte.
[8] Vgl. hierzu ausführlich *Lembke* NZA 2018, 393 ff.
[9] Vgl. initial *Werths* BB 2015, 697; *Zieglmeier* NJW 2015, 1914.

II. Herausforderungen einer Contractor Compliance

9 Gleichwohl bleiben die Implementierung sowie Weiterentwicklung derartiger Compliance-Systeme – insbesondere die dargestellten rechtlichen Implikationen deuten dies bereits an – weiterhin mit zahlreichen bekannten und auch neuen Herausforderungen verbunden.

1. Vielzahl von Beschäftigungsformen

10 In der Praxis sehen sich Compliance-Verantwortliche bereits seit Beginn an mit einer Vielzahl ganz unterschiedlicher Beschäftigungsformen an der Grenze zu einer vermeintlichen Scheinselbstständigkeit und/oder illegalen Arbeitnehmerüberlassung konfrontiert, die eine verallgemeinerbare Statusfeststellung nach einheitlichen Maßstäben unabhängig von jedem konkreten Einzelfall unmöglich macht. Die zunehmende Entwicklung in Richtung Arbeiten 4.0 und die damit einhergehenden neuen Beschäftigungsformen haben dies noch erheblich verstärkt.

a) Solo-Selbstständige

11 Diese erfassen zunächst sog. Solo-Selbstständige, die auf Grundlage eines Werk- oder Dienstvertrags entweder als natürliche Person oder – in letzter Zeit häufig zu beobachten – über eine sog. **„Einzel-GmbH"** oder **„Einzel-UG"** tätig werden. Letzteres bezeichnet die Fälle, das der Auftragnehmer zwar eine juristische Person etwa in Form einer GmbH oder UG darstellt, die allerdings lediglich aus einer einzigen natürlichen Person als deren Alleingesellschafter und Geschäftsführer besteht und die auch über keine weiteren Mitarbeiter verfügt.[10]

12 Die Anzahl der Solo-Selbstständigen ist in Deutschland in der jüngeren Vergangenheit sehr stark gestiegen. Betrug die Zahl im Jahr 2000 noch ca. 1,75 Mio. und entsprach damit in etwa der Anzahl von Selbstständigen mit Beschäftigten, erhöhte sich die Zahl der Solo-Selbstständigen in den darauf folgenden Jahren der politisch geförderten „Ich-AG" bis 2012 um etwa 43 % auf ca. 2,5 Mio., während die Anzahl der Selbstständigen mit Beschäftigten nahezu gleich blieb. Nach 2012 setzte eine leichte Trendumkehr ein und die Anzahl von Soloselbstständigen reduzierte sich um 22 %, jene der Selbstständigen mit abhängigen Beschäftigten um 15 %; beide Werte blieben gleichwohl aber auf diesem recht signifikanten Niveau.[11] Bis heute stellt der Personenkreis der Solo-Selbstständigen damit aber auch weiterhin mit nahezu 60 % die Mehrheit der Selbstständigen.

---

10 Vgl. zuletzt *SG Oldenburg* 31.10.2012 – S 81 R 580/11; *LSG Bayern* 25.6.2003 – L 17 U 203/02.
11 Vgl. Bundesministerium für Arbeit und Soziales, Forschungsbericht 601, Selbstständige Erwerbstätigkeit in Deutschland (Aktualisierung 2022), 16 ff.

Anteil der Selbstständigen an allen Erwerbstätigen, 1996-2020

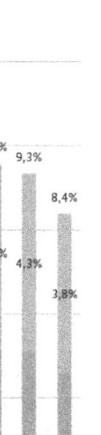

Quelle: Labour Force Survey, Eurostat, eigene Berechnungen.

Mit Blick auf die Berufsstruktur der Solo-Selbstständigen in Deutschland fällt bereits seit einigen Jahren eine Besonderheit im europäischen Vergleich auf, denn in keinem anderen Land gehen eine derart hohe Zahl von über 70 % der Solo-Selbstständigen einer wissenschaftlichen bzw. akademischen, technischen oder gleichrangigen nicht technischen Tätigkeit nach. Dies spiegelt sich auch in der Qualifikationsstruktur wider: Wie bereits Zahlen aus dem Jahr 2011 zeigten, war nirgendwo in Europa – abgesehen von Belgien – der Anteil Solo-Selbstständiger mit einer akademischen Ausbildung von 44 % so hoch wie in Deutschland. Nur ein weit unterdurchschnittlicher Teil von 7 % verfügt über keine Berufsausbildung.[12] Neueste Zahlen zeigen, dass sich dieser Trend in den letzten Jahren weiter fortsetzt und nunmehr 49 % aller Selbstständigen über eine akademische Hochschul- oder Meisterausbildung verfügen, während nur 9 % zu dem Kreis ohne Berufsausbildung gehören.[13]

---

12 Vgl. DIW Wochenbericht 7/2013, Solo-Selbstständige, 5.
13 Vgl. Bundesministerium für Arbeit und Soziales, Forschungsbericht 601, Selbstständige Erwerbstätigkeit in Deutschland (Aktualisierung 2022), 16 ff.

15 Selbstständige und Erwerbstätige nach höchstem beruflichen Bildungsabschluss, 2001-2020

		2001	2006	2011	2018	2019	2020
Selbstständige gesamt	Ohne Berufsausbildung	9%	8%	6%	7%	7%	9%
	Lehre, Fachschule	45%	48%	46%	44%	44%	42%
	Hochschule, Meisterausbildung	46%	44%	48%	49%	49%	49%
Solo-Selbstständige	Ohne Berufsausbildung	10%	9%	7%	7%	7%	9%
	Lehre, Fachschule	50%	52%	49%	47%	46%	44%
	Hochschule, Meisterausbildung	39%	39%	44%	46%	47%	47%
Selbständige mit abhängig Beschäftigten	Ohne Berufsausbildung	7%	8%	6%	7%	7%	9%
	Lehre, Fachschule	40%	42%	41%	41%	40%	40%
	Hochschule, Meisterausbildung	52%	51%	53%	52%	53%	51%
Erwerbstätige gesamt	Ohne Berufsausbildung	17%	16%	13%	12%	13%	13%
	Lehre, Fachschule	58%	59%	59%	58%	57%	55%
	Hochschule, Meisterausbildung	25%	25%	29%	30%	30%	32%

Quelle: Labour Force Survey, Eurostat, eigene Berechnungen.

16 Dieser empirische Befund deckt sich auch mit den praktischen Erfahrungen bei Statusfragen in Bezug auf Solo-Selbstständige. Derartige Verfahren betreffen in vielen Fällen etwa IT-Spezialisten, Entwickler, Ingenieure, sog. Consultants allerlei Fachrichtungen oder wissenschaftliche Fachkräfte, die jeweils über ein sehr hoch spezialisiertes Fachwissen verfügen, das in dieser Form nicht intern beim Auftraggeber abrufbar ist.[14] Auch in diesen Fällen können mit Blick auf die Statusfeststellung aber wesentliche Unterschiede bestehen, da auch diese **hochspezialisierten Tätigkeiten** in einzelnen Fällen entweder als Projektarbeit nach freier zeitlicher Einteilung und ortsungebunden von „zu Hause aus" erledigt werden können, in anderen Fällen aber eine Einbindung in größere Projektteams mit regulären Arbeitnehmern auf dem Betriebsgelände des Auftraggeber-Unternehmens und/oder die umfassende Nutzung von wesentlichen Betriebsmitteln erforderlich sein kann. Während die zuerst genannten Fälle unter Gesichtspunkten einer (Schein-)Selbstständigen-Compliance in der Regel keinen großen Aufwand erfordern, gestaltet sich in den zuletzt genannten Fällen eine rechtssichere Ausgestaltung einer selbstständigen Tätigkeit dagegen oftmals äußerst problematisch.[15] In der Praxis scheidet deshalb schon bei hochspezialisierten Fachkräften eine verallgemeinerbare Statusbeurteilung nach einheitlichen Kriterien aus.

---

14 Vgl. auch die in den empirischen Berichten (Fn. 10 und 11) enthaltenen berufsgruppenbezogenen Angaben bspw. in DIW Wochenbericht 7/2013, Solo-Selbstständige, 6 f.
15 Vgl. die zuletzt bekannt gewordenen Fälle u.a. von IT-Mitarbeitern bei Daimler bei *LAG Baden-Württemberg* NZA 2013, 1017.

Dies gilt erst recht für eine Statusbeurteilung bei weniger fachspezialisierten Solo- **17** Selbstständigen. Denn mit Blick auf die genannten Zahlen und den praktischen Erfahrungen aus der jüngeren Vergangenheit greifen Unternehmen nicht allein auf hochspezialisierte Freelancer zurück. Diese üben in vielen Fällen auch **weniger spezialisierte Tätigkeiten** aus, wie etwa im Bau-, Sicherheits-, Reinigungs- und Pflegegewerbe oder bei Montierern, Bürokräften oder Technikern.[16] In diesen Fällen kommt über die bereits hinsichtlich der hochspezialisierten Solo-Selbstständigen genannten Probleme der weitere Aspekt dazu, dass weniger spezialisierte Tätigkeiten oftmals auch eine effektive Fachaufsicht durch den Auftraggeber bzw. dessen Mitarbeiter erfordern, was ein zusätzliches gewichtiges Indiz für eine Scheinselbstständigkeit bilden kann.[17]

In compliance-relevanter Hinsicht ist eine verallgemeinerbare Statusfeststellung nach **18** einheitlichen Maßstäben jedenfalls nicht möglich. Aufgrund der Vielzahl von Beschäftigungsformen und ihren jeweils konkreten Ausgestaltungen nicht nur innerhalb der Gruppe der Solo-Selbstständigen, sondern auch der möglichen Tätigkeitsfelder bleibt ein jeweils einzelfallabhängiger Zuschnitt der jeweiligen compliance-relevanten Maßnahmen unabdingbar.

b) Outsourcing/Werkvertragsunternehmer

Die Beschäftigungsformen an der Grenze zu einer vermeintlichen Scheinselbststän- **19** digkeit erfassen darüber hinaus auch zahlreiche Fälle, in denen der Auftragnehmer als juristische Person einen **Werk- oder Dienstvertrag** mit dem Auftraggeber-Unternehmen abschließt und zur Erfüllung dieser vertraglichen Verbindlichkeiten eigene Mitarbeiter einsetzt, die dann beim Auftraggeber-Unternehmen tätig werden.

Die Abbildungen unter Rn. 13 bzw. 15 haben es bereits gezeigt: In Deutschland belief **20** sich die Anzahl von Selbstständigen mit eigenen Beschäftigten zuletzt auf etwa 1,59 Mio. Personen bzw. Unternehmen. Hatte der Ausschuss für Arbeit und Soziales des Deutschen Bundestages einen Antrag zur statistischen Erhebung von Leiharbeit und Werkverträgen und den entsprechenden Details der jeweiligen Berufsbilder im Jahr 2013 noch abgelehnt,[18] gingen Branchenschätzungen in diesem Jahr davon aus, dass beispielsweise allein in der Metall- und Elektroindustrie bereits fast ein Drittel aller Mitarbeiter, d.h. insgesamt über eine Million Beschäftigte, als Externe über Werk- und Zeitarbeitsverträge tätig waren.[19] Neusten Zahlen zufolge ergibt sich im Übrigen auch mit Blick auf Tätigkeitsfelder und Hintergrund ein ähnliches Bild wie bei Soloselbstständigen, beispielsweise verfügen Selbstständige mit abhängig Beschäftigten sogar zu 51 % über eine akademische Hochschul- oder Meisterausbildung, während nur 9 % zu dem Kreis ohne Berufsausbildung gehören.[20]

---

16 Vgl. die in den empirischen Berichten (Fn. 10 und 11) enthaltenen berufsgruppenbezogenen Angaben bspw. in DIW Wochenbericht 7/2013, Solo-Selbstständige, 6 f.
17 Vgl. ständige Rechtsprechung *BAG* NZA 2013, 903 m.w.N.
18 Vgl. noch BT-Drucks. 17/9980.
19 Vgl. Spiegel-Online, Outsourcing: Metallindustrie beschäftigt mehr als eine Million Externe, abrufbar unter www.spiegel.de/wirtschaft/unternehmen/eine-million-beschaeftigte-per-werkvertrag-in-der-metallindustrie-a-933989.html, zuletzt abgerufen am 25.8.2022.
20 Vgl. Bundesministerium für Arbeit und Soziales, Forschungsbericht 601, Selbstständige Erwerbstätigkeit in Deutschland (Aktualisierung 2022), 16 ff.

21 Gleichwohl steht Outsorcing weiterhin in der Kritik insbesondere durch gewerkschaftsnahe Kreise, die auf eine Entwicklung hinweisen, wonach seit einigen Jahren, spätestens im Zuge der „Regulierung der Leiharbeit" vor allem durch die Rechtsprechung des BAG,[21] dieses frühere zur Flexibilisierung der Arbeitsbedingungen eingesetzte Gestaltungsmittel zunehmend durch **„neue Werkverträge"** ersetzt wird. Im Gegensatz zu dem bekannten Vorgehen, bei dem Auftraggeber von einem Werkunternehmer lediglich Produkte und Leistungen einkaufen, die nur gelegentlich benötigt werden und deren Erstellung nicht zum Kernkompetenzbereich des Unternehmens zählen, zeichnen sich diese „neuen Werkverträge" vor allem durch drei Merkmale aus:
1. die Werkverträge werden zunehmend auf Dauer und nicht nur gelegentlich geschlossen,
2. es werden Werke, Produkte oder Leistungen eingekauft, die bisher zum Kernbereich der eigenen Produktion gehörten und durch eigene Arbeitnehmer verrichtet wurden,
3. die Produkte oder Leistungen werden von den beauftragten Fremdunternehmen auf dem Betriebsgelände und an Arbeitsplätzen und Maschinen des beauftragenden Unternehmens erstellt (sog. „Onsite-Werkverträge"). Alle drei Merkmale machen diese Form „neuer Werkverträge" in compliance-relevanter Hinsicht höchst brisant.[22]

22 Unabhängig davon wird aber übereinstimmend davon ausgegangen, dass es neben derartigen – zum Teil auch politisch zu missbilligenden – Konstellationen eine weit überwiegende Anzahl eines **„alten Typus"** politisch völlig unverdächtiger Werkunternehmer gibt, die branchenübergreifend einer Vielzahl von Auftraggebern hochspezialisierte Leistungen anbieten, die nicht zu deren jeweiligen Kernkompetenzfeld gehören. Beispiele hierfür sind die Erstellung der zahlreichen abgrenzbaren Gewerke beim Bau von Gebäuden oder Industrieanlagen oder die Entwicklung bestimmter IT-Produkte, hochspezialisierter Test- oder Fertigungsverfahren oder sonstiger Bauteile. Derartige Spezialisierungen innerhalb von Produktionsprozessen waren zu jeder Zeit unabdingbare Voraussetzung einer arbeitsteiligen Marktwirtschaft. In compliance-relevanter Hinsicht sind diese Fälle deshalb auch in aller Regel zu vernachlässigen.[23]

23 Schwierige Abgrenzungsfragen stellen sich in compliance-relevanter Hinsicht aber vor allem zwischen diesen beiden Polen „neuer" **Onsite-Werkverträge** und „alter" Werkverträge über hochspezialisierte Leistungen. Diese entstehen etwa dann, wenn sich ein Auftraggeber in seinem Kernkompetenzfeld z.B. auch bei der Erstellung von Gewerken (Bauunternehmer etc.) für Dritte (Bauherr etc.) seinerseits externer Werkunternehmer (Subunternehmer etc.) bedient, deren Arbeitnehmer dann zusammen mit jenen des Auftraggebers im Rahmen von Projektarbeiten gegenüber Dritten tätig werden. Darüber hinaus ist in der Praxis seit einiger Zeit aber auch ein Prozess eines sog. **Outsourcing** zu beobachten, in Zuge dessen Unternehmen vor allem zur Erfül-

---

21 Vgl. insbesondere *BAG* 14.12.2010 – 1 ABR 19/10 – Tarifunfähigkeit der CGZP; vgl. in der Folge aber auch *BAG* 18.10.2011 – 1 AZR 335/10 – Schwellenwerte des § 111 BetrVG; *BAG* 24.1.2013 – 2 AZR 140/12 – Schwellenwerte des § 23 Abs. 1 S. 3 KSchG; *BAG* 13.3.2013 – 7 ABR 69/11 – Schwellenwerte des § 9 BetrVG; *BAG* 13.3.2013 – 5 AZR 242/12; Bezugnahmeklausel zu CGB-Tarifverträgen; vgl. hierzu *Lembke/Ludwig* NJW 2014, 1329 ff. m.w.N.
22 Vgl. kritisch hierzu *Karthaus/Klebe* NZA 2012, 417.
23 Vgl. die beispielhaft genannten Fälle bei *Baeck/Winzer* NZA 2015, 269 m.w.N.

lung betrieblicher Nebenzwecke zunehmend auf externe Werkunternehmer zurückgreifen. Derartige Outsourcing-Prozesse betrafen in der Vergangenheit vor allem die Bereiche IT, Technik, die Kantine, die Sicherheit bzw. in größeren Industriebetrieben den Werkschutz oder die Reinigung, die Unternehmen spätestens in der jüngeren Vergangenheit zunehmend fremdvergeben und nicht (mehr) durch eigene Arbeitnehmer ausführen lassen.[24]

In diesen zuletzt genannten Fällen ergeben sich die Problematiken in compliance-relevanter Hinsicht vor allem aufgrund der Interaktion der verschiedenen Mitarbeiter von Auftraggeber und Werkunternehmer, die ihre Aufgaben zum Teil auch auf dem gleichen Betriebsgelände verrichten. Vor diesem Hintergrund sind die einzelnen Abgrenzungsfragen in der Folge noch einmal dadurch erschwert worden, indem einige Unternehmen zum Teil auch komplexere Mechanismen etwa in Gestalt von sog. **Ticketsystemen** oder anderweitigen **Repräsentantenmodellen** eingerichtet haben, um die Interaktion der Mitarbeiter zu vermeiden oder jedenfalls in geordnete Bahnen zu lenken und dadurch die Scheinselbstständigkeitsrisiken zu minimieren;[25] gerade im IT-Bereich gehören Ticketsysteme mittlerweile zum festen Bestandteil der Arbeitswelt.

Angesichts dieser Vielzahl von Beschäftigungsformen und konkreten Ausgestaltungen in der Praxis verbietet sich also gerade bei Werkverträgen eine verallgemeinerbare Statusfeststellung nach einheitlichen Maßstäben unabhängig von jedem konkreten Einzelfall. In derartigen Fällen kommt gegenüber dem Einsatz von Solo-Selbstständigen erschwerend hinzu, dass ein derartiges Outsourcing auf Werkvertragsunternehmer oftmals eine Vielzahl dauerhaft eingesetzter Fremdpersonalmitarbeiter betrifft und die Compliance-Risiken damit allein aufgrund dieses Umfangs der Maßnahmen als besonders hoch einzustufen sind.[26]

c) Neuartige Fälle: Crowd- und Clickworking, Scrum, „Work-on-Demand" etc.

Unabhängig von diesen grundlegenden Beschäftigungsformen haben sich in jüngerer Vergangenheit angesichts neuartiger Marktanforderungen auch noch weitere spezielle Formen von Tätigkeiten an der Grenze zur Scheinselbstständigkeit herausgebildet. Auch wenn diese zwar im Grundsatz einer der genannten Beschäftigungsformen, d.h. den Solo-Selbstständigen oder Werkvertragsunternehmen, zuzuordnen sind, weisen sie ganz spezifische Besonderheiten auf, die für die jeweiligen Statusfragen im Rahmen einer (Schein-)Selbstständigen-Compliance von Bedeutung sind.

Eines der ersten prominenten Beispiele für derartige Erscheinungsformen bildete das sog. **Interim-Management**.[27] Dieser Begriff bezeichnet den befristeten Einsatz externer Führungskräfte im Unternehmen im Rahmen einzelfallbezogener Projekte etwa bei geplanten Börsengängen, Unternehmenstransaktionen oder der Sanierung und Restrukturierung von Unternehmen, Produkteinführungen sowie ganz allgemein bei

---

24 Vgl. hierzu die Fallbeispiele bei *Klein-Schneider/Beutler* WSI-Mitteilungen 2013, 144 f.
25 Darüber hinaus bestehen in der Praxis auch zur Abfederung weiterer Indizien für eine Scheinselbstständigkeit auch weitere Mechanismen wie etwa „Mietmodelle" o.Ä., die ein unternehmerisches Risiko für den Auftragnehmer trotz fortlaufender Nutzung von Betriebsmitteln des Auftraggebers indizieren sollen, vgl. *BSG* 29.5.2002 – 5 AZR 161/01.
26 Vgl. die zuletzt bekannt gewordenen Fälle u.a. von IT-Mitarbeitern bei Daimler bei *LAG Baden-Württemberg* NZA 2013, 1017.
27 Vgl. zum Interim-Management *Buschbaum/Klösel* NJW 2012, 1482; *Haag/Tiberius* NZA 2004, 190; *Vogt/Deppen* ArbR Aktuell 2012, 573; *Specovius/Uffmann* ZIP 2016, 295; Schaub/Schrader/Straube/Vogelsang/*Siebert* Rn. 387 ff. m.w.N.

Überbrückung von Vakanzen im Fall des Ausscheidens von Führungskräften. Der zeitlich befristete Einsatz ist insbesondere darauf zurückzuführen, dass Interim-Manager zumeist über ausgeprägte Erfahrungen und Spezialwissen für eine erfolgreiche Bewältigung dieser besonderen Szenarien verfügen. Nach aktuellen Markteinschätzungen beträgt allein die Anzahl der in Deutschland tätigen Interim-Manager ca. 15 000 und das durch derartige Tätigkeiten erzielte Gesamthonorarvolumen mehr als 2 Mrd. EUR im Jahr.[28]

28 Für die Praxis des Interim-Managements kommt neben den Unternehmen und den Interim-Managern den zahlreichen Providern eine wesentliche Bedeutung zu, die den Unternehmen eine Auswahl geeigneter Interim-Manager zur Verfügung stellen. In der Folge ist zwischen zwei grundlegenden Modellen des Interim-Managements zu unterscheiden. Das „angelsächsische Modell", dem auf dem deutschen Markt lediglich eine untergeordnete Bedeutung zukommt, fällt unter die Kategorie der Solo-Selbstständigen, indem Provider und Unternehmen einen so genannten Dienstverschaffungsvertrag abschließen, in dessen Folge es zu einem direkten Vertragsschluss zwischen dem Unternehmen und dem Interim-Manager kommt. Dagegen ist das weit verbreitete „holländische Model" mit der Kategorie des Werkvertragsunternehmens vergleichbar, denn analog zum Fall des Einsatzes von Leiharbeitnehmern entsteht hier ein vertragliches Dreiecksverhältnis: Der Interim-Manager schließt einen Vertrag mit dem Provider und der Provider seinerseits mit dem Unternehmen, bei dem der Interim Manager eingesetzt werden soll.

29 Unabhängig davon ergeben sich in compliance-relevanter Hinsicht mit Blick auf die konkreten Einsatzgebiete von Interim-Managern zahlreiche Unterschiede daraus, ob der Interim Manager im Unternehmen ausschließlich zur Projektarbeit außerhalb des laufenden Tagesgeschäfts oder zur bloßen Überbrückung von Vakanzen im Tagesgeschäft eingesetzt wird. Gerade in dem zuletzt genannten Fall kommt es in der Praxis oftmals zu Einbindungen in die Arbeitsabläufe vor Ort und einer Interaktion zwischen dem Interim-Manager als Führungskraft und den Mitarbeitern des Auftraggeber-Unternehmens, was in compliance-relevanter Hinsicht äußerst problematisch ist. In diesen Fällen können dann auch, ähnlich wie es bei Werkverträgen oftmals praktiziert wird, Mechanismen wie beispielsweise angepasste Repräsentantenmodelle eingesetzt werden, um Interaktionen einzuschränken bzw. in geordnete Bahnen zu lenken und dadurch Risiken im Zusammenhang mit einer Scheinselbstständigkeit zu minimieren.

30 Zudem haben sich in der jüngeren Vergangenheit vor allem in digitalen und weiteren „kreativen" Bereichen weitere neuere Formen der Projektarbeit entwickelt, die im Vergleich zu klassischen Modellen der unternehmerischen Zusammenarbeit, bei denen die Abläufe „von oben" koordiniert werden, durch teamförmige und selbstorganisierte Vorgehensweisen gekennzeichnet sind. In diesem Zusammenhang ist insbesondere das „**Scrum**"[29] zu nennen. Dieser im Englischen für „Gedränge" stehende Begriff bezeichnet einen vor allem im Bereich der Software-Entwicklung anzutreffenden und aus modernen IT Abteilungen praktisch überhaupt nicht mehr wegzudenkenden Projektmanagement-Rahmen, dessen wesentliches Merkmal die Aufteilung eines einheitlichen, zumeist komplexen Prozesses in kleine „gemischte" Einheiten bildet,

---

28 AIMP Providerumfrage 2014: Interim Management in Deutschland, abrufbar unter www.ddim.de/de/medien/bindata/studien/AIMP_PROVIDERUMFRAGE_2014_FOR_SITE.pdf, zuletzt abgerufen am 1.12.2015.
29 Vgl. *Heise/Friedel* NZA 2015, 129 m.w.N.

die ihrerseits oftmals sowohl aus Mitarbeitern unternehmensinterner (IT-)Fachabteilungen sowie externer (IT-)Fachkräfte beteiligter (Softwareentwicklungs-)Unternehmen bestehen. Innerhalb dieser Entwicklerteams wird den einzelnen Beteiligten dann auch eine weitreichende, oft sogar alleinige Gestaltungsmacht über den Arbeitsprozess eingeräumt, sodass es bei konsequenter Anwendung weder zu arbeitsrechtlichen Weisungen des Managements noch darunter angesiedelter Repräsentanten des Auftraggebers an die Entwicklerteams kommt. Derart neuartige Formen der Arbeitsorganisationen eröffnen zwar Gestaltungsspielräume hinsichtlich einer Einbindung Selbstständiger, was in compliance-relevanter Hinsicht aber vor allem eine konsequente Implementierung und Durchführung selbstorganisierter Arbeitsabläufe erfordert.

Auch darüber hinaus deuten eine Vielzahl von Fällen aus der jüngeren Vergangenheit darauf hin, dass (Schein-)Selbstständige mittlerweile in einer nahezu unüberschaubaren Vielzahl von Bereichen des wirtschaftlichen Lebens zum Einsatz kommen. Zu dieser Entwicklung beigetragen haben nicht zuletzt auch neuartige unternehmerische Konzepte, in denen „neue" Start-Ups in Konkurrenz zu „alten" Anbietern bestimmter Dienstleistungen in traditionellen Branchen treten und ein wesentliches Unterscheidungsmerkmal dieser neuen Wettbewerber gerade darin besteht, die Dienstleistungen etwa auf Basis sog. **„Work-on-Demand"**-Konzepte durch Selbstständige und nicht durch angestellte Mitarbeiter zu erbringen. Wie bereits erste Beispiele wie jenes des US-amerikanischen Online-Vermittlungsdienstes für Fahrdienstleistungen „Uber" zeigten, sind derartige Modelle allerdings oftmals mit erheblichen Compliance-Risiken im Zusammenhang mit einer vermeintlichen Scheinselbstständigkeit verbunden.[30]

Heute gehören derartige Konzepte – die Begriffe **Crowdworking** und **Clickworking** stehen geradezu beispielhaft hierfür – ebenfalls zum Alltag der Arbeitswelt 4.0. Dieses oft bemühte Chiffre 4.0 deutet bereits an, dass modernen Treibern wie Digitalisierung und zunehmend entgrenzten Lebensverhältnissen zuzutrauen ist, bestehende Erwerbskonzepte sehr grundlegend und nachhaltig zu verändern. Und auch die ersten Vorboten erhalten Namen und Konturen: Neben Scrum und Interim Management nunmehr zunehmende auch Agile Working, On Demand Economy, Micro Jobber – alles Begrifflichkeiten, die für neuartige Erwerbskonzepte stehen, die zumindest auch einen flexiblen Einsatz sog. Freelancer einbeziehen. Der heimliche Star dieser Arbeitswelt 4.0 ist das sog. Crowdworking, eine Erwerbsform, die nach neuesten Zahlen bereits knapp 5 % der wahlberechtigten Bevölkerung in Deutschland nutzen (Tendenz steigend), in der darüber hinaus aber auch die genannten Treiber der modernen Arbeitswelt geradezu kulminieren: Kurz gesagt erbringen selbstständige Crowdworker – zum Teil über den ganzen Erdball verteilt – einzelne (zugeschnittene) Tätigkeiten, die – in verschiedenen Ausprägungen – über digitale Plattformen angeboten, koordiniert und administriert werden.[31]

Die compliance-spezifische Problematik ist kaum zu übersehen. Bekanntermaßen steht bei der Abgrenzung von Arbeitsverhältnissen zu selbstständigen Freelancern auch nach der Einführung des § 611a BGB noch immer die Frage im Mittelpunkt, ob und inwieweit die betreffende Person in die betrieblichen Abläufe eingegliedert und

---

30 Vgl. Spiegel-Online v. 10.7.2015, Fahrdienst-Vermittler Uber: Fahrer klagen auf Festanstellung, abrufbar unter www.spiegel.de/wirtschaft/unternehmen/uber-fahrer-klagen-auf-festanstellung-a-1042988.html, zuletzt abgerufen am 16.9.2022.
31 Vgl. *Klösel* Infobrief Arbeitsrecht 02/2020, 2 ff.

insoweit arbeitsbezogenen Weisungen unterworfen ist.[32] War früher oftmals eine direkte Kontrolle mittels Weisungen erforderlich, um verschiedene Tätigkeiten zu koordinieren und ggf. zu einem gemeinsamen Arbeitsergebnis zusammenzuführen, genießen Crowdworker heute – in verschiedener Ausprägung – **neuartige Freiheiten**, allerdings übernehmen auch **indirektere Kontrollmechanismen**, die von Reputations- oder Feedbackprozessen bis hin zur schlichten Nichtberücksichtigung bei der Vergabe des Folgeauftrags reichen können. Insoweit war es auch nicht überraschend, dass es ein Fall des Crowdworking auch bereits bis zum BAG geschafft hat, in dem konkreten Einzelfall mit dem Ergebnis: Scheinselbständig.[33]

2. Vielzahl „weicher" Abgrenzungskriterien

34 Neben diesen Abgrenzungsschwierigkeiten aufgrund der zahlreichen und jeweils für sich verschiedenen Beschäftigungsformen an der Grenze zu einer vermeintlichen Scheinselbstständigkeit sind die vorzunehmenden Statusfragen aber auch in rechtlicher Hinsicht mit zahlreichen Problemen verbunden. Dies geht vor allem zurück auf das Fehlen klarer und trennscharfer **Abgrenzungskriterien** zwischen einer selbstständigen Beschäftigung auf Basis von Werk- bzw. Dienstverträgen einerseits und einer Scheinselbstständigkeit bzw. verdeckten Arbeitnehmerüberlassung andererseits, was einen erheblichen richterlichen und behördlichen Entscheidungsspielraum eröffnet und somit – gerade in einem derart stark (wechselnden) rechtspolitisch geprägten Entscheidungsumfeld – zu erheblichen Herausforderungen für eine vorausschauende Fallbewertung unter Compliance-Gesichtspunkten führt.

35 Hieran hat auch die Einführung des § 611a Abs. 1 BGB, der eine Legaldefinition des Begriffs des Arbeitsvertrags enthält, nichts geändert. Ein kurzer Blick auf den Wortlaut macht dies bereits deutlich:

„Durch den Arbeitsvertrag wird der Arbeitnehmer im Dienste eines anderen zur Leistung weisungsgebundener, fremdbestimmter Arbeit in persönlicher Abhängigkeit verpflichtet. Das Weisungsrecht kann Inhalt, Durchführung, Zeit und Ort der Tätigkeit betreffen. Weisungsgebunden ist, wer nicht im Wesentlichen frei seine Tätigkeit gestalten und seine Arbeitszeit bestimmen kann. Der Grad der persönlichen Abhängigkeit hängt dabei auch von der Eigenart der jeweiligen Tätigkeit ab. Für die Feststellung, ob ein Arbeitsvertrag vorliegt, ist eine Gesamtbetrachtung aller Umstände vorzunehmen. Zeigt die tatsächliche Durchführung des Vertragsverhältnisses, dass es sich um ein Arbeitsverhältnis handelt, kommt es auf die Bezeichnung im Vertrag nicht an."

Kurzum: Es bleibt dabei, eine Vielzahl weicher Abgrenzungskriterien; was aus rechtlicher Sicht – ohne an dieser Stelle näher hierauf einzugehen – konsistent und auch nachvollziehbar sein mag,[34] stellt die Praxis gerade aus Compliance-Sicht vor erhebliche Herausforderungen.

a) Vielzahl von Kriterien

36 Dies ist zunächst auf die bloße Vielzahl der maßgeblichen Abgrenzungskriterien zurückzuführen. Vor allem die Rechtsprechung hat zwar einige grundlegende Abgrenzungskriterien zur Scheinselbstständigkeit entwickelt – beispielsweise das Vorliegen von Weisungen nach Inhalt, Zeit und Ort der Tätigkeit durch den Auftraggeber, die

---

32 Ständige Rechtsprechung *BAG* 17.4.2013 – 10 AZR 668/12.
33 *BAG* 1.12.2020 – 9 AZR 102/20; vgl. *Klösel* Infobrief Arbeitsrecht 02/2020, 2 ff.
34 Zum Arbeitnehmerbegriff vgl. bspw. Schaub/*Vogelsang* ArbR-HB, § 8 Rn. 9 ff., 44 ff.

Eingliederung in eine fremde Arbeitsorganisation durch eine Zusammenarbeit mit Arbeitnehmern des Auftraggebers oder durch das Nutzen dessen Betriebsmittel etc. – die dann auch den maßgeblichen Entscheidungen zugrunde gelegt werden. Diese Vielzahl der einzelnen Abgrenzungskriterien – so nunmehr auch ausdrücklich in § 611a Abs. 1 BGB verankert – wird allerdings ohne Bestehen einer klaren Hierarchie oder anderweitiger verbindlicher Abwägungsvorgaben einer **ergebnisoffenen Gesamtschau** zugeführt, die im Ergebnis über das Vorliegen eines selbstständigen Dienst- bzw. Werkvertragsverhältnisses oder einer Scheinselbstständigkeit bzw. verdeckter Arbeitnehmerüberlassung entscheidet.[35]

Vor diesem Hintergrund gibt es sicherlich auch Einzelfälle, bei denen nahezu alle Kriterien für oder gegen eine selbstständige Beschäftigung vorliegen und damit die Statusfeststellung verhältnismäßig einfach vorzunehmen ist. So wird beispielsweise für den oben geschilderten Fall, dass ein Werkunternehmer branchenübergreifend einer Vielzahl von Auftraggebern hochspezialisierte und nicht zu deren jeweiligen Kernkompetenzfeld gehörende Leistungen wie z.B. die Herstellung und Wartung bestimmter IT-Produkte anbietet und die hierbei eingesetzten Mitarbeiter des Werkunternehmers weder mit jenen des Auftraggebers in Kontakt kommen noch jedwede Betriebsmittel des Auftraggebers einsetzen, ohne begründeten Zweifel von dem Vorliegen eines echten Werk- oder Dienstvertrags auszugehen sein. Dagegen werden ernste Zweifel insbesondere dann angemeldet sein, wenn vormals durch eigene Arbeitnehmer getätigte Leistungen auf Werkvertragsunternehmen ausgelagert werden und Unternehmen nunmehr zur Erledigung der gleichen Tätigkeiten auf Fremdpersonal zurückgreifen, ohne dass es zu jedweden Veränderungen in der Organisation dieser Tätigkeiten gekommen ist.[36]

37

In der Praxis ist eine derart einfache Zuordnung bei einer Vielzahl von Fällen allerdings nicht möglich. Wie die Beispiele auch aus der jüngeren Rechtsprechung zeigen, handelt es sich oftmals um Tätigkeitsformen an der Grenze zu einer vermeintlichen Scheinselbstständigkeit, die sowohl zahlreiche Kriterien „für" aber auch „gegen" das Bestehen freier Werk- oder Dienstverträge erfüllen. Dies eröffnet den betroffenen Gerichten oder Behörden einen erheblichen Entscheidungsspielraum, der – gerade bei gerichtlichen Entscheidungen – dazu führt, dass der jeweiligen Statusfeststellung ein umfassender Abwägungsvorgang zugrunde liegt, dessen Ausgang oftmals nur durch Kleinigkeiten bestimmt wird. So kann es etwa dazu kommen, dass die betriebliche Eingliederung aufgrund der Benutzung von technischen Gerätschaften des Auftraggebers in einigen Fällen entscheidend zur Annahme einer Scheinselbstständigkeit führt, in anderen Fällen dagegen anderweitige Kriterien wie das Fehlen einer Weisungsbefugnis des Auftraggebers für schwerwiegender bewertet werden und zu der Annahme einer selbstständigen Tätigkeit führen.[37]

38

b) „Weiche" Kriterien

Zusätzlich zu dieser Vielzahl von Abgrenzungskriterien ermöglichen aber auch oftmals die einzelnen durch die Rechtsprechung entwickelten Kriterien an sich bereits keine trennscharfe Abgrenzung zur Scheinselbstständigkeit. Wie bereits gezeigt,

39

---

35 Ständige Rechtsprechung *BAG* NZA 2013, 903; vgl. auch Referentenentwurf des Bundesministeriums für Arbeit und Soziales, Stand 11.11.2015, S. 29 f. m.w.N.
36 Vgl. Rn. 21 und 22; weitere Beispiele u.a. bei *Baeck/Winzer* NZA 2015, 269 m.w.N.
37 Vgl. zuletzt *BAG* NZA-RR 2012, 455 – Sicherheitsassistenten auf Flughafen.

besteht gerade bei diesem Thema ein stark (rechts-)politisch geprägtes Entscheidungsumfeld, mit der Folge, dass die Bedeutung einzelner Kriterien – parallel zur Entwicklung dieses (rechts-)politischen Umfelds – erheblichen Veränderungen unterliegt.

40 Ein Beispiel hierfür bildet etwa die Rechtsprechung zur Abgrenzung von **werks-** und **arbeitsbezogenen Weisungen** von Repräsentanten des Auftraggebers gegenüber den durch den Auftragnehmer zur Erledigung der vertraglich geschuldeten Tätigkeiten eingesetzten Mitarbeitern. In früheren Jahren, d.h. noch in den Zeiten der politisch geförderten „Ich-AG" Ende der 1990er und Anfang der 2000er Jahre, hatte die Rechtsprechung hier noch verhältnismäßig lockere Kriterien angelegt und das Vorliegen lediglich werksbezogener Weisungen und damit eines Werkvertrags selbst in Fällen bestätigt, in denen eingesetzte Mitarbeiter – unter dem Fehlen jedweder Repräsentantenmodelle – über Jahre keinerlei Weisungen mehr von dem Auftragnehmer als ihrem Arbeitgeber erhalten haben und „Beanstandungen ihrer Arbeit" ausschließlich unmittelbar von dem Werkstattleiter des Auftraggebers ausgesprochen wurden.[38] Mit Blick auf die neuere Rechtsprechung, d.h. in den Zeiten der aufkommenden rechtspolitischen Kritik am sog. „Missbrauch von Werkverträgen", wird dagegen selbst dann von Scheinwerkverträgen und einer verdeckten Arbeitnehmerüberlassung ausgegangen, wenn – im Gegensatz zu den früheren Fällen – sogar **Repräsentantenmodelle** zur Koordinierung der Interaktionen zwischen dem Auftraggeber und den durch den Auftragnehmer eingesetzten Mitarbeitern eingeführt sind, in der Praxis aber lediglich nicht durchgängig gelebt werden.[39]

c) Variierender Kriterienkatalog

41 Zusätzlich zu dieser Vielzahl „weicher" Abgrenzungskriterien ist bei der Beurteilung von Statusfragen ebenfalls zu berücksichtigen, dass jedenfalls in einigen Sonderfällen ein abweichender Kriterienkatalog zugrunde zu legen ist, der entweder angesichts der betroffenen Rechtsgüter modifizierte Maßstäbe enthält oder in den noch weitere rechtliche Kriterien einzustellen sind.

42 In diesem Zusammenhang ist unter anderem die Rechtsprechung zur Abgrenzung eines Arbeitsverhältnisses zum freien Dienstverhältnis im Fall sog. „**programmgestaltender Mitarbeiter**" **im Rundfunkbereich** zu nennen. Der in diesen Fällen zu beachtende verfassungsrechtliche Schutz der Rundfunkfreiheit nach Art. 5 Abs. 1 S. 2 GG führt dazu, dass in diesen Fällen im Rahmen der Abgrenzung zur Scheinselbständigkeit zusätzlich berücksichtigt werden muss, ob die verfügbaren Vertragsgestaltungen in einem Arbeitsverhältnis – z.B. in Form von Teilzeit- und Befristungsabreden – in tatsächlicher oder rechtlicher Hinsicht zur Sicherung der Aktualität und Flexibilität der Berichterstattung überhaupt in gleicher Weise geeignet sind wie die Beschäftigung in freier Mitarbeit.[40] Unabhängig davon zeigen aber auch andere Fallgestaltungen, dass mit Blick auf den konkreten Einzelfall auch anderweitige rechtliche Aspekte wie eine öffentlich-rechtliche Beleihung der eingesetzten Mitarbeiter oder weitere öffent-

---

38 Vgl. *BAG* 2.7.1996, BeckRS 30770062, in den Entscheidungsgründen war hier im Übrigen sogar wortwörtlich nicht von Beanstandungen der Werkleistung, sondern von Beanstandungen der „Arbeit" die Rede.
39 Vgl. die zuletzt bekannt gewordenen Fälle u.a. von IT-Mitarbeitern bei Daimler bei *LAG Baden-Württemberg* NZA 2013, 1017.
40 *BVerfG* 18.2.2000, NZA 2000, 653; vgl. auch *BAG* 17.4.2013 – 6 Sa 411/11; *BAG* 21.1.1998 – 5 AZR 50/97; *BAG* 26.5.1999 – 5 AZR 469/98; *BAG* 13.1.1983 – 5 AZR 149/82.

lich-rechtliche Vorgaben z.B. im Rahmen einer Personalgestellung zur Erledigung öffentlicher Aufgaben weitere Indizien für oder gegen eine Scheinselbstständigkeit liefern können.[41]

d) Uneinheitliche Rechtsprechungs- und Verwaltungspraxis

Insgesamt führt diese Vielzahl „weicher" Abgrenzungs-Kriterien unter Compliance-Gesichtspunkten somit zu erheblichen Herausforderungen für eine vorausschauende Bewertung der jeweiligen Statusfragen. Es ist daher auch keine Seltenheit, dass – wie sich ebenfalls an einem Fall aus jüngerer Vergangenheit zeigen lässt – ein erstinstanzliches Arbeitsgericht das Vorliegen eines freien Werkvertrags bestätigt, das in zweiter Instanz zuständige Landesarbeitsgericht diesen Fall dagegen anders beurteilt und von einem Arbeitsverhältnis ausgeht, das Bundesarbeitsgericht in letzter Instanz – und das Ganze nahezu 5 Jahre nach Klageerhebung – den Fall dann aber wiederum mangels hinreichender Sachverhaltsaufklärung über die tatsächliche Vertragsdurchführung für nicht entscheidungsreif befindet und an das zuständige Landesarbeitsgericht zurückverweist.[42] Und auch aus der jüngeren Vergangenheit am Beispiel des „prominenten" Crowdworkers: Während das BAG in letzter Instanz von einem Arbeitsverhältnis ausgegangen ist, haben beide Vorinstanzen des ArbG München wie auch des LAG München den gleichen Sachverhalt im Ergebnis genau gegensätzlich beurteilt.[43]

43

3. Vielzahl betroffener Rechtsgebiete

Dieses Problem des Fehlens klarer und trennscharfer Abgrenzungskriterien wird in Folge dadurch weiter verschärft, dass bei derartigen Statusfragen ganz unterschiedliche Rechtsgebiete vom Arbeits- über das Sozialversicherungs- und Steuerrecht bis hin zum Strafrecht betroffen sind. Dies hat zur Folge, dass nicht nur unterschiedliche Behörden wie die zuständigen Sozialversicherungs- und Finanzbehörden mit derartigen Fällen konfrontiert sein können, sondern auch ganz unterschiedliche Gerichtsbarkeiten von den Arbeits- über die Sozial- und Finanz- bis hin zu den ordentlichen Strafgerichten über derartige Statusfragen entscheiden.

44

Unter Compliance-Gesichtspunkten hat dies zur Folge, dass es für eine vorausschauende Bewertung der jeweiligen Statusfragen unter Umständen auch nicht ausreichend sein kann, beispielsweise lediglich arbeitsrechtliche Expertise einzuholen, sondern darüber hinaus auch ergänzend auf Straf-, Sozialversicherungs- oder Steuerrechtsexperten zurückzugreifen, die zum einen in der Sache über den notwendigen „fachmännischen" Blick aus der jeweiligen rechtlichen Perspektive, darüber hinaus aber auch über Erfahrungen mit den einschlägigen Behörden oder Gerichten und den jeweiligen – zum Teil auch lokal variierenden – Entscheidungspraxen verfügen.

45

4. Vielzahl erforderlicher Compliance-Maßnahmen

Neben diesen rechtlichen und faktischen Herausforderungen für eine (Schein-)Selbstständigen-Compliance kommt hinzu, dass ein effektives Compliance-Programm keineswegs auf einmalige Maßnahmen wie zum Beispiel einen Vertragsschluss o.Ä. zu beschränken ist, sondern eine Vielzahl von langfristigen Maßnahmen voraussetzt.

46

---

41 Vgl. zuletzt *BAG* NZA-RR 2012, 455 – Sicherheitsassistenten auf Flughafen.
42 Vgl. *BAG* 20.5.2009 – 5 AZR 31/08; vgl. zuvor *LAG Sachsen* 19.2.2007 – 8 Sa 39/06; *ArbG Leipzig* 4.11.2005 – 9 Ca 1980/05.
43 Vgl. *ArbG München* 20.2.2019 – 19 Ca 6915/18; *LAG München* 4.12.2019 – 8 Sa 146/19; *BAG* 1.12.2020 – 9 AZR 102/20; vgl. *Klösel* Infobrief Arbeitsrecht 02/2020, 2 ff.

a) Vertrag und/oder gelebte Vertragspraxis?

47 Dies ist dem Umstand geschuldet, dass die geschlossenen Werk- oder Dienstverträge der verabredeten Tätigkeit zwar ein gewisses Gepräge geben können, es für die Statusbeurteilung der Behörden und Gerichte letztendlich aber auf die praktische Umsetzung der Tätigkeiten in der betrieblichen Praxis ankommt. Denn nach ständiger Rechtsprechung und auch der maßgeblichen Verwaltungspraxis ist stets der für die Statusfeststellung relevante „objektive Geschäftsinhalt" zu ermitteln, der zwar sowohl den ausdrücklich getroffenen Vereinbarungen, darüber hinaus aber auch der praktischen Durchführung des Vertrags zu entnehmen ist. Für den Fall eines Widerspruchs zwischen Vertragsinhalt und **gelebter Vertragspraxis** ist letztere sogar allein maßgebend. Darüber hinaus hat die Rechtsprechung auch mehrfach betont, dass es für die Bestimmung der letztlich maßgeblichen Vertragspraxis auch nicht auf einmalige Standards ankommt, sondern diese über einen längeren Zeitraum gelebt werden müssen.[44] Auch dieser Grundsatz, wonach es maßgeblich auf die die praktische Umsetzung der Tätigkeiten in der betrieblichen Praxis ankommt, ist durch § 611a BGB nunmehr gesetzlich niedergelegt werden (vgl. § 611 Abs. 1 S. 5 BGB).

b) Vertragsmanagement

48 Dies hat zur Folge, dass eine wirksame Contractor-Compliance in der Praxis zum einen ein effizientes **Vertragsmanagement** erfordert, das sich an den Kriterien zur Vermeidung einer Scheinselbstständigkeit orientiert. In diesem Zusammenhang ist etwa entscheidend, den Vertragsgegenstand, d.h. das geschuldete Werk oder die Dienstleistung, derart konkret in dem Vertrag zu bestimmen, dass in der Folge kein Raum für weitere Konkretisierungen durch Weisungen des Auftraggebers verbleibt. Sollte dies aufgrund der Umstände des Einzelfalls nicht ausreichend sein, um beispielsweise mögliche Interaktionen zwischen den Mitarbeitern des Auftraggebers und Auftragnehmers in Form von arbeitsbezogenen Weisungen zu unterbinden, sind weitere vertragliche Regelungen wie etwa eine Festlegung von Ticketsystemen oder sonstiger Repräsentantenmodelle erforderlich.[45]

c) Fallmanagement

49 Gleichwohl beschränken sich die erforderlichen Maßnahmen aber nicht auf ein derartiges Vertragsmanagement, sondern umfassen auch zahlreiche **Implementierungs- und Überwachungsmaßnahmen**, die erst gewährleisten können, dass die Verträge auch in der betrieblichen Praxis entsprechend gelebt werden und konkretisierende Weisungen des Auftraggebers unterbleiben. Wie bereits gezeigt, lassen sich gerade in vergangener Zeit Fälle nachvollziehen, in denen alle Voraussetzungen für Werkverträge einschließlich in der Vereinbarung erforderlicher **Ticketsysteme** erfüllt waren, eine Scheinselbstständigkeit aber dennoch nicht verhindert werden konnte, weil keine entsprechenden Implementierungs- uns Überwachungsmaßnahmen installiert waren, um sicherzustellen, dass das vertraglich vereinbarte Ticketsystem in der Praxis auch durchgängig gelebt wurde.[46]

---

44 Ständige Rechtsprechung *BAG* NZA 2012, 1433; vgl. auch Referentenentwurf des Bundesministeriums für Arbeit und Soziales, Stand 14.4.2016, S. 29 f. m.w.N.; vgl. hierzu auch *von Medem* DStR 2013, 1436.
45 Vgl. zuletzt *BAG* NZA-RR 2012, 455 m.w.N.
46 Vgl. die zuletzt bekannt gewordenen Fälle u.a. von IT-Mitarbeitern bei Daimler bei *LAG Baden-Württemberg* NZA 2013, 1017.

d) Sonstige Maßnahmen

Darüber hinaus können auch weitere Maßnahmen zu Risikominimierung einzubeziehen sein. In diesem Zusammenhang wurde in der Vergangenheit beispielsweise etwa unter dem Begriff der sog. „**Fallschirmlösung**" ein Lösungsansatz diskutiert, wonach für den Fall, sollten sich die auf Grundlage eines an sich vereinbarten Dienst- oder Werkvertrags erbrachten Leistungen als eine verdeckte Arbeitnehmerüberlassung herausstellen, das (vorsorgliche) Einholen einer Arbeitnehmerüberlassungserlaubnis durch den Auftragnehmer verhindern soll, dass die eingesetzten Arbeitnehmer aufgrund der gesetzlichen Fiktion des § 10 Abs. 1 AÜG ein Arbeitsverhältnis zu dem Auftraggeber geltend machen können. Dem hat die AÜG Reform aus dem Jahr 2017 mit der in § 1 Abs. 1 S. 5 AÜG verankerten Kennzeichnungspflicht allerdings ausdrücklich einen Riegel vorgeschoben.

Dieses Beispiel zeigt, dass bei allen derartigen Strategien die aktuellen Entwicklungen der Rechtsprechung und Gesetzgebung genau zu beobachten sind. Wie die „Fallschirmlösung" zeigt, bestand angesichts der widersprechenden Entscheidungen verschiedener Kammern des LAG Baden-Württemberg zunächst eine erhebliche Rechtsunsicherheit, ob sich die unerwünschten Rechtsfolgen einer Scheinselbstständigkeit auch tatsächlich durch eine vorsorgliche Arbeitnehmerüberlassungserlaubnis vermeiden lassen.[47] Später ist dann der Gesetzgeber tätig geworden und hat diesen Hebel dann endgültig untersagt.

5. Vielzahl von weiteren compliance-relevanten Bereichen

Ein letztes Problem im Zusammenhang mit dem Aufbau und der Implementierung einer wirksamen Contractor Compliance besteht darin, dass sich diese nicht allein auf die bislang behandelten Statusfragen beschränkt. Abhängig von dem jeweils konkreten Einzelfall und der geplanten Tätigkeit können im Zusammenhang mit dem Einsatz von Fremdpersonal eine ganze Reihe weiterer rechtlicher Aspekte in den Vordergrund treten und die verbleibenden Statusfragen unter Compliance-Gesichtspunkten sogar zur Randnotiz werden lassen.

a) Regulierung der Haftungsrisiken

Ein erstes Beispiel, das in der Praxis häufig etwas in den Hintergrund gerät, bildet die vertragliche und ggf. auch versicherungsmäßige Regulierung drohender **Haftungsrisiken** im Zusammenhang mit Fremdpersonaleinsätzen. Wie mittlerweile eine ganze Reihe haftungssensibler Fälle aus der Praxis zeigen, können beim Einsatz von Fremdpersonal erhebliche Schäden für das Unternehmen, darüber hinaus aber auch für Dritte wie etwa Kunden oder Lieferanten entstehen. Ein Haftungsrückgriff kommt in derartigen Fällen gegen das eingesetzte Fremdpersonal selbst (z.B. deliktisch, § 823 BGB oder organschaftlich, §§ 43 Abs. 2 GmbHG, 93 Abs. 2 AktG), aber auch gegen das Auftragnehmerunternehmen (z.B. vertraglich, § 280 BGB i.V.m. § 278 BGB oder deliktisch, § 823 Abs. 1 BGB i.V.m. Verkehrssicherungspflichten) in Betracht. Für die Praxis einer effektiven (Schein-)Selbstständigen-Compliance bedeutet dies, dass in derartigen Fällen – neben der Regelung von Statusfragen – nicht nur eine Vielzahl

---

47 Vgl. bejahend *LAG Baden-Württemberg* (4. Kammer) 3.12.2014 – 4 Sa 41/14; verneinend *LAG Baden-Württemberg* (3. und 6. Kammer) 8.4.2015 – 3 Sa 53/14 und 7.5.2014 – 6 Sa 78/14; die Revision ist zurzeit anhängig unter *BAG* – 9 AZR 51/15; vgl. hierzu auch *Ulrici* NZA 2011, 456.

von Möglichkeiten einer vertraglichen Regulierung der Haftungsrisiken (z.B. Haftungsklauseln oder auch Haftungsausschlüsse, -begrenzungen oder -beschränkungen), sondern auch mögliche Versicherungslösungen (z.B. D&O-Versicherung, Betriebshaftpflichtversicherung) einbezogen werden müssen.[48] Gleichwohl ist insbesondere von strafrechtlicher Seite aber bereits eingewandt worden, dass sich derartige rechtliche Präventivkonstruktionen auf der subjektiven Seite möglicherweise vorsatzbegründend auswirken können, sodass insoweit weitere Vorsicht geboten ist.[49]

b) Regulierung von Eigentums- und Nutzungsrechten

54 Weitere Compliance-Aspekte unabhängig von Statusfragen ergeben sich darüber hinaus bei nahezu allen Einsätzen von Fremdpersonal, in deren Rahmen Selbstständige hochspezialisierte Tätigkeiten erbringen und in diesem Rahmen an Entwicklungen beteiligt sind, die im weitesten Sinne **intellektuellen Schutzrechten** wie etwa Urheber- oder Patentrechten unterliegen können. Ein Beispiel hierfür bildet etwa die Softwareentwicklung oder die Beteiligung an sonstigen Entwicklungsprozessen beispielsweise im Rahmen der Fertigung hochspezialisierter Bau- und Einzelteile. In derartigen Fällen kommt es unter Compliance-Gesichtspunkten oftmals nicht nur auf Statusfragen an, dagegen spielt die **vertragliche Regulierung** der Eigentums- und Nutzungsrechte an den jeweiligen Werkleistungen oftmals sogar eine entscheidende Rolle.

c) Keine Beschränkung auf Statusfragen

55 Bei allem berechtigten Fokus der (Schein-)Selbstständigen-Compliance auf **Statusfragen** sollten derartige weitere compliance-relevante Bereiche in der Praxis jedenfalls nicht ausgeblendet werden. Wenn dies – ganz pauschal – vor allem in den Fällen gilt, in denen Selbstständige hochspezialisierte Tätigkeiten verrichten, hat die Übersicht gerade über die Tätigkeiten von Solo Selbstständigen und ihre regelmäßigen Einsatzgebiete gezeigt, dass dies sogar die Mehrzahl der Selbstständigen-Einsätze betrifft (vgl. Rn. 12 ff.).

III. Eckpfeiler einer Contractor Compliance

56 Insgesamt ist die Einführung einer effektiven Contractor Compliance mit zahlreichen rechtlichen, aber auch praktischen und organisatorischen Herausforderungen verbunden. Vor dem Hintergrund dieser Herausforderungen lassen sich die notwendigen Eckpunkte einer derartigen Contractor Compliance ganz grob wie folgt umreißen:

57 – *Risikoanalyse*, d.h. Evaluierung der Haftungs- sowie weiterer Compliance-Risiken in Anbetracht des Umfangs des geplanten oder vollzogenen Outsourcings etc.
 – *Fallanalyse*, d.h. Feststellung der praktischen Umsetzbarkeit eines geplanten Fremdpersonaleinsatzes auf Basis von Dienst- oder Werkverträgen in Anbetracht der konkreten Tätigkeiten etc.
 – *Vertragsmanagement*, d.h. Entwurf von Musterverträgen einschließlich etwaiger spezifischer Regelungen zur Regulierung von Statusfragen und weiterer compliance-relevanter Aspekte etwa aus den Bereichen Haftung oder IP etc.

---

48 Für den Bereich des Interim-Management vgl. *Buschbaum/Klösel* NJW 2012, 1482, 1484 f.
49 NK-StGB/*Tag* § 266a StGB, Rn. 81.

- *Fallmanagement*, d.h. Implementierung von Überwachungs- und Kontrollsystemen zur Umsetzung der Verträge in der betrieblichen Praxis sowie ggf. weiterer Mechanismen etwa zur Koordinierung des Fremdpersonaleinsatzes an Schnittstellen zu eigenen Arbeitnehmern und/oder Betriebsmitteln (z.B. Ticketsysteme oder sonstige Repräsentantenmodelle, Mietmodelle) etc.
- *Rechtsmanagement*, d.h. Evaluierung des rechtlichen Rahmens anhand neuerer Entwicklungen in Gesetzgebung und Rechtsprechung etc.

Gleichwohl ist das Thema Fremdpersonal mittlerweile fester Bestandteil der Compliance-Landkarte, trotz all dieser Herausforderungen. Von multinationalen Konzernen bis hin zum Mittelstand, mittlerweile dürfte es kaum noch Unternehmen geben, in denen das Thema Contractor Compliance in den letzten Jahren keine Rolle gespielt und infolge dessen – wie intensiv auch immer ausgeprägt – auch Eingang in die Prozesse bei Legal, HR und/oder Einkauf geführt hat. Stand heute sind auch einschneidende Veränderungen hinsichtlich des rechtlichen und/oder praktischen Umfeldes der Contractor Compliance nicht absehbar, ganz im Gegenteil, wie gerade die Entwicklungen der letzten Jahre gezeigt haben (vgl. unter I., Rn. 1–10). Alles in allem lassen gerade diese Entwicklungen nur den Schluss zu, dass das Thema der Contractor Compliance weiter prägend bleibt und sich Unternehmen und Verantwortliche hierbei stets den neuen rechtlichen und praktischen Entwicklungen stellen müssen.. Davon ausgehend sollen die folgenden Kapitel – diese neuen Entwicklungen in der zweiten Auflage entsprechend berücksichtigend – aus arbeits-, sozialversicherungs-, straf-, steuer- und zivilrechtlicher Perspektive einen interdisziplinären Überblick über das Thema Contractor Compliance und die damit verbundenen Einzelaspekte geben und hiermit einen möglichst umfassenden Leitfaden zur Entwicklung und Implementierung einer derartigen Contractor Compliance in der Praxis liefern.

2. Teil Der Arbeitgeberbegriff in der deutschen Rechtsordnung

1. Kapitel
Definition des arbeitsrechtlichen Arbeitgeberbegriffs

Literatur: *Baeck/Winzer* Drittpersonaleinsatz: Risiko der Fiktion eines Arbeitsverhältnisses mit dem Auftraggeber, NZA 2015, 269; *Forst* Arbeitnehmer – Beschäftigte – Mitarbeiter, RdA 2014, 157; *Greiner* Werkvertrag und Arbeitnehmerüberlassung – Abgrenzungsfragen und aktuelle Rechtspolitik, NZA 2013, 697; *ders.* „Personalhoheit als Schlüsselbegriff zur Abgrenzung von echtem Fremdpersonaleinsatz und verdeckter Arbeitnehmerüberlassung, RdA 2014, 262; *Häferer/Koops* Crowdworker als Arbeitnehmer, NJW 2021, 1787; *Heckelmann* Crowdworking – eine arbeitsrechtliche Bestandsaufnahme, NZA 2022, 73; *Henssler* Fremdpersonaleinsatz durch On-Site-Werkverträge und Arbeitnehmerüberlassung – offene Fragen und Anwendungsprobleme des neuen Rechts, RdA 2017, 83; *Holthausen* Statusfeststellung und Scheinselbstständigkeit – ein Praxisbefund über Etikettenschwindel, Umgehungs-, Schein- sowie verdeckte Rechtsgeschäfte und ihre Folgen, RdA 2020, 92; *Klösel/Mahnhold* Contractor Compliance im neuen AÜG, BB 2017, 1524; *Lembke* Der Einsatz von Fremdpersonal im Rahmen freier Mitarbeit, Werkverträgen und Leiharbeit, NZA 2013, 1312; *ders.* AÜG-Reform 2017 – Eine Reformatio in Peius, NZA 2017, 1; *ders.* Fremdpersonaleinsatz vor neuen Herausforderungen, NZA 2018, 393; *Maschmann* Fremdpersonaleinsatz im Unternehmen und die Flucht in den Werkvertrag, NZA 2013, 1305; *Rieble* Industrienahe Dienstleistungen zwischen freiem Werkvertrag und regulierter Arbeitnehmerüberlassung, ZfA 2013, 137; *Richardi* „Scheinselbstständigkeit" und arbeitsrechtlicher Arbeitnehmerbegrifff, DB 1999, 958; *Schlegel/Geiger* Sozialversicherungsrechtliche Statusfeststellung, NJW 2020, 16; *Thüsing/Hütter-Brungs* Crowdworking: Lenkung statt Weisung – Was macht den Arbeitnehmer zum Arbeitnehmer?, NZA-RR 2021, 231; *Uffmann* Aktuelle Fragen der Solo-Selbstständigkeit, RdA 2019, 360; *Werner/Fausel/Bitsch* Selbstständige IT-Entwickler als Heimarbeiter: Fiktionen, Friktionen und eine folgenreiche Verkehrung in Gegenteile, NZA 2021, 991; *Wisskirchen/Haupt* Crowdworker: Arbeitnehmer oder Selbstständiger?, RdA 2021, 355.

I. Einführung

1 In der deutschen Arbeitsrechtsordnung sind mit der Stellung als Arbeitgeber zahlreiche arbeitsrechtliche Pflichten verbunden, die in den meisten Fällen eines Einsatzes von Fremdpersonal gerade vermieden werden sollen.[1] Dennoch wird der Begriff des Arbeitgebers – § 611a Abs. 1 BGB betrifft streng genommen zunächst einmal lediglich den Begriff des Arbeitsvertrags – durch das Gesetz an keiner Stelle definiert, sondern lediglich stillschweigend vorausgesetzt. Mit Blick auf die arbeitsgerichtliche Rechtsprechung bestehen allerdings allgemein anerkannte Begriffsdefinitionen, wonach derjenige Arbeitgeber ist, der „mindestens einen Arbeitnehmer beschäftigt"[2] bzw. „die Leistung von Arbeit von einem Arbeitnehmer kraft Arbeitsvertrag verlangen kann und zugleich Schuldner des Vergütungsanspruchs ist".[3] Der Begriff des Arbeitgebers wird demnach mittelbar über den Arbeitnehmerbegriff definiert; weitere materielle Erfordernisse wie in etwa Eigentum an Betriebsmitteln oder das Vorhandensein einer Betriebsstätte bestehen nicht.[4]

---

1 Zu den Zwecken und dem arbeitsrechtlichen Rahmen bei Fremdpersonaleinsätzen vgl. *Lembke* NZA 2013, 1312 m.w.N.
2 *BAG* NZA 1999, 539.
3 *BAG* NJW 2013, 1692.
4 Vgl. ErfK/*Preis* § 611 BGB Rn. 183 ff. m.w.N.

2 Für den Einsatz von Fremdpersonal bedeutet dies, dass eine Arbeitgeberstellung des Einsatzunternehmens nur dann vermieden werden kann, wenn das eingesetzte Fremdpersonal in rechtlicher Hinsicht nicht als Arbeitnehmer des Einsatzunternehmens zu qualifizieren ist. Eine derart unfreiwillige Arbeitgeberstellung kann aus zwei verschiedenen Konstellationen resultieren:

3 – **Zweipersonenverhältnis („Scheinselbstständigkeit")**: Bei dem Einsatz von Fremdpersonal im Zweipersonenverhältnis greifen Unternehmen im Rahmen von Werk- oder Dienstverträgen direkt auf Fremdpersonal in Form von sog. „Solo-Selbstständigen" zurück. In diesen Fällen kommt es zu einem direkten Vertragsschluss zwischen dem Unternehmen als Besteller (§ 631 BGB) bzw. Dienstgeber (§ 611 BGB) und dem „Solo-Selbstständigen" als Werkunternehmer (§ 631 BGB) bzw. Dienstnehmer (§ 611 BGB), der dann auch in eigener Person zur Erfüllung seiner werk- oder dienstvertraglichen Pflichten für das Unternehmen tätig wird. Im Gegensatz zu Arbeitnehmern des Unternehmens wird das auf dieser Grundlage eingesetzte Fremdpersonal als „Selbstständige" tätig, die im Idealfall – im Gegensatz zu Arbeitnehmern – keinerlei Weisungen nach Inhalt, Ort und Zeit unterliegen, über eigene Betriebsmittel verfügen etc.; sind diese Voraussetzungen nicht erfüllt, liegt eine sog. Scheinselbstständigkeit vor, die in ein bestehendes Arbeitsverhältnis zwischen dem Einsatzunternehmen und dem Scheinselbstständigen mündet.

4 – **Dreipersonenverhältnis („Illegale Arbeitnehmerüberlassung")**: Bei einem Einsatz von Fremdpersonal im Dreipersonenverhältnis kommt es dagegen zu einem Vertragsschluss zwischen dem Unternehmen als Besteller (§ 631 BGB) bzw. Dienstgeber (§ 611 BGB) und einem weiteren Anbieter für Werk- oder Dienstleistungen als Werkunternehmer (§ 631 BGB) bzw. Dienstnehmer (§ 611 BGB), der sich in Erfüllung seiner werk- oder dienstvertraglichen Pflichten eigener Arbeitnehmer bedient, die dann als Erfüllungsgehilfen (vgl. § 278 BGB) für das Einsatzunternehmen tätig werden. Diese unterliegen als Arbeitnehmer des Anbieters zwar – im Gegensatz zu Solo-Selbstständigen – auch Weisungen nach Inhalt, Ort, und Zeit bzw. sind abhängig von der Nutzung fremder Betriebsmittel, im Idealfall aber nicht im Verhältnis zum Einsatzunternehmen, sondern zu dem Anbieter der Werk- bzw. Dienstleistungen als ihrem Arbeitgeber. Sind diese Voraussetzungen nicht erfüllt, liegt zunächst einmal der Tatbestand einer sog. illegalen Arbeitnehmerüberlassung vor mit der Folge, dass ein Arbeitsverhältnis zwischen dem Einsatzunternehmen und dem eingesetzten Fremdpersonal fingiert wird (vgl. § 10 Abs. 1 AÜG).

5 Diese Perspektive ausgehend von einer vermeintlichen Arbeitgeberstellung macht ebenfalls deutlich, dass es sich bei dem Einsatz von Fremdpersonal im Rahmen von Werk- oder Dienstverträgen – entgegen vereinzelter Missverständnisse – nicht zwingend um Selbstständige und keine Arbeitnehmer handelt, nur eben um keine Arbeitnehmer des Einsatzunternehmens. Während es bei der Abgrenzung von eigenen Arbeitnehmern zu Fremdpersonal im Fall des Zweipersonenverhältnisses um eine Abgrenzung zwischen „Arbeitnehmern vs. Selbstständigen" geht, lässt sich die Abgrenzungsfrage im Fall des Dreipersonenverhältnisses als eine zwischen „eigenen Arbeitnehmern vs. fremden Arbeitnehmern" zusammenfassen.[5]

---

5 Vgl. zuletzt *Gaul/Hahne* BB 2016, 58 ff. m.w.N.

II. Abgrenzungskriterien

Auch wenn die Abgrenzungsfrage in beiden Fällen nicht vollkommen identisch ist, sind die entwickelten Abgrenzungskriterien bei dem Einsatz von Fremdpersonal in Zwei- und Dreipersonenverhältnissen nahezu deckungsgleich. Kurz zusammengefasst besteht das gemeinsame Merkmal von Fremdpersonaleinsätzen – unabhängig davon ob sie im Zwei- oder Dreipersonenverhältnis ausgeführt werden – darin, dass in beiden Fällen konkrete Dienst- oder Werkleistungen den Vertragsgegenstand bilden, die dann im Rahmen einer eigenständigen Organisation entweder durch den Werkunternehmer selbst oder durch seine eigenen Mitarbeiter als dessen Erfüllungsgehilfen erbracht werden; im Fall von Arbeitsleistungen – ebenfalls unabhängig davon ob sie im Zwei- oder Dreipersonenverhältnis ausgeführt werden – bildet dagegen keine konkrete Dienst- oder Werkleistung den Vertragsgegenstand, sondern lediglich die geschuldete Arbeitsleistung (Zweipersonenverhältnis/Arbeitsverhältnis) bzw. die Überlassung von Arbeitnehmern zur Verrichtung dieser Arbeitsleistungen (Dreipersonenverhältnis/Arbeitnehmerüberlassung).[6]

Mit Blick auf den jeweils unterschiedlichen Vertragsgegenstand („konkrete Werk-/Dienstleistungen" vs. „Arbeitsleistungen") sind die in Bezug auf die Abgrenzung der genannten Rechtsverhältnisse durch das BAG in ständiger Rechtsprechung entwickelten Grundsätze – insoweit auch die Basis für die Legaldefinitionen in § 611a BGB und § 1 Abs. 1 S. 2 AÜG – nahezu identisch:

– **Ständige Rechtsprechung BAG zum Zweipersonenverhältnis:**

„Ein Arbeitsverhältnis unterscheidet sich von dem Rechtsverhältnis eines Werkunternehmers zudem maßgeblich durch den Grad der persönlichen Abhängigkeit. Arbeitnehmer ist, wer auf Grund eines privatrechtlichen Vertrags im Dienste eines anderen zur Leistung weisungsgebundener, fremdbestimmter Arbeit in persönlicher Abhängigkeit verpflichtet ist. Das Weisungsrecht kann Inhalt, Durchführung, Zeit, Dauer und Ort der Tätigkeit betreffen. Arbeitnehmer ist derjenige Mitarbeiter, der nicht im Wesentlichen frei seine Tätigkeit gestalten und seine Arbeitszeit bestimmen kann. Der Grad der persönlichen Abhängigkeit hängt dabei auch von der Eigenart der jeweiligen Tätigkeit ab. Dagegen ist der Werkunternehmer selbstständig. Er organisiert die für die Erreichung eines wirtschaftlichen Erfolgs notwendigen Handlungen nach eigenen betrieblichen Voraussetzungen und ist für die Herstellung des geschuldeten Werks gegenüber dem Besteller verantwortlich.

Ob ein Werkvertrag, ein Dienst- oder ein Arbeitsverhältnis besteht, zeigt der wirkliche Geschäftsinhalt. Zwingende gesetzliche Regelungen für Arbeitsverhältnisse können nicht dadurch abbedungen werden, dass Parteien ihrem Arbeitsverhältnis eine andere Bezeichnung geben; ein abhängig beschäftigter Arbeitnehmer wird nicht durch Auferlegung einer Erfolgsgarantie zum Werkunternehmer."[7]

---

6 Zur Verdeutlichung gilt im Fall des Einsatzes von Fremdpersonal im Dreipersonenverhältnis folgendes: Bei einem Dienst- oder Werkvertrag bildet die verabredete Dienst- oder Werkleistung und die Arbeitnehmer „arbeiten" insoweit als Erfüllungsgehilfen des Werkunternehmers bzw. Dienstnehmer; bei einer (illegalen) Arbeitnehmerüberlassung bildet dagegen bereits die Überlassung der Arbeitnehmer den Vertragsgegenstand, sodass die Arbeitnehmer auf dieser Grundlage dann für das Einsatzunternehmen „arbeiten". Vgl. grundlegend *Greiner* NZA 2013, 697 ff.; *Lembke* NZA 2013, 1312 ff.; *Maschmann* NZA 2013, 1305 ff.; *Rieble* ZfA 2013, 137 ff. jeweils m.w.N.
7 Ständige Rechtsprechung *BAG* NZA 2003, 662 m.w.N.

10 – **Ständige Rechtsprechung BAG zum Dreipersonenverhältnis:**

„Von der Arbeitnehmerüberlassung zu unterscheiden ist die Tätigkeit eines Arbeitnehmers bei einem Dritten auf Grund eines Werk- oder Dienstvertrags. In diesen Fällen wird der Unternehmer für einen anderen tätig. Er organisiert die zur Erreichung eines wirtschaftlichen Erfolgs notwendigen Handlungen nach eigenen betrieblichen Voraussetzungen und bleibt für die Erfüllung der in dem Vertrag vorgesehenen Dienste oder für die Herstellung des geschuldeten Werks gegenüber dem Drittunternehmen verantwortlich. Die zur Ausführung des Dienst- oder Werkvertrags eingesetzten Arbeitnehmer unterliegen den Weisungen des Unternehmers und sind dessen Erfüllungsgehilfen. (...) Entsprechendes gilt für Dienstverträge. Solche Dienst- oder Werkverträge werden vom AÜG nicht erfasst."

11 Über die rechtliche Einordnung des Vertrags zwischen dem Dritten und dem Arbeitgeber entscheidet der Geschäftsinhalt und nicht die von den Parteien gewünschte Rechtsfolge oder eine Bezeichnung, die dem tatsächlichen Geschäftsinhalt nicht entspricht. Die Vertragsschließenden können das Eingreifen zwingender Schutzvorschriften des Arbeitnehmerüberlassungsgesetzes nicht dadurch vermeiden, dass sie einen vom Geschäftsinhalt abweichenden Vertragstyp wählen. Der Geschäftsinhalt kann sich sowohl aus den ausdrücklichen Vereinbarungen der Vertragsparteien als auch aus der praktischen Durchführung des Vertrags ergeben. Widersprechen sich beide, so ist die tatsächliche Durchführung des Vertrags maßgebend, weil sich aus der praktischen Handhabung der Vertragsbeziehungen am ehesten Rückschlüsse darauf ziehen lassen, von welchen Rechten und Pflichten die Vertragsparteien ausgegangen sind, was sie also wirklich gewollt haben. Der so ermittelte wirkliche Wille der Vertragsparteien bestimmt den Geschäftsinhalt und damit den Vertragstyp. Einzelne Vorgänge der Vertragsabwicklung sind zur Feststellung eines vom Vertragswortlaut abweichenden Geschäftsinhalts nur geeignet, wenn es sich dabei nicht um untypische Einzelfälle, sondern um beispielhafte Erscheinungsformen einer durchgehend geübten Vertragspraxis handelt.[8]

12 Diese Rechtsprechung bildet dann auch die Basis für die parallelen Legaldefinitionen der Begriffe Arbeitsverhältnis (§ 611a BGB) und Arbeitnehmerüberlassung (§ 1 Abs. 1 S. 2 AÜG, ergänzt durch § 12 Abs. 1 S. 2 AÜG):

→ **§ 611a Abs. 1 BGB:** „Durch den Arbeitsvertrag wird der Arbeitnehmer im Dienste eines anderen zur Leistung weisungsgebundener, fremdbestimmter Arbeit in persönlicher Abhängigkeit verpflichtet. Das Weisungsrecht kann Inhalt, Durchführung, Zeit und Ort der Tätigkeit betreffen. Weisungsgebunden ist, wer nicht im Wesentlichen frei seine Tätigkeit gestalten und seine Arbeitszeit bestimmen kann. Der Grad der persönlichen Abhängigkeit hängt dabei auch von der Eigenart der jeweiligen Tätigkeit ab. Für die Feststellung, ob ein Arbeitsvertrag vorliegt, ist eine Gesamtbetrachtung aller Umstände vorzunehmen. Zeigt die tatsächliche Durchführung des Vertragsverhältnisses, dass es sich um ein Arbeitsverhältnis handelt, kommt es auf die Bezeichnung im Vertrag nicht an."

→ **§ 1 Abs. 1 S. 2 AÜG:** „Arbeitnehmer werden zur Arbeitsleistung überlassen, wenn sie in die Arbeitsorganisation des Entleihers eingegliedert sind und seinen Weisungen unterliegen."

---

[8] Ständige Rechtsprechung *BAG* NZA-RR 2012, 455 m.w.N.

→ **§ 12 Abs. 1 S. 2 AÜG:** „Der Vertrag zwischen dem Verleiher und dem Entleiher bedarf der Schriftform. Wenn der Vertrag und seine tatsächliche Durchführung einander widersprechen, ist für die rechtliche Einordnung des Vertrages die tatsächliche Durchführung maßgebend."

Die Parallelen beider Vorschriften mit der einschlägigen Rechtsprechung zur Statusabgrenzung sind kaum zu übersehen und im Übrigen auch beabsichtigt. Denn der Gesetzgeber hat in Bezug auf beide Vorschriften ausdrücklich das Ziel verfolgt, die von der Rechtsprechung aufgestellten Grundsätze zur Statusabgrenzung zu kodifizieren.[9]

Zur Konkretisierung dieser Grundsätze hat die Rechtsprechung mit Blick auf eine unüberschaubare Anzahl von Einzelfällen eine ganze Reihe von Abgrenzungskriterien entwickelt, die im Rahmen einer „wertenden Gesamtbetrachtung" zu berücksichtigen sind. Mit Blick auf die beiden Fälle eines Fremdpersonaleinsatzes im Zwei- und Dreipersonenverhältnis lassen sich die wesentlichen Kriterien – jedenfalls idealtypisch für die einzelnen Fallgruppen – anknüpfend an unter § 611a BGB-E genannte Einzelaspekte – wie folgt zusammenfassen:

Kriterium	Arbeitnehmer	Fremdpersonaleinsatz im 2-Personenverhältnis	Fremdpersonaleinsatz im 3-Personenverhältnis
1) Weisungen (Inhalt, Ort, Zeit)[10]	Durch Einsatzunternehmen	Fehlanzeige	Durch den Anbieter der Werk-/Dienstleistungen
2) Betriebliche Eingliederung	In die betriebliche Organisation des Einsatzunternehmens	Fehlanzeige	In die betriebliche Organisation des Anbieters der Werk-/Dienstleistungen
a) Leistungsort	Betriebsgelände des Einsatzunternehmens	Eigene Räumlichkeiten *(in der Praxis zuletzt aber oftmals in Form von sog. „Onsite-Werkverträgen")*	Räumlichkeiten des Anbieters der Werk-/Dienstleistungen *(in der Praxis zuletzt aber oftmals in Form von sog. „Onsite-Werkverträgen")*
b) Zusammenarbeit	Mit Arbeitnehmern des Einsatzunternehmens	Eigenständige Tätigkeit	Mit Arbeitnehmern des Anbieters der Werk-/Dienstleistungen *(ggf. auch durch Repräsentantenmodelle" wie Ticketsysteme o.Ä. bei sog. „On-Site" und/oder „On-Demand-Werkverträgen")*
c) Betriebsmittel	Nutzung der Betriebsmittel des Einsatzunternehmens	Nutzung eigener Betriebsmittel *(ggf. auch durch sog. „Mietmodelle" o.Ä.)*	Nutzung der Betriebsmittel des Anbieters der Werk-/Dienstleistungen *(ggf. auch durch sog. „Mietmodelle" o.Ä.)*

---

9 BT-Drucks. 18/9232, 19.
10 Vgl. § 611a S. 2 BGB-E; dieses prägende Merkmal ist auf Grundlage des Referentenentwurfs als Einziges benannt.

Kriterium	Arbeitnehmer	Fremdpersonaleinsatz im 2-Personenverhältnis	Fremdpersonaleinsatz im 3-Personenverhältnis
3) Umfang der Tätigkeit	Hoher Umfang für Einsatzunternehmen	Geringer Umfang für Einsatzunternehmen/ Weitere Tätigkeiten des Solo-Selbstständigen für andere Auftraggeber	Ohne relevante Bedeutung
4) Unternehmerrisiko	Fehlanzeige	Risikotragung durch Mängelgewährleistung etc. durch den Solo-Selbstständigen	Risikotragung durch Mängelgewährleistung etc. des Anbieters der Werk-/Dienstleistungen
5) Sonstiges	Urlaubsgewährung, Stellung von Dienstkleidung etc. durch Einsatzunternehmen	Kein Urlaub, eigene Dienstkleidung etc.	Urlaubsgewährung, Stellung von Dienstkleidung etc. durch Anbieter der Werk-/Dienstleistungen

16 Eine derart idealtypische Darstellung liefert allerdings nur einen groben rechtlichen Rahmen für eine Statusabgrenzung in der Praxis. Denn gerade in Grenzfällen ist es oftmals bereits problematisch, das Vorliegen einzelner Kriterien abschließend zu beurteilen. Selbst wenn dies möglich sein sollte, kommt es in der Regel dazu, dass einige der genannten Kriterien (in verschiedener Intensität) für einen Arbeitnehmerstatus sprechen, andere dagegen für eine Selbstständigkeit bzw. einen Werk- oder Dienstvertrag. Ein näherer Blick auf die einzelnen Abgrenzungskriterien sowie die für eine Gesamtwürdigung maßgeblichen Parameter bleibt deshalb unerlässlich.

1. Weisungen

17 Vor dem Hintergrund der genannten Grundsätze zur Abgrenzung von Fremdpersonaleinsätzen auf Grundlage von Werk- oder Dienstverträgen besteht ein wesentliches Merkmal derartiger Einsätze darin, dass die Leistungserbringung jedenfalls im Grundsatz weisungsfrei von dem Einsatzunternehmen als Werkvertragsbesteller bzw. Dienstgeber erfolgt; auch beide gesetzlichen Legaldefinitionen machen deutlich, dass es sich hierbei um eines der zentralen Abgrenzungsmerkmale handelt. Denn es gilt folgender Grundsatz: Wer die Leistung durch Weisungen konkretisiert, trägt auch die Verantwortung für die Erstellung der Werk-/Dienstleistung; umgekehrt unterliegt der freie Werkunternehmer bzw. Dienstnehmer im Grundsatz keinen Weisungen jedenfalls hinsichtlich der konkreten Modalitäten der Leistungserbringung. Wie die gesetzliche Festlegung des arbeitgeberseitigen Direktionsrechts in § 106 GewO zeigt, können derartige Weisungen nach Inhalt, Ort und Zeit bestehen.

a) Inhalt

18 Eines der zentralen Merkmale zur Abgrenzung bietet zunächst das Vorliegen von Weisungen hinsichtlich des Inhalts der Leistungserbringung. Derartige Weisungen betreffen die konkrete Art und Weise der Leistungserbringung und können dabei nähere Vorgaben hinsichtlich des inhaltlichen Rahmens der Leistungserbringung bis hin zu den Detailweisungen im konkreten Einzelfall beinhalten.[11]

---

11 Vgl. nähere Einzelheiten bei ErfK/*Preis* § 106 GewO, Rn. 11 m.w.N.

aa) Vertragliche Definition des Leistungsgegenstandes

Angesichts der genannten Grundsätze zur Abgrenzung von Fremdpersonaleinsätzen erfordert ein Werk- oder Dienstvertrag zunächst eine hinreichend konkrete Definition des Leistungsgegenstandes. Der Werkunternehmer bzw. Dienstnehmer schuldet in diesen Fällen – unabhängig davon, ob er die Leistungen in Person oder durch den Einsatz eigener Arbeitnehmer erbringt – eine bestimmte Werk- oder Dienstleistung und nicht lediglich die Zur-Verfügung-Stellung der eigenen bzw. fremden Arbeitskraft. Ist der vertraglich festgelegte Leistungsgegenstand hingegen derart unbestimmt, dass er erst durch Weisungen des Auftraggebers konkretisiert wird, spricht dies für das Vorliegen eines Arbeitsverhältnisses bzw. einer Arbeitnehmerüberlassung.[12] Mit Blick auf Werk- und Dienstverträge gilt danach im Einzelnen Folgendes: 19

– **Werkvertrag:** Bei Fremdpersonaleinsätzen auf Grundlage eines Werkvertrags ist deshalb entscheidend, dass sich die vertraglich verbredete Leistung auf ein konkret bestimmtes Werkergebnis bezieht, das sowohl in der Herstellung oder Veränderung einer bestimmten Sache als auch in einem anderen durch Arbeit oder Dienstleistung herbeizuführender Erfolg bestehen kann. Entscheidend ist in beiden Fällen, dass eine vertragliche Festlegung eines qualitativ individualisierbaren, abnahmefähigen und dem Werkunternehmer zurechenbaren Werks vorliegt; fehlt es an einer solchen, spricht dies gegen das Vorliegen eines Werkvertrags.[13] Dennoch sind bei der Definition der einzelnen Werkleistungen auch Grenzen zu beachten: Es mehren sich die Stimmen, die jedenfalls im Fall einer sog. „Atomisierung von Gewerken", d.h. einer gleichzeitigen oder innerhalb eines bestimmten Zeitraums erfolgenden Vergabe von Klein- und Kleinstprojekten (z.B. Definition jeweils einzelner Schweißnähte, Putzarbeiten in jeweils geringem Umfang), aufgrund des Umgehungscharakters derartiger Abreden ebenfalls von Scheinwerkverträgen ausgehen.[14] 20

– **Dienstvertrag:** Das gleiche gilt ebenfalls für Fremdpersonaleinsätze auf Grundlage eines Dienstvertrags, die in compliance-relevanter Hinsicht allerdings noch wesentlich problematischer sind, weil sie bereits aufgrund des Vertragsgegenstandes bei Dienstverträgen mehr Raum für konkretisierende Weisungen lassen. Denn anders als beim Werkvertrag wird hier kein bestimmter Erfolg, sondern lediglich eine bestimmte Tätigkeit bzw. die Ableistung bestimmter Dienste geschuldet.[15] Damit weisen Dienstverträge – anders als der Werkvertrag – zunächst einmal eine große Nähe zu Arbeitsverträgen bzw. Arbeitnehmerüberlassungsverträgen auf, in denen der jeweilige Vertragspartner, d.h. der Arbeitnehmer bzw. der Verleiher, ebenfalls keine Gewähr für den Erfolg der Arbeitsleistung bzw. der überlassenen Arbeitnehmer trägt.[16] In Folge der erforderlichen Selbstständigkeit der Dienstleistung ist ein Fremdpersonaleinsatz auf Grundlage von Dienstverträgen deshalb auch nur in engen Grenzen möglich und setzt insbesondere voraus, dass die geschuldete Dienstleistung abgrenzbar ist und gegenständlich umschrieben werden kann. Eine vertrag- 21

---

12 Vgl. *Greiner* NZA 2013, 697 ff.; *Lembke* NZA 2013, 1312 ff.; *Maschmann* NZA 2013, 1305 ff.; *Rieble* ZfA 2013 137 ff. jeweils m.w.N.
13 Vgl. umfassend BeckOK ArbR/*Kock* § 1 AÜG, Rn. 35 ff.
14 *BA GA* Ziff. 1.1.1 Abs. 4; vgl. *Timmermann* BB 2012, 1729, 1731; BeckOK ArbR/*Kock* § 1 AÜG, Rn. 35.3.
15 Zur Abgrenzung von Dienst- und Werkvertrag vgl. *BGH* NJW 2002, 3323 ff.
16 *LAG Baden-Württemberg* NZA 2013, 1017, 1020; vgl. dazu *Greiner* NZA 2013, 697, 699.

liche Festlegung abgrenzbarer, vom Auftragnehmer als eigene zu erbringender Leistungen ist deshalb gerade bei Fremdpersonaleinsätzen auf Grundlage eines Dienstvertrags unerlässlich.[17]

22 Darüber hinaus ist bei der vertraglichen Fixierung des Leistungsgegenstandes sowohl im Fall eines Werk- als auch eines Dienstvertrags zu beachten, dass dieser gerade bei komplexen, d.h. mehrschichtigen oder -stufigen Gewerken oder Dienstleistungen, verschiedene Einzelleistungen – ggf. auch in einer bestimmten zeitlichen Abfolge – erfassen kann. In derartigen Fällen kann eine „vertragliche Durchprogrammierung" des gesamten Arbeitsprozesses notwendig sein, um die Erforderlichkeit von konkretisierenden Weisungen zu vermeiden.[18]

bb) Werk- vs. arbeitsvertragliche Weisungen

23 Gleichwohl führt nicht jede spätere Konkretisierung des Leistungsgegenstandes in Form einer Weisung zu einer Arbeitgeberstellung des Einsatzunternehmens. Insoweit ist insbesondere zwischen werkvertraglichen Anweisungen i.S.d. § 645 Abs. 1 BGB und arbeitsvertraglichen Weisungen i.S.d. § 106 GewO zu unterscheiden, wobei erstere für bestehende Werkverträge geradezu charakteristisch sind und nur letztere ein schwerwiegendes Indiz für das Vorliegen eines Arbeitsverhältnisses bilden.[19]

24 In Anlehnung an die allgemeinen Grundsätze zur Abgrenzung von Fremdpersonaleinsätzen besteht eine entscheidende Frage darin, ob das Einsatzunternehmen als Besteller bzw. Dienstgeber durch die Anweisungen die Organisation der Erbringung der Werk- bzw. Dienstleistungen und in der Konsequenz das Risiko der Erstellung des „Werkes" selbst übernimmt. Vor diesem Hintergrund lassen sich werk- von arbeitsvertraglichen Weisungen vor allem danach unterscheiden, dass werkvertragliche Weisungen sachbezogen und ergebnisorientiert sind, während das arbeitsvertragliche Weisungsrecht personenbezogen, ablauf- und verfahrensorientiert ist.[20]

25 Danach lassen sich in etwa die folgenden Beispiele idealtypischer Anweisungen in der Praxis wie folgt der jeweiligen Kategorie von werk- bzw. arbeitsvertraglichen Weisungen zuordnen:
- **Werkvertragliche Weisungen:** Sach- und ergebnisorientierte Anweisung hinsichtlich bestimmter Leistungsvorgaben bspw. im Zusammenhang mit einer bestimmten Stückzahl, Produktionsreihenfolge, Fertigungsmethoden, Qualitätsanforderungen sowie begleitende Qualitätskontrollen etc.
- **Arbeitsvertragliche Weisungen:** Ablauf- und verfahrensorientierte Anweisungen hinsichtlich des Inhalts, der Zeit, des Ort und des Tempos der Leistungserbringung einschließlich der Auswahl der konkreten Person zur Leistungserbringung, arbeitsbegleitende Weisungen wie Bekleidungsvorgaben oder Sicherheitsvorschriften etc.[21]

---

17 *BAG* NZA 2013, 1348, 1350; vgl. dazu *Niklas/Schauß* BB 2014, 2805, 2806.
18 Vgl. kritisch hierzu *Maschmann* NZA 2013, 1305.
19 Vgl. hierzu *Lanziner/Nath* NZS 2015, 210, 213; *Werths* BB 2014, 697, 696; Schüren/*Hamann* AÜG, § 1 Rn. 126; *Zintl/Zimmerling* NJW-Spezial 2013, 562, 562 f. jeweils m.w.N.
20 Vgl. grundlegend hierzu *BAG* 1.12.1992 – 1 ABR 30/92 = BeckRS 1992, 30743366; *LAG Schleswig-Holstein* BB 2013, 1844; vgl. BeckOKArbR/*Kock* § 1 AÜG; Rn. 35 ff. m.w.N.
21 Vgl. *Greiner* NZA 2013, 697, 700 m.w.N.; zuletzt *LAG Hamm* 2.2.2012 – 8 Sa 1502/11 = BeckRS 2013, 69215.

Abgrenzungskriterien 1. Kapitel

Während das Einsatzunternehmen durch die zuletzt genannten ablauf- und verfahrensbezogenen Anweisungen die Organisation der Werkherstellung und in der Konsequenz das Risiko der Erstellung des „Werkes" selbst übernimmt, ist dies bei den zuerst genannten sach- und ergebnisbezogenen Weisungen nicht der Fall. Derartige Anweisungen i.S.d. § 645 Abs. 1 BGB sind vielmehr geradezu typische Merkmale eines Werkvertrags und deshalb unschädlich im Zusammenhang mit einer Statusbeurteilung. 26

cc) Eingeschränkte Bedeutung bei „höherwertigen Leistungen"

Abgesehen davon hat die arbeitsgerichtliche Rechtsprechung die Bedeutung des Abgrenzungskriteriums jedenfalls für den Fall höherwertiger Dienste ein wenig abgeschwächt. In ständiger Rechtsprechung geht das BAG davon aus, dass eine fachliche Weisungsgebundenheit zwar regelmäßig charakterisierend für das Vorliegen eines Arbeitsverhältnisses ist, bei Diensten höherer Art allerdings auch im Rahmen von Arbeitsverhältnissen nicht immer typisch ist.[22] 27

Wie bereits gezeigt, ist es gerade bei Einsätzen von Fremdpersonal im Bereich der Solo-Selbstständigen im Zweipersonenpersonenverhältnis keine Seltenheit, dass diese etwa als IT-Spezialisten, Entwickler, Ingenieure oder wissenschaftliche Fachkräfte über ein sehr hoch spezialisiertes Fachwissen verfügen, das in dieser Form nicht intern beim Auftraggeber abrufbar ist (vgl. 1. Teil Rn. 1, 19 ff.). Das gilt darüber hinaus aber auch für Fremdpersonaleinsätze im Dreipersonenverhältnis, zum Beispiel bei Interim-Managern im Rahmen einzelfallbezogener Projekte etwa bei geplanten Börsengängen, Unternehmenstransaktionen, -restrukturierungen oder -sanierungen, in allen Fällen also Projekten außerhalb des Tagesgeschäfts (vgl. 1. Teil Rn. 26 ff.). Daher kann es gerade bei Fremdpersonaleinsätzen im Zusammenhang mit hochspezialisierten Tätigkeiten dazu kommen, dass fachliche Weisungen durch das Einsatzunternehmen bereits mangels entsprechend qualifizierten Personals sogar gänzlich ausgeschlossen werden können. 28

In diesen Fällen der Verrichtung höherwertiger Dienste wird das Vorliegen eines Werk- oder Dienstvertrags im Rahmen einer wertenden Gesamtbetrachtung deshalb nicht allein auf das Fehlen von inhaltlichen Weisungen zurückgeführt werden können; in diesen Fällen kommt diesem Umstand allenfalls die Funktion eines Hilfsarguments zu, dass den sich aus dem Vorliegen anderer Kriterien ergebenden Gesamteindruck lediglich abrunden kann.[23] 29

b) Zeit

Ein weiteres zentrales Merkmal zur Abgrenzung liefert darüber hinaus das Vorliegen von Weisungen hinsichtlich der Zeit der Leistungserbringung, d.h. insbesondere der Lage der zeitlichen Aufwendungen zur Erfüllung der geschuldeten Werk- oder Dienstleistungen.[24] 30

Dennoch führt nicht jede Vorgabe hinsichtlich des zeitlichen Umfangs der Tätigkeiten durch das Einsatzunternehmen zu dem Vorliegen eines Arbeitsverhältnisses. Das entscheidende Kriterium bildet nach der Rechtsprechung des BAG der Umstand, ob dem Dienstverpflichteten – trotz bestehender Vorgaben hinsichtlich der Zeit der Leis- 31

---
22 Ständige Rechtsprechung: *BAG* NZA 1995, 161; vgl. hierzu MünchHdB-ArbR/*Richardi* § 16 Rn. 27 m.w.N.
23 Vgl. ständige Rechtsprechung *BAG* NZA 1995, 161.
24 Vgl. nähere Einzelheiten bei ErfK/*Preis* § 106 GewO, Rn. 19 ff. m.w.N.

tungserbringung – eine sog. „Zeitsouveränität" verbleibt, d.h. ob er innerhalb des vereinbarten zeitlichen Rahmens die konkrete Zeit der Tätigkeit frei bestimmen kann oder ob derart strenge zeitliche Vorgaben bestehen, die dazu führen, dass keine Zeitsouveränität im Zusammenhang mit der geschuldeten Leistungserbringung mehr verbleibt; nur im zuletzt genannten Fall liegt ein starkes Indiz für das Vorliegen eines Arbeitsverhältnisses vor.[25] Mit Blick auf die neuere Rechtsprechung ist ein starkes Indiz für eine Arbeitgeberstellung des Einsatzunternehmens gegeben, wenn der Einsatz der Mitarbeiter – unabhängig davon ob diese im Zwei- und Dreipersonenverhältnis erfolgt – durch Dienst- oder Stundenpläne geregelt wird, die ohne Mitwirkung des Solo-Selbstständigen (für sich selbst) bzw. des Werkunternehmens (für die von ihm eingesetzten Arbeitnehmer) erstellt werden.[26]

32 Darüber hinaus können aber auch enge zeitliche Vorgaben nicht zwingend als Indiz für das Vorliegen eines Arbeitsverhältnisses zu bewerten sein, insbesondere, wenn sich diese aus der Eigenart der geschuldeten Leistung ergeben. In diesem Zusammenhang ist in der Literatur zurecht darauf hingewiesen worden, dass bspw. ein Sonnenaufgang nicht zur Mittagszeit fotografiert werden könne.[27] Ergibt sich ein zeitlicher Rahmen, ggf. sogar eine konkrete und enge zeitliche Festlegung der Tätigkeiten, bereits aus der Eigenart der geschuldeten Leistung, sind derartige Vorgaben im Zusammenhang mit der Statusbeurteilung unerheblich.[28]

c) Ort

33 Zudem liefert das Vorliegen von Weisungen hinsichtlich des Orts der Leistungserbringung ein weiteres wichtiges Abgrenzungsmerkmal. Dies kann insbesondere eine verbindliche Weisung zur Verrichtung der Arbeitsleistung auf dem Betriebsgelände des Einsatzunternehmens sein, darüber hinaus aber auch jeden anderen Ort der Leistungserbringung betreffen.[29]

34 Dennoch führt auch hier nicht jede Vorgabe hinsichtlich des Orts der Leistungserbringung zu dem Vorliegen eines Arbeitsverhältnisses. Ein genauerer Blick auf die Rechtsprechung lässt – entgegen vereinzelter Missverständnisse – sogar den Schluss zu, dass diesem Kriterium keine eigenständige Bedeutung, sondern lediglich eine Indizwirkung für eine betriebliche Eingliederung durch die Zusammenarbeit mit Arbeitnehmern des Einsatzunternehmens oder die Nutzung dessen Betriebsmittel zukommt. In diesem Zusammenhang wird bereits in der Literatur – parallel zu dem im Rahmen der Arbeitszeit genannten Beispiel – zurecht darauf hingewiesen, dass eine Wand nur dort gestrichen werden könne, wo diese steht; steht diese auf dem Betriebsgelände des Einsatzunternehmens, wird der auf Basis eines Werkvertrags zum Streichen dieser Wand verpflichtete Maler noch nicht als Arbeitnehmer zu qualifizieren sein, wenn es ansonsten an einer betrieblichen Eingliederung fehlt.[27] Umgekehrt ist der Außendienstmitarbeiter bei einer vollen betrieblichen Eingliederung in etwa durch Stellung

---

25 Zum Begriff der Zeitsouveränität vgl. *Reichold* NZA 1998, 393 ff. m.w.N.
26 *BAG* NZA 2013, 903; *BAG* NZA 2012, 731.
27 *Thüsing* NZA 2015, 1478, 1479.
28 Vgl. *BAG* NZA 2013, 903; *BAG* NZA 2012, 731; vgl. weitere Nachweise bei *Thüsing* NZA 2015, 1478, 1479.
29 ErfK/*Preis* § 106 GewO, Rn. 14 m.w.N.

von Betriebsmitteln (z.B. Dienstwagen) und einer ansonsten gegebenen Weisungsabhängigkeit (z.B. fachliche und disziplinarische Weisungsrechte) nur aufgrund seiner örtlichen Unabhängigkeit noch nicht als freier Mitarbeiter einzustufen.[30]

Dieser Befund wird auch durch die Rechtsprechung des BAG zur Abgrenzung eines Fremdpersonaleinsatzes auf Grundlage von Werk- und Dienstverträgen zu einem Arbeitsverhältnis bestätigt. So geht das BAG in seiner neueren Rechtsprechung davon aus, dass nicht schon die Ortsbindung einer Tätigkeit eines vermeintlichen Werkunternehmers auf dem Betriebsgelände als Indiz für ein Arbeitsverhältnis zu bewerten ist, sondern erst dessen „örtliche Einbindung in die Arbeitsorganisation" aufgrund einer Nutzung von Betriebsmitteln des Einsatzunternehmens wie etwa einem eingerichteten PC-Arbeitsplatz und weiteren Arbeitsmaterialien.[31] Insoweit kommt es in diesem Zusammenhang auf die betriebliche Eingliederung vor allem aufgrund einer Zusammenarbeit mit Arbeitnehmern des Einsatzunternehmens und dem Einsatz von dessen Betriebsmitteln an. **35**

d) Problematische Fälle: „Weisung 4.0" am Beispiel von Crowdworking und Clickworking

In jüngerer Zeit hat sich durch das Internet und App-basierte Kommunikation eine neue Form der Steuerung von Arbeitseinsatz herausgebildet. Hierbei erbringen sogenannte Crowdworker konkret abgegrenzte Tätigkeiten, die über digitale Plattformen angeboten, koordiniert und administriert werden.[32] Die Erscheinungsformen sind vielfältig, prominente Beispiele sind die Erbringung von Lieferdienstleistungen oder – wie im zuletzt vom BAG entschiedenen Fall – die Kontrolle der Präsentation von Markenprodukten im Einzelhandel.[33] Während rein internes Crowdworking nur der Steuerung der eigenen Arbeitnehmerschaft dient, wird bei externem Crowdworking der Einsatz Dritter gesteuert. Aus der Sicht der Contractor Compliance sind naturgemäß die Fälle externen Crowdworkings relevant. Unterschieden wird dabei zwischen direktem und indirektem Crowdworking. Beim direkten Crowdworking vermittelt der Plattformbetreiber nur die Verträge über den konkreten Einsatz zwischen Auftraggeber und Auftragnehmer. Beim indirekten Crowdworking hingegen ist der Plattformbetreiber selbst Vertragspartner des Auftraggebers und des Auftragnehmers.[34] **36**

Der Entscheidung des *BAG* vom 1.12.2020 – 9 AZR 102/20[33] lag dabei kurz zusammengefasst folgender Sachverhalt zugrunde: Die beklagte Crowdworking Plattform führt u.a. für Markenhersteller Kontrollen der Warenpräsentation im Handel durch. Der Abschluss einer Basisvereinbarung berechtigt dazu, über eine App die auf einer Internetplattform angebotenen Aufträge, die in einem selbstgewählten Radius von bis zu 50 Kilometern angezeigt werden, zu übernehmen und innerhalb von zwei Stunden nach bestimmten inhaltlichen Vorgaben zu erfüllen. Ansonsten bestehen keinerlei zeitlichen und örtlichen Vorgaben und der Rückgriff auf eigene Mitarbeiter war erlaubt. Wie beim Crowdworking üblich, gibt es zudem weder eine Verpflichtung zur Annahme noch umgekehrt zum Anbieten von Aufträgen.[35] Die Vorinstanz des LAG **37**

---

30 Ständige Rechtsprechung *BAG* NJW 2005, 90 m.w.N.
31 *BAG* NZA 2013, 1348.
32 Vgl. *Klösel* Infobrief Arbeitsrecht 02/2020, 2 ff.
33 *BAG* NJW 2021, 1551.
34 Vgl. *Heckelmann* NZA 2022, 73, 73 f.
35 Vgl. *Klösel* Infobrief Arbeitsrecht 02/2020, 2.

München hat ein Arbeitsverhältnis vor diesem Hintergrund noch abgelehnt, da der Crowdworker frei entscheiden könne, ob er einen konkreten Auftrag übernehme oder ihn ablehne und es damit an einer Arbeitspflicht fehlt.[36] Dies hat das BAG grundlegend anders gesehen: Zwar bejahte es noch, dass die Basisvereinbarung für sich genommen nicht die Anforderungen an ein Arbeitsverhältnis erfülle, da sie keine entsprechenden wechselseitigen Verpflichtungen begründe. Allerdings bestünde mit Blick auf die Durchführung ein einheitliches (die Einzelaufträge verklammerndes) Arbeitsverhältnis,[37] da die angenommenen Aufträge persönlich durchzuführen waren und die geringen Qualifikationsanforderungen an Aufträge sowie die strikten Vorgaben zu deren Durchführung dem Crowdworker kaum eigene Gestaltungsmöglichkeiten beließen. Ein besonderes Gewicht legte das BAG darauf, dass die zu verwendende App im Einzelnen festlegt wie die Tätigkeiten zu verrichten wären und welche Arbeitsschritte vorzunehmen seien. Auch der Bündelung von Aufträgen, deren Annahme erst eine rentable Beschäftigung ermöglichten, wurde vom BAG als Argument herangezogen.[38]

38 So begrüßenswert die Entscheidung des LAG München war, so problematisch ist ihre Aufhebung durch das BAG. Die Entscheidung ist erkennbar ergebnisorientiert begründet, was in Konstellationen eher „prekärer" Beschäftigung nachvollziehbar sein mag. Die etablierten Kriterien zur Einordnung eines Arbeitsverhältnisses werden damit aber Stück für Stück weiter entwertet; es verbleibt nur eine kaum zu prognostizierende wertende Betrachtung aller Umstände. So ist es wenig überzeugend, wenn das BAG betont, „geringe Qualifikationsanforderungen" rückten die Tätigkeit bereits in die Nähe des Arbeitsverhältnisses, da sie dem Kläger kaum Gestaltungsspielraum ließen. Bei Diensten höherer Art wiederum unterstellt das BAG jedoch, quasi entgegengesetzt dazu, komme inhaltlichen Weisungen nur eine eingeschränkte Bedeutung zu (dazu oben, Rn. 27 ff.). Insoweit bleibt der ungute Eindruck einer gewissen Beliebigkeit in der rechtlichen Bewertung. Gleiches gilt, wenn das BAG darauf abstellt, dass die Tätigkeit sich wirtschaftlich nur sinnvoll ausüben lasse, wenn man regelmäßig Aufträge annehme. Dabei war bislang einhellige Auffassung, dass wirtschaftliche Abhängigkeit gerade kein Merkmal für ein Arbeitsverhältnis darstellt.[39] Schließlich ist auch der Fokus des BAG auf rein tatsächlichen „Zwängen" problematisch. Hierdurch wird jede vertragliche Ausgestaltung der Pflichten obsolet bzw. – insoweit auch ein Zirkelschluss – trotz eines Ausschlusses von Leistungspflichten führen allein angenommene tatsächliche Zwänge überhaupt erst zur Begründung rechtlicher Pflichten als Teil des damit festgestellten Arbeitsverhältnisses.[40] Letztlich verbleibt nach dieser Entscheidung der Eindruck, dass die Weisungsgebundenheit gar nicht ausschlaggebend ist, sondern eine Eingliederung in die betrieblichen Abläufe in Form der „tatsächlichen Zwänge" für sich genommen bereits genügen soll, ein Arbeitsverhältnis zu begründen.[41]

---

36 *LAG München* NZA 2020, 316.
37 Kritisch dazu *Wisskirchen/Haupt* RdA 2021 355, 358.
38 *BAG* NJW 2021, 1551.
39 *BAG* NZA 2011, 309; dazu auch *Häferer/Koops* NJW 2021 1787, 1789 f.; *Wisskirchen/Haupt* RdA 2021 355, 359; *Heckelmann* NZA 2022, 73, 76 f.
40 Vgl. *Thüsing/Hütter-Brungs* NZA-RR 2021, 231, 233; *Wisskirchen/Haupt* RdA 2021 355, 358 f.; *Heckelmann* NZA 2022, 74 ff.
41 *BAG* NJW 2021, 1551; *Wisskirchen/Haupt* RdA 2021 355, 357 f.

Die Praxis wird durch diese Entscheidung vor besondere Herausforderungen gestellt. Moderne Gestaltungen wie sie im Crowdworking zum Ausdruck kommen, sind mit besonderer Vorsicht umzusetzen. Selbst die Vereinbarung von Rahmenverträgen ohne Annahmepflicht für einzelne Aufträge hindert die Rechtsprechung nicht mehr daran, ein einheitliches, die Einzelaufträge überspannendes Arbeitsverhältnis anzunehmen. Umso mehr Augenmerk wird in der Praxis darauf zu legen sein, inwiefern sich durch die Gestaltung der Auftragsvergabe und die Vorgaben für die Umsetzung von Einzelaufträgen tatsächlich eine Eingliederung in die eigenen Arbeitsläufe ergeben kann. **39**

2. Betriebliche Eingliederung

Entsprechend der allgemeinen Grundsätze setzen Fremdpersonaleinsätze auf Grundlage von Werk- oder Dienstverträgen als weiteres zentrales Merkmal voraus, dass diese auf einer eigenständigen (betrieblichen) Organisation unabhängig von der des Einsatzunternehmens erfolgen. Eine derartige betriebliche Eingliederung kann hierbei aus verschiedenen Faktoren, insbesondere aus einer Zusammenarbeit mit Arbeitnehmern des Einsatzunternehmens und einer Nutzung von Betriebsmitteln, resultieren. **40**

a) Ort der Leistungserbringung

Wie bereits hinsichtlich des Merkmals der Weisungen gezeigt, kommt allein dem Ort der Leistungserbringung im Zusammenhang keine besondere Bedeutung zu. Auch wenn die Problematiken im Zusammenhang mit sog. „Onsite-Werkverträgen", d.h. von Werkverträgen einschließlich einer Leistungserbringung auf dem Betriebsgelände des Einsatzunternehmens, oftmals unter dem Stichwort des Orts der Leistungserbringung verhandelt werden, ist dies lediglich dem Umstand geschuldet, dass ein räumliches Nebeneinander in vielen Fällen auch eine Zusammenarbeit mit Arbeitnehmern des Einsatzunternehmens (z.B. in gemeinsamen Projekten) oder eine Nutzung von dessen Betriebsmitteln (z.B. Räumlichkeiten, IT-Anwendungen, sonstiges Inventar) zur Folge hat. Die compliance-relevanten Risiken in Form einer betrieblichen Eingliederung ergeben sich allerdings noch nicht aus dem gemeinsamen Ort der Leistungserbringung an sich, sondern aus den (möglicherweise) damit einhergehenden Folgen bei der Leistungserbringung.[42] **41**

b) Zusammenarbeit mit Arbeitnehmern des Einsatzunternehmens

Eine betriebliche Eingliederung kann sich insbesondere aus einer engen Verzahnung des Werk- bzw. Dienstleistungsunternehmens mit der Organisation des Einsatzunternehmens ergeben. Derartige Interaktionen kommen in der Praxis vor allem dann vor, wenn die verschiedenen Mitarbeitergruppen ihre Leistungen auf einem Betriebsgelände erbringen („Onsite-Werkverträge") oder Mitarbeiter des Einsatzunternehmens Aufträge unmittelbar gegenüber den Mitarbeitern des Werkvertragsunternehmens erteilen, um die vertraglich lediglich rahmenmäßig umschriebenen Werkleistungen zu konkretisieren („On-Demand-Werkverträge"). **42**

aa) Eigenständige betriebliche Organisation

In diesen Fällen betont das BAG in ständiger Rechtsprechung die besondere Bedeutung eigener betrieblicher Voraussetzungen, die beim Werkunternehmer bzw. Dienst- **43**

---

42 Vgl. zuletzt eingehend *Thüsing* NZA 2015, 1478, 1479 m.w.N.

leister zur Erbringung der vertraglich geschuldeten Werk- oder Dienstleistungen vorliegen müssen. Dies hat das BAG in einer jüngeren Entscheidung vom 25.9.2013 mit Blick auf den Werkvertrag noch einmal besonders hervorgehoben:

„Richten sich die vom Auftragnehmer zu erbringenden Leistungen nach dem jeweiligen Bedarf des Auftraggebers, so kann auch darin ein Indiz gegen eine werk- und für eine arbeitsvertragliche Beziehung liegen, etwa wenn mit der Bestimmung von Leistungen auch über Inhalt, Durchführung, Zeit, Dauer und Ort der Tätigkeit entschieden wird. Wesentlich ist, inwiefern Weisungsrechte ausgeübt werden und in welchem Maß der Auftragnehmer in einen bestellerseitig organisierten Produktionsprozess eingegliedert ist. (…) Wird die Tätigkeit aber durch den „Besteller" geplant und organisiert und wird der „Werkunternehmer" in einen arbeitsteiligen Prozess in einer Weise eingegliedert, die eine eigenverantwortliche Organisation der Erstellung des vereinbarten „Werks" faktisch ausschließt, liegt ein Arbeitsverhältnis nahe."[43]

44 Ein Fremdpersonaleinsatz auf Grundlage eines Werk- oder Dienstvertrags setzt danach insbesondere voraus, dass der Auftragnehmer selbst „Inhalt, Durchführung, Zeit, Dauer und Ort der Tätigkeit" bestimmt und den Produktionsprozess durch die Ausübung von Weisungsrechten eigenständig organisiert.

45 Was einen Teil der genannten Voraussetzungen angeht, kommt es in der Praxis allerdings oftmals dazu, dass der Werkunternehmer jedenfalls „Zeit, Dauer und Ort" der Leistungserbringung nicht einseitig bestimmen bzw. organisieren kann, wenn bspw. dauerhafte und ortsgebundene Werk- oder Dienstleistungen den Vertragsgegenstand bilden. In derartigen Fällen – zuletzt etwa bei dem Einsatz von Sicherheitspersonal auf einem Flughafen[44] oder bei Fahrtdienstleistungen im öffentlichen Nahverkehr[45] – lässt es die Rechtsprechung aber genügen, wenn der Auftragnehmer jedenfalls „Inhalt und Durchführung" der Leistungen durch eine

– eigenständige Personalauswahl und Personaleinsatzplanung (z.B. durch Einsatz-/Schichtpläne)
– und eine eigenständige Organisation der Leistungserbringung durch Ausübung der arbeitsvertraglichen Weisungsrechte (z.B. durch den Einsatz von Vorgesetzten etc.)

eigenständig bestimmt („Personalhoheit"). In derartigen Fällen einer bestehenden Personalhoheit führen selbst das Vorliegen anderweitiger Indizien, wie bspw. die Nutzung von Betriebsmitteln oder das Vorliegen vereinzelter direkter Weisungen durch den Auftraggeber, nicht zur Annahme einer illegalen Arbeitnehmerüberlassung:

46 – **BAG vom 18.1.2012 zu Sicherheitspersonal am Flughafen**
„Die F-GmbH setzte in jeder Schicht einen Bereichsleiter, einen Disponenten und zwei Ausbilder ein, die arbeitsbezogene Weisungen aussprachen. Die Auswahl, welcher Mitarbeiter in welcher Schicht eingesetzt wurde, erfolgte durch den von der F-GmbH eingesetzten Disponenten. Die Bekl. gab lediglich vor, wie viele Mitarbeiter der F-GmbH sie pro Schicht benötigte. Ermahnungen und Abmahnungen wurden ausschließlich durch die F-GmbH ausgesprochen. Sie schulte die Luftsicherheitsassistenten und erteilte Urlaub.
Entgegen der Ansicht des Kl. spricht für eine Arbeitnehmerüberlassung nicht der Umstand, dass die F-GmbH detaillierte Vorgaben der Bekl. in das „HAM Stations-

---

43 *BAG* NZA 2013, 1348.
44 *BAG* NZA-RR 2012, 455.
45 *BAG* BB 2004, 669, Leitsätze abrufbar unter *BAG* NZA 2004, 1182.

profil" übernommen und dieser Anweisung als Anlage die allgemeine Dienstanweisung Luftsicherheit sowie den Rahmenplan Luftsicherheit der Bekl. beigefügt hatte. (...)
Auch weitere Umstände der tatsächlichen Zusammenarbeit der F-GmbH mit der Bekl. rechtfertigen nicht die Annahme einer Arbeitnehmerüberlassung. Die Fluggastkontrollen wurden zwar mit von der Bekl. zur Verfügung gestellten technischen Geräten durchgeführt. Daraus folgt jedoch nicht das Vorliegen einer Arbeitnehmerüberlassung. Ein Unternehmer muss einen Dienst- oder Werkvertrag nicht notwendig mit eigenen technischen Mitteln erfüllen. Maßgeblich ist vielmehr, dass die Weisungsbefugnis bei dem Einsatz der Sicherheitsassistenten bei der F-GmbH verblieb. (...)"[46]

– **BAG vom 6.8.2003 zu Fahrtdienstleistungen im Personennahverkehr**   47
„Das Landesarbeitsgericht hat bei der Würdigung der praktischen Durchführung des Geschäftsbesorgungsvertrags zutreffend berücksichtigt, dass der Kl. während seiner täglichen Arbeit zwar weitgehend in den Betrieb der Bekl. eingegliedert war. Er hatte die Fahrpläne der Bekl. einzuhalten, die von ihr vorgegebenen Strecken zu fahren, die Fahrgäste nach dem Regelwerk der Bekl. zu befördern, Fahrberichte zu erstellen und alle übrigen Vorgaben der Bekl. einzuhalten. Das betraf insbesondere die verkehrslenkenden Anweisungen, die er von der Verkehrsleitstelle der Bekl. über Funk und ein EDV-gesteuertes Informationssystem erhielt. Allerdings spricht entscheidend gegen die Annahme einer Arbeitnehmerüberlassung, dass die BT GmbH den Einsatz ihrer Fahrer vollkommen eigenständig disponierte und die Bekl. weder rechtlich noch tatsächlich Änderungen bei der Diensteinteilung und der Zuweisung bestimmter Linien und Umläufe an die Fahrer der BT GmbH vornehmen konnte. Außerdem musste der Kl. bei einer Erkrankung oder bei einer fehlenden Ablösung am vorgesehenen Punkt die BT GmbH unterrichten, damit sie ohne Einschaltung der Bekl. für einen Ersatzfahrer sorgen konnte."[47]

Die Vorgaben der Rechtsprechung eröffnen damit insbesondere Freiräume für Fremdpersonaleinsätze auf Grundlage von Werk- oder Dienstverträgen im **Dreipersonenverhältnis**. Denn in diesen Fällen kann der Auftragnehmer allein über das Kriterium der **Personalhoheit** und einer damit verbundenen **Einrichtung betrieblicher Strukturen** hinsichtlich des Einsatzes seiner Arbeitnehmer nach den oben genannten Maßgaben die Voraussetzungen für einen Fremdpersonaleinsatz auf Basis von Werk- oder Dienstverträgen schaffen. In Folge dessen lassen sich mit Blick auf die Rechtsprechung des BAG eine ganze Reihe von Entscheidungen identifizieren, in denen bei Fremdpersonaleinsätzen im Dreipersonenverhältnis im Fall einer bestehenden Personalhoheit des Auftragnehmers ein Werk- oder Dienstvertrag bejaht wurde; umgekehrt wird für den Fall einer fehlenden Personalhoheit des Auftragnehmers – insoweit wurde allein der Umstand der Urlaubsgewährung im Übrigen nicht für ausreichend erachtet – regelmäßig von einer illegalen Arbeitnehmerüberlassung ausgegangen.[48]   48

Im Gegensatz dazu ist es bei einem Fremdpersonaleinsatz von Solo-Selbstständigen nicht möglich, eine eigene betriebliche Organisation hinsichtlich „Inhalt und Durchführung" der Leistungserbringung ausschließlich über eine entsprechende Personaldisposition einschließlich bestimmter Weisungsstrukturen zu etablieren. In derartigen   49

---

46 *BAG* NZA-RR 2012, 455.
47 *BAG* BB 2004, 669, Leitsätze abrufbar unter *BAG* NZA 2004, 1182.
48 Vgl. *Rieble* ZfA 2012, 137, 158 ff.; *BAG* AP AÜG § 10 Nr. 19 m.w.N.

Fällen geraten dann andere Kriterien wie eine eigenständige Bestimmung von „Zeit, Dauer und Ort" der Leistungserbringung oder eine betriebliche Integration über die Nutzung von Betriebsmitteln in den Vordergrund. Insbesondere bei „Onsite-Einsätzen" im Zweipersonenverhältnis ist es dann erforderlich, dass diese Einsätze bspw. nicht an die regulären Betriebszeiten des Einsatzunternehmens gekoppelt sind und durch den Einsatz eigener Betriebsmittel, d.h. ohne die Nutzung bspw. der IT-Infrastruktur des Einsatzunternehmens, erfolgen; liegen diese Voraussetzungen nicht vor, hat die jüngere die Rechtsprechung eine Scheinselbstständigkeit mit dem Verweis auf eine betriebliche Eingliederung des vermeintlichen Werkunternehmers in die Arbeitsorganisation des Auftraggebers stets bejaht.[49]

50 Ist eine derartige eigenständige betriebliche Organisation etabliert, resultieren die Gefahren für eine Statusbewertung in der Praxis oftmals daraus, dass es im betrieblichen Alltag dennoch vereinzelt oder sogar regelmäßig zu Weisungen von Mitarbeitern des Einsatzunternehmens/Auftraggebers gegenüber dem Auftragnehmer bzw. den durch diesen eingesetzte Mitarbeitern kommt (zu den Weisungen nach Inhalt Ort und Zeit vgl. Rn. 17–35). Abhängig vom Grad der jeweiligen Interaktion der Mitarbeitergruppen sind danach weniger problematische (vgl. unter Rn. 51 ff.) und problematische Fälle (vgl. unter Rn. 56 ff.) zu unterscheiden.

bb) Weniger problematische Fälle: Betriebsfremde Leistungen, Outsourcing von betrieblichen Nebenleistungen (IT, Werkschutz, Kantine etc.)

51 Vor dem Hintergrund dieser allgemeinen Grundsätze zur Etablierung einer eigenständigen betrieblichen Organisation erweisen sich vor allem die Fälle eines Fremdpersonaleinsatzes als weniger problematisch, in denen entweder betriebsfremde oder aber betriebliche Nebenzwecke erfüllt werden. Das gilt damit auch für den besonders praxisrelevanten Fall des Outsourcings von betrieblichen Nebenleistungen, bspw. von IT, Technik, Reinigung, Kantine oder Sicherheit/Werkschutz, daneben aber auch in allen weiteren Fällen, in denen die fremdvergebenen Werk- oder Dienstleistungen nicht den betrieblichen Hauptzweck betreffen.

52 Denn in derartigen Fällen sind die Leistungen des Auftragnehmers bzw. der durch ihn eingesetzten Mitarbeiter bereits der Sache nach abgrenzbar, sodass die Implementierung einer eigenständigen betrieblichen Organisation hinsichtlich des Inhalts und der Durchführung der fremdvergebenen Leistungen in vielen Fällen bereits aus operativen Gründen erforderlich ist und weitere Weisungen aufgrund der Verschiedenheit der jeweiligen Tätigkeiten ausgeschlossen werden können. So ist bspw. im Fall einer Betriebskantine die Zuweisung verschiedener Tätigkeiten an die einzelnen Mitarbeiter (Koch, Kassierer etc.) sowie die Einführung einer eigenständigen Hierarchie (Chefkoch, Hilfskoch etc.) bereits für die Aufrechterhaltung des operativen Kantinenbetriebs unerlässlich. Zudem ist auch eine inhaltliche Weisung hinsichtlich Inhalt, Ort oder Zeit der Kantinendienstleistungen durch einen Arbeitnehmer des Einsatzunternehmens (z.B. Abteilungsleiter im Bereich Technik) aufgrund der unterschiedlichen und abgrenzbaren Funktionseinheiten eher fernliegend (vgl. hierzu 1. Teil Rn. 2, 19 ff.).

53 Wie Beispiele aus der jüngeren Praxis zeigen, ist es aber auch in diesen Fällen erforderlich, die oben genannten Voraussetzungen einer eigenständigen betrieblichen Organisation – vor allem unter Ausschluss von arbeitsbezogenen Weisungen von Mit-

---

[49] *BAG* NZA 2013, 1348.

arbeitern des Einsatzunternehmens bspw. im Zusammenhang mit dem Abruf von Tätigkeiten – einzuführen und in der Praxis auch dergestalt zu leben; im Fall des Outsourcing ehemals durch das Einsatzunternehmen selbst erbrachter Leistungen kommt in vielen Fällen erschwerend hinzu, dass es sich bei den verschiedenen Mitarbeitergruppen auch um ehemalige Kollegen handelt, sodass ggf. Anpassungsprobleme an diese neue Kommunikationsstrukturen gegeben sein können. So hat die Rechtsprechung für den Fall eines IT-Outsourcing zuletzt eine illegale Arbeitnehmerüberlassung angenommen, weil es (weiterhin) zu Direktkontakten von Mitarbeitern des Einsatzunternehmens zu dem IT-Fremdpersonal einschließlich der Erteilung inhaltsbezogener Weisungen hinsichtlich der Bearbeitung der einzelnen IT-Störfälle kam.[50]

Liegen die genannten Voraussetzungen einer eigenständigen betrieblichen Organisation dagegen vor und erfüllt der Werkunternehmer bzw. Dienstleister betriebsfremde Zwecke, scheidet eine illegale Arbeitnehmerüberlassung mit Blick auf die grundlegende Rspr. des BAG zum Thema AÜG aber auch noch aus einem weiteren Gesichtspunkt aus. Danach ist notwendiger Inhalt einer Arbeitnehmerüberlassung die Verpflichtung des Verleihers, dem Entleiher „zur Förderung von dessen Betriebszwecken" Mitarbeiter zur Verfügung zu stellen; dagegen fehlt es an einer Arbeitnehmerüberlassung, wenn sich der drittbezogene Personaleinsatz auf Seiten des Vertragsarbeitgebers nicht darauf beschränkt, einem Dritten den Mitarbeiter zur Förderung von dessen Betriebszwecken zur Verfügung zu stellen, sondern der Vertragsarbeitgeber damit „eigene Betriebszwecke" verfolgt.[51] Jedenfalls im Fall betriebsfremder Zwecke scheidet eine illegale Arbeitnehmerüberlassung deshalb auch angesichts dieser durch das BAG vorgenommen Differenzierung zwischen fremden und eigenen Betriebszwecken aus; bei betrieblichen Nebenleistungen ist dies – wie das Beispiel der IT zeigt – dagegen nicht der Fall.[52]

cc) Problematische Fälle: Repräsentantenmodelle bei Onsite-Werkverträgen in arbeitsteiligen Prozessen und On-Demand-Werkverträge

Im Gegensatz dazu ist die Einführung und Umsetzung derart eigenständiger betrieblicher Strukturen in der Praxis vor allem in den Fällen mit Problemen verbunden, in denen es aufgrund der Eigenart der Tätigkeiten zu einer starken Verzahnung der Mitarbeiter des Einsatzunternehmens mit dem Auftragnehmer bzw. dessen Mitarbeiter kommt und in Folge dessen (auch) arbeitsbezogene Weisungen erteilt werden. In diesem Zusammenhang sind insbesondere die folgenden beiden Fallgruppen hervorzuheben:

– *„Onsite-Werkverträge" in arbeitsteiligen Prozessen:* In diesen Fällen geht es darum, dass das Einsatzunternehmen (Auftraggeber) sich zur Erledigung bestimmter Teilaufgaben eines herzustellenden Gesamtwerks eines Dritten (Auftragnehmer) bedient. Beispiele für derartige „mehrschichtige Gewerke" finden sich in der Praxis etwa im Baugewerbe oder bei der Herstellung komplexerer technischer Anlagen, die eine Vielzahl verschiedener – oftmals auch hoch spezialisierter – Arbeitsschritte erfordern. In diesen Fällen ist es bereits unerlässlich, dass die erbrachte Dienst- bzw. Werkleistung – trotz der Einbindung des Auftragnehmers bzw. dessen Mitarbeiter – abgrenzbar (und im Fall einer Werkleistung abnahmefähig) ist, da ansons-

---

50 *LAG Baden-Württemberg* NZA 2013, 1017 ff.
51 *BAG* NZA 2001, 259.
52 Nähere Einzelheiten bei *Baeck/Winzer* NZA 2015, 269, 271 m.w.N.

ten eine betriebliche Integration durch die Erteilung arbeitsbezogener Weisungen zur Koordinierung der einzelnen Teilaufgaben in den meisten Fällen praktisch unvermeidbar ist.[53]

57 – *„On-Demand-Werkverträge"*: In diesen Fällen werden Rahmenwerk- oder -dienstverträge geschlossen, auf deren Basis die konkreten Werk- oder Dienstleistungen dann „nach Bedarf" angefordert werden. Bspw. in der Automobilindustrie ist es üblich, dass die Automobilzulieferer sich lediglich in Rahmenverträgen zur Herstellung einzelner Teile nach entsprechendem Abruf verpflichten. Auch ein derartiger Abruf kann eine hinreichende Integration des Auftragnehmers in die Prozesse des Auftraggebers indizieren, wenn hierdurch die näheren Modalitäten der Leistung (bspw. inhaltliche, zeitliche personenbezogene Vorgaben etc.) bestimmt werden und dem Auftragnehmer damit keinerlei eigener Gestaltungsspielraum bei der Erbringung der Werk- bzw. Dienstleistung verbleibt.

58 Eine derartige Verzahnung der verschiedenen Tätigkeiten führt – zusätzlich zu den unter Rn. 56 genannten Erfordernissen – zur Notwendigkeit einer Einführung entsprechender Kommunikationsstrukturen, um die Erteilung arbeitsbezogener Weisungen durch Mitarbeiter des Auftraggebers gegenüber dem Auftragnehmer bzw. dessen Mitarbeiter in der betrieblichen Praxis effektiv zu verhindern. Als geeignetes Mittel hierfür haben sich in der Vergangenheit verschiedenartige Repräsentantenmodelle herausgestellt.

59 – Einfache Repräsentantenmodelle: Diese sehen die Bestellung bestimmter Repräsentanten auf Seiten des Auftragnehmers vor, die allein für die Kommunikation mit dem Auftraggeber und die Entgegennahme von Aufträgen bzw. werkbezogenen Weisungen zuständig sind. Hierdurch soll insbesondere beim Fremdpersonaleinsatz in Dreipersonenverhältnissen gewährleistet werden, dass ausschließlich werkbezogene Weisungen (bei Onsite-Werkverträgen in arbeitsteiligen Prozessen) bzw. Auftragsabrufe (bei „On-Demand-Werkverträgen) gegenüber einem Repräsentanten des Auftragnehmers kommuniziert werden, der dann für den Auftragnehmer darüber entscheidet, welcher seiner Mitarbeiter die sachbezogene Weisung wann und wie umsetzt bzw. den erteilten Auftrag wann und wie abarbeitet.

60 – Institutionalisierte Repräsentantenmodelle *(z.B. Ticketsysteme):* In diesem Zusammenhang ebenfalls praxisbewährt ist gerade für den Fall von „On-Demand-Werkverträgen" die Einführung abstrakter Regeln für die Zuordnung der einzelnen Abrufe bspw. in Form sog. Ticketsysteme. Ein derartiges Ticketsystem kann bspw. im Fall fremdvergebener IT-Dienstleistungen vorsehen, dass Mitarbeiter des Einsatzunternehmens bzw. Auftraggebers im Störfall ein bestimmtes Ticket zur Störbeseitigung ziehen, die dann auf Seiten des Auftragnehmers von allen Mitarbeitern nacheinander abgearbeitet werden. Darüber hinaus sind auch anderweitige Modalitäten der Leistungserbringung denkbar, in etwa, dass die einzelnen Tickets nach bestimmten Themen ebenfalls bestimmten Mitarbeitergruppen zugeordnet werden und von diesen dann nacheinander abgearbeitet werden.[54]

---

53 Vgl. hierzu *Baeck/Winzer* NZA 2015, 269 ff.; *Greiner* NZA 2013, 697 ff.; *Lembke* NZA 2013, 1312 ff.; *Maschmann* NZA 2013, 1305 ff. jeweils m.w.N.
54 Vgl. *Baeck/Winzer* NZA 2015, 269 ff., *Greiner* NZA 2013, 697 ff.; *Lembke* NZA 2013, 1312 ff.; *Maschmann* NZA 2013, 1305 ff. jeweils m.w.N.

Abgrenzungskriterien 1. Kapitel **2**

Die Einführung einer derart geordneten Kommunikationsstruktur schließt eine Konkretisierung der Leistungen durch den Auftraggeber mittels Weisungen aus. Wie das zuletzt genannte Beispiel eines Ticketsystems im Fall fremdvergebener IT-Dienstleistungen zeigt, setzt dies aber auch voraus, dass dieses in der Praxis auch entsprechend umgesetzt wird. Kommt es dennoch – am Ticketsystem vorbei – zum Abruf der Arbeitsleistung und in diesem Zusammenhang zu konkretisierenden Weisungen durch Mitarbeiter des Einsatzunternehmens/Auftraggebers dahingehend, welcher Mitarbeiter des Auftragnehmers die einzelnen Leistungen wie und wann zu erbringen hat, liegt nach der Rechtsprechung eine illegale Arbeitnehmerüberlassung vor.[55] **61**

c) Einsatz von Betriebsmitteln („Mietmodelle")

Darüber hinaus kann sich eine betriebliche Eingliederung auch aus der Nutzung von Betriebsmitteln des Auftraggebers ergeben. Vor diesem Hintergrund hat die Rechtsprechung den (überwiegenden) Einsatz eigener Betriebsmittel auch stets als relevantes Indiz im Zusammenhang mit der Statusbewertung bewertet, indem in zahlreichen Entscheidungen entweder das Vorliegen eines Werk- bzw. Dienstvertrags (auch) auf das Kriterium des Einsatzes eigener Betriebsmittel zurückgeführt oder umgekehrt eine Scheinselbstständigkeit bzw. illegale Arbeitnehmerüberlassung (auch) mit dem fehlenden Einsatz eigener Betriebsmittel begründet wird.[56] **62**

Auch wenn dieses Merkmal in nahezu jeder Darstellung der relevanten Abgrenzungskriterien zu finden ist, ist seine Bedeutung im Rahmen einer abschließenden Gesamtbetrachtung nicht als sonderlich hoch zu bewerten. In der Literatur wird die Tauglichkeit dieses Abgrenzungskriteriums zum Teil sogar gänzlich bestritten, da hiermit ein allgemeiner schuldrechtlicher Vertragstypenzwang für Werkverträge geschaffen werde, Besteller und Werkunternehmer allerdings frei darin seien zu vereinbaren, ob der Werkunternehmer die zur Erstellung des Werks erforderlichen Rohstoffe, Werkzeuge und Maschinen mitbringen muss oder ob er hierfür die Anlagen des Bestellers benutzt.[57] In Folge dessen hat auch das BAG zuletzt ausdrücklich klargestellt, dass ein Werkvertrag trotz einer Benutzung der maßgeblichen Betriebsmittel durch den Auftragnehmer gegeben sein kann: **63**

„Die Fluggastkontrollen wurden zwar mit von der Bekl. zur Verfügung gestellten technischen Geräten durchgeführt. Daraus folgt jedoch nicht das Vorliegen einer Arbeitnehmerüberlassung. Ein Unternehmer muss einen Dienst- oder Werkvertrag nicht notwendig mit eigenen technischen Mitteln erfüllen. Maßgeblich ist vielmehr, dass die Weisungsbefugnis bei dem Einsatz der Sicherheitsassistenten bei der F-GmbH verblieb."[58]

Auch zuvor ließen sich mit Blick auf die Rechtsprechung bereits zahlreiche Entscheidungen nachvollziehen, in denen eine Werkleistung auch im Fall der Nutzung der maßgeblichen Betriebsmittel bejaht wird, wenn die wesentlichen Voraussetzungen – insbesondere unter dem Gesichtspunkt einer Personalhoheit (vgl. Rn. 43 ff.) – gegeben sind.[59] **64**

---
55 *LAG Baden-Württemberg* NZA 2013, 1017 ff.
56 *BAG* NZA 2013, 1348; *LAG Baden-Württemberg* NZA 2013, 1017.
57 *Rieble* ZfA 2013, 153 ff. m.w.N.; a.A. *Ulber* AÜG, Einl. Rn. 41, 64 ff.
58 *BAG* NZA-RR 2012, 455; vgl. zuletzt auch ausführlich *LAG Hamm* 2.2.2012 – 8 Sa 1502/11 = BeckRS 2013, 69215.
59 *BAG* AP AÜG § 9 Nr. 6.

65 Dennoch bleibt die Nutzung von Betriebsmitteln ein im Rahmen der wertenden Gesamtbetrachtung zu berücksichtigendes Merkmal.[60] Dies mag auch daran liegen, dass in der Verwendung eigener Betriebsmittel ein Indiz für ein unternehmerisches Risiko gesehen werden kann, das gemeinhin als typisches Merkmal für einen Werk- oder Dienstvertrag gilt und das bei einem Arbeitsverhältnis bzw. einer Arbeitnehmerüberlassung gerade fehlt (vgl. hierzu Rn. 71 ff.). Denn ein Unternehmer, der selbst Maschinen kauft und in Betriebsmittel investiert, trägt das Risiko, dass sich diese Ausgaben später amortisieren. In diesem Zusammenhang wird in der Praxis zunehmend auf sog. „Mietmodelle" zurückgegriffen, die einen bestimmten Mietzins für die Verwendung der Betriebsmittel des Auftraggebers vorsehen (der seinerseits auch bereits in dem Werk-/Dienstlohn eingepreist sein kann), um dem Auftragnehmer auch in diesen Fällen ein gewisses unternehmerisches Risiko zuzuschreiben. Auch die Bedeutung derartiger Modelle ist allerdings nicht zu überschätzen, denn wie ein Blick auf die Rechtsprechung des BAG zeigt, wurde bspw. im Fall eines Franchisenehmers ein Arbeitnehmerstatus bejaht, obwohl dieser für die Nutzung maßgeblicher Betriebsmittel einen nicht unerheblichen Kostenbeitrag an den Franchisegeber zahlte.[61]

66 Insgesamt kommt der Nutzung von Betriebsmitteln somit allenfalls die Funktion eines Hilfsarguments zu; im Gegensatz zu den vorgenannten Kriterien wird dieses Merkmal im Rahmen einer wertenden Gesamtbetrachtung regelmäßig nicht dazu geeignet sein, den Ausschlag für eine Statusbewertung in die eine oder andere Richtung geben. Etwas anderes kann nur dann gelten, wenn die relevanten Betriebsmittel als hochkomplex und individualisiert zu bewerten sind und der Tätigkeit des Auftragnehmers in der Folge ein besonderes Gepräge geben.[62]

3. Umfang der Tätigkeit

67 Als weiteres Indiz für das Vorliegen eines Werk- oder Dienstvertrags wird vielfach auch der Umfang der Tätigkeit genannt. Danach soll ein Indiz für einen Werk- oder Dienstvertrag gegeben sein, wenn der Auftragnehmer für mehrere Auftraggeber tätig ist oder jedenfalls die Möglichkeit hat, für andere Unternehmen – ggf. sogar in der gleichen Branche tätig zu werden. Das BAG geht in verschiedenen Entscheidungen von folgenden Grundsätzen aus:

68 – *BAG* vom 13.3.2008 – 2 AZR 1037/06:

„Gegen ein Arbeitsverhältnis spricht auch die Regelung in Nr. 1 Satz 3 des Vertrags, durch die dem Auftragnehmer auch ausdrücklich die Berechtigung zugestanden wird, für andere Unternehmen ggf. der gleichen Branche tätig zu werden. Eine solche Regelung, die letztlich ausdrücklich eine Konkurrenztätigkeit zulässt, ist für ein Arbeitsverhältnis untypisch (vgl. § 60 HGB)"[63]

– *BAG* vom 31.5.1989 – 5 AZR 173/88:

„Bedeutsam ist weiter, dass es dem Kläger freigestellt war, neben seiner Tätigkeit für das beklagte Land gleichzeitig noch andere Aufgaben wahrzunehmen. Die einzelnen Verträge der Parteien folgten auch nicht nahtlos aufeinander. Teilweise überschnitten sie

---

60 Vgl. hierzu auch *BGH* NZA 2003, 616.
61 *BAG* NZA 1997, 1126.
62 Vgl. zuletzt *LAG Hamm* 2.2.2012 – 8 Sa 1502/11, BeckRS 2013, 69215, wonach ein Laptop einschließlich einer spezifischen Software allerdings noch nicht ausreichend sein soll.
63 *BAG* NZA 2008, 878.

sich, teilweise lagen aber auch mehrere Monate zwischen der Beendigung eines und dem Abschluß eines weiteren Vertrages. Auch dieser Umstand ist für ein Arbeitsverhältnis untypisch."[64]

Die Bedeutung dieses Kriteriums ist jedoch in zweierlei Hinsicht einzuschränken: Zum einen kann dieses Merkmal allenfalls im Rahmen von Zweipersonenverhältnissen zur Abgrenzung einer Scheinselbstständigkeit erheblich sein, da die Möglichkeit des Tätigwerdens für weitere Auftraggeber gegen eine persönliche Abhängigkeit des Auftragnehmers sprechen soll, sodass es hierbei lediglich um eine Abgrenzung von einer freien Dienst- oder Werktätigkeit zu einem Arbeitsverhältnis geht; bei den Mitarbeitern eines Werkunternehmens handelt es sich allerdings ebenfalls um persönlich abhängige Arbeitnehmer dieses Werkunternehmens als ihrem Vertragsarbeitgeber.[65] **69**

Darüber hinaus kommt diesem Merkmal aber auch im Bereich der Zweipersonenverhältnisse lediglich eine nachrangige Bedeutung zu: Allein dar Umstand, dass auch abhängig beschäftigte Arbeitnehmer in Teilzeitarbeitsverhältnissen – zum Teil sogar mehreren – parallelen Tätigkeiten im Rahmen von Arbeitsverhältnissen nachgehen, macht deutlich, dass dieses Kriterium nichts über die Statusbewertung aussagt. Nach der grundlegenden Rechtsprechung des BAG ist hierfür auch lediglich die konkrete Form der Leistungserbringung maßgeblich, die ebenfalls in keinem Zusammenhang mit der Möglichkeit des Tätigwerdens für weitere Auftraggeber steht. Deshalb kann es in diesem Zusammenhang allenfalls von Bedeutung sein, wenn diese Möglichkeit aus den Umständen der „freien" Tätigkeit des Auftragnehmers für den Auftraggeber resultiert, bspw. wenn gerade die eigene Zeithoheit des freien Mitarbeiters weitere Tätigkeiten für andere Auftraggeber ermöglicht.[66] **70**

4. Unternehmerrisiko

Darüber hinaus bildet auch das Tragen eines unternehmerischen Risikos ein weiteres Indiz für das Vorliegen eines Werk- oder Dienstvertrags (vgl. Rn. 63). In diesem Zusammenhang ist vor allem das Vorliegen einer vertraglichen Gewährleistungspflicht von Bedeutung, das auch durch die Rechtsprechung des BAG als positives Indiz für das Vorliegen eines Werkvertrags angesehen wird.[67] **71**

Dennoch sollte auch die Bedeutung dieses Kriteriums im Rahmen einer wertenden Gesamtbetrachtung nicht überbewertet werden. In der Literatur wird zurecht eingewandt, dass Arbeitgeber und Dienstleister nach dem Grundsatz der Vertragsfreiheit berechtigt sind, anstelle eines erfolgsbezogenen Werkvertrags eine reine Tätigkeitsverpflichtung im Rahmen eines Dienstvertrags zu vereinbaren, der allerdings schon gar keine Gewährleistung vorsehe.[68] Wenn die Rechtsprechung einen Fremdpersonaleinsatz nicht nur auf Grund von Werk-, sondern auch von Dienstverträgen anerkennt, kann das Kriterium einer Gewährleistung auch kein relevantes Abgrenzungskriterium zur Scheinselbstständigkeit bzw. illegalen Arbeitnehmerüberlassung bilden. In Folge dessen kommt dem Kriterium der Gewährleistung auch mit Blick auf die genannte Rechtsprechung allenfalls die Funktion eines ergänzenden Hilfsarguments zu, dem im Ergebnis aber keine entscheidenden Kriterien für und gegen das Vorliegen eines Dienst- oder Werkvertrags zu entnehmen ist. **72**

---

64 *BAG* 31.5.1989 – 5 AZR 173/88 = BeckRS 1989, 30731157.
65 Vgl. die Rspr. in *BAG* NZA 2008, 878; *BAG* 31.5.1989 – 5 AZR 173/88 = BeckRS 1989, 30731157.
66 In diese Richtung auch *Küttner* Personalbuch, Stichwort „Freie Mitarbeit", Rn. 9.
67 *BAG* 31.5.1989 – 5 AZR 173/88 = BeckRS 1989, 30731157; *BAG* 6.9.1997 – 7 AZR 663/96.
68 Vgl. *Rieble* ZfA 2013, 155 ff. m.w.N.

5. Weitere Kriterien

73 In der Folge werden in der arbeitsgerichtlichen Rechtsprechung sowie der arbeitsrechtlichen Fachliteratur noch eine ganze Reihe weiterer Kriterien zur Statusabgrenzung genannt. Hierzu gehören insbesondere die folgenden Kriterien:[69]

74
- *Urlaubsgewährung* als typisches Merkmal von Arbeitsverträgen; während eine Urlaubsgewährung für einen freien Werk- oder Dienstvertrags im Zweipersonenverhältnis vollkommen untypisch ist, erfolgt die Gewährung von Urlaub im Dreipersonenverhältnisses durch den Werkunternehmer als Vertragsarbeitgeber;
- *Art der Vergütung*, z.B. in Form eines für Arbeitnehmer typischen Monatslohns oder abweichender Vergütungsmolle bspw. auf Stunden- oder Tagesbasis oder nach Verrichtung der Leistung im Rahmen eines Dienst- oder Werkvertrags;
- *Fortzahlung der Vergütung im Krankheitsfall*, was ebenfalls typischerweise bei Arbeitnehmern der Fall ist, wenngleich dieser Anspruch gem. § 616 BGB neben dem Arbeitnehmer auch dem freien Dienstnehmer zusteht;
- *Verpflichtung zur Leistung in Person*, wie es beim Arbeitnehmer üblich ist, oder Möglichkeit des Einsatzes eigener Arbeitnehmer; im letzten Fall scheidet zwar eine Scheinselbstständigkeit des Werkunternehmers aus, allerdings stellt sich hinsichtlich der durch ihn eingesetzten Mitarbeiter die Frage nach einer vermeintlich illegalen Arbeitnehmerüberlassung;
- *Stellung von Dienstkleidung etc.* als typische Aufgabe des Vertragsarbeitgebers, d.h. des Auftraggebers bzw. Auftragnehmers für die jeweils eigenen Arbeitnehmer; dem Auftragnehmer wird dagegen keine Dienstkleidung gestellt;
- *Aufnahme in Telefonverzeichnisse, Büronamensschilder, E-Mail-Signaturen etc.*, was ebenfalls gemeinhin eigenen Arbeitnehmern vorbehalten ist, die auch nach außen hin als Repräsentanten des Vertragsarbeitgebers auftreten.

75 Hierbei geht es im Kern darum, bei dem Einsatz von Werk- oder Dienstverträgen bereits nach dem äußeren Erscheinungsbild jedwede Parallelen zu den bei einem Arbeitsverhältnis regelmäßig bestehenden Bedingungen zu vermeiden. Es kommt deshalb vor, dass die arbeitsgerichtliche Rechtsprechung das jeweilige Ergebnis auch auf das Vorliegen bzw. Nicht-Vorliegen der genannten Kriterien stützt. Soweit dies wie etwa im Fall der Urlaubsgewährung mitunter geschieht, kommt den genannten Kriterien aber lediglich die Funktion eines Hilfsarguments zu; hinsichtlich zahlreicher der genannten Merkmale – z.B. zur Vergütung bzw. deren Fortzahlung im Krankheitsfalle oder einer Gewerbeanmeldung – hat das BAG dagegen ausdrücklich klargestellt, dass diese Kriterien im Rahmen einer wertenden Gesamtbetrachtung unbeachtlich sind.[70]

6. Abweichende Kriterien in Sonderfällen: „Programmgestaltende Rundfunkmitarbeiter" etc.

76 Letztlich kann es in Sonderfällen dazu kommen, dass die genannten Abgrenzungskriterien aus rechtlichen Gründen zu modifizieren sind. Dies ist vor allem dann notwendig, wenn zusätzliche öffentlich-rechtliche Vorschriften auf die jeweils geschuldeten Werk- oder Dienstleistungen Anwendung finden. Den praktisch wichtigsten Fall hierfür bildet die Leistungsvergabe an sog. **„programmgestaltende Mitarbeiter"** im Rund-

---

69 Vgl. *Küttner* Personalbuch, Stichwort „Freie Mitarbeit", Rn. 7 ff.
70 *BAG* NZA 1994, 1132.

funkbereich, bei der angesichts der verfassungsrechtlichen Vorgaben im Zusammenhang mit der Rundfunkfreiheit erweiterte Möglichkeiten für eine Beschäftigung im Rahmen einer freien Mitarbeit bestehen (vgl. 1. Teil Rn. 42). Unabhängig davon ist die praktische Bedeutung derart modifizierender öffentlich-rechtlicher Vorgaben aber äußerst gering.

III. Vertrag vs. Tatsächliche Durchführung: Anknüpfungspunkt der Vertragstypenqualifizierung und Zurechnung

Auf Basis dieser Kriterien stellt sich nunmehr die Frage, an welchen Sachverhalt dieser Kriterienkatalog konkret anzulegen ist, kurzum an die maßgeblichen Verträge oder die tatsächliche Durchführung des Vertragsverhältnisses sowie die weitere Frage, wie mögliche Widersprüche zwischen Vertrag und tatsächlicher Durchführung aufzulösen sind. Der Ausgangspunkt liegt darin, dass Verträge – egal ob im Zwei- oder Dreipersonenverhältnis (d.h. zwischen Einsatzunternehmen einerseits und Selbstständigem oder Intermediär andererseits) – mit Blick auf die Compliance Vorgaben oftmals mehr oder weniger ausgeprägte Regelungen beinhalten, wonach der Selbstständige keinen fachlichen, örtlichen und zeitlichen Weisungen weder des Intermediärs noch des Einsatzunternehmens unterliegt und andersherum auch nicht berechtigt ist, derartige Weisungen gegenüber Mitarbeitern von Intermediär und/oder Einsatzunternehmen zu erteilen. Ob diese vertraglichen Regelungen auch praktisch eingehalten und umgesetzt werden, steht selbstverständlich auf einem anderen Blatt; genau wie weitere Detailfragen nach Ausmaß der Abweichungen, Kenntnis der Beteiligten etc. 77

1. Doppelte Anknüpfung: „Typische" Vertragsdurchführung als Korrektiv

Wie bereits gezeigt (Rn. 11, 12), kommt es für die Statusfrage – § 611a Abs. 1 S. 4 BGB regelt es nunmehr auch ganz ausdrücklich – im Ausgangspunkt auf die vertraglichen Abreden, letztlich aber maßgeblich auf die praktische Durchführung der jeweiligen Dienst- oder Werkverträge an. Denn nach ständiger arbeitsgerichtlicher Rechtsprechung ist stets der für die Statusfeststellung relevante „objektive Geschäftsinhalt" zu ermitteln, der zunächst den ausdrücklich getroffenen Vereinbarungen, darüber hinaus aber auch der praktischen Durchführung des Vertrags zu entnehmen ist; für den Fall eines Widerspruchs zwischen Vertragsinhalt und gelebter Vertragspraxis ist letztere dann aber allein maßgebend.[71] Ausnahmen von diesem Grundsatz finden sich lediglich in folgenden Konstellationen: 78

– *Untypische Einzelfälle:* In diesem Zusammenhang hat die Rechtsprechung mehrfach betont, dass es für die Bestimmung der letztlich maßgeblichen Vertragspraxis nicht auf einmalige Standards ankommt, sondern diese über einen längeren Zeitraum gelebt werden müssen. Handelt es sich daher bei der abweichenden Vertragspraxis lediglich um untypische Einzelfälle – d.h. wird bspw. ein eingeführtes Ticketsystem nur in untypischen Einzelfällen nicht derart gelebt – ist dies für die Statusbeurteilung unerheblich.[72]

---

71 Ständige Rechtsprechung *BAG* NZA 2012, 1433; vgl. entsprechend auch den Referentenentwurf des Bundesministeriums für Arbeit und Soziales, Stand 14.4.2016, S. 29 f. m.w.N.
72 *BAG* NZA-RR 2012, 455, 458, Rn. 28; *LAG Baden-Württemberg* NZA 2013, 1017.

- *Vertragliche Regelung eines Werkvertrags in Zweifelsfällen:* Darüber hinaus geht die Rechtsprechung davon aus, dass die Entscheidung der Vertragsparteien für einen Werkvertrag jedenfalls dann im Rahmen der bei jeder Statusbeurteilung erforderlichen Gesamtabwägung aller Umstände des Einzelfalls zu berücksichtigen ist, wenn die grundsätzliche Möglichkeit bestanden hat, die vertraglich vereinbarte Tätigkeit nach ihrer Eigenart nicht nur in einem Arbeitsverhältnis, sondern auch selbstständig zu erbringen.[73]
- *Vertragliche Regelung eines Arbeitsverhältnisses:* Dagegen lässt die Rechtsprechung – unabhängig von dem Erfordernis der zuletzt genannten Voraussetzungen – für die Annahme eines Arbeitsverhältnisses stets eine entsprechende vertragliche Vereinbarung genügen, auch wenn das Vertragsverhältnis in der Praxis die Kriterien eines freien Werk- oder Dienstvertrags erfüllt.[74]

79 Vor diesem Hintergrund bedarf der zuerst genannte Aspekt, wonach eine gewisse Typizität der abweichenden praktischen Vertragsdurchführung gefordert wird, weiterer Spezifizierung. Ein Blick in die Rechtsprechung kann hier indes nur eine erste Orientierung liefern, soweit das BAG ausdrücklich „beispielhafte Erscheinungsformen einer durchgehend geübten Vertragspraxis"[75] einfordert und das LAG Baden Württemberg diese Schwelle in der bekannten Rechtssache „Daimler" jedenfalls bei nachweislich 70 Weisungen innerhalb von drei Jahren als überschritten ansieht.

80 Betrachtet man den Umstand, dass im gleichen Zeitraum – so machte es jedenfalls das beklagte Unternehmen in dem zuletzt genannten Verfahren geltend – rund 9.200 ordnungsgemäße Tickets bearbeitet worden sind, stehen dem lediglich die Anzahl von rund 70 schädlichen Weisungen gegenüber, kurzum also eine abweichende Vertragsdurchführung im Promillebereich. Dass es angesichts dieser Quantität wenig plausibel scheint, von einer „beispielhaften Erscheinungsform einer durchgehend geübten Vertragspraxis"[75] zu sprechen, scheint indes auch das LAG zu konzedieren, indem am Ende ausschlaggebend für eine hinreichende Typizität ins Feld geführt wird, dass diese Vertragspraxis durch das Unternehmen jedenfalls in Notfällen ausdrücklich akzeptiert wurde. Dass hierdurch die vom BAG geforderte objektive Schwelle einer hinreichenden Typizität durch subjektive Zurechnungsaspekte überwunden wird, überzeugt nicht, beides betrifft vielmehr völlig unterschiedliche Aspekte. Gleichwohl zeigt dies, dass das Merkmal der Typizität mangels klarer Vorgaben, wann eben diese Schwelle zu einem typischen Verhalten überschritten ist, in den Hintergrund rückt und stattdessen Fragen der Zurechnung in den Vordergrund treten.

2. Zurechnung: Kennen und Billigen der abweichenden Vertragsdurchführung

81 Und genau dieser Aspekt der Zurechenbarkeit bildet den vermeintlich am meisten **vernachlässigten Ansatzpunkt** im Zusammenhang mit der Statusfrage.[76] Dies mag zunächst ein wenig verwundern, ergibt sich diese Forderung einer subjektiven Zurechenbarkeit doch konsequenterweise aus der doppelten Anknüpfung der Statusfrage selbst. Den primären Anknüpfungspunkt bilden die vertraglichen Abreden, die – so kommt als sekundärer Anknüpfungspunkt die tatsächliche Vertragsdurchführung ins

---

73 *BAG* NZA 2010, 877; vgl. zuletzt auch *LAG Düsseldorf* 21.7.2015 – 3 Sa 6/15 = BeckRS 2015, 71812.
74 *BAG* NZA 1997, 194; *LAG Thüringen* NZA-RR 1998, 296.
75 *BAG* NZA-RR 2012, 455, 458, Rn. 28.
76 Vgl. bspw. *Klösel/Mahnhold* BB 2017, 1524.

Spiel – im Lichte eben dieser ausgelegt werden, da diese – so ausdrücklich das BAG – „am ehesten Rückschlüsse"[77] auf den tatsächlichen Willen der Vertragsschließenden ermöglicht (Rn. 11).

Diese **Rückbindung an den Willen der Parteien**[78] ist dann auch ausdrücklich durch die ständige Rechtsprechung des BAG anerkannt. Bereits mit Entscheidung vom 20.7.1994 betonte das BAG für das Zweipersonenverhältnis, dass die praktische Handhabung nur dann maßgeblich sei, wenn sie den Vertragsschließenden auch zurechenbar sei. Es seien insoweit die „Grundsätze der Duldungs- und Rechtsscheinvollmacht anzuwenden".[79] Das Kriterium der Zurechenbarkeit hat das BAG mit Entscheidung vom 29.9.2016 dann auch noch einmal für das Dreipersonenverhältnis betont. Die Vertragspraxis lasse „nur dann Rückschlüsse auf den wirklichen Geschäftswillen der Vertragspartner zu, wenn die zum Vertragsschluss berechtigten Personen die vom Vertragswortlaut abweichende Vertragspraxis kennen und sie zumindest billigen".[80] Schon mit Entscheidung vom 9.11.1994 arbeitet das BAG das Erfordernis der Zurechenbarkeit für das Dreiecksverhältnis heraus, formuliert gegenüber jüngeren Entscheidungen aber noch etwas weiter: Die Zurechenbarkeit sei anhand der von der Rechtsprechung entwickelten Grundsätze der Duldungs- und Anscheinsvollmacht zu bestimmen.[81]

82

Dieser im Kern rechtsgeschäftlichen Betrachtungsweise stehen im Übrigen auch die am 1.4.2017 in Kraft getretenen Neuerungen zum AÜG **nicht entgegen**. Für das Zweipersonenverhältnis betont § 611a BGB lediglich, dass die Bezeichnung des Vertrages irrelevant ist, wenn sich das Vertragsverhältnis in der tatsächlichen Durchführung als Arbeitsverhältnis erweist. Das soll die bisherige Rechtslage abbilden, wie bereits der Gesetzgeber ausdrücklich hervorhebt und durch Verweis u.a. auf die insoweit ständige Rechtsprechung des BAG dokumentiert.[82] Für das Dreipersonenverhältnis indes ist die neue Rechtslage weniger eindeutig. Laut § 12 AÜG ist für die rechtliche Einordnung des Vertrages (Verleiher – Entleiher) die tatsächliche Durchführung maßgebend, wenn sich Vertrag und tatsächliche Durchführung widersprechen. Dieser Wortlaut ist verunglückt. Denn diese verkürzte Rezension der bisherigen Rechtsprechung lässt sich auch so auslegen, als gehe die faktische Vertragsdurchführung dem übereinstimmenden Parteiwillen schlicht vor.[83] Die rechtsgeschäftliche Betrachtungsweise würde durch eine rein faktische abgelöst, für das Erfordernis der Zurechenbarkeit bliebe kein Raum.

83

Allerdings steht eine solche Abkehr von der bisherigen Rechtsprechung bereits dem erklärten Willen des Gesetzgebers entgegen. § 12 Abs. 1 S. 2 AÜG soll laut den Gesetzgebungsmaterialien ausdrücklich der bisherigen Rechtsprechung entsprechen. Auf die Entscheidung des BAG vom 15.4.2014[84] wird in den Gesetzgebungsmaterialien verwiesen. Dann liest sich § 12 Abs. 1 S. 2 AÜG aber nur als ein verkürztes Zitat aus der Entscheidung vom 15.4.2014. Im vollständigen Satzzusammenhang wird klar, dass

84

---

77 Ständige Rechtsprechung *BAG* NZA-RR 2012, 455 m.w.N.
78 Vgl. insoweit auch *Uffmann* RdA 2019, 360, 369 f.; *Lembke* NZA 2018, 393, 402; *Klösel/Mahnhold* BB 2017, 1524 jeweils m.w.N.
79 *BAG* 20.7.1994 – 5 AZR 628/93.
80 *BAG* 20.9.2016 – 9 AZR 735/15, BB 2017, 123.
81 *BAG* 9.11.1994 – 7 AZR 217/94, BB 1995, 1293.
82 BT-Drucks. 18/9232, 32.
83 *Henssler* RdA 2017, 83, 86.
84 *BAG* 15.4.2014 – 3 AZR 395/11.

die Vertragsdurchführung maßgebend sein soll, um den „wirkliche(n) Willen der Vertragsparteien" zu bestimmen. Ohnehin wäre eine rein faktische Betrachtungsweise wohl kaum mit der in Art. 2 Abs. 1 GG verankerten Privatautonomie vereinbar, wobei die vorliegende Fragestellung ohnehin stark an den überkommenen arbeitsrechtlichen Grundlagenstreit um Vertragstheorie und Eingliederungstheorie erinnert.

3. Sonderfall Dreipersonenverhältnis: Verleiher- vs. entleiherbezogener Ansatz

85 Soweit Typizität und Zurechnung die wesentlichen Kriterien für eine abweichende praktische Vertragsdurchführung bilden, stellt sich vor allem in Bezug auf den Aspekt der Zurechnung im Dreipersonenverhältnis die Frage nach dem Anknüpfungspunkt. Denn im Dreipersonenverhältnis muss berücksichtigt werden, dass der Werk- oder Dienstvertrag aufgrund des Drittbezugs der Leistung nicht zwischen den Vertragsparteien vollzogen wird, sondern im Verhältnis zwischen dem Einsatzunternehmen und dem Selbstständigen. Es stellt sich deshalb konsequenterweise die Frage, auf welches „Kennen und Billigen" – jene des Einsatzunternehmens oder des Intermediärs – es letztlich ankommt.

86 Orientierung liefert hier die Debatte um den generellen Anknüpfungspunkt der Vertragstypenqualifizierung im Dreipersonenverhältnis. Hier gibt es derzeit – ganz kurz zusammengefasst – folgendes Bild: Der sog. „verleiherbezogene Ansatz"[85] stellt bei der Statusfrage auf das Verhältnis zwischen Intermediär und Selbstständigem ab, der „entleiherbezogene Ansatz"[86] auf jenes zwischen Einsatzunternehmen und Selbstständigem und der gemischt „verleiher-/entleiherbezogene Ansatz"[87] hält alle Umstände des Einzelfalls für maßgeblich. Unterstützung erhielt der verleiherbezogene Ansatz durch eine jüngere Rechtsprechung des BAG zum Einsatz eines Alleingesellschafters und alleinigen Geschäftsführers einer GmbH, in der eine (illegale) Arbeitnehmerüberlassung bereits deshalb ausgeschlossen wird, weil der Kläger in dieser Funktion mangels Weisungsunterworfenheit kein Arbeitnehmer der überlassenden Gesellschaft i.S.v. § 1 Abs. 1 S. 1 AÜG seien könne.[88] Allein daraus auf eine höchstrichterliche Bestätigung des verleiherbezogenen Ansatzes zu setzen und infolgedessen das Vorliegen der Zurechenbarkeitsaspekte bei dem Verleiher einzufordern, mag indes ein wenig zu weit gehen, denn die der Entscheidung zugrunde liegende Konstellation, in der der Verleiher der überlassenen Person bereits aus Rechtsgründen keinerlei Weisungen erteilen konnte, ist ersichtlich sehr speziell und kaum verallgemeinerbar.

87 Gleichwohl spricht im Ergebnis alles für die Forderung des Vorliegens der Zurechenbarkeitsaspekte bei dem Verleiher. Dies ist in der durch das BAG in ständiger Rechtsprechung eingeforderten Rückbindung der abweichenden Vertragsdurchführung an den Willen der vertragsschließenden Parteien bereits zwingend angelegt. Das Umschlagen eines Werk-/Dienstvertrags zwischen Intermediär und Einsatzunternehmen in einen ANÜ-Vertrag sowie jenes zwischen Intermediär und Selbständigem in einen Arbeitsvertrag ist schlicht ohne entsprechende Kenntnis und Billigung eines weisungsgebundenen Einsatzes auf Seiten des Intermediärs unmöglich; der Intermediär ist in beiden Fällen Vertragspartner, es bedarf also schlicht einer Kenntnis auf

---

85 *LAG Düsseldorf* 21.7.2015 – 3 Sa 6/15; *LAG Hessen* 9.4.13 – 8 Sa 1270/12; *Lembke* NZA 2017, 1, 2.
86 *LAG Baden-Württemberg* 1.8.2013 – 2 Sa 6/13 - Daimler.
87 Vgl. hierzu *Lembke* NZA 2018, 393, 401.
88 *BAG* 17.1.2017 – 9 AZR 76/16.

dessen Seite als Vertragspartner.[89] Soweit ohne eine solche Kenntnis auf Seiten des Intermediärs die bestehenden Werk-/Dienstverträge den Einsatz zudem abschließend regeln, ist im Übrigen auch kein Raum für Forderungen nach dem Entstehen eines bilateralen Arbeitsverhältnisses zwischen Einsatzunternehmen und Selbstständigem, insoweit die dem zugrundliegenden vertraglichen Vereinbarungen weiter wirksam bleiben und den Einsatz insoweit abschließend regeln.[90] Eine Grenze, und auch dies hat die jüngere Rechtsprechung des BAG zum Fall des alleinigen Gesellschafter-Geschäftsführers noch einmal ausdrücklich betont, bleiben selbstverständlich alle Konstellationen eines Rechtsmissbrauchs.[91]

IV. Wertende Gesamtbetrachtung

Entscheidend für die rechtliche Bewertung eines Vertragsverhältnisses beim Fremdpersonaleinsatz und einer daraus ggf. folgenden Arbeitgeberstellung des Einsatzunternehmens ist nach ständiger Rechtsprechung des BAG eine „Gesamtwürdigung aller maßgebenden Umstände des Einzelfalls"[92]. Hierbei werden die genannten Kriterien **keinesfalls quantitativ** gewertet, sodass bspw. bei Vorliegen von „4 zu 3" Indizien für ein Arbeitsverhältnis auf ein eben solches zu schließen ist. Es findet vielmehr eine wertende Gesamtbetrachtung statt, in der ebenfalls die Eigenart der den Vertragsgegenstand bildenden, spezifischen Leistung berücksichtigt wird.[93] **88**

Unabhängig von derartigen Besonderheiten im Einzelfall lassen sich mit Blick auf die arbeitsgerichtliche Rechtsprechung allerdings besondere Schwerpunkte bei der Gesamtbetrachtung ausmachen. Diese liegen auf den zuerst genannten Aspekten **89**
– erstens des Vorliegens von **arbeitsrechtlichen Weisungen** durch den Auftraggeber bzw. seinen Mitarbeitern gegenüber dem Auftragnehmer bzw. seinen Mitarbeitern und
– zweitens einer **Eingliederung** des Auftragnehmers bzw. seiner Mitarbeiter in die betriebliche Organisation des Auftraggebers, insbesondere durch eine Zusammenarbeit und eine Nutzung von Betriebsmitteln,

wobei beide Merkmale Wechselwirkungen entfalten, indem Weisungen gleichzeitig zu einer betrieblichen Eingliederung führen und umgekehrt bspw. eine Zusammenarbeit in arbeitsteiligen Prozessen das Risiko arbeitsrechtlicher Weisungen deutlich erhöht. Diese genannten Schwerpunkte einer „wertenden Gesamtbetrachtung" lassen ich mit Blick auf Fremdpersonaleinsätze im Zwei- und Dreipersonenverhältnis noch weiter konkretisieren:
– *Zweipersonenverhältnis:* Wie bereits gezeigt wurde, besteht in diesen Fällen weder die Möglichkeit, eine eigene betriebliche Organisation allein über das Merkmal der Personalhoheit (eigenständige Personalauswahl/-einsatzplanung und Organisation der Weisungsrechte) zu installieren, noch entsprechende Kommunikationsstrukturen zur Vermeidung von arbeitsrechtlichen Weisungsrechten (Repräsentantenmodelle) einzurichten. In Folge dessen kommt es in diesen Fällen darauf an, dass eine **90**

---
89 So auch *Uffmann* RdA 2019, 360, 369 f.
90 So aber *Uffmann* RdA 2019, 360, 370.
91 *BAG* 17.1.2017 – 9 AZR 76/16.
92 *BAG* NZA 2013, 1348.
93 MünchHdB-ArbR/*Reiserer/Christ* § 65 Rn. 24 m.w.N.

persönliche Unabhängigkeit aufgrund hinreichender inhaltlicher, örtlicher oder zeitlicher Dispositionsmöglichkeiten in Bezug auf die Leistungserbringung bestehen oder der Nutzung eigener Betriebsmittel bestehen.

91 – *Dreipersonenverhältnis:* Dagegen kommt es in diesen Fällen vor allem darauf an, eine eigene betriebliche Organisation über das Merkmal der **Personalhoheit** (eigenständige Personalauswahl/-einsatzplanung und Organisation der Weisungsrechte) einzurichten sowie – gerade bei sog. „Onsite-Werkverträgen in arbeitsteiligen Prozessen" sowie „On-Demand-Werkverträgen" – entsprechende Kommunikationsstrukturen zur Vermeidung von arbeitsrechtlichen Weisungsrechten (Repräsentantenmodelle, Ticketsysteme etc.) zu installieren. Sollten darüber hinaus weitere örtliche oder zeitliche Dispositionsmöglichkeiten in Bezug auf die Leistungserbringung bestehen oder eigene Betriebsmittel des Auftragnehmers zum Einsatz kommen, ist dies selbstverständlich auch nicht unschädlich.

92 Insgesamt geht es bei der arbeitsrechtlichen Statusabgrenzung um die Frage einer persönlichen Abhängigkeit, wobei dieses Merkmal schwerpunktmäßig tätigkeitsbezogen (Weisungen, Eingliederung) zu verstehen ist. Im Vergleich hierzu sind die weiteren Kriterien in der arbeitsgerichtlichen Rechtsprechung weit weniger bedeutend. Dennoch ist auch in diesem Zusammenhang selbstverständlich nicht unschädlich, wenn der Auftragnehmer ein eigenes unternehmerisches Risiko trägt, nur in geringem Umfang für einen einzigen Auftraggeber tätig wird etc. – gleichwohl orientiert sich die rechtliche Bewertung von Fremdpersonaleinsätzen in der arbeitsgerichtlichen Rechtsprechung ganz entscheidend an den Kriterien der Weisungen und der betrieblichen Eingliederung.

V. Umgehungsmodelle: „Ein-Mann-GmbH" und Vorratserlaubnis

93 Während sich das Ergebnis einer Statusbewertung aus einer wertenden Gesamtbetrachtung nach den genannten Maßgaben ergibt, werden in der Praxis die folgenden beiden Umgehungsmodelle diskutiert, mit denen zumindest die Rechtsfolgen einer unfreiwilligen Arbeitgeberstellung vermieden werden sollen:

94 – *„Ein-Mann-GmbH" (Zwei-Personenverhältnis):* Bei Fremdpersonaleinsätzen im Zwei-Personenverhältnis betrifft dies die Strategie der Zwischenschaltung einer sog. „Ein-Mann-GmbH". Dies bezeichnet den Fall, das der Auftragnehmer zwar eine juristische Person etwa in Form einer GmbH darstellt, die allerdings lediglich aus einer einzigen natürlichen Person als deren Alleingesellschafter und Geschäftsführer besteht und die auch über keine weiteren Mitarbeiter verfügt.

95 – *Vorratserlaubnis (Drei-Personenverhältnis):* Bei Fremdpersonaleinsätzen im Drei-Personenverhältnis wird ein Lösungsansatz diskutiert, wonach für den Fall, sollten sich die auf Grundlage eines an sich vereinbarten Dienst- oder Werkvertrags erbrachten Leistungen als eine verdeckte Arbeitnehmerüberlassung herausstellen, das (vorsorgliche) Einholen einer Arbeitnehmerüberlassungserlaubnis durch den Auftragnehmer verhindern soll, dass die eingesetzten Arbeitnehmer aufgrund der gesetzlichen Fiktion des § 10 Abs. 1 AÜG ein Arbeitsverhältnis zu dem Auftraggeber geltend machen können (sog. „Fallschirm-Lösung").

Seit dem Erscheinen der Vorauflage hat der Gesetzgeber der „Fallschirmlösung" jedoch einen Riegel vorgeschoben. Nun ist nach § 1 Abs. 1 S. 5 AÜG die Arbeitnehmerüberlassung in dem Überlassungsvertrag zwischen Verleiher und Entleiher ausdrücklich vor Einsatz der Leiharbeitnehmer als solche zu bezeichnen. Andernfalls liegt bereits deswegen eine illegale Arbeitnehmerüberlassung vor, die u.a. zur Fiktion eines Arbeitsverhältnisses zum Entleiher nach §§ 9 Abs. 1a, 10 AÜG führt, unabhängig davon, ob der Verleiher über eine Erlaubnis verfügt oder nicht. **96**

Aber auch die Zwischenschaltung einer Ein-Mann-GmbH birgt erhebliche Risiken. Diese Konstellation wird von der arbeitsgerichtlichen Rechtsprechung regelmäßig als unzulässige Umgehung eingestuft, die nichts an den Rechtsfolgen einer unfreiwilligen Arbeitgeberstellung im Verhältnis zu dem eingesetzten Auftragnehmer ändert. Selbst wenn man dies im Einzelfall nicht als Umgehung qualifizieren würde, und die Zwischenschaltung der GmbH hinnähme, stellt sich die Frage, ob nicht tatsächlich sogar eine (illegale) Arbeitnehmerüberlassung des Geschäftsführers von der GmbH an den Auftraggeber vorliegt und über diesen Weg ein Arbeitsverhältnis zum Auftraggeber zu fingieren wäre.[94] Das BAG hat dem allerdings inzwischen jedenfalls für einen Alleingesellschafter-Geschäftsführer einer GmbH eine Absage erteilt, da dieser nicht Arbeitnehmer der GmbH sei und damit nicht dem Anwendungsbereich des AÜG unterfiele. Allerdings betont das BAG in der Entscheidung auch, dass die Gesellschaft zudem über eine Überlassungserlaubnis verfügte und die gesetzgeberischen Wertungen einer legalen Überlassung deswegen zu berücksichtigen seien.[95] Insoweit könnte dieses Ergebnis auch anders ausfallen, wenn es an den übrigen Voraussetzungen einer legalen Arbeitnehmerüberlassung fehlt.[96] Unabhängig davon kann diese Konstellation trotzdem eine rechtsmissbräuchliche Umgehung darstellen.[97] **97**

VI. Sonderfall: Heimarbeit

Aufsehen erregt hat in den letzten Jahren auch das *BAG* Urteil v. 14.6.2016 – 9 AZR 305/15,[98] indem das Gericht sich mit dem Status eines freien Mitarbeiters zu befassen hatte, der für das Unternehmen für die Pflege und Weiterentwicklung eines Computerprogramms zuständig war. Er übte seine Tätigkeiten von zuhause aus, fast 200km entfernt vom Betrieb des Unternehmens. Die Arbeitszeit konnte er frei einteilen und bezog eine Stundenvergütung. Das BAG kam nun in der Gesamtschau zu dem Ergebnis, mangels Weisungsgebundenheit liege zwar kein Arbeitsverhältnis vor, allerdings bestehe zwischen den Parteien ein Heimarbeitsverhältnis nach § 2 Abs. 1 HAG. Heim- **98**

---

94 Vgl. umfassend hierzu *Lembke* NZA 2013, 1312, 1314 m.w.N.
95 *BAG* NZA 2017 572.
96 In diese Richtung wohl auch *LSG Berlin-Brandenburg* 27.4.2017 – L 1 KR 405/15.
97 *BAG* NZA 2017 572, hier hat das BAG eine Umgehung jedoch abgelehnt, da sich die wirtschaftliche Tätigkeit der GmbH nicht auf die Überlassung des Alleingesellschafters an den Auftraggeber beschränkte, sondern der Alleingesellschafter auch für andere Auftraggeber tätig war und die GmbH auch eigene Arbeitnehmer legal (also mit Erlaubnis und entsprechender vertraglicher Dokumentation) an den Auftraggeber überlassen hatte.
98 *BAG* NJW 2017, 426.

arbeiter ist demnach, „wer in selbstgewählter Arbeitsstätte (eigener Wohnung oder selbst gewählter Betriebsstätte) allein oder mit seinen Familienangehörigen (Abs. 5) im Auftrag von Gewerbetreibenden oder Zwischenmeistern erwerbsmäßig arbeitet, jedoch die Verwertung seiner Arbeitsergebnisse dem unmittelbar oder mittelbar auftraggebenden Gewerbetreibenden überlässt." Auf eine „persönliche Abhängigkeit" in Form der Weisungsgebundenheit oder eine Eingliederung in den Betrieb kommt es dabei gerade nicht an,[99] so dass auch eine Compliance-Struktur, die dies gerade ausschließen soll, an ihre Grenzen stößt.

[99] Das BAG sah all diese Voraussetzungen als erfüllt an; Heimarbeit könne auch bei Tätigkeiten vorliegen, die „eine höherwertige Qualifikation" erforderten. Die „arbeitsrechtlichen" Konsequenzen für den Auftraggeber halten sich aber in Grenzen: Heimarbeiter sind keine Arbeitnehmer, sie genießen nur in bestimmten Konstellationen (z.B. BetrVG; BurlG, AGG) bestimmte Arbeitnehmerrechte; auch gelten ihnen gegenüber besondere Kündigungsfristen nach § 29 HAG, die sich an die für Arbeitnehmer geltenden anlehnen. Allerdings genießen sie z.B. keinen allgemeinen Kündigungsschutz nach dem KSchG.[100] Die wesentlich einschneidenderen Folgen sind dementsprechend auch eher auf sozialversicherungsrechtlicher Eben zu verorten (siehe dazu unten Teil 2, 2. Kap. Rn. 21).

VII. Fazit

[100] Insgesamt besteht also kein einheitlicher Arbeitgeberbegriff. Ein unfreiwilliger Arbeitgeberstatus kann sich im Fall von Fremdpersonaleinsätzen sowohl im Zweipersonenverhältnis (Schein-Selbstständigkeit) als auch im Dreipersonenverhältnis (illegale Arbeitnehmerüberlassung) ergeben; vorausgesetzt die objektiven Kriterien sind erfüllt sowie die Merkmale Typizität und Zurechnung treten hinzu. Mit Blick auf die objektiven Kriterien sind die jeweils anwendbaren Abgrenzungskriterien indes nahezu deckungsgleich, wobei es bei der arbeitsrechtlichen Statusfrage im Schwerpunkt stets um eine persönliche Abhängigkeit geht, die tätigkeitsbezogen zu verstehen ist und zu den maßgeblichen Abgrenzungskriterien **tätigkeitsbezogener Weisungen** nach Inhalt, Ort und Zeit sowie einer **betrieblichen Eingliederung** führt. Gerade in Grenzfällen kommt es dann vor allem auf die konkrete Ausgestaltung der Tätigkeit im Einzelfall an, wobei im Ergebnis auch einzelne Details entscheidend seien können (Qualifizierung der Weisungen als arbeits- oder werkbezogen, Repräsentantenmodelle, Ticketsysteme etc.). Die Bedeutung anderer Kriterien tritt demgegenüber zurück. Vor diesem Hintergrund lassen sich die jeweils maßgeblichen Anforderungen an Fremdpersonaleinsätze im Zwei- und Dreipersonenverhältnis wie folgt skizzieren:

---

99 Vgl. *Werner/Fausel/Bitsch* NZA 2021, 991, 992.
100 Vgl. dazu im Einzelnen ErfK/*Preis* § 29 HAG Rn. 1–6.

Fazit 1. Kapitel **2**

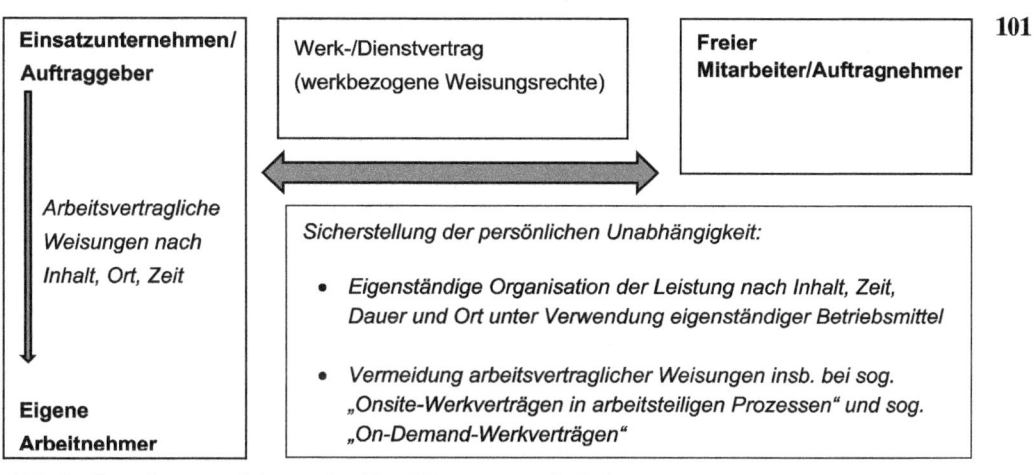

101

Einsatzunternehmen/ Auftraggeber	Werk-/Dienstvertrag (werkbezogene Weisungsrechte)	Freier Mitarbeiter/Auftragnehmer
↓ Arbeitsvertragliche Weisungen nach Inhalt, Ort, Zeit ↓ Eigene Arbeitnehmer	⟷ Sicherstellung der persönlichen Unabhängigkeit: • Eigenständige Organisation der Leistung nach Inhalt, Zeit, Dauer und Ort unter Verwendung eigenständiger Betriebsmittel • Vermeidung arbeitsvertraglicher Weisungen insb. bei sog. „Onsite-Werkverträgen in arbeitsteiligen Prozessen" und sog. „On-Demand-Werkverträgen"	

Abb. 1: Fremdpersonaleinsatz im Zwei-Personenverhältnis

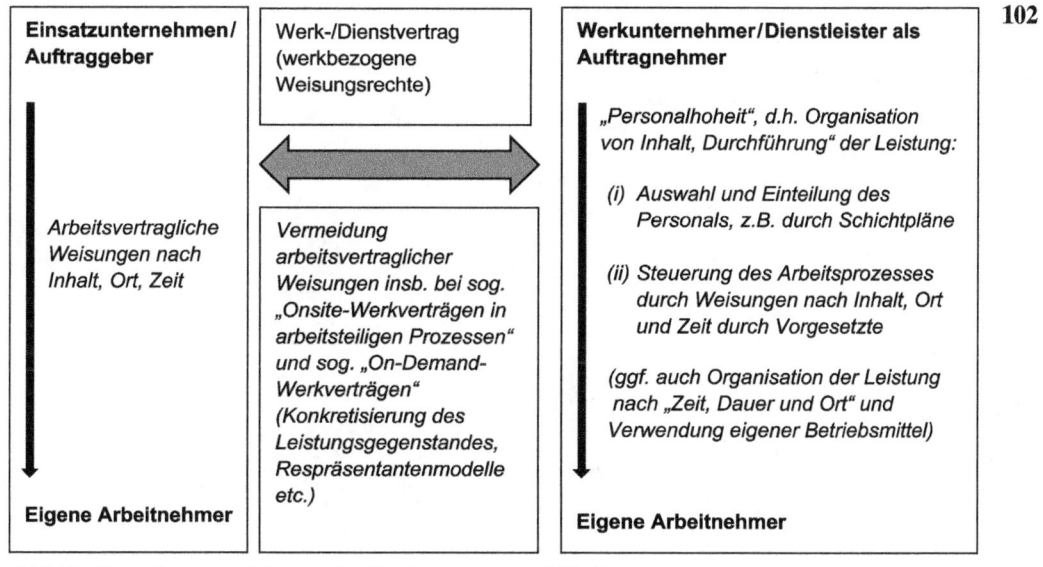

102

Einsatzunternehmen/ Auftraggeber	Werk-/Dienstvertrag (werkbezogene Weisungsrechte)	Werkunternehmer/Dienstleister als Auftragnehmer
↓ Arbeitsvertragliche Weisungen nach Inhalt, Ort, Zeit ↓ Eigene Arbeitnehmer	⟷ Vermeidung arbeitsvertraglicher Weisungen insb. bei sog. „Onsite-Werkverträgen in arbeitsteiligen Prozessen" und sog. „On-Demand-Werkverträgen" (Konkretisierung des Leistungsgegenstandes, Respräsentantenmodelle etc.)	„Personalhoheit", d.h. Organisation von Inhalt, Durchführung" der Leistung: (i) Auswahl und Einteilung des Personals, z.B. durch Schichtpläne (ii) Steuerung des Arbeitsprozesses durch Weisungen nach Inhalt, Ort und Zeit durch Vorgesetzte (ggf. auch Organisation der Leistung nach „Zeit, Dauer und Ort" und Verwendung eigener Betriebsmittel) ↓ Eigene Arbeitnehmer

Abb. 2: Fremdpersonaleinsatz im Dreipersonenverhältnis

2. Kapitel
Definition des sozialversicherungsrechtlichen Arbeitgeberbegriffs

Literatur: *Boss* Medienberufe aus arbeits- und sozialversicherungsrechtlicher Sicht – Freie Mitarbeiter, Freelancer, Honorarkräfte und die ewige Gretchenfrage: selbstständig, „scheinselbstständig" oder abhängig beschäftigt?, NZS 2010, 483; *Brand* Die Behandlung des Problems „Scheinselbstständigkeit" durch die Sozialgerichte, NZS 1997, 552; *Dieckmann* Der Status des Werkunternehmers als Beschäftigter im Sinne des § 7 SGB IV, NZS 2013, 647; *Heinze* Einwirkungen des Sozialrechts ins Arbeitsrecht?, NZA 2000, 5; *Hofmann* Der Begriff der Beschäftigung im Sinne von § 7 SGB IV im Bereich der Pflege, NZS 2015, 41; *Hörtz/Tacou* Kopf oder Zahl? – Von der Einzelfall(un)gerechtigkeit der aktuellen oberinstanzlichen Rechtsprechung zum sozialversicherungsrechtlichen Status Quo einer (Erwerbs-)Tätigkeit am Beispiel der Notarzttätigkeit, NZS 2015, 175; *von Medem* Bedeutung der „tatsächlichen Verhältnisse" bei Abgrenzung von selbstständiger Tätigkeit und abhängiger Beschäftigung im Sozialversicherungsrecht, DStR 2013, 1436; *Preis* Koordinationskonflikte zwischen Arbeits- und Sozialrecht, NZA 2000, 914; *Schnapp* Methodenprobleme des § 7 Abs. 1 SGB IV – Unmöglichkeit der Rechtssicherheit?, NZS 2014, 41; *Seewald* Zu scheinbarer und ernsthafter „Beschäftigung" bei gespaltenen Arbeitsverhältnissen, NZS 2014, 481; *Zieglmeier* Die sozialversicherungsrechtliche Statusbeurteilung – Ein unterschätztes Compliance-Risiko, NJW 2015, 1914.

I. Einführung

Bereits ein erster Blick auf die grundlegenden Begrifflichkeiten des deutschen Sozialversicherungsrechts verrät die auffälligen Parallelen zum Arbeitsrecht.[1] Hier ist ausdrücklich vom „Arbeitgeber" die Rede, der bspw. nach außen hin den Gesamtsozialversicherungsbeitrag allein schuldet (vgl. § 28e SGB IV) und in Folge dessen vom „Arbeitnehmer" den auf ihn entfallenden Teil im Innenverhältnis zurückverlangen kann (vgl. § 28g S. 1 SGB IV).[2] Das verbindende Element zwischen Arbeitgeber und Arbeitnehmer ist – anders als im Arbeitsrecht – allerdings kein Arbeitsverhältnis, sondern der sozialversicherungsrechtliche Begriff der Beschäftigung. Nach der zentralen Vorschrift des § 7 Abs. 1 S. 1 SGB IV umfasst der Begriff der Beschäftigung aber wiederum jede „nicht selbstständige Arbeit, insbesondere in einem Arbeitsverhältnis". Nach § 7 Abs. 1 S. 2 SGB IV sind gesetzlich anerkannte Anhaltspunkte für eine Beschäftigung auch dann gegeben, wenn eine Tätigkeit nach Weisungen erfolgt und eine Eingliederung in die Arbeitsorganisation des Weisungsgebers vorliegt; diese gesetzlichen Kriterien waren auch entscheidend für den Ausgang der arbeitsrechtlichen Statusfrage. Deshalb ist allgemein anerkannt, dass sich die sozialversicherungsrechtliche Zuordnung der beteilig-

1

---

1 Bereits nach BR-Drucks. 7/4122 gilt, „(…) dass eine (sozialversicherungsrechtliche) Beschäftigung stets dann anzunehmen ist, wenn nach arbeitsrechtlichen Grundsätzen ein Arbeitsverhältnis besteht."
2 Im Innenverhältnis steht dem Arbeitgeber dann ein Ausgleichanspruch gegen den Arbeitnehmer zu. Darüber hinaus sind auch zahlreiche weitere Pflichten „arbeitgeberbezogen", z.B. die Meldepflicht (vgl. § 28a SGB IV) oder verschiedene Dokumentations- und Nachweispflichten (vgl. § 28f SGB IV).

ten Personen einschließlich des Arbeitgebers im Wesentlichen nach den im Arbeitsrecht anerkannten Kriterien vollzieht (vgl. 2. Teil 1. Kap.).[3]

II. Abgrenzungskriterien: Parallelität und Unterschiede zum Arbeitsrecht

1. Grundsatz: Wertende Gesamtbetrachtung anhand paralleler Kriterien

2 Ebenfalls parallel zum Arbeitsrecht bilden die im Rahmen einer sozialversicherungsrechtlichen **Statusbewertung** relevanten Grundsätze einen unveränderten Gegenstand langjähriger Rechtsprechung. Das BSG geht bei der Abgrenzung in ständiger Rechtsprechung von folgenden Grundsätzen aus:

„Beurteilungsmaßstab für das Vorliegen einer abhängigen Beschäftigung ist (...) § 7 Abs. 1 Satz 1 SGB IV. Danach ist Beschäftigung die nichtselbstständige Arbeit, insbesondere in einem Arbeitsverhältnis. Nach § 7 Abs. 1 Satz 2 SGB IV sind Anhaltspunkte für eine Beschäftigung eine Tätigkeit nach Weisungen und eine Eingliederung in die Arbeitsorganisation des Weisungsgebers. Nach der ständigen Rechtsprechung des Bundessozialgerichts (BSG) setzt eine Beschäftigung voraus, dass der Arbeitnehmer vom Arbeitgeber persönlich abhängig ist. *Bei einer Beschäftigung in einem fremden Betrieb ist dies der Fall, wenn der Beschäftigte in den Betrieb eingegliedert ist und er dabei einem Zeit, Dauer, Ort und Art der Ausführung umfassenden Weisungsrecht des Arbeitgebers unterliegt.* Demgegenüber ist eine selbstständige Tätigkeit vornehmlich durch das eigene Unternehmerrisiko, das Vorhandensein einer eigenen Betriebsstätte, die Verfügungsmöglichkeit über die eigene Arbeitskraft und die im Wesentlichen frei gestaltete Tätigkeit und Arbeitszeit gekennzeichnet. Ob jemand abhängig beschäftigt oder selbstständig tätig ist, hängt davon ab, welche Merkmale überwiegen. Maßgebend ist stets das Gesamtbild der Arbeitsleistung. Dieses bestimmt sich nach den tatsächlichen Verhältnissen, zu denen die rechtlich relevanten Umstände gehören, die im Einzelfall eine wertende Zuordnung zum Typus der abhängigen Beschäftigung erlauben."[4]

3 Wie schon von der arbeitsrechtlichen Statusabgrenzung bekannt, ist auch hier eine **Gesamtabwägung** vorzunehmen, die sich an den **tatsächlichen Verhältnissen** orientiert: Auf dieser Basis hat die sozialgerichtliche Rechtsprechung zur Konkretisierung dieser Grundsätze ebenfalls mit Blick auf eine unüberschaubare Anzahl von Einzelfällen eine ganze Reihe von Abgrenzungskriterien entwickelt, die im Rahmen einer Gesamtbetrachtung zu berücksichtigen sind. Sowohl die genannten Grundsätze als auch die im Einzelfall entwickelten Kriterien unterscheiden sich im Grundsatz nicht zu denen bei der arbeitsrechtlichen Statusbewertung, zum Teil greift das BSG zur Konkretisierung einzelner Kriterien sogar ausdrücklich auf die Rechtsprechung des BAG zurück:

---

3 Knickrehm/Kreikebohm/Waltermann/*Berchthold* § 7 SGB IV Rn. 20 m.w.N.; zu den Gemeinsamkeiten und Unterschieden im Einzelnen vgl. *Hanau/Peters-Lange* NZA 1998, 785 ff.; *Heinze* NZA 2000, 5 ff.; *Preis* NZA 2000, 914 ff.
4 *BSG* NZA 2014, 650; *BSG* SGb 2013, 337; *BSG* SGb 2014, 213; *BSG* NZA-RR 2013, 252; *BSG* SGb 2012, 331; *BSG* ZfS 2006, 84; BSG NZA 2012, 440; *BSG* SGb 2009, 283; *BSG* SGb 2008, 401; *BSG* ZfS 2005, 215; *BSG* NZA-RR 2000, 434; *LSG Bayern* 29.4.2014 – L 5 R 11/13; *LSG Sachsen* 4.3.2014 – L 1 KR 9/11; *LSG Berlin* NZA 1995, 139.

Parallelität und Unterschiede zum Arbeitsrecht 2. Kapitel **2**

„Soweit sich das LSG für seine Auffassung auf die Rechtsprechung des BAG stützt, **4** kann dieser eine so weitreichende Bedeutung der Delegationsmöglichkeit zur Konkretisierung des Begriffs des Arbeitsverhältnisses nicht entnommen werden. Auch das BAG sieht eine solche Möglichkeit lediglich als ein nicht von vornherein ein Arbeitsverhältnis auszuschließendes Indiz an, insbesondere wenn die persönliche Leistungserbringung die Regel und die Leistungserbringung durch einen Dritten eine das Gesamtbild der Tätigkeit nicht wesentlich verändernde seltene Ausnahme darstellt. Die Möglichkeit, Dritte zur Leistungserbringung einsetzen zu dürfen, stellt dann lediglich ein Kriterium dar, dass im Rahmen einer Gesamtwürdigung mit zu berücksichtigen ist (*BAG* 19.11.1997 – 5 AZR 653/96, *BAGE* 87, 129, und v. 27.6.2001 – 5 AZR 561/99, *BAGE* 98, 146)."[5]

Deshalb ist mit Blick auf den sozialversicherungsrechtlichen Status im Grundsatz auf **5** die Ausführungen zum arbeitsrechtlichen Arbeitgeberbegriff sowie die konkreten Abgrenzungskriterien und deren Inhalt zu verweisen (vgl. 2. Teil 1. Kap. Rn. 14, 17 ff.).[6]

Im Zusammenhang mit der Statusfrage bei Fremdpersonaleinsätzen bestehen Unter- **6** schiede allenfalls im Detail.[7] In beiden Fällen ist das Merkmal der **persönlichen Abhängigkeit** entscheidend, die sowohl im Arbeitsrecht als auch dem Sozialversicherungsrecht zunächst einmal tätigkeitsbezogen zu verstehen ist und zu den maßgeblichen Abgrenzungskriterien tätigkeitsbezogener Weisungen nach Inhalt, Ort und Zeit sowie einer betrieblichen Eingliederung führt; auch im Rahmen der oben zitierten Grundsätze des BSG werden diese Kriterien prominent erwähnt (vgl. 2. Teil 1. Kap. Rn. 88–92 und 100). Gerade im Bereich des Sozialversicherungsrechts wird allerdings vereinzelt eingefordert, dass die persönliche Abhängigkeit nicht zu allererst tätigkeitsbezogen verstanden werden sollte, sondern insbesondere wirtschaftlichen Parametern wie etwa einem **unternehmerischen Risiko** bei gleichzeitig erhöhten Verdienstchancen etc. mehr Gewicht zukommen müsse; begründet wird dies vor allem mit der generellen Schutzfunktion des Sozialversicherungsrechts, das gem. § 1 SGB I dem Schutz der wirtschaftlich und sozial schwächeren Bevölkerungsteile dienen solle.[8]

Die Sozialgerichte haben die Einbeziehung jedenfalls des Kriteriums einer wirtschaft- **7** lichen Abhängigkeit vordergründig zwar stets abgelehnt.[9] Ein genauerer Blick auf die sozialgerichtliche Rechtsprechung zeigt indes, dass weniger tätigkeitsbezogene und im Kern wirtschaftliche Abgrenzungskriterien wie das Tragen eines unternehmerischen Risikos, die Nutzung eigener Betriebsmittel oder sonstiger Modalitäten wie vereinbarten Vertragsstrafen mehr Raum im Rahmen der Abwägungsentscheidungen einneh-

---

5 *BSG* SGb 2009, 283.
6 Eine alphabetische Zusammenfassung der maßgeblichen Abgrenzungskriterien einschließlich der jeweils relevanten Rechtsprechung liefert Knickrehm/Kreikebohm/Waltermann/*Berchthold* § 7 SGB IV Rn. 23 m.w.N.
7 Vgl. BeckOK SozR/*Rittweger* § 7 SGB IV Rn. 4, „Ein sozialrechtliches Beschäftigungsverhältnis wird praktisch in mehr als 95 % der Fälle identisch sein mit dem arbeitsrechtlichen Arbeitsverhältnis und dem steuerrechtlichen Dienstverhältnis."
8 Vgl. *Brand* NZS 1997, 552, 555 m.w.N.
9 *BSG* NZA 2014, 650; *BSG* SGb 2013, 337; *BSG* 20.3.2013 – B 12 R 13/10 R; *BSG* NZA-RR 2013, 252; *BSG* SGb 2012, 331; *BSG* ZfS 2006, 84; *BSG* NZA 2012, 440; *BSG* SGb 2009, 283; *BSG* SGb 2008, 401; *BSG* ZfS 2005, 215; *BSG* NZA-RR 2000, 434; *LSG Bayern* 29.4.2014 – L 5 R 11/13; *LSG Sachsen* 4.3.2014 – L 1 KR 9/11; *LSG Berlin* NZA 1995, 139; vgl. auch *BSG* Die Beiträge 1985, 568 m.w.N.

men als dies in der arbeitsrechtlichen Rechtsprechung der Fall ist.[10] Diese Kriterien sind zwar auch im Rahmen der arbeitsrechtlichen Statusabgrenzung von Bedeutung, allerdings nehmen sie hier im Rahmen der Gesamtabwägung zumeist nur eine untergeordnete Rolle ein (vgl. 2. Teil 1. Kap. Rn. 71 ff.).

8 Ein gutes Beispiel für einen derart verstärkten Fokus auf wirtschaftliche Parameter findet sich in der neueren Rechtsprechung des **LSG Bayern** zur sozialversicherungsrechtlichen Statusabgrenzung:

9 „In Würdigung der dokumentierten Tätigkeit des Beigeladenen zu 1) eine abhängige Beschäftigung sprechen folgende gewichtige Tatsachen: (i) Der Kläger hat dem Beigeladenen zu 1) für die insgesamt vier durchgeführten Fahrten das wesentliche Arbeitsmittel gestellt, nämlich den auf das Unternehmen des Klägers zugelassenen und für dieses versicherten Lkw, (ii) Der Kläger hat die für den Betrieb dieses wesentlichen Arbeitsmittels notwendigen Betriebsstoffe wie Kraftstoff, Schmiermittel allein getragen, (iii) der Kläger hat die Kosten von Unterhalt und Wartung des Lkw allein übernommen, (iv) der Beigeladene zu 1) ist in allen vier Fällen Routen gefahren, die der Kläger ihm nach Kundenaufträge des Klägers vorgegeben hatte, (v) die Tätigkeit des Beigeladenen zu 1), also die Ausführung der Fahrten, hat sich von der Tätigkeit der angestellten Fahrer des Klägers nicht wesentlich unterschieden und (vi) der Beigeladene zu 1) ist nach Außen ebenso wenig als Selbstständiger aufgetreten, wie die Fahrer des Klägers.

Zwar hat der Kläger ursprünglich geltend gemacht, dass die Lkw-Nutzungskosten in die Vergütung für die Fahrten mit einkalkuliert gewesen sei. Hierfür lassen sich jedoch keinerlei Anhaltspunkte finden, es ist nicht nachvollziehbar, ob oder in welchem Umfange Anschaffungs- und Betriebsausgaben des Klägers auf den Beigeladenen zu 1) im Verhältnis zu den ihm zuzuschreibenden Laufleistungen in irgendeiner rechnerischen Form einbezogen worden wären. Darüber hinaus hat der Beigeladene zu 1) im Ermittlungsverfahren glaubhaft angegeben, dass sich seine Vergütung an dem Lohn orientiert hatte, die die angestellten Fahrer des Klägers für entsprechende Fernfahrten erhalten hätten.

Demgegenüber sind im Falle der Tätigkeit des Beigeladenen zu 1) zwar auch Elemente zu erkennen, die für eine Selbstständigkeit der Fahrertätigkeit sprechen, wie der Kläger in der Berufung zu Recht geltend macht. Dies sind – das nicht vollständige in Anspruchnehmen der Arbeitskraft des Klägers, – das nur fallweise Tätigwerden, – die – wenn auch in geringem Maße – andere Vergütung als die der angestellten Fahrer, – die Haftung für unrechtmäßiges Verhalten sowie – das Fehlen der Entgeltfortzahlung im Urlaubs- und im Krankheitsfalle und – die Anmeldung eines eigenen Transportgewerbes und die Zulassung als Transportunternehmer."[11]

10 Dieses Beispiel zeigt, dass die im Rahmen einer arbeitsrechtlichen Statusabgrenzung entscheidenden Kriterien vorliegender Weisungen nach Inhalt, Zeit und Ort sowie einer betrieblichen Eingliederung jedenfalls in dem hier geschilderten Fall – wenn überhaupt – nur eine unwesentliche Rolle für die Begründung des sozialrechtlichen

---

10 Vgl. insbesondere *BSG* SGb 2009, 283; *BSG* ZfS 2005, 215; *LSG Bayern* NZS 2012, 908; *LSG Nordrhein-Westfalen* 1.6.2012 – L 8 R 150/12 B ER.
11 *LSG Bayern* NZS 2012, 908.

Beschäftigtenstatus gespielt haben; entscheidende Bedeutung kam dagegen **wirtschaftlichen Parametern** zu, wie etwa der Stellung der wesentlichen Arbeitsmittel, den Kosten für die Instandhaltung sowie Nutzung dieser Arbeitsmittel, Haftungsfragen etc.

Dennoch können diese Unterschiede nicht überbewertet werden. Im Ergebnis kommt es auch im Sozialversicherungsrecht auf eine Gesamtabwägung der bekannten Abgrenzungskriterien an. Um bei dem Bespiel der Betriebsmittel zu bleiben: Zwar geht die Rechtsprechung des BSG davon aus, dass die Benutzung des eigenen Kraftfahrzeugs und die damit einhergehende Lastentragung für eine selbstständige Tätigkeit sprechen kann; unterliegt die Ausübung der Tätigkeit dennoch der Kontrolle des Auftraggebers, dessen Fahrdienstleiter das Fahrzeug gelegentlich begleiten und ist der Dienstverpflichtete gehalten, während der Tätigkeit für den Auftraggeber dessen Firmenschild anzubringen und macht der Auftraggeber zudem noch Vorschriften über die Beladung, tritt demgegenüber das Eigentum an Betriebsmitteln regelmäßig zurück.[12] Dagegen können selbst Piloten, die selbstredend in aller Regel nicht Eigentümer des wesentlichen Arbeitsmittels Flugzeug sind, selbstständig tätig sein, wenn diese Tätigkeit ohne die Aufnahme in fremdbestimmte Dienstpläne etc. im Wesentlichen weisungsfrei und ohne eine betriebliche Eingliederung erfolgt.[13]

2. Vergütungshöhe: Von den „Heilpädagogen" zu den „Honorarärzten"

Bei der Einordnung der Vergütungshöhe als Indiz gegen ein abhängiges Beschäftigungsverhältnis hat das BSG nach einer zunächst für Auftraggeber positiven Entscheidung wieder eine „Rolle rückwärts" gemacht. So hatte das BSG noch in seiner Entscheidung zu Heilpädagogen vom 31.3.2017 – B 12 R 7/15 R,[14] festgehalten: „Liegt das vereinbarte Honorar wie hier deutlich über dem Arbeitsentgelt eines vergleichbar eingesetzten sozialversicherungspflichtig Beschäftigten und lässt es die Eigenversorgung zu, ist dies jedoch ein gewichtiges Indiz für eine selbstständige Tätigkeit." Der Vorteil eines solchen Ansatzes beim Einsatz freier Mitarbeiter war natürlich, dass die Praxis damit ein hartes und nachprüfbares Kriterium an der Hand hatte, dass im Rahmen der wertenden Gesamtbetrachtung gegen eine abhängige Beschäftigung angeführt werden konnte. Gerade in Bereichen, in denen Auftraggeber häufig nur noch hochqualifizierte Anbieter finden, die gerade kein Beschäftigungsverhältnis eingehen wollen, war diesem Argument eine gewichtige Bedeutung zugekommen. Zu denken ist hier beispielsweise an den sehr angespannten Markt für IT-Spezialisten.

Allerdings hat das *BSG* 4.6.2019 – B 12 R 11/18 R (Honorarärzte)[15] kurz darauf davon wieder Abstand genommen: „Die Honorarhöhe ist nur eines von vielen in der Gesamtwürdigung zu berücksichtigenden Indizien […] das vorliegend nicht ausschlaggebend ist." Diese vom BSG selbst als „Einschränkung" bezeichnete Abkehr von der Heilpädagogen-Entscheidung begründet das BSG mit den kollektiven Interessen der Mitglieder der Pflichtversicherungssysteme und dem daraus folgenden Solidargedanken. Das BSG sieht in einer zu starken Betonung der Honorarhöhe das Risiko, sich von der Versicherungspflicht „freikaufen" zu können. Zwar hat das BSG mit dieser

---
12 *BSG* NZA 2004, 200; *BSG* NZS 2006, 318.
13 *BSG* SGb 2008, 401.
14 *BSG* SRa 2017, 198.
15 *BSG* NZA 2019, 1583.

Entscheidung dem Indiz der Vergütungshöhe keine generelle Absage erteilt, allerdings dürfte sein Gewicht im Rahmen der Gesamtwürdigung erheblich gesunken sein und ihm allenfalls noch eine nachrangige Bedeutung zukommen.

3. Umgehungsmodelle: Vom GmbH-Geschäftsführer bis zu stillen Gesellschaftern

14 Auch die Sozialgerichte haben sich bereits mit Umgehungsmodellen durch die Zwischenschaltung einer Gesellschaft befasst (zur arbeitsrechtlichen Einordnung, vgl. 2. Teil 1. Kap. Rn. 93 ff.). So hat das *LSG Hessen* 18.11.2021 – L 1 BA 25/21,[16] sich jüngst mit einem Fall befasst, in dem der Alleingesellschafter und Geschäftsführer einer GmbH auf der Basis von Dienstleistungsvereinbarungen zwischen der GmbH und einem Krankenhaus die Koordination und Überprüfung der Krankenpflege des Krankenhauses in Kooperation mit dessen Angestellten übernahm. Hintergrund des Rechtsstreits war ein Bescheid der Sozialversicherungsträger wonach es sich bei dieser Tätigkeit um ein sozialversicherungspflichtiges Beschäftigungsverhältnis handele. Das LSG hat das abgelehnt und hier insbesondere betont, dass man die „zwischengeschaltete" juristische Person nicht einfach „hinwegfingieren" könne. Gegen eine Umgehung spreche zudem, dass die GmbH sogar ein Büro angemietet und eine Arbeitnehmerin eingestellt habe sowie eine eigene Homepage betreibe. Das LSG hat sich zur Begründung auf eine entsprechende Entscheidung des BGS aus dem Jahr 2005 gestützt, dort hat das BSG nur eine Versicherungspflicht als Selbstständiger nach § 2 S. 1 Nr. 9 SGB VI angenommen.[17] Auch diese Konstellation birgt jedoch erhebliche Risiken, wenn die Zwischenschaltung einer Ein-Mann-GmbH als missbräuchliche Umgehung eingestuft wird und die Tätigkeit als Geschäftsführer der GmbH tatsächlich als Arbeitsverhältnis zu einem Dritten einzuordnen ist (vgl. 2. Teil 1. Kap. Rn. 93 ff.). Sofern nämlich tatsächlich ein Arbeitsverhältnis zu einem Dritten besteht oder aufgrund illegaler Arbeitnehmerüberlassung zu fingieren ist, besteht in aller Regel in diesem Rahmen wegen abhängiger Beschäftigung nach § 7 SGB IV auch eine entsprechende Sozialversicherungspflicht.[18] So hat auch das LSG Niedersachen-Bremen jüngst entschieden und die Gestaltung über eine zwischengeschaltete Ein-Personen-UG nicht genügen lassen, sondern unter Berücksichtigung der Gesamtumstände ein Beschäftigungsverhältnis zwischen dem Dienstleister/Gesellschafter und dem Auftraggeber angenommen.[19] Hier ist jedoch abzuwarten, wie das Bundessozialgericht die Fälle des LSG Hessen und des LSG Niedersachen-Bremen einordnet; dem liegen die Entscheidungen zur Überprüfung vor.[20] Gerade mit Blick auf die zuletzt eher restriktive Handhabung des BSG bei der Beurteilung von Beschäftigungsverhältnissen erscheint es eher unwahrscheinlich, dass es die Auffassung des LSG Hessen einfach übernimmt.

15 Ebenso risikobehaftet ist der in der Praxis anzutreffende Versuch, eine etwaige Sozialversicherungspflicht als abhängig Beschäftigte zu vermeiden, indem man die jeweili-

---

16 Nicht veröffentlicht. Gegen die Entscheidung ist eine Revision beim *BSG* unter dem Aktenzeichen B 12 R 15/21 R anhängig.
17 *BSG* NZA 2006, 396.
18 Vgl. *LSG Berlin-Brandenburg* 27.4.2017 – L 1 KR 405/15, den Vorgang ausdrücklich auch als illegale Arbeitnehmerüberlassung qualifizierend obwohl der Arbeitnehmer beim „Entleiher" als Fremdgeschäftsführer tätig werden sollte und beim „Verleiher" Vorstand war.
19 *LSG Niedersachen-Bremen* 18.3.2022 – L 1 BA 54/18.
20 Unter den Az. B 12 R 15/21 R und B 12 BA 4/22 R.

gen Personen zu stillen Gesellschaftern der „Anstellungs-"Gesellschaft macht. Derartigen Versuchen hat das BSG bereits in mehreren Entscheidungen eine Absage erteilt, da die Stellung als stiller Gesellschafter regelmäßig nicht die nötige Rechtsmacht gegenüber der Anstellungsgesellschaft verleiht, die für die Annahme einer selbstständigen, nicht-abhängigen Tätigkeit erforderlich wäre.[21] Dies ist auch insoweit konsequent, als das BSG auch bei der Tätigkeit von nicht-stillen Gesellschaftern für ihre Gesellschaft wenigstens eine gesellschaftsvertraglich verankerte, umfassende Sperrminorität verlangt, um eine abhängige Beschäftigung auszuschließen; rein schuldrechtliche Vereinbarungen genügen auch hier nicht.[22]

4. Vertrag vs. Tatsächliche Durchführung: Anknüpfungspunkt der Vertragstypenqualifizierung und Zurechnung

Parallel zu der arbeitsrechtlichen Bewertung stellt sich auch im Sozialrecht die nachfolgende Frage, an welchen Sachverhalt der maßgebliche Kriterienkatalog konkret anzulegen ist, kurzum an die maßgeblichen Verträge oder die tatsächliche Durchführung des Vertragsverhältnisses sowie die weitere Frage, wie mögliche Widersprüche zwischen Vertrag und tatsächlicher Durchführung aufzulösen sind. Zur Erinnerung: Im Arbeitsrecht erfolgt eine **doppelte Anknüpfung**, d.h. primär an die vertraglichen Regelungen, sekundär – sozusagen als entsprechende Auslegungshilfe – an die letztlich entscheidende tatsächliche Vertragspraxis, die allerdings – unter dem Aspekt von Typizität und Zurechnung – nur dann als Korrektiv fungieren kann, wenn die abweichende praktische Vertragsdurchführung in objektiver Hinsicht als „beispielhafte Erscheinungsform einer durchgehend geübten Vertragspraxis" zu bewerten ist die Vertragsschließenden diese unter dem Aspekt der Zurechnung auch „kennen und billigen".[23] **16**

Diese Grundsätze gelten auch für das Sozialrecht. Dies ergibt sich bereits aus der gesetzlichen Konstruktion des Beschäftigtenbegriffs in § 7 Abs. 1 S. 1 SGB IV, die ausdrücklich auf den Begriff des Arbeitsverhältnisses Bezug nimmt. Zudem ist zu berücksichtigen, dass das BSG seine Rechtsprechung, wonach die tatsächlichen Verhältnisse stets als „allein maßgeblich" bzw. „vorrangig" erachtet wurden, nicht mehr weiterverfolgt.[24] Ganz im Gegenteil betont der 12. Senat des BSG in mittlerweile ständiger Rechtsprechung, dass Ausgangspunkt der Prüfung eines Beschäftigungsverhältnisses stets das **Vertragsverhältnis** sei und eine abweichende praktische Vertragsdurchführung nur dann als Korrektiv diene, soweit diese Rückschlüsse auf einen abweichenden „wahren" Inhalt der Vereinbarungen zulassen und eine Abbedingung zudem rechtlich möglich sei: **17**

„Bei der Statusbeurteilung ist regelmäßig vom Inhalt der zwischen den Beteiligten getroffenen Vereinbarungen auszugehen, den die Verwaltung und die Gerichte konkret festzustellen haben. Liegen schriftliche Vereinbarungen vor, so ist neben deren Vereinbarkeit mit zwingendem Recht auch zu prüfen, ob mündliche oder konkludente Änderungen erfolgt sind. Schließlich ist auch die Ernsthaftigkeit der dokumentierten Vereinbarungen zu prüfen. Erst auf der Grundlage der so getroffenen Feststellungen über den (wahren) Inhalt der Vereinbarungen ist eine wertende Zuordnung des **18**

---
21 Vgl. *BSG* 24.11.2020 – B 12 KR 23/19 R, DStRE 2021, 1148; *BSG* NZS 2007, 648.
22 *BSG* NZS 2018, 778; *BSG* DStR 2022, 1624.
23 Vgl. Nachweise unter 2. Teil 1. Kap. III.
24 Vgl. hierzu ErfK/*Rolfs* 22. Auflage 2022, § 7 SGB IV Rn. 17 m.w.N.

Rechtsverhältnisses zum Typus der Beschäftigung oder selbstständigen Tätigkeit vorzunehmen und in einem weiteren Schritt zu prüfen, ob besondere Umstände vorliegen, die eine hiervon abweichende Beurteilung notwendig."[25]

19 Kurzum: Es geht also um die vertraglichen Beziehungen der Parteien, im Ausgangspunkt also um die (schriftlichen) Vereinbarungen; dass die Auslegung dieser schriftlichen Vereinbarungen nicht bei deren Wortlaut endet, ist selbstverständlich. Das Korrektiv der „Ernsthaftigkeit der dokumentierten Vereinbarungen" weist hier den Weg in Richtung einer rechtsgeschäftlichen Betrachtungsweise mit den beiden wesentlichen Kriterien der Typizität und Zurechnung, denn nur objektiv typisch auftretende und subjektiv zurechenbare Abweichungen vom Vertragswortlaut ziehen dessen fehlende Ernsthaftigkeit in Frage. In eine ähnliche Richtung geht im Übrigen auch die weitere Rechtsprechung des Bundessozialgerichts zu Statusfragen insbesondere in Dreipersonenverhältnissen, wonach ganz konkret die einzelnen Vertragsbeziehungen der jeweiligen Parteien in den Blick genommen und explizit als Ausgangspunkt für die Statusfrage betrachtet werden.[26]

20 In Konsequenz dieser im Kern gleichsam **rechtsgeschäftlichen Betrachtungsweise** muss für den Fall des drittbezogenen Personaleinsatzes deshalb ebenfalls gelten, dass unter dem Aspekt der Zurechnung eine Kenntnis und Billigung auf Seiten des Intermediärs von dem abweichenden „wahren" Vertragsinhalt erforderlich ist.[27] Erteilt das Einsatzunternehmen dem Selbständigen (vertragswidrig) arbeitsrechtliche Weisungen, kann hiermit zudem allenfalls ein Beschäftigungsverhältnis zwischen Einsatzunternehmen und dem Solo-Selbständigen begründet sein, sodass das Einsatzunternehmen als Arbeitgeber gem. § 28e Abs. 1 S. 1 SGB IV den Gesamtsozialversicherungsbeitrag zu entrichten hat. Dagegen entsteht allerdings in keinem Fall ein Beschäftigungsverhältnis mit dem Intermediär, weshalb die gesamtschuldnerische Haftung von Verleiher und Entleiher für den Gesamtsozialversicherungsbeitrag gem. § 28e Abs. 2 S. 3, 4 SGB IV nicht zur Anwendung gelangt.

5. Sonderfall: Heimarbeit

21 Im Sozialrecht spielt der „Heimarbeiter" eine ungleich gewichtigere Rolle, als im Arbeitsrecht (siehe dazu oben Teil 2, 1. Kap. Rn. 98 f.). Nach § 12 Abs. 2 SGB IV gelten Heimarbeiter als Beschäftigte, mit der Konsequenz, dass sie sozialversicherungsrechtlich wie Arbeitnehmer zu behandeln sind. Für sie sind also insbesondere die vollen Sozialversicherungsbeiträge abzuführen, von denen der Auftraggeber den Arbeitgeberteil zu tragen hat. Gleiches gilt für die ihnen nach § 1 Abs. 2 a), c) und d) wegen besonderer Schutzbedürftigkeit Gleichgestellten. Obwohl Heimarbeiter damit eigentlich Selbstständige sind, hat der Gesetzgeber sie aufgrund ihrer besonderen Schutzbedürftigkeit den Beschäftigten sozialversicherungsrechtlich gleichgestellt. Nachdem sich das BAG nur mit der arbeitsrechtlichen Einordnung der Tätigkeit des freischaffenden Programmierers als Heimarbeiter befasst hatte (dazu oben Teil 2, 1. Kap. Rn. 98 f.), hatte das LSG Hessen die sozialversicherungsrechtliche Bewertung desselben Falls vorzunehmen.[28] Wie bereits das BAG kam auch das LSG Hessen – sich dem BAG anschließend – zu dem Schluss, dass es sich um ein Heimarbeitsverhältnis han-

---

25 Vgl. grundlegend *BSG* 7.6.2019 – B 12 R 6/18 R, BSGE 128, 205.
26 Vgl. *BSG* 14.3.2018 – B 12 KR 12/17 R.
27 Zu den Einzelheiten vgl. 2. Teil 1. Kap. III.
28 *LSG Hessen* 18.6.2020 – L 8 BA 36/19.

dele, mit den skizzierten sozialversicherungsrechtlichen Konsequenzen. Dies verwundert nicht, da die Voraussetzungen zwischen § 2 Abs. 1 HAG und § 12 Abs. 2 SGB VI im Wesentlichen identisch sind.[29]

Die Erstreckung der Heimarbeit auch auf höherqualifizierte selbstständige Tätigkeiten, wie sie heute vor allem bei IT-Freelancern weit verbreitet sind, ist dabei jedoch besonders brisant. Erbringen diese, auch dank der Möglichkeiten moderner Kommunikationsmittel, ihre Arbeit von zuhause aus, oder jedenfalls aus einer „selbstgewählten Betriebsstätte"[30], können sie Heimarbeiter auch im sozialversicherungsrechtlichen Sinn sein. Jedenfalls hinsichtlich der selbstgewählten Betriebsstätte ist mit Blick auf den Sinn und Zweck des besonderen Schutzes von Heimarbeitern als eine historisch besondere Form prekärer Tätigkeiten sowie den Wortlaut des Gesetzes („Betriebsstätte") zumindest fraglich, ob dies tatsächlich auch moderne Formen mobiler Arbeit hochqualifizierter Freelancer erfassen soll.

Da – wie bereits im arbeitsrechtlichen Zusammenhang dargestellt – Weisungsgebundenheit und betriebliche Eingliederung bei der Einordnung als Heimarbeiter keine Rolle spielen,[31] birgt diese Rechtsprechung viel Sprengstoff, um selbst bei ausgefeilten Compliance-Strukturen zur Vermeidung einer Scheinselbstständigkeit quasi durch die Hintertür der Heimarbeit doch unter die volle sozialversicherungsrechtliche Haftung zu fallen (einschließlich insbesondere der weiteren strafrechtlichen Risiken). Dies betrifft ganz besonders die heute so prominente Gruppe der freischaffenden IT-Spezialisten, ist aber auch für andere Formen der „Arbeit 4.0" ein nicht zu vernachlässigendes Problem.

III. Fazit

Insgesamt ist im Rahmen der sozialversicherungsrechtlichen Statusbestimmung auf die gleichen Kriterien zurückzugreifen, die unter dem Gesichtspunkt des **arbeitsrechtlichen Arbeitgeberbegriffs** bereits umfassend beleuchtet wurden. In beiden Rechtsgebieten ist eine tätigkeitsbezogene Perspektive, die entscheidend auf die Merkmale vorliegender Weisungen und einer betrieblichen Eingliederung abstellt, maßgeblich. Aufgrund der wirtschaftlichen und sozialen Schutzfunktion des Sozialversicherungsrechts können darüber hinaus aber auch wirtschaftlichen Parametern wie etwa dem Tragen eines unternehmerischen Risikos, der Nutzung eigener Betriebsmittel oder sonstiger Modalitäten wie vereinbarten Vertragsstrafen eine gewichtigere Rolle zukommen als im Arbeitsrecht. Weiter ebnet gerade die neuere Rechtsprechung des BSG – parallel zu den Arbeitsgerichten – den Weg für eine im Kern rechtsgeschäftliche Betrachtungsweise, die in der Bewertung dieser Kriterien im Ausgangspunkt bei den (schriftlichen) Vereinbarungen anknüpft, die beiden maßgeblichen Kriterien von Typizität und Zurechnung einer etwaig abweichenden Vertragspraxis inklusive. Insgesamt ist deshalb auf die ausführlichen Anmerkungen zum arbeitsrechtlichen Arbeitgeberbegriff zu verweisen, die im Grundsatz auch auf den sozialversicherungsrechtlichen Arbeitgeberbegriff übertragen werden können (vgl. 2. Teil 1. Kap.).

---

29 ErfK/*Preis* § 2 HAG Rn. 2; *LSG Hessen* 18.6.2020 – L 8 BA 36/19.
30 Als eine solche wird dabei weit verbreitet jede Form der „mobilen Arbeit", also auch aus einem Café o.ä. angesehen: vgl. *Werner/Fausel/Bitsch* NZA 2021, 991, 992 m.w.N.; auch das *BSG* 27.11.2018 – B 2 U 28/17 R hat trotz des leicht abweichenden Wortlauts von § 12 Abs. 2 SGB IV auf das Kriterium „in selbstgewählter Arbeitsstätte" (sic) abgestellt.
31 Vgl. *Werner/Fausel/Bitsch* NZA 2021, 991, 992.

3. Kapitel
Definition des steuerrechtlichen Arbeitgeberbegriffs

Literatur: *Ellers* Die gesetzliche Verpflichtung privater Arbeitgeber zum Lohnsteuereinbehalt, Diss., 2008; *Lanzinner* Scheinselbstständigkeit als Straftat, 2014; *Macher* Arbeitgebereigenschaft einer Gesellschaft des bürgerlichen Rechts im lohnsteuerlichen Sinne, NZA 1995, 822; *Pump/Krüger* Rückzahlungsanspruch des Arbeitgebers auf zu Unrecht ausgewiesene Umsatzsteuer bei kollusivem Tätigwerden, NZA 2012, 1141 ff.

I. Einführung

Das Steuerrecht kennt weder eine eigenständige noch eine einheitliche Definition des *„Arbeitgebers"*. Es besteht auch keine (rechtliche) Bindung an die Definitionen anderer Rechtsgebiete, etwa im Zivil-, Arbeits- oder Sozialrecht (vgl. zur Definition im Arbeitsrecht 2. Teil 1. Kap. Rn. 1 ff. sowie im Sozialrecht 2. Teil 2. Kap. Rn. 1 ff.). **1**

Im Steuerrecht muss im Ausgangspunkt genau zwischen den unterschiedlichen Steuerarten differenziert werden, die jeweils eigene Anforderungen kennen. Es besteht allerdings im Ergebnis weitgehend Deckungsgleichheit. Eine teils unterschiedliche Verwendung von Begriffen – etwa im Einkommensteuerrecht einerseits und dem Umsatzsteuerrecht andererseits – macht es dem Rechtsanwender aus Laiensicht nicht einfach, die Begriffe jeweils mit dem auch nach Auffassung der Finanzverwaltung zutreffenden Inhalt zu füllen. **2**

Einigkeit besteht jedenfalls darin, dass die **Frage der Selbstständigkeit** natürlicher Personen **für die Einkommen-, die Gewerbe- und die Umsatzsteuer** im Allgemeinen **nach denselben Grundsätzen zu behandeln** ist.[1] Bei zutreffender rechtlicher Würdigung muss dies ertrag- wie umsatzsteuerlich zu gleichen Ergebnissen führen.[2] Dabei steht steuerrechtlich häufig die Abgrenzung zwischen der Selbstständigkeit i.S.d. § 18 EStG in Abgrenzung zur – zusätzlich Gewerbesteuer auslösenden – gewerblichen Tätigkeit nach § 15 EStG im Vordergrund, seltener die Abgrenzung zur nichtselbstständigen Tätigkeit (etwa als Arbeitnehmer) i.S.d. § 19 EStG. **3**

Der hier kapitelübergreifend behandelte Begriff der *„Scheinselbstständigkeit"* prägt dagegen in erster Linie das Arbeits- und Sozialversicherungsrecht. Steuerrechtlich hat **4**

---

1 *BFH/NV* 2011, 585 Rn. 22; BMF-Schreiben v. 21.9.2005, BStBl I 2005, 936. Weitergehend Beck'sches Steuer- und Bilanzrechtslexikon, Leistungsaustausch (Ed. 59, Stand: 1.1.2022) Rn. 17: „Die Frage der Selbständigkeit natürlicher Personen ist für die Umsatzsteuer, die Einkommensteuer und die Gewerbesteuer nach unterschiedlichen Grundsätzen zu beurteilen".
2 Vgl. *BMF-Schreiben* v. 31.5.2007, BStBl I 2007, 503. Dort in Rn. 3 auch zum Ausnahmefall, dass Vergütungen für nichtselbständige Tätigkeiten ertragsteuerlich aufgrund bestehender Sondervorschriften (ausnahmsweise) zu Gewinneinkünften umqualifiziert werden, etwa, weil der bei der Komplementär-GmbH angestellte Geschäftsführer, der gleichzeitig Kommanditist der GmbH & Co. KG ist, Geschäftsführungsleistungen gegenüber der GmbH erbringt. Dann werden diese aus der Beteiligung an der KG erzielten Einkünfte gem. § 15 Abs. 1 S. 1 Nr. 2 EStG zu gewerblichen Einkünften umqualifiziert; umsatzsteuerlich wird die Frage der Selbstständigkeit dagegen weiterhin in Anwendung der allgemeinen Grundsätze bestimmt. Schließt ein Kommanditist einen steuerrechtlich anerkannten Arbeitsvertrag mit der KG, erzielt er ertragsteuerlich Einkünfte aus Gewerbebetrieb, während er umsatzsteuerlich als nicht selbständig tätig eingeordnet wird (Beck'sches Steuer- und Bilanzrechtslexikon, Leistungsaustausch (Ed. 59, Stand: 1.1.2022) Rn. 17).

es allerdings ebenso gravierende Auswirkungen, wenn – wie auch hier meist: unbewusst – der angestrebte Rechtsrahmen im Spannungsfeld zwischen Anstellungs- und freiem Beschäftigungsverhältnis verfehlt wird, auch wenn diesbezüglich terminologisch nicht durchgängig von einer *„Scheinselbstständigkeit"* die Rede ist.

5   Innerhalb des **Einkommensteuerrechts** ist der Begriff der Selbstständigkeit übereinstimmend in den §§ 15, 13, 18 EStG sowie § 19 EStG auszulegen. Nach § 19 Abs. 1 S. 1 EStG erzielt Einkünfte aus nichtselbstständiger Arbeit, wer als Arbeitnehmer tätig ist. Damit schließen sich mit Blick auf eine konkrete, abgrenzbare Tätigkeit diese Arbeitnehmereigenschaft einerseits und eine Selbstständigkeit bzw. Unternehmereigenschaft nach §§ 15, 18 EStG wechselseitig aus.

6   Von besonderer Bedeutung im Rahmen des Einkommensteuerrechts sind die Vorschriften der § 38 ff. EStG. Danach ist zu ermitteln, wer lohnsteuerrechtlich als Arbeitgeber i.S.d. § 38 Abs. 1 S. 2 EStG gilt. Der jeweilige Arbeitgeber ist vor allem verpflichtet, die Lohnsteuer – die keine besondere Steuerart, sondern lediglich Vorauszahlung auf die nach Ablauf des Kalenderjahres entstehende Einkommensteuer ist – einzubehalten und an das Finanzamt abzuführen. Die Ermittlung im Einzelfall ist nicht immer einfach, insbesondere in Dreiecksverhältnissen, etwa in Fällen der Arbeitnehmerüberlassung. Im Rahmen des Lohnsteuerabzugsverfahrens bedient sich der Fiskus eines Dritten – nämlich des Arbeitgebers –, um die Steuer unmittelbar an der Quelle zu erheben, indem der Arbeitgeber bei jeder Arbeitslohnzahlung die Steuer einzubehalten und an das Finanzamt abzuführen hat. Bei Verstoß gegen diese Verpflichtung kann der Arbeitgeber unter den Voraussetzungen des § 42d EStG in Haftung genommen werden.[3]

7   Zentraler Begriff im **Umsatzsteuerrecht** ist dagegen nicht der „Arbeitgeber", sondern der „Unternehmer", § 2 Abs. 1 UStG. Eine Bindung an die ertragsteuerliche Beurteilung besteht für das Umsatzsteuerrecht dabei ausdrücklich nicht.[4]

8   Wesentlicher noch als unterschiedliche Begrifflichkeiten im Steuerrecht selbst ist allerdings, dass je nach Rechtsgebiet die unterschiedlichen Herangehensweisen nicht zu einheitlichen Ergebnissen führen. Dies soll folgendes Beispiel veranschaulichen:

9   Der BFH hatte mit Urteil v. 17.2.1995[5] entschieden, dass eine Gesellschaft bürgerlichen Rechts (GbR) im lohnsteuerlichen Sinne Arbeitgeber sein könne, unabhängig davon, ob zivilrechtlich die GbR als Vertragspartner der Arbeitnehmer in Betracht komme. Zwar hat der BGH heute die Teilrechtsfähigkeit der GbR anerkannt,[6] geht also inzwischen nicht mehr – wie noch im Jahre 1995 – davon aus, dass sie zivilrechtlich gar keine eigene Rechtspersönlichkeit habe. Dennoch mag dieses Beispiel im Zusammenhang mit dem Thema Compliance die grundsätzlichen Schwierigkeiten verdeutlichen, die sich auch heute noch daraus ergeben, wenn im außersteuerlichen Bereich eine Arbeitgebereigenschaft bejaht, im Steuerrecht dagegen verneint wird. Nach dieser Entscheidung des BFH war Schuldner der Lohnsteuer die GbR und nicht die einzelnen Gesellschafter. Nach der arbeitsgerichtlichen Definition waren (damals) demgegenüber Arbeitgeber die Gesellschafter, weil die GbR nicht Vertragspartner

---

3   Zu Einzelheiten vgl. *Ellers* Die gesetzliche Verpflichtung privater Arbeitgeber zum Lohnsteuereinbehalt.
4   Vgl. *BFH/NV* 2005, 1204. Vgl. dazu auch oben Rn. 3.
5   *BFH* BStBl II 1995, 390.
6   *BGH* NJW 2001, 2056 ff.

eines Arbeitsvertrages sein konnte. Hiervon abweichend sah das BSG nach Sozialrecht unter Hinweis auf eine im Arbeitsrecht früher herrschende Meinung wiederum die GbR als Arbeitgeberin an.[7]

Es kann also steuerrechtlich ein Dienstverhältnis vorliegen, nach dem Arbeits- und Sozialversicherungsrecht dagegen nicht. Zwar hat es indizielle Bedeutung auch für das Steuerrecht, wenn Arbeits- bzw. Sozialversicherungsrecht ein unselbstständiges Beschäftigungsverhältnis annehmen, diese Einordnung hat jedoch keine Bindungswirkung für die steuerrechtliche Einschätzung, weil dem Steuerrecht der Gedanke der sozialen Schutzbedürftigkeit nach dem BFH fremd sei.[8]

Aus diesem Grunde hält die steuerrechtliche Rechtsprechung weiterhin daran fest, dass im (Einkommen-)Steuerrecht der Arbeitgeberbegriff nicht durch Rückgriff auf Arbeits- oder Sozialrecht als definiert anzusehen sei, weil das Steuerrecht einerseits und das Arbeits- bzw. Sozialrecht andererseits unterschiedlichen Zwecken folgten.[9] Das führt unter Compliance-Gesichtspunkten vor Augen, dass im Steuerrecht Definition und Aufgaben des Arbeitgebers in jedem Fall gesondert beachtet werden müssen.

Die Abweichungen gehen so weit, dass etwa der gesetzliche Vertreter juristischer Personen steuerrechtlich Arbeitnehmer ist, nach der im Arbeitsrecht überwiegenden Ansicht dagegen nicht. Auch geht u.U. der steuerrechtliche Arbeitslohnbegriff ebenfalls weiter als etwa derjenige des Arbeitsrechts.[10]

Die Einführung zeigt, dass unter Compliance-Gesichtspunkten der **Erfassung der steuerrechtlichen Arbeitgebereigenschaft** besondere Bedeutung zukommen muss, insbesondere, weil ein Fehlverständnis – und damit ein (steuerliches) Fehlverhalten über viele Jahre – nach Aufdeckung durch die Finanzverwaltung zu erheblichen Steuer- und Zins(nach)zahlungen führen kann. Darüber hinaus haftet der Auftraggeber (als Arbeitgeber) grundsätzlich für Steuernachforderungen als Haftungsschuldner (vgl. dazu 4. Teil 3. Kap. Rn. 2 ff., 18 ff.).

II. Einzelheiten zum steuerrechtlichen Arbeitgeberbegriff

1. Lohnsteuerlicher Arbeitgeberbegriff nach § 1 Abs. 2 LStDV
a) Arbeitgeber und Pflicht zum Lohnsteuereinbehalt

Bei Einkünften aus unselbstständiger Arbeit wird die Einkommensteuer durch Abzug vom Arbeitslohn als Lohnsteuer erhoben. Für den Einbehalt bei jeder Lohnzahlung hat der inländische Arbeitgeber Sorge zu tragen, § 38 Abs. 1, Abs. 3 S. 1 EStG. Im Ausland ansässige Arbeitgeber, die im Inland keine Betriebsstätte i.S.d. § 10 AO oder keinen sog. ständigen Vertreter i.S.d. § 13 AO haben, sind grundsätzlich nicht betroffen.[11]

---

7 Vgl. dazu: *Macher* NZA 1995, 822.
8 So *BFH* BStBl 2012, 262 unter Ziff. II.2.c.
9 *BFH* BStBl II, 2000, 41 und *FG Nürnberg* EFG 2012, 1191 zur Lohnsteuer; *BFH/NV* 2004, 379 zur Umsatzsteuer.
10 Vgl. Brandis/Heuermann/*Geserich* § 19 Rn. 50.
11 Zum Lohnsteuereinbehalt sind nur inländische Arbeitgeber verpflichtet, § 38 Abs. 1 S. 1 Nr. 1, S. 3 EStG, bei der Arbeitnehmerüberlassung dagegen der (ausländische) Arbeitnehmer-Verleiher für im Inland verliehene Arbeitnehmer, § 38 Abs. 1 S. 1 Nr. 2 EStG, sowie bei der Arbeitnehmerentsendung das aufnehmende (inländische) Unternehmen, das den Arbeitslohn wirtschaftlich trägt (vgl. Kirchhof/Seer/*Eisgruber* § 38 Rn. 5-10).

15 Wer lohnsteuerrechtlich i.S.d. § 38 Abs. 3 EStG Arbeitgeber ist, ist im EStG nicht definiert. Nach der Rechtsprechung des BFH gilt grundsätzlich der **zivilrechtliche Arbeitgeberbegriff**, der abgeleitet wird aus einem Umkehrschluss der in der Lohnsteuer-Durchführungsverordnung enthaltenen Begriffe „*Arbeitnehmer*" und „*Dienstverhältnis*", §§ 1, 2 LStDV.[12] § 1 Abs. 2 der LStDV – die für Gerichte keine Bindung entfaltet –, legt nach ständiger Rechtsprechung des BFH den Arbeitnehmerbegriff zutreffend aus.[13] Arbeitgeber ist danach derjenige, dem der Arbeitnehmer die Arbeitsleistung schuldet, unter dessen Leitung er tätig wird oder dessen Weisungen er zu befolgen hat oder anders gesprochen derjenige, zu dem eine bestimmte Person, um deren Lohnsteuer es geht, in einem Arbeitnehmerverhältnis steht, und damit regelmäßig der Vertragspartner des Arbeitnehmers aus dem Dienstvertrag (vgl. zum arbeitsrechtlichen Begriff den 2. Teil 1. Kap. Rn. 6 ff.).[14]

16 Dies wird regelmäßig der **Abnehmer der geschuldeten (Dienst-)Leistung** sein.

Ein Dienstverhältnis i.S.d. § 1 LStDV liegt vor, wenn der Angestellte dem Arbeitgeber – nur beispielhaft aufgeführt sind die öffentliche Körperschaft, der Unternehmer bzw. der Haushaltsvorstand – seine Arbeitskraft schuldet, was der Fall ist, wenn der oder die Betreffende in der Betätigung des geschäftlichen Willens unter der Leitung des Arbeitgebers steht oder in seinem geschäftlichen Organismus dessen Weisungen zu folgen verpflichtet ist. Arbeitnehmer ist demgegenüber nicht – und damit selbstständig tätig –, wer Lieferungen und sonstige Leistungen innerhalb der von ihm selbstständig ausgeübten gewerblichen oder beruflichen Tätigkeit im Inland gegen Entgelt ausführt, § 1 Abs. 3 LStDV.

17 In Sonderfällen – etwa bei **Leiharbeitsverhältnissen** – lässt sich aber nicht stets eindeutig klären, wer Arbeitgeber ist, da der Leiharbeitnehmer seine Arbeitsleistung sowohl dem Entleiher wie auch dem Verleiher schulden kann.[15] Bei Arbeitnehmerüberlassung oder anderen Formen des drittbezogenen Arbeitseinsatzes (Dreiecksverhältnis), bei denen der Arbeitnehmer nicht mehr unter der Weisung seines Vertragspartners steht, ist lohnsteuerlich dann derjenige **Arbeitgeber, der dem Arbeitnehmer den Lohn im eigenen Namen und für eigene Rechnung (unmittelbar) auszahlt**.[16] Handelt es sich dabei um den Entleiher, geht die Rechtsprechung davon aus, dass ein Arbeitgeberwechsel im lohnsteuerrechtlichen Sinne stattgefunden hat.[17] Der BFH[18] hat aktuell entschieden, dass im Falle einer (konzerninternen) internationalen Arbeitnehmerentsendung das aufnehmende inländische Unternehmen zum wirtschaftlichen Arbeitgeber i.S.v. § 38 Abs. 1 S. 2 EStG werde, wenn es den Arbeitslohn für die ihm geleistete Arbeit wirtschaftlich trage, der Einsatz des Arbeitnehmers bei dem aufnehmenden Unternehmen in dessen Interesse erfolge und er in dessen Arbeitsablauf eingebunden sowie dessen Weisungen unterworfen sei. Das wirtschaftliche Tragen des Arbeitslohns ersetze in diesem Fall die für den zivilrechtlichen Arbeitgeberbegriff grundsätzlich erforderliche arbeits- bzw. dienstvertragliche Bindung zwischen Arbeitgeber und Arbeitnehmer, auf der die Zahlung des lohnsteuerpflichtigen Arbeitslohns

---

12 *BFH* BStBl 2011, 986.
13 *FG Rheinland-Pfalz* EFG 2016, 1429 m.w.N.
14 *BFH* BStBl 2011, 986; *FG Baden-Württemberg* 8.3.2010 – 6 K 68/07.
15 Kirchhof/Seer/*Eisgruber* § 38 Rn. 5 m.w.N.
16 *BFH* BStBl 2000, 986.
17 *BFH* BStBl 2011, 986 Rn. 15.
18 *BFH*/NV 2022, 539, LS 1 und 2.

(zivilrechtlich) im Regelfall beruhe; unbeschadet dessen müsse die entsandte Person nach allgemeinen Grundsätzen aber als Arbeitnehmer des wirtschaftlichen Arbeitgebers anzusehen sein.

Der zivilrechtliche Arbeitgeberbegriff ist demnach für die Frage, wer die Einbehaltungspflichten des § 38 Abs. 3 EStG zu erfüllen hat, nicht ausschließlich entscheidend.[19]

Die nichtselbstständige Arbeit – und damit auch die Abgrenzung zur selbstständigen bzw. gewerblichen Tätigkeit – wird damit durch die **Begriffe Dienstverhältnis, Arbeitnehmer, Arbeitgeber und Arbeitslohn** geprägt. Dabei stehen die Begriffe „*Arbeitnehmer*" und „*Arbeitgeber*" mit dem Begriff des „*Dienstverhältnisses*" in untrennbarem Zusammenhang und können aus ihm abgeleitet werden.[20]

b) Bestimmung des Dienstverhältnisses durch Gesamtschau sämtlicher Indizien

Ein Dienstverhältnis i.S.d. § 1 Abs. 2 LStDV ist gegeben, wenn der Angestellte oder Beschäftigte dem Arbeitgeber seine Arbeitskraft schuldet, er also in der Betätigung seines geschäftlichen Willens unter Leitung des Arbeitgebers steht oder im geschäftlichen Organismus des Arbeitgebers dessen Weisungen zu folgen verpflichtet ist.

Aus der bereits dargelegten **Eigenständigkeit des steuerrechtlichen Dienstverhältnisses** folgt, dass es auf die zivilrechtlich geprägte Bezeichnung der Vereinbarung als Dienst- oder Werkvertrag nicht ankommt. Maßgeblich ist allein, ob sich aus der Abrede entnehmen lässt, dass ein Beschäftigter Dienste in abhängiger Stellung erbringen soll und tatsächlich auch erbringt.[21] Steuerrechtlich sind die Begriffe Dienstverhältnis bzw. Arbeitsverhältnis deshalb im Ergebnis gleichbedeutend.

Ein (steuerrechtliches) Dienstverhältnis kann durch schriftlichen Vertrag, aber auch durch mündlich getroffene Vereinbarung oder bloß schlüssiges (konkludentes) Verhalten begründet werden. Anders als zivilrechtlich ist eine **Rückwirkung mit steuerlicher Wirkung unzulässig**.[22] Deshalb kommt der schriftlichen Fixierung der Vereinbarung mit den Vertragsparteien entscheidende Bedeutung zu, um von Beginn an auf sicherer Grundlage auch in steuerlicher Hinsicht eine zutreffende Einordnung des jeweiligen Vertragsverhältnisses vornehmen zu können und die Mitarbeiter zur genauen Einhaltung der schriftlichen Abrede anzuhalten. Dies baut zusätzlich dem Risiko vor, dass Vereinbarungen nicht nach ihrem Vertragsinhalt „gelebt" und viele Jahre später bei Außenprüfungen der Finanzbehörden abweichende Feststellungen getroffen werden, die zu erheblichen Steuernachzahlungen führen können.

Bedeutsam ist in diesem Zusammenhang, dass es für die Besteuerung nicht auf die zivilrechtliche Wirksamkeit des Dienstverhältnisses ankommt, solange die Beteiligten das wirtschaftliche Ergebnis eintreten und bestehen lassen; unerheblich ist also etwa, ob das Dienstverhältnis gegen ein gesetzliches Verbot oder die guten Sitten verstößt, was zivilrechtlich zur Unwirksamkeit führt, §§ 40, 41 AO.[22] Deshalb ist es für die steuerliche Behandlung (natürlich) nicht relevant, dass Arbeitgeber und Arbeitnehmer bspw. vereinbart haben, Arbeitslohn „*schwarz*" auszuzahlen.[23]

---

19 Kirchhof/Seer/*Eisgruber* § 38 Rn. 5.
20 Brandis/Heuermann/*Geserich* § 19 Rn. 49.
21 Brandis/Heuermann/*Geserich* § 19 Rn. 56.
22 Schmidt/*Krüger* § 19 Rn. 12.
23 Brandis/Heuermann/*Geserich* § 19 Rn. 57.

aa) Wertungskriterien

23 Nach der BFH-Rechtsprechung handelt es sich bei dem „Arbeitnehmer" um einen sog. „offenen Typusbegriff", der nur durch eine größere und unbestimmte Zahl von Merkmalen beschrieben werden kann.[24] Die Frage, ob jemand eine Tätigkeit selbstständig oder nichtselbstständig ausübt, ist anhand einer Vielzahl in Betracht kommender Merkmale nach dem **Gesamtbild der Verhältnisse** zu beurteilen (s. zur entsprechenden Vorgehensweise im Arbeitsrecht den 2. Teil 1. Kap. Rn. 14 ff. sowie im Sozialrecht 2. Teil 2. Kap. Rn. 2 f.)[25] Diese Merkmale sind für jeden konkreten Einzelfall zu gewichten und gegeneinander abzuwägen.[26] Es ist jeweils eine Einzelfall- bzw. Gesamtbetrachtung vorzunehmen.

24 Die Kriterien, die nach der BFH-Rechtsprechung sowie der Finanzverwaltung für eine **steuerrechtliche Arbeitnehmereigenschaft** und damit für ein Dienstverhältnis sprechen, sind im Wesentlichen die Folgenden:[27]

– persönliche Abhängigkeit,
– Weisungsgebundenheit hinsichtlich Ort, Zeit und Inhalt der Tätigkeit,
– feste Arbeitszeiten,
– Ausübung der Tätigkeit gleichbleibend an einem bestimmten Ort,
– feste Bezüge,
– Urlaubsanspruch,
– Anspruch auf sonstige Sozialleistungen,
– Fortzahlung der Bezüge im Krankheitsfall,
– Überstundenvergütung,
– zeitlicher Umfang der Dienstleistungen,
– Unselbstständigkeit in Organisation und Durchführung der Tätigkeit,
– keine Pflicht zur Beschaffung von Arbeitsmitteln,
– Notwendigkeit der engen ständigen Zusammenarbeit mit anderen Mitarbeitern,
– Eingliederung in den Betrieb,
– Schulden der Arbeitskraft und nicht eines Arbeitserfolges,
– Ausführung von einfachen Tätigkeiten, bei denen eine Weisungsabhängigkeit die Regel ist

sowie

– kein Kapitaleinsatz,
– kein Unternehmerrisiko,
– keine Unternehmerinitiative.

25 Als weitere ergänzende Merkmale kommen zudem in Betracht:[28]

– Tätigwerden nur für einen Vertragspartner;
– regelmäßige Berichterstattung gegenüber dem Auftraggeber;
– Tarifvertrag als Beschäftigungsgrundlage;
– Einbehaltung von LSt und Sozialversicherungsbeiträgen;
– Unzulässigkeit der Arbeitsleistung durch einen Vertreter

oder

– Anwartschaft auf Alters- und Hinterbliebenenversorgung.

---

24 *BFH*/NV 2009, 1814.
25 *BFH* BStBl 2015, 903 ff.
26 *BFH* BStBl 2012, 262 unter Ziff. II. 1 b.
27 Siehe *BFH* BStBl 1985, 661 sowie die Hinweise in den Lohnsteuerrichtlinien unter H 19.0 LStR.
28 Frotscher/*Geurts* § 19 Rn. 24 u.v.a. *Giloy* DB 1986, 822.

Einzelheiten zum steuerrechtlichen Arbeitgeberbegriff 3. Kapitel **2**

Schon die Vielzahl der Kriterien, die für die jeweilige Einordnung als Indizien herangezogen werden, verdeutlicht, dass im Ergebnis jeweils unterschiedlichste Wertungen denkbar sind, je nach Blickwinkel des Betrachters. Welchem Umstand letztlich bei der Gewichtung die größere Bedeutung im Rahmen der Abwägung beizumessen ist, wird durch persönliche Erfahrungswerte und Einstellungen des Entscheidungsträgers maßgeblich beeinflusst. Schon aufgrund der unterschiedlichen Zielsetzung ergeben sich daraus zwangsläufig Abweichungen zwischen der Sichtweise eines Unternehmens und der Finanzverwaltung. So können etwa Zeitungsausträger, Reise- oder Versicherungsvertreter, Mannequins oder nebenberuflich tätige Musiker nach der Rechtsprechung sowohl Arbeitnehmer als auch selbstständig tätig sein.[29] **26**

Die aufgeführten Indizien stehen nach der Rechtsprechung allerdings nicht für sich allein, weil in die Würdigung auch **einzubeziehen** ist, **wie das der Beschäftigung zugrunde liegende Vertragsverhältnis ausgestaltet ist**, sofern die Vereinbarungen ernsthaft gewollt und tatsächlich durchgeführt worden sind.[30] **27**

Als maßgebliches Kriterium, das die Einordnung stützt, wird zudem der Umstand angesehen, dass die **Vertragsparteien selbst von einer selbstständigen Tätigkeit** nach der zwischen ihnen getroffenen Vereinbarung **ausgegangen sind**. So ist die Vereinbarung darüber, dass das Rechtsverhältnis nicht den Bestimmungen des Sozialversicherungsrechtes unterstellt werden soll, ein Indiz gegen den Abschluss eines Arbeitsverhältnisses. Haben die Vertragspartner i.d.S. ein Arbeitsverhältnis ausdrücklich und übereinstimmend nicht gewollt, ist dies auch steuerrechtlich anzuerkennen.[31] Insoweit ist allerdings darauf zu achten, dass auch i.Ü. nach dem Gesamtbild der Verhältnisse die Anzeichen für eine selbstständige Tätigkeit überwiegen, weil es (auch) steuerrechtlich maßgebend darauf ankommt, wie das Vertragsverhältnis tatsächlich „*gelebt*" wird. Allein also, dass die Vertragsparteien eine selbstständige Tätigkeit auf dem Papier vereinbaren, kann die steuerrechtliche Einordnung nicht vorbestimmen. **28**

Für eine selbstständige Tätigkeit sprechen danach folgende Umstände:[32] **29**
– eigenes Unternehmerrisiko infolge einer Betätigung auf eigene Rechnung und Gefahr;
– Beeinflussung der Höhe der Einnahmen durch Steigerung der Arbeitsleistung oder durch Herbeiführung eines besonderen Erfolges;
– Vertragsverhältnis zu mehreren Auftraggebern;
– Einstellung eigener Mitarbeiter;
– Verwendung eigener Arbeitsgeräte und Arbeitsmaterialien;
– Fehlen einer Urlaubsregelung und einer festen Arbeitszeit.

bb) Schulden der Arbeitskraft

Der **Arbeitnehmer schuldet** insbesondere keinen Arbeitserfolg, sondern lediglich **seine Arbeitskraft**. Beim Selbstständigen dagegen steht die Arbeitsleistung verbunden mit dem Verwertungsrisiko des Arbeitseinsatzes – erwartet wird in der Regel ein **30**

---
29 *BFH* BStBl 1985, 661.
30 *BFH* BStBl 2015, 903 Rn. 13.
31 *BFH* BStBl 1999, 534 unter Ziff. B III.3.f.
32 Frotscher/*Geurts* § 19 Rn. 25.

bestimmter Erfolg – im Vordergrund. Das Fehlen eines solchen Unternehmerrisikos ist geradezu kennzeichnend für den Arbeitnehmer. Das Vermögensrisiko seiner Erwerbstätigkeit prägt demgegenüber den Selbstständigen.[33]

31 Diese Merkmale sprechen im Ausgangspunkt für bzw. gegen ein steuerrechtliches Dienstverhältnis. Allein maßgebend sind sie allerdings nicht. Denn zum einen kommt es auch beim abhängig Beschäftigten dem Arbeitgeber letztlich nicht nur auf dessen Arbeitseinsatz und sein Bemühen, sondern ebenso auf das damit konkret verbundene Ergebnis an, während auch nach dem äußeren Erscheinungsbild Selbstständige – beispielhaft seien Rechtsanwälte, Steuerberater oder Ärzte genannt – lediglich ihre Tätigkeit, aber im Allgemeinen keinen bestimmten Erfolg schulden.[34]

32 Vor allem die genannten **Merkmale des Unternehmerrisikos bzw. der Unternehmerinitiative** grenzen steuerlich die abhängige Beschäftigung von der eigenständigen – gewerblichen wie freiberuflichen – Tätigkeit ab. Kennzeichnend für das Unternehmerrisiko ist nicht in erster Linie eine erfolgsbezogene Entlohnung, die auch Arbeitnehmer erhalten, sondern dass sich Erfolg bzw. Misserfolg unmittelbar im Vermögen des Steuerpflichtigen niederschlagen, also in Form direkter Beteiligung an Gewinn und Verlust sowie an stillen Reserven und einem Geschäftswert; Unternehmerinitiative bedeutet vor allem die Teilnahme an unternehmerischen Entscheidungen.[35]

33 Wesentlich spricht gegen ein Beschäftigungsverhältnis etwa eine Vergütung auf der Basis eines Erfolgshonorars. Solche Erfolgs- (bzw. auch Stunden-)Honorare sind im Rahmen von selbstständigen und gewerblichen Tätigkeiten üblich; dabei entspricht **der mögliche Honorarausfall** gerade der typischen wirtschaftlichen Situation eines selbstständig Tätigen und **findet sich praktisch nicht bei Arbeitnehmern**.[36] Das Unternehmerrisiko, das üblicherweise der Selbstständige trägt, manifestiert sich in einem solchen Vergütungsausfall, der für den Arbeitnehmer untypisch ist. Ein Ausweis von Umsatzsteuer in den dem Vertragsverhältnis zugrunde liegenden Rechnungen ist insoweit aber nicht ausschlaggebend, weil dies auch auf einem Rechtsirrtum der Vertragsparteien beruhen kann.[37]

cc) Weisungsgebundenheit

34 Wie im Arbeitsrecht kommen auch im Steuerrecht der persönlichen Weisungsgebundenheit sowie der organisatorischen Eingliederung maßgebliche Bedeutung zu, § 1 Abs. 2 LStDV. Insoweit kann deshalb ergänzend auf die Ausführungen zum Arbeitsrecht Bezug genommen werden (vgl. dazu ausführlich 2. Teil 1. Kap. Rn. 17 ff.).

35 Die Weisungsbefugnis ist auch nach steuerlichem Verständnis Ausfluss des Direktionsrechtes des Arbeitgebers, der z.B. Art und Weise, Ort, Zeit sowie Umfang der zu erbringenden Arbeiten bestimmen kann. Die berufliche Abhängigkeit ist charakteristisch für das steuerrechtliche Dienstverhältnis,[38] eine wirtschaftliche Abhängigkeit vom Auftraggeber ist dagegen kein Kriterium.

---

33 Kirchhof/Seer/*Eisgruber* § 19 Rn. 31.
34 Brandis/Heuermann/*Geserich* § 19 Rn. 65.
35 *Schmidt*/*Krüger* § 19 Rn. 24.
36 *BFH* BStBl 2015, 903 Rn. 16, 17.
37 Frotscher/Geurts/*Siewert* § 18 Rn. 12.
38 Kirchhof/Seer/*Eisgruber* § 19 Rn. 25.

Die **Weisungsgebundenheit** ist regelmäßig bei einfachen und mechanischen Tätigkeiten umfassend, kann sich **bei gehobeneren Tätigkeiten** dagegen auch nur auf den äußeren organisatorischen und wirtschaftlichen Rahmen beschränken, wobei der Betreffende ansonsten fachlich eigenverantwortlich tätig bleibt.[39] **36**

So ist der **Geschäftsführer einer GmbH oder der Vorstand einer AG** nach Auffassung von Rspr. und Finanzverwaltung **steuerlich regelmäßig Arbeitnehmer**, weil er als Organ in den Organismus der Gesellschaft eingegliedert ist und den Weisungen zu folgen hat, die sich aus Anstellungsvertrag und – bei der GmbH – den Gesellschafterbeschlüssen in Verbindung mit den gesetzlichen Vorschriften ergeben.[40] Gesetzliche Vertreter von Kapitalgesellschaften **können aber auch selbstständig tätig sein**. Dies ist abhängig von der Ausgestaltung des Vertrages mit der Kapitalgesellschaft und besteht insoweit ein Wahlrecht.[41] **37**

Dabei wird ein Fremdgeschäftsführer regelmäßig im Rahmen eines Dienstvertrages und damit als abhängig Beschäftigter tätig werden, es kann aber auch ein entgeltliches Auftragsverhältnis vorliegen.[41] Bei einem Geschäftsführer, der zugleich Gesellschafter der GmbH ist, kommt es maßgeblich auf die bereits angesprochene Gesamtwürdigung an, die im Einzelfall zu höchst überraschenden Ergebnissen führen kann. Dies betrifft etwa Familiengesellschaften, in denen nicht selten der alleinvertretungsberechtigte Geschäftsleiter über die Mehrheitsbeteiligung – nicht notwendig als Alleingesellschafter – verfügt. So hat der BFH einen alleinvertretungsberechtigten Geschäftsführer, der zu 65 % an der GmbH beteiligt war, als Arbeitnehmer angesehen.[42] Neben den bekannten Kriterien, die für eine abhängige Beschäftigung sprachen, weil im Anstellungsvertrag ein festes Grundgehalt und wesentliche Arbeitnehmerrechte – etwa Lohnfortzahlung im Krankheitsfall, Urlaubsansprüche, Anspruch auf Urlaubs- und Weihnachtsgeld – eingeräumt waren, hat der BFH in der Entscheidung die Weisungsgebundenheit hinsichtlich Ort, Zeit und Inhalt der Tätigkeit des Geschäftsführers und dessen Einbindung in die betriebliche Organisation der GmbH hervorgehoben. Er hat darauf abgestellt, zivilrechtlich sei zwischen Organstellung und Anstellungsverhältnis zu unterscheiden, weil beide Rechtsverhältnisse selbstständig nebeneinander stehen und unabhängig voneinander begründet oder beendet werden könnten. Dass der Gesellschafter-Geschäftsführer aufgrund seiner Mehrheitsbeteiligung in der Lage war, allein bestimmenden Einfluss auf die Unternehmensentscheidungen in der Gesellschafterversammlung zu nehmen, hat der BFH nicht gelten lassen. Er stellt sehr formal allein darauf ab, dass die Personenidentität von Geschäftsführer und (Mehrheits-)Gesellschafter nichts an der „Rechtsmacht der Gesellschafter und der Weisungsgebundenheit der Geschäftsführer" ändere.[43] **38**

Diese zivilrechtliche Betrachtung wird jedoch nicht konsequent verfolgt. So sind auch Vorstandsmitglieder gesetzliche Vertreter einer Kapitalgesellschaft, die gem. § 93 Abs. 1 AktG aber „unter eigener Verantwortung die Gesellschaft zu leiten" haben. **39**

---

39 Brandis/Heuermann/*Geserich* § 19 Rn. 67.
40 *BFH* BStBl 2004, 620.
41 Frotscher/Geurts/*Herrmann* § 19 Rn. 51.
42 *BFH* BStBl 2012, 262.
43 *BFH* BStBl 2012, 262 unter Ziff. II.2.b.

Damit ist der Vorstand bei seinen Leitungsaufgaben nicht an Weisungen anderer Gesellschaftsorgane gebunden – insbesondere nicht an solche des Aufsichtsrates – und auch nicht an Weisungen von (Groß-)Aktionären.[44] Dennoch wird im Steuerrecht auch für einen Vorstand einer AG angenommen, er sei entsprechend weisungsgebunden und in den wirtschaftlichen Organismus der Gesellschaft eingegliedert, also grundsätzlich Arbeitnehmer.[45]

40 Stellt man bei gehobeneren Tätigkeiten darauf ab, ob der Betreffende fachlich eigenverantwortlich tätig ist und ist hiernach entscheidendes Kriterium für die Annahme oder die Ablehnung der Weisungsgebundenheit, ob die der Person nach der Eigenart seiner Stellung zukommende Bewegungsfreiheit Ausfluss des Willens des Geschäftsherrn ist (dann: unselbstständig) oder auf seiner eigenen Machtvollkommenheit beruht (dann: selbstständig), ist die Einordnung eines Vorstandsmitgliedes bzw. eines Mehrheitsgesellschafter-Geschäftsführers als Arbeitnehmer jedenfalls fraglich. Diese Abgrenzung – und damit verbundene Einordnungsschwierigkeiten – betrifft entsprechend (freie) Beschäftigungsverhältnisse bspw. mit IT- oder Unternehmensberatern oder anderen (externen) Beratern mit akademischer Ausbildung gleichermaßen.

41 An dieser Stelle ist darauf hinzuweisen, dass der BFH in seiner Rechtsprechung sachbezogen nach der steuerlichen bzw. der sozialversicherungsrechtlichen Sichtweise differenziert. So hat er im Dezember 2005 ausgeführt, ein GmbH-Gesellschafter sei regelmäßig dann, wenn er zugleich **Geschäftsführer** und **zu wenigstens 50 % am Stammkapital beteiligt** sei, als Selbstständiger anzusehen.[46] In der Entscheidung war die Steuerfreiheit von Arbeitgeberanteilen streitig, die eine GmbH für eine Arbeitnehmerin zur gesetzlichen Sozialversicherung geleistet hatte, die zugleich Gesellschafterin war. Derselbe Senat des BFH hat sich in einer drei Jahre später ergangenen Entscheidung zur Klarstellung veranlasst gesehen, diese Aussage und die Entscheidung habe lediglich festgehalten, der Betreffende sei dann **regelmäßig nur Selbstständiger i.S.d. Sozialversicherungsrechtes**. Für die Beantwortung der Frage, ob dieser Personenkreis als Arbeitnehmer nach § 19 EStG oder als Selbstständiger nach den §§ 18, 19 EStG einzustufen sei, lasse sich der o.g. Entscheidung keine Aussage entnehmen.[47]

42 Ein anderer Senat des BFH hat demgegenüber im Oktober 2010 festgehalten, die Einordnung des BFH im Dezember 2005 beruhe zwar auf sozialrechtlichen Überlegungen, die für die steuerrechtliche Einstufung keine Bindungswirkung entfalten, die **Beteiligungsquote** könne jedoch **im Rahmen der steuerlichen Beurteilung zumindest als Indiz** herangezogen werden.[48] Damit ist selbst nach der Rechtsprechung der Senate des BFH nicht sicher herausgearbeitet, welche Bedeutung hier Beteiligungs-

---

44 *Koch* § 76 AktG Rn. 25.
45 Vgl. etwa Kirchhof/Seer/*Eisgruber* § 19 Rn. 54 – Stichwort: Gesetzlicher Vertreter einer KapGes; Brandis/Heuermann/*Geserich* § 19 Rn. 120 – Stichwort: Gesetzlicher Vertreter einer Kapitalgesellschaft.
46 *BFH/NV* 2006, 544.
47 *BFH* BStBl 2012, 262 unter Ziff. II.2.c.
48 *BFH/NV* 2011, 585 Rn. 29.

verhältnissen zukommen und inwieweit eine Bindung an Maßstäbe des Sozialversicherungsrechts bestehen soll.[49]

Dies belegt, welchen Risiken die vorzunehmende Gesamtschau sämtlicher Abgrenzungsmerkmale im Einzelfall unterliegt. Wie bereits ausgeführt, kommt allerdings auch im Steuerrecht der **arbeits- bzw. sozialversicherungsrechtlichen Einordnung** eines (un)selbstständigen Beschäftigungsverhältnisses **indizielle Bedeutung** zu,[50] so dass jedenfalls ein Gleichlauf im Steuer-, Arbeits- und Sozialrecht in vielen Fällen doch gewährleistet sein dürfte (s. im Übrigen zum arbeitsrechtlichen Arbeitgeberbegriff 2. Teil 1. Kap. Rn. 6 ff. sowie zum Sozialrecht 2. Teil 2. Kap. Rn. 2 ff.). 43

dd) Fehlendes Vermögensrisiko – Abgrenzung zur Selbstständigkeit

Wie ausgeführt (vgl. oben Rn. 30 ff.), prägt das Fehlen eines Unternehmerrisikos die Tätigkeit des Arbeitnehmers. Ein Steuerpflichtiger ist unselbstständig tätig, wenn er von einem Vermögensrisiko seiner Erwerbstätigkeit grundsätzlich freigestellt ist. Kann er also mangels eines Mindestverdienstes bei persönlicher Verhinderung keine Einnahmen erzielen, trägt er ein relevantes unternehmerisches Risiko.[51] Der Arbeitnehmer hat dagegen – anders als der Selbstständige – Anspruch auf Urlaub und Fortzahlung der Bezüge im Krankheitsfall sowie ggf. auf Überstundenvergütung (vgl. dazu ergänzend die Ausführungen zum arbeitsrechtlichen Arbeitgeberbegriff im 2. Teil 1. Kap. Rn. 73 ff.). 44

Eine nachhaltige selbstständige Betätigung, die mit der Absicht, Gewinn zu erzielen, unternommen wird und sich als Beteiligung am allgemeinen wirtschaftlichen Verkehr darstellt, ist Gewerbebetrieb, wenn sie weder als Ausübung von Land- und Forstwirtschaft noch als Ausübung eines freien Berufes oder einer anderen selbstständigen Arbeit anzusehen ist, § 15 Abs. 2 EStG. 45

Anhand dieser Merkmale wird nach dem Gesetz nicht nur der Gewerbebetrieb, sondern auch der **Begriff der selbstständigen Arbeit** – im steuerlichen Sinne – definiert, die sich von der gewerblichen und land- und forstwirtschaftlichen Tätigkeit in der Regel dadurch unterscheidet, dass die persönliche Arbeitsleistung im Vordergrund steht und der Einsatz von Kapital in den Hintergrund tritt,[52] § 18 EStG. Das Wesen der selbstständigen Arbeit im steuerrechtlichen Verständnis macht zudem aus, dass sie mehr im Geistigen liegende Arbeitskenntnisse voraussetzt und sich aus diesem Grunde als **höchstpersönliche Tätigkeit** darstellt.[53] 46

---

49 Die teilweise bestehende Diskrepanz macht eine aktuelle Entscheidung des *FG Münster* BBK 2022, 743 deutlich: Danach könne der Alleingesellschafter einer GmbH mit dieser einen Arbeitsvertrag (für geringfügig Beschäftigte) schließen und steuerlich Arbeitnehmer sein. Maßgeblich war für das FG, dass die GmbH mit dem Alleingesellschafter den gleichen Arbeitsvertrag für eine geringfügige Beschäftigung geschlossen hatte, wie mit allen anderen geringfügig Beschäftigten. Überraschenderweise führt das FG an, sozialrechtlich sei der Alleingesellschafter jedoch kein Beschäftigter i.S.d. § 7 Abs. 1 SGB IV, denn er sei zugleich Alleingesellschafter und fehle es an der erforderlichen Weisungsgebundenheit, weil der Geschäftsführer der GmbH aufgrund der Alleingesellschafterstellung des Antragstellers allein von dessen Willen abhängig sei und jederzeit von diesem abberufen werden könne. Warum diese (fehlende) Weisungsgebundenheit aber nach den allgemeinen Kriterien nicht auch für das Steuerrecht maßgeblich sein soll, lässt sich der Entscheidung des FG Münster nicht entnehmen.
50 So *BFH* BStBl 2012, 262 unter Ziff. II.2.c.
51 *BFH* BStBl 1999, 534 unter Ziff. B.III.3.
52 Schmidt/*Wacker* § 18 Rn. 5, 6.
53 Brandis/Heuermann/*Valta* § 18 Rn. 28 f.

47 Wer also **auf eigene Rechnung und Gefahr** arbeitet und damit ein Unternehmerrisiko trägt, ist selbstständig tätig. Ein Unternehmerrisiko in diesem Sinne liegt allerdings nicht bereits darin, dass der Beschäftigte eine – auch bei unselbstständig Tätigen denkbare – erfolgsbezogene Entlohnung erhält, die sich lediglich als Arbeitnehmerrisiko besonderer Art darstellt.[54] Das Merkmal des Unternehmerrisikos wird teilweise mit Hinweis auf die zunehmend anzutreffende, erfolgsorientierte Bezahlung bei Arbeitnehmern für ungeeignet gehalten. Das unternehmerische Erfolgsrisiko geht allerdings über diesen (bloßen) Erfolgsanreiz von Prämien und Tantiemen hinaus.[55] Denn kennzeichnend für das Unternehmerrisiko ist, dass sich der Erfolg oder Misserfolg unmittelbar im Vermögen des Steuerpflichtigen niederschlägt, was in der Regel durch Beteiligung an Gewinn und Verlust sowie an den stillen Reserven des betrieblichen Vermögens einschließlich des Geschäftswertes vermittelt wird.[56] Das aber trifft auf den Arbeitnehmer gerade nicht zu, der – auch bei teilweise erfolgsbezogener Bezahlung – kein Vergütungsrisiko und erst recht kein Ausfall- oder Verlustrisiko trägt.

48 Für eine unternehmerische Tätigkeit sprechen demnach die Selbstständigkeit in der Organisation und der Durchführung der Tätigkeit, eine Bindung nur für bestimmte Tage an den konkreten Betrieb, das Handeln auf eigene Rechnung sowie insbesondere **geschäftliche Beziehungen zu mehreren Vertragspartnern**, vor allem aber eine **Unternehmerinitiative und die damit verbundene Eigenverantwortung**.[57] Unternehmerinitiative meint dabei in erster Linie die Teilnahme an unternehmerischen Entscheidungen. Auch dies stellt allerdings kein maßgebliches – also hinreichendes – Abgrenzungskriterium dar, weil diese Entscheidungsgewalt vergleichbar ist derjenigen von Geschäftsführern, Prokuristen oder anderen leitenden Angestellten,[58] die – aufgrund weiterer Indizien – regelmäßig steuerlich doch als abhängig Beschäftigte gelten.

c) Arbeitgeber und Arbeitnehmer

49 Der – ebenfalls nicht im EStG definierte – Arbeitgeberbegriff ist steuerverfahrensrechtlich zu bestimmen. Aus § 19 Abs. 1 S. 1 Nr. 1 EStG i.V.m. § 1 Abs. 1 LStDV wird abgeleitet, dass der **Arbeitgeber** diejenige (natürliche oder juristische) Person ist, der ein Arbeitnehmer seine Arbeitskraft schuldet und unter deren Leitung er tätig wird oder deren Weisungen er zu folgen hat.[59] Arbeitgeber ist nach dem EStG danach grundsätzlich, wer aufgrund seiner wirtschaftlichen Stellung Arbeitnehmer einstellen, entlassen und über deren Arbeitskraft verfügen kann, wobei steuerrechtlich unerheblich ist, ob er zivilrechtlich geschäftsfähig oder überhaupt Partner des Arbeitsvertrages ist.[60]

50 Unerheblich ist für die Einordnung, ob der Arbeitgeber den Lohn selbst auszahlt, § 38 Abs. 1 S. 3 EStG. Deshalb ist der Arbeitgeber auch **nicht zwingend das Spiegelbild des Arbeitnehmers**. Letzterem fließt zwar sämtlicher Arbeitslohn des Dienstverhältnisses zu, dieser muss jedoch nicht notwendig vom Arbeitgeber, sondern kann teilweise oder auch vollständig von Dritten geleistet werden, etwa bei Leiharbeitsverhältnissen durch den Entleiher. Aus diesem Grunde muss der Arbeitgeber nicht notwendiger-

---

54 Brandis/Heuermann/*Geserich* § 19 Rn. 71.
55 Kirchhof/Seer/*Eisgruber* § 19 Rn. 31 m.w.N.
56 Schmidt/*Krüger* § 19 Rn. 24 unter V. a.d. Rechtsprechung des BFH.
57 *BFH/NV* 2011, 585 Rn. 21.
58 Schmidt/*Krüger* § 19 Rn. 24.
59 Kirchhof/Seer/*Eisgruber* § 19 Rn. 47.
60 Brandis/Heuermann/*Geserich* § 19 Rn. 130.

weise Nutznießer der Arbeitsleistung sein; auch dies ist etwa bei Leiharbeitsverhältnissen der Dritte als Entleiher oder im Ausbildungsverhältnis der Arbeitnehmer selbst.[61] Weil die **Arbeitsleistung** dem Arbeitgeber geschuldet ist, muss sie allerdings jedenfalls **in seinem Interesse** liegen, weshalb bei Leiharbeitsverhältnissen grundsätzlich der Verleiher Arbeitgeber ist, in dessen Interesse der Leiharbeitnehmer dem Dritten (als Entleiher) zur Verfügung steht.

51 Aus dem gleichen Grunde sind gesetzliche Vertreter einer Kapitalgesellschaft, die Anweisungen dem Arbeitnehmer (lediglich) in dieser Funktion erteilen, nicht Arbeitgeber, weil die Arbeitsleistung nicht in deren (wirtschaftlichem) Interesse erbracht wird. Besonderheiten gelten insoweit allerdings für Insolvenzverwalter und Testamentsvollstrecker, die ihre Aufgabe – die Führung eines Unternehmens nach Eröffnung des Insolvenzverfahrens bzw. dem Tode des Erblassers – als Partei kraft Amtes und deshalb auch steuerlich in dieser Funktion als Arbeitgeber erfüllen.[62] Gesetzliche Vertreter (oder gewillkürte Vertreter wie etwa ein Vermögensverwalter) erfüllen demgegenüber nur Verpflichtungen der von ihnen vertretenen (natürlichen oder juristischen) Personen, also etwa auch die Pflicht zur Lohnzahlung.

52 Im Übrigen ist auf die oben dargestellten Wertungskriterien sowie die **in jedem Einzelfall erforderliche Gesamtbetrachtung** zu verweisen (Rn. 23 ff.). Es darf in keinem Falle schematisch – auch nicht etwa nach Berufsbildern oder -gruppen – abgegrenzt werden, sondern hat eine Einordnung stets auf Basis einer Gesamtwürdigung zu erfolgen.

d) Arbeitslohn und Lohnsteuerabzug

53 Steuerlicher Arbeitslohn ist nach der Definition des § 2 Abs. 1 LStDV, was an „Einnahmen ... dem Arbeitnehmer aus dem Dienstverhältnis zufließt". In Verbindung mit § 19 Abs. 1 S. 1 Nr. 1 EStG ergibt sich, dass der **Arbeitslohn** aus **zwei Komponenten** besteht und zwar einer objektiven Bereicherung des Arbeitnehmers und dem sog. Veranlassungszusammenhang dieser Bereicherung mit dem Dienstverhältnis.[63] Der Begriff des Arbeitslohns bestimmt den Tatbestand in quantitativer Hinsicht, weil er festlegt, welche Einnahmen unter § 19 Abs. 1 EStG fallen.[64]

54 Ob eine solche Bereicherung vorliegt, beurteilt sich allein nach objektiven Kriterien und liegt sie – bei einer wirtschaftlichen Betrachtung – dann vor, wenn das Vermögen des Arbeitnehmers vermehrt ist, weil sich der erhaltene Vorteil in Geld bewerten lässt.[63] In § 19 EStG sind beispielhaft Einnahmen aus nicht selbstständiger Arbeit angeführt und dazu gehören Gehälter, Löhne, Gratifikationen, Tantiemen, Warte- und Ruhegelder sowie andere Bezüge und Vorteile für eine Beschäftigung. Der Begriff des Arbeitslohns ist nach dem Gesetzeswortlaut weit gefasst und umfasst grundsätzlich alle Vorteile, die für die Beschäftigung gewährt werden.[65]

55 Der Arbeitslohn ist nach dem o.g. Veranlassungsprinzip zu bestimmen und zu ermitteln, ob eine Einnahme **für** die Beschäftigung gewährt worden, also durch das Dienstverhältnis veranlasst ist. Der Arbeitgeber – oder ein Dritter – muss die Zuwendung im weitesten Sinne als Gegenleistung für das Zur-Verfügung-Stellen der individuellen

---

61 Kirchhof/Seer/*Eisgruber* § 19 Rn. 48. Vgl. eingehend zum Begriff des Arbeitslohnes bei Schmidt/ *Krüger* § 19 Rn. 40 ff.
62 Brandis/Heuermann/*Gesserich* § 19 Rn. 132.
63 Kirchhof/Seer/*Eisgruber* § 19 Rn. 55, 57.
64 Brandis/Heuermann/*Gesserich* § 19 Rn. 48.
65 Schmidt/*Krüger* § 19 Rn. 10.

Arbeitskraft des Beschäftigten erbracht haben; auch diese Einordnung kann nur bei Berücksichtigung aller wesentlichen Umstände des Einzelfalles beurteilt werden.[66]

56 Dabei ist unerheblich, ob es sich um laufende oder einmalige Bezüge handelt, ob darauf ein Rechtsanspruch besteht, ob die Zahlung als Arbeitslohn bezeichnet wird, ein Dritter die Zahlung erbringt, ein unmittelbarer Zusammenhang zwischen Einnahme und Arbeitsleistung besteht bzw. ob überhaupt eine Arbeitsleistung erbracht worden ist.[67] Wird der konkrete Vorteil vom Arbeitgeber gewährt, ist ein Veranlassungszusammenhang zu vermuten, allerdings kann diese Vermutung widerlegt werden, wenn sich für den Zufluss eine andere Ursache belegen lässt, etwa dann, wenn der Arbeitgeber eine Immobilie vom Arbeitnehmer anmietet, dem Arbeitnehmer ein Darlehen überlassen oder ihm Zinsen aus einem in ein Darlehen umgewandelten Lohnanspruch geleistet werden.[68]

57 Zum steuerpflichtigen Arbeitslohn rechnen sämtliche Vorteile in Geldeswert, insbesondere also auch Sachbezüge.[69] Sachleistungen rechnen als geldwerter Vorteil in dem Umfang zum Arbeitslohn, in dem der Arbeitnehmer den Vorteil unentgeltlich erhält. Für derartige Sachbezüge enthält § 8 Abs. 3 EStG eine eigene Bewertungsvorschrift, die allerdings zunächst voraussetzt, dass es sich bei der Zuwendung des Arbeitgebers um steuerpflichtigen Arbeitslohn handelt, was sich allein nach § 19 EStG bestimmt.[70] Solche geldwerten Vorteile können etwa in der unentgeltlichen oder verbilligten Überlassung von Waren, von Dienstwohnungen,[71] einem Firmenwagen zur dauernden Nutzung oder von Dienstleistungen durch den Arbeitgeber bestehen, wobei allerdings im Ergebnis nicht erheblich ist, ob der Arbeitnehmer den Vorteil unmittelbar vom Arbeitgeber oder auf dessen Kosten von einem Dritten erhält.[72]

58 Erbringt ein Arbeitnehmer für seinen Arbeitgeber noch weitere Leistungen gegen Entgelt, ist zu prüfen, zu welcher Einkunftsart die Einkünfte aus seiner Nebentätigkeit gehören, was nicht unabhängig von der Haupttätigkeit beurteilt werden kann. Allerdings kann eine **für den Arbeitgeber ausgeführte Nebentätigkeit** vom Arbeitnehmer auch selbstständig und ohne Zusammenhang mit dem Arbeitsergebnis erbracht werden; hängt sie jedoch mit der Ausübung der Haupttätigkeit unmittelbar zusammen, ist auch die Nebentätigkeit nichtselbstständig.[73] Dies ist vor allem für den Lohnsteuerabzug von Bedeutung, weil eine entsprechende Verpflichtung des Arbeitgebers nur dann bestehen kann, wenn (auch) diese Nebentätigkeit nichtselbstständig erbracht wird.[74]

---

66 Schmidt/*Krüger* § 19 Rn. 45.
67 Kirchhof/Seer/*Eisgruber* § 19 Rn. 62 m.w.N.
68 Kirchhof/Seer/*Eisgruber* § 19 Rn. 62.
69 Bloße (geringwertige) Aufmerksamkeiten rechnen laut Finanzverwaltung nicht zum Arbeitslohn. Solche bloßen Aufmerksamkeiten sind Sachzuwendungen bis zu einem Wert von 60 EUR, z.B. Blumen, Genussmittel, ein Buch oder ein Tonträger, die dem Arbeitnehmer oder Angehörigen aus Anlass eines besonderen persönlichen Ereignisses zugewendet werden (Lohnsteuer-Richtlinien 2015 R 19.6 Abs. 1 S. 2).
70 Schmidt/*Krüger* § 8 Rn. 70.
71 Der Ansatz eines Sachbezugs für eine Dienstwohnung unterbleibt aber, soweit u.a. das vom Arbeitnehmer gezahlte Entgelt mindestens zwei Drittel des ortsüblichen Mietwerts beträgt, § 8 Abs. 2 S. 12 EStG.
72 Brandis/Heuermann/*Geserich* § 19 Rn. 162.
73 Schmidt/*Krüger* § 19 Rn. 28 f.
74 Schmidt/*Krüger* § 19 Rn. 29.

2. Zur Terminologie im Umsatzsteuerrecht

Zentraler Begriff des Umsatzsteuerrechtes ist nicht der „Arbeitgeber", sondern der „Unternehmer". § 2 Abs. 1 UStG normiert diesen **Unternehmerbegriff**.

Nur für den Unternehmer ergeben sich nach dem UStG steuerrechtliche Konsequenzen; es gibt dort nur wenige Anspruchsgrundlagen, die Besteuerungsfolgen auch bei einem Nichtunternehmer anordnen.[75]

Der Unternehmer ist Steuerpflichtiger nach § 33 AO, er hat Steuererklärungen und Umsatzsteuervoranmeldungen abzugeben, er muss die umsatzsteuerlichen Aufzeichnungspflichten nach § 22 UStG erfüllen und besteht **ohne Unternehmereigenschaft keine Vorsteuerabzugsberechtigung** nach § 15 Abs. 1 S. 1 UStG.[76]

Im Einkommensteuerrecht wird zwischen dem Selbstständigen und dem unselbstständig tätigen Arbeitnehmer unterschieden. Der Selbstständige erzielt im Allgemeinen gewerbliche Einkünfte nach § 15 EStG oder solche aus freiberuflicher Tätigkeit nach § 18 EStG (vgl. dazu oben Rn. 14 ff.). Der Unternehmerbegriff des UStG ist allerdings nicht deckungsgleich mit diesem einkommensteuerlichen Begriff des (gewerblichen) Unternehmers. Eine Bindung an die ertragsteuerliche Beurteilung besteht für das Umsatzsteuerrecht nicht.[77] Nach der Finanzverwaltung können für die Beurteilung, ob die Tätigkeit nichtselbstständig i.S.d. § 2 Abs. 2 Nr. 1 UStG ausgeübt wird, die oben in Rn. 23 ff. angeführten Kriterien jedoch sinngemäß herangezogen werden.[78]

Allerdings besteht **Übereinstimmung hinsichtlich des Merkmales der Selbstständigkeit**, das sowohl im Einkommensteuer- wie auch im Umsatzsteuerrecht der Abgrenzung gegenüber der nichtselbstständig ausgeübten Tätigkeit dient. I.Ü. aber geht der Unternehmerbegriff des UStG weiter, da hier die Voraussetzungen der Gewinnerzielungsabsicht sowie der Teilnahme am allgemeinen wirtschaftlichen Verkehr nicht erforderlich sind.[79] Ein Arbeitnehmer kann für die identische Tätigkeit nicht zugleich Unternehmer sein.[80] Bei zutreffender rechtlicher Würdigung muss dies aber jedenfalls **ertrag- wie umsatzsteuerlich zu gleichen Ergebnissen** führen, weshalb bzgl. der notwendigen Gesamtbetrachtung und der dabei zu berücksichtigenden Wertungskriterien im Einzelnen auf die Ausführungen zum lohnsteuerlichen Arbeitgeberbegriff verwiesen werden kann (vgl. Rn. 23 ff.).

Es kann hier allerdings zu **Abweichungen vom Sozialversicherungsrecht** kommen. Denn Scheinselbstständige nach § 7 SGB IV, die im eigenen Namen entgeltliche Leistungen an Dritte erbringen, können weiterhin Unternehmer i.S.d. UStG sein (vgl. zum sozialversicherungsrechtlichen Arbeitgeberbegriff 2. Teil 2. Kap. Rn. 1 ff.).[81]

In diesem Fall hat der Auftragnehmer dem Auftraggeber weiterhin Rechnungen mit Umsatzsteuerausweis zu stellen. Der Auftraggeber wird jedoch Beitragsschuldner für die Sozialversicherungsbeiträge; zumindest den Arbeitnehmeranteil muss er vom Rechnungsbetrag einbehalten und entsprechend abführen. Von diesem Arbeitnehmeranteil bleibt Umsatzsteuer zu erheben, denn umsatzsteuerlich zählt all das

---

75 Schwarz/Widmann/*Radeisen* UStG, § 2 Rn. 1, 3.
76 Schwarz/Widmann/*Radeisen* UStG, § 2 Rn. 1.
77 Vgl. *BFH/NV* 2005, 1204.
78 *BMF-Schreiben* 31.5.2007, BStBl I 2007, 503 Rn 3.
79 Beck/*Becker* Steuer-Lotse (online), 2022, Ziff. 2.
80 *Pump/Krüger* NZA 2012, 1141, 1142.
81 Sölch/Ringleb/*Treiber* § 2 Rn. 310 – Stichwort Scheinselbstständige; a.A. *Lanzinner* S. 133, 134.

zum steuerpflichtigen Entgelt, was der Leistungsempfänger (hier: der Auftraggeber) aufwendet, um seinerseits die ihm gebührende Leistung vom Auftragnehmer zu erhalten.[82]

III. Fazit

66 Der Begriff der „Scheinselbstständigkeit" prägt zwar in erster Linie das Arbeits- und Sozialversicherungsrecht. Unter Compliance-Gesichtspunkten kommt der Erfassung der steuerrechtlichen Arbeitgebereigenschaft aber ebenfalls besondere Bedeutung zu. Wer Arbeitgeber ist bzw. ob ein Dienstverhältnis vorliegt, ist steuerrechtlich eigenständig und damit unabhängig vom Arbeits- und Sozialversicherungsrecht zu bestimmen.

67 Eine Bindung an Feststellungen der Arbeitsgerichte oder der Sozialversicherungsträger besteht im jeweils zu begutachtenden Vertragsverhältnis deshalb nicht. Allerdings kommt auch im Steuerrecht der arbeits- bzw. sozialversicherungsrechtlichen Einordnung eines (un)selbstständigen Beschäftigungsverhältnisses jedenfalls indizielle Bedeutung zu.

68 Im Steuerrecht selbst muss im Ausgangspunkt zudem zwischen den unterschiedlichen Steuerarten genau differenziert werden, etwa zwischen dem Bereich der Lohnsteuer und dem Umsatzsteuerrecht. Einigkeit besteht im Ergebnis allerdings darin, dass die Frage der Selbstständigkeit natürlicher Personen für die Einkommen-, die Gewerbe- und die Umsatzsteuer im Allgemeinen nach denselben Grundsätzen zu bestimmen ist.

69 Steuerrechtlich hat eine Statusverfehlung ebenfalls gravierende Auswirkungen. Dies gilt sowohl für das Lohnsteuerabzugsverfahren als auch für notwendige Korrekturen bei der Umsatzsteuer (vgl. zu den steuerrechtlichen Konsequenzen der Statusverfehlung 4. Teil 3. Kap. Rn. 1 ff.).

IV. Einzelfälle zur Abgrenzung der selbstständigen Tätigkeit von einer Tätigkeit als Arbeitnehmer im Steuerrecht

70 – In Fällen der **Arbeitnehmerüberlassung** gilt als Arbeitgeber grundsätzlich, wer als Verleiher einem Dritten als Entleiher die Arbeitnehmer – Leiharbeitnehmer – im Rahmen eines Arbeitnehmerüberlassungsvertrages auf Zeit gegen Entgelt zur Verfügung stellt. Voraussetzung ist, dass der Verleiher dem Arbeitnehmer den Lohn unmittelbar im eigenen Namen und für eigene Rechnung ausbezahlt, was auch durch den Entleiher als Dritten geschehen kann.[83] Insoweit ist der Arbeitgeber hinsichtlich des im Rahmen des Dienstverhältnisses von einem Dritten gewährten Arbeitslohnes zum Lohnsteuerabzug verpflichtet, wenn er weiß oder erkennen kann, dass derartige Lohnzuwendungen erbracht werden;[84] zahlt demgegenüber der Entleiher ausnahmsweise im eigenen Namen und für eigene Rechnung, ist er insoweit Arbeitgeber[83] und damit zum Lohnsteuerabzug verpflichtet.

---

82 Haufe Steuer Office Kanzlei-Edition Online/*Redaktion*, Lexikonstichwort: Scheinselbstständigkeit, HI522082, Stand: 23.3.2016.
83 Brandis/Heuermann/*Gesrich* § 19 Rn. 136.
84 Schmidt/*Krüger* § 38 Rn. 6.

Einzelfälle zur Abgrenzung 3. Kapitel **2**

Bei von einem unternehmerischen Auftragnehmer bei seinem Auftraggeber eingesetzten Mitarbeitern kann es sich je nach den Gesamtumständen des Falles entweder um **selbstständige Subunternehmer oder nichtselbstständige Erfüllungsgehilfen** – also Arbeitnehmer – bzw. um die Überlassung von unternehmerisch, also selbstständig gewerblich tätigen Mitarbeitern oder um Leiharbeitnehmer handeln.[85] Dabei sind die Besonderheiten in Fällen der Überlassung von Mitarbeitern und das bestehende Dreiecksverhältnis zu beachten. Bei der Arbeitnehmerüberlassung erschöpft sich das Weisungsrecht des Verleihers als Arbeitgeber in der Regel darin, den Mitarbeiter anzuhalten, sich im Betrieb des Entleihers (Auftraggeber) einzufinden und dort seine Arbeitskraft anzubieten. Der Auftraggeber übt dort das mit der Arbeitgeberstellung verknüpfte Direktionsrecht aus, dass allerdings nicht aus einer originären Arbeitgeberstellung, sondern aus der insoweit vom Verleiher übertragenen Befugnis aus dem allein zu ihm bestehenden Dienstverhältnis resultiert.[85] Dabei ist zu beachten, dass nach der Rechtsprechung des BFH der Verleiher auch dann Arbeitgeber im lohnsteuerrechtlichen Sinne bleibt, wenn er keine Erlaubnis zur gewerbsmäßigen Arbeitnehmerüberlassung nach dem AÜG besitzt.[85] Dies ist Folge des eigenständigen steuerrechtlichen Arbeitgeberbegriffes, der die dem Arbeitnehmerschutz dienende Fiktion eines Arbeitsverhältnisses zum Entleiher gem. § 10 Abs. 1 S. 1 AÜG nicht anerkennt und grundsätzlich den Verleiher als Arbeitgeber ansieht.[86]

Deshalb sieht § 42d Abs. 6–8 EStG Voraussetzungen vor, unter denen der Entleiher wie auch der Verleiher für die Lohnsteuer der Leiharbeitnehmer in Anspruch genommen werden können. Sowohl bei der unerlaubten wie bei der erlaubten Arbeitnehmerüberlassung besteht die Möglichkeit, den Entleiher als Haftenden in Anspruch zu nehmen, im Falle der erlaubten Arbeitnehmerüberlassung haftet er aber dann nicht, wenn er bestimmte Mitwirkungspflichten erfüllt.[87]

– Der **Chefarzt eines Krankenhauses** kann wahlärztliche Leistungen selbstständig **71** oder unselbstständig erbringen. Ob das eine oder das andere im Einzelfall zutrifft, beurteilt sich nach dem Gesamtbild der Verhältnisse, insbesondere danach, ob wahlärztliche Leistungen innerhalb oder außerhalb des Dienstverhältnisses erbracht werden.[88]
– **Dienstverhältnis zwischen nahen Angehörigen:** Dienstverhältnisse zwischen Ehegatten und anderen nahen Angehörigen sind steuerrechtlich nur anzuerkennen, wenn sie ernsthaft gewollt sind und gemäß den zugrundeliegenden Vereinbarungen auch tatsächlich durchgeführt werden. Dass die zu erbringende Arbeitsleistung in ihren Einzelheiten schriftlich festgelegt ist, ist dafür nicht notwendig; maßgeblich ist allein, dass der Familienangehörige nachweisbar die geschuldete Arbeitsleistung erbringt.[89] Zusätzlich muss die Vereinbarung sowohl ihrem Inhalt als auch ihrer tatsächlichen Durchführung nach dem entsprechen, was zwischen fremden Dritten üblich ist, also einem sog. Fremdvergleich standhalten. Vor diesem Hintergrund kommt ein (Unter-)Arbeitsverhältnis mit nahen Angehörigen bei einer höchstpersönlichen Dienstleistungs- oder Geheimhaltungspflicht des Arbeitgebers, bei im Rahmen einer ehelichen Lebensgemeinschaft üblicherweise miterledigten Aufga-

---

85 *BFH* BStBl 1991, 409 unter Ziff. 2.b.
86 Brandis/Heuermann/*Geserich* § 42d Rn. 216.
87 Vgl. zu den Einzelheiten Schmidt/*Krüger* § 42d Rn. 66, 69 ff.
88 *BFH* BStBl 2006, 94 ff. unter Ziff. 2a).
89 *BFH/NV* 1999, 991 ff.

ben, bei im Verhältnis zum Arbeitslohn unüblich umfangreicher Tätigkeit oder bei sonst von Dritten ehrenamtlich ausgeübten Tätigkeiten nicht in Betracht.[90]
- **Gesetzliche Vertreter von Kapitalgesellschaften** (s. dazu Rn. 37 ff., 51);
- Ein Eisenflechter, der zum Schein bei einer Baustahlarmierungsfirma angestellt war, tatsächlich aber als **Kolonnenführer** gegen eine nach Anzahl der eingesetzten Arbeitskräfte und der geleisteten Arbeitsstunden bemessene Vergütung Aufträge dieser Firma ausgeführt hat, wobei ihm frei stand, mit welchen Personen er die in Auftrag gegebenen Arbeiten verrichtet und welche Entgelte er diesen Personen hierfür zahlt, ist nicht Arbeitnehmer, sondern als selbstständiger Subunternehmer anzusehen.[91]
- Die Tätigkeit eines freischaffenden Künstlers als **Kunsttherapeut** in einer JVA, der Gefangene in der sozialtherapeutischen Abteilung (kunsttherapeutisch) betreut, kann aufgrund entsprechender Indizien als lediglich „scheinselbständig" zu beurteilen sein, wenn er über einen mehrjährigen Zeitraum in den Gefängnisalltag sowie in die hierarchische Struktur der JVA eingebunden, wenn er weisungsgebunden tätig ist und feste Arbeitszeiten, einen festgelegten Arbeitsort und vorgegebene Arbeitsbedingungen einschließlich der Vorgabe der Teilnehmer an den Therapieprogrammen, zu beachten hat.[92]
- Von einem **Transportunternehmen** als Fahrer eingesetzten Subunternehmern fehlt es an der Unternehmereigenschaft, wenn sich ihre Pflichten nach den zugrunde liegenden *„Subunternehmerverträgen"* – Fahrzeuggestellung durch den Transportunternehmer, Weisungsrecht des Transportunternehmers hinsichtlich Arbeitszeiten und der zu fahrenden Touren, kein Delegationsrecht auf Dritte sowie feststehendes Entgelt – nur unwesentlich von denjenigen im Rahmen eines Arbeitsverhältnisses unterscheiden.[93]

Die Erledigung von Fahraufträgen durch Auslieferungsfahrer kann regelmäßig nur dann als unternehmerische Tätigkeit angesehen werden, wenn die wesentliche Leistung des Auftragnehmers nicht allein in der Verwertung seiner Arbeitskraft, sondern in der selbstständigen Erledigung von Fahraufträgen mit nicht vom Auftraggeber unentgeltlich zur Verfügung gestellten Fahrzeugen besteht. Mit Subunternehmervertrag beauftragte Auslieferungsfahrer, denen die Auslieferungsrouten vorgegeben sind, die über kein wesentliches Anlagevermögen verfügen, weil die Fahrzeuge und Werkzeuge gestellt werden, und denen eine Mindestauftragsmenge garantiert wird, sind nach dem Gesamtbild der Verhältnisse nicht als umsatzsteuerpflichtige selbstständige Unternehmer anzusehen, selbst wenn im Krankheits- und Urlaubsfall kein Lohnfortzahlungsanspruch besteht und die Gefahr der Verschlechterung oder des Untergangs der transportierten Gegenstände bei deren Übernahme auf den Auftragnehmer übergeht.[94]
- Ein **mittelbares Arbeitsverhältnis** liegt nach der für das Arbeitsrecht maßgeblichen Definition vor, wenn eine Mittelsperson, die selbst Arbeitnehmer ist, gleichzeitig als Arbeitgeber andere Arbeitnehmer beschäftigt, die durch ihre Arbeitsleistung dazu beitragen, die Leistungsverpflichtung der Mittelsperson gegenüber deren

---

90 Vgl. Brandis/Heuermann/*Gesserich* § 19 EStG Rn. 90 ff.
91 *FG des Saarlandes* 15.2.2005 – 1 K 323/01.
92 *BFH*/NV 2020, 931.
93 *Sächsisches FG* 12.2.2004 – 2 K 291/00.
94 *Hessisches FG* EFG 2005, 573.

Einzelfälle zur Abgrenzung 3. Kapitel **2**

Arbeitgeber zu erfüllen.[95] Dies kann etwa beim sog. **job-sharing** der Fall sein – ein solcher Arbeitsvertrag ist dadurch gekennzeichnet, dass der Arbeitsplatz auf zwei oder mehrere Arbeitnehmer aufgeteilt wird – oder bei Musikern, wenn die Gruppenmitglieder Arbeitnehmer des Leiters der Gruppe sind und dieser als Arbeitnehmer ein Engagement bei einem Dritten eingeht.[96] Infolge des für die Bestimmung des Arbeitslohns geltenden Veranlassungsprinzips soll sich im Lohnsteuerrecht allerdings die Annahme eines solchen mittelbaren Arbeitsverhältnisses verbieten; Arbeitgeber ist jeweils stets derjenige, dem der Arbeitnehmer (unmittelbar) seine Arbeitskraft schuldet, die Mittelsperson wird insoweit bei ihren Verhandlungen mit dem Auftraggeber (Arbeitgeber) zugleich als Bevollmächtigter der anderen Beteiligten (Arbeitnehmer) tätig.[96]

– Ein **(Co-)Pilot/Verkehrsflugzeugführer** kann selbstständig tätig sein und erzielt in der Regel Einkünfte aus Gewerbebetrieb. Zwar können hier Ort und Zeit der Leistungserbringung vom Piloten nicht frei bestimmt werden, denn er ist in die Dienstpläne seiner Gesellschaft einbezogen. Das steht indessen nach dem BFH einer selbstständigen Tätigkeit nicht entgegen. Auch andere als selbstständig anerkannte Tätigkeiten können nur im Rahmen einer vom Auftraggeber vorgegebenen Organisation oder zu bestimmter Zeit erbracht werden, wie etwa eine nebenberufliche Lehrtätigkeit. Klar für eine selbstständige Tätigkeit spricht, wenn die Person – wie der Pilot im Besprechungsfall – weder Anspruch auf bezahlten Urlaub noch auf Lohnfortzahlung im Krankheitsfall hat. Indiz für die Selbstständigkeit war zudem konkret, dass die vereinbarte Vergütung nur für die Flugstunden gewährt wurde, nicht aber für die im Zusammenhang damit anfallenden sonstigen sog. Flugdienstzeiten, insbesondere die Aufenthalte außerhalb des Heimatortes.[97]

– In einer **Organschaft** bzw. einem Organverhältnis ist für Beschäftigte der Organgesellschaft (Tochtergesellschaft) nur diese Arbeitgeber; der Organträger (Obergesellschaft) ist weder mittelbarer Arbeitgeber noch lässt sich aus der Einflussnahme auf die Geschäftsführung der Organgesellschaft oder der Lohnzahlung durch den Organträger auf eine Stellung als unmittelbarer Arbeitgeber schließen.[98] Der Organträger wird also nicht dadurch zum Arbeitgeber, dass er den Arbeitnehmern der Organgesellschaft bestimmte Sozialleistungen gewährt, weil diese allein durch die Dienste des Arbeitnehmers gegenüber der Organgesellschaft veranlasst sind. Die Obergesellschaft kann deshalb grundsätzlich für Lohnsteuerschulden der Arbeitnehmer der Organgesellschaft nicht in Anspruch genommen werden.[99] Es ist allerdings zu prüfen, ob aus anderen Umständen die Arbeitskraft ausnahmsweise direkt dem Organträger geschuldet ist, der Arbeitgeber dann sein kann, wenn die Arbeitnehmer der Organgesellschaft nach den tatsächlichen Verhältnissen dem Organträger ihre Arbeitskraft schulden.[100] Eine GmbH wird auch nicht Arbeitgeberin ihrer von einer Obergesellschaft entlohnten Geschäftsführer, wenn diese vorübergehend entsandt und nur im Rahmen ihres mit der Obergesellschaft abgeschlossenen Anstellungsvertrages tätig werden.[101]

---

95 Brandis/Heuermann/*Geserich* § 19 Rn. 134.
96 Brandis/Heuermann/*Geserich* § 19 Rn. 134 i.V.m. Rn. 120 – Stichwort: Job-Sharing.
97 *BFH* BStBl 2002, 565 ff.
98 Kirchhof/Seer/*Eisgruber* § 19 Rn. 49.
99 Schmidt/*Krüger* § 38 Rn. 2.
100 Brandis/Heuermann/*Geserich* § 19 Rn. 135.
101 *BFH* BStBl 2004, 620.

– Studenten oder andere nebenberuflich kurzzeitig als **Reiseleiter/Skilehrer** für einen Reiseveranstalter tätige Personen können Einkünfte aus selbstständiger Arbeit erzielen, wenn ihnen ein Gestaltungsspielraum bei der Ausgestaltung der Reise eingeräumt ist und ein gewisses Vergütungsrisiko besteht.[102]
– Ein **Rundfunkermittler**, der im Auftrage einer Rundfunkanstalt Schwarzhörer aufspürt, ist kein Arbeitnehmer, sondern Gewerbetreibender, wenn die Höhe seiner Einnahmen weitgehend von seinem eigenen Arbeitseinsatz abhängt und er auch im Übrigen – insbesondere bei Ausfallzeiten – ein Unternehmerrisiko in Gestalt des Entgeltrisikos trägt.[103]
– **Telefoninterviewer**, denen ein Computerarbeitsplatz in Büroräumen zur Verfügung gestellt wird, dort Interviews auf Grundlage vorgegebener, an den Bildschirmen angezeigter Fragebögen durchführen, und die Antworten im Computersystem erfassen, sind bei Gesamtwürdigung der Verhältnisse nicht zwingend als Arbeitnehmer einzuordnen.[104] Die Interviews dauerten, teilweise von einem sog. Supervisor überwacht, zwischen fünf und 25 Minuten. Die Interviewer waren zumeist in Zeitblöcken von je vier Stunden tätig. Vertragliche Grundlage der Tätigkeit war jeweils eine mit den Interviewern abgeschlossene Rahmenvereinbarung, die regelte, dass der Interviewer als freier Mitarbeiter tätig werde, sich die Tätigkeit nach dem Einzelauftrag richte und Honorarhöhe, Arbeitsumfang und Ablieferungstermin umfasse. Zudem war geregelt, dass die Tätigkeit eine freiberufliche Nebentätigkeit für das Markt- und Meinungsforschungsinstitut sei, der freie Mitarbeiter die vorgeschlagenen Interviewzeiten ablehnen könne und auch keinen zeitlichen Bindungen unterliege.
Finanzamt und FG hatten die Telefoninterviewer als Arbeitnehmer eingeordnet. Der BFH verwies die Sache an das FG zurück, das unter Einbeziehung aller entscheidungserheblichen Umstände nach Maßgabe der Urteilsgründe erneut den Sachverhalt zu würdigen habe.[105]
– Ein **Vorstandsmitglied einer** öffentlich-rechtlich organisierten **Berufskammer** ist nichtselbständig i.S.d. § 2 Abs. 1 S. 1 UStG für die Kammer tätig und damit kein Unternehmer, wenn es nach dem Gesamtbild der Verhältnisse nicht im eigenen Namen und auf eigene Rechnung tätig wird und kein Vergütungsrisiko trägt.[106]

---

102 *FG Hamburg* DStRE 2005, 1442.
103 *BFH* BStBl 1999, 534.
104 *BFH* BStBl 2015, 903.
105 *BFH* BStBl 2015, 903 Rn. 10.
106 *FG Hamburg* DStRE 2021, 811.

4. Kapitel
Definition des strafrechtlichen Arbeitgeberbegriffs

Literatur: *Bundesministerium der Finanzen* Amtliches AO – Handbuch 2022, www.bundesfinanzministerium.de/Web/DE/Service/Publikationen/AMTHB/amthb.html; *Esser* (Hrsg.) Arbeitsmärkte im Wandel der Wirtschafts- und Sozialpolitik, FS Egle, 2014; *Exner* Konsequenzen der Verkennung des arbeitsrechtlichen Status, Die Behandlung der Rechtsformverfehlung in arbeitsrechtlicher und sozialrechtlicher Sicht, Diss. Hannover 2005; *Gercke/Leimenstoll* Aktuelle Entwicklungen in der Rechtsprechung zum Arbeitsstrafrecht, WiJ 2014, 1; *dies.* Vorenthalten von Sozialversicherungsbeiträgen (§ 266a StGB) – Ein Leitfaden für die Praxis, HRRS 2009, 442; *Gerner/Wießner* Solo Selbstständige, Die Förderung bewährt sich, der soziale Schutz nicht immer, IAB-Kurzbericht 23/2012; *Habetha* Bankrott und strafrechtliche Organhaftung, 2014; *Hesse* Arbeitnehmer, Scheinselbstständige und Selbstständige, Eine Studie zu historischen, rechtstheoretischen und rechtspraktischen Aspekten des Arbeitnehmerbegriffs, 2012; *Janßen* Arbeitsmarktflexibilisierung in der sozialen Marktwirtschaft, Diss. 2005; *Keller/Seifert* Atypische Beschäftigung – Flexibilisierung und soziale Risiken, 2007; *dies.* Atypische Beschäftigung und soziale Risiken. Entwicklung, Strukturen, Regulierung, 2011; *Kudlich* (Schein-)Selbstständigkeit von „Busfahrern ohne eigenen Bus" und Fragen des § 266a Abs. 1 StGB, ZIS 2011, 482; *Lange* Die Strafbarkeit des Arbeitgebers nach § 266a StGB bei mit Scheinwerkverträgen und im Rahmen des „Contractings" beschäftigten Fachkräften, NZWiSt 2015, 248; *Lanzinner* Scheinselbstständigkeit als Straftat, Diss. 2014; *Lüderssen/Volk/Wahle* (Hrsg.) FS Schiller, 2014; *Mansdörfer* Solo- oder scheinselbstständig? Die Rechtsprechung zu § 266a StGB, § 7 SGB IV bedarf der Revision!, jM 2020, 123; *Rieks* „Schöne neue (Arbeits-)Welt" oder signifikantes Strafbarkeitsrisiko für die Shared Economy?, wistra 2020, 49; *Rönnau/Kirch-Heim* Das Vorenthalten von Arbeitgeberbeiträgen zur Sozialversicherung gem. § 266a StGB n.F. – eine geglückte Regelung?, wistra 2005, 321; *Schulz* Die Strafbarkeit des Arbeitgebers nach § 266a StGB bei der Beschäftigung von Scheinselbstständigen, NJW 2006, 183; *ders.* Neues bei § 266a StGB, Methodendisziplin als Strafbarkeitsrisiko?, ZIS 2014, 572; *Schlegel* Abhängige Beschäftigung - ein Auslaufmodell?, 2020; *Sittard/Pant* Der Arbeitnehmerbegriff im Wandel aus Tradition und Moderne – zum Arbeitnehmerstatus eines Crowdworkers, jM 11/2021, 414; *Thum/Selzer* Die Strafbarkeit des Arbeitgebers bei illegaler Beschäftigung im Lichte der neuen Rechtsprechung des BGH, wistra 2011, 290.

I. Einführung

Neben „Normalarbeitsverhältnissen"[1] existieren vielfältige Beschäftigungs- und Erwerbsformen, welche eine erhebliche Flexibilisierung für die Erwerbstätigen und auf Seiten der Unternehmen mit sich bringen (sollen). Zu dem Phänomen des Erwerbsformenwandels zählt auch der Zuwachs Selbstständiger, die als Ein-Mann-Unternehmen Werk- oder Dienstleistungen anbieten. **1**

---

1 Das sind „unbefristete Vollzeitarbeitsverhältnisse, die vollständig in die sozialen Sicherungssysteme integriert sind, eine Identität von Arbeits- und Beschäftigungsverhältnis aufweisen, d.h. nicht in Leiharbeit ausgeübt werden, und bei denen eine Weisungsgebundenheit des Arbeitnehmers vom Arbeitgeber besteht". Gabler Wirtschaftslexikon, abrufbar unter: http://wirtschaftslexikon.gabler.de/Archiv/576005891/atypische-beschaeftigung-v2.html; *Stops/Walwei* FS Egle 2014, S. 98 ff.; *Schlegel* Abhängige Beschäftigung – ein Auslaufmodell?, 2020, S. 23; *Sittard/Pant* jM 11/2021, 414 mit Anm. zu *BAG* 1.12.2020 – 9 AZR 102/20.

2 Das Thema Arbeitsmarktflexibilisierung ist seit Jahren Gegenstand zahlreicher öffentlicher wie wissenschaftlicher Diskussionen und Forschungsprojekte. Dabei beschränkt sich der arbeits- und sozialpolitische Diskurs auf etwaige „Prekariatsrisiken"[2] und zielt auf – so möchte man meinen – flächendeckend missbräuchliche werk- und dienstvertragliche Gestaltungen in Industrie und Handwerk.[3] Gesetzgeberische Initiativen, die dem entgegenwirken sollen, rekurrieren indes auf drastische (Einzel)Fälle.

3 In dem Entwurf eines Gesetzes zur Bekämpfung des Missbrauchs von Werkverträgen und zur Verhinderung der Umgehung von arbeitsrechtlichen Verpflichtungen heißt es z.B.: „Industrie- und Dienstleistungsunternehmen in Deutschland gehen nach der letzten Änderung des Arbeitnehmerüberlassungsgesetzes im Jahr 2011 zunehmend dazu über, bislang durch eigenes Personal oder Leiharbeitnehmerinnen und Leiharbeitnehmer erledigte Arbeiten nunmehr durch Fremdpersonal auf der Basis von Werkverträgen ausführen zu lassen. In den letzten Monaten aufgedeckte Fälle nicht nur in der Fleischindustrie, sondern auch in anderen Branchen mit erheblicher Bedeutung für den Wirtschaftsstandort Deutschland, offenbaren dabei nicht nur die allein profitorientierte Umgehung arbeits- und tarifrechtlicher Standards zu Lasten der betroffenen Arbeitnehmerinnen und Arbeitnehmer. Sie dokumentieren darüber hinaus, dass mitten in Deutschland Tausende vor allem aus den südosteuropäischen Mitgliedstaaten stammende Menschen wegen fehlender Beschäftigungsalternativen in den Heimatländern bei uns unter nicht mehr für möglich gehaltenen, nach sozialstaatlichen Maßstäben untragbaren und zum Teil sogar menschenunwürdigen Arbeits- und Lebensbedingungen arbeiten müssen."[4]

---

2 *Keller/Seifert* Atypische Beschäftigung – Flexibilisierung und soziale Risiken; *Keller/Seifert* Atypische Beschäftigung und soziale Risiken. Entwicklung, Strukturen, Regulierung; *Janßen* Arbeitsmarktflexibilisierung in der sozialen Marktwirtschaft; *Gerner/Wießner* Solo Selbstständige, Die Förderung bewährt sich, der soziale Schutz nicht immer, IAB-Kurzbericht 23/2012; zur Imparität zwischen den Parteien des Arbeitsverhältnisses *Hesse* S. 12 ff.; Koalitionsvertrag zwischen CDU, CSU und SPD v. 12.3.2018, S. 42; BT-Drucks. 19/15232, Antrag FDP „Fairness für Selbstständige – Statusfeststellungsverfahren reformieren", Altersvorsorge ermöglichen, Kranken- und Arbeitslosenversicherung öffnen, BT-Drucks. 19/16455; Kleine Anfrage „Selbstständigkeit – Rechtssicherheit durch eine schnellere Statusfeststellung"; BT-Drucks. 19/16819 v. 28.1.2020, Antwort der Bundesregierung; *Holthausen* Statusfeststellung und Scheinselbstständigkeit – Ein Praxisbefund über Etikettenschwindel, Umgehungs-, Schein- sowie verdeckte Rechtsgeschäfte und ihre Folgen, RdA 2020, 92; Ergebnisbericht Zukunftsdialog, BMAS, abrufbar unter: www.bmas.de/DE/Ministerium/Zukunftsdialog.
3 Dazu beispielhaft: Positionspapier des DGB Bundesvorstandes gegen die missbräuchliche Nutzung von Werkverträgen v. 2.12.2012; Werkverträge-Missbrauch stoppen, DGB Abteilung Arbeitsmarktpolitik, arbeitsmarktaktuell Nr. 5/Juni 2012; zum Missbrauch des Dienstverschaffungsvertrags beim „Selbstständigen-‚Contracting," *van Venrooy* NZA 2011, 670; Beitrag von *Rademaker* Ausbeutung ab Werk, Die nächste Regierung muss sich zügig mit einem heiklen Thema befassen: dem Missbrauch von Werkverträgen, ZEIT ONLINE N° 44/2013, 2.11.2013; *Lange* NZWiSt 2015, 248 ff.; Paketbotenschutzgesetz, Beschlussempfehlung und Bericht des Ausschusses für Arbeit und Soziales (11. Ausschuss), BT-Drucks. 19/14417 v. 23.10.2019, 2, 3; BT-Drucks. 19/21978 v. 31.8.2020, Entwurf des Arbeitsschutzkontrollgesetzes: „Das Ausmaß, in dem Werkverträge zum Einsatz kommen, zeigt, dass Unternehmen der Fleischindustrie Werkverträge nicht schließen, um Belastungsspitzen abzufedern oder um Spezialwissen zu nutzen, das im eigenen Unternehmen nicht vorhanden ist. Vielmehr verfolgen die Unternehmen mit dem Einsatz des Fremdpersonals ihren eigentlichen Betriebszweck.", S. 3.
4 BT-Drucks. 18/14, 1.

Einführung 4. Kapitel **2**

Derartige Fälle werden freilich von der Mehrzahl der Arbeit- und Auftraggeber deutlich missbilligt.[5] Ihnen haftet gleichwohl das Stigma der Ausbeuter an. Die Motivlage von Erwerbstätigen, welche Alternativen zum „Normalarbeitsverhältnis" oder gar der Beschäftigungslosigkeit wähl(t)en – und bewusst auf arbeitsrechtliche Schutzmechanismen, staatliche Absicherungen gegen Altersarmut und Weisungsabhängigkeiten verzichten – bleibt in der Debatte unberücksichtigt. Hochspezialisierte Kräfte, Anbieter intellektueller Leistungen und Angehörige freier Berufe bieten ihre Leistung aber oft zielgerichtet nur als Selbstständige an.[6] Dem mit wirtschaftlichem Wachstum einhergehenden Wunsch der Auftraggeberseite, sich arbeitsvertraglich zu binden, entsprechen diese regelmäßig nicht. Aber: die Sozialversicherungspflicht ist unabhängig vom individuellen Schutzbedürfnis des Erwerbstätigen.[7] **4**

Nach wie vor geraten Erwerbstätige wie Auftraggeber in das Spannungsfeld von missbräuchlicher Vertragsgestaltung einerseits und unbeabsichtigter **Rechtsformverfehlung** andererseits.[8] Auftraggeber unterliegen insoweit nicht nur (zum Teil persönlichen) monetären, sondern vor allem erheblichen straf- und bußgeldrechtlichen Risiken. Das Risiko steigt in Fällen des schleichenden Statuswechsels, der bei längerfristiger oder regelmäßiger Beauftragung von Dienstleistern oder Werkunternehmern und einem „Verschleifen" vertraglicher Festlegungen auf operativer Ebene eintreten kann. **5**

Steht der Vorwurf im Raum, ein beauftragter Dritter sei tatsächlich nicht als selbstständiger Dienstleister oder (Werk)Unternehmer tätig, sondern abhängig beschäftigt (gewesen), droht die Strafverfolgung wegen des Verdachts des Vorenthaltens von **6**

---

5 Siehe dazu die Stellungnahme des BDA v. 11.3.2013, „Werkverträge, Unverzichtbar für Beschäftigung, Wachstum und Wertschöpfung" abrufbar www.arbeitgeber.de/www/arbeitgeber.nsf/id/de_stellungnahmen; s. auch die statistische Auswertung unter: www.arbeitgeber.de/www/arbeitgeber.nsf/id/de_werkvertraege.
6 Die Akademiker gelten in der Gruppe der (Solo)Selbstständigen als überrepräsentiert: *Stops/Walwei* FS Egle, S. 106; Lawyers on Demand, Prekäre Arbeit für Anwälte und Anwältinnen, AnwBl 8, 9/2021, 463.
7 *Plagemann* § 7 Rn. 2.
8 *Reiser* DStR 2016, 1613; „Die Serie gründer- und kleinunternehmerfeindlicher Gesetze und Regelungen reißt nicht ab, noch immer werden Entscheidungen zu oft über uns statt mit uns getroffen. Wir lassen das nicht länger zu und kämpfen erfolgreich für unsere berechtigten Anliegen."; Verband der Gründer und Selbständigen Deutschland e.V. ‚Scheinselbständigkeit: Wenn die Kriterien niemand mehr verstehen kann und selbst Sozialgerichte sich in ihren Urteilen widersprechen, läuft etwas grundsätzlich schief. Wir wollen mit gesundem Menschenverstand nachvollziehbare Kriterien, ein schnelles und transparentes Statusfeststellungsverfahren sowie unabhängige Entscheidungsorgane – statt immer mehr Leiharbeit und Verlagerung von Projekten ins Ausland.'", abrufbar unter www.vgsd.de/themen/scheinselbststaendigkeit; „Vodafone-CEO Dr. Hannes Ametsreiter hatte ein Jahr zuvor, am 11.7.2018, zusammen mit 14 weiteren Vorständen großer deutscher Unternehmen einen eindringlichen Brief an Bundesarbeitsminister Heil geschrieben und auf die gravierenden Auswirkungen der bestehenden Rechtsunsicherheit bei Einsatz von Selbstständigen hingewiesen. Titel: ‚Eine digitale Arbeitswelt braucht Digitalisierungsexperten', Unternehmen untersagen wegen rechtlicher Unsicherheiten den Einsatz von Freelancern, 7 Dax-Unternehmen wenden sich an das BMAS, abrufbar unter: www.vgsd.de/diesen-brief-schrieben-vorstaende-von-15-grossen-deutschen-unternehmen-an-arbeitsminister-heil; siehe auch Sitzung des Ausschusses für Arbeit und Soziales am 19.4.2021, abrufbar unter: www.bundestag.de/ausschuesse.

Sozialversicherungsbeträgen nach § 266a Abs. 1 und 2 StGB.[9] Daneben stehen regelmäßig Steuerdelikte, weshalb in strafbewehrten Fällen der Statusverfehlung die Arbeitgebereigenschaft sowohl nach § 266a StGB als auch nach § 370 AO festzustellen ist.

II. Arbeitgeber im Sinne des § 266a StGB

7   Gem. §§ 28a ff. SGB IV ist jeder Arbeitgeber zur Abgabe diverser Meldungen und Anfertigung verschiedener Aufzeichnungen über Beschäftigte, deren Entgelte, Beschäftigungszeiten usw. verpflichtet. Er ist gem. §§ 28d, e SGB IV verpflichtet, den Gesamtsozialversicherungsbeitrag an die Einzugsstelle i.S.d. § 28h SGB IV, d.h. die zuständige Krankenkasse des Beschäftigten, abzuführen, soweit eine Versicherungspflicht aufgrund einer Beschäftigung i.S.d. § 7 SGB IV besteht.

8   „Seinen strafrechtlichen Ausdruck findet diese Alleinverantwortung des Arbeitgebers in § 266a StGB."[10] Da der Wortlaut der Strafnorm lautet „Wer als Arbeitgeber der Einzugsstelle Beiträge des Arbeitnehmers zur Sozialversicherung einschließlich der Arbeitsförderung, unabhängig davon, ob Arbeitsentgelt gezahlt wird, vorenthält, wird mit Freiheitsstrafe bis zu fünf Jahren oder mit Geldstrafe bestraft", ist in Sachverhalten, denen Statusfragen zugrunde liegen, das Tatbestandsmerkmal „Arbeitgeber" zentrales Merkmal. Der Schwerpunkt liegt in diesen Fallgestaltungen zunächst auf der Ermittlung des tauglichen Täters.

9   Tauglicher Täter der von § 266a Abs. 1 und 2 StGB erfassten Taten kann nur ein Arbeitgeber oder eine ihm gem. § 266a Abs. 5 StGB gleichgestellte Person[11] sein. Die strafrechtliche Verantwortlichkeit wird gem. § 14 StGB auf die Organe einer Gesellschaft bzw. mit der Leitung eines Betriebs bzw. Unternehmens besonders Beauftragte ausgedehnt.[12] Die Arbeitgebereigenschaft kann als strafbegründendes persönliches Merkmal den Vertretungsberechtigten zugerechnet werden.[13] Grundsätzlich ist jeder formal bestellte Geschäftsführer Normadressat des § 266a StGB.[14] Die Ressortverteilung kann unter Umständen zur Beschränkung der strafrechtlichen Verantwortlichkeit führen.[15]

---

9   § 266a Abs. 1 neu gef., Abs. 3 geändert, Abs. 4 eingef., bisherige Abs. 4 und 5 werden Abs. 5 und 6 m.W.v. 1.8.2002 durch Gesetz v. 23.7.2002 (BGBl I S. 2787); Abs. 2 und 3 neu gef., Abs. 4 und 6 geändert M.W.v. 1.8.2004 durch Gesetz v. 23.7.2004 (BGBl I S. 1842); Abs. 4 S. 2 Nr. 2 geändert, Nr. 3 und 4 eingef., bisherige Nr. 3 wird Nr. 5 m.W.v. 24.8.2017 durch Gesetz v. 17.8.2017 (BGBl I S. 3202). Zur Entstehungsgeschichte der Norm LK-StGB/*Möhrenschlager* Vor § 266a; *Rönnau/Kirch-Heim* wistra 2005, 321; zur Anwendbarkeit des § 266a StGB bei „Scheinselbstständigkeit" *Schulz* NJW 2006, 183 ff. mit Hinweis auf den Streitstand in Fn. 2–4.
10 *Plagemann* § 7 Rn. 3.
11 Z.B. Auftraggeber eines Heimarbeiters, Hausgewerbetreibenden, *Fischer* § 266a Rn. 7.
12 Zu den Anforderungen an die Beauftragung nach § 14 Abs. 2 StGB *BGH* wistra 2012, 468 ff.; dazu auch Gercke/Kraft/Richter/*Gercke* 1. Kap. Rn. 144 ff.
13 MK-StGB/*Radtke* § 266a Rn. 34; Rotsch/*Eisele* § 22 Rn. 7.
14 BeckOK StGB/*Wittig* 53. Ed. 1.5.2022, StGB § 266a Rn. 6.
15 *Feigen/Livonius* FS Schiller, S. 147, 151; Gercke/Kraft/Leimenstoll/*Gercke* 2. Kap. Rn. 14 ff.; *Fischer* § 266a Rn. 4; Achenbach/Ransiek/Rönnau/*Gercke* 12. Kap. Rn. 17; NK-ASStrafR/*Eisele* StGB § 266a Rn. 18 ff.

Arbeitgeber im Sinne des § 266a StGB 4. Kapitel **2**

1. Genuiner Arbeitgeberbegriff in § 266a StGB?

Der Arbeitgeberbegriff ist in § 266a StGB nicht legal definiert.[16] Zu Recht verweist **10** Lanzinner[17] darauf, dass in der Literatur das Fehlen kommentiert, ein „**strafrechtsautonomer Arbeitgeberbegriff**" aber soweit ersichtlich nicht vertreten wird. Er führt dies – aus hiesiger Sicht zutreffend – darauf zurück, dass mindestens die sozialversicherungsrechtlichen Voraussetzungen erfüllt sein müssten, weil angesichts der Sozialrechtsakzessorietät der übrigen Tatbestandsmerkmale ansonsten Inkongruenzen zum Tatbestandsausschluss führten.[17] Im Übrigen müsste der strafrechtliche Arbeitgeberbegriff enger sein als der aus den Referenzrechtsgebieten.[18] Dem ist zuzustimmen. Eine sinnvolle eigenständige strafrechtliche Definition ist damit nicht zu finden.[19] Der Arbeitgeberbegriff des § 266a StGB bedarf mithin der Auslegung. Die Auffassungen von Schrifttum und Rechtsprechung gehen diesbezüglich auseinander.

2. Bestimmung des strafrechtlichen Arbeitgeberbegriffs im Schrifttum

a) Auslegung am Maßstab des Sozialversicherungsrechts

Die herrschende Lehre bestimmt den Arbeitgeberbegriff in § 266a StGB am Maßstab **11** des Sozialversicherungsrechts.[20] Der Begriff des Arbeitgebers ist auch im Sozialversicherungsrecht nicht legal definiert. Die Feststellung der Arbeitgeberstellung, an die das Sozialversicherungsrecht Pflichten knüpft, erfolgt über den Beschäftigungsbegriff des § 7 SGB IV (2. Teil 2. Kap. Rn. 1).

Dies ist für das Strafrecht richtig, weil der Straftatbestand **streng sozialrechtsakzesso-** **12** **risch** ist – und zwar bezogen auf alle Tatbestandsmerkmale.[21] Beschäftigung i.S.d. Norm ist die nichtselbstständige Arbeit, insbesondere in einem Arbeitsverhältnis. Eine arbeitsrechtliche Auslegung des Arbeitgeberbegriffs in § 266a StGB kommt vor dem Hintergrund des Schutzzwecks der Norm nicht in Betracht. Zwar bestimmt § 7 SGB IV, dass **insbesondere** eine Beschäftigung vorliegt, wenn ein Arbeitsverhältnis besteht. Der Beschäftigungsbegriff geht aber über das Arbeitsverhältnis hinaus.[22]

b) Rückgriff auf Kriterien nach der Rechtsprechung des BSG

Das BSG hat in ständiger Rechtsprechung Abgrenzungskriterien (2. Teil 2. Kap. **13** Rn. 2 ff.) entwickelt, auf die – nicht zuletzt aufgrund der Aufhebung des § 7 Abs. 4 SGB IV – zurückzugreifen ist. Zunächst wird eine persönliche – nicht wirtschaftliche – Abhängigkeit vorausgesetzt. Eine solche wird angenommen bei einer Beschäfti-

---

16 *Lange* NZWiSt 2015, 248, 249.
17 *Lanzinner* S. 46.
18 *Lanzinner* S. 46; so auch *Kudlich* ZIS 2011, 428, 488.
19 BeckOK StGB/*Wittig* 53. Ed. 1.5.2022, StGB § 266a Rn. 5.1.
20 LK-StGB/*Möhrenschlager* § 266a Rn. 14; MK-StGB/*Radtke* § 266a Rn. 8, 12 ff.; NK-StGB/*Tag* § 266a Rn. 19; Schönke/Schröder-*Perron* § 266a Rn. 11; SK-StGB/*Hoyer* § 266a Rn. 19; *Lanzinner* S. 47; *Greeve* NStZ 2013, 588; *Thum/Selzer* wistra 2011, 290 f., *Schulz* NJW 2006, 183 f.; differenzierend nach Abs. 1 und 2 auf der einen Seite sowie Abs. 3 auf der anderen Seite: LK-StGB/*Möhrenschlager* § 266a Rn. 14; anders dazu SK-StGB/*Hoyer* § 266a Rn. 19; Gercke/Kraft/Richter/*Gercke* 2. Kap. Rn. 13 ff.
21 *Schulz* ZIS 2014, 572, 574.
22 V. Koppenfels-Spies/Wenner/*Dankelmann/Dietrich* § 7 Rn. 37 ff.; *Lanzinner* S. 48 m.w.N. in Fn. 40 ff.; Gercke/Kraft/Richter/*Richter* 1. Kap. Rn. 37 f.; insoweit anders *Lange*, der sich dem Rückgriff des BGH auf das Dienstvertragsrecht anschließt, NZWiSt 2015, 248, 249; zum Streitstand G/J/W/*Wiedner* § 266a Rn. 10, der bei Scheinselbstständigkeit auf § 7 SGB IV zurückgreift, Rn. 13.

gung im fremden Betrieb, wenn der Beschäftigte in den Betrieb eingegliedert ist und dabei einem Zeit, Dauer, Ort und Art der Ausführung umfassenden Weisungsrecht des Arbeitgebers unterliegt.[23]

14 Die Weisungsgebundenheit kann bei sog. „höheren Diensten", die bestimmte Kenntnisse oder Fertigkeiten voraussetzen, allerdings eingeschränkt sein. Der 12. Senat des BSG hat dazu ausgeführt: „Auch geschuldete Dienste höherer Art werden im Rahmen einer (abhängigen) Beschäftigung geleistet, wenn sie (...) fremdbestimmt bleiben, weil sie in einer von anderer Seite vorgegebenen Ordnung des Betriebes aufgehen (...). Wie weit die Lockerung des Weisungsrechts in der Vorstellung des Gesetzgebers gehen kann, ohne dass deswegen die Stellung als Beschäftigter im Rechtssinne entfällt, zeigen beispielhaft die gesetzlichen Regelungen zum Nichtbestehen von Versicherungspflicht bei den Vorstandsmitgliedern einer Aktiengesellschaft in der gesetzlichen RV und im Recht der Arbeitsförderung (...)."[24]

15 Eine selbstständige Tätigkeit ist regelmäßig durch das eigene unternehmerische Risiko, eine eigene Betriebsstätte, die Verfügungsmöglichkeit über die eigene Arbeitskraft und die im Wesentlichen frei gestaltete Tätigkeit und Arbeitszeit gekennzeichnet. Maßgeblich ist stets das Gesamtbild im Einzelfall.

c) Dreipersonenverhältnisse/Arbeitnehmerüberlassung

16 In Fällen der Arbeitnehmerüberlassung ist zu prüfen, ob ein Fall der erlaubten oder der **unerlaubten Arbeitnehmerüberlassung** vorliegt. Im letzteren Fall kommt es zur Unwirksamkeit des Arbeitsvertrags zwischen Entleiher und Leiharbeitnehmer. Gem. § 10 Abs. 1 S. 1 AÜG wird ein Arbeitsverhältnis zwischen dem Entleiher und dem Leiharbeitnehmer gesetzlich fingiert, was sich sozialversicherungsrechtlich auswirkt. Denn nach § 28e Abs. 1 SGB IV ist der Entleiher in dieser Sachverhaltskonstellation Schuldner der Gesamtsozialversicherungsbeiträge.[25] Damit wird er zum Normadressat des § 266a StGB.

---

[23] Überblick über die Kriterien bei *Exner* S. 214 ff.
[24] *BSG* 30.4.2013 – B 12 KR 19/11 R, Rn. 29 zitiert nach juris; Ständige Rechtsprechung *BSG* 16.8.2017 – B 12 KR 14/16 R – BSGE 124, 37 = SozR 4-2400 § 7 Nr 31, Rn. 17 – Kreishandwerksmeister; *BSG* 31.3.2017 – B 12 R 7/15 R – BSGE 123, 50 = SozR 4-2400 § 7 Nr. 30, Rn. 21, Erziehungsbeistand; zur Verfassungsmäßigkeit der Abgrenzung zwischen Beschäftigung und selbstständiger Tätigkeit vgl. *BVerfG* 20.5.1996 – 1 BvR 21/96, SozR 3-2400 § 7 Nr. 11); *BSG* 14.3.2018 – B 12 KR 12/17 R – IT Fachkräfte; „Die Zuordnung einer Tätigkeit nach deren Gesamtbild zum rechtlichen Typus der Beschäftigung oder selbstständigen Tätigkeit setzt voraus, dass alle nach Lage des Einzelfalls als Indizien in Betracht kommenden Umstände festgestellt, in ihrer Tragweite zutreffend erkannt und gewichtet, in die Gesamtschau mit diesem Gewicht eingestellt und nachvollziehbar, d.h. den Gesetzen der Logik entsprechend und widerspruchsfrei gegeneinander abgewogen werden."; *BSG* 4.6.2019 – B 12 KR 14/18 R, Rn. 22 – Honorararzt, mit Verweis auf *BSG* 23.5.2017 – B 12 KR 9/16 R – BSGE 123, 180 = SozR 4-2400 § 26 Nr. 4, Rn. 24 – Taxifahrer; *BSG* 7.6.2019 – B 12 R 6/18 R – Honorarpflegekräfte, Anm. *Plagemann* jM10/2020, 374 ff.
[25] LK-StGB/*Möhrenschlager* § 266a Rn. 19 f.; Schönke/Schröder/*Perron* § 266a Rn. 11; NK/*Tag* § 266a Rn. 23; *Lanzinner* S. 51; Gercke/Kraft/Richter/*Kraft* 2. Kap. Rn. 606 ff.

3. Begriffsprägung durch den BGH in Strafsachen

a) Auslegung nach dem Sozialversicherungsrecht, das seinerseits auf das Dienstvertragsrecht verweist

Die Strafsenate des BGH, nach der Zuständigkeitskonzentration der 1. Strafsenat, haben in ständiger Rechtsprechung[26] einen sich am Sozialversicherungs- und Arbeitsrecht orientierenden strafrechtlichen Arbeitgeberbegriff geprägt.

Ob – so der 1. Strafsenat des BGH – „eine Person Arbeitgeber i.S.v. § 266a StGB ist, richtet sich nach dem Sozialversicherungsrecht, das seinerseits diesbezüglich auf das Dienstvertragsrecht der §§ 611 ff. BGB abstellt. Arbeitgeber ist danach derjenige, dem gegenüber der Arbeitnehmer zur Erbringung von Arbeitsleistungen verpflichtet ist und zu dem er in einem persönlichen Abhängigkeitsverhältnis steht, das sich vor allem durch die Eingliederung des Arbeitnehmers in den Betrieb des Arbeitgebers ausdrückt (...)."[27]

Das Bestehen eines solchen Beschäftigungsverhältnisses zum Arbeitgeber bestimme sich nach den tatsächlichen Gegebenheiten.[28] Zur Beurteilung der maßgeblichen tatsächlichen Gegebenheiten sei eine wertende Gesamtbetrachtung bzw. Gesamtwürdigung aller relevanten Umstände vorzunehmen.[29]

b) Kriterien

In diese Gesamtbetrachtung seien vor allem „das Vorliegen eines umfassenden arbeitsrechtlichen Weisungsrechts, die Gestaltung des Entgelts und seiner Berechnung (etwa Entlohnung nach festen Stundensätzen), Art und Ausmaß der Einbindung in den Betriebsablauf des Arbeitgeberbetriebes sowie die Festlegung des täglichen Beginns und des Endes der konkreten Tätigkeit einzustellen."[30]

Zusammenfassend lassen sich folgende, vom 1. Strafsenat des BGH regelmäßig angeführte Kriterien festhalten, die *gegen* eine Selbstständigkeit des Auftragnehmers sprechen können:
– persönliches Abhängigkeitsverhältnis, das sich vor allem durch die Eingliederung des Arbeitnehmers in den Betrieb des Arbeitgebers ausdrückt,
– Vorliegen eines umfassenden arbeitsrechtlichen Weisungsrechts,
– Gestaltung des Entgelts und seiner Berechnung (etwa Entlohnung nach festen Stundensätzen),
– Art und Ausmaß der Einbindung in den Betriebsablauf des Arbeitgeberbetriebes sowie
– Festlegung des täglichen Beginns und des Endes der konkreten Tätigkeit.

---

26 *BGH* 16.4.2014 – 1 StR 516/13, Rn. 24 zitiert nach juris; ständige Rechtsprechung zusammenfassend *BGH* 4.9.2013 – 1 StR 94/13, recherchiert in juris; s. auch *BGH* wistra 2013, 346; *BGH* wistra 2012, 28; *BGH* wistra 2010, 29; so auch *OLG Celle* 3.7.2013 – 1 Ws 123/13, recherchiert in juris; Übersicht von *Gercke/Leimenstoll* WiJ 2014, 1 ff.; *BGH* 18.7.2019 – 5 StR 649/18, NStZ 2020, 163, 165.
27 *BGH* 4.9.2013 – 1 StR 94/13, Rn. 10 zitiert nach juris; Verweis auf *BSGE* 34, 111, 113; so auch *BGH* wistra 2014, 405 f.
28 *BGH* 4.9.2013 – 1 StR 94/13, Rn. 10 zitiert nach juris; ständige Rechtsprechung, etwa *BGH* BGHSt 53, 71, 77; *BGH* NStZ 2010, 337 f., *BGH* NStZ 2012, 13; s. auch *BGH* NStZ 2001, 599 f.
29 *BGH* 4.9.2013 – 1 StR 94/13, Rn. 10 zitiert nach juris mit Verweis auf *BSGE* 51, 164, 167; *BSG* NZS 2007, 648 f.; Krauskopf/*Baier* SGB IV § 7 Rn. 11; *BAG* NJW 2010, 2455 f.
30 *BGH* 4.9.2013 – 1 StR 94/13, Rn. 10 f. zitiert nach juris mit Verweis auf *BGH* NStZ 2001, 599 f.; *BGH* NStZ 2010, 337 f.; auch *BGH* NStZ-RR 2012, 13 mit Nachweisen zum unionsrechtlichen Arbeitnehmerbegriff.

22 Der 1. Strafsenat des BGH erklärt, die von ihm entwickelten Kriterien stimmten mit den vom BAG (2. Teil 1. Kap. Rn. 14) und BSG (2. Teil 4. Kap. Rn. 13 ff.) entwickelten Kriterien überein.[31] Das mag für die Kriterien im Einzelnen gelten, nicht jedoch für die Gewichtung im Rahmen der gebotenen Gesamtschau. Darauf ist letztlich zurückzuführen, dass derselbe Sachverhalt unterschiedlich bewertet werden kann.

23 Die größten praktischen Probleme liegen genau dort, was sich an der Gewichtung der vom BSG entwickelten Abgrenzungskriterien im Rahmen der Leitentscheidungen zum sozialversicherungsrechtlichen Status der Honorarärzte und Honorarpflegekräfte aus dem Jahr 2019 sehr gut ersehen lässt.[32] Am Beispiel des Honorararztes wurde herausgearbeitet, die **arbeitsrechtliche Einordnung** sei für die sozialversicherungsrechtliche Statuseinordnung **unbeachtlich**, etwaige regulatorische Vorgaben seien bei Gewichtung prüfen, aber nicht zwingend bestimmend, an die Stelle der Weisungsgebundenheit könne die funktionsgerechte Teilhabe am Arbeitsprozess stehen, eine Tätigkeit für **mehrere Auftraggeber** sei **unbeachtlich**, die **Honorarhöhe** sei nur **bedingt beachtlich** etc.

24 Dass mit von den tatsächlichen Verhältnissen – bewusst – abweichenden Vertragsgestaltungen die Sozialversicherungspflicht nicht umgangen werden kann,[33] ist ebenso unstreitig wie selbstverständlich. Ob sich dem Auftraggeber hingegen ein Abweichen von der Vertragslage und damit vom Willen der den Vertrag schließenden Parteien im operativen Tagesgeschäft strafrechtlich zurechnen lässt, erscheint fraglich. Dies sind aber Fallkonstellation, die in der Praxis am häufigsten vorkommen und denen mit geeigneten Compliance-Maßnahmen entgegengewirkt werden kann –angesichts der Androhung von Kriminalstrafe – entgegengewirkt werden muss (4. Teil 4. Kap.; 5. Teil 1. Kap.).

25 Interessant und bedeutsam für die Praxis war und ist die Entscheidung des 1. Strafsenats des *BGH* v. 24.6.2015,[34] in welcher der Senat in dieser Deutlichkeit wohl zum ersten Mal anerkannte, dass bei der Feststellung der Arbeitgeberstellung grundsätzlich „der Wille der Vertragsparteien (…) ausschlaggebend"[35] sei. Das kann als Öffnung hin zur Rechtsprechung des BSG gewertet werden, wenn man bedenkt, dass in früheren Entscheidungen „allein" auf die tatsächlichen Gegebenheiten abgestellt wurde.[36] In dem vorgenannten Beschluss fokussiert der 1. Strafsenat auf das Merkmal der Eingliederung in den Betrieb, was auf den zu würdigenden Sachverhalt zurückzuführen sein dürfte. Der 1. Strafsenat hob hervor, dass dem Weisungsrecht und der Eingliederung in den Betrieb des Arbeitgebers bei der Feststellung einer persönlichen Abhängigkeit „besondere Bedeutung" zukomme.[35] Fehlt es wie im Entscheidungsfall an einer Ein-

---

31 *BGH* 4.9.2013 – 1 StR 94/13, Rn. 10 f. zitiert nach juris.
32 *BSG* 4.6.2019 – B 12 R 11/18 R Leitentscheidung zum Honorararzt; *BSG* 7.6.2019 – B 12 R 6/18 R. Leitentscheidung zu Honorarpflegekräften; instruktiv zur Entwicklung FS Plagemann/*Langner* 145 ff.; zum neuen Abgrenzungsweg des BAG FS Plagemann/*Rittweger* S. 205, 209 mit dem Vorschlag der Lösung bestimmter Fälle über ein „Hybridmodell".
33 *BGH* wistra 2015, 393, 394; *BGH* 4.9.2013 – 1 StR 94/13, Rn. 10 zitiert nach juris; ständige Rechtsprechung, etwa *BGHSt* 53, 71, 77; *BGH* NStZ 2010, 337 f., *BGH* NStZ-RR 2012, 13; s. auch *BGH* NStZ 2001, 599 f.
34 *BGH* wistra 2015, 393; Anm. *Trüg* NStZ 2015, 648, 650.
35 *BGH* wistra 2015, 393, 394.
36 *BGH* wistra 2013, 346; *BGH* 4.9.2013 – 1 StR 94/13, Rn. 10 zitiert nach juris; ständige Rechtsprechung, etwa *BGHSt* 53, 71, 77; *BGH* NStZ 2010, 337 f., *BGH* NStZ-RR 2012, 13; s. auch *BGH* NStZ 2001, 599 f.

gliederung der Fachkräfte in den Betrieb des Auftraggebers, ist die Arbeitgebereigenschaft nach § 266a StGB zu verneinen. Dieser Befund dürfte (mindestens) für alle sog. Vermittlungsfälle, bei denen sich die geschäftliche Betätigung in der Vermittlung von Auftrag suchenden an Auftraggeber erschöpft, gelten.[37]

4. Kritik

Mindestens ungenau ist die Bezugnahme des 1. Strafsenats des BGH auf das Dienstvertragsrecht gem. § 611 BGB bei der Bestimmung des strafrechtlichen Arbeitgeberbegriffs.[38] Denn Anknüpfungspunkt für die Bestimmung der Täterschaft nach § 266a StGB kann – wie gezeigt – nur die Beschäftigung nach § 7 SGB IV sein, welche das Arbeitsverhältnis einschließt. **26**

Im Schrifttum wird zu Recht kritisiert, dass die gerichtlichen Entscheidungen eine vertiefte Auseinandersetzung mit der Frage, ob der „strafrechtliche Arbeitgeberbegriff" streng arbeits- oder sozialrechtsakzessorisch, streng steuerrechtsakzessorisch oder strafrechtsautonom auszulegen ist,[39] regelmäßig vermissen lassen. **27**

Während aus Sicht des BSG bei der Bestimmung des Beschäftigungsbegriffs das Vertragsverhältnis den Ausgangspunkt der Prüfung bildet und damit der formulierte Parteiwille grundsätzlich Berücksichtigung findet, vertrat der 1. Strafsenat des BGH bisher die Ansicht, für die Feststellung der Arbeitgeberstellung seien allein die tatsächlichen Verhältnisse von Belang. Die oben erwähnte Entscheidung vom Juni 2015 könnte als Annäherung an das BSG verstanden werden. **28**

Es ist Aufgabe der Ermittlungsbehörden und Gerichte, diejenigen Tatsachen zu ermitteln, welche in die Gesamtwürdigung des konkreten Sachverhalts einzubeziehen sind. Dem Tatrichter obliegt es, sich auf der Grundlage der Beweiswürdigung über die tatsächlichen Verhältnisse eine Überzeugung zu bilden. Die tatsächlichen Verhältnisse sind auf Grundlage der von der Sozialgerichtsbarkeit in ständiger Rechtsprechung entwickelten Abgrenzungskriterien zu würdigen.[40] **29**

Unzulässig ist der Rückgriff auf den nicht mehr gültigen Kriterienkatalog des § 7 Abs. 4 Nr. 1–5 SGB IV a.F.[41] Das OLG Celle[42] hatte in seiner Entscheidung v. 3.7.2013 ausgeführt: „Der strafrechtliche Begriff des Arbeitnehmers richtet sich primär nach dem Sozialversicherungsrecht (vgl. *OLG Zweibrücken* wistra 1995, 319). Nach § 7 Abs. 1 SGB IV ist „Beschäftigung (…) die nichtselbständige Arbeit, insbesondere in einem Arbeitsverhältnis". Anhaltspunkte für eine Beschäftigung sind demnach eine Tätigkeit nach Weisungen und eine Eingliederung in die Arbeitsorganisation des Weisungsgebers. Bei der mitunter schwierigen Abgrenzung zwischen Arbeitnehmerverhältnis und echter Selbstständigkeit kann dabei auf den Kriterienkatalog des § 7 Abs. 4 **30**

---

37 *BGH* 24.9.2019 – 1 StR 346/18 mit Anm. *Plagemann* BeckRS 2019, 25987, hier die Vermittlung osteuropäischer Pflegekräfte in private Haushalte betreffend. Der Vermittler musste sich aber wegen Beihilfe zur Beitragsvorenthaltung, §§ 266a, 27 StGB, verantworten. Zu Täterschaft und Teilnahme *Wittig* ZIS 10/2016, 700 ff.
38 So auch *Schulz* ZIS 2014, 572 f.
39 *Kudlich* ZIS 2011, 482 f.
40 *Schulz* NJW 2006, 183, 186; so auch *Kudlich* ZIS 2011, 482, 484.
41 Die Vermutungsregel wurde mit Gesetz zur Änderung des Vierten Buches Sozialgesetzbuch wegen ihrer Wirkungslosigkeit und Unpraktikabilität ersatzlos abgeschafft, BGBl 2007 I, 3024. Umso kritischer wurden alle Bemühungen der Einführung eines Kriterienkatalogs in § 611a BGB gesehen.
42 *OLG Celle* „bei schwieriger Abgrenzung": Beschluss v. 3.7.2013 – 1 Ws 123/13 recherchiert in juris.

Nr. 1–5 SGB IV a.F. zurückgegriffen werden (vgl. LK-StGB/*Möhrenschlager* § 266a Rn. 16). Beim Zusammentreffen von Merkmalen der Abhängigkeit und Selbstständigkeit entscheidet über das Überwiegen das Gesamtbild der tatsächlichen Umstände (vgl. *BSG* NJW 1994, 341)."[43]

31 *Hesse*,[44] nach dessen Auffassung es die Einheit der Rechtsordnung gebiete, trotz Anwendung unterschiedlicher Kriterien bei der Bestimmung des Arbeitgeberbegriffs in der sozialrechtlichen und arbeitsrechtlichen Judikatur von einem einheitlichen Begriff des Arbeitnehmers und Beschäftigten auszugehen, ist im Interesse des Rechtsanwenders auch für das Strafrecht zuzustimmen. Das müsste dann aber auch hinsichtlich des steuerlichen Arbeitnehmerbegriffs gelten, denn § 266a StGB geht regelmäßig mit Steuerstraftaten einher. Bis heute scheint dies nicht gewährleistet.

5. Einfügung einer Arbeitnehmer-Definition in das BGB/Auswirkungen auf die Begriffsbestimmung im Strafrecht

32 Immer wieder gab es Bestrebungen, den Arbeitgeberbegriff gesetzlich zu definieren, bzw. Abgrenzungskriterien, die insbesondere dem Missbrauch von Werkverträgen entgegenwirken sollen, gesetzlich zu verankern. Diesbezügliche Gutachten und Entwurfsvorschläge von Wissenschaftlern und Kommentatoren sowie Referentenentwürfe aus dem BMAS zur Einführung des § 611a BGB mit der Definition zum Arbeitsvertrag und des Arbeitnehmers wurden kontrovers diskutiert. Nachdem der Referentenentwurf vom 16.11.2015 harsche Kritik nach sich zog, wurde der in Aussicht genommene Kriterienkatalog des § 611a BGBE gestrichen und auf eine schlichte Definition des Arbeitnehmerbegriffs umgestellt, die im Prinzip die Rechtsprechung abbildet.[45] Das erscheint angesichts der Erfahrungen mit dem Kriterienkatalog des § 7 SGB IV a.F., der – zu Recht – aufgehoben wurde, sachgerecht.[46]

33 Die Einführung des § 611a BGB hat auf die Bestimmung des Arbeitgeberbegriffs durch den BGH in Strafsachen insoweit Auswirkungen, als der BGH im Rahmen der Bestimmung der Arbeitnehmer- bzw. Arbeitgebereigenschaft auf das Sozialversicherungsrecht, welches auf das Dienstvertragsrecht Bezug nimmt, verweist. Es bleibt angesichts der divergierenden Einordnungen von BAG und BSG zu beinahe identischen Lebenssachverhalten wohl der Vorrang des Sozialversicherungsrechts angesichts der Akzessorietät des Straftatbestands. Dessen ungeachtet ist das Spannungsfeld „aus Tradition und Moderne zum Arbeitnehmerstatus" auch bei der Auslegung des § 611a BGB beachtlich.[47]

---

43 *OLG Celle* 3.7.2013 – 1 Ws 123/13, Rn. 21 zitiert nach juris. Dem zust. G/J/W/*Wiedner* § 266a Rn. 13. Zu Recht hingegen anders *Berchthold* Vorsitzender Richter des 2. und 5. Senats des *BSG* (früher des 12. Senats) anlässlich eines Fachvortrags im Rahmen der WisteV-wistra-Neujahrstagung 2014 am 18.1.2014 in Frankfurt/Main **a.A.**

44 *Hesse* S. 78.

45 Meldung des Petitionsausschuss des Deutschen Bundestages v. 24.9.2014, abrufbar unter www.bundestag.de/presse/hib/2014_09/-/330584; *Ulber* Stand 8.1.2016, abrufbar unter www.bund-verlag.de/zeitschriften/arbeitsrecht-im-betrieb/aktuelles/Bewertung-des-Referentenentwurfs-des-BMAS-zur-Aenderung-des-AUeG-und-anderer-Gesetze-7-1-2016.pdf; *Thüsing/Schmidt* ZIP 2016, 54 ff.

46 Für die Wiedereinführung eines Kriterienkatalogs in § 7 SGB IV aber *Mansdörfer* jM 2020, 123 ff.; zur flexiblen Begriffsbildung in § 611a BGB in einer differenzierten Arbeitswelt ErfK/*Preis* BGB § 611a Rn. 13 ff.

47 *Sittard/Pant* jM 11/2021, 414 mit Anm. zu BAG 1.12.2020 – 9 AZR 102/20 (Crowdworker).

6. Zur Arbeitgeberstellung bei Fremdpersonaleinsatz im Rahmen der europäischen Niederlassungsfreiheit

Der 1. Strafsenat des BGH hatte schon in einem Beschluss v. 27.9.2011[48] klargestellt, dass bei Einsatz von Arbeitskräften aus einem anderen Mitgliedstaat die Abgrenzung zwischen abhängiger und selbstständiger Betätigung nach der Rechtsprechung des EuGH vorzunehmen ist (unionsrechtlicher Arbeitgeberbegriff s. 2. Teil 5. Kap. Rn. 32 ff.). Danach sei ein wesentliches Merkmal für ein Arbeitsverhältnis, dass eine Person „während einer bestimmten Zeit für einen anderen nach dessen Weisung Leistungen erbringt, für die er als Gegenleistung eine Vergütung erhält (...). Die Antwort auf die Frage, ob ein solches Arbeitsverhältnis gegeben ist, hängt dabei von der Gesamtheit der jeweiligen Faktoren und Umstände ab, die die Beziehungen zwischen den Parteien charakterisieren, wie etwa die Beteiligung an den geschäftlichen Risiken des Unternehmens, die freie Gestaltung der Arbeitszeit und der freie Einsatz eigener Hilfskräfte (...)."[49] Im Übrigen seien „allein die tatsächlichen Gegebenheiten maßgeblich".[49] 34

Das Bundesministerium der Finanzen hat ein Handbuch mit Vorschriften für die Erbringung von Dienst- oder Werkleistungen im Bereich der EU-Dienstleistungs- und Niederlassungsfreiheit herausgegeben, das detaillierte Ausführungen beinhaltet.[50] 35

7. Der faktische Geschäftsführer als Arbeitgeber im Sinne des § 266a StGB

In der Praxis spielt die faktische Geschäftsführung eine große Rolle. Auch der faktische Geschäftsführer kann Arbeitgeber i.S.d. § 266a StGB sein.[51] 36

Zunächst heranzuziehende Zurechnungsnorm ist § 14 Abs. 3 StGB, der die faktische Organ- und Vertreterhaftung regelt. Nach dem Wortlaut der Norm ist für die Haftungserstreckung – und damit die Begründung der Tätereigenschaft – erforderlich, dass die Rechtshandlung, welche die Vertretungsbefugnis oder das Auftragsverhältnis begründen sollte, unwirksam ist. Das hat zur Folge, dass nur ein Teil faktischer Organe und Vertreter von dieser Zurechnungsnorm erfasst wird. Denn nach dem Wortlaut ist vorausgesetzt, dass eine rechtswirksame Begründung der Vertretungsbefugnis mindestens beabsichtigt war.[52] 37

Die Rechtsfigur „Faktischer Geschäftsführer" war vor Einführung des § 14 Abs. 3 StGB (§ 50a StGB a.F.) in der Rechtsprechung des RG entwickelt und ist vom BGH fortentwickelt worden.[53] 38

Nicht unproblematisch sind jene Fälle, in denen neben dem formal bestellten Geschäftsleiter ein Dritter verantwortlich handelt. Der BGH hat in seiner Grundsatzentscheidung aus dem Jahr 1982[54] klargestellt, dass der faktische Geschäftsführer 39

---

48 Wistra 2012, 28; siehe auch *BGH* 7.10.2009 – 1 StR 478/09, NStZ 2010, 337; *BGH* 11.8.2011 – 5 StR 295/11, NJW 2011, 3047.
49 Wistra 2012, 28.
50 Abrufbar über: www.zoll.de/static/broschueren/handbuch_fks.pdf; ausführlich zur Arbeitgebereigenschaft bei Beschäftigungsverhältnissen mit Auslandsbezug MK-StGB/*Radtke* § 266a Rn. 18 ff.
51 *BGH* 14.10.2020 – 1 StR 33/19, Rn 23 ff.; *BGH* 16.1 2019 – 5 StR 249/18 Rn. 25; *BGH* 10.5.2000 – 3 StR 101/00 Rn. 11; *BGH* 8.11.1989 – 3 StR 249/89 Rn. 5 m.w.N.
52 Schönke/Schröder/*Perron* § 14 Rn. 42, 43; *Fischer* § 14 Rn. 18; LK-StGB/*Schünemann* § 14 Rn. 69 ff.; *Mansdörfer/Habetha* 1. Kap. Rn. 108 ff.
53 Ausführlich zur Historie *Habetha* S. 116 ff.
54 *BGHSt* 31, 118 ff. = wistra 1983, 31 ff.

neben dem formal bestellten Geschäftsführer dann strafrechtlich haftet, wenn er eine überragende Stellung einnimmt. In einem solchen Fall kommt der faktische Geschäftsführer neben dem bestellten Organ als Normadressat des § 266a StGB in Betracht.

40 Als Indizien für eine überragende Stellung in der Geschäftsführung wurden schließlich acht Kriterien zur typischen Geschäftsführertätigkeit entwickelt, von denen bei faktischer Geschäftsführung mindestens sechs erfüllt sein müssen:
- Bestimmen der Unternehmenspolitik,
- Bestimmen der Unternehmensorganisation,
- Einstellen oder Entlassen von Mitarbeitern,
- Gestaltung der Vertragsbeziehungen mit Geschäftspartnern,
- Verhandlungen mit Kreditgebern,
- Bestimmen der Höhe des Gehalts,
- Entscheidungsmacht in Steuerangelegenheiten
- Entscheidungsmacht in der Buchhaltung.[55]

41 Umstritten ist die strafrechtliche Beurteilung, wenn tatsächlich Geschäftsführertätigkeiten ausgeübt werden, diesbezüglich aber weder ein ausdrücklich oder konkludent erklärtes Einverständnis der Gesellschafter bzw. des Betriebsinhabers vorliegt noch eine rechtswirksame Bestellung bzw. Beauftragung des Handelnden überhaupt beabsichtigt war.[56] Gemeint sind Fälle der Anmaßung von Leitungsmacht.

42 In der Rechtsprechung des BGH ist offengeblieben, ob ein Einverständnis der Gesellschafter „zur Begründung strafrechtlicher Verantwortung kraft faktischer Geschäftsführung" entbehrlich ist.[57] In der Literatur wird die Frage unterschiedlich beantwortet: Teile des Schrifttums bewerten § 14 Abs. 3 StGB als eine abschließende Regelung zur faktischen Organhaftung,[58] was zur Folge hat, dass eine Okkupation von Leitungsmacht eine faktische Geschäftsführung nicht begründen kann. Zum Teil wird vertreten, § 14 Abs. 3 StGB könne analog auf Sonderdelikte anzuwenden sein.[59] Habetha[60] löst dies unter Rückgriff auf die Lehre der objektiven Zurechnung und begründet die faktische Geschäftsführung mit der Gefahrerhöhung durch Übernahme und Ausübung von Leitungsmacht.[61]

43 In der Praxis ist der Aspekt der Übernahme und Ausführung von Leitungsmacht vor allem in sog. Strohmann-Fällen von Bedeutung.[62] Denn in diesen Konstellationen wird der formal bestellte Geschäftsführer regelmäßig nicht oder nur untergeordnet tätig, während der faktisch Verantwortliche Aufgaben z.B. des Arbeitgebers übernimmt. Ob dies – so die Ansicht von Habetha[63] – aber stets eigenmächtig, d.h. ohne Kenntnis

---

55 Grundlegend *Dierlamm* NStZ 1996, 153; *BGH* wistra 2013, 140 f.; zu §§ 266a § 14 StGB *LG Augsburg* wistra 2015, 39 f.; s. auch *BGH* wistra 2015, 151 f. zu § 15a Abs. 4 InsO; Bestandsaufnahme zur Rechtsprechung des BGH *Weyand* ZInsO 2015, 1773 ff.; zur eingeschränkten Handlungsfähigkeit des in Untersuchungshaft Befindlichen *BGH* 14.10.2020 – 1 StR 33/19 Rn. 38.
56 Instruktiv *Habetha* S. 110 ff. m.w.N.
57 *Habetha* S. 118 ff., 124.
58 Schönke/Schröder/*Perron* § 14 Rn. 4, 42/43; NK-StGB/*Marxen/Böse* § 14 Rn. 4; MK-StGB/*Radtke* § 14 Rn. 44, 47.
59 Z.B. SK-StGB/*Hoyer* § 14 Rn. 39 f.
60 *Habetha* Bankrott und strafrechtliche Organhaftung, Diss. 2014.
61 *Habetha* S. 128 ff.
62 MK-StGB/*Radtke* § 266a Rn. 36 m.w.N.
63 S. 157.

oder Billigung der Gesellschafter geschieht, ist fraglich. Richtig ist, dass eine Delegation von Arbeitgeberpflichten durch das formal bestellte Organ gerade nicht beabsichtigt ist oder stattfindet. Ob eine faktische Geschäftsführung vorliegt und ob diese eine strafrechtliche Verantwortung nach § 266a StGB zu begründen vermag, ist im Einzelfall zu prüfen.

Verliert ein Geschäftsführer nach rechtskräftiger Verurteilung zu einer Freiheitsstrafe von mehr als einem Jahr gem. § 6 Abs. 2 Nr. 3e GmbHG die Eignung, Geschäftsführer einer GmbH zu sein, berührt dies die Strafbarkeit nach § 266a StGB nicht, wenn er seine Tätigkeit gleichwohl fortsetzt. Die „bloße Unwirksamkeit des die Vertretungsbefugnis begründenden Rechtsaktes"[64] hindert nicht die Zurechnung des Verhaltens des Handelnden nach § 14 StGB. Diese Fälle werden von § 14 Abs. 3 StGB erfasst. Der faktische Geschäftsführer muss sich besondere persönliche strafbarkeitsbegründende Merkmale, welche auf die GmbH zutreffen, gem. § 14 Abs. 1 Nr. 1, Abs. 3 StGB zurechnen lassen. 44

8. Verfassungsmäßige Bestimmtheit des Tatbestandsmerkmals „Arbeitgeber" in § 266a StGB

Strafverfolgungsrisiken gem. § 266a Abs. 1 StGB wegen des Vorenthaltens von Arbeitnehmerbeiträgen werden seit jeher vor dem Hintergrund des Bestimmtheitsgebots des Art. 103 Abs. 2 GG erörtert. 45

Der Wissenschaftliche Dienst des Bundestages hatte hierzu schon im November 2016 eine Ausarbeitung vorgelegt.[65] Darin wurde ausgeführt, die Aufnahme des § 266a in das Strafgesetzbuch sei mit der „Erwartung" des Gesetzgebers verknüpft gewesen, „dass dadurch die präventive Wirkung des Strafschutzes verbessert werde, weil fälschlichen Einschätzungen, es handele sich nur um ein säumiges, ordnungswidriges Verhalten, vorgebeugt werden könne. Den Kern des strafbaren Unrechts sah er in Übereinstimmung mit dem damals geltenden Recht weiterhin darin, dass der Arbeitgeber treuhänderisch einbehaltene Vertragsteile bestimmungswidrig verwende."[66] 46

„Ein ausfüllungsbedürftiges Tatbestandsmerkmal wie ‚Arbeitgeber' ist der Auslegung durch die Gerichte zugänglich, sein Bedeutungsgehalt zudem durch höchstrichterliche Rechtsprechung gefestigt. Da Täter nur der Arbeitgeber oder eine der in Absatz 5 ausdrücklich genannten Personen sowie ihre Vertreter gemäß § 14 StGB sein kann, stellt § 266a Absatz 1 StGB ein echtes Sonderdelikt dar; die Beschreibung der Tathandlung kennzeichnet den Tatbestand als echtes Unterlassungsdelikt. Dergestalt liefert § 266a Absatz 1 StGB bereits eine abgeschlossene, vollständige Umschreibung des tatbestandlichen Unrechts."[67] 47

„Einwände gegen die Unbedenklichkeit der Vorschrift im Hinblick auf das Bestimmtheitsgebot des Art. 103 Abs. 2 GG könnten sich indessen aus dem Umstand herleiten lassen, dass die materielle Sozialversicherungsbeitragsschuld des Arbeitnehmers, welche die notwendige Voraussetzung einer Strafbarkeit des Arbeitgebers nach § 266a Abs. 1 StGB ist, an das Vorliegen eines sozialrechtlichen Beschäftigungsverhältnisses geknüpft ist, dessen rechtliche Grundlage, namentlich § 7 Abs. 1 SGB IV, ihrerseits 48

---

64 *OLG Bamberg* 16.2.2016 – 3 OLG 6 Ss16/16, Rn. 8, veröffentlicht unter www.gesetze-bayern.de.
65 Ausarbeitung WD 7 – 3000 – 161/16, abrufbar unter: www.bundestag.de.
66 Ausarbeitung WD 7 – 3000 – 161/16, S. 7, abrufbar unter: www.bundestag.de.
67 Ausarbeitung WD 7 – 3000 – 161/16, S. 8, abrufbar unter: www.bundestag.de.

den verfassungsrechtlichen Anforderungen an die Gesetzesbestimmtheit nicht entspreche, weil die Entscheidung über das Vorliegen unselbständiger Arbeit oder selbständiger Tätigkeit im Wege einer Gesamtbetrachtung einzelfallabhängig getroffen werde und deshalb für die dem Strafverfolgungsrisiko nach § 266a Abs. 1 StGB ausgesetzte nicht voraussehbar sei."[68]

49 Dem Argument ist man jedoch mit der Entscheidung des BVerfG, es handele sich bei § 7 SGB IV um eine Norm, bei der eine „verfassungsrechtliche Unbestimmtheit nicht feststellen"[69] lasse, nicht gefolgt.

50 Diese Einschätzung erscheint angesichts der Entwicklung der Arbeitswelt, der (sozialversicherungsrechtlichen) Rechtsprechung und der praktisch unmöglich rechtssicheren Einordnung von Sachverhalten im konkreten Einzelfall von der Realität überholt. Die Instanzgerichte tragen dem Rechnung, vornehmlich auf der Ebene des subjektiven Tatbestands. Hervorzuheben ist die Entscheidung des LG Frankfurt (Oder)[70] vom März 2020:

51 „Das Bundesverfassungsgericht hat die der Arbeitgebereigenschaft zugrunde liegende Bestimmung des § 7 Abs. 1 SGB IV zwar als hinreichend bestimmt angesehen (NJW 1996, 2644), jedoch nur im Hinblick auf die sozialversicherungsrechtliche Frage der Beitragspflicht. Ob das (strengere [*BVerfGE* 49, 168, 181]) strafrechtliche Bestimmtheitsgebot des Art. 103 Abs. 2 GG überhaupt durch ein Tatbestandsmerkmal (Arbeitgeber) gewahrt werden kann, welches nur in der Rechtsfigur des Typus normiert ist (vgl. *BVerfG* NJW 1996, 2644), kann schon grundsätzlich bezweifelt werden. Jedenfalls hat das Bundesverfassungsgericht zum Bestimmtheitsgebot aus Art. 103 Abs. 2 GG ausgeführt, jedermann solle vorhersehen können, welches Verhalten verboten und mit Strafe bedroht sei (2 BvR 2559/08, Rn. 70 zitiert nach juris). Art. 103 Abs. 2 GG enthalte einen strengen Gesetzesvorbehalt, der es der vollziehenden und der rechtsprechenden Gewalt verwehre, die normativen Voraussetzungen einer Bestrafung festzulegen (*BVerfG* NJW 1996, 2644 Rn. 69). Diese Kriterien sind ersichtlich nicht erfüllt, wenn die Arbeitgebereigenschaft nicht mehr von einem juristischen Laien, sondern nur noch im Rahmen eines langwierigen sozialrechtlichen Verfahrens geklärt werden kann. In der strafprozessualen Praxis ist zu beobachten, dass die Verfahren wegen Verstoßes gegen § 266a StGB von der Deutschen Rentenversicherung angestoßen werden und die Würdigung der Deutschen Rentenversicherung kritiklos von der Staatsanwaltschaft in die Anklageschrift übernommen wird.

52 Es ist zwar anerkannt, dass die Rechtsprechung gehalten ist, Unklarheiten über den Anwendungsbereich von Strafnormen durch Präzisierung und Konkretisierung im Wege der Auslegung nach Möglichkeit auszuräumen (sog. Präzisierungsgebot, BVerfG 2 BvR 2559/08). Jedoch ist genau diese Konkretisierung im Sinne einer besseren Vorhersehbarkeit der Arbeitgebereigenschaft weder den Sozial- noch den Strafgerichten bisher gelungen. Vielmehr finden im Rahmen der von der Rechtsprechung herangezogenen Lehre vom Gesamtbild (z.B. *BSGE* 120, 99) stetig mehr Faktoren Berücksichtigung (vgl. Schlegel/Voelzke/*Segebrecht* juris PK-SGB IV, 3. Aufl. 2016, § 7 Abs. 1 SGB IV, Rn. 93 ff., der insgesamt 30 relevante Faktoren auflistet, zuletzt *BSG*

---

68 Ausarbeitung WD 7 – 3000 – 161/16, S. 8, abrufbar unter: www.bundestag.de.
69 Ausarbeitung WD 7 – 3000 – 161/16, S. 8, abrufbar unter: www.bundestag.de, mit Verweis auf BVerfG, Nichtannahmebeschluss v. 20.5.1996 – 1 BvR 21/96, juris (Orientierungssatz).
70 *LG Frankfurt (Oder)* 20.3.2020 – 23 Wi KLs 1/18, BeckRS 2020, 12422.

NZS 2017, 664 ff. mit der Honorarhöhe als weiteres Kriterium). Auch zu der im vorliegenden Verfahren maßgeblichen Frage der beitragsrechtlichen Beurteilung von Kurierfahrern hat es unterschiedliche Rechtsprechung gegeben (vgl. *SG Düsseldorf* Urteil v. 13.3.2003, S. 26 (8, 9] RJ 67/98; *BAG* Urteil v. 27.6.2001 – 5 AZR 561/99; *LAG Köln* Beschluss v. 24.8.1999 – 11 TA 240/99; *LSG Düsseldorf* Urteil v. 7.12.2016 – L 8 R 862/15). Teilweise wurden diese - zugegebenermaßen mit jeweils unterschiedlicher Ausgestaltung der tatsächlichen Verhältnisse - als selbständig, teilweise als nichtselbständig eingestuft. Es kann auch nicht festgestellt werden, dass dem Präzisierungsgebot etwa durch Fallgruppenbildung Genüge getan wurde.

Um dem Bestimmtheitsgebot aus Art. 103 Abs. 2 GG Rechnung zu tragen, ist daher eine einschränkende Auslegung des § 266a StGB – in Form der Anwendung des § 16 StGB auf das Tatbestandsmerkmal des ‚Arbeitgebers, – erforderlich mit der Folge, dass die Angeklagten vorliegend nicht vorsätzlich handelten."[71]   **53**

III. Arbeitgeber im steuerstrafrechtlichen Sinne

1. Vorbemerkung

Ermittlungen nach § 266a StGB sind regelmäßig mit dem Vorwurf der Hinterziehung **54** von Lohnsteuer nach § 370 AO verbunden. Denn während ein Selbstständiger verpflichtet ist, seine Einkommensteuer im Rahmen von Einkommensteuervorauszahlungen gem. § 37 EStG zu entrichten, schuldet ein Arbeitnehmer, also der abhängig Beschäftigte, Lohnsteuer nach § 38 Abs. 2 S. 1 EStG. Die Lohnsteuer entsteht in dem Zeitpunkt, in dem einem Arbeitnehmer der Arbeitslohn zufließt, § 38 Abs. 2 S. 2 EStG. Deren Erhebung erfolgt durch den Abzug vom Arbeitslohn, § 38 Abs. 1 EStG.

Dem Arbeitgeber hat der Gesetzgeber auferlegt, dem zuständigen Finanzamt eine **55** Steuererklärung einzureichen, in der die Summen der einbehaltenen Lohnsteuerbeträge mitgeteilt werden, § 41a EStG. Diese Pflicht knüpft also an die Arbeitgebereigenschaft an. Unterbleibt die Abgabe solcher Steuererklärungen (bedingt) vorsätzlich und wird Lohnsteuer nicht oder nicht rechtzeitig festgesetzt, macht sich der Arbeitgeber strafbar gem. § 370 Abs. 1 Nr. 2 AO.[72]

2. Keine Definition des Arbeitgeberbegriffs in § 370 AO

a) Herleitung aus § 1 LStDV

§ 370 AO enthält keine eigene Definition des Arbeitgeberbegriffs. Der steuerrechtliche **56** Arbeitgeberbegriff ist auch nicht im EStG oder der Lohnsteuerdurchführungsverordnung (LStDV) definiert. Er ist aus der Umkehrung des Arbeitnehmerbegriffs in § 1 Abs. 1 und 2 LStDV herzuleiten (2. Teil 3. Kap. Rn. 49 ff.). Der BFH betont die Eigenständigkeit des Arbeitgeberbegriffs im Steuerrecht[73] (2. Teil 3. Kap.). Der BFH lehnt daher auch eine Bindungswirkung von Entscheidung anderer Rechtsgebiete ab.[74]

---

71 *LG Frankfurt (Oder)* 20.3.2020 – 23 Wi KLs 1/18, Rn. 26 ff., BeckRS 2020, 12422; *Vogel/Simon* CCZ 2021, 115.
72 *Thum/Selzer* wistra 2011, 290, 295 f.; *Weidemann* wistra 2010, 463, 464; Flore/Tsambikakis/*Flore* § 370 Rn. 307 ff.
73 *BFH* DStR 2000, 103 f.
74 *BFH* DStR 1999, 711, 714.

b) Rückgriff auf Kriterien des BFH

57 Es entspricht ständiger Rechtsprechung des BFH, dass sich der Arbeitnehmerbegriff nicht durch Aufzählung feststehender Merkmale abschließend bestimmen lässt. Das Gesetz bedient sich nicht eines tatbestandlich scharf umrissenen Begriffs. Es handelt sich vielmehr um einen offenen Typusbegriff, der nur durch eine größere und unbestimmte Zahl von Merkmalen beschrieben werden kann. Die Frage, ob jemand eine Tätigkeit selbstständig oder nichtselbstständig ausübt, ist deshalb anhand einer Vielzahl in Betracht kommender Merkmale nach dem Gesamtbild der Verhältnisse zu beurteilen."[75]

58 Nach höchstrichterlicher Rechtsprechung sind insbesondere folgende Merkmale von Bedeutung, die für eine *Arbeitnehmer*eigenschaft im steuerrechtlichen Sinne sprechen können: „(...) persönliche Abhängigkeit, – Weisungsgebundenheit hinsichtlich Ort, Zeit und Inhalt der Tätigkeit, – feste Arbeitszeiten, – Ausübung der Tätigkeit gleichbleibend an einem bestimmten Ort, – feste Bezüge, – Urlaubsanspruch, – Anspruch auf sonstige Sozialleistungen, – Fortzahlung der Bezüge im Krankheitsfall, – Überstundenvergütung, – zeitlicher Umfang der Dienstleistungen, – Unselbstständigkeit in Organisation und Durchführung der Tätigkeit, – fehlendes Unternehmerrisiko, – fehlende Unternehmerinitiative, – kein Kapitaleinsatz, – keine Pflicht zur Beschaffung von Arbeitsmitteln, – Notwendigkeit der engen ständigen Zusammenarbeit mit anderen Mitarbeitern, – Eingliederung in den Betrieb, – geschuldet wird die Arbeitskraft, nicht aber ein Arbeitserfolg, – Ausführung von einfachen Tätigkeiten, bei denen eine Weisungsabhängigkeit die Regel ist (...)".[76] (Einzelheiten 2. Teil 3. Kap. Rn. 14 ff.; 23 ff.).

3. Begriffsbestimmung durch den BGH in Steuerstrafsachen? – Fehlanzeige

59 Entscheidungen der Strafgerichte mit Verurteilungen gem. § 266a StGB und § 370 AO lassen eine Differenzierung bei der Feststellung der Arbeitgebereigenschaft regelmäßig vermissen. In Bezug auf die neben § 266a StGB verwirklichte Steuerhinterziehung heißt es meist nur: „Für die Beurteilung, ob ein sozialversicherungs- und lohnsteuerpflichtiges Arbeitsverhältnis vorliegt, sind allein die tatsächlichen Gegebenheiten maßgeblich, nicht eine zur Verschleierung gewählte Rechtsform."[77]

60 Im Übrigen wird von jenen Tatsachen, auf die sich der Schuldspruch nach § 266a StGB stützt, auf die Arbeitnehmereigenschaft im steuerrechtlichen Sinne und damit auf die Arbeitgeberstellung mit den eingangs beschriebenen Pflichten geschlossen.[78] Gerade den komplexen Fällen werden die Strafgerichte damit nicht gerecht. Beispielsweise können sich erhebliche Schwierigkeiten bei der Bestimmung des steuerrechtlichen Arbeitgeberbegriffs in Fällen einer steuerlichen Organschaft oder auch in solchen der Arbeitnehmerüberlassung ergeben.[79] Denn bei der illegalen Arbeitnehmerüberlassung greifen die Abgrenzungsmerkmale nicht, weil der Leiharbeitnehmer dem Verleiher gegenüber seine Arbeitsleistung schuldet. Der BFH bestimmt in diesen Konstellationen den Begriff des Arbeitgebers daher eigenständig.

---

75 *BFH* 20.11.2008 – VI R 4/06 Rn. 11, zitiert nach juris, mit Verweis auf den Aufzählungskatalog BFHE 144, 225, BStBl II 1985, 661.
76 *BFH* 22.2.2012 – X R 14/19, Rn. 31 zitiert nach juris (betrifft Arbeitnehmereigenschaft eines Fußball-Nationalspielers).
77 Beispielhaft wistra 2012, 28 f.; *BGH* wistra 2013, 346 f.
78 Z.B. *LG Kiel* 29.8.2018 – 3 KLs 7/16, Rn. 126, BeckRS 2018, 44688.
79 Gercke/Kraft/Richter/*Richter* 1. Kap. S. 14.

4. Faktische Arbeitgeberstellung nach steuerrechtlichen Kriterien

In einer Entscheidung des *LG Bonn* v. 1.10.2012 wurde zur Begründung der Arbeitgebereigenschaft und damit der Strafbarkeit wegen Lohnsteuerhinterziehung gem. § 370 Abs. 1 Nr. 2 AO i.V.m. §§ 39b, 41a EStG i.V.m. § 25 Abs. 2 StGB auf die „faktische" Arbeitgeberstellung, abgeleitet aus der faktischen Geschäftsführung, abgestellt. **61**

In den Entscheidungsgründen heißt es: „Die Angeklagten sind bezüglich der beschäftigten Schwarzarbeiter aufgrund des dargestellten gemeinsamen Tatplans als faktische Arbeitgeber und damit als hinsichtlich der Lohnsteuer anmeldungs- und abführungspflichtige Arbeitgeber im strafrechtlichen Sinn gem. § 370 AO i.V.m. §§ 39b, 41a EStG anzusehen. Die Angeklagten bildeten eine faktische, wenngleich sittenwidrige Gesellschaft bürgerlichen Rechts zum gemeinsamen Zweck der dauerhaften bzw. ständig wiederkehrenden Beschäftigung von Schwarzarbeitern durch angebliche Subunternehmerfirmen im Rahmen der Baustellen- und Unterhaltsreinigung in der Niederlassung U der X2. Als nach außen gegenüber den Schwarzarbeitern Handelnder und die Weisungsmacht Ausübender trat dabei in der Regel der Angeklagte C auf, der die Schwarzarbeiter anwarb und ihnen in der Regel auch die konkreten Arbeitsanweisungen vor Ort erteilte. Soweit bei einzelnen Aufträgen auch Mitarbeiter der X2 als Vorarbeiter die konkreten Arbeitsanweisungen vor Ort gaben und die Schwarzarbeiter auch mit regulären Arbeitnehmern der X2 zusammenarbeiteten, waren auch insoweit letztlich die Angeklagten als Vertreter der faktischen Gesellschaft bürgerlichen Rechts die Anweisenden, da sie zwar nach außen als Niederlassungsleiter (N) bzw. Betriebsleiter Baustellenreinigung (H) bzw. Betriebsleiter Unterhaltsreinigung (X) die entsprechenden Anweisungen an die Vorarbeiter erteilten, aber insoweit ihre Vertretungsmacht gegenüber der X2 überschritten und tatsächlich in „verdeckt eigener Angelegenheit" insbesondere zwecks eigenen Profits – wie dargestellt – agierten. Die Angeklagten N, H und X waren auf Basis ihrer eigenen Einlassung von der X2 nicht bevollmächtigt worden, Schwarzarbeiter zu beschäftigen, was sie indes aufgrund des gemeinsamen Tatplans mit dem Angeklagten C zusammentaten. Aufgrund des gemeinsamen Tatplans und dessen Ausführung war auch nicht etwa der Angeklagte C alleine als Subunternehmer Arbeitgeber der Schwarzarbeiter, sondern sämtliche Angeklagten zusammen sind als faktische Gesellschaft bürgerlichen Rechts als Arbeitgeber anzusehen, auch wenn die Schwarzarbeiter meist nur direkten Kontakt zum Angeklagten C hatten. Die etwaige Bereitstellung der Betriebsmittel durch die X2 (Reinigungsmittel, etc.) ist für die Frage der Arbeitnehmereigenschaft irrelevant gewesen, da die etwaige unternehmerische Tätigkeit, deren Leistung von der X2 auch nach den Rechnungen so vergütet wurde, sich allein auf die Bereitstellung der Reinigungskräfte bezog, während die Bereitstellung von Reinigungsmitteln, etc. seitens der X2 erfolgte. Diese (sittenwidrige) unternehmerische Tätigkeit der Bereitstellung der Reinigungskräfte entfalteten wie dargestellt die Angeklagten zusammen. Unerheblich ist in diesem Zusammenhang, inwieweit dies unerlaubte Arbeitnehmerüberlassung darstellte; dies ändert an der Arbeitgebereigenschaft der Angeklagten gegenüber den eingesetzten Schwarzarbeitern vorliegend nichts. Aufgrund der mangelnden Kenntnis der X2 vom Einsatz der Schwarzarbeiter und weil bei Einsatz von Schwarzarbeitern gerade nie das übliche Arbeitgeberrisiko vom Einsetzenden übernommen wird, sondern der etwaige Verleiher dies eben vermeiden will, lag keine bloße Arbeitsvermittlung durch die Angeklagten vor (vgl. § 1 Abs. 2, § 3 AÜG)."[80] **62**

---

80 *LG Bonn* 1.10.2012, Rn. 35 zitiert nach juris.

63 Die Entscheidung korrespondiert mit den Grundsätzen, die der BFH zur Arbeitgeberbestimmung im Steuerrecht aufgestellt hat (s. 2. Teil 3. Kap. Rn. 9, 20, 49).

5. Ergebnis

64 Bei § 370 AO, der in der Praxis neben § 266a StGB verwirklicht wird, wenn Scheinselbstständigkeit vorliegt, ist anhand der steuerrechtlichen Kriterien zu prüfen, ob der Auftraggeber angesichts der Statusverfehlung tatsächlich Arbeitgeber war/ist, was mit lohnsteuerrechtlichen Pflichten einhergeht. Angesichts der Divergenzen bei der Begriffsbestimmung verbietet sich der pauschale Rückgriff auf die Feststellungen zu § 266a StGB. Es ist möglich, dass die materiell – steuerrechtliche Einordnung vom Ergebnis der sozialversicherungsrechtlichen und auch der arbeitsrechtlichen Prüfung abweicht.

5. Kapitel
Besonderheiten beim internationalen/ grenzüberschreitenden Sachverhalt

Literatur: *Däubler* Die internationale Zuständigkeit der deutschen Arbeitsgerichte – Neue Regeln durch die Verordnung (EG) Nr. 44/2001, NZA 2003, 1297; *Däubler/Klebe* Croudwork: Die neue Form der Arbeit – Arbeitgeber auf der Flucht?, NZA 2015, 1032; *Günther/Pfister* Arbeitsverträge mit internationalen Bezügen – Teil 1: Rechtswahl und Gerichtsstandsvereinbarungen, ArbR Aktuell 2014, 215; *Hoch* Grenzüberschreitende Arbeitnehmerüberlassung, BB 2015, 1717; *Knöfel* Ausländische Scheinselbstständige, Grundfreiheiten und Qualifikation, IPRax 2006, 552; *Mankowski* Ausländische Scheinselbstständige und Internationales Privatrecht – Zugleich ein Beitrag zur Auslegung des internationalprivatrechtlichen Arbeitsvertragsbegriffs, BB 1997, 465; *Reichel/Spieler* Vertragsgestaltung bei internationalem Arbeitseinsatz, BB 2011, 2741.

I. Einführung

Die stetig zunehmende Europäisierung und Internationalisierung der wirtschaftlichen Beziehungen macht auch vor Fremdpersonaleinsätzen keinen Halt. In Folge dessen sind mittlerweile vielfältige Formen grenzüberschreitender Fremdpersonaleinsätze nachzuvollziehen und dies sowohl im Zweipersonen- („Solo-Selbstständige") und Dreiecksverhältnis („Werkunternehmer") als auch mit deutschen Unternehmen als Besteller von Werk-/Dienstleistungen („Inbound-Fälle") oder als Werkunternehmer/Dienstleister selbst („Outbound-Fälle"). Darüber hinaus ist ein weiterer Bedeutungszuwachs grenzüberschreitender Fremdpersonaleinsätze auf neuartige (flexible) Beschäftigungsformen zurückzuführen, die unter den Stichworten „Crowdworking" oder „Arbeiten 4.0." verhandelt werden und deren Netzwerke in vielen Fällen keinen Halt vor nationalen Grenzen machen.[1] 1

Die rechtlichen Risiken, die mit derartigen grenzüberschreitenden Personaleinsätzen verbunden sind, liegen auf der Hand: Denn mit der Entgrenzung von Fremdpersonaleinsätzen steigen gleichzeitig auch die Möglichkeiten für die Anknüpfung verschiedener nationaler Rechtsordnungen, die jeweils andere und stark variierende Vorgaben für derartige Einsätze vorsehen können. Hiermit verbunden sind zum einen international-zivilprozessrechtliche Fragestellungen nach der internationalen Zuständigkeit (IZPR)[2]; zum anderen betrifft dies international-privatrechtliche Fragen zur Anwendbarkeit nationaler Sachrechte sowohl in Bezug auf die Regulierung der Statusfrage als auch hinsichtlich der damit verbundenen Rechtsfolgen (IPR).[3] Hinzu kommt, dass die Beantwortung derartiger international-zivilprozess- und international-privatrechtli- 2

---
1 Vgl. mit zahlreichen Beispielen *Däubler/Klebe* NZA 2015, 1032 ff.
2 Vgl. *Däubler* NZA 2003, 1297 ff.; *Günther/Pfister* ArbR Aktuell 2014, 215 ff.; *Junker* NZA 2005, 199 ff.
3 Vgl. *Hoch* BB 2015, 1717 ff.; *Knöfel* IPRax 2006, 553 ff.; *Mankowski* BB 1997, 465 ff.; *Reichel/Spieler* BB 2011, 2741 ff.

2 cher Fragestellungen in vielen Fällen von einer fehlerfreien Statusbewertung nach dem jeweils hierfür einschlägigen nationalen Recht abhängt. Dies ist darauf zurückzuführen, dass sowohl das IZPR als auch das IPR für die Fälle von Werk-/Dienstverträgen einerseits und Arbeitsverträgen andererseits über jeweils verschiedene Anknüpfungstatbestände verfügen, darüber hinaus für beide Fälle aber verschiedenartige Spielräume für eine wirksame Vereinbarung von Gerichtsständen (Gerichtsstandklauseln) und dem jeweils anwendbaren Sachrecht (Rechtswahlklauseln) vorsehen.[4]

3 Im Rahmen einer effektiven Compliance kommt deshalb im Fall von grenzüberschreitenden Fremdpersonaleinsätzen international-zivilprozess- und international-privatrechtlichen Fragestellungen eine besondere Bedeutung zu. Ansonsten besteht nicht nur die Gefahr, dass bei der Statusbewertung das falsche nationale Recht zugrunde gelegt wird, sondern ebenfalls dass unerwünschte ausländische Gerichtszuständigkeiten begründet werden und ausländische Sachrechte z.B. zum Arbeitnehmerschutz (Kündigungsschutz, Urlaub, Entgeltfortzahlung etc.) oder weiteres Ordnungsrecht (Sozialversicherungsrecht, AÜG etc.) den grenzüberschreitenden Fremdpersonaleinsatz zwingend regeln.

II. Compliance-relevante Fallkonstellationen

4 Mit Blick auf die compliance-relevanten Fallkonstellationen ist zwischen grenzüberschreitenden Fremdpersonaleinsätzen im Zweipersonen- und Dreiecksverhältnis zu unterscheiden.

1. Solo-Selbstständige (Zweipersonenverhältnis)

5 In der Praxis kommen Fremdpersonaleinsätze im Zweipersonenverhältnis in Konstellationen vor, in denen „Solo-Selbstständige" aus dem Ausland heraus für einen inländischen Auftraggeber tätig werden („Inbound-Fälle"); aber auch anders herum können Solo-Selbstständige Tätigkeiten für ausländische Auftraggeber oder deren Kunden jeweils im Inland verrichten („Outbound-Fälle").

a) Inbound

6 Relevant unter Compliance-Gesichtspunkten ist im Rahmen der sog. Inbound-Fälle die Konstellation, in der ein Solo-Selbstständiger für einen inländischen Auftraggeber tätig wird und die Tätigkeiten hierbei – jedenfalls schwerpunktmäßig – aus dem Ausland erbringt. In der Praxis ist dies insbesondere beim Einkauf nicht ortsgebundener Tätigkeiten der Fall – zum Beispiel im Bereich der IT/Programmierung, Sales und Vertrieb, Entwickler- oder Übersetzertätigkeiten oder der Unternehmensberatung im Rahmen von speziellen Projektarbeiten.[5]

---

4 Vgl. zuletzt in Bezug auf das „Crowdworking" auch *Däubler/Klebe* NZA 2015, 1032 ff.
5 Vgl. hierzu die Fälle bei *Däubler/Klebe* NZA 2015, 1032 ff.

Fall 1:

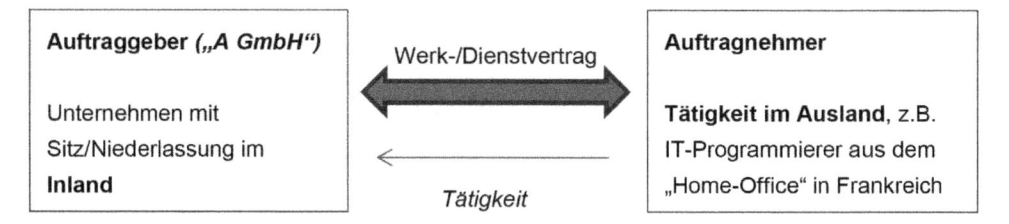

Auftraggeber („A GmbH")	Werk-/Dienstvertrag	Auftragnehmer
Unternehmen mit Sitz/Niederlassung im Inland	← Tätigkeit	Tätigkeit im Ausland, z.B. IT-Programmierer aus dem „Home-Office" in Frankreich

Die aus diesem grenzüberschreitenden Aspekt des Fremdpersonaleinsatzes resultierenden spezifischen Compliance-Risiken liegen darin, dass der im Ausland befindliche Auftragnehmer – unter Geltendmachung einer vermeintlichen Scheinselbstständigkeit – die Arbeitsgerichte des ausländischen Tätigkeitsorts anruft und sich hinsichtlich der Statuskriterien und/oder der Rechtsfolgen einer vermeintlichen Scheinselbstständigkeit auf ausländisches Recht beruft; dies gilt insbesondere dann, wenn die Anwendung des ausländischen Sachrechts aus Sicht des Auftragnehmers günstiger erscheint.

Weitere sog. Inbound-Konstellationen sind unter Compliance-Gesichtspunkten zu vernachlässigen. Dies gilt für alle Fälle einer Beschäftigung eines ausländischen Auftragnehmers, der die Tätigkeiten allerdings schwerpunktmäßig im Inland – z.B. auf dem Betriebsgelände des inländischen Auftraggebers – verrichtet. In diesen Fällen gilt nichts anderes als bei Fremdpersonaleinsätzen ohne grenzüberschreitenden Charakter, da allein die Nationalität des Auftragnehmers keine hinreichenden Anknüpfungspunkte für ausländische Rechtsordnungen liefert.[6]

b) Outbound

Im Rahmen der sog. Outbound-Fälle ist unter Compliance-Gesichtspunkten Fall 1 für im Ausland befindliche Unternehmen spiegelbildlich zu beachten. Für im Inland befindliche Unternehmen ist dagegen vor allem die Konstellation von Bedeutung, in der ein Werk-/Dienstvertrag mit einem Solo-Selbstständigen abgeschlossen wird, der im Rahmen von Projektarbeiten – z.B. als Spezialist gemeinsam mit Arbeitnehmern des Auftraggebers – bei einem Kunden des Auftraggebers schwerpunktmäßig im Ausland bzw. bei mehreren Kunden des Auftraggebers in verschiedenen Ländern tätig wird. In der Praxis ist dies etwa bei Ingenieuren mit besonderen Spezialkenntnissen der Fall, die gemeinsam mit Mitarbeitern des Auftraggebers Projektarbeiten verrichten – z.B. bei der Anfertigung oder Instandhaltung komplexer Maschinen und ähnlicher spezifischer Facharbeit.

---

6 Vgl. *Däubler* NZA 2003, 1297 ff.; *Günther/Pfister* ArbR Aktuell 2014, 215 ff.; *Hoch* BB 2015, 1717 ff.; *Junker* NZA 2005, 199 ff.; *Knöfel* IPRax 2006, 553 ff.; *Mankowski* BB 1997, 465 ff.; *Reichel/Spieler* BB 2011, 2741 ff.

11 Fall 2:

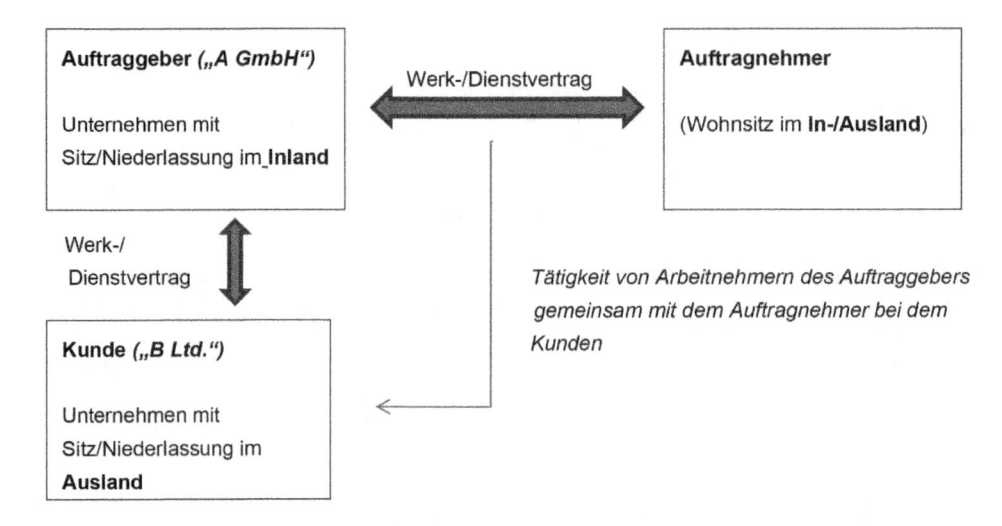

```
┌─────────────────────────────┐                              ┌─────────────────────────────┐
│ Auftraggeber („A GmbH")     │    Werk-/Dienstvertrag       │ Auftragnehmer               │
│                             │◄────────────────────────────►│                             │
│ Unternehmen mit             │                              │ (Wohnsitz im In-/Ausland)   │
│ Sitz/Niederlassung im Inland│                              │                             │
└─────────────────────────────┘                              └─────────────────────────────┘
         ▲
  Werk-/ │
  Dienst-│                    Tätigkeit von Arbeitnehmern des Auftraggebers
  vertrag▼                    gemeinsam mit dem Auftragnehmer bei dem
┌─────────────────────────────┐  Kunden
│ Kunde („B Ltd.")            │◄──────────────────────
│ Unternehmen mit             │
│ Sitz/Niederlassung im       │
│ Ausland                     │
└─────────────────────────────┘
```

12 Parallel zu dem genannten Inbound-Fall liegen auch hier die spezifischen Compliance-Risiken darin, dass der im Ausland tätig werdende Auftragnehmer – unter Geltendmachung einer vermeintlichen Scheinselbstständigkeit gegenüber dem Auftraggeber – die Arbeitsgerichte des ausländischen Tätigkeitsorts anruft und sich hinsichtlich der Statuskriterien und/oder der Rechtsfolgen einer vermeintlichen Scheinselbstständigkeit auf ausländisches Recht beruft; auch hier gilt wieder, dass damit insbesondere dann zu rechnen ist, wenn insbesondere die Anwendung des ausländischen Sachrechts aus Sicht des Auftragnehmers günstiger erscheint.[7]

13 Für weitere Outbound-Fälle, bei denen ein Auftragnehmer mit Wohnsitz im Inland für einen ausländischen Auftraggeber auf Grundlage eines Werk-/Dienstvertrags tätig wird, gelten wiederum keine Besonderheiten mit Blick auf die Vorgaben des IZPR bzw. IPR. Wie bereits gezeigt, liefert allein die Nationalität des Auftragnehmers nach den geltenden Maßstäben des IZPR und IPR keine hinreichenden Anknüpfungspunkte für in diesem Fall die inländische Rechtsordnung.

2. Werkunternehmer (Dreiecksverhältnis)

14 Auch bei Fremdpersonaleinsätzen im Dreiecksverhältnis ist zwischen sog. Inbound- und Outbound-Fällen zu unterscheiden.

a) Inbound

15 Im Zusammenhang mit Inbound-Fällen findet ein grenzüberschreitender Fremdpersonaleinsatz dergestalt statt, dass ein inländischer Auftraggeber einen Werk- oder Dienstvertrag mit einem ausländischen Auftragnehmer abschließt, der zur Erfüllung

---

[7] Vgl. zu Outbound-Fällen *LAG Köln* 30.7.2004 – 2 Ta 219/04 = BeckRS 2004, 30463330.

seiner Verbindlichkeiten aus diesem Werk- oder Dienstvertrag eigene Arbeitnehmer bzw. freie Mitarbeiter einsetzt. In der Praxis ist dies bei jedem Fremdpersonaleinsatz im Dreiecksverhältnis denkbar, bei dem ein im Ausland befindlicher Auftragnehmer eingebunden ist.[8]

Fall 3: 16

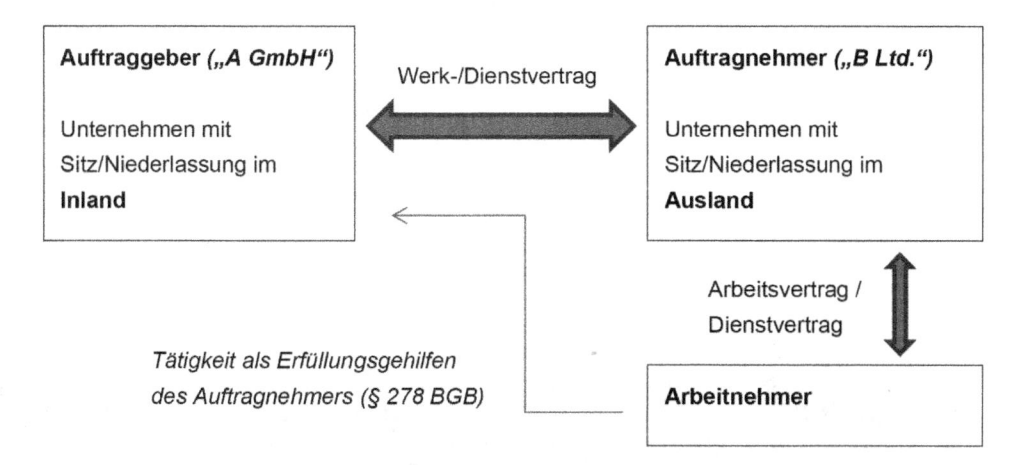

Auftraggeber („A GmbH")	Werk-/Dienstvertrag	Auftragnehmer („B Ltd.")
Unternehmen mit Sitz/Niederlassung im **Inland**	⬌	Unternehmen mit Sitz/Niederlassung im **Ausland**

Tätigkeit als Erfüllungsgehilfen des Auftragnehmers (§ 278 BGB)

Arbeitsvertrag / Dienstvertrag

Arbeitnehmer

In compliance-spezifischer Hinsicht gelten zunächst einmal die oben für Inbound- 17 Fälle im Zweipersonenverhältnis genannten Grundsätze; im Zusammenhang mit den Rechtsfolgen einer vermeintlichen illegalen Arbeitnehmerüberlassung stellt sich hier aber insbesondere die Frage nach der Anwendbarkeit der deutschen Vorschrift des § 10 Abs. 1 AÜG über die Fiktion eines Arbeitsverhältnisses zwischen dem ausländischen Arbeitnehmer und dem deutschen Auftraggeber (IPR). Hinzu kommt, dass gerade der grenzüberschreitende Aspekt einer illegalen Arbeitnehmerüberlassung jedenfalls nach deutschem Recht mit besonderen ordnungs- und strafrechtlichen Rechtsfolgen verbunden ist, die gerade an den Umstand einer grenzüberschreitenden Arbeitnehmerüberlassung anknüpfen.[9]

b) Outbound

Fremdpersonaleinsätze in sog. Outbound-Konstellationen finden spiegelbildlich zu 18 dem soeben genannten Inbound-Fall statt.

---

8 Vgl. zu Missbrauchsfällen gerade im Baugewerbe *Mayer* BB 1993, 1428; *Kaligin* NZS 1992, 1111 ff.; *Gutmann* DB 1997, 1977.
9 Vgl. §§ 15, 15a, 16 Abs. 1 Nr. 2 AÜG.

19 Fall 4:

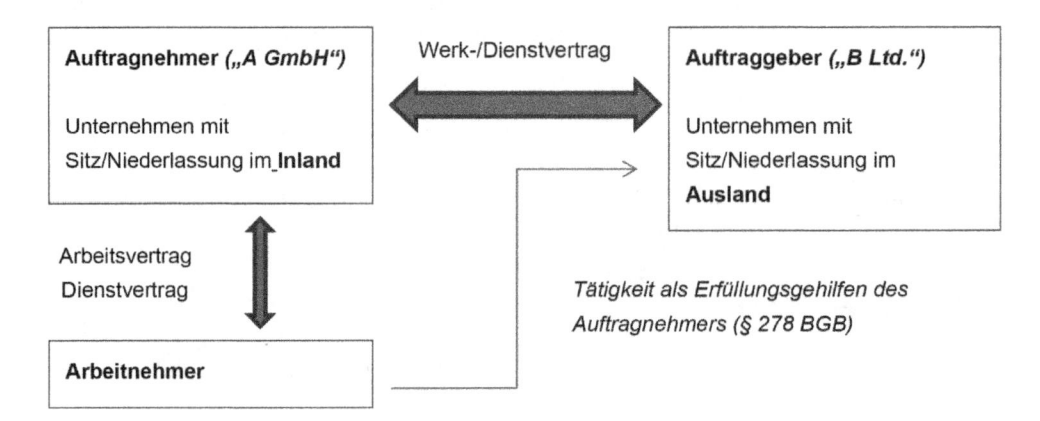

```
┌─────────────────────────┐   Werk-/Dienstvertrag   ┌─────────────────────────┐
│ Auftragnehmer („A GmbH")│ ◄──────────────────►    │ Auftraggeber („B Ltd.") │
│                         │                          │                         │
│ Unternehmen mit         │                          │ Unternehmen mit         │
│ Sitz/Niederlassung im   │                          │ Sitz/Niederlassung im   │
│ Inland                  │                          │ Ausland                 │
└─────────────────────────┘                          └─────────────────────────┘
            ▲
            │ Arbeitsvertrag
            │ Dienstvertrag         Tätigkeit als Erfüllungsgehilfen des
            ▼                       Auftragnehmers (§ 278 BGB)
┌─────────────────────────┐
│ Arbeitnehmer            │
└─────────────────────────┘
```

20 Auch hier gelten in compliance-spezifischer Hinsicht zunächst die im Zusammenhang mit dem Inbound-Fall genannten Grundsätze; von der möglichen Rechtsfolge eines fingierten Arbeitsverhältnisses wäre aufgrund einer Anwendbarkeit der deutschen Vorschrift des § 10 Abs. 1 AÜG allerdings zunächst einmal der ausländische Auftraggeber betroffen. Die Frage nach der Anwendbarkeit der nationalen Vorschriften über die Rechtsfolgen einer (illegalen) Arbeitnehmerüberlassung ist aber auch für den deutschen Auftragnehmer relevant, weil in dem genannten Fall eines fingierten Arbeitsverhältnisses mittelbar Rückgriffe des ausländischen Auftraggebers drohen können. Darüber hinaus sehen die Vorschriften des deutschen AÜG aber auch unmittelbare Ansprüche gegen den Auftragnehmer vor, bspw. Ansprüche auf Zahlung der Differenzvergütung, falls das durch den Auftraggeber an Stammmitarbeiter gewährte Arbeitsentgelt höher ausgefallen ist (§ 10 Abs. 4 AÜG – „Equal-Pay").

III. Risikoanalyse im Zweipersonenverhältnis („Solo-Selbstständige")

21 Im Rahmen von grenzüberschreitenden Fremdpersonaleinsätzen im Zweipersonenverhältnis ist deshalb stets zu klären, welche Gerichte zuständig sind und welches Sachrecht Anwendung findet.

1. Internationale Zuständigkeit (IZPR)

22 Hinsichtlich der Frage nach der internationalen Zuständigkeit ist zunächst danach zu unterscheiden, ob der Fremdpersonaleinsatz einen Bezug zu einem anderen EU-Mitgliedstaat oder einem Drittstaat aufweist. Denn bei Klagen von Auftragnehmern innerhalb der EU richtet sich die Frage nach der internationalen Zuständigkeit nach den einheitlichen Regeln der EuGVVO (VO Nr. 1215/2012), die unmittelbar anwendbar sind und insoweit Vorrang gegenüber den jeweiligen nationalen Prozessordnungen haben.[10] Bei Klagen von Auftragnehmern außerhalb der EU werden international-zivilprozessrechtliche Zuständigkeitsfragen dagegen entweder von bilateralen Ver-

---

10 *BAG* NZA 2008, 1084; *BAG* NZA-RR 2012, 320; vgl. zur Anwendbarkeit der LugÜ im Verhältnis zu EFTA-Staaten BeckOK ArbR/*Hamacher* § 48 ArbGG Rn. 6 m.w.N.

trägen oder den jeweiligen nationalen Prozessrechten geregelt. Auch wenn eine abschließende Darstellung für den Bereich der Drittstaaten nicht möglich ist, werden in vielen Fällen ähnliche Ergebnisse zu erwarten sein, da das internationale Zivilprozessrecht in rechtsvergleichender Perspektive jedenfalls auf gleichgelagerten Prinzipien basiert.[11]

a) Zuständigkeiten bei Arbeits- und Dienst-/Werkverträgen

Im Fall von grenzüberschreitenden Fremdpersonaleinsätzen handelt es sich in der Praxis in der Regel um solche mit einem Bezug zu einem anderen EU-Mitgliedsstaat, sodass den Fragen nach einer internationalen Zuständigkeit die Bestimmungen der EuGVVO zugrunde zu legen sind. Diese sehen in Art. 4 Abs. 1 zunächst einen allgemeinen, d.h. von der Beantwortung der international-zivilprozessrechtlichen Statusfrage unabhängigen Gerichtsstand am Sitz des beklagten Auftraggebers vor (vgl. Art. 63 Abs. 1 EuGVVO), der bei Klagen gegen einen inländischen Auftraggeber zu einem inländischen Gerichtsstand führt.[12] Problematischer sind allerdings die Fälle, in denen sich bspw. ein schwerpunktmäßig aus dem Home-Office in Frankreich tätig werdender Auftragnehmer nicht mit einem solchen Gerichtsstand in Deutschland zufrieden gibt, sondern den deutschen Auftraggeber in einen Gerichtsprozess vor den französischen Zivil- oder Arbeitsgerichten einbeziehen will. Dies gilt es aus Compliance-Sicht in den meisten Fällen zu vermeiden, da die beteiligten Akteure auf Seiten der betroffenen Unternehmen in der Regel nicht über die notwendige Erfahrung für die Begleitung derartiger Verfahren vor ausländischen Gerichten verfügen und eine verbindliche Kalkulation der damit verbundenen Kosten und Aufwendungen oftmals unmöglich ist.[13]

Eine Möglichkeit für eine derartige Erweiterung, aber auch eine Einschränkung von ausländischen Gerichtsständen bieten die besonderen Bestimmungen der EuGVVO, die sowohl objektive Zuständigkeitsregeln als auch Vorgaben für abweichende Gerichtsstandsvereinbarungen vorsehen, hierbei allerdings – zum Teil grundlegende – Unterschiede für den Fall des Vorliegens eines Werk-/Dienstvertrag einerseits und eines Arbeitsvertrags andererseits beinhalten.

aa) Objektive Zuständigkeiten: Erfüllungs- vs. Arbeitsort

Für den Fall eines Werk-/Dienstvertrags besteht eine internationale Zuständigkeit nach Art. 7 Abs. 1 EuGVVO an dem Ort, an dem die Dienstleistungen nach dem Vertrag erbracht worden sind oder hätten erbracht werden müssen (Erfüllungs- bzw. Erbringungsort). Auch wenn der Begriff der Dienstleistung europäisch bislang wenig

---

11 Unterfällt der Sachverhalt weder der EuGVVO noch bilateralen Verträgen folgt die internationale Zuständigkeit nach der „Theorie der Doppelrelevanz" grundsätzlich der örtlichen Zuständigkeit nach der ZPO und des ArbGG. Ist ein deutsches Gericht nach den §§ 12 ff. ZPO, § 48 Abs. 1a ArbGG örtlich zuständig, ist es auch international zuständig; ähnlich wie die EuGVVO kennt auch das nationale Zivilprozessrecht vergleichbare Anknüpfungspunkte für Werk-/Dienstverträge (vgl. § 29 ZPO zum Erfüllungsort) und Arbeitsverträge (§ 48 Abs. 1a ArbGG zum gewöhnlichen Arbeitsort) sowie zusätzliche Voraussetzungen für die Vereinbarung wirksamer Gerichtsstände (vgl. § 38 ZPO zu zugelassener Gerichtsstandsvereinbarung); vgl. dazu etwa *BAG* NZA 1995, 1191 m.w.N.
12 Vgl. Zöller/*Geimer* Art. 4 EuGVVO Rn. 1 ff. m.w.N.
13 Vgl. *Däubler/Klebe* NZA 2015, 1032 ff., die allerdings aus Arbeitnehmersicht ausschließlich Risiken und keine derartigen Möglichkeiten für ein sog. „Forum Shopping" zu Gunsten von Arbeitnehmern erblicken.

konturiert ist, fallen jedenfalls entgeltliche Werk- und Dienstleistungen darunter.[14] Werden derartige Werk- oder Dienstleistungen in mehreren Mitgliedsstaaten erbracht, ist Zuständigkeitsanknüpfungspunkt für alle den Vertrag betreffenden Klagen der Ort, an dem der Schwerpunkt der Tätigkeit des Dienstleistenden liegt, d.h. der Ort der hauptsächlichen Dienstleistung;[15] sofern ein derartiger Schwerpunkt der Tätigkeit nicht feststellbar ist, eröffnen alle relevanten Tätigkeitsorte ein Forum.[16] Für den genannten Fall 1 und Fall 2 bedeutet dies, dass dem Auftragnehmer bei grenzüberschreitenden Fremdpersonaleinsätzen auf Basis von Werk- oder Dienstverträgen ein gerichtliches Forum im Ausland zur Verfügung steht, wenn die Tätigkeiten schwerpunktmäßig von dort aus erbracht werden; bei Fehlen eines bestimmbaren Schwerpunktes sind sogar mehrere Foren im Ausland denkbar, wofür bereits eine relevante Leistungserbringung in den betreffenden Ländern ausreicht.[17]

26 Bei Vorliegen eines Arbeitsvertrags sind die internationalen Zuständigkeiten dagegen in den Art. 21–23 EuGVVO geregelt. Nach Art. 21 Abs. 1 lit. b i) EuGVVO kann ein Arbeitgeber insbesondere dort verklagt werden, von wo aus der Arbeitnehmer für gewöhnlich seine Arbeit verrichtet; lässt sich ein gewöhnlicher Arbeitsort nicht feststellen, ordnet Art. 21 Abs. 1 lit. b ii) EuGVVO eine Zuständigkeit an dem Ort der Niederlassung an, die den Arbeitnehmer eingestellt hat.[18]

27 – **Gewöhnlicher Arbeitsort:** Bei der Bestimmung des gewöhnlichen Arbeitsorts, d.h. des Orts von dem aus die geschuldete Arbeitsleistung schwerpunktmäßig erbracht wird, ist danach zu unterscheiden, ob der vermeintliche Auftragnehmer im Hinblick auf die Leistungserbringung eine sog. „Basisstation" eingerichtet hat. Im Fall einer Kombination zwischen einer stationären Tätigkeit (z.B. Home-Office) verbunden mit einer ausgedehnten Reisetätigkeit (z.B. zum Auftraggeber oder Kunden) haben der EuGH („Mulox/Geels"; „Rutten/Cross Medical") und das BAG („Binnenschiffer"; „Flugkapitänin") den tatsächlichen Mittelpunkt der Arbeitsleistung in der „Basisstation" – z.B. das Home-Office oder die Crew-Base – gesehen, von der aus der Arbeitnehmer die Arbeit organisiert, Weisungen erhält und an die er nach jeder Auslandsreise wieder zurückkehrt.[19] Sollte eine derartige „Basisstation" nicht gegeben sein, wird – jedenfalls unter bestimmten Voraussetzungen – eine quantitative Betrachtung vorzunehmen sein, bei der der gewöhnliche Arbeitsort dort lokalisiert wird, wo am längsten gearbeitet wurde.[20]

---

14 So ausdrücklich für den Werkvertrag über eine Software-Entwicklung *OLG München* NJW-RR 2010, 789; vgl. auch Zöller/*Geimer* Art. 7 EuGVVO Rn. 9 m.w.N.
15 *EuGH* NJW 2010, 1189; *OLG Koblenz* NJW-RR 2009, 502.
16 *EuGH* NJW 2009, 2801.
17 Vgl. ausführlich Zöller/*Geimer* Art. 7 EuGVVO Rn. 13 ff. m.w.N.
18 Vgl. *Däubler* NZA 2003, 1297 ff.; *Günther/Pfister* ArbR Aktuell 2014, 215 ff.; *Junker* NZA 2005, 199 ff.
19 *EuGH* IPRax 1997, 110 – Mulox/Geels; *EuGH* RIW 1997, 231 – Rutten/Cross Medical; *BAG* NZA 2011, 1309 – Binnenschiffer; *BAG* NZA 2013, 925 – Flugkapitänin.
20 Vgl. *Däubler* NZA 2003, 1297, 1300 m.w.N.; allerdings dürfte eine solche Betrachtung nur unter zwei Voraussetzungen zulässig sein, zum einen müssten eindeutige „Mengenverhältnisse" zu klaren Ergebnissen führen, zum anderen sollte die Betrachtung auch ein prognostizierendes Element beinhalten und nicht allein auf einer rückblickenden Auswertung beruhen. Ansonsten droht eine zu starke Einschränkung des Anwendungsbereiches des Art. 21 Abs. 1 lit. b ii) EuGVVO und die normzweckwidrige Begründung eines Gerichtsstandes an einem Ort, an dem der Arbeitnehmer sich zwar in der Vergangenheit vermehrt aufgehalten hat, aber gegenwärtig und künftig nicht mehr eingesetzt wird.

- **Einstellende Niederlassung:** Lässt sich ein gewöhnlicher Arbeitsort nicht feststellen, wird hilfsweise auf die einstellende Niederlassung abgestellt. Hiermit ist nicht der Ort der organisatorischen Eingliederung, sondern der des Vertragsschlusses gemeint; wird die Niederlassung an einen anderen Ort innerhalb der EU verlegt, steht dem Arbeitnehmer ein Wahlrecht zu.[21]

Für den genannten Fall 1 und Fall 2 bedeutet dies, dass dem vermeintlichen Auftragnehmer bei grenzüberschreitenden Fremdpersonaleinsätzen – sollten diese als Arbeitsvertrag zu bewerten sein – dann ein gerichtliches Forum im Ausland zur Verfügung steht, wenn er seine Tätigkeit schwerpunktmäßig in diesem ausländischen EU-Mitgliedsstaat erbringt. Dies ist vor allem dann der Fall, wenn er im Fall 1 schwerpunktmäßig aus seinem im Ausland befindlichen Home-Office oder im Fall 2 bei im Ausland befindlichen Kunden des Auftraggebers tätig wird. Aufgrund der Auffangvorschrift, wonach für den Fall einer nicht möglichen Bestimmbarkeit eines derartigen Schwerpunkts der Leistungen der Gerichtsstand der einstellenden Niederlassung gelten soll, sind die Möglichkeiten des Rückgriffs auf mehrere (zusätzliche) Gerichtsstände im Ausland weniger stark ausgeprägt als im Fall von bestehenden Werk- oder Dienstverträgen. Darüber hinaus sind die Ergebnisse aber unabhängig von der Beantwortung der international-zivilprozessrechtlichen Statusfrage in den meisten Fällen die gleichen. 28

bb) Individuell: Einschränkungen bei Gerichtsstandsvereinbarungen im Arbeitsvertrag

Der wesentliche Unterschied zwischen der international-zivilprozessrechtlichen Einordnung des Fremdpersonaleinsatzes als Werk-/Dienstvertrag einerseits oder als Arbeitsvertrag andererseits besteht hinsichtlich der Möglichkeiten einer vertraglichen Vereinbarung von inländischen Gerichtsständen, die (zusätzlichen) ausländischen Gerichtsständen entgegenstehen. Im Hinblick auf die Wirksamkeit derartiger Gerichtsstandsvereinbarungen kommt es ganz entscheidend darauf an, ob der Fremdpersonaleinsatz im Rahmen eines Werk-/Dienstvertrags oder eines Arbeitsvertrages erbracht wird. 29

Für den Fall, dass der Auftragnehmer als Selbstständiger zu behandeln ist und seine Leistungen auf Grundlage von Werk- bzw. Dienstverträgen erbringt, können gem. Art. 25 Abs. 1 EuGVVO jederzeit Gerichtsstandsvereinbarungen geschlossen werden, soweit dadurch ein Gericht in einem Mitgliedstaat für zuständig erklärt wird. Diese Regelung steht lediglich unter dem Vorbehalt, dass die Vereinbarung nach dem Recht des gewählten Mitgliedstaats nicht „materiell nichtig" ist. In diesem Zusammenhang ist zu berücksichtigen, dass nach der Rechtsprechung des EuGH die sog. Klauselrichtlinie, die benachteiligende AGB-Klauseln verbietet, auch auf Gerichtsstandsvereinbarungen anwendbar ist. Zwar betrifft die Richtlinie nur Verbraucherverträge, ist also nicht unmittelbar einschlägig, dennoch kann im Einzelfall zu prüfen sein, ob die formularvertragliche Gerichtsstandsvereinbarung zwischen Selbstständigen wegen unangemessener Benachteiligung des Auftragnehmers unwirksam ist. Dies dürfte aber lediglich Fälle betreffen, in denen entlegene Gerichtsstände ohne jeden Bezug zu den Ländern vereinbart werden, in denen die Vertragsparteien tätig sind, sodass eine derartige Wahl als willkürlich und ausschließlich zu Lasten effektiver Rechtsschutzmög- 30

---

21 Vgl. Geimer/Schütze/*Auer* Art. 19 EuGVVO Rn. 8 ff. m.w.N.

lichkeiten für den Vertragspartner bewertet werden könnte. Eine Einschränkung der Klagemöglichkeiten vor dem „Heimatgericht" des Auftraggebers wird hiervon aber regelmäßig nicht erfasst sein.[22]

31 Ganz anders ist der Fall zu bewerten, wenn der Fremdpersonaleinsatz im Rahmen einer international-zivilprozessrechtlichen Statusbewertung als Arbeitsverhältnis einzuordnen ist. Denn im Verhältnis zu Arbeitnehmern ist eine Gerichtsstandsvereinbarung gem. Art. 23 EuGVVO nur dann wirksam, wenn sie nach Entstehung der Streitigkeit getroffen wird oder eine Ausweitung auf weitere Gerichtsstände zugunsten des Arbeitnehmers vorsieht. In der Praxis sind damit Gerichtsstandsvereinbarungen zu Lasten des Arbeitnehmers so gut wie unmöglich. Eine vertragliche Gerichtsstandsvereinbarung, die für künftige Fälle eine Einschränkung der Klagemöglichkeiten vor dem „Heimatgericht" des Auftraggebers enthält, scheidet damit im Fall eines Arbeitsverhältnisses aus.[23]

b) Statusabgrenzung im IZPR: Der unionsrechtliche Arbeitnehmerbegriff

32 Die international-zivilprozessrechtliche Statusbewertung ist deshalb unter Compliance-Gesichtspunkten vor allem aufgrund der verschiedenen Möglichkeiten einer effektiven Vereinbarung von (ausschließlich inländischen) Gerichtsständen von Bedeutung. Beide Begriffe des Werk-/Dienst- und Arbeitsvertrags sind – wie alle Begriffe der EuGVVO – autonom auszulegen, sodass im Rahmen der international-zivilprozessrechtlichen Statusfrage nicht unmittelbar auf die Begrifflichkeiten der nationalen Rechtsordnungen und die vor diesem Hintergrund durch die Rechtsprechung entwickelten Kriterien zur Statusabgrenzung (vgl. dazu 2. Teil 1. Kap.) zurückgegriffen werden darf.[24]

33 Nach der Rechtsprechung des EuGH bezeichnet der Arbeitsvertrag (Art. 18 ff. EuGVVO) im Verhältnis zum Werk- bzw. Dienstvertrag (Art. 7 EuGVVO) eine speziellere Vertragskategorie, da in beiden Fällen im Grundsatz Dienstleistungen erbracht werden, die bei Vorliegen eines Arbeitsvertrags aber einige zusätzliche Kriterien erfüllen.[25] In der Folge haben sowohl der EuGH und deutsche Arbeits- und Zivilgerichte einen unionsrechtlichen Arbeitnehmerbegriff entwickelt, der nach objektiven Kriterien definiert wird und im Grundsatz weit auszulegen ist; die Arbeitnehmereigenschaft setzt dabei voraus, dass der betreffenden Person eine eigene unternehmerische Freiheit und eigenes unternehmerisches Risiko fehlen, sie Dienstleistungen gegen eine Vergütung erbringt, in die Organisation des Dienstnehmers eingebunden ist und dessen Weisungen unterliegt.[26]

34 Mit Blick auf die umfassenden Kriterien des deutschen Arbeitnehmerbegriffs (vgl. dazu 2. Teil 1. Kap.) fällt auf, dass die Kriterien ähnlich, wenngleich nicht umfassend deckungsgleich sind. Im Zuge der jüngeren Entscheidung des EuGH in Sachen Danossa,[27] in der das Gericht den Arbeitnehmerstatus einer Fremdgeschäftsführerin

---

22 Vgl. *Däubler/Klebe* NZA 2015, 1032, 1039 f. m.w.N.
23 Vgl. *Däubler* NZA 2003, 1297 ff.; *Günther/Pfister* ArbR Aktuell 2014, 215 ff.; *Junker* NZA 2005, 199 ff.
24 Vgl. grundlegend Fuchs/Marhold/*Friedrich* S. 422 ff. m.w.N.
25 Ständige Rechtsprechung *EuGH* 15.1.1987 – Rs. 266/85 = BeckEuRS 1987, 133028.
26 Ständige Rechtsprechung *EuGH* NJW 1992, 1493; *OLG Hamburg* NJW 2004, 3126; *ArbG Münster* GRUR-RR 2001, 273; Zöller/*Geimer* Art. 18 EuGVVO Rn. 2 m.w.N.
27 *EuGH* NJW 2011, 2343.

bejahte und hierbei im Vergleich zur Rechtsprechung der deutschen Arbeitsgerichte jedenfalls zum Teil auf andere Abgrenzungskriterien zurückgriff, wurden die Unterschiede des unions- und deutschrechtlichen Arbeitnehmerbegriffs zuletzt auch im Schrifttum verstärkt diskutiert. Danach beschränken sich diese Unterschiede aber vor allem auf den Bereich der Fremd- und Minderheitsgeschäftsführer sowie auf Beamte, arbeitnehmerähnliche Personen, Praktikanten und Hausangestellte, wohingegen die Ergebnisse der Statusbewertung im Fall des Contracting zumeist übereinstimmen dürften.[28]

Dennoch kann es gerade in Grenzfällen zu abweichenden Beurteilungen und vereinzelten Erweiterungen des Arbeitnehmerbegriffs kommen, da der EuGH diesen Begriff „weit auslegt" und insbesondere keine genauere Differenzierung nach schädlichen (arbeitnehmerbezogenen) Weisungen und unschädlichen (bspw. gesellschaftsrechtlichen, werkvertraglichen) Weisungen vornimmt.[29] Da auch eine werkvertragliche Tätigkeit in der Praxis kaum ohne werkbezogene Weisungen auskommt, kann eine undifferenzierte Betrachtung dieses Abgrenzungsmerkmals gerade in Grenzfällen oftmals zu der Annahme eines Arbeitsverhältnisses führen; die deutsche Rechtsprechung – etwa des BAG – unterscheidet dagegen sehr genau zwischen derartigen werks- und arbeitsbezogenen Weisungen (vgl. 2. Teil 1. Kap.). 35

2. Anwendbarkeit ausländischen Rechts (IPR)

Mit Blick auf die Frage der Anwendbarkeit des jeweiligen Sachrechts ist zunächst auch danach zu differenzieren, ob der Fremdpersonaleinsatz einen Bezug zu einem anderen EU-Mitgliedsstaat oder einem Drittstaat aufweist. Soweit nationale Gerichte innerhalb der EU für derartige Klagen international zuständig sind, richtet sich die international-privatrechtliche Rechtsanwendungsfrage nach der Rom I VO. In Bezug auf Klagen vor ausländischen Gerichten in Drittstaaten gilt ebenfalls, dass oftmals von parallelen Ergebnissen ausgegangen werden kann, da auch das internationale Privatrecht in rechtsvergleichender Perspektive auf gleichgelagerten Prinzipien basiert.[30] 36

a) Vertragsstatut bei Arbeits- und Dienst-/Werkverträgen

Nach Art. 1 Abs. 1 Rom I VO ist die Verordnung anwendbar auf alle vertraglichen Schuldverhältnisse in Zivil- und Handelssachen, die eine Verbindung zum Recht verschiedener Staaten aufweisen. Ähnlich wie die EuGVVO sieht auch die Rom I VO hinsichtlich des objektiven Vertragsstatuts wie auch der Möglichkeit einer abweichenden Rechtswahl verschiedene Bestimmungen einerseits für den Werk-/Dienstvertrag und andererseits für den Arbeitsvertrag vor. 37

aa) Objektives Vertragsstatut: Aufenthalts- vs. Arbeitsort

Für den Fall des Werk- oder Dienstvertrags richtet sich das objektive Vertragsstatut, d.h. das mangels Rechtswahl anzuwendende Recht, nach Art. 4 Abs. 1 lit. c. Rom I VO, wonach Dienstleistungsverträge dem Recht des Staates unterliegen, in dem der Dienstleister seinen gewöhnlichen Aufenthalt hat. Der Begriff der Dienstleistung ist 38

---

28 Vgl. *Fischer* NJW 2011, 2329 ff.; *Hohenstatt/Naber* NZA 2014, 637 ff.; *Junker* NZA 2011, 950 ff.; *Lunk/Rodenbusch* GmbHR 2012, 188 ff.; *Oberthür* NZA 2011, 253 ff.; *Schrader/Hilgenstock* ArbR Aktuell 2011, 370 ff.; *Schulze/Hintze* ArbR Aktuell 2012, 263 ff.; *Vielmeier* NJW 2014, 2678 ff.
29 *EuGH* NJW 2011, 2343; so auch *Lunk/Rodenbusch* GmbHR 2012, 188 ff.
30 Vgl. Rauscher/*von Hein* EuZPR/EuIPR, Einl. Rom I – VO Rn. 34–37 m.w.N.

auch hier autonom zu bestimmen, wobei nach ErwGr 17 Kongruenz mit Art. 5 Nr. 1 lit b) EuGVVO herzustellen ist und somit neben Dienstleistungs- auch Werkverträge hierunter fallen.[31] Anders als die EuGVVO knüpft die Rom I VO bei der Bestimmung des objektiven Vertragsstatus aber nicht an den Erfüllungs-, sondern an den Aufenthaltsort an. Der Begriff des Aufenthaltsorts wird in Art. 19 Rom I VO näher definiert und ist bei natürlichen Personen, die im Rahmen der Ausübung ihrer beruflichen Tätigkeit handeln, gleichbedeutend mit dem Ort ihrer Hauptniederlassung. Erforderlich hierfür ist ein Mittelpunkt geschäftlicher Tätigkeit, der im Rechtsverkehr nach außen auftritt, über eine hinreichende personelle wie materielle Ausstattung verfügt und auf eine gewisse Dauer angelegt ist.[32] Im Fall 1 und Fall 2 kommt es danach zu einer Anwendung ausländischen Sachrechts, wenn die „Basisstation" (vgl. Rn. 28) des Auftragnehmers im Ausland zu verorten ist: im Fall 1 kann dies insbesondere das ausländische Home-Office sein; im Fall 2 dürfte in der Regel aber auch ein ausländischer Wohnsitz des Auftragnehmers einen hinreichenden Anknüpfungspunkt für die Anwendung ausländischen Sachrechts liefern, da er nach den Einsätzen beim Kunden regelmäßig dorthin zurückkehren wird und von dort aus auch weitere Einsätze plant.

39 Bei Vorliegen eines Arbeitsvertrags ist das objektive Vertragsstatut dagegen in Art. 8 Abs. 2 und 3 Rom I VO geregelt. Parallel zu den Vorschriften in der EuGVVO sind auch hier der gewöhnliche Arbeitsort oder, sollte ein solcher nicht ermittelbar sein, der Ort der einstellenden Niederlassung maßgeblich (vgl. Rn. 27–30). Für den genannten Fall 1 und Fall 2 bedeutet dies, dass das jeweilige ausländische Sachrecht zur Anwendung gelangt, wenn der Auftragnehmer seine Tätigkeit im Fall 1 schwerpunktmäßig aus seinem im Ausland befindlichen Home-Office oder im Fall 2 bei im Ausland befindlichen Kunden des Auftraggebers erbringt. Sollte ein derartiger Schwerpunkt nicht vorliegen, gelangt aufgrund des inländischen Einsatzunternehmens dagegen deutsches Sachrecht zur Anwendung.

bb) Individuell: Eingeschränkte Rechtswahl bei Arbeitsvertrag

40 Parallel zu der Rechtslage bei internationalen Zuständigkeit ergeben sich die wesentlichen Unterschiede wieder bei den Möglichkeiten abweichender individueller Vereinbarungen in Form einer Rechtswahl. Bei grenzüberschreitenden Fremdpersonaleinsätzen ist es in der Praxis üblich, dass auf Initiative des Auftraggebers sog. Rechtswahlklauseln in die Verträge aufgenommen werden, die eine Anwendung des ihnen vertrauten inländischen Sachrechts gewährleisten sollen.[33]

41 Im Fall von Fremdpersonaleinsätzen auf Grundlage von Werk- und Dienstverträgen sind derartige Rechtswahlklauseln nach Art. 3 Abs. 1 Rom I VO in vollem Umfang zulässig, d.h. ohne die Einschränkung wegen zwingender Normen des Internationalen Privatrechts.[34] Aus der genannten Vorschrift ergibt sich auch im Fall von Arbeitsverträgen zunächst einmal eine grundsätzliche Zulässigkeit von Rechtswahlklauseln, die hier allerdings von beschränkter Reichweite sein können: Nach Art. 8 Abs. 1 S. 2 Rom I VO darf die Rechtswahl der Parteien nicht dazu führen, dass dem Arbeitnehmer der

---

31 *BGH* IPrax 2001, 331; vgl. Rauscher/von Hein/*Thorn* EuZPR/EuIPR, Art. 4 Rom I – VO Rn. 35 f. m.w.N.
32 Vgl. grundlegend *EuGH* 22.11.1978 – C-33/78 Rn. 12 – Somafaer/SA/Saar-Ferngas = BeckRS 2004, 70835.
33 Vgl. hierzu kritisch *Däubler/Klebe* NZA 2015, 1032 ff.
34 Weitere Ausnahmen können hier lediglich für Verbraucher i.S.d. Art. 6 Abs. 2 Rom I – VO gelten.

Schutz entzogen wird, der ihm durch Bestimmungen gewährt wird, von denen nach dem Recht, das mangels einer Rechtswahl nach dem objektiven Vertragsstatut anzuwenden wäre. Zu den derart zwingenden „Schutznormen" gelten insbesondere die nicht-dispositiven Vorschriften des Arbeitsvertragsrechts, in Deutschland also bspw. des KSchG, AGG oder des TzBfG.[35] Infolgedessen kommt es zu einem Günstigkeitsvergleich der jeweiligen arbeitsrechtlichen Schutznormen, zum einen des durch Rechtswahl bestimmten Rechts (bei einem deutschen Auftraggeber: bspw. deutsches Recht) und zum anderen dem durch das objektive Vertragsstatut für anwendbar erklärten Recht (bei einem Auftragnehmer mit gewöhnlichem Arbeitsort in Frankreich: französisches Recht). Konkret wird ein derartiger Günstigkeitsvergleich als Sachgruppenvergleich durchgeführt, in der eine funktionale Perspektive eingenommen wird, nach der sachlich zusammenhängende Regeln, welche die gleiche Aufgabe erfüllen, miteinander verglichen werden (z.B. sämtliche Normen, die einen Arbeitnehmer im Fall einer unbegründeten Kündigung schützen sollen, d.h. Kündigungsfrist, Abfindung, Kündigungsschutz etc.).[36]

42 Für den Fall 1 und Fall 2 bedeutet dies, dass eine Rechtswahl auf deutsches aber auch jedes andere ausländische Recht zunächst einmal möglich ist. Sollte sich im Rahmen der international-privatrechtlichen Statusfrage allerdings herausstellen, dass es sich um ein Arbeitsverhältnis handelt (vgl. Rn. 44, 32–35), wäre bei einem gewöhnlichen Arbeitsort im Ausland (bspw. im Fall 1 bei einem ausländischen Home-Office oder im Fall 2 bei einem Kunden im Ausland) das an diesem Arbeitsort geltende ausländische Arbeitnehmerschutzrecht anwendbar, soweit dieses für den vermeintlichen Auftragnehmer günstigere Regelungen enthält. Sollte eine Rechtswahl auf deutsches Recht erfolgen, wäre die Reichweite dieses Korrektivs in vielen Fällen allerdings beschränkt, da das deutsche Arbeitnehmerschutzrecht gerade für den Fall von Kündigungen hohe Schutzstandards enthält; dennoch können ausländische Rechtsordnungen ebenfalls weitreichende Kompensationen für unbegründete Kündigungen vorsehen, neben allgemeinem Kündigungsschutz insbesondere auch längere Kündigungsfristen oder Abfindungsansprüche, die im Einzelfall aus Sicht des vermeintlichen Auftragnehmers günstiger sein können.[37] Auch wenn eine Rechtswahl, jedenfalls solange hierdurch deutsches Recht zur Anwendung gelangen soll, in vielen Fällen keinen derartigen Einschränkungen unterliegen dürfte, bleibt dies immer eine Frage des Einzelfalls und führt damit zu einer Rechtsunsicherheit, die durch die Rechtswahl gerade vermieden werden sollte.

43 Angesichts dieser weitreichenden Einschränkungen der Rechtswahlfreiheit im Fall von Arbeitsverträgen kommen den weiteren Beschränkungen über zwingende Eingriffsnormen i.S.d. Art. 9 Rom I VO oder des sog. „Ordre-public-Vorbehalts" nach Art. 21 VO keine wesentliche Bedeutung mehr zu.[38]

---

35 Vgl. *Reithmann/Martiny* Rn. 4845; *Rauscher* Internationales Privatrecht, Rn. 1178; ebenso schon Bamberger/Roth/*Spickhoff* Art. 8 Rom I VO Rn. 16 m.w.N.
36 Vgl. Rauscher/*von Hein* EuZPR/EuIPR, Einl. Rom I – VO Rn. 30 f. m.w.N.
37 Zu den Vorgaben der einzelnen Rechtsordnungen mit zahlreichen Länderübersichten vgl. *Henssler/ Braun* Arbeitsrecht in Europa.
38 Vgl. *BAG* IPRax 1991, 407, insbesondere bilden die Kündigungsschutzvorgaben des deutschen KSchG keine Eingriffsnorm in diesem Sinne.

b) Abgrenzung zwischen Arbeits- und Werkvertrag im IPR

44 Auch im Rahmen des internationalen Privatrechts ist die Statusbewertung vor allem aufgrund der verschiedenen Möglichkeiten einer effektiven Rechtswahl von Bedeutung. Parallel zur EuGVVO sind auch mit Blick auf die Rom I VO die Begriffe des Werk-/Dienst- sowie des Arbeitsvertrags autonom auszulegen, sodass im Rahmen der international-zivilprozessrechtlichen Statusfrage nicht unmittelbar auf die Begrifflichkeiten der nationalen Rechtsordnungen zurückgegriffen werden kann, sondern insbesondere auf den vorrangigen unionsrechtlichen Arbeitnehmerbegriff abzustellen ist.[39] In der Sache sind bei der Abgrenzungsfrage zwischen Arbeits- und Werk-/Dienstverträgen deshalb die dargestellten Grundsätze zum unionsrechtlichen Arbeitnehmerbegriff im Rahmen des IZPR zugrunde zu legen (vgl. Rn. 32–35).

IV. Risikoanalyse im Dreiecksverhältnis („Werkunternehmer")

45 Auch bei Fremdpersonaleinsätzen im Dreiecksverhältnis stellen sich ähnlich gelagerte Fragen nach internationalen Zuständigkeiten und der Anwendbarkeit des nationalen Sachrechts.

1. Internationale Zuständigkeit (IZPR)

46 Unter Zugrundelegung der Vorschriften der EuGVVO ist sowohl in Inbound- als auch in Outbound-Fällen gem. Art. 2 Abs. 1, 63 Abs. 1 der Verordnung ein Gerichtsstand am Sitz des beklagten Unternehmens in Deutschland gegeben (vgl. Rn. 24). In Bezug auf die Frage nach (zusätzlichen) Gerichtsständen im Ausland und deren möglichen Regulierung über Gerichtsstandsvereinbarungen ist wiederrum nach den beiden genannten Fallkonstellationen sowie der rechtlichen Bewertung der Statusfrage zu unterscheiden.

a) Zuständigkeiten bei Inbound-Fällen

47 Im genannten Fall 3 („Inbound-Fälle"), bestehen zunächst einmal keine vertraglichen Beziehungen zwischen dem deutschen Auftraggeber/Einsatzunternehmen und dem Arbeitnehmer/Erfüllungsgehilfen des ausländischen Auftragnehmers, der einen zusätzlichen Gerichtstand am gewöhnlichen Arbeitsort des Auftragnehmers (vgl. Art. 7, 21 ff. EuGVVO) begründen könnte.

48 Eine derartige vertragliche oder jedenfalls vertragsähnliche Beziehung könnte allenfalls – bei entsprechender Bewertung der Statusfrage – aus einer (illegalen) Arbeitnehmerüberlassung resultieren, bei der jedenfalls die deutsche Rechtsprechung des BAG von einer rechtlichen Beziehung mit arbeitsrechtlichem Charakter im Verhältnis des Entleihers zum Leiharbeitnehmer ausgeht.[40] Auch wenn die Begriffe des Arbeitsvertrags, Arbeitgebers und Arbeitnehmers i.S.d. Art. 18 ff. EuGVVO autonom auszulegen sind (vgl. Rn. 27–30), spricht einiges dafür, dass auch die rechtliche Beziehung

---

39 Vgl. *Rauscher/von Hein* EuZPR/EuIPR, Art. 8 Rom I – VO Rn. 17 f. m.w.N.; zum früheren Recht anders noch *Knöfel* IPRax 2006, 552 ff.; *Mankowski* BB 1997, 465.
40 *BAG* NZA 2011, 653, 654; Boemke/Lembke/*Boemke* Einl. Rn. 25, § 11 Rn. 141 m.w.N.

zwischen dem Entleiher und Leiharbeitnehmer unter diese europarechtlichen Kategorien des Arbeitsvertrags etc. fällt, denn auch hier sind jedenfalls alle prägenden Merkmale eines Arbeitsverhältnisses erfüllt. Auch im Verhältnis zwischen dem Entleiher und dem Leiharbeitnehmer kommt es zu einer Erteilung von Weisungen seitens des Verleihers und einer Eingliederung des Leiharbeitnehmers in dessen betriebliche Abläufe, sodass bei Klagen des Leiharbeitnehmers aufgrund der vergleichbaren Interessenlagen ebenfalls auf die speziellen Gerichtsstände für Arbeitnehmerklagen gem. Art. 18 ff. EuGVVO zurückgegriffen werden kann.

Dennoch wird es hierauf in der Regel im Ergebnis nicht ankommen, da auch ein Rückgriff auf diese Vorschriften bei Inbound-Fällen in der Regel zu keinen (zusätzlichen) Zuständigkeiten ausländischer Gerichte führt. Denn bei Bestimmung des zuständigkeitsbegründenden gewöhnlichen Arbeitsorts kommt es konsequenterweise allein auf das Verhältnis zwischen dem inländischen Auftraggeber und den Arbeitnehmern des ausländischen Auftragnehmers im Rahmen der vermeintlichen Arbeitnehmerüberlassung an. Während der gewöhnliche Arbeitsort der Arbeitnehmer im Verhältnis zum ausländischen Auftragnehmer durchaus im Ausland liegen und deshalb zusätzliche ausländische Gerichtsstände begründen kann, wird der gewöhnliche Arbeitsort im Verhältnis zum inländischen Auftraggeber allerdings ausschließlich im Inland liegen, sodass (zusätzliche) ausländische Gerichtsstände selbst bei einer Anwendbarkeit des Art. 18 ff. EuGVVO ausscheiden. **49**

Deshalb ist allenfalls ergänzend darauf hinzuweisen, dass bei derartigen Inbound-Fällen kein Raum für abweichende Gerichtsstandsvereinbarungen besteht. Dies ist bereits auf das Fehlen von vertraglichen Beziehungen zwischen dem inländischen Auftraggeber und den Arbeitnehmern des ausländischen Auftraggebers zurückzuführen, die den Anknüpfungspunkt für derartige Vereinbarungen bilden könnten. **50**

b) Zuständigkeiten bei Outbound-Fällen

Im Fall 4 („Outbound-Fälle") dürften zusätzliche ausländische Gerichtsstände allerdings in Betracht kommen, jedenfalls wenn das Fremdpersonal dauerhaft bei einem ausländischen Auftraggeber tätig wird. Anders als bei den Inbound-Fällen bestehen hier vertragliche Beziehungen zwischen dem inländischen Auftragnehmer und seinen Arbeitnehmern, die einen zusätzlichen Gerichtstand am gewöhnlichen Arbeitsort der Erfüllungsgehilfen im Ausland (für den Fall eines Arbeitsvertrags, vgl. Art. 21 ff. EuGVVO) begründen können. **51**

Bei der Bestimmung des Erfüllungs- oder gewöhnlichen Arbeitsorts kommt es dann aber – umgekehrt zum genannten Fall 3 – nicht auf das Verhältnis zwischen dem eingesetzten Fremdpersonal und dem ausländischen Auftraggeber, sondern allein zum inländischen Auftragnehmer im Rahmen der bestehenden vertraglichen Beziehungen an. In der Folge kann es nur dann zu (zusätzlichen) ausländischen Gerichtsständen kommen, wenn das Fremdpersonal regelmäßig ins Ausland überlassen und ebenfalls schwerpunktmäßig in einem bestimmten Staat tätig wird, weil nur dann ein zuständigkeitsbegründender gewöhnlicher Arbeitsort in einem bestimmten (Aus-)Land festzustellen ist und auch der subsidiäre Gerichtsstand der einstellenden Niederlassung in **52**

Deutschland keine Anwendung findet (vgl. Rn. 27–30).[41] In der Praxis werden diese Voraussetzungen nur dann erfüllt sein, wenn das Fremdpersonal als Erfüllungsgehilfe ausschließlich und dauerhaft bei einem bestimmten ausländischen Kunden eingesetzt wird.[42]

53 Im Gegensatz zu den genannten Inbound-Fällen liefern die vertraglichen Beziehungen dann auch einen Anknüpfungspunkt für Gerichtsstandsvereinbarungen. Da in dieser Beziehung zwischen dem inländischen Auftragnehmer und seinen Arbeitnehmern allerdings – unabhängig von der Statusbewertung im Dreipersonenverhältnis (Werkvertrag oder illegale Arbeitnehmerüberlassung) – ein Arbeitsverhältnis vorliegt, dürften einschränkende Gerichtssstandsvereinbarungen aufgrund der Vorgaben des Art. 25 EuGVVO in der Praxis weitgehend ausscheiden (vgl. Rn. 32–34).

2. Anwendbarkeit des Rechts (IPR)

54 Neben der Zuständigkeitsfrage stellt sich bei grenzüberschreitenden Fremdpersonaleinsätzen im Dreiecksverhältnis ebenfalls die international-privatrechtliche Rechtsanwendungsfrage. Aufgrund der unterschiedlichen kollisionsrechtlichen Regelungen muss hierbei insbesondere zwischen öffentlich-rechtlichen Regelungen des Gewerberechts hinsichtlich der Erlaubnispflichtigkeit einer vermeintlichen Arbeitnehmerüberlassung und den privatrechtlichen Rechtsbeziehungen zwischen den Beteiligten unterschieden werden, in deren Verhältnis die weiteren Sanktionsnormen des AÜG (z.B. Fiktion des Arbeitsverhältnisses und Equal Pay) zur Anwendung gelangen können.[43]

a) Statusabgrenzung: Feststellung illegaler Arbeitnehmerüberlassung

55 Die Statusabgrenzung im Dreiecksverhältnis entscheidet darüber, ob der Fremdpersonaleinsatz auf Grundlage von Werk-/Dienstverträgen erlaubnisfrei erfolgen kann oder ob eine erlaubnispflichtige Arbeitnehmerüberlassung vorliegt. Bei grenzüberschreitenden Fremdpersonaleinsätzen bestimmt sich die Erlaubnispflicht einer vermeintlichen Arbeitnehmerüberlassung nach dem Territorialitätsprinzip. Danach sind öffentlich-rechtliche Vorschriften, wie bspw. jene zur gewerberechtlichen Zulässigkeit einer vermeintlichen Arbeitnehmerüberlassung, immer dann anwendbar, wenn der Lebenssachverhalt einen Bezug zum Staatsgebiet (Inlandsbezug) aufweist.[44]

---

41 Vgl. zutreffend Boemke/Lembke/*Boemke* Einl. Rn. 17 f.; a.A. *Chawilsz* zum IPR, die bei der Bestimmung des gewöhnlichen Arbeitsorts auf die Steuerung und Organisation der Einsätze durch den inländischen Auftragnehmer abstellt (GWR 2014, 358); nach der Rechtsprechung des EuGH und des BAG kommt es hingegen auf den Ort der Tätigkeit des Arbeitnehmers und nicht auf die Steuerung und Organisation der Einsätze durch den inländischen Auftragnehmer an (vgl. *EuGH* IPRax 1997, 110 – Mulox/Geels; *EuGH* RIW 1997, 231 – Rutten/Cross Medical; *BAG* NZA 2011, 1309 – Binnenschiffer; *BAG* NZA 2013, 925 – Flugkapitänin; anders beurteilt das BAG aber die Fälle in denen Einsätze von einer sog. „Basisstation" erfolgen: „Unter dem Ort, an dem der Arbeitnehmer gewöhnlich seine Arbeit verrichtet, ist der Ort zu verstehen, an dem er die mit seinem Arbeitgeber vereinbarten Tätigkeiten tatsächlich ausübt. Erfüllt er die Verpflichtungen aus seinem Arbeitsvertrag in mehreren Mitgliedstaaten, ist dies der Ort, an dem oder von dem aus er unter Berücksichtigung aller Umstände des Einzelfalls den wesentlichen Teil seiner Verpflichtungen gegenüber seinem Arbeitgeber tatsächlich erfüllt."
42 Vgl. Sachverhalt *BAG* NZA 2014, 1213, hier allerdings zur legalen Arbeitnehmerüberlassung.
43 Vgl. ausführlich Boemke/Lembke/*Boemke* Einl. Rn. 17 f.
44 Vgl. hierzu beispielsweise Schüren/*Riederer von Paar* AÜG, Einl. Rn. 643 m.w.N.

Ein derartiger Inlandsbezug ist in dem genannten Fall 3 und Fall 4 gleichsam gegeben. 56
Dieser ergibt sich in sog. Inbound-Fällen aus dem Umstand, dass der Arbeitseinsatz in
Deutschland stattfindet (Fall 3), während in Outbound-Fällen der Inlandsbezug durch
den Sitz des inländischen Auftraggebers/Entleihers gegeben ist (Fall 4); in beiden Fällen bedarf es danach einer Arbeitnehmerüberlassungserlaubnis nach § 1 Abs. 1 S. 1
AÜG, vorausgesetzt es handelt sich um einen Fremdpersonaleinsatz im Rahmen einer
derartigen Arbeitnehmerüberlassung und nicht eines Werk-/Dienstvertrags. Diese territoriale Anknüpfung dieser gewerberechtlichen Vorschrift führt jedoch gleichzeitig
dazu, dass für die Abgrenzungsfrage zwischen einem (erlaubnisfreien) Werk-/Dienstvertrag und einer (erlaubnispflichtigen) Arbeitnehmerüberlassung ebenfalls die jeweiligen Begrifflichkeiten des deutschen Rechts zugrunde zu legen sind (vgl. zu den Kriterien Teil 1 Kap. 1).[45]

Für den Fall von grenzüberschreitenden Fremdpersonaleinsätzen auf Grundlage von 57
Dienst-/Werkverträgen bedeutet dies, dass sich hinsichtlich der Statusfrage zunächst
einmal keine Besonderheiten gegenüber Fremdpersonaleinsätzen ohne einen derartigen grenzüberschreitenden Bezug ergeben. Soweit nach den Maßstäben des deutschen Rechts tatsächlich eine Arbeitnehmerüberlassung vorliegt, führt die regelmäßig
fehlende Erlaubnis dazu, dass es sich hierbei um Scheinwerkverträge bzw. eine illegale
Arbeitnehmerüberlassung handelt.

b) Rechtsfolgen: Fiktion von Arbeitsverhältnissen und Equal-Pay

Hinsichtlich der Rechtsfolgen einer derartigen illegalen Arbeitnehmerüberlassung 58
kann allerdings – im Gegensatz zu rein deutschen Sachverhalten – nicht ohne Weiteres auf die entsprechenden Sanktionsnormen des deutschen AÜG zurückgriffen werden. Denn diese kommen in den jeweiligen Rechtsbeziehungen – des Leiharbeitnehmers zum Entleiher (Fiktion eines Arbeitsverhältnisses, § 10 Abs. 1 AÜG) oder zum
Verleiher (Equal Pay, § 10 Abs. 4 AÜG) – zum Tragen, die allerdings jeweils einer vertraglichen Anknüpfung nach den Maßgaben der Rom I VO unterliegen.[46] In diesem
Zusammenhang ist bei Inbound- und Outbound-Fällen wie folgt zu unterscheiden.

Bei Inbound-Fällen geht es regelmäßig um eine Klage des Erfüllungsgehilfen/Arbeit- 59
nehmers des ausländischen Auftragnehmers gegen den inländischen Auftraggeber, bei
der er sich auf die Geltung des § 10 Abs. 1 AÜG und somit auf die Fiktion eines
Arbeitsverhältnisses im Verhältnis zum deutschen Auftraggeber beruft. Die Rechtsbeziehung zwischen Entleiher und Leiharbeitnehmer unterliegt nach allgemeiner Auffassung nur insoweit dem Vertragsstatut des Leiharbeitsverhältnisses (also hier ausländischem Recht), soweit Inhalt und Umfang der arbeitsrechtlichen Weisungsrechte
des Entleihers gegenüber dem Leiharbeitnehmer in Frage stehen, darüber hinaus aber
im Allgemeinen dem inländischen Ort der gewöhnlichen Arbeitsleistung i.S.d. Art. 8
Abs. 2 Rom I-VO (also deutschem Recht).[47] Gleichwohl hat das BAG in dieser Konstellation zuletzt entschieden, dass – trotz Erlaubnispflicht gem. § 1 Abs. 1 AÜG und
eines entsprechenden Verstoßes – kein Arbeitsverhältnis zwischen Entleiher und

---

45 Vgl. *Hoch* BB 2015, 1717 ff.; konsequenterweise ist in diesen Fällen auch zu berücksichtigen, dass
ggf. auch ausländische Vorschriften zur gewerberechtlichen Zulässigkeit einer Arbeitnehmerüberlassung anwendbar sein können, sodass eine zusätzliche ausländische Verleiherlaubnis erforderlich
sein kann.
46 Vgl. ausführlich Boemke/Lembke/*Boemke* Einl. Rn. 14.
47 Vgl. ausführlich Boemke/Lembke/*Boemke* Einl. Rn. 18.

Leiharbeitnehmer entsteht. Denn die in § 10 Abs. 1 S. 1 AÜG a.F. enthaltene Rechtsfolge, das Zustandekommen eines Arbeitsverhältnisses zwischen Leiharbeitnehmer und Entleiher, hat die Unwirksamkeit des Leihvertrags zwischen Verleiher und Leiharbeitnehmer gem. § 9 Nr. 1 AÜG zur Voraussetzung Die Verletzung der Erlaubnispflicht hat allerdings nicht die Unwirksamkeit des Leiharbeitsvertrags nach § 9 Nr. 1 AÜG a.F. zur Folge, sofern das Leiharbeitsverhältnis dem Recht eines anderen Mitgliedsstaats der Europäischen Union unterliegt. § 2 Nr. 4 AEntG impliziert keine vorrangige Anwendung des § 9 Nr. 1 AÜG a.f. gegenüber diesem Recht. Diese Vorschrift stellt zudem auch keine Eingriffsnorm i.S.d. Art. 9 Abs. 1 Rom I-VO dar. Damit wird neben einem im Ausland fortbestehenden Arbeitsverhältnis mit dem Verleiher kein weiteres Arbeitsverhältnis des Leiharbeitnehmers mit dem Entleiher im Inland begründet, ein Nebeneinander von Leiharbeitsvertrag und fingiertem Arbeitsverhältnis ist ausgeschlossen.[48]

60 In Outbound-Fällen kann es aus Sicht eines deutschen Auftragnehmers unter Compliance-Gesichtspunkten dazu kommen, dass sich die bei einem ausländischen Auftraggeber eingesetzten Arbeitnehmer/Erfüllungsgehilfen auf ein fingiertes Arbeitsverhältnis zu diesem ausländischen Auftraggeber berufen und dieser sich dann beim inländischen Auftragnehmer in Form eines Rückgriffs schadlos halten möchte. Anders als bei Inbound-Fällen gilt hier im Verhältnis vom Leiharbeitnehmer zum Entleiher aufgrund des ausländischen Einsatzortes im Allgemeinen auch ausländisches Recht, sodass eine unmittelbare Anwendung des § 10 Abs. 1 AÜG nicht in Frage kommt.[49] Wie bereits dargelegt, werden die Sanktionsnormen der §§ 9, 10 AÜG allerdings nach allgemeiner Auffassung zu den zwingenden Normen gerechnet, die unabhängig von der generellen Anknüpfung des ausländischen Rechts zur Anwendung gelangen sollen (vgl. Rn. 59). Zuletzt wurde in der Literatur aber zurecht darauf hingewiesen, dass eine derartige Anwendbarkeit in Outbound-Konstellationen dazu führt, dass dem inländischen Leiharbeitnehmer wegen § 9 Nr. 1 AÜG (Unwirksamkeit des Arbeitsverhältnisses mit dem deutschen Auftragnehmer) der Schutz des deutschen Arbeitsrechts entzogen wird; zudem ist auch der für die Anwendbarkeit des § 10 Abs. 1 AÜG (Fiktion des Arbeitsverhältnisses zum ausländischen Auftraggeber) erforderliche Inlandsbezug zum deutschen Arbeitsrecht aufgrund des ausländischen Einsatzorts jedenfalls fragwürdig.[50] Gelangt man dagegen mit der anderen Auffassung zu einer Anwendbarkeit des § 10 Abs. 1 AÜG unterliegt dieses Arbeitsverhältnis gem. Art. 8 Abs. 2 Rom I VO dann aber deutschem Recht (vgl. Rn. 41–43).

61 In derartigen Outbound-Konstellationen besteht aus Sicht des deutschen Auftragnehmers zudem die Gefahr, dass sich ein als Erfüllungsgehilfe des inländischen Auftragnehmers bei dem ausländischen Auftraggeber eingesetzter Mitarbeiter gegenüber dem Auftragnehmer auf den Equal-Pay-Grundsatz beruft und gem. § 10 Abs. 4 AÜG ein erhöhtes Arbeitsentgelt einklagt, wie es der ausländische Auftraggeber vergleichbaren Arbeitnehmern gewährt.[51] In der Rechtsbeziehung zwischen diesen beiden Parteien kommt es – anders als im Verhältnis zwischen Leiharbeitnehmer und Entleiher – regelmäßig zu einer Anwendbarkeit deutschen Rechts. Dies liegt daran, dass in einigen Fällen bereits eine entsprechende ausdrückliche oder konkludente Rechts-

---

48 *BAG* 26.4.2022 – 9 AZR 228/21.
49 Vgl. ausführlich Boemke/Lembke/*Boemke* Einl. Rn. 26.
50 Vgl. *Hoch* BB 2015, 1717, 1720.
51 *BAG* NZA 2014, 1264.

wahl der beiden inländischen Parteien vorliegt; unabhängig davon ergibt sich dieses Ergebnis aber auch aufgrund einer objektiven Anknüpfung, weil der Mitarbeiter in der Regel nur ausnahmsweise ins Ausland, jedenfalls aber nicht dauerhaft in ein bestimmtes (Aus-)Land überlassen wird, sodass kein gewöhnlicher Arbeitsort in dem Land des Auftraggebers i.S.d. Art. 8 Rom I VO gegeben ist (vgl. Rn. 39). Selbst für den unwahrscheinlichen Fall einer Rechtswahl auf ausländisches Recht würden Equal-Pay-Ansprüche aber gem. § 10 Abs. 4 AÜG, regelmäßig aber auch über den Günstigkeitsvergleich (vgl. Rn. 42–44), zur Anwendung kommen.

V. Öffentliches Recht: Insbesondere Sozialversicherungsrecht

Ergänzend hierzu stellt sich unter Compliance-Gesichtspunkten bei grenzüberschreitenden Personaleinsätzen die Frage nach der Anwendbarkeit sonstiger öffentlich-rechtlicher Vorschriften, insbesondere in Bezug auf eine mögliche Sozialversicherungspflicht unter den jeweiligen Rechtsordnungen.[52]

62

Für den Bereich der Zwei-Personenverhältnisse bestimmt sich die Anwendbarkeit des deutschen Sozialversicherungsrechts gem. § 3 Nr. 1 SGB IV nach dem Ort der Beschäftigung. Hierfür ist der räumliche Schwerpunkt maßgeblich, d.h. der Ort an dem die Beschäftigung schwerpunktmäßig tatsächlich durchgeführt wird (Beschäftigungsortprinzip)[53]; dieser wird in der Regel mit dem gewöhnlichen Arbeitsort identisch sein (vgl. Rn. 27–31). Unabhängig von der Beantwortung der Statusfrage kommt in dem genannten Fall 1 („Inbound-Fall") also in der Regel kein deutsches, sondern ausländisches Sozialversicherungsrecht zur Anwendung, weil der Schwerpunkt der Tätigkeit des vermeintlichen Scheinselbstständigen im Ausland liegt.[54] Insbesondere in dem genannten Fall 2 („Outbound-Fall") kann es dagegen gem. §§ 3, 4 SGB IV zu einer Anwendbarkeit deutschen Sozialversicherungsrechts kommen, wenn die Tätigkeit des Scheinselbstständigen im Ausland von vornherein zeitlich begrenzt ist, sodass der Schwerpunkt der Beschäftigung im Inland zu verorten ist (sog. „Ausstrahlung").

63

In den Fällen einer grenzüberschreitenden illegalen Arbeitnehmerüberlassung knüpft die Sozialversicherungspflicht dagegen an § 10 Abs. 1 AÜG an (vgl. Rn. 61–62). Wird in den sog. Inbound-Fällen ein Arbeitsverhältnis zwischen dem ausländischen Leiharbeitnehmer und dem inländischen Entleiher fingiert (vgl. Rn. 61), umfasst dies auch gleichzeitig die Fiktion eines Beschäftigungsverhältnisses im Bereich der deutschen Sozialversicherung.[55] In sog. Outbound-Fällen kann es aufgrund einer möglichen Fik-

64

---

52 Daneben kann auch die Abführung der Lohnsteuer einen bedeutsamen Kostenfaktor darstellen. Es wird sich in den beteiligten Staaten regelmäßig eine gesetzlich bestimmte Besteuerungspflicht ergeben. Allerdings wird im jeweiligen Einzelfall eine komplexe steuerrechtliche Differenzierung vorzunehmen sein, bei der, nach zwischen den beteiligten Staaten abgeschlossenen Doppelbesteuerungsabkommen, die auf einen der Staaten beschränkte Besteuerungspflicht zu ermitteln sein wird. Anknüpfungspunkte sind auch hier in der Regel räumlicher Schwerpunkt und Dauer der Beschäftigung. Die Lohnsteuer fällt im Ergebnis also nur einmal an und eine Doppelbesteuerung wird vermieden. Zum Steuerrecht vgl. Boemke/Lembke/*Boemke* Einl. Rn. 30 ff. m.w.N.; *Reichel/Spieler* BB 2011, 2741.
53 *Thüsing* AÜG, Einf. Rn. 68; Schüren/*Riederer von Paar* AÜG, Einl. Rn. 672; Boemke/Lembke/*Boemke* Einl. Rn. 28; BeckOK SozR/*Mette* Rn. 3 m.w.N.
54 In diesen Fällen ist das jeweilige ausländische Sozialversicherungsrecht maßgeblich.
55 *BSGE* 64, 145, 150 = ZfS 1989, 15; *LSG Celle* 16.9.1982 – L 6 U 274/81.

tion eines Arbeitsverhältnisses zu einem ausländischen Arbeitgeber (vgl. Rn. 60) dagegen dazu kommen, dass hier eine Sozialversicherungspflicht nach dem jeweils einschlägigen ausländischen Recht besteht, die ggf. zu einem zusätzlichen Rückgriff gegenüber dem deutschen Verleiher führen kann.[56]

VI. Fazit

65 Insgesamt bestehen unter Compliance-Gesichtspunkten bei grenzüberschreitenden Personaleinsätzen – zunächst einmal unabhängig von der Beantwortung der Statusfrage – spezifische Risiken hinsichtlich zusätzlicher ausländischer Gerichtsstände und der Anwendbarkeit ausländischer Sachrechte. Bei Vorliegen von Werk- oder Dienstverträgen kann derartigen Risiken aber weitestgehend durch vertragliche Gerichtsstands- und Rechtswahlklauseln begegnet werden, während die Reichweite derartiger Klauseln bei Scheinwerk- oder Scheindienstverträgen in der Praxis zumindest stark eingeschränkt ist. Darüber hinaus sind die Rechtsfolgen im zuletzt genannten Fall von „Scheinwerk-/Scheindienstverträgen" auch weitreichender, da in diesen Fällen zahlreiche – ggf. ausländische – Vorschriften zum Arbeitnehmerschutz etc. anwendbar sein können. Bei der international-zivilprozess- und international-privatrechtlichen Abgrenzungsfrage zwischen „echten" Werk-/Dienstverträgen und „Scheinwerk-/Scheindienstverträgen" ist – mit Ausnahme der Anknüpfung des gewerberechtlichen Erlaubnisvorbehalts des § 1 AÜG – auf den unionsrechtlichen Arbeitnehmerbegriff zurückzugreifen. Dieser ist mit dem nationalen Arbeitnehmerbegriff zwar weitestgehend identisch, kann in Grenzfällen aber einen weiteren Anwendungsbereich haben, insbesondere da die Rechtsprechung des EuGH keine Differenzierung zwischen unschädlichen (werkbezogenen) und schädlichen (arbeitnehmerbezogenen) Weisungen vornimmt. Unter Compliance-Gesichtspunkten werden grenzüberschreitende Personaleinsätze deshalb gerade in solchen Grenzfällen einer besonders sorgfältigen Prüfung zu unterziehen sein.

---

56 Vgl. *Thüsing* AÜG, Einf. Rn. 79; Boemke/Lembke/*Boemke* Einl. Rn. 27, § 10 Rn. 78 f.; Schüren/*Riederer von Paar* AÜG, Rn. 686 f.

3. Teil Anlass und Möglichkeiten der Feststellung der Arbeitgebereigenschaft

1. Kapitel
Beschreitung des Arbeitsrechtswegs

Literatur: *Bartl/Romanowski* Keine Leiharbeit auf Dauerarbeitsplätzen!, NZA Online Aufsatz 3/2012, 1; *Brors/Schüren* Neue gesetzliche Rahmenbedingungen für den Fremdpersonaleinsatz, NZA 2014, 569; *Francken* Neuregelung der Darlegungs- und Beweislast in Verfahren nach §§ 9, 10 AÜG, NZA 2014, 1064; *Fütterer* Prozessuale Möglichkeiten zur Durchsetzung des Verbots der nicht vorübergehenden Arbeitnehmerüberlassung gem. § 1 Abs. 1 S. 2 AÜG n.F., AuR 2013, 119; *Ulrici* Darlegungs- und Beweislast bei Abgrenzung von Leiharbeit und sonstigem Fremdpersonaleinsatz – Ein Zwischenruf, NZA 2015, 456.

I. Anlass zur Statusfeststellung

1. Mögliche Interessenträger

Anlass zur Beschreibung des Arbeitsrechtswegs zwecks Feststellung der Arbeitgebereigenschaft ist in der Regel der fehlende Konsens diesbezüglich zwischen den maßgeblich Beteiligten, also (vermeintlichem) Arbeitgeber und (vermeintlichem) Arbeitnehmer. Darüber hinaus können jedoch auch weitere Beteiligte (Betriebsrat, Gewerkschaft) ein Interesse daran haben, wobei die Motivation hierbei nicht in erster Linie aus der Interessenlage der (vermeintlichen) Arbeitnehmer herrühren dürfte, sondern nachvollziehbarerweise den eigenen Rechtspositionen geschuldet sein dürfte. Letztlich dürfte über den kollektivrechtlichen Ansatz jedoch eine indirekte Wirkung auch für die (vermeintlichen) Arbeitnehmer erzielt werden können.

2. Ausgangspunkte

Neben der Möglichkeit, dass „Reizpunkte" für die Beschreitung des Arbeitsrechtswegs durch Ereignisse in anderen Rechtsgebieten als dem Arbeitsrecht – hierbei vor allem dem Sozialrecht – gesetzt werden (s. nachstehendes 2. und 3. Kap.), ergeben sich solche arbeitsrechtlich vornehmlich in aus Sicht des (vermeintlichen) Arbeitnehmers auftretenden „Störfällen". Dies betrifft insbesondere bei Solo-Selbstständigen Beendigungsszenarien (s. Rn. 10 ff.). Daneben können sich bei eher kollektivrechtlichen Sachverhalten verschiedene Anlässe ergeben (vgl. § 18 Abs. 2 BetrVG; s. Rn. 40 ff.)

II. Individuelle Anlässe zur Statusfeststellung

1. Initiative durch Arbeitgeber

a) Grundsätzliches

Aus Arbeitgebersicht selbst erscheint eine arbeitsgerichtliche Feststellung der Eigenschaft als solcher wenig zielführend, insbesondere in Zweipersonenverhältnissen. Ausweislich der arbeitsrechtlichen Rechtsprechung wird derjenige als Arbeitgeber angesehen, der „mindestens einen Arbeitnehmer beschäftigt" bzw. „die Leistung von Arbeit von einem Arbeitnehmer kraft Arbeitsvertrag verlangen kann und zugleich Schuldner des Vergütungsanspruchs ist" (s. zur Definition des arbeitsrechtlichen Arbeitgeberbegriffs 2. Teil 1. Kap.).[1]

---
1 *BAG* NZA 1999, 539; NJW 2013, 1692.

4 Zumeist geht es dem potentiellen Arbeitgeber gerade darum, nicht als solcher dazustehen. Mit Blick auf die ihm gleichwohl insbesondere sozialrechtlich bzw. steuerrechtlich gegebenenfalls obliegenden Pflichten, sollte er doch Arbeitgeber sein, nützt ihm eine auf sein Betreiben erwirkte arbeitsgerichtliche Feststellung der Arbeitgebereigenschaft zudem nicht viel. Insofern dürfte das sozialrechtliche optionale Antragsverfahren gem. § 7a Abs. 1 S. 1 SGB IV (s. 3. Teil 2. Kap. Rn. 6 ff., 15 ff., 34 ff.) sowie die steuerrechtliche Anrufungsauskunft gem. § 42e EStG (s. 3. Teil 3. Kap. Rn. 9 ff.) für ihn vorteilhafter sein.

b) Statusfeststellungsklage

5 Ein Vorteil einer solchen Statusfeststellungsklage aus Arbeitgebersicht wäre aber, dass er damit umfassende Klarheit über die Einordnung eines Rechtsverhältnisses erreicht. Aufgrund der oft begrenzten Reichweite gerichtlicher Entscheidungen wäre z.B. bei Klagen auf Gehalt (oder entsprechende Erstattungsansprüche) jedoch das Vorliegen eines Arbeitsverhältnisses für andere Konstellationen gar nicht rechtskräftig festgestellt. Sollte sich ein (vermeintlicher) Arbeitgeber dazu entscheiden, in einem arbeitsgerichtlichen Verfahren seinen Status als Arbeitgeber klären zu lassen, kann er – wie der (vermeintliche) Arbeitnehmer (s. Rn. 30 ff.) – im Rahmen einer entsprechenden Statusklage einen Feststellungsantrag stellen. Zuständig sind gem. § 2 Abs. 1 Nr. 3 b) ArbGG die Arbeitsgerichte für „bürgerliche Rechtsstreitigkeiten zwischen Arbeitnehmern und Arbeitgebern […] über das Bestehen oder Nichtbestehen eines Arbeitsverhältnisses" sind. In diesem Verfahren muss der Arbeitgeber ein besonderes rechtliches Feststellungsinteresse an der gerichtlichen Feststellung darlegen, § 46 Abs. 2 S. 1 ArbGG i.V.m. § 256 Abs. 1 ZPO. Zu weiteren Einzelheiten wird auf die nachstehenden Ausführungen zur arbeitsgerichtlichen Feststellung der Arbeitgebereigenschaft auf Betreiben des (vermeintlichen) Arbeitnehmers verwiesen (s. Rn. 30 ff.).

c) Leistungsklage auf überzahlte Vergütung

6 Ein weiterer Ansatz für den Arbeitgeber ist die Erhebung einer Leistungsklage, insbesondere mit Blick auf die Rückabwicklung eines Zweipersonenverhältnisses z.B. zu einem (vermeintlichen) freien Mitarbeiter, welches sich später als Arbeitsverhältnis herausstellt. Das BAG lässt hier durchaus einigen Spielraum in seiner Rechtsprechung, inwieweit auf die einem freien Mitarbeiter ausgezahlte, typischerweise höhere Vergütung auch Anspruch besteht, wenn das Rechtsverhältnis sich später als Arbeitsverhältnis herausstellt (s. hierzu im Detail 4. Teil 1. Kap.). Hier können im Einzelfall erhebliche Rückforderungsansprüche des Arbeitgebers gegen den (vermeintlichen) freien Mitarbeiter in Betracht kommen.[2] Diese könnten z.B. als Reaktion auf eine entsprechende Statusklage des (vermeintlichen) Arbeitnehmers im Wege der sog. Eventualwiderklage geltend gemacht werden. In der Abwägung wäre allerdings zu berücksichtigen, dass sich hieraus auch weitere Konsequenzen im Bereich des Sozialversicherungs-, Steuer- und Strafrechts ergeben können (s. hierzu im Detail 4. Teil 2.–4. Kap.). Ein solches Vorgehen will daher wohlüberlegt sein.

---

2 Vgl. *BAG* NZA 2019, 1558, Rn. 17.

d) Beschlussverfahren

Neben diesen individualrechtlichen Verfahren steht auch dem Arbeitgeber gem. § 2a **7** Abs. 1 Nr. 1 ArbGG der Weg zum Arbeitsgericht frei, um dort im Rahmen eines Beschlussverfahrens seinen Status als Arbeitgeber überprüfen zu lassen. Hierbei bietet sich für ihn insbesondere das in § 18 Abs. 2 BetrVG angelegte Statusverfahren an. Dem reinen Wortlaut nach bezieht sich dieses Statusverfahren auf die Feststellung des Vorliegens einer „betriebsratsfähigen Organisationseinheit". Hieraus lassen sich allerdings Rückschlüsse auf die (betriebsverfassungsrechtliche) Arbeitgeberstellung ziehen. Diese wiederum soll – insbesondere bei drittbezogenem Personaleinsatz – auch unter Berücksichtigung der jeweiligen Zielsetzung der anzuwendenden Norm bestimmt werden, wobei Ausgangspunkt i.d.R. die Arbeitnehmereigenschaft im betriebsverfassungsrechtlichen Sinn ist.[3] Dies wiederum schränkt den Erkenntnisgewinn aus einem solchen Verfahren ein. Zu weiteren Einzelheiten wird auf die nachstehenden Ausführungen zu Möglichkeiten des Betriebsrats zur Feststellung der Arbeitgebereigenschaft verwiesen (s. Rn. 40 ff.).

2. Initiative durch Arbeitnehmer

a) Grundsätzliches

aa) Allgemeines

Wesentlich häufiger als von Arbeitgeberseite wird der Weg zu den Arbeitsgerichten **8** durch (vermeintliche) Arbeitnehmer beschritten, welche das Bestehen eines Arbeitsverhältnisses zwischen ihnen und dem (vermeintlichen) Arbeitgeber gerichtlich festgestellt haben wollen. Hierbei bieten sich sowohl im Zwei- als auch im Dreipersonenverhältnis neben der allgemeinen Statusklage (s. Rn. 30 ff.) insbesondere Beendigungsszenarien (Kündigung, Ablauf Befristung (s. Rn. 10 ff., 19 ff.) als Anlass, den Status klären zu lassen. In Dreipersonenverhältnissen sind dabei gegebenenfalls sowohl der ursprüngliche Vertragsarbeitgeber als auch der für die Zukunft auserkorene Arbeitgeber in das Verfahren mit einzubeziehen. Darüber hinaus kann die Frage nach dem Bestehen eines Arbeitsverhältnisses jedoch auch eine im Rahmen einer Leistungsklage (z.B. Vergütung, Ansprüche aus betrieblicher Altersversorgung des Einsatzunternehmens, Urlaubsgewährung etc.) zu klärende Vorfrage sein.

bb) Eröffnung des Rechtswegs

Grundsätzlich sind die Arbeitsgerichte zuständig für „bürgerliche[n] Rechtsstreitig- **9** keiten [...] aus dem Arbeitsverhältnis [und/oder] über das Bestehen oder Nichtbestehen eines Arbeitsverhältnisses" nach § 2 Abs. 1 Nr. 3 a), b) ArbGG. Der (vermeintliche) Arbeitnehmer muss je nach dem verfolgten Klageziel in unterschiedlicher Tiefe zu dem aus seiner Sicht gegebenen Arbeitnehmerstatus darlegen. Die Prüfung erfolgt je nach Streitgegenstand separat, auch wenn diese im Rahmen einer Klage verfolgt werden sollen.[4] Die Einzelheiten der Zuständigkeitsprüfung vor den Arbeitsgerichten sind einigermaßen kompliziert[5] und können dazu führen, dass Streitigkeiten über den Status auch vor den ordentlichen Gerichten ausgetragen werden.

---

3 *BAG* NZA 2012, 221; NZA 2013, 793.
4 *BAG* NZA 1996, 1005; Germelmann/Matthes/Prütting/*Schlewing/Dickerhof-Borello* § 2 ArbGG Rn. 155.
5 Vgl. die Darstellung bei Germelmann/Matthes/Prütting/*Schlewing/Dickerhof-Borello* § 2 ArbGG Rn. 153 ff.

b) Beendigungsszenarien

10 Eine der wesentlichen Konstellationen, in denen vor dem Arbeitsgericht über das Bestehen eines Arbeitsverhältnisses gestritten wird, ist diejenige der Beendigung des Vertragsverhältnisses. Da Kündigungsschutz nach dem Kündigungsschutzgesetz grundsätzlich nur Arbeitnehmern zusteht, ist die Berufung auf ein (vermeintliches) Arbeitsverhältnis regelmäßig der einzige Weg, um sich gegen eine ordentliche Kündigung durch den Auftraggeber mit Erfolg zu verteidigen.[6] Bei außerordentlichen Kündigungen ist das Bestehen eines Arbeitsverhältnisses vordergründig weniger relevant, da § 626 BGB sowohl auf freie Dienstverhältnisse als auch auf Arbeitsverhältnisse gleichermaßen anzuwenden ist. Dennoch wird auch in diesen Fällen häufig der Weg zu den Arbeitsgerichten gesucht, da diese typischerweise hohe Anforderungen an die Begründung einer Kündigung stellen und dadurch der Druck auf den Auftraggeber erhöht werden soll.

aa) Kündigungsschutzklage

(1) Klagegegner

11 Erfahrungsgemäß behandelt eine Vielzahl arbeitsgerichtlicher Verfahren den Streit darüber, ob eine Kündigung „das Arbeitsverhältnis" zwischen den Parteien des Rechtsstreits beendet hat. In der Regel wird der (vermeintliche) Arbeitnehmer ein Kündigungsschutzverfahren gem. § 4 KSchG anstrengen. Die Klage ist gegen den Vertragspartner als „Arbeitgeber" zu richten.[7]

12 Im Zweipersonenverhältnis (s. 2. Teil 1. Kap. Rn. 3), also insbesondere bei Solo-Selbstständigen, ist dieser Vertragspartner schnell identifiziert, auch wenn im weiteren Verfahren der Status als Arbeitgeber noch zu klären ist.

13 In Dreipersonenverhältnissen (s. 2. Teil 1. Kap. Rn. 4) erfolgt der Kündigungsausspruch jedoch durch den bisherigen Vertragspartner, während die Arbeitsleistung im Wesentlichen einem Dritten zugutekam. Der Gekündigte muss sich in dieser Konstellation entscheiden, ob er ausschließlich den Fortbestand eines Arbeitsverhältnisses wegen Unwirksamkeit der ausgesprochenen Kündigung mit dem ihm kündigenden Vertragspartner anstrebt, oder die Unwirksamkeit der Kündigung (auch) mit dem Argument angreift, ein Arbeitsverhältnis bestehe zumindest mittlerweile zu einem Dritten (z.B. Entleiher). In letzterem Fall muss nicht nur eine Kündigungsschutzklage gegen den (vermeintlichen) Arbeitgeber angestrengt werden, sondern im gleichen Verfahren (sog. subjektive Klagehäufung) eine Statusklage gegen den gewünschten (neuen) Arbeitgeber (dazu unten Rn. 30 ff.). Im Dreipersonenverhältnis ist vor diesem Hintergrund aus Arbeitnehmersicht sorgfältig zu prüfen, gegen wen welche Art der Klage konkret zu erheben ist, insbesondere um die Fiktion der Wirksamkeit der Kündigung bei Versäumen der Klagefrist nach § 7 KSchG nicht zu riskieren.[8]

(2) Klagefrist

14 Die Kündigungsschutzklage ist binnen einer Frist von drei Wochen nach Zugang der Kündigungserklärung beim Arbeitsgericht einzureichen. Andernfalls gilt die Kündi-

---

6 Vgl. *BAG* NJW 2021, 1551.
7 KR/*Klose* § 4 KSchG, Rn. 116 ff.
8 Zur ähnlichen Situation bei Kündigungen im zeitlichen Zusammenhang mit einem Betriebsübergang: KR//*Klose* § 4 KSchG, Rn. 130 ff.

gung jedenfalls dann per gesetzlicher Fiktion als rechtswirksam, wenn es sich tatsächlich um ein Arbeitsverhältnis handelt, §§ 4, 7 KSchG. Das hat umgekehrt den Nachteil für den Auftraggeber, dass eine Kündigung im Rahmen eines Dienstverhältnisses, das kein Arbeitsverhältnis ist, auch außerhalb dieser Klagefrist noch angegriffen werden kann. Die gesetzliche Wirksamkeitsfiktion zur Beendigung des Arbeitsverhältnisses gilt auch gegenüber Dritten.[9]

(3) Darlegungs- und Beweislast

Die Darlegungs- und Beweislast liegt im Kündigungsschutzverfahren hinsichtlich der Arbeitnehmereigenschaft als persönliche Voraussetzung des Eingreifens des allgemeinen Kündigungsschutzes beim Arbeitnehmer. Dieser muss im Streitfall die Umstände darlegen und beweisen, aus denen sich seine Arbeitnehmereigenschaft i.S.d. Kündigungsschutzgesetzes ergibt.[10] Hierbei ist im Rahmen einer Gesamtbetrachtung vorzugehen (zu Einzelheiten s. 2. Teil 1. Kap. Rn. 88 ff.). 15

Bezüglich des Kündigungssachverhaltes liegt die Darlegungs- und Beweislast für den Kündigungsgrund grundsätzlich beim (vermeintlichen) Arbeitgeber.[11] 16

(4) Rechtsfolge

Als Ergebnis eines Kündigungsschutzverfahrens kann feststehen, dass 17
– niemals ein Arbeitsverhältnis bestand, die Klage wird als unbegründet abgewiesen; dem nunmehr feststehenden Nicht-Arbeitnehmer bleibt es allerdings unbenommen, die Kündigung des Vertrages in der ordentlichen Gerichtsbarkeit überprüfen zu lassen,
– im Zweipersonenverhältnis ein Arbeitsverhältnis zum Vertragspartner bestand, dieses jedoch durch die Kündigung beendet wurde,
– im Zweipersonenverhältnis ein Arbeitsverhältnis zum Vertragspartner bestand und durch die Kündigung nicht beendet wurde, sondern fortbesteht,
– im Dreipersonenverhältnis ein Arbeitsverhältnis zum ursprünglichen Vertragspartner bestand, dieses jedoch durch die Kündigung beendet wurde,
– im Dreipersonenverhältnis ein Arbeitsverhältnis zum ursprünglichen Vertragspartner bestand und durch die Kündigung nicht beendet wurde, sondern fortbesteht,
– im Dreipersonenverhältnis ein Arbeitsverhältnis zum ursprünglichen Vertragspartner bestand und durch die Kündigung nicht beendet wurde, sondern zum Dritten (fort)besteht.

Zu den arbeitsrechtlichen Folgen der Statusverfehlung im Übrigen s. 4. Teil 1. Kap. 18

bb) Befristungskontrollklage

(1) Klagegegner

Endet ein Vertragsverhältnis aufgrund einer Befristungs-, seltener auch Bedingungsabrede, kann der (vermeintliche) Arbeitnehmer die Wirksamkeit dieser Abrede mittels einer Befristungskontrollklage gem. § 17 TzBfG überprüfen lassen. Die Befristungskontrollklage setzt für ihren Erfolg voraus, dass das aufgrund der Befristung ver- 19

---

9 KR/*Klose* § 7 KSchG, Rn. 30; ErfK/*Kiel* § 7 KSchG, Rn. 3.
10 *BAG* NZA 1996, 249; KR/*Rachor* § 1 KSchG, Rn. 96.
11 *BAG* AP ZPO § 282 Nr. 1; Germelmann/Matthes/Prütting/*Prütting* § 58 ArbGG, Rn. 91.

meintlich endende Vertragsverhältnis ein Arbeitsverhältnis war.[12] Die Klage ist gegen den Vertragspartner als „Arbeitgeber" zu richten.

20 Im Zweipersonenverhältnis (s. 2. Teil 1. Kap. Rn. 3), also insbesondere bei Solo-Selbstständigen, ist die Klage gegen den Vertragspartner als (vermeintlichen) Arbeitgeber zu richten.

21 Im Dreipersonenverhältnis (s. 2. Teil 1. Kap. Rn. 4) können sich unterschiedliche Konstellationen ergeben, bei denen im konkreten Fall sorgfältig zu prüfen ist, gegen wen Klage zu erheben ist:
– Das Arbeitsverhältnis zum originären Vertragspartner weist eine Befristungsabrede auf.
– Das Arbeitsverhältnis zum originären Vertragspartner ist aufgrund der Regelung in § 9 Abs. 1 AÜG (nachträglich) unwirksam. Der Einsatz des Arbeitnehmers beim (vermeintlichen) Entleiher war auf eine bestimmte Einsatzdauer befristet.

22 In der ersten Konstellation ist die Befristungskontrollklage gegen den originären Vertragspartner zu richten, sofern das Arbeitsverhältnis zu ihm nicht bereits nach § 9 Abs. 1 AÜG unwirksam ist; dieser gesetzlich fingierten Unwirksamkeit können Arbeitnehmer nur innerhalb enger Fristen und formaler Voraussetzungen widersprechen (insb. § 9 Abs. 2 AÜG). Das BAG konnte allerdings bislang offen lassen, ob eine ursprünglich gegen den originären Arbeitgeber erhobene Befristungskontrollklage bei einem erst nach Rechtshängigkeit, jedoch vor Befristungsende erfolgenden Arbeitgeberwechsel gem. § 9 Nr. 1, § 10 Abs. 1 S. 1 AÜG in analoger Anwendung der §§ 265, 325 ZPO auch Rechtswirkung gegenüber dem Entleiher entfaltet.[13] Wegen der Durchsetzung gegenüber dem Entleiher wird jedoch zumeist im gleichen Verfahren (sog. subjektive Klagehäufung) eine Statusklage gegen diesen erhoben werden. Dies insbesondere dann, wenn die Unwirksamkeit bzw. Unbeachtlichkeit der originären Befristungsabrede (auch) mit der zwischenzeitlich eingetretenen Unwirksamkeit des originären Arbeitsverhältnisses begründet wird.

23 In der zweiten Konstellation ergibt sich die Befristung im Verhältnis zum (vermeintlichen) Entleiher nicht aufgrund originärer vertraglicher Abrede, sondern aufgrund gesetzlicher Fiktion, § 10 Abs. 1 S. 2 AÜG. Diese sieht vor, dass das fingierte Arbeitsverhältnis als befristet gilt, wenn der Einsatz beim Entleiher nur befristet vorgesehen war und ein sachlicher Grund für diese Befristung vorlag. Die Befristungskontrollklage ist daher gegen den (vermeintlichen) Entleiher und behaupteten neuen Arbeitgeber zu richten.[14] Auch in dieser Konstellation ist aus Sicht des Arbeitnehmers sorgfältig zu prüfen, ob und inwieweit auch Klage gegen den (vermeintlichen) Verleiher zu richten ist, um Risiken zu berücksichtigen, dass womöglich doch kein Arbeitsverhältnis zum Entleiher fingiert wird, sondern nur eines zum Verleiher besteht.

---

12 *BAG* NZA 2015, 46.
13 *BAG* NZA 2015, 46. Bejahend bei Kündigungsausspruch durch den Veräußerer vor Betriebsübergang: *BAG* AP ZPO § 325 Nr. 1; NZA 2005, 1178; NZA 2014, 46. Ob die Rechtsprechung zum Betriebsübergang auch auf die diese Konstellation übertragen werden kann, ist zumindest fraglich, da § 10 Abs. 1 AÜG keine Rechtsnachfolge des Entleihers vorsieht, sondern die Begründung eines neuen, in seinen Konditionen ggf. sogar abweichenden Arbeitsverhältnisses zwischen Entleiher und Leiharbeitnehmer.
14 ErfK/*Wank*/*Roloff* AÜG § 10 Rn. 6; a.A. wohl Schüren/Hamann/*Schüren* § 10 Rn. 73, wobei sich die von ihm hierzu angeführte Entscheidung des *BAG* NZA 2018, 931, ausdrücklich nicht mit besonderen Beendigungstatbeständen wie einer Befristung befasst.

(2) Klagefrist

Die Befristungskontrollklage ist wie die Kündigungsschutzklage binnen einer Frist von drei Wochen nach Ende des befristeten Arbeitsverhältnisses zu erheben, § 17 S. 1 TzBfG i.V.m. § 7 KSchG, andernfalls gilt die Befristung als wirksam. Die Klage kann jedoch auch bereits vor Ablauf der Befristung erhoben werden.[15] Der Lauf der Frist orientiert sich am originär vereinbarten bzw. aufgrund gesetzlicher Fiktion angenommenen Ende des Arbeitsverhältnisses. 24

Im Dreipersonenverhältnis ist entsprechend der vorgenannten Konstellationen (s. Rn. 21 ff.) zu unterscheiden. Möchte ein Arbeitnehmer eine originäre Befristungsabrede zum (vermeintlichen) Verleiher überprüfen lassen, ist die Frist ausgehend vom Befristungsende nach dieser Abrede zu überprüfen. Möchte er hingegen geltend machen, es bestehe mittlerweile ein Arbeitsverhältnis zum Entleiher, welches auch nicht nach § 10 Abs. 1 S. 2 AÜG befristet ist, muss er die Befristungskontrollklage binnen drei Wochen nach dem danach geltenden Ende des fingierten Arbeitsverhältnisses erheben.[16] 25

(3) Darlegungs- und Beweislast

Die Darlegungs- und Beweislast für die Arbeitnehmereigenschaft obliegt bei der Befristungskontrollklage dem Arbeitnehmer. Dies gilt insbesondere im Dreipersonenverhältnis, wenn die Begründung eines Arbeitsverhältnisses gem. § 10 Abs. 1 S. 1 AÜG zum (vermeintlichen) Entleiher geltend gemacht wird und umfasst in dieser Konstellation die Voraussetzungen der erlaubnispflichtigen Arbeitnehmerüberlassung.[17] Den möglicherweise sich ergebenden Beweisproblemen soll auf Seiten des (vermeintlichen) Arbeitnehmers insbesondere in Konstellationen gem. § 9 Nr. 1, § 10 Abs. 1 S. 1 AÜG mit einer abgestuften Darlegungs- und Beweislastverteilung begegnet werden.[18] Zudem steht dem Arbeitnehmer gegen den (vermeintlichen) Verleiher ein Auskunftsanspruch über die Umstände des übergeordneten Vertragsverhältnisses zu.[19] 26

Bezüglich der Beendigung des Arbeitsverhältnisses aufgrund der (vertraglich vereinbarten bzw. gesetzlichen) Befristung wiederum obliegt die Darlegungs- und Beweislast dem vertraglichen bzw. aufgrund gesetzlicher Fiktion gegebenen Arbeitgeber, sollte er sich hierauf berufen wollen.[20] 27

(4) Rechtsfolge

Als Ergebnis einer Befristungskontrollklage kann feststehen, dass 28
– niemals ein Arbeitsverhältnis bestand und dementsprechend auch keines zum vermeintlichen Entleiher fingiert wurde,
– im Zweipersonenverhältnis die ursprüngliche Befristung des mit dem Solo-Selbstständigen geschlossenen Vertrages wirksam war, das Vertragsverhältnis hierdurch beendet wurde, ein Arbeitsverhältnis nicht begründet wurde,

---

15 *BAG* NZA 2015, 46.
16 ErfK/*Wank/Roloff* AÜG § 10 Rn. 6.
17 *BAG* NZA 1992, 19; NZA 2015, 46. Zu Überlegungen einer Änderung der Darlegungs- und Beweislast: *Brors/Schüren* NZA 2014, 569; *Francken* NZA 2014, 1064; *Ulrici* NZA 2015, 456.
18 Schüren/Hamann/*Schüren* § 10 Rn. 153 ff.; *Francken* NZA 2014, 1064; *LAG Baden-Württemberg* NZA 2013, 1017.
19 *BAG* NZA 1984, 161.
20 *BAG* NZA 1996, 780; NZA-RR 2015, 9; ErfK/*Müller-Glöge* § 17 TzBfG, Rn. 13 ff.

- im Zweipersonenverhältnis ein Arbeitsverhältnis begründet wurde, die getroffene Befristungsabrede jedoch wirksam auch dieses Arbeitsverhältnis beendet hat,
- im Zweipersonenverhältnis ein Arbeitsverhältnis begründet wurde, die getroffene Befristungsabrede unwirksam ist, das Arbeitsverhältnis daher fortbesteht,
- im Dreipersonenverhältnis das Arbeitsverhältnis zum originären Vertragsarbeitgeber aufgrund der Befristungsabrede wirksam beendet wurde oder die dort vereinbarte Befristung unwirksam ist, jedoch kein Arbeitsverhältnis zum Einsatzunternehmen begründet wurde,
- im Dreipersonenverhältnis das Arbeitsverhältnis zum originären Vertragsarbeitgeber gem. § 9 Nr. 1 AÜG unwirksam ist, zum Einsatzunternehmen gem. § 10 Abs. 1 S. 1 AÜG ein Arbeitsverhältnis kraft gesetzlicher Fiktion begründet wurde, dieses jedoch wirksam befristet ist, dieses neue Arbeitsverhältnis daher endet,
- im Dreipersonenverhältnis das Arbeitsverhältnis zum originären Vertragsarbeitgeber gem. § 9 Nr. 1 AÜG unwirksam ist, zum Einsatzunternehmen gem. § 10 Abs. 1 S. 1 AÜG ein Arbeitsverhältnis kraft gesetzlicher Fiktion begründet wurde und dieses nicht wirksam befristet ist, sondern fortbesteht.

29 Zu den arbeitsrechtlichen Folgen der Statusverfehlung im Übrigen s. 4. Teil 1. Kap.

c) Statusklage

aa) Allgemeines

30 Unabhängig von Beendigungsszenarien als Anknüpfungspunkt können (vermeintliche) Arbeitnehmer ihren Status als solche auch im Wege einer Feststellungsklage jederzeit verfolgen. Zuständig sind auch hier die Arbeitsgerichte nach § 2 Abs. 1 Nr. 3 b) ArbGG. Dies dürfte insbesondere in Dreipersonenverhältnissen der hauptsächliche Ansatzpunkt sein. Besonders relevant ist hier das Eintreten der Fiktion des § 10 Abs. 1 S. 1 AÜG und damit die Begründung eines Arbeitsverhältnisses zwischen dem Einsatzunternehmen und dem Arbeitnehmer.

bb) Klagegegner

31 Die Klage ist gegen denjenigen zu richten, zu dem das Bestehen eines Arbeitsverhältnisses festgestellt werden soll.

cc) Klagefrist

32 Die reine Statusklage kennt, anders als die Kündigungsschutzklage oder die Befristungskontrollklage, grundsätzlich keine Klagefrist;[21] insbesondere wenn sie mit den beiden anderen kombiniert wird, ist aber deren Klagefrist zu beachten. Im Übrigen kann eine Statusklage jedenfalls bei bereits beendeten (vermeintlichen) Arbeitsverhältnissen der Verwirkung unterliegen.[22] Für die Annahme einer Verwirkung muss jedoch ein entsprechender Vertrauenstatbestand beim Klagegegner geschaffen worden sein.[23]

---

21 Schüren/Hamann/*Schüren* § 10 Rn. 152.
22 *BAG* 24.5.2006 – 7 AZR 365/05; AP AÜG § 10 Nr. 20. In einer jüngeren Entscheidung hat das BAG zwar ausdrücklich offengelassen, ob auch das Recht, sich auf den Fortbestand eines Arbeitsverhältnisses zu berufen, verwirken kann, *BAG* NZA 2018, 931; dies aber nur, weil im Streitfall eine Verwirkung ohnehin ausgeschlossen war.
23 Dieser setzt zum einen den Ablauf eines entsprechenden Zeitraums ohne Klageerhebung oder sonstige Geltendmachung (Zeitmoment) voraus, zum anderen das hinzutreten weitere Umstände, die ein entsprechendes Vertrauen gerichtlich nicht mehr belangt zu werden, beim Klagegegner begründen (Umstandsmoment); *BAG* 24.5.2006 – 7 AZR 365/05; AP AÜG § 10 Nr. 20; *BAG* NZA 2018, 931. Aufgrund des Ausnahmecharakters einer Verwirkung sind die Anforderungen an diese Punkte hoch und hängen stark vom Einzelfall ab.

dd) Feststellungsinteresse

Bei der Statusklage handelt es sich um eine Feststellungsklage gem. § 46 Abs. 2 S. 1 ArbGG i.V.m. § 256 Abs. 1 ZPO. Mit dieser Klage kann die Feststellung des Bestehens oder Nichtbestehens eines Rechtsverhältnisses verfolgt werden, wenn der Kläger ein rechtliches Interesse daran hat, dass das Rechtsverhältnis durch richterliche Entscheidung alsbald festgestellt wird. Dieses Interesse an einer baldigen Feststellung besteht, wenn andernfalls dem geltend gemachten Recht eine gegenwärtige Gefahr oder Unsicherheit droht, welche wiederum durch die gerichtliche Entscheidung beseitigt werden kann. Das Feststellungsinteresse muss seitens des Gerichts von Amts wegen geprüft werden, allerdings muss der Kläger die hierfür erforderlichen Tatsachen darlegen und gegebenenfalls beweisen.[24]

33

Die Einzelheiten werden in der Rechtsprechung nicht immer einheitlich gehandhabt; die Gerichte lassen sich hier teilweise auch von eher prozessökonomischen Überlegungen leiten.[25] Insbesondere wenn sich die Klage auf die Feststellung eines Arbeitsverhältnisses (auch) für vergangene Zeiträume bezieht, ist das besondere Feststellungsinteresse nur dann gegeben, wenn sich aus der Feststellung des Status als Arbeitnehmer Rechtsfolgen für Gegenwart oder Zukunft ergeben. Die bloße Möglichkeit des Eintritts solcher Folgen reicht nicht aus. Vielmehr muss sich aus dem Arbeitnehmerstatus unmittelbar ergeben, dass Ansprüche des Arbeitnehmers zumindest dem Grunde nach noch bestehen oder Ansprüche des Arbeitgebers zumindest in bestimmten Umfang nicht mehr gegeben sind (z.B. betriebliche Altersversorgung).[26]

34

ee) Darlegungs- und Beweislast

Die Darlegungs- und Beweislast bei einer Statusklage bezogen auf die Feststellung der Arbeitnehmer- und damit auch Arbeitgebereigenschaft liegt auf Seiten des (vermeintlichen) Arbeitnehmers (zum Drei-Personenverhältnis siehe insb. auch oben unter Rn. 26). Hierbei ist im Rahmen einer Gesamtbetrachtung vorzugehen (zu Einzelheiten s. 2. Teil 1. Kap. Rn. 88 ff.).

35

ff) Rechtsfolge

Als Ergebnis einer Statusklage kann feststehen, dass
- gar kein Arbeitsverhältnis besteht,
- im Zweipersonenverhältnis ein Arbeitsverhältnis besteht,
- im Dreipersonenverhältnis ein Arbeitsverhältnis zum originären Vertragsarbeitgeber besteht, jedoch nicht zum Einsatzunternehmen,
- im Dreipersonenverhältnis das Arbeitsverhältnis mit dem originären Vertragsarbeitgeber gem. § 9 Nr. 1 AÜG unwirksam ist und ein Arbeitsverhältnis zum Einsatzunternehmen gem. § 10 Abs. 1 S. 1 AÜG begründet wurde.

36

Zu den arbeitsrechtlichen Folgen der Statusverfehlung s. 4. Teil 1. Kap.

37

---

24 *BAG* NZA 2002, 164.
25 Schwab/Weth/*Korinth* § 46 Rn. 74 ff.
26 *BAG* NZA 2020, 1537.

d) (Weiter)Beschäftigungsanspruch

38 Verfolgt ein (vermeintlicher) Arbeitnehmer die Feststellung seines Status als solcher im Rahmen einer der genannten Klagearten, ist er nach für ihn positiver rechtskräftiger Entscheidung als solcher zu behandeln und zu beschäftigen.

39 Das BAG bejaht zudem in ständiger Rechtsprechung einen Anspruch eines Arbeitnehmers auf vertragsgemäße (Weiter)Beschäftigung über den Ablauf der Kündigungsfrist oder einer vereinbarten Befristung hinaus bis zum rechtskräftigen Abschluss eines Kündigungsschutz- bzw. Befristungskontrollverfahrens, sollte eine ausgesprochene Kündigung oder vereinbarte Befristung offensichtlich unwirksam oder eine Entscheidung zugunsten des Arbeitnehmers ergangen sein und überwiegende schutzwerte Interessen des Arbeitgebers einer solchen Beschäftigung nicht entgegenstehen.[27] Hat der (vermeintliche) Arbeitnehmer bezüglich dieser Weiterbeschäftigung einen Titel gegen den Arbeitgeber erwirkt, kann er diesen vollstrecken. Der Arbeitgeber kann den (vermeintlichen) Arbeitnehmer im Rahmen einer Prozessbeschäftigung zur Vermeidung der Zwangsvollstreckung beschäftigen oder ein auf die Dauer des Rechtsstreits befristetes separates Arbeitsverhältnis abschließen. Ersteres stellt kein Arbeitsverhältnis dar, jedoch ein Beschäftigungsverhältnis i.S.d. § 7 SGB IV.[28] Das BAG hat die Grundsätze dieses Weiterbeschäftigungsanspruchs auch auf Fallgestaltungen übertragen, in denen um das Zustandekommen eines Arbeitsverhältnisses in Folge unerlaubter Arbeitnehmerüberlassung gestritten wird.[29]

III. Betriebsverfassungsrechtliche Anlässe zur Statusfeststellung

1. Einleitung

40 Auch dem Betriebsrat stehen Möglichkeiten zur Verfügung, den Status von vermeintlichen Arbeitnehmern im Betrieb gerichtlich klären zu lassen.[30] Dies folgt bereits daraus, dass seine Rechte und Pflichten sowie seine Größe und Zusammensetzung von der Klärung der Frage abhängen, wer Arbeitnehmer i.S.d. § 5 Abs. 1 BetrVG ist. Insbesondere bei Betriebsratswahlen hängen auch die Größe des Betriebsrats und Freistellungsansprüche von der Zahl der im Betrieb beschäftigten Arbeitnehmer ab. In einigen Fällen – insbesondere im Zusammenhang mit Betriebsratswahlen – können auch Gewerkschaften und dem Wahlvorstand diesbezügliche Rechtsmittel zustehen. Zuständig für Angelegenheiten aus dem Betriebsverfassungsgesetz ist in allen Fällen das Arbeitsgericht im Wege des Beschlussverfahrens (§ 2a Abs. 1 Nr. 1, Abs. 2 ArbGG i.V.m. §§ 80 ff. ArbGG).

2. Abstrakte Feststellung der Arbeitnehmereigenschaft

41 Zunächst hat unter bestimmten Voraussetzungen auch der Betriebsrat die Möglichkeit eine konkrete Arbeitnehmereigenschaft abstrakt feststellen zu lassen.[31] Das BAG

---

27 *BAG GS* NZA 1985, 702; *BAG* NZA 1986, 562.
28 BeckOK SozR/*Rittweger* § 7 SGB IV, Rn. 5.
29 *BAG* 1.6.1994 – 7 AZR 454/92 n.v.
30 Vgl. *BAG* NZA 2015, 1144; *BAG* NZA 2014, 678; *Fütterer* AuR 2013, 119, 121; *Bartl/Romanowski* NZA Online Aufsatz 3/2012, 1, 7.
31 *BAG* NZA 2015, 1144; *BAG* NZA 2014, 678; *Bartl/Romanowski* NZA Online Aufsatz 3/2012, 1.

legt allerdings durchaus strenge Anforderungen an einen derartigen abstrakten Feststellungsantrag. Zwar bejaht es grundsätzlich das Interesse des Betriebsrats an einer entsprechenden Feststellung, da sich aus der Zuordnung zum Kreis der Arbeitnehmer nach § 5 Abs. 1 BetrVG erhebliche betriebsverfassungsrechtliche Rechte und Pflichten ableiten und es deswegen nicht zwingend auf einen konkreten Streitfall ankommen soll. Dies setzt aber voraus, dass die fragliche Person noch im Betrieb beschäftigt ist.[32] Dabei muss durch einen entsprechenden Feststellungsantrag ein Streit über den Status einer bestimmten Beschäftigtengruppe einheitlich mit Blick auf die betriebsverfassungsrechtliche Stellung entschieden werden können.[33] Gerade bei drittbezogenen Arbeitseinsatz wie z.B. im Rahmen der Arbeitnehmerüberlassung fehlt es daran regelmäßig schon deswegen, weil die betriebsverfassungsrechtliche Stellung sowohl beim Verleiher als auch beim Entleiher je nach Zweck der anzuwendenden betriebsverfassungsrechtlichen Norm unterschiedlich ist.[33] Ein abstrakter Feststellungsantrag würde die Frage also nicht einheitlich klären können.

Ob ein entsprechender Antrag auch in der Sache begründet ist, hängt zudem nicht nur davon ab, ob ein Arbeitsverhältnis besteht, sondern auch davon, ob die fraglichen Personen in den jeweiligen Betrieb eingegliedert sind. Die betriebsverfassungsrechtliche Stellung hängt nämlich wesentlich davon ab, dass ein Arbeitnehmer auch in den jeweils relevanten Betrieb tatsächlich eingegliedert ist; nur dann stehen dem jeweiligen Betriebsrat auch die entsprechenden Rechte und Pflichten zu.[34] Bei aufgespaltener Arbeitgeberstellung – wie bei Arbeitnehmerüberlassung – ist diese Betrachtung allerdings problematisch, da zum Entleiher typischerweise kein Arbeitsverhältnis besteht und die Leiharbeitnehmer nicht in den Betrieb des Verleihers eingegliedert sind.[35] Dies führt zu zusätzlichen Schwierigkeiten rein abstrakter Feststellungsanträge in solchen Fällen. 42

3. Konkrete Anlässe zur Statusprüfung

Praxisrelevanter sind wohl auch deswegen die Feststellungen der Arbeitnehmereigenschaft im Rahmen konkreter betriebsverfassungsrechtlicher Auseinandersetzungen. Das betrifft zum Beispiel im Rahmen der Wahl, Fragen der Wahlberechtigung und Wählbarkeit aber auch der Größe des zu wählenden Betriebsrats. Weiterhin ist es für die Anwendbarkeit einzelner Beteiligungsrechte relevant, wer zu den Arbeitnehmern im konkreten Fall zu zählen ist. 43

a) Wahlberechtigung/Wählbarkeit

Sowohl für die Wahlberechtigung als auch für die Wählbarkeit in den Betriebsrat muss die Arbeitnehmereigenschaft i.S.d. § 5 Abs. 1 BetrVG vorliegen – mit der Einschränkung, dass darüber hinaus auch alle Leiharbeitnehmer, wenn diese länger als drei Monate im Betrieb eingesetzt werden, den Betriebsrat wählen dürfen. Leiharbeitnehmer haben dagegen kein passives Wahlrecht.[36] Wenn also z.B. Erfüllungsgehilfen von Dienst- oder Werkunternehmen im Betrieb tätig sind, deren Status vor 44

---

32 *BAG* 24.10.2018 – 7 ABR 1/17, n.v.
33 *BAG* NZA 2015, 1144.
34 Vgl. *BAG* NZA 2014, 678; *BAG* NZA 2013 793.
35 *BAG* NZA 2013, 793.
36 Dies ergibt sich jedenfalls für die gewerbsmäßige Arbeitnehmerüberlassung aus dem Wortlaut des § 14 Abs. 2 S. 1 AÜG.

Durchführung einer Betriebsratswahl gerichtlich geklärt werden soll, können der Wahlvorstand, der Arbeitgeber und ggf. der Betriebsrat in einem solchen Verfahren zu beteiligen sein.[37] Der Arbeitnehmerstatus kann sich aber auch als Vorfrage im Rahmen eines Wahlanfechtungsverfahrens nach § 19 BetrVG stellen.[38] Außerhalb der Wahlanfechtungsfristen kann die anfängliche Nichtwählbarkeit (z.B. wegen fehlender Arbeitnehmerstellung) im Rahmen des § 24 Nr. 6 BetrVG geltend gemacht werden.

b) Zahl der Betriebsratsmitglieder

45 Weiterer Anlass zur Überprüfung der Arbeitnehmereigenschaft besteht im Zusammenhang mit der Anzahl der zu wählenden Betriebsratsmitglieder. Die genaue Größe des Betriebsratsgremiums bestimmt sich nach § 9 S. 1 BetrVG nach der Zahl der in der Regel im Betrieb beschäftigten Arbeitnehmer. Liegt die Zahl vor der Betriebsratswahl nur knapp unter einem Schwellenwert, ab dem sich die Zahl der Betriebsratsmitglieder erhöhen würde, kann die Überprüfung, ob Dritte tatsächlich wahlberechtigte Arbeitnehmer sind, ausschlaggebend sein. Dies kann auch im Rahmen einer Wahlanfechtung nach § 19 BetrVG geltend gemacht werden.

c) Freistellung/Betriebsgröße

46 Im Zuge der in § 38 BetrVG vorgesehenen Freistellungen von der Arbeit für Betriebsratsmitglieder kann es auf die Arbeitnehmereigenschaft von Dritten ankommen, da § 38 Abs. 1 S. 1 BetrVG Schwellenwerte vorsieht, wonach je nach Betriebsgröße die Anzahl der Freistellungen variiert. Somit gibt es auch hier gewisse Interessen seitens des Betriebsrats, festzustellen, ob Erfüllungsgehilfen von Dienst- und Werkunternehmen, die im Betrieb eingesetzt werden, nicht doch Arbeitnehmer des Betriebs sind. Da es für die Anzahl der Freistellungen auf den Zeitpunkt der Beschlussfassung des Betriebsrats über die Freistellung ankommt, kann sich bei Erhöhung der Arbeitnehmerzahl nach der Betriebsratswahl auch die Anzahl der Freistellungen verändern.[39]

47 Gleichermaßen hängen viele Beteiligungsrechte des Betriebsrats von der Zahl der im Betrieb oder Unternehmen beschäftigten Arbeitnehmer ab (z.B. erzwingbare Auswahlrichtlinien nach § 95 Abs. 2 BetrVG; personelle Einzelmaßnahmen nach § 99 BetrVG; Errichtung eines Wirtschaftsausschusses nach § 106 BetrVG). Der Betriebsrat kann daher im Beschlussverfahren feststellen lassen, dass bestimmte Personen – bspw. Erfüllungsgehilfen von Dienst- und Werkunternehmen, die im Betrieb eingesetzt werden – Arbeitnehmer des Betriebs sind und daher bei der Bemessung der jeweils maßgeblichen Betriebs- oder Unternehmensgröße zu berücksichtigen sind.[40]

d) Personelle Einzelmaßnahmen

48 Praxisrelevant ist vor allem die Statusfeststellung über den „Umweg" der Beteiligungsrechte des Betriebsrats bei personellen Einzelmaßnahmen i.S.d. § 99 Abs. 1 BetrVG. Wenn Erfüllungsgehilfen von Dienst- und Werkunternehmen im Betrieb eingesetzt werden, könnte der Betriebsrat nach § 101 BetrVG beantragen, die vom ver-

---

37 *Fitting* § 7 Rn. 97 der auch im Betrieb vertretene Gewerkschaften für zu beteiligen hält; jedenfalls dahingehend a.A. GK-BetrVG/*Raab* § 5 Rn. 293.
38 *Fitting* § 7 Rn. 97; so wohl auch GK-BetrVG/*Raab* § 5 Rn. 293; im Rahmen von § 19 Abs. 2 BetrVG sind zudem im Betrieb vertretene Gewerkschaften auch antragsbefugt.
39 GK-BetrVG/*Weber* § 38 Rn. 20; *Fitting* § 38 Rn. 8.
40 Vgl. für § 38 BetrVG: *BAG* NZA 2012, 519.

meintlichen Arbeitgeber durchgeführte personelle Einzelmaßnahme – wegen fehlender Beteiligung des Betriebsrats – aufzuheben.[41] Auch bei drittbezogenem Personaleinsatz kann dieser Weg beschritten werden, da der Betriebsrat des Entleihers nach § 99 BetrVG mitzubestimmen hat bei Einstellungen und ggf. Versetzungen von Leiharbeitnehmern in seinem Betrieb.[42] Zur Mitbestimmung nach § 99 Abs. 1 BetrVG s. unter 6. Teil Rn. 3 ff. Für die gerichtliche Klärung, ob eine Einstellung wegen fehlender Beteiligung des Betriebsrats aufzuheben ist, muss das Gericht auch die Arbeitnehmereigenschaft bzw. die Leiharbeitnehmerstellung klären.[43]

Auch könnte der Betriebsrat nach § 101 BetrVG beantragen, dem Arbeitgeber aufzugeben, einen bestimmten Mitarbeiter einzugruppieren und ihn nach §§ 99 ff. BetrVG zu beteiligen. Bei der Lohngestaltung und bei Lohngrundsätzen ist der Betriebsrat nach § 87 Abs. 1 Nr. 10 BetrVG zu beteiligen, so dass es in den meisten größeren Betrieben Vergütungsordnungen gibt, in die eine Eingruppierung stattfinden muss oder es finden tarifvertragliche Vergütungsordnungen Anwendung.[44] Auch in einem solchen Verfahren wäre als Vorfrage die Arbeitnehmerstellung zu klären. Bei Leiharbeitnehmern stünde dieses Recht aber ausschließlich dem Betriebsrat des Verleiherbetriebs zu. **49**

---

41 Zu dieser Thematik *Fütterer* AuR 2013, 119, 122.
42 *Fitting* § 99, Rn. 57, 159b.
43 *LAG Hamm* BeckRS 2011, 68558; *LAG Schleswig-Holstein* BeckRS 2013, 70730.
44 *Fütterer* AuR 2013, 119, 122.

2. Kapitel
Sozialversicherungsrechtliche Feststellungmöglichkeiten

Literatur: *Bissels/Falter/Joch* Reform des Statusfeststellungsverfahrens, ArbRAktuell 2021, 485; *Bundesministerium der Finanzen* Handbuch Vorschriften für die Erbringung von Dienst- oder Werkleistungen im Bereich der EU-Dienstleistungs- und Niederlassungsfreiheit, Ausgabe 2012; *Esser (Hrsg.)* Arbeitsmärkte im Wandel der Wirtschafts- und Sozialpolitik, FS Egle, 2014; *Exner* Konsequenzen der Verkennung des arbeitsrechtlichen Status, Die Behandlung der Rechtsformverfehlung in arbeitsrechtlicher und sozialrechtlicher Sicht, Diss. Hannover 2005; *Gerner/Wießner* Solo Selbstständige, Die Förderung bewährt sich, der soziale Schutz nicht immer, IAB-Kurzbericht 23/2012; *Gercke/Leimenstoll* Aktuelle Entwicklungen in der Rechtsprechung zum Arbeitsstrafrecht, WiJ 2014, 1; *dies.* Vorenthalten von Sozialversicherungsbeiträgen (§ 266a StGB) – Ein Leitfaden für die Praxis, HRRS 2009, 442; *Hesse* Arbeitnehmer, Scheinselbstständige und Selbstständige, Eine Studie zu historischen, rechtstheoretischen und rechtspraktischen Aspekten des Arbeitnehmerbegriffs, 2012; *Janßen* Arbeitsmarktflexibilisierung in der sozialen Marktwirtschaft, Diss. 2005; *Kalbfus/Schöberle* Die Gruppenfeststellung als neues Compliance-Instrument, ArbRAktuell 2022, 277; *Keller/Seifert* Atypische Beschäftigung – Flexibilisierung und soziale Risiken, 2007; *dies.* Atypische Beschäftigung und soziale Risiken. Entwicklung, Strukturen, Regulierung, 2011; *Kudlich* (Schein-)Selbstständigkeit von „Busfahrern ohne eigenen Bus" und Fragen des § 266a Abs. 1 StGB, ZIS 2011, 482; *Lange* Die Strafbarkeit des Arbeitgebers nach § 266a StGB bei mit Scheinwerkverträgen und im Rahmen des „Contractings" beschäftigten Fachkräften, NZWiSt 2015, 248; *Lanzinner* Scheinselbstständigkeit als Straftat, Diss. 2014; *Lüderssen/Volk/Wahle (Hrsg.)* FS Schiller, 2014; *Rönnau/Kirch-Heim* Das Vorenthalten von Arbeitgeberbeiträgen zur Sozialversicherung gem. § 266a StGB n.F. – eine geglückte Regelung?, wistra 2005, 321; *Thum/Selzer* Die Strafbarkeit des Arbeitgebers bei illegaler Beschäftigung im Lichte der neuen Rechtsprechung des BGH, wistra 2011, 290; *Schulz* Die Strafbarkeit des Arbeitgebers nach § 266a StGB bei der Beschäftigung von Scheinselbstständigen, NJW 2006, 183; *ders.* Neues bei § 266a StGB, Methodendisziplin als Strafbarkeitsrisiko?, ZIS 2014, 572; *Zieglmeier* Das neue (Erwerbs-)-Statusfeststellungsverfahren, NZA 2021, 977.

I. Anlass zur Statusfeststellung

1. Zweifel auf Seiten der Vertragspartner über den sozialversicherungsrechtlichen Status des Auftragnehmers

Anlass zur sozialversicherungsrechtlichen Feststellung gibt es, wenn die Vertragsparteien Zweifel am jeweiligen Status haben. Dies kann bei der kasuistisch geprägten Materie, die anhand von Kriterienkatalogen, Checklisten oder vorliegenden Gerichtsentscheidungen in (vermeintlich) ähnlich gelagerten Fällen kaum Rückschlüsse auf die konkret zu beurteilende Sachverhaltskonstellation zulässt, schnell der Fall sein. 1

2. Erkenntnisse aus angrenzenden Rechtsgebieten

Die sozialversicherungsrechtliche Klärung des Status der Parteien kann auch veranlasst sein durch Erkenntnisse aus Arbeitsrechtsstreitigkeiten (3. Teil 1. Kap.) oder steuerrechtliche Einordnungen durch die Finanzbehörde (3. Teil 3. Kap.). Zwar sind diese 2 für die sozialversicherungsrechtliche Einordnung nicht bindend (3. Teil 4. Kap.). Sie können aber Hinweis auf mögliche Fehleinschätzungen sein.

3. Ermittlungen und verdachtsunabhängige Prüfungen

3 Grundsätzlich kommen als Auslöser auch Prüfungen oder Ermittlungen der Behörden der Zollverwaltung, hier der Finanzkontrolle Schwarzarbeit (FKS) in Betracht. Denn die FKS prüft gem. § 2 Abs. 1 SchwarzArbG u.a. die Erfüllung der sich aus den Dienst- oder Werkleistungen ergebenden Pflichten nach § 28a SGB IV. Die Prüfung der Erfüllung steuerlicher Pflichten i.S.v. § 1 Abs. 2 Nr. 2 SchwarzArbG obliegt zwar den zuständigen Landesfinanzbehörden. Die Behörden der Zollverwaltung sind aber zur Mitwirkung an Prüfungen der Landesfinanzbehörden berechtigt und prüfen auch, ob gegenüber der Landesfinanzverwaltung Mitteilungspflichten bestehen.

4 Die FKS wird ihrerseits von zahlreichen Behörden unterstützt, u.a. den Finanzbehörden, der Bundesagentur für Arbeit, der Bundesnetzagentur für Elektrizität, Gas, Telekommunikation, Post und Eisenbahnen, den Einzugsstellen (§ 28i SGB IV), den Trägern der Rentenversicherung, den Trägern der Unfallversicherung usw., § 2 Abs. 2 SchwarzArbG.

5 Regelmäßig werden diese Prüfungen und Ermittlungen nicht zu Beginn des Vertragsverhältnisses stattfinden. Je nach Sachverhalt ist zu prüfen, welches Verfahren zur Statusfeststellung noch zur Verfügung steht.

II. Möglichkeiten der sozialversicherungsrechtlichen Statusfeststellung

1. Statusfeststellung nach § 7a SGB IV

6 Möglichkeiten der Feststellung des sozialversicherungsrechtlichen Status einer Partei bietet das Statusfeststellungsverfahren nach § 7a SGB IV. § 7a SGB IV wurde mit dem Gesetz zur Förderung der Selbstständigkeit v. 20.12.1999[1] mit Wirkung ab 1.1.1999 eingeführt und seither mehrfach angepasst.[2] Zuletzt erfolgten mit Wirkung zum 1.4.2022 weitreichende Änderungen durch das Gesetz zur Umsetzung der Richtlinie (EU) 2019/882 des Europäischen Parlaments und des Rates über die Barrierefreiheitsanforderungen für Produkte und Dienstleistungen und zur Änderung anderer Gesetze vom 16.7.2021.[3] Anders als bisher, wird zukünftig anstelle der Feststellung des Vorliegens eines versicherungspflichtigen Beschäftigungsverhältnisses ausschließlich der Erwerbsstatus festgestellt, also das Bestehen von Beschäftigung oder Selbständigkeit festgestellt. Nach der Rechtsprechung des BSG war eine isolierte Entscheidung über das Vorliegen einer Beschäftigung bislang nicht möglich, d.h. eine Elementenfeststellung unzulässig.[4] Neu eingeführt wurde zudem die sog. Prognoseentscheidung, die Möglichkeit der Gruppenfeststellung und Prüfmöglichkeiten für Dreieckskonstellationen, wobei einige Regelungen (z.B. zur Gruppenfeststellung) zunächst nur bis zum 30.6.2027 befristet sind, § 7a Abs. 7 SGB IV. Trotz der Reform ist das Verfahren auch weiterhin mit erheblichen Auslegungsproblemen verbunden.

---

1 BGBl I 2000, 2.
2 BGBl I 2002, 4621; BGBl I 2003, 2954; BGBl I 2005, 818; BGBl I 2007, 3024.
3 BGBl I 2021 S. 2970.
4 *BSG* 11.3.2009 – B 12 R 11/07 R und 26.2.2019 – B 12 R 8/18 R.

Anders als bislang entfaltet es nunmehr aber gem. § 7a Abs. 2 S. 4 SGB IV n.F. auch leistungsrechtliche Bindungen für andere Versicherungsträger.[5]

Zu beachten ist, dass § 7a SGB IV kein Verfahren zur umfassenden Prüfung einer Versicherungspflicht ist. Entscheidungsgrundlage bilden ausschließlich die von den Parteien vorgelegten Tatsachen. Es bietet gleichwohl die Möglichkeit, eine behördliche Einschätzung zum Erwerbsstatus zu erlangen und diese zur Erlangung von Rechtssicherheit im konkreten Fall ggf. gerichtlich überprüfen zu lassen. 7

§ 7a SGB IV unterscheidet zwei Verfahrensarten. § 7a Abs. 1 S. 1 SGB IV regelt das Anfrageverfahren. Es bezieht sich auf die Frage nach dem Vorliegen einer abhängigen Beschäftigung nach § 7 SGB IV. Das Anfrageverfahren ist *optional*, also von entsprechenden Anträgen auf Statusfeststellung abhängig. Demgegenüber sieht § 7a Abs. 1 S. 2 SGB IV ein *obligatorisches*, also verpflichtendes Verfahren vor, wenn ein Arbeitgeber Meldungen nach § 28a Abs. 3 S. 2 Nr. 1 d) und e) SGB IV abgibt. Das betrifft Fälle, in denen die Gesellschaft einen Gesellschafter-Geschäftsführer oder einen Familienangehörigen beschäftigt.[6] 8

2. Statusfeststellungen aus Anlass einer Betriebsprüfung der DRV

a) Regelprüfung nach § 28p SGB IV

Gem. § 28p SGB IV prüfen die Träger der Rentenversicherung, ob der Arbeitgeber seinen Meldepflichten und sonstigen Pflichten, welche im Zusammenhang mit dem Gesamtsozialversicherungsbeitrag stehen, ordnungsgemäß erfüllt. Alle Arbeitgeberpflichten aus §§ 28a ff. SGB IV sind prüfungsrelevant. Prüfgegenstand sind „Fragen der Versicherungs- und Beitragspflicht, der Beitragshöhe und der Beitragsberechnung."[7] Diese Prüfung erfolgt mindestens alle 4 Jahre, § 28p Abs. 1 S. 1 SGB IV. 9

b) Außerordentliche Prüfung und kürzere Prüffristen nach § 28p Abs. 1 S. 2 SGB IV

Außerdem kann die Prüfung auf Antrag des Arbeitgebers in kürzeren Abständen durchgeführt werden, § 28p Abs. 1 S. 2 SGB IV. Kürzere Zeiträume oder Anträge auf eine außerordentliche Prüfung können sich empfehlen, wenn man das Risiko erheblicher Beitragsnachforderungen minimieren oder ausschließen möchte. Dies gilt gerade, wenn Sachverhalte vorliegen, deren sozialversicherungsrechtliche Beurteilung schwierig ist oder solche Sachverhalte nachträglich bekannt werden. 10

c) Ad-hoc-Prüfung, § 28p Abs. 1 S. 3 SGB IV

Gem. § 28p Abs. 1 S. 3 SGB IV kann aber auch außerhalb des Turnus geprüft werden, und zwar dann, wenn die Einzugsstellen den Rentenversicherungsträger über das Erfordernis unterrichten. Prüfungen in diesem Sinne sind durchzuführen, wenn die Voraussetzungen des § 98 Abs. 1 S. 4 SGB X vorliegen: Eröffnung eines Insolvenzverfahrens oder Abweisung mangels Masse, Betriebsschließung, Vermutung der Beitragshinterziehung in größerem Umfang, sehr hohe Beitragsrückstände, fehlende Beitragsnachweise für mehr als 12 Monate, auffällige Lohnsummenschwankungen.[8] 11

---

5 *Kreikebohm/Dünn* SGB IV/*Zipperer* SGB IV § 7a Rn. 11.
6 *Kreikebohm/Dünn* SGB IV/*Zipperer* SGB IV § 7a Rn. 12 ff.
7 *Kreikebohm/Dünn* SGB IV/*Nieder* SGB IV § 28p Rn. 6.
8 *Kreikebohm/Dünn* SGB IV/*Nieder* SGB IV § 28p Rn. 9.

3. Prüfung im Auftrag der Unfallversicherungsträger, § 28p Abs. 1b SGB IV

12 Zur Vermeidung von Doppelprüfungen bei Unternehmen teilen die Rentenversicherungsträger den zuständigen Berufsgenossenschaften ihre Prüfungsfeststellungen mit. Etwaige Bescheide ergehen durch die Träger der Unfallversicherung. Die Rentenversicherungsträger prüfen gem. § 28p Abs. 1b SGB IV in deren Auftrag.[9]

4. Verdachtsprüfung ohne vorherige Ankündigung

13 Bei Vorliegen besonderer Gründe (Verdacht auf Beitragshinterziehung) sind die Rentenversicherungsträger berechtigt, eine Prüfung ohne vorherige Ankündigung durchzuführen.

5. Verfahren nach § 28h Abs. 2 SGB IV

14 Nach § 28h Abs. 2 SGB IV entscheiden die Einzugsstellen personenbezogen und unabhängig von Betriebsprüfung oder Statusfeststellungsverfahren über das Bestehen der Versicherungspflicht. Die Entscheidung erfolgt im Wege des Erlasses eines Verwaltungsaktes.[10] Zuständige Einzugsstelle ist die Krankenkasse, § 28i SGB IV.

III. Schwerpunkt: Das optionale Anfrageverfahren nach § 7a Abs. 1 S. 1 SGB IV

15 Das Statusfeststellungsverfahren nach § 7a Abs. 1 S. 1 SGB IV bietet die Möglichkeit, die sozialversicherungsrechtliche Einordnung einer Erwerbstätigkeit klären zu lassen.

1. Verfahrensfragen

a) Zuständigkeit

16 Zuständig für die Durchführung des Verfahrens ist abweichend von § 28h SGB IV die Deutsche Rentenversicherung Bund (DRV) als Clearingstelle mit Sitz in Berlin, § 7a Abs. 2 SGB IV.

b) Antragsberechtigung

17 Das Anfrageverfahren konnte bisher lediglich auf Antrag eines oder beider Vertragspartner betrieben werden. Die Antragsbefugnis ist seit dem 1.4.2022 in den Fällen der sog. Dreieckskonstellationen nunmehr erweitert worden. Nach der gesetzlichen Neuregelung kann nun gem. § 7a Abs. 2 S. 3 auch der Dritte, also der Endkunde, das Recht eine Entscheidung darüber zu beantragen, ob zwischen ihm und dem Auftragnehmer ein Beschäftigungsverhältnis besteht. Dies gilt allerdings nur dann, wenn der Dritte bei Feststellung einer Beschäftigung als Verpflichteter für die Zahlung des Gesamtsozialversicherungsbeitrags in Betracht kommt.[11] Dies ist immer dann der Fall, wenn Anhaltspunkte dafür vorliegen, dass der Auftragnehmer in seine Arbeitsorganisation eingegliedert ist und seinen Weisungsbefugnis unterliegt. Es stellt sich allerdings die Frage, ob Dritten geraten werden kann, ein solches Statusverfahren einzuleiten, zumal

---

[9] Gesetz zur Modernisierung der gesetzlichen Unfallversicherung v. 30.10.2008, BGBl I 2130.
[10] *Kreikebohm/Dünn* SGB IV/Nieder SGB IV § 28h Rn. 3.
[11] BT-Drucks. 19/29893, 29.

dadurch nicht nur die Vertragspartner (ggf. unwillentlich) in ein solches Verfahren gedrängt werden, sondern auch, weil ihnen nicht unerhebliche Weiterungen (z.B. §§ 16 Abs. 1 Nr. 1a AÜG oder § 266a StGB) drohen.[12] Jedenfalls in laufenden Vertragsbeziehungen könnten viele von der Möglichkeit einer eventuellen Selbstbelastung zurückschrecken. Wird die Clearingstelle nur auf Antrag einer Partei tätig, ist die andere Partei von Amts wegen anzuhören. Eine Verpflichtung zur Anhörung dürfte in Dreieckskonstellationen auch für den Dritten gelten, wobei dies nicht geregelt wurde.[13] Es wird nicht vorausgesetzt, dass die Parteien über den (vermeintlichen) Status einig sind.

c) Form

Der Antrag ist schriftlich oder elektronisch und unter Verwendung entsprechender Formblätter zu stellen.[14] Das ist für die Praxis ein großes Problem, denn die Clearingstelle entscheidet ausschließlich auf der Grundlage der ihr übermittelten Unterlagen und Informationen. Sind diese zu kurz oder auf Obergriffe beschränkt, führt dies in der Mehrzahl der Fälle zur Qualifizierung des Auftragsverhältnisses als Beschäftigung i.S.d. § 7 SGB IV. Es ist daher dringend anzuraten, so umfassend wie möglich und unter Verwendung von Anlagen zu den Tatsachen vorzutragen, auf die sich die Gesamtbetrachtung der DRV beziehen muss. Dies gilt insbesondere auch für die Prognoseentscheidung nach § 7a Abs. 4a SGB IV. Für dieses neu eingeführte Verfahren verlangt das Gesetz, dass nicht nur die von Parteien genutzten vertraglichen Bedingungen vorgelegt werden, sondern im Antrag auch Angaben darüber gemacht werden, wie das Vertragsverhältnis zukünftig konkret ausgefüllt und gelebt werden soll. Die Beteiligten haben daher bei Antragstellung die tatsächlichen Umstände der Tätigkeit zu antizipieren. Wie konkret und umfassend die Antizipation sein soll, dazu schweigen sowohl Gesetz als auch Gesetzesbegründung. Die dazu bereits angepassten Formulare der Clearingstelle orientieren sich an den üblichen Kriterien.

d) Rücknahme des Antrages

Wird der Antrag zurückgezogen, ist das Verfahren einzustellen. Ein Bescheid ergeht nicht. Ob die DRV in diesen Fällen verpflichtet ist, den Sachverhalt unter Amtsermittlungsgrundsätzen im Rahmen einer Betriebsprüfung gem. § 28p SGB IV zu erforschen, ist nicht geregelt.[15]

e) Zulässigkeit des Antrags

Der Antrag auf Durchführung eines Statusfeststellungsverfahrens nach § 7a SGB IV ist unzulässig, wenn eine Einzugsstelle nach § 28h Abs. 2 SGB IV über das Vorliegen einer Beschäftigung bereits bestandskräftig entschieden hat, oder im Zeitpunkt der Antragstellung bereits ein Verfahren zur Feststellung einer Beschäftigung eingeleitet war.[16] Dies kann durch Anfragen der Einzugsstelle oder die Ankündigung einer Betriebsprüfung nach § 28p SGB IV erfolgt sein.

---

12 Kritisch auch *Zieglmeier* NZA 2021, 981 und *Bissels/Falter/Joch* ArbR Aktuell 2021, 486.
13 *Zieglmeier* NZA 2021, 981; *Bissels/Falter/Joch* ArbR Aktuell 2021, 486 f.
14 Abrufbar unter www.deutsche-rentenversicherung.de.
15 *Plagemann* § 6 Rn. 8.
16 *Plagemann* § 6 Rn. 10.

21 Bezieht sich der Antrag auf Statusfeststellung nach § 7a Abs. 1 S. 1 SGB IV auf einen anderen Zeitraum oder eine andere Tätigkeit des Erwerbstätigen, bleibt der Antrag zulässig.

f) Mitwirkungsobliegenheiten und Amtsermittlungspflichten

22 Die Verfahrensbeteiligten sind zur Mitwirkung verpflichtet, § 7a Abs. 3 SGB IV.[17] Die DRV unterliegt dem Amtsermittlungsgrundsatz nach § 20 SGB X.

g) Grundsätze der Verfahrensdurchführung

23 Die Durchführung der Statusprüfung erfolgt nach den Grundsätzen, die die Spitzenorganisationen der Sozialversicherung beraten haben und die als Ergebnis in einem Rundschreiben[18] zusammengefasst sind.

2. Verfahrensgegenstand des Anfrageverfahrens

24 Gegenstand des Verfahrens ist zunächst die konkrete Tätigkeit des Erwerbstätigen bei einem Auftraggeber. Daran hat sich im Grunde auch seit der Reform der Statusfeststellung nichts geändert. Allerdings kann das Statusfeststellungsverfahren sich zukünftig nicht nur auf bestehende Vertragsverhältnisse und beendete Tätigkeiten beziehen, sondern bereits vor Aufnahme der Tätigkeit – und damit frühzeitiger als bisher – eingeleitet werden (sog. Prognoseentscheidung) Dies allerdings nur insoweit, als die von den Antragstellern antizipierten und angegebenen Umstände eine abschließende Beurteilung für die Zukunft zulassen. Ist dies nicht der Fall, zum Beispiel, weil sie zu ungenau oder nicht ausreichend sind, kann die Rentenversicherung den Antrag auf Feststellung des Erwerbsstatus vor Aufnahme der Tätigkeit ablehnen oder eine Entscheidung erst nach Aufnahme der Tätigkeit treffen.

25 Daneben wurde nunmehr auch ein weiteres Antragsverfahren eingeführt. Nach § 7a Abs. 4b SGB IV besteht nunmehr auch die Möglichkeit der sog. Gruppenfeststellung. Bei gleichen Auftragsverhältnissen war es bislang in der Regel erforderlich, für jeden Auftrag eine gesonderte Statusfeststellung zu beantragen. Gleiche Auftragsverhältnisse meint Vertragsverhältnisse, bei denen die vereinbarten Tätigkeiten ihrer Art und den Umständen der Ausübung nach übereinstimmen und ihnen einheitliche vertragliche Vereinbarungen zu Grunde liegen, also z.B. bei Identität zwischen den Vertragsbeteiligten oder aber wenn ein Auftraggeber gegenüber unterschiedlichen Auftragnehmern im Wesentlichen einheitliche Bedingungen vorgibt. Geringfügige Abweichungen, zum Beispiel hinsichtlich der Tätigkeit, der Höhe der Vergütung oder auch der Modalitäten, sind grundsätzlich unschädlich.[19] Bei diesem Verfahren äußert sich die DRV auf Antrag des Auftraggebers anhand eines konkreten Einzelfalls gutachterlich zu dem Erwerbsstatus von Auftragnehmern in diesen Auftragsverhältnissen.[19] Zu beachten ist allerdings, dass die Gruppenfeststellung nicht für zum Zeitpunkt der Behördenentscheidung bereits bestehende Auftragsverhältnisse gilt.[20] Liegt das Gut-

---

17 Die Mitwirkungspflicht ist spezialgesetzlich in § 7a Abs. 3 SGB IV geregelt. Kasseler Kommentar/*Zieglmeier* § 7a SGB IV Rn. 33 ff.
18 Rundschreiben GKV Spitzenverband v. 1.4.2022, abrufbar unter: www.deutsche-rentenversicherung.de/DRV/DE/Experten/Arbeitgeber-und-Steuerberater/summa-summarum/Rundschreiben/rundschreiben.html.
19 BT-Drucks. 19/29893, 31.
20 *Zieglmeier* NZA 2021, 983.

achten der DRV vor, muss der Auftraggeber dem Auftragnehmer bei Abschluss eines (gleichen) Auftragsverhältnisses eine Kopie der gutachterlichen Äußerung aushändigen, § 7a Abs. 4b S. 4 SGB IV.

3. Ziel des Verfahrens und Rechtsnatur der Entscheidung der DRV

Ziel des Verfahrens ist ein feststellender Verwaltungsakt.[21] Die Entscheidung der DRV ist gem. § 77 SGG materiell bindend für die Verfahrensbeteiligten und entfaltet auch gegenüber der Einzugsstelle oder dem Versicherungsträger Tatbestandswirkung. Die Feststellung ist daher ungeachtet ihrer Rechtmäßigkeit (zunächst) wie eine unbestrittene Tatsache zu behandeln.[22]

Eine Besonderheit stellt in dieser Hinsicht allerdings die Prognoseentscheidung dar. Diese ist verknüpft mit Mitteilungspflichten der Beteiligten für den Fall, dass die vertraglichen Regelungen oder die Umstände des tatsächlich gelebten Vertragsverhältnisses von den bei Antragstellung angegebenen, antizipierten Verhältnissen abweichen, § 7a Abs. 4 S. 3 und 4 SGB IV. Diese kann, sollte sich eine wesentliche Änderung ergeben, die Entscheidung sodann wieder aufheben. Welche Änderungen und Modifikationen mitzuteilen sind, bleibt offen. Aus pragmatischer Sicht wird dies aber nur bei wesentlichen Änderungen der Fall sein, insbesondere wenn sich der antizipierte Einsatz in der Praxis doch deutlich anders darstellt, als zunächst gedacht und angegeben.[23] Die Abänderung erfolgt in diesen Fällen dann für die Zukunft, § 48 Abs. 1 S. 1 des SGB X. Nur, wenn die veränderten Umstände vorsätzlich oder grob fahrlässig nicht innerhalb der vorgegebenen Frist mitgeteilt werden, kommt eine Abänderung des Bescheides auch für die Vergangenheit in Betracht.[24]

Das neue Instrument der Gruppenfeststellung ist hingegen nicht als Verwaltungsakt ausgestaltet, sondern als gutachterliche Äußerung ohne Bindungswirkung.[24] Der Gesetzgeber ist allerdings der Auffassung, dass davon auszugehen sei, dass der einmal geprüfte Sachverhalt nicht anlasslos einer erneuten Prüfung unterzogen und anders beurteilt werde. Ob dies tatsächlich der Fall sein, bleibt abzuwarten. Allerdings sind die Beteiligten insoweit durch § 7a Abs. 4b SGB IV für die Vergangenheit geschützt. Sollte doch ausnahmsweise anlasslos eine andere Beurteilung getroffen werden, so tritt die Versicherungspflicht erst mit Bekanntgabe des entsprechenden Bescheides ein.

Auch außerhalb der Gruppenfeststellung kann die jeweilige Feststellung ein Präjudiz für Folgeaufträge desselben Auftraggebers darstellen, jedenfalls dann, wenn Art der Betätigung und die tatsächlichen Verhältnisse gleich bleiben.[25]

4. Bindungswirkung der Entscheidung

Problematisch ist, dass das Verfahren nach § 7a Abs. 1 S. 1 SGB IV kein umfassendes Verfahren zur Prüfung der Versicherungspflicht darstellt. Es ist möglich, dass im Rahmen einer Betriebsprüfung der DRV andere Ergebnisse zu Tage treten.

---

21 BT-Drucks. 14/1855, 6, 12; Winkler/*Lüdtke* § 7a Rn. 2.
22 Winkler/*Lüdtke* § 7a Rn. 10.
23 *Bissels/Falter/Joch* ArbR Aktuell 2021, 982.
24 BT-Drucks. 19/29893, 31.
25 *Plagemann* § 6 Rn. 13.

31 Was die Bindung anderer Behörden und Gerichte an die Feststellungen in sozialversicherungsrechtlicher Hinsicht betrifft lässt sich so viel sagen:

Der BGH, der BFH, das BVerwG, das BAG sowie das BSG gehen „überwiegend davon aus, dass Verwaltungsakte, derentwegen sie **nicht** angerufen werden, mit der für einen bestimmten Rechtsbereich getroffenen Regelung als gegeben hingenommen werden müssen".[26] Ausgehend davon binden auch Entscheidungen nach § 7a SGB IV die Finanzbehörden[27] (zum Beispiel im Rahmen von Lohnsteueraußenprüfungen)[28] und die Bundesanstalt für Arbeit.[29] Mit Urteil v. 21.1.2010[30] hat der 6. Senat des BFH im Anschluss an seine Entscheidungen aus 2002 und 2003 bestätigt, dass Entscheidungen des zuständigen Sozialversicherungsträgers über die Sozialversicherungspflicht eines Arbeitnehmers im Besteuerungsverfahren zu beachten sind, es sei denn, diese sind offensichtlich rechtswidrig. Die Entscheidungen entfalteten Tatbestandswirkung jedenfalls dann, wenn sie bestandskräftig geworden sind. Das gilt aber nur in Bezug auf getroffenen Feststellungen zur Sozialversicherungspflicht, soweit sie steuerliche Folgen nach sich ziehen (zur eingeschränkten Bindungswirkung s. 3. Teil 3. Kap. Rn. 1 ff.).

32 Mit der Einführung von § 7a Abs. 2 S. 4 SGB IV n.F. wird nunmehr zudem angeordnet, dass andere Versicherungsträger an die Entscheidungen der Deutschen Rentenversicherung Bund gebunden sind, wenn sie eine Versicherungspflicht aufgrund des Auftragsverhältnisses beurteilen. Sie haben den festgestellten Erwerbsstatus ihrer Entscheidung zugrunde zu legen. Dies gilt für Entscheidungen der Einzugsstelle nach § 28h Abs. 2 SGB IV, des betriebsprüfenden Rentenversicherungsträgers nach § 28p Abs. 1 S. 5 SGB IV und des Rentenversicherungsträgers nach § 2 SGB VI, soweit es um Beurteilung dieses Auftragsverhältnisses geht. Die Bindungswirkung erstreckt sich laut Gesetzesbegründung auch auf Entscheidungen der Bundesagentur für Arbeit, insbesondere soweit die Versicherungspflicht Voraussetzung für einen Anspruch auf Leistungen der Arbeitsförderung ist.[31]

33 Keine Bindungswirkung hingegen entfaltet das Gruppenfeststellungsverfahren, da dies nur als gutachterliche Stellungnahme ausgestaltet ist. Allerdings geht die Gesetzesbegründung davon aus, dass der einmal geprüfte Sachverhalt nicht anlasslos einer erneuten Prüfung unterzogen und anders beurteilt werde. Sollte dies doch ausnahmsweise der Fall sein, so sieht § 7a Abs. 4c SGB IV Vertrauensschutz für den Auftraggeber vor, da eine durch eine abweichende Beurteilung eintretende Versicherungspflicht unter den dort genannten Voraussetzungen erst mit Bekanntgabe des entsprechenden Bescheides eintritt. Der Auftraggeber genießt insoweit Vertrauensschutz.[32] Der Beginn der Versicherungspflicht wird jedoch nur für die Auftragsverhältnisse hinausgeschoben, die innerhalb von zwei Jahren seit Zugang der gutachterlichen Äußerung geschlossen werden. Damit soll sichergestellt werden, dass aufgrund einer einmal erfolgten gutachterlichen Äußerung nicht über viele Jahre hinweg Auftragsverhältnisse von einer Statusbeurteilung erfasst werden, die wegen geänderter Verhältnisse

---

26 *BFH* 21.1.2010 – VI R 52/08, Rn. 19 zitiert nach juris.
27 *BFH* 6.6.2002 – VI R 178/07; *BFH* 21.1.2010 – VI R 52/08.
28 *Plagemann* § 6 Rn. 12.
29 *BSG* 28.9.2011 – B 12 KR 15/10 R, juris.
30 *BFH* 21.1.2010 – VI R 52/08, juris.
31 BT-Drucks. 19/29893, 31.
32 BT-Drucks. 19/29893, 32.

(z.B. aufgrund neuerer Rechtsprechung) so nicht mehr getroffen werden würde.[33] Für Arbeitgeber bedeutet dies, die ablaufende Frist zu notieren und spätestens nach 18 Monaten erneut ein Gruppenfeststellungsverfahren für gleiche Auftragsverhältnisse einzuleiten.[34]

5. Rechtsfolgen

a) Feststellung einer Beschäftigung nach § 7 SGB IV

An die Feststellung einer Beschäftigung i.S.d. § 7 SGB IV ist die Versicherungspflicht des Erwerbstätigen und damit die Pflicht zur Beitragszahlung durch den Arbeitgeber geknüpft. Der Gesamtsozialversicherungsbeitrag umfasst die Beiträge zur Renten-, Kranken-, Pflege- und Arbeitslosenversicherung sowie die Umlage nach AAG und für Insolvenzgeld.[35]

Nur (!) unter den Voraussetzungen des § 7a Abs. 5 SGB IV werden die Antragsteller wie folgt privilegiert: Abhängig von der Zustimmung des Beschäftigten, tritt die Versicherungspflicht erst mit Bekanntgabe der Entscheidung der DRV ein, § 7a Abs. 5 S. 1 SGB IV. Kommt die DRV bei Durchführung des Anfrageverfahrens zunächst nicht zu einer Beschäftigung und geht der Erwerbstätige hiergegen im Wege des Widerspruchs vor, beginnt die Versicherungspflicht mit Bekanntgabe des Widerspruchsbescheides, soweit dieser vom Ausgangsbescheid abweicht. Der Gesamtsozialversicherungsbeitrag wird abweichend von § 23 SGB IV erst fällig, wenn die Entscheidung zum Vorliegen einer Beschäftigung unanfechtbar geworden ist, § 7a Abs. 5 S. 2 SGB IV. Das bedeutet: „Vom Beginn der Sozialversicherungspflicht an werden die nun rückständigen Beiträge mit den Beiträgen für die Entgeltabrechnung des Kalendermonats fällig, der auf den Monat folgt, in dem die Entscheidung unanfechtbar wird."[36]

Die Modifizierung durch § 7a Abs. 5 SGB IV setzt neben der ausdrücklichen Zustimmung des Beschäftigten voraus, dass der Antrag nach § 7a Abs. 1 S. 1 SGB IV innerhalb eines Monats nach Aufnahme der Tätigkeit gestellt wurde, der Erwerbstätige für den Zeitraum zwischen der Aufnahme der Beschäftigung und der Entscheidung der DRV eine Absicherung gegen das finanzielle Risiko von Krankheit und zur Altersvorsorge vorgenommen hat, die nach der Art den Leistungen der gesetzlichen Krankenversicherung und der gesetzlichen Rentenversicherung entspricht.

Die Absicherung des Erwerbstätigen muss nach ihrer Art den Leistungen der gesetzlichen Krankenversicherung und der gesetzlichen Rentenversicherung entsprechen, d.h., deren Leistungsniveau nicht zwingend erreichen. Die Absicherung wird als adäquat angesehen, wenn der Erwerbstätige einen Anspruch auf Krankenbehandlung und Entgeltsatz (§ 27 SGB V sowie § 44 SGB V) sowie eine private Lebensversicherung oder freiwillige Versicherung nach § 7 SGB VI abgeschlossen hat. Eine kapitalbildende Lebensversicherung ist nicht ausreichend.[37]

---

33 BT-Drucks. 19/29893, 32.
34 *Bissels/Falter/Joch* ArbR Aktuell 2021, 983 f.
35 *Plagemann* § 6 Rn. 1.
36 *Plagemann* § 6 Rn. 13.
37 *Lüdtke* § 7a Rn. 26.

38 Der Erwerbstätige, der bei Aufnahme der Tätigkeit Zweifel an seinem sozialversicherungsrechtlichen Status hat und diese ausräumen lassen will, soll das Recht haben, sich bis zur Klärung der Statusfrage privat abzusichern.[38]

b) Feststellung der Selbstständigkeit

39 Stellt die DRV die Selbstständigkeit des Erwerbstätigen fest, gelten die obigen Ausführungen zur Tatbestandswirkung.

6. Überprüfbarkeit der Entscheidung

40 Gegen die Entscheidung kann Widerspruch, bei Nichtabhilfe Klage vor dem Sozialgericht erhoben werden. Widerspruch und Klage haben aufschiebende Wirkung, wie § 7a Abs. 6 S.1 SGB IV n.F. nunmehr nochmals klarstellt. Im Widerspruchsverfahren können die Beteiligten nach Begründung des Widerspruchs eine mündliche Anhörung beantragen, die gemeinsam mit den anderen Beteiligten erfolgen soll, § 7a Abs. 6 S.2 SGB IV.

41 Die Durchführung eines Widerspruchsverfahrens und/oder die klageweise Anfechtung des feststellenden Verwaltungsaktes der DRV können erhebliche Zeit in Anspruch nehmen. Bis zur letztinstanzlichen Entscheidung können mehrere Jahre vergehen. Angesichts der Tatsache, dass die Versicherungspflicht mit Bekanntgabe des Bescheids beginnt, sollte hinsichtlich etwa nachzuzahlender Beiträge Rückstellungen gebildet werden.

IV. Spezielle Konstellation: Obligatorische Statusfeststellung nach § 7a Abs. 1 S. 2 SGB IV

42 Seit 1.1.2005 ist gem. § 7a Abs. 1 S. 2 SGB IV[39] über das Vorliegen einer Beschäftigung von Amts wegen zu entscheiden, wenn ein Arbeitgeber Anmeldungen nach § 28a SGB IV für Ehegatten und Lebenspartner oder geschäftsführende Gesellschafter einer GmbH erstellt (vgl. § 28a Abs. 3 SGB IV). Seit 1.1.2008 gilt dies auch bei Beschäftigungen von Abkömmlingen.

43 Das Verfahren nach § 7a Abs. 1 S. 2 SGB IV setzt voraus, dass der Arbeitgeber mindestens Zweifel am Status hat und (vorsorglich) Meldungen nach § 28a SGB IV erstattet oder selbst davon ausgeht, dass die Beschäftigung sozialversicherungspflichtig ist. Halten die Parteien die Betätigung für eine selbstständige Tätigkeit, werden Meldungen nach § 28a SGB IV gar nicht erst erstattet. Die Einzugsstellen erlangen insoweit keine Kenntnis von dem Sachverhalt, weshalb es nicht zur Anfrage nach § 7a Abs. 1 S. 2 SGB IV kommt. Den Parteien bleibt es bei dieser Fallgestaltung aber freilich unbenommen, selbst ein Anfrageverfahren nach § 7a Abs. 1 S. 1 SGB IV durchzuführen. Die Privilegierung des § 7a Abs. 6 SGB IV kommt aber nur dann zum Tragen. Ansonsten profitieren die Verfahrensbeteiligten weder hinsichtlich des Versicherungsbeginns noch der hinausgeschobenen Beitragsfälligkeit.

---

[38] *Plagemann* § 6 Rn. 18.
[39] In der ab 1.1.2005 gültigen Fassung.

3. Kapitel
Steuerrechtliche Feststellungsmöglichkeiten zur Arbeitgebereigenschaft

Literatur: *Bergan/Martin* Rechtsschutz gegen eine Negativauskunft nach § 89 Abs. 2 AO, DStR 2012, 2164; *Farle* Verbindlichkeiten in der Liquidation – Überprüfung verbindlicher Auskünfte, DStR 2012, 1590; *Hilbert* Die Lohnsteuer-Anrufungsauskunft nach § 42e EStG, NWB 2018, 466; *Niermann/Plenker* Änderungen im Bereich der Arbeitnehmerbesteuerung durch die LStÄR 2011, DB 2010, 2127; *von Streit* Anspruch auf einen bestimmten rechtmäßigen Inhalt einer verbindlichen Auskunft bei umsatzsteuerlichen Sachverhalten, DStR 2012, 1897; *Werder/Dannecker* Zweifelsfragen zur verbindlichen Auskunft, BB 2011, 2903.

I. Einführung

Das steuerliche Verfahrensrecht stellt kein dem Statusanfrageverfahren des Sozialversicherungsrechts nach § 7a Abs. 1 SGB IV vergleichbares Verfahren zur Feststellung zur Verfügung, ob ein Arbeitnehmer- oder ein freies Beschäftigungsverhältnis vorliegt (vgl. zum Sozialversicherungsrecht 2. Teil 2. Kap. Rn. 2 ff.). Die Wirkung solcher **Entscheidungen der Sozialversicherungsträger** beschränkt sich im Steuerrecht ausschließlich auf sozialversicherungsrechtliche Fragestellungen. 1

Trotz dieser (nur) **eingeschränkten Bindungswirkung** sind sowohl der Beschäftigte als auch der Arbeitgeber im Einzelfall gut beraten, über ein solches Verfahren jedenfalls den sozialversicherungsrechtlichen Status verbindlich feststellen zu lassen. 2

Dies zeigt aus Auftraggebersicht folgender Sachverhalt, über den der BFH im Jahre 2010 entschieden hat:[1] 3

Die klagende GmbH hatte über mehrere Jahre Beiträge für ihren Gesellschafter-Geschäftsführer zur Kranken- und Pflegeversicherung an die zuständige Krankenversicherung abgeführt und diese Zahlungen gem. § 3 Nr. 62 EStG als steuerfrei behandelt. Gesetzlich geschuldete Anteile des Arbeitgebers zur Sozialversicherung stellen keinen (steuerpflichtigen) Arbeitslohn dar, weil sie nicht als Gegenleistung für die Arbeitsleistung zu beurteilen sind. Die Frage, ob der Arbeitgeber gesetzlich zur Zahlung derartiger Arbeitgeberanteile verpflichtet ist, entscheidet sich nach sozialversicherungsrechtlichen Bestimmungen und hatte im vorliegenden Fall die zuständige Krankenkasse per Bescheid die Tätigkeit des Gesellschafter-Geschäftsführers als selbstständige Tätigkeit und damit als nicht sozialversicherungspflichtig eingeordnet. 4

Diesen Feststellungen hat sich der BFH in der Entscheidung angeschlossen. Die Klägerin hatte gegenüber Finanzbehörden und dem Finanzgericht eingewandt, der Geschäftsführer sei sozialversicherungsrechtlich (doch) als Arbeitnehmer anzusehen. Der BFH hat insoweit ausdrücklich festgehalten, dass Entscheidungen der Sozialversicherungsträger jedenfalls insofern auch steuerlich Bindungswirkung entfalten, als sie ein eigenes Prüfungsrecht der Finanzverwaltung und -gerichtsbarkeit – abgesehen von Fällen offensichtlicher Rechtswidrigkeit – ausschließen.[2] 5

---
1 *BFH* BStBl 2010, 703 ff.
2 *BFH* BStBl 2010, 703 Rn. 17, 19.

6 Diese Bindungswirkung erstreckt sich allerdings nur auf derartige sozialversicherungsrechtliche Fragestellungen, u.a. also darauf, ob eine sozialversicherungsrechtliche Verpflichtung i.S.d. § 3 Nr. 62 EStG und damit steuerfreie Leistungen vorliegen.[3] Jedenfalls insoweit kann über das Statusanfrageverfahren Rechtssicherheit auch in steuerlichen Fragestellungen erreicht werden, weil eine eigene steuerrechtliche Prüfung einer solchen Sozialversicherungspflicht bzw. -freiheit dann im Allgemeinen ausscheidet.

7 Im Übrigen allerdings gilt mit Blick insbesondere auf das Lohnsteuerabzugsverfahren und das Umsatzsteuerrecht, dass eine Bindungswirkung an Feststellungen der Sozialversicherungsträger nicht besteht. Dies muss bedacht und deshalb der Frage nachgegangen werden, welche Feststellungsmöglichkeiten das Steuerrecht selbst zur Verfügung stellt, um Rechtssicherung zu gewährleisten.

8 Dabei stehen die Regelungen in § 89 AO, §§ 204 ff. AO und § 42e EStG nebeneinander. Eine **Bindung der Finanzbehörden** kann sich darüber hinaus **aus Treu und Glauben** ergeben, wenn zum Beispiel das Wohnsitzfinanzamt dem Auftragnehmer (Arbeitnehmer) eine Auskunft erteilt und diese Auskunft für – steuererhebliche – Dispositionen kausal geworden ist; dann kann eine Bindung der Finanzverwaltung bis in das Veranlagungsverfahren hineinreichen.[4] Eine solche Bindung der Finanzverwaltung aus Treu und Glauben stellt aber lediglich einen seltenen **Ausnahmefall** dar, weshalb hierauf im weiteren Verlauf nicht vertiefend eingegangen werden soll.

II. Anrufungsauskunft nach § 42e EStG

1. Einführung

9 Der Fiskus bedient sich des Arbeitgebers – im Rahmen eines öffentlich-rechtlichen Auftragsverhältnisses –, der als Dritter in das Lohnsteuererhebungsverfahren einbezogen ist und die Lohnsteuer zu berechnen und an das Finanzamt abzuführen hat. Steuerschuldner ist dabei allein der Arbeitnehmer. Aus dem Charakter der Lohnsteuer als Quellensteuer folgt jedoch, dass es sich um *„primäres Pflichtenrecht"* des Arbeitgebers handelt; für die Lohnsteuer als derart treuhänderisch verwaltete Steuer gilt zudem eine verschärfte Haftung.[5]

10 Damit sind – gerade mit Blick auf Risiken im Bereich der Scheinselbständigkeit – der Arbeitgeber sowie die für ihn handelnden Personen, insbesondere die Geschäftsleitung, einem persönlichen **Haftungsrisiko** ausgesetzt. § 42e S. 1 EStG stellt deshalb sowohl dem Arbeitgeber als auch dem Arbeitnehmer die Möglichkeit zur Verfügung, auf Anfrage eine verbindliche Auskunft über die Verpflichtungen im Lohnsteuerabzugsverfahren zu erhalten.

11 Die Norm verfolgt einmal den Zweck, dem Arbeitgeber ein Verfahren an die Hand zu geben, um verbindlich zu erfahren, wie er im Zweifelsfall beim Lohnsteuerabzug zu verfahren hat und dient sie darüber hinaus der Rechtmäßigkeit des Lohnsteuerabzu-

---

3 *BFH/NV* 2012, 946 Rn. 16.
4 Schmidt/*Krüger* § 42e Rn. 13.
5 So zutreffend Streck/Mack/Schwedhelm/*Olgemöller* Rn. 2.181, 2.191; siehe dazu auch BMF-Schreiben v. 12.12.2017, Rn. 1 (BStBl 2017, 1656).

ges insgesamt und damit dem Interesse des Arbeitnehmers.[6] Die Beteiligten erhalten eine verbindliche Auskunft über die Anwendung der lohnsteuerlichen Vorschriften im Einzelfall.[7]

Die **Anrufungsauskunft reduziert das Risiko des Arbeitgebers**, später vom Finanzamt auf Nachzahlung wegen Fehlern beim Lohnsteuerabzug in Anspruch genommen zu werden. Ist der Arbeitgeber einer ihm oder dem Arbeitnehmer erteilten (unrichtigen) Anrufungsauskunft gefolgt und hat er die Vorgaben des Finanzamtes beachtet sowie nach diesen Vorgaben die Lohnsteuer vorschriftsmäßig einbehalten und auch abgeführt, kann ein Haftungstatbestand gem. § 42d Abs. 1 Ziff. 1 EStG in diesen Fällen nicht erfüllt sein.[8] 12

§ 42e EStG betrifft allerdings **ausschließlich** das Lohnsteuerverfahren und gilt damit nicht für andere Steuerarten, etwa die Umsatzsteuer. 13

2. Auskunftsberechtigung und Anfragevoraussetzungen

Eine – stets gebührenfreie – **Anrufungsauskunft** können **alle Beteiligten des Lohnsteuerverfahrens stellen**, also neben dem Arbeitgeber und dem Arbeitnehmer auch Entleiher oder Verleiher bei Leiharbeitsverhältnissen.[9] Darüber hinaus sind alle Personen auskunftsberechtigt, die als Haftende infrage kommen, vor allem die gesetzlichen Vertreter natürlicher oder juristischer Personen (insbesondere die Geschäftsleiter von GmbH und AG), Vermögensverwalter – wie Insolvenz- und Zwangsverwalter, Liquidatoren und Testamentsvollstrecker – sowie sonstige Verfügungsbefugte, u.a. Prokuristen sowie auch Personen, die einen Betrieb übernehmen wollen.[10] 14

Auskunftsberechtigt sind nach zutreffender Auffassung dabei auch solche Personen, bei denen fraglich ist, ob sie dem Lohnsteuerverfahren überhaupt unterliegen,[11] u.a. also Auftragnehmer, bei denen infrage steht, ob sie als Arbeitnehmer oder als Selbstständige für ihren Auftraggeber tätig werden. 15

Voraussetzung ist stets ein **Feststellungs- bzw. Auskunftsinteresse**, an dem es dann fehlt, wenn bereits eine verbindliche Zusage, etwa nach § 204 AO erteilt wurde bzw. im Allgemeinen nach Ablauf des Kalenderjahres.[9] Die Beteiligten können die Anfrage formlos stellen,[12] allerdings ist schon aus Beweisgründen eine schriftliche Anfrage zu empfehlen. Auch die Auskunft selbst ist, wie die Anfrage, formlos möglich. Weil allerdings in erster Linie der Arbeitgeber daran ein berechtigtes Interesse hat, soll auch nach Auffassung der Finanzverwaltung das Finanzamt die **Auskunft in der Regel** (unter ausdrücklichem Hinweis auf § 42e EStG) **schriftlich** erteilen.[13] Darüber hinaus hat ein Beteiligter auch Anspruch auf schriftliche Bestätigung einer (zunächst nur) mündlich erteilten Auskunft, wenn ein berechtigtes Interesse vorliegt, was aus Gründen des Rechtsschutzes im Allgemeinen zu bejahen sein wird.[14] 16

---

6 Brandis/Heuermann/*Heuermann* § 42e Rn. 2.
7 Kirchhof/Seer/*Eisgruber* § 42e Rn. 1.
8 Schmidt/*Krüger* § 42d Rn. 3.
9 Kirchhof/Seer/*Eisgruber* § 42e Rn. 3.
10 Schmidt/*Krüger* § 42e Rn. 2 i.V.m. § 42d Rn. 35.
11 Kirchhof/Seer/*Eisgruber* § 42e Rn. 3 m.w.N.; Blümich/*Heuermann* § 42e Rn. 11.
12 BMF-Schreiben v. 12.12.2017, Rn. 7 (BStBl 2017, 1656).
13 Lohnsteuer-Richtlinien R 42e Abs. 1 S. 3 LStR; BMF-Schreiben v. 12.12.2017, Rn. 8 (BStBl 2017, 1656).
14 BrandisHeuermann/*Heuermann* § 42e Rn. 25.

17 Die Anfrage nach § 42e S. 1 EStG ist auf Auskunft gerichtet, ob und inwieweit im Einzelfall die Vorschriften über die Lohnsteuer anzuwenden sind. Gegenstand der Anfrage sind dabei nur die lohnsteuerrechtlichen Vorschriften, die für den Steuereinbehalt bzw. die Abführung der Lohnsteuer erheblich sind. **Auskunftsgegenstand** können insbesondere die Behandlung geldwerter Vorteile, von Ersatzleistungen oder Sonderzuwendungen, Fragen zur Pauschalierung der Lohnsteuer, zu Form und Inhalt der Lohnkonten und insbesondere auch das Vorliegen von Arbeitsverhältnissen,[15] also konkret die **Arbeitnehmereigenschaft bestimmter Personen** sein.[16]

18 Gegenstand der Anfrage kann demgegenüber nicht sein, was nicht mit dem Lohnsteuervorauszahlungsverfahren, sondern mit der Einkommensteuer des Arbeitnehmers zusammenhängt, etwa die Frage, ob Aufwendungen des Arbeitnehmers als Werbungskosten, Sonderausgaben oder außergewöhnliche Belastungen abziehbar sind.[17]

19 Die Anfrage muss sich dabei auf konkrete Rechtsfragen beziehen, die für den Einzelfall von Bedeutung sind,[18] und muss der Sachverhalt, der lohnsteuerrechtlich beurteilt werden soll, genau und bestimmt dargelegt werden.[19] Bei einem Beschäftigungsverhältnis zu bestimmten Personen oder Personengruppen, bei denen aus Sicht des Auftraggebers fraglich ist, ob der Fall einer Scheinselbstständigkeit gegeben sein könnte, sind dafür dem Finanzamt Anlass und Hintergrund der Beauftragung, die vertraglichen Grundlagen, die konkrete Einbindung der Betroffenen in die betrieblichen Abläufe sowie die beabsichtigte Dauer der Beschäftigung anzugeben. I.Ü. wird man sich bei der Darstellung an den Kriterien, die für bzw. gegen ein Arbeitnehmerverhältnis sprechen, zu orientieren haben (vgl. zum steuerrechtlichen Arbeitgeberbegriff 2. Teil 3. Kap. Rn. 23 ff.).

20 Liegt eine zulässige Anfrage eines Beteiligten vor, ist das **Finanzamt verpflichtet**, eine **vorbehaltlose und eindeutige Auskunft zu erteilen**.[20] Es kann die Auskunft zeitlich befristen, mit der Folge, dass ihre Wirksamkeit automatisch endet.[21]

21 Für die Erteilung ist das **Betriebsstättenfinanzamt des Arbeitgebers zuständig**. Das ist grundsätzlich das Finanzamt, in dessen Bezirk sich die Geschäftsleitung des Arbeitgebers i.S.v. § 10 AO im Inland befindet, § 42e S. 2 EStG. Gem. § 10 AO ist der Ort der Geschäftsleitung relevant, weshalb es bei juristischen Personen in der Regel auf den Ort der Willensbildung der gesetzlichen Vertreter – also von Geschäftsführern bzw. Vorständen – ankommt.[22] Besonderheiten gelten für **Konzernunternehmen**, wenn also mehrere Arbeitgeber unter einer einheitlichen Leitung zusammengefasst sind. Zwar bleibt in diesem Fall für jeden einzelnen Arbeitgeber – also das jeweilige (Tochter-)Unternehmen – das Finanzamt der betreffenden Geschäftsleitung zuständig. Sofern die Anrufungsauskunft aber eine Frage von einigem Gewicht betrifft und erkennbar

---

15 Kirchhof/Seer/*Eisgruber* § 42e Rn. 4.
16 Schmidt/*Krüger* § 42e Rn. 6.
17 Brandis/Heuermann/*Heuermann* § 42e Rn. 12.
18 BMF-Schreiben v. 12.12.2017, Rn. 1 (BStBl 2017, 1656).
19 Brandis/Heuermann/*Heuermann* § 42e Rn. 13.
20 Kirchhof/Seer/*Eisgruber* § 42e Rn. 3; Blümich/*Heuermann* § 42e Rn. 13.
21 BMF-Schreiben v. 12.12.2017, Rn. 9, 12 (BStBl 2017, 1656).
22 Koenig/*Koenig* § 10 Rn. 6.

ist, dass die Auskunft auch für andere Arbeitgeber des Konzerns von Bedeutung ist bzw. wenn bereits Entscheidungen anderer Finanzämter vorliegen, ist auf Antrag die zu erteilende Auskunft mit den übrigen betroffenen Finanzämtern abzustimmen.[23]

3. Bindungswirkung der Anrufungsauskunft

Der Vorteil der Lohnsteueranrufungsauskunft besteht für den Arbeitgeber darin, dass die Finanzverwaltung an sie gebunden ist.[24]

Verfährt der **Arbeitgeber** gemäß der Anrufungsauskunft, so hat er die Lohnsteuer ordnungsgemäß einbehalten und abgeführt; ihm kann dann nicht entgegengehalten werden, er habe nicht vorschriftsmäßig gehandelt, und zwar unabhängig davon, ob die Anrufungsauskunft materiell richtig oder unrichtig gewesen ist.[25] Hat das Betriebsstättenfinanzamt dem Arbeitgeber die Auskunft erteilt, sind die Finanzbehörden – allerdings nur im Hinblick auf Fragen des Lohnsteuerabzugsverfahrens – auch gegenüber dem Arbeitnehmer selbst daran gebunden; die aufgrund einer (unrichtigen) Anrufungsauskunft nicht einbehaltene und abgeführte Lohnsteuer kann dann seitens des Betriebsstättenfinanzamtes auch vom Arbeitnehmer nicht nachgefordert werden.[26]

Erhält der **Arbeitnehmer** eine ihm günstige Auskunft, so ist der Arbeitgeber an diese Auskunft gebunden, wenn sie ihm vom Finanzamt bekannt gegeben worden ist. Ist die Auskunft gegenüber dem Arbeitgeber nicht bekannt gegeben und damit auch nicht wirksam geworden, hat der Arbeitnehmer – allerdings nach umstrittener Auffassung – einen zivilrechtlichen Anspruch gegenüber seinem Arbeitgeber, entsprechend der Auskunft zu verfahren; der Arbeitgeber geht dadurch kein Haftungsrisiko ein, weil das Finanzamt an die Auskunft gebunden ist, unabhängig davon, ob sie auch gegenüber dem Arbeitgeber wirksam bekannt gegeben worden ist.[27] Eine Anrufungsauskunft entfaltet in keinem Fall Bindungswirkung im Veranlagungsverfahren des Arbeitnehmers, unabhängig davon, ob sie dem Arbeitgeber oder (nur) dem Arbeitnehmer erteilt worden ist.[28] Denn sie dient allein dazu, den Arbeitgeber bei Befolgung auch einer nur dem Arbeitnehmer erteilten Auskunft von seinem Haftungsrisiko zu befreien.[29] Das Wohnsitzfinanzamt kann bei der Einkommensteuerveranlagung des Arbeitnehmers daher ausdrücklich einen anderen Rechtsstandpunkt als das Betriebsstättenfinanzamt einnehmen, egal ob (nur) dem Arbeitgeber oder (auch) dem Arbeitnehmer die Auskunft erteilt wurde.[25] Das Wohnstättenfinanzamt kann deshalb zum Nachteil des Arbeitnehmers eine andere, ungünstigere Rechtsauffassung vertreten.[30] Damit besteht vollumfängliche Rechtssicherheit jedenfalls (aber auch nur) für den Arbeitgeber.

---

23 So die Lohnsteuer-Richtlinien in R 42e Abs. 3 LStR.
24 *BFH* BStBl 2011, 479; BMF-Schreiben v. 12.12.2017, Rn. 15 ff. (BStBl 2017, 1656).
25 *BFH* BStBl 2014, 892.
26 *BFH* BStBl 2014, 892; BMF-Schreiben v. 12.12.2017, Rn. 18 (BStBl 2017, 1656).
27 Brandis/Heuermann/*Heuermann* § 42e Rn. 36; Schmidt/*Krüger* § 42e Rn. 10 unter Verweis auf die Gegenauffassung.
28 Schmidt/*Krüger* § 42e Rn. 11; BMF-Schreiben v. 12.12.2017, Rn. 20 (BStBl 2017, 1656).
29 Tipke/Kruse/*Seer* AO § 89 AO Rn. 108 a.E.
30 *BFH* BStBl 2011, 479. Soll zusätzlich eine solche Steuernachforderung beim Arbeitnehmer vermieden werden, ist darauf zu achten, dass die Anrufungsauskunft im Namen des Arbeitnehmers beim Betriebsstättenfinanzamt und darüber hinaus bei dem für die Veranlagung zuständigen Wohnstättenfinanzamt eine Anfrage gestellt wird. Bei verbindlichen Auskünften des Wohnsitzfinanzamts fallen nach § 89 Abs. 3 AO (vgl. dazu unten Rn. 47 ff.) allerdings Gebühren an (Haufe Steuer Office Kanzlei-Edition Online, L'habitant, HI519999, Stand: 12.5.2022 Ziff. 5.2).

25 Die **Bindungswirkung** erstreckt sich auch **auf bereits abgeschlossene Geschehensabläufe**, eine konkrete Disposition im Vertrauen gerade auf eine Anrufungsauskunft durch die Beteiligten ist deshalb nicht erforderlich.[31]

26 Das Finanzamt kann die Auskunft (analog § 207 AO) nur **mit Wirkung für die Zukunft** aufheben oder ändern und im Übrigen – beispielsweise bei Dauersachverhalten – eine Anrufungsauskunft auch zeitlich befristen; dann entfällt die Wirkung automatisch durch Zeitablauf, ohne dass es weiterer Maßnahmen des Finanzamtes bedarf (s. dazu unten Rn. 43 f.).[32] Das muss bedacht und müssen deshalb die Sachverhalte im Unternehmen im Auge behalten werden, weil sie nicht als auf unbestimmte Zeit geklärt angesehen werden können. Das ist auch deshalb erforderlich, weil die Anrufungsauskunft (automatisch und analog zu § 207 Abs. 1 AO) auch dann außer Kraft tritt, wenn die Rechtsvorschriften, auf denen die Entscheidung beruht, geändert werden.[33] Das erfordert eine Abstimmung mit der für die Lohnabrechnung zuständigen Abrechnungsstelle bzw. dem dafür zuständigen Steuerbüro.

27 Wird die Anrufungsauskunft mit Wirkung für die Zukunft geändert, ist allerdings das Ermessen des Finanzamtes dahin begrenzt, dass in die Abwägung vor allem das Vertrauen des Steuerpflichtigen einzubeziehen ist, wenn die Auskunft zur Grundlage wirtschaftlich relevanter Maßnahmen geworden ist, beispielsweise nach den Maßstäben der Anrufungsauskunft ein Vertrag abgeschlossen wurde.[34] War die Auskunft des Finanzamtes rechtswidrig, soll sie von den Finanzbehörden für die Zukunft auch ohne weitergehende Voraussetzungen wieder aus der Welt geschaffen werden können.[35]

4. Rechtsbehelfsmöglichkeiten

28 Die Beteiligten haben einen Rechtsanspruch auf Erteilung einer eindeutigen verbindlichen – und im Übrigen gebührenfreien[36] – Auskunft in Form eines feststellenden Verwaltungsaktes, der ggf. nach Einspruch mit der Verpflichtungsklage durchgesetzt werden kann.[37] Dafür gelten die Regelungen der §§ 118 ff. AO unmittelbar.[38]

29 Damit hat insbesondere der Arbeitgeber nicht nur ein Recht auf förmliche Bescheidung seines Antrags, vielmehr berechtigt § 42e EStG ihn, eine erteilte **Anrufungsauskunft** erforderlichenfalls im Klagewege auch **inhaltlich überprüfen** zu lassen.[39] Der BFH hat der Auffassung eine Absage erteilt, ausreichender Rechtsschutz könne auch noch durch Anfechtung einer Lohnsteuer-Anmeldung oder gar eines Nachforderungs- bzw. Haftungsbescheides gewährt werden; vielmehr müsse der Arbeitgeber frühestmöglich und definitiv Klarheit über die Anwendung lohnsteuerrechtlicher Normen erhalten. Nur auf diese Weise werde dem Zweck der Anrufungsauskunft hinreichend entsprochen, präventiv Konflikte zwischen dem Betriebsstättenfinanzamt und dem

---

31 Schmidt/*Krüger* § 42e Rn. 12.
32 *Niermann/Plenker* DB 2010, 2127, 2136; s. dazu auch BMF-Schreiben v. 12.12.2017, Rn. 9, 12 (BStBl 2017, 1656).
33 BMF-Schreiben v. 12.12.2017, Rn. 13 (BStBl 2017, 1656).
34 Tipke/Kruse/*Seer* AO § 89 AO Rn. 112; Brandis/Heuermann/*Heuermann* § 42e Rn. 40.
35 Kirchhof/Seer/*Eisgruber* § 42e Rn. 8.
36 Tipke/Kruse/*Seer* AO, § 89 Rn. 97.
37 Schmidt/*Krüger* § 42e Rn. 14.
38 BMF-Schreiben v. 12.12.2017, Rn. 10 ff. (BStBl 2017, 1656).
39 *BFH* BStBl 2010, 969 unter Ziff. II. 4. So jetzt auch ausdrücklich die Finanzverwaltung im BMF-Schreiben v. 12.12.2017, Rn. 15 (BStBl 2017, 1656).

Arbeitgeber zu vermeiden und auftretende lohnsteuerliche Fragen, die häufig auch die Kostenkalkulation des Arbeitgebers und die zivilrechtliche Ausgestaltung von Verträgen mit Mitarbeitern berühren, zeitnah einer Klärung zuzuführen.[40]

III. Verbindliche Zusage aufgrund einer Außenprüfung nach § 204 AO

1. Funktion und Anwendungsbereich des § 204 AO

Die §§ 204 ff. AO behandeln den Bereich verbindlicher Zusagen für zukünftige Besteuerungszeiträume im Anschluss an eine Außenprüfung.[41] Gegenstand ist die verbindliche Entscheidung über die zukünftige Behandlung eines in der Vergangenheit geprüften Sachverhaltes, der in Zukunft in gleicher Weise wieder auftreten kann.[42] Soweit eine Auskunft über das Lohnsteuerverfahren begehrt wird, kommt auch § 42e EStG in Betracht. § 204 AO betrifft ebenfalls zukünftige Sachverhalte, setzt allerdings eine Außenprüfung voraus. Beide Institute können unabhängig voneinander verfolgt werden.[43] § 42e EStG verdrängt nicht die Möglichkeit einer Zusage nach § 204 AO. 30

So steht es dem Arbeitgeber grundsätzlich frei, im Rahmen einer Lohnsteueraußenprüfung entweder einen Antrag nach § 42e EStG oder einen Antrag nach § 204 AO zu stellen.[44] 31

§ 204 AO trägt dem Interesse des Steuerpflichtigen an Planungs- und Rechtssicherheit Rechnung und kann der Steuerpflichtige in Einzelfällen dadurch bei seinen wirtschaftlichen Entscheidungen die zu erwartende steuerliche Belastung konkret berücksichtigen.[45] Weil eine verbindliche Zusage nur über Sachverhalte erteilt werden kann, die im Rahmen der Außenprüfung geprüft, d.h. im geprüften Zeitraum verwirklicht worden sind, sie sich andererseits aber auf die Behandlung in der Zukunft bezieht, werden nur **Dauersachverhalte** oder gleichartige, ständig wiederkehrende Sachverhalte – etwa die umsatzsteuerliche Behandlung bestimmter Umsätze – erfasst.[46] Es handelt sich in der Regel also um Sachverhalte entweder mit Dauerwirkung – unter anderem bei noch laufenden Vertragsverhältnissen – oder mit Dauerwiederkehr – beispielsweise bei Fragen zur Steuerfreiheit oder -pflicht bestimmter Geschäfte.[42] 32

2. Voraussetzungen für die Erteilung einer verbindlichen Zusage

Weil die verbindliche Zusage nur im Anschluss an eine Außenprüfung erteilt wird, muss ein zeitlicher Zusammenhang mit ihr bestehen, der jedenfalls zu bejahen ist, wenn kurz nach Übersendung des Prüfungsberichtes ein entsprechender Antrag gestellt wird.[47] Nach Auffassung der Finanzverwaltung soll bei einem erst nach der 33

---

40 *BFH* BStBl 2010, 969 unter Ziff. II. 4.
41 Entsprechend kommt ein Antrag auf verbindliche Zusage nach § 204 AO im Anschluss an eine sog. Lohnsteuer-Nachschau gem. § 42g EStG nicht in Betracht, weil es sich dabei nicht um eine Außenprüfung handelt (so *Janssen-Heid/Hilbert* BB 2015, 598, 599). Vgl. zur Lohnsteuer-Nachschau im Übrigen 4. Teil 3. Kap. Rn. 49 ff.
42 Tipke/Kruse/*Seer* § 204 AO Rn. 18.
43 Kirchhof/Seer/*Eisgruber* § 42e Rn. 2.
44 Tipke/Kruse/*Seer* AO, § 89 Rn. 113.
45 Koenig/*Intemann* § 204 Rn. 2.
46 Schwarz/Pahlke § 204 AO Rn. 2.
47 Koenig/*Intemann* § 204 Rn 13.

Schlussbesprechung gestellten Antrag aber in der Regel keine verbindliche Zusage mehr zu erteilen sein, wenn hierzu (weitere) umfangreiche Prüfungshandlungen erforderlich sind.[48]

34 Weil sich der Sachverhalt, der für die Besteuerung von Bedeutung sein muss, in der Vergangenheit verwirklicht haben muss, sollte ein **Antrag** auf Erteilung einer verbindlichen Zusage deshalb so früh als möglich gestellt werden, **möglichst bereits vor Beginn der Außenprüfung**, weil nur so wirksam darauf hingewirkt werden kann, dass der Aspekt tatsächlich erfasst und auch in den Prüfungsbericht aufgenommen wird.[49] Denn der Sachverhalt, auf den sich die verbindliche Zusage beziehen soll, muss geprüft und im Prüfungsbericht dargestellt werden; diese Darstellung kann nicht ersetzt werden, auch nicht durch Darstellung im Rahmen der Zusage selbst. Allerdings ist der Prüfungsbericht nur für die Sachverhaltsdarstellung maßgebend, nicht aber für die rechtliche Würdigung, weshalb das Finanzamt durchaus auch abweichend von einer im Prüfungsbericht geäußerten Rechtsansicht entscheiden kann.[50]

35 Bei frühzeitiger Antragstellung kann darauf Bedacht genommen werden, den Prüfungsumfang ggf. auszudehnen. Es besteht zwar keine Verpflichtung der Betriebsprüfung, einen Sachverhalt zu überprüfen, um dem Steuerpflichtigen eine verbindliche Zusage erteilen zu können. Da Prüfung und Darstellung im Bericht aber Voraussetzung für die Zusage sind, wird eine Ausdehnung der Prüfung nur abgelehnt werden können, wenn auch die Erteilung der Zusage selbst abgelehnt werden könnte.[51]

36 Auch für die verbindliche Zusage ist ein Antrag erforderlich, der möglichst in Schriftform – schon zu Dokumentations- und Nachweiszwecken – gestellt werden sollte, weil Unklarheiten zulasten des Antragstellers gehen. Antragsberechtigt ist der Steuerpflichtige, bei dem eine Außenprüfung durchgeführt wird.[52] Der Antrag und sein Inhalt müssen eine Entscheidung mit den in § 205 Abs. 2 AO genannten Voraussetzungen ermöglichen; weitere inhaltliche Anforderungen bestehen nicht.[53] Der Antrag muss deshalb allein den Sachverhalt, über den eine Zusage erteilt werden soll, enthalten, eine bestimmte Rechtsfolge braucht nicht beantragt zu werden.[54]

37 Die Zusage selbst ist dann von dem für die Außenprüfung zuständigen Finanzamt schriftlich zu erteilen und als verbindlich zu kennzeichnen, § 205 Abs. 1 AO. Ihr Inhalt und die weitere Darstellung sind im Übrigen durch § 205 Abs. 2 AO vorgegeben.

38 Adressat einer Zusage nach § 204 AO kann mit Blick auf Fragen etwa der Lohnsteuer nur der Arbeitgeber sein, nicht hingegen – wie etwa bei § 42e EStG – der Arbeitnehmer oder ein anderer möglicher Haftungsschuldner.[55] Auch hier gilt zudem, dass der Arbeitgeber dann, wenn er nach einer unrichtigen verbindlichen Zusage verfahren ist und die dortigen Vorgaben beachtet, insoweit eine Lohnsteuerhaftung nach § 42d Abs. 1 EStG entfällt.[56]

---

48 AEAO zu § 204 Nr. 3.
49 Koenig/*Intemann* § 204 Rn. 13.
50 *Schwarz/Pahlke* § 204 AO Rn. 5.
51 Koenig/*Koenig* § 204 Rn. 5 (in der Vorauflage).
52 Tipke/Kruse/*Seer* § 204 AO Rn. 6.
53 Tipke/Kruse/*Seer* § 204 AO Rn. 8.
54 *Schwarz/Pahlke* § 204 Rn. 3.
55 Brandis/Heuermann/*Heuermann* § 42e Rn. 7.
56 Schmidt/*Krüger* § 42d EStG Rn. 3.

3. Zukunftsbezogenheit und Zusageinteresse

Eine verbindliche **Zusage** soll **nur erteilt** werden, **wenn die künftige steuerliche Behandlung für eine geschäftliche Maßnahme des Steuerpflichtigen von Bedeutung ist.** Damit ist jede wirtschaftliche Maßnahme gemeint, die auch Gegenstand einer Außenprüfung sein kann; eine Beschränkung auf betriebliche Dispositionen oder auf unternehmerische Maßnahmen ist nach zutreffender Auffassung nicht angezeigt.[57] An einem solchen Zusageinteresse fehlt es (nur) dann, wenn die steuerliche Beurteilung des geprüften Sachverhalts anhand der vorliegenden Rechtsprechung bzw. Verwaltungsanweisung zweifelsfrei vorgenommen werden kann.[58] Die Zusage soll Rechtssicherheit bei nicht eindeutiger Rechtslage schaffen und muss aus Sicht eines objektiven Dritten die Beurteilung des Sachverhalts unter Beachtung der Verwaltungspraxis und der Rechtsprechung zweifelhaft erscheinen.[59]

In der Zukunftsbezogenheit der verbindlichen Zusage liegt allerdings zugleich ihr Nachteil mit Blick auf die Planungssicherheit, die lediglich eingeschränkt ist. Denn der Antrag kann erst dann gestellt werden, wenn der Sachverhalt, dessen künftige Behandlung abgesichert werden soll, verwirklicht ist. Geplante, aber in der Vergangenheit (noch) nicht verwirklichte **Sachverhalte, die der Steuerpflichtige erst in Zukunft zu verwirklichen beabsichtigt,** können **nicht Gegenstand einer verbindlichen Zusage** i.S.d. § 204 AO sein.[60] Für diese Fälle verbleibt dann nur die Möglichkeit einer verbindlichen Auskunft nach § 89 AO (s. dazu Rn. 47 ff.), die auch unabhängig von einer Außenprüfung erteilt werden kann, oder für die Lohnsteuer das Verfahren nach § 42e EStG (s. dazu Rn. 9 ff.).

Zeichnet sich mit Blick auf vertragliche Vereinbarungen mit freien Mitarbeitern oder Subunternehmern im Rahmen einer Außenprüfung ab, dass keine Beanstandungen erfolgen werden, sollte daran gedacht werden, für die Zukunft eine verbindliche Zusage einzuholen. Denn bei einer neuerlichen Betriebsprüfung – und diese Sachverhalte sind in der Praxis nicht selten – ist die Finanzbehörde an die Ergebnisse der vorangegangenen Prüfung nicht gebunden. Ein neuer Prüfer will dann ggf. für die Vergangenheit akzeptierte Sachverhalte – obgleich weder die vertraglichen Grundlagen noch die tatsächliche Umsetzung abweichen – neu und mit völlig anderem Ergebnis bewerten.

Je schwieriger das zu lösende Rechtsproblem ist, umso größer ist das Interesse des Steuerpflichtigen an einer klaren Zusage; je bedeutsamer sie unter Zugrundelegung objektiver Kriterien ist, desto höher soll auch der Finanzbehörde im Einzelfall zumutbare Aufwand für deren Erteilung sein.[61] Dies dürfte mit Blick auf die Einordnung von Vertragsverhältnissen unter dem Gesichtspunkt der Scheinselbständigkeit stets zutreffen, weil sowohl die wirtschaftlichen Folgen bei einer Änderung der Verwaltungsauffassung nach vielen Jahren als auch die Unsicherheiten mit Blick auf die erforderliche Gesamtabwägung nach wertender Betrachtung (s. zum steuerrechtlichen Arbeitgeberbegriff, 2. Teil 3. Kap. Rn. 23 ff.) ganz erheblich sind.

---

57 Koenig/*Intemann* § 204 Rn. 28; Tipke/Kruse/*Seer* § 204 AO Rn. 13.
58 Koenig/*Intemann* § 204 Rn. 27.
59 Tipke/Kruse/*Seer* § 204 AO Rn. 14.
60 Tipke/Kruse/*Seer* § 204 AO Rn. 19, 8.
61 Tipke/Kruse/*Seer* § 204 AO Rn. 16.

43 Die verbindliche **Zusage** tritt ohne Weiteres außer Kraft, wird also **für die Zukunft wirkungslos**, wenn sich die Rechtsvorschriften, auf denen die Entscheidung beruht, geändert haben, § 207 Abs. 1 AO. Die Änderung von Verwaltungsvorschriften oder Steuerrichtlinien wird davon nicht erfasst; denn insoweit handelt es sich nicht um Rechtsvorschriften in diesem Sinne. Nach zutreffender Auffassung löst auch eine geänderte höchstrichterliche Rechtsprechung des BFH nicht den Automatismus des § 207 Abs. 1 AO aus, weil die einzelfallbezogene Interpretation einer im Gesetz angelegten Entscheidung nicht das Gesetz selbst abändert;[62] dabei ist allerdings darauf hinzuweisen, dass dies nach finanzgerichtlicher Rechtsprechung teilweise anders beurteilt wird, also bei Änderung der höchstrichterlichen Rechtsprechung die Zusage hiernach wirkungslos werden soll.[63]

44 Liegen die Voraussetzungen des § 207 Abs. 1 AO im Übrigen vor, entfällt die Bindungswirkung für die Zukunft und trifft die Finanzverwaltung in der Regel **keine Pflicht, den Steuerpflichtigen auf ein Außerkrafttreten der verbindlichen Zusage hinzuweisen**.[64] Dies ist mit einer relativen Unsicherheit verbunden (s. dazu unten Rn. 60), wobei allerdings Steuerbescheide, die in der Vergangenheit unter Berücksichtigung der verbindlichen Zusage ergangen sind, nicht mehr geändert werden können; für Steuerbescheide allerdings, die erst noch zu erlassen sind, wäre die Zusage dann von der Finanzbehörde nicht mehr zu beachten.[65] Die Finanzbehörde ist allerdings dann, wenn mit Blick auf den Bestand der verbindlichen Zusage unumkehrbare wirtschaftliche Dispositionen getroffen worden sind, gehalten zu prüfen, ob dem Steuerpflichtigen ggf. durch Billigkeitsmaßnahmen geholfen werden kann, insbesondere durch Erlass (§ 227 AO), Stundung (§ 222 AO) oder durch Billigkeitsmaßnahmen bereits im Steuerfestsetzungsverfahren (§ 163 AO).[66]

4. Rechtsbehelfsmöglichkeiten

45 Der Steuerpflichtige kann sowohl gegen eine erteilte verbindliche Zusage als auch gegen ihre Ablehnung Einspruch einlegen. Ist er mit ihrem Inhalt nicht einverstanden, kann er nach erfolglosem Einspruchsverfahren eine Anfechtungsklage zum Finanzgericht erheben. Das Finanzgericht kann die **verbindliche Zusage** allerdings **nicht daraufhin überprüfen, ob sie materiell rechtmäßig ist**. Vielmehr besteht lediglich ein Anspruch auf Durchführung eines fairen rechtsstaatlichen Verfahrens, sodass eine verbindliche Zusage nur dann aufzuheben ist, wenn sie evident rechtswidrig ist.[67] Anders als im Falle des § 42e EStG ist die Klärung der materiellen Rechtmäßigkeit nur im – nachgelagerten – Einspruchs- bzw. Klageverfahren gegen den späteren Steuerbescheid möglich, etwa gegen einen Haftungs- oder Nachforderungsbescheid.

46 Ist ein Antrag auf Erteilung einer verbindlichen Zusage (rechtswidrig) abgelehnt worden, liegt also keine Entscheidung in der Sache vor, kann – nach erfolglosem Einspruchsverfahren – eine Verpflichtungsklage zum Finanzgericht eingereicht werden,[67] um das Finanzamt zu einer Entscheidung über die beantragte Zusage dem Grunde nach zu veranlassen.

---

62 Tipke/Kruse/*Seer* § 207 AO Rn. 3; *Schwarz/Pahlke* § 207 Rn. 1.
63 *FG Bremen* EFG 1991, 231.
64 *Schwarz/Pahlke* § 207 AO Rn. 1.
65 Koenig/*Intemann* § 207 Rn. 9.
66 Vgl. dazu Koenig/*Intemann* § 207 Rn. 10.
67 Koenig/*Intemann* § 204 Rn. 58.

IV. Verbindliche Auskunft nach § 89 Abs. 2 AO

1. Verhältnis zu anderen Auskünften und Zusagen

Eine verbindliche Auskunft gem. § 89 Abs. 2 AO ist für den Bereich der Lohnsteuer nach überwiegender Auffassung nur außerhalb des Regelungsbereiches des § 42e EStG möglich, der lex specialis zu dieser allgemeinen Vorschrift über verbindliche Auskünfte ist.[68] **47**

Eine Auskunft nach § 89 Abs. 2 AO ist allerdings auch bei steuerlichen Fragen möglich, für die eine verbindliche Auskunft nach § 204 AO eingeholt werden könnte. Letztere Alternative ist grundsätzlich allerdings vorzugswürdig, insbesondere weil sie gebührenfrei ist.[69] **48**

2. Funktion und Voraussetzungen einer verbindlichen Auskunft nach § 89 Abs. 2 AO

Nach § 89 Abs. 2 S. 1 AO können die Finanzbehörden auf Antrag verbindliche **Auskünfte über die steuerliche Beurteilung genau bestimmter, noch nicht verwirklichter Sachverhalte** (darin liegt der Unterschied zu § 204 AO; s. Rn. 40) erteilen, wenn mit Blick auf erhebliche steuerliche Auswirkungen daran ein besonderes Interesse des Steuerpflichtigen besteht. Das Institut der verbindlichen Auskunft ist seit 2006 gesetzlich verankert, was die bis dahin auf den Grundsatz von Treu und Glauben gestützten Rechtsprechungs- sowie Verwaltungsgrundsätze abgelöst hat. **49**

In § 89 Abs. 2 AO sind Voraussetzungen und Bindungswirkung nur allgemein bestimmt. Weitere Einzelheiten sind in der Steuer-Auskunftsverordnung (StAuskV), dem AEAO sowie anderen Verwaltungsanweisungen geregelt.[70] Einzelheiten zur Gebührenpflicht des Antrages finden sich in § 89 Abs. 3–7 AO.[71] **50**

Auch die verbindliche Auskunft setzt einen **Antrag** des Steuerpflichtigen voraus und muss einen genau bestimmten Sachverhalt betreffen. In der StAuskV und dem AEAO sind zu § 89 AO Anforderungen an Form und Inhalt im Einzelnen aufgeführt; zur Vermeidung von Zweifeln und Rechtsnachteilen sollte sich der Steuerpflichtige an diese Regelungen insbesondere zum Verfahren halten.[72] Der Antrag muss eine umfassende und in sich geschlossene Sachverhaltsdarstellung, eine Schilderung des besonderen steuerlichen Interesses des Antragstellers, eine ausführliche **Darlegung des Rechtsproblems mit eingehender Begründung des eigenen Standpunktes und die Formulierung konkreter Rechtsfragen** enthalten.[73] **51**

Der Antragsteller muss mit Name, Anschrift und ggf. seiner Steuernummer genau bezeichnet sein und ein ernsthaft geplanter, im Wesentlichen noch nicht verwirklichter Sachverhalt geschildert werden. Es dürfen insbesondere keine Alternativen oder auf **52**

---

68 Kirchhof/Seer/*Eisgruber* § 42e Rn. 2; Brandis/Heuermann/*Heuermann* § 42e EStG Rn. 6; a.A. Klein/*Rätke* § 89 Rn. 18, der alternativ zu § 42e EStG auch eine Auskunft nach § 89 Abs. 2 AO für möglich hält.
69 Klein/*Rätke* § 89 Rn. 15.
70 Koenig/*Hahlweg* § 89 Rn. 23 m.w.N.
71 Zu den Einzelheiten der Kostenpflicht vgl. Klein/*Rätke* § 89 AO Rn. 50 ff.; Tipke/Kruse/*Seer* § 89 AO Rn. 64 ff.
72 Koenig/*Hahlweg* § 89 Rn. 25/26, 23.
73 Klein/*Rätke* § 89 AO Rn. 15.

Annahmen beruhende Sachverhalte bezeichnet werden.[74] Der Sachverhalt ist so umfassend darzustellen, dass das Finanzamt grundsätzlich keine eigenen Ermittlungen anstellen muss, es soll allerdings dem Antragsteller Gelegenheit zum ergänzenden Sachvortrag geben, wenn dadurch eine Entscheidung in der Sache ermöglicht wird.[75] Die Sachverhaltsschilderung ist deshalb mit größter Genauigkeit zu fertigen, weil davon zum einen die Bindungswirkung der Zusage abhängt und zum anderen in Fällen, in denen die Gebühren nach Zeit berechnet werden, der Arbeitsaufwand für das Finanzamt und damit auch die Kostenpflicht gering gehalten werden können.[76] Das Finanzamt sollte andererseits keine überzogenen Anforderungen an die Darstellung etwa der Rechtsauffassung des Antragenden stellen, weil dieser die Auskunft in aller Regel gerade zur Klärung rechtlicher Unsicherheiten benötigt[77] und steuerliche Zweifelsfragen kaum einmal einfach gelagert sein dürften.

53 Gegenstand der Auskunft kann **jede steuerliche Frage** sein,[78] insbesondere also umsatzsteuerliche Fragestellungen sowie Fragen im Zusammenhang mit der Lohnsteuer, soweit für das Lohnsteuerabzugsverfahren nicht § 42e EStG vorrangig ist. Der Anwendungsbereich ist auf (im Wesentlichen) noch nicht verwirklichte Sachverhalte beschränkt, weil hier ein **besonderes Dispositionsinteresse des Antragstellers** vorausgesetzt wird, das für bereits abgeschlossene Sachverhalte nicht mehr bestehen kann.[79] Dieses besondere Interesse wird aber im Regelfall vorliegen[80] und in Anbetracht der Kostenpflicht die Finanzbehörde davon ausgehen dürfen, dass der Antragsteller in der Regel ein solches Interesse an der beantragten Auskunft und der von ihm geschilderte Sachverhalt damit auch erhebliche steuerliche Bedeutung hat. Die Finanzbehörde sollte hier nach zutreffender Auffassung „nicht kleinlich verfahren".[77]

54 Dabei ist zu beachten, dass das **Verbot der Verwirklichung des Sachverhaltes** sich nicht auf den Zeitpunkt der Antragstellung bezieht, er darf vielmehr nicht vor Entscheidung des Finanzamtes über den Antrag verwirklicht werden.[81] Der Sachverhalt ist in diesem Sinne noch nicht verwirklicht, wenn er erst in der Zukunft umgesetzt werden soll, wenn es sich um einen Dauersachverhalt handelt oder wenn der Sachverhalt zwar schon abgeschlossen ist, sich aber ständig wiederholt.[82] Dauersachverhalte sind solche, die in die Zukunft fortwirken, unter anderem etwa Mietverträge[83] oder sonstige Dauerschuldverhältnisse. Ein solcher Sachverhalt mit Dauerwirkung liegt auch vor bei (freien) Beschäftigungsverhältnissen, wenn die Vereinbarungen in der Vergangenheit zwar bereits begründet wurden, mit Blick darauf allerdings zukunftsbezogen wiederkehrend etwa die umsatzsteuerliche Handhabung in Rede steht (s. steuerrechtliche Konsequenzen der Statusverfehlung im 4. Teil 3. Kap. Rn. 11 ff.).

---

74 Koenig/*Hahlweg* § 89 Rn. 24 f.
75 AEAO zu § 89 Nr. 3.5.1.
76 Tipke/Kruse/*Seer* § 89 AO Rn. 31.
77 Koenig/*Hahlweg* § 89 Rn. 33.
78 Klein/*Rätke* § 89 Rn. 18.
79 Tipke/Kruse/*Seer* § 89 AO Rn. 33.
80 Klein/*Rätke* § 89 Rn. 19.
81 AEAO zu § 89 Nr. 3.5.2 S. 3.
82 Klein/*Rätke* § 89 Rn. 17.
83 Tipke/Kruse/*Seer* § 89 Rn. 33; Klein/*Rätke* § 89 Rn. 17.

Dies schließt also nicht aus, dass bereits **Vorbereitungshandlungen** getroffen werden. Entscheidend ist, dass die abgefragte Steuerfolge noch nicht ausgelöst ist und – zum Beispiel aufgrund vereinbarter Bedingungen in einem bereits abgeschlossenen Vertrag – auch nicht zwangsläufig eintreten wird.[84]

Zuständig ist gem. § 89 Abs. 2 S. 2 AO grundsätzlich das Finanzamt, das im Falle der Verwirklichung des betreffenden Sachverhalts örtlich zuständig wäre, in der Regel also das **Betriebsstättenfinanzamt**. Ist eine solche Zuständigkeit nicht gegeben, etwa bei **Investoren aus dem Ausland**, die noch nicht im Geltungsbereich der AO steuerpflichtig sind, ist das Bundeszentralamt für Steuern (BZSt) zentrale Anlaufstelle, § 89 Abs. 2 S. 3 AO. Das gibt auch ausländischen Unternehmen steuerliche Planungssicherheit, weil die später bei Verwirklichung des Sachverhaltes zuständig werdende Finanzbehörde nicht von der Auskunft des BZSt abrücken darf, allerdings überprüfen wird, ob der verwirklichte Sachverhalt mit demjenigen, der mit der Antragstellung vorgetragen wurde, in wesentlichen Punkten übereinstimmt.[85] Das ist stets Voraussetzung für die Bindungswirkung.

3. Bindungswirkung

Der **Umfang der sachlichen Bindung** ist durch Auslegung zu ermitteln und aus Sicht des Erklärungsempfängers unter Berücksichtigung aller den Beteiligten bekannten und erkennbaren Umstände festzustellen. Die Auskunft gibt dem Empfänger einen – durch seine Verwirklichung aufschiebend bedingten – Erfüllungsanspruch und ist **vom Finanzamt** zu beachten, solange und soweit die Zusage wirksam ist; von ihr **darf nicht** gegen den Willen des Empfängers **im nachgelagerten Besteuerungsverfahren abgewichen werden**.[86] Eine **Bindungswirkung** tritt allerdings **nur** dann ein, **wenn der später verwirklichte Sachverhalt von dem der Auskunft zugrunde gelegten Sachverhalt nicht bzw. allenfalls unwesentlich abweicht**, § 2 Abs. 1 S. 1 StAuskV.

Sie gilt zudem (nur) für die in der Auskunft genannten Steuern und Besteuerungszeiträume.[87] Sie besteht im Übrigen aber auch und gerade dann, wenn die Auskunft rechtswidrig ist und sich zugunsten des Antragstellers auswirkt; hat das Finanzamt eine solche (rechtswidrige) Auskunft nicht vor der Veranlagung geändert oder aufgehoben, muss es die Veranlagung auf Grundlage der erteilten Auskunft durchführen.[88] Die Bindungswirkung tritt im Übrigen nicht ein, wenn die Auskunft zuungunsten des Steuerpflichtigen rechtswidrig ist.[89]

Eine rechtswidrige Auskunft kann jedoch entsprechend §§ 129–131 AO im Vorfeld berichtigt, zurückgenommen oder widerrufen bzw. gem. § 2 Abs. 4 StAuskV mit Wirkung für die Zukunft aufgehoben oder geändert werden.[89] Dem Umstand, dass der Steuerpflichtige gerade bei Dauersachverhalten bereits Dispositionen getroffen und vertragliche Bindungen eingegangen ist und deshalb ein Vertrauensschutz besteht, wird dadurch Rechnung getragen, dass eine **Aufhebung oder Änderung nur mit Wirkung für die Zukunft** erfolgen darf.[90] Aus diesem Grunde sollte in langfristig angeleg-

---

84 *Werder/Dannecker* BB 2011, 2903, 2906.
85 Koenig/*Hahlweg* § 89 Rn. 33.
86 Tipke/Kruse/*Seer* § 89 AO Rn. 52.
87 AEAO zu § 89 Nr. 3.5.6.
88 Klein/*Rätke* § 89 Rn. 40.
89 Koenig/*Hahlweg* § 89 Rn. 29.
90 AEAO zu § 89 Nr. 3.6.6 S. 9.

ten vertraglichen Vereinbarungen, etwa mit Subunternehmern, zu deren Umsetzung im Vorfeld eine verbindliche Auskunft eingeholt wird, für den Fall der Aufhebung oder Änderung der Auskunft eine vertragliche Klausel zur Anpassung des Vertrages bzw. ein Sonderkündigungsrecht vorgesehen werden.

60 Entsprechendes gilt, soweit die Bindungswirkung nach § 2 Abs. 2 StAuskV automatisch entfällt, sobald die zugrundeliegenden Rechtsvorschriften geändert oder aufgehoben werden (s. dazu oben Rn. 43 f.). Eine zunächst rechtmäßige Auskunft wird aufgrund einer Gesetzesänderung rechtswidrig; keine derartigen Änderungen sind Änderungen in der Auffassung der Finanzverwaltung oder der Rechtsprechung.[91] Genau wie bei der verbindlichen Zusage nach § 204 AO bedarf es auch hier keines ausdrücklichen Hinweises oder gar einer ausdrücklichen Aufhebung der Auskunft, weshalb dem Steuerpflichtigen **angeraten** wird, **vor Verwirklichung des Sachverhaltes noch einmal die aktuelle Gesetzeslage** zu prüfen.[91] Dies wird insbesondere in Fällen gelten, in denen zwischen Auskunftserteilung und der tatsächlichen Umsetzung geplanter Maßnahmen ein längerer Zeitraum verstrichen ist, etwa weil sich darauf bezogene Vertragsverhandlungen länger als geplant hinziehen.

4. Rechtsbehelfsmöglichkeiten

61 Gegen einen Negativbescheid ist nach allgemeinen Vorschriften zunächst der Einspruch statthaft und im Anschluss dann eine Verpflichtungsklage zum Finanzgericht.[92]

62 Wie bei § 204 AO besteht **Rechtsschutz** gegen eine verbindliche Auskunft **nur eingeschränkt**, was ihren Wert in der Praxis deutlich abschwächt. Dies ist insbesondere deshalb fragwürdig, weil außerhalb der Regelungen zu § 42e EStG sowie zu § 204 AO – also außerhalb des Lohnsteuerabzugsverfahrens bzw. einer Außenprüfung – § 89 Abs. 2 AO die einzige Möglichkeit für den Steuerpflichtigen darstellt, vor Abschluss von Verträgen bei steuerlich unsicherer Ausgangslage eine verbindliche Auskunft der Finanzbehörden anzufordern. Dies aber ist gerade bei Fragestellungen im gesamten Spannungsfeld freier Beschäftigungsverhältnisse zu unselbstständigen Arbeitsverhältnissen, die eben nicht nur lohnsteuerliche, sondern vor allem auch Fragen zur Umsatzsteuer betreffen, der Fall (s. steuerrechtliche Konsequenzen der Statusverfehlung 4. Teil 3. Kap. Rn. 11 ff.).

63 Nach der Rechtsprechung des BFH kann eine verbindliche Auskunft nach § 89 Abs. 2 AO gerichtlich nur daraufhin überprüft werden, ob die Behörde den zu beurteilenden Sachverhalt zutreffend erfasst hat und dessen rechtliche Einordnung in sich schlüssig und nicht evident rechtsfehlerhaft ist.[93] Diese Rechtsprechung hat der BFH – trotz der daran geübten Kritik – aktuell bestätigt.[94]

64 Damit verbleiben erhebliche **Unsicherheiten**, was schon angesichts der teils nicht unerheblichen Gebühren, die für die Erteilung der Auskunft anfallen, fragwürdig scheint. Der Antragsteller hat nach dieser Rechtsprechung insbesondere **keinen Anspruch auf einen bestimmten rechtmäßigen Inhalt einer verbindlichen Auskunft**; auch eine Auskunft, die der Auffassung des Antragstellers widerspricht, ist rechtmä-

---

[91] Klein/*Rätke* § 89 Rn. 35.
[92] Klein/*Rätke* § 89 Rn. 27.
[93] *BFH* BStBl 2012, 651.
[94] *BFH/NV* 2014, 1014 Rn. 14 ff.

ßig, wenn sie in sich schlüssig und nicht evident rechtsfehlerhaft ist.[95] Weil die zu beurteilenden Rechtsfragen in der Regel von hoher Komplexität und besonderer wirtschaftlicher Bedeutung sind, neigen Finanzämter in der Praxis dazu, über die verbindliche Auskunft eher zulasten des Steuerpflichtigen zu befinden, und zwar teilweise mit Begründungen, die eine umfassendere finanzgerichtliche Überprüfung wünschenswert erscheinen lassen.[96]

In der Praxis endet deshalb ein Verfahren über einen Antrag auf Erteilung einer verbindlichen Auskunft häufig mit Anregung der Antragsrücknahme, wobei das Finanzamt eine Negativauskunft in Aussicht stellt, zum Teil verbunden mit der Erleichterung, im Falle der Antragsrücknahme dem Antragsteller bei der Gebührenfestsetzung entgegen zu kommen.[97] Damit bleibt dem Steuerpflichtigen der Rechtsweg letztlich effektiv verschlossen, obwohl bis zu diesem Zeitpunkt erhebliche Kosten und vor allem zeitliche Verzögerungen eingetreten sind.[98] Eine Klage zum Finanzgericht gegen eine verbindliche Auskunft wird sich deshalb nur in seltenen Fällen lohnen und ist der Rechtsschutz damit faktisch auf das Einspruchsverfahren gegen die erteilte Auskunft beschränkt.[99]

65

Gerade für **umsatzsteuerliche Fragestellungen** ist die oben angeführte Rechtsprechung des BFH bzgl. einer Ablehnung vollständiger inhaltlicher Kontrolle einer verbindlichen Auskunft **bedenklich**, insbesondere weil nach § 42e EStG der Arbeitgeber ausdrücklich Anspruch auf eine inhaltlich richtige Anrufungsauskunft hat (s. Rn. 28 f.). Im Jahr 2012 hat der BFH darauf hingewiesen, dass sich an der Rechtsprechung zur lohnsteuerlichen Anrufungsauskunft keine Änderungen ergäben, weil die Rechtfertigung für diesen dem Lohnsteuerverfahren vorgelagerten Rechtsschutz daraus erwachse, dass der Arbeitgeber gerade in Wahrnehmung seiner Funktion der Steuererhebung für den Staat unterstützend tätig wird.[100] Diese Ausgangslage gilt ebenso für verbindliche Auskünfte nach § 89 Abs. 2 AO auf dem Gebiet der Umsatzsteuer, weil der umsatzsteuerliche Unternehmer – in gleicher Situation wie der Arbeitgeber bei Einbehalt und Abführung der Lohnsteuer – die Umsatzsteuer vom Leistungsempfänger zu vereinnahmen und an das Finanzamt abzuführen hat.[101] Auch in diesem Zusammenhang wird der Unternehmer für Rechnung und im Interesse des Staates tätig, weshalb er auch die notwendige Unterstützung erhalten sollte, um in diesem Rahmen einem möglichst geringen Risiko ausgesetzt zu sein, von Vertragspartnern zivilrechtlich auf Rückzahlung in Anspruch genommen zu werden oder nicht erhobene Steuern von diesen nicht mehr nachfordern zu können, zumal auch der Unternehmer im Umsatzsteuerrecht kalkuliert, ob er mit oder ohne Umsatzsteuer fakturieren muss und inwieweit er damit zum Vorsteuerabzug berechtigt ist.[102] Es bleibt deshalb zu hoffen, dass die Rechtsprechung insbesondere für den Bereich der Umsatzsteuer eine

66

---

95 Koenig/*Hahlweg* § 89 Rn. 28.
96 *Farle* DStR 2012, 1590, 1592.
97 So zutreffend *Farle* DStR 2012, 1590, 1592/1593. Zur Ermittlung der Höhe der Gebühr bei Rücknahme eines Antrags auf verbindliche Auskunft vgl. aktuell *BFH* 4.5.2022 – I R 46/18.
98 *Farle* DStR 2012, 1590, 1593.
99 *Bergan/Martin* DStR 2012, 2164, 2166.
100 *BFH* BStBl 2012, 651 Rn. 20.
101 *Von Streit* DStR 2012, 1897, 1898.
102 *Von Streit* DStR 2012, 1897, 1899.

Anlehnung an die zu § 42e EStG entwickelten Grundsätze vornimmt. Jedenfalls sollten in allen Fällen die Kriterien weit ausgelegt werden, nach denen die erteilte Auskunft in sich schlüssig und nicht evident rechtsfehlerhaft sein muss.[103]

67 Weil sich dieser Auffassung im jeweiligen Einzelfall das zuständige Finanzamt aber nicht anschließen dürfte, sollte dem Steuerpflichtigen bewusst sein, dass bei Beantragung einer verbindlichen Auskunft faktisch allenfalls das Einspruchsverfahren gegen einen Negativbescheid zur Verfügung steht. Im Klageverfahren wird in aller Regel eine geänderte Auffassung des Finanzamtes nicht zu erwirken sein, zumal der damit verbundene Zeitverlust ohnehin dem Interesse entgegensteht, vor Umsetzung von Maßnahmen zügig Rechtssicherheit zu erhalten. Denn völlig unabhängig davon, ob eine negative Auskunft inhaltlich von den Finanzgerichten voll überprüft werden kann, wird eine Klage wohl schon deshalb nicht in Erwägung zu ziehen sein, weil finanzgerichtliche Verfahren in aller Regel – zumal bei komplexen Sachverhalten – mindestens mit zwei bis drei Jahren zu veranschlagen sind.

68 Deshalb ist im Falle der Negativauskunft zu überlegen, doch anders zu verfahren und sich auf eine Auseinandersetzung im nachgelagerten Besteuerungsverfahren zu beschränken (s. steuerrechtliche Konsequenzen der Haftungseingrenzung 5. Teil 4. Kap. Rn. 16 ff.). Dies ist zwar mit Risiken verbunden, allerdings dann vertretbar, wenn beachtliche Argumente für die Rechtswidrigkeit der Auskunft sprechen, weil in diesem Fall ohnehin keinerlei Bindung des Steuerpflichtigen für die spätere Steuerfestsetzung besteht.

---

103 *Farle* DStR 2012, 1590, 1593.

4. Kapitel
Bindungswirkung behördlicher und/oder gerichtlicher Entscheidungen

I. Wechselwirkung arbeitsgerichtlicher und sozialversicherungsrechtlicher Entscheidungen

Hauptfall der sozialversicherungsrechtlichen Beschäftigung ist das Arbeitsverhältnis.[1] **1**
Umgekehrt ist allerdings nicht jedes Beschäftigungsverhältnis im sozialversicherungsrechtlichen Sinn ein Arbeitsverhältnis.[2] Diese fehlende wechselseitige Austauschbarkeit beider Kategorien zeigt bereits, dass auch eine wechselseitige Verbindlichkeit der jeweiligen Statusentscheidungen für das jeweils andere Rechtsgebiet eigentlich nicht möglich ist. Letztlich erstaunt dieser Befund nicht; andernfalls wäre bereits die Wahl unterschiedlicher Begrifflichkeiten durch den Gesetzgeber unnötig. Versuche des Gesetzgebers im Rahmen des Entwurfs zu § 611a Abs. 3 BGBE jedenfalls eine widerlegliche Vermutung für das Bestehen eines Arbeitsverhältnisses im Fall einer positiven Entscheidung über das Bestehen eines Beschäftigungsverhältnisses im Rahmen des § 7a SGB IV vorzusehen,[3] überstanden das Gesetzgebungsverfahren nicht.

Eine unmittelbare Bindungswirkung arbeitsgerichtlicher Entscheidungen für die sozialversicherungsrechtliche Bewertung des Status als Beschäftigter ist dementsprechend nicht gegeben.[2] Dies ist neben den materiellen Unterschieden zwischen Beschäftigungs- und Arbeitsverhältnissen auch in prozessualen Regelungen begründet. Urteile der Arbeitsgerichte wirken gem. § 46 Abs. 2 ArbGG i.V.m. §§ 322, 325 ZPO grundsätzlich allein zwischen den am Rechtsstreit beteiligten Parteien.[4] An Auseinandersetzungen über des Bestehen eines Arbeitsverhältnisses vor den Arbeitsgerichten werden Sozialversicherungsträger jedoch grundsätzlich nicht beteiligt, so dass arbeitsgerichtliche Entscheidungen für sie keine formale Wirkung entfalten können. Entsprechendes gilt zwar nach § 141 Abs. 1 SGG grundsätzlich auch für Urteile der Sozialgerichte; hier jedoch sind neben dem zuständigen Sozialversicherungsträger auch Arbeitgeber und Arbeitnehmer im Rahmen von Statusfeststellungsverfahren zwingend zu beteiligen nach § 75 Abs. 2 SGG.[5] **2**

Auch mit Blick auf die formalen Unterschiede der jeweiligen Verfahrensordnungen **3**
verwundert die Vielzahl an praktischen Fällen nicht, in denen Arbeitsgerichte des Bestehen eines Arbeitsverhältnisses auf entsprechende Klagen des Arbeitnehmers verneinen, die Sozialgerichte ein Beschäftigungsverhältnis jedoch bejahen. Gerade der arbeitsgerichtliche Beibringungsgrundsatz führt dazu, dass – typischerweise der Arbeitnehmer – das Bestehen eines Arbeitsverhältnisses zur Überzeugung des Arbeitsgerichts darlegen muss. Kein leichtes Unterfangen, an dem erfahrungsgemäß

---

1 BeckOK SozR/*Rittweger* § 7 SGB IV Rn. 4 gibt hierzu die Zahl von 95 % an, überträgt diese Zahl auch auf das lohnsteuerrechtliche Dienstverhältnis (§ 2 Abs. 1, § 19 Abs. 1 EStG, § 1 Abs. 1, 3 LStDV).
2 *BAG* NZA 2019, 1558, Rn. 17 m.w.N.
3 *Referentenentwurf* v. 16.11.2015, dort Art. 2.
4 Zöller/*Vollkommer* § 325 Rn. 3.
5 Mayer-Ladewig/*B. Schmidt* § 75 Rn. 10d.

Arbeitnehmer nicht selten in der Praxis scheitern. Da vor den Sozialgerichten jedoch der Amtsermittlungsgrundsatz gilt, kommen diese in denselben Konstellationen oft zu einem anderen Ergebnis und bejahen – trotz eines die Arbeitnehmerstellung verneinenden arbeitsgerichtlichen Urteils – das Bestehen eines Beschäftigungsverhältnisses.

II. Bindungswirkung im Steuerrecht

4   Eine Bindungswirkung von Entscheidungen des Sozialversicherungsträgers besteht im Steuerrecht nur bezüglich der Frage einer Sozialversicherungspflicht eines Arbeitnehmers. Diese Bindungswirkung beschränkt sich dabei ausschließlich auf diese sozialversicherungsrechtliche Fragestellung.[6] Derartige Entscheidungen sind dann für das Besteuerungsverfahren zu beachten, etwa im Rahmen des § 3 Nr. 62 EStG,[7] soweit sie nicht offensichtlich rechtswidrig sind (3. Teil 3. Kap. Rn. 2 ff.).

5   Nur insoweit kann über das Anfrageverfahren nach § 7a Abs. 1 SGB IV ggf. Rechtssicherheit auch in steuerrechtlichen Sachverhalten erreicht werden, weil eine eigene steuerrechtliche Prüfung einer solchen Sozialversicherungspflicht bzw. -freiheit dann im Allgemeinen ausscheidet.

6   Im Übrigen aber besteht keine Bindungswirkung, insbesondere also nicht dahin, ob auch steuerlich von einer Arbeitnehmerstellung auszugehen und ein Lohnsteuerabzug vorzunehmen ist oder etwa im Rahmen der Umsatzsteuer. Hier ist durch die Rechtsprechung des BFH geklärt, dass hinsichtlich der Frage, ob jemand als Scheinselbstständiger zu beurteilen ist, keine Bindungswirkung zwischen Steuerrecht einerseits und Arbeits- und Sozialversicherungsrecht andererseits besteht (vgl. 3. Teil 3. Kap. Rn. 6 f.).

7   Allerdings ergeben sich Erleichterungen für die Praxis jedenfalls daraus, dass auch im Steuerrecht der arbeits- bzw. sozialversicherungsrechtlichen Einordnung eines (un)selbstständigen Beschäftigungsverhältnisses indizielle Bedeutung zukommt, so dass ein Gleichlauf im Steuer-, Arbeits- und Sozialrecht in vielen Fällen doch gewährleistet ist (2. Teil 3. Kap. Rn. 43).

III. Bindungswirkung im Strafrecht

1. Auswirkungen behördlicher Statusfeststellung auf den Tatbestand des § 266a StGB

8   Die Bindungswirkung von Verwaltungsakten im Strafrecht wird in folgenden Fallgestaltungen diskutiert: in der ersten Gruppe geht es um Straftatbestände, die schon ihrem Wortlaut nach auf einen Verwaltungsakt Bezug nehmen. In der zweiten Fallgruppe geht es um verwaltungsakzessorisch ausgestaltete Straftatbestände.

9   Bei Letzteren steht in Frage „ob eine Verwaltungsentscheidung materiell bindet, also obwohl sie im Wortlaut des Straftatbestandes nicht vorkommt, das Vorliegen oder

---

6   *BFH/NV* 2012, 946 Rn. 16.
7   Nach § 3 Nr. 62 EStG sind u.a. „steuerfrei (…) Ausgaben des Arbeitgebers für die Zukunftssicherung des Arbeitnehmers, soweit der Arbeitgeber dazu nach sozialversicherungsrechtlichen oder anderen gesetzlichen Vorschriften (…) verpflichtet ist".

Nichtvorliegen von Tatbestandsmerkmalen präjudiziert. So liegt es beim Statusfeststellungsverfahren und § 266a StGB: die Statusentscheidung wird nicht genannt, befasst sich aber mit den Vorfragen zu den Tatbestandsmerkmalen „Arbeitgeber" und „Beiträge", und betrifft eine diesbezügliche Entscheidung."[8]

Gegenstand des optionalen Anfrageverfahrens nach § 7a SGB IV ist die Überprüfung eines bestimmten Vertragsverhältnisses und seiner tatsächlichen Durchführung. Untersucht wird, ob eine Versicherungspflicht besteht. Dem feststellenden Verwaltungsakt ist im Ergebnis dieser Prüfung zu entnehmen, in welchem Zeitraum ein Auftragnehmer aus Sicht der DRV versicherungspflichtig ist oder nicht.

Das Verfahren nach § 7a SGB IV wurde geschaffen, um den Antragstellern bei Zweifeln über den Status des Auftragnehmers Rechtssicherheit zu verschaffen. Dem gesetzgeberischen Ziel wird das Verfahren indes nicht gerecht. Denn die DRV – hier die Clearingstelle – entscheidet ausschließlich auf der Grundlage der Angaben der Beteiligten. In der Regel stellt sie keine eigenen Ermittlungen zum Sachverhalt an, obwohl der Amtsermittlungsgrundsatz nach § 20 SGB X gilt. Daher können auch fehlerhafte oder unvollständige Angaben Einfluss auf den Entscheidungsprozess nehmen.

Vor diesem Hintergrund wird man sich mit der herrschenden Auffassung[9] gegen eine materielle Bindungswirkung für das Strafrecht aussprechen müssen.

Radtke,[10] der dem 1. Strafsenat des BGH angehört, vertritt in seiner Kommentierung zu § 266a StGB die Ansicht, die Entscheidung nach § 7a SGB IV binde die Strafgerichte nicht (und zwar ebenso wenig wie eine rechtskräftige sozialgerichtliche Entscheidung).

2. Bindung durch sozialgerichtliche Entscheidungen

Etwas anderes könnte in Bezug auf sozialgerichtliche Entscheidungen anzunehmen sein. Denn im sozialgerichtlichen Verfahren gilt gem. § 103 SGG der Amtsermittlungsgrundsatz, d.h., der Sachverhalt wird vom Gericht durch Beweiserhebung aufgeklärt. Das Sozialgericht entscheidet in der Sache.

Nach ganz herrschender Meinung binden aber „Urteile anderer Fachgerichtsbarkeiten den Strafrichter grundsätzlich nicht, selbst dann nicht, wenn in diesen Verfahren ebenfalls der Amtsermittlungsgrundsatz gilt".[11]

Kudlich[12] spricht sich dafür aus, zumindest **sozialgerichtlichen** Entscheidungen einen **indiziellen Charakter** zuzusprechen, erkennt aber sogleich zutreffend an, dass die Schwierigkeit schon darin besteht, dass die häufig divergente sozialgerichtliche Rechtsprechung bei vergleichbarer Fallgestaltung kaum Verbindlichkeit zu erzeugen mag.[12]

Also verbietet sich eine Bindung der Strafgerichte jedenfalls unter in dubio pro reo – Gesichtspunkten. Dies nicht zuletzt auch deshalb, weil u.a. Grundsätze der objektiven Beweislast das Ergebnis im sozialversicherungsrechtlichen Verfahren beeinflussen können.

---

8 *Lanzinner* S. 163.
9 G/J/W/*Wiedner* § 266a Rn. 13 m.V.a. Erbs/Kohlhaas/*Ambs* § 7a SGB IV Rn. 6a.
10 MK-StGB/*Radtke* § 266a Rn. 15.
11 *Lanzinner* S. 166 m.w.N. in Fn. 118.
12 ZIS 2011, 482, 484.

3. Auswirkungen der Statusfeststellung gem. § 7a SGB IV auf § 370 AO

18 § 7a SGB IV wirkt sich nicht auf das Steuerstrafrecht aus. Die Norm entfaltet ausschließlich Wirkung im Sozialversicherungsrecht. Am deutlichsten wird dies hier durch die Privilegierung des § 7a Abs. 6 SGB IV in puncto Fälligkeit. Die Lohnsteuerschuld oder die umsatzsteuerrechtlich relevante Frage nach der Unternehmereigenschaft werden im Statusfeststellungsverfahren nach § 7a SGB IV nicht erörtert.

19 Für das Steuerstrafrecht ist eine „objektive Bindungswirkung einer sozialrechtlichen Statusentscheidung" auch deshalb zu verneinen, „weil diese schon das (sachnähere) Beitragsstrafrecht wegen § 262 Abs. 1 StPO (...) nicht zwingend präjudiziert."[13]

20 Für die Begründung einer Straftat nach § 370 AO ist jedenfalls dann „von einer erhöhten Begründungspflicht auszugehen, wenn von der Bewertung des Erwerbsverhältnisses im Statusverfahren oder einer sozialgerichtlichen Entscheidung abgewichen werden soll. Auch soweit wegen einer falschen Statusentscheidung der Vorsatz hinsichtlich § 266a Abs. 1, 2 StGB entfällt, gilt dies entsprechend für die objektiv verwirklichten Steuerdelikte".[14]

---

13 *Lanzinner* S. 172 f. m.w.N. in Fn. 147, 148.
14 *Lanzinner* S. 173.

4. Teil Konsequenzen der Statusverfehlung

1. Kapitel
Arbeitsrechtliche Konsequenzen der Statusverfehlung

Literatur: *Hochrathner* Rechtsprobleme rückwirkender Statusfeststellungen, NZA 1999, 1016; *ders.* Noch einmal: Rechtsprobleme rückwirkender Statusfeststellungen – Ein Plädoyer für die endgültige Absage an die „Rosinentheorie", NZA 2000, 1083; *Hohmeister* Arbeits- und sozialversicherungsrechtliche Konsequenzen eines vom Arbeitnehmer gewonnenen Statusprozesses – Fehlerhafte Rechtswahl bei Begründung eines Mitarbeiterverhältnisses, NZA 1999, 1009; *Lampe* Arbeitsrechtliche Folgen der aufgedeckten „Scheinselbstständigkeit", RdA 2002, 18; *Lembke* Der Einsatz von Fremdpersonal im Rahmen von freier Mitarbeit, Werkverträgen und Leiharbeit, NZA 2013, 1312; *Niepalla/Dütemeyer* Die vergangenheitsbezogene Geltendmachung des Arbeitnehmerstatus und Rückforderungsansprüche des Arbeitgebers, NZA 2002, 712; *Reinecke* Die gerichtliche Feststellung der Arbeitnehmereigenschaft und ihre Rechtsfolgen, RdA 2001, 357.

I. Einführung

Im Fall einer Statusverfehlung bestehen die (individual-)arbeitsrechtlichen Konsequenzen kurz zusammengefasst darin, dass ein Arbeitsverhältnis zwischen Einsatzunternehmen und dem eingesetzten Fremdpersonal zustande kommt (zu den kollektivrechtlichen Konsequenzen vgl. 4. Teil 2. Kap.). In individualrechtlicher Hinsicht ergeben sich hieraus allerdings nicht nur Risiken für die betroffenen Unternehmen im Zusammenhang mit der Übernahme freier Mitarbeiter in Arbeitsverhältnisse, sondern auch eine Vielzahl von arbeitsrechtlichen Gestaltungsmöglichkeiten sowohl hinsichtlich der Arbeitsverhältnisse, aber auch in Bezug auf die Rückabwicklung des Scheinwerk-/Scheindienstvertrags. In der Praxis sind hierbei vor allem Forderungen auf Rückzahlung des Differenzlohns von Bedeutung, die Scheinselbstständige in vielen Fällen sogar davor abhalten können, eine etwaige Statusverfehlung gerichtlich durchzusetzen (zur Beschreitung des Arbeitsrechtswegs vgl. 3. Teil 1. Kap.). Gerade diese individualrechtlichen Gestaltungsmöglichkeiten sind deshalb als Bestandteil eines effektiven Konfliktmanagements im Zusammenhang mit einer Statusverfehlung unerlässlich.

1

II. Individualrechtliche Folgen: Arbeitsverhältnis

In der Folge einer Statusverfehlung ist im Hinblick auf die Begründung eines Arbeitsverhältnisses und dessen Inhalt zwischen Zwei- und Dreipersonenverhältnissen zu unterscheiden.

2

1. Zwei-Personenverhältnis

Im Zwei-Personenverhältnis folgt ein Arbeitsvertrag bereits daraus, dass der zwischen den Parteien geschlossene Scheinwerk- bzw. Scheindienstvertrag im Fall einer Statusverfehlung als Arbeitsvertrag auszulegen ist.[1] Dies hat zur Folge, dass für die Zeit der geltend gemachten Beschäftigung (vgl. 3. Teil 1. Kap. Rn. 8 ff.) sämtliche arbeitsrechtlichen Schutzvorschriften Anwendung finden, insbesondere diejenigen des KSchG und

3

---
[1] Vgl. Schaub/*Vogelsang* § 8 Rn. 43 ff.; *Lampe* RdA 2002, 18 ff. und Hümmerich/*Reufels* S. 1944 ff.

TzBfG. In der Praxis schließen sich hieran vor allem Fragen nach der Vertragslaufzeit und des nunmehr geschuldeten Arbeitsentgelts an, wobei es in beiden Fällen vor allem auf die entsprechenden Regelungen in den Verträgen über die „freie Mitarbeit" ankommt.

a) Laufzeit des Vertrags: Befristetes oder unbefristetes Arbeitsverhältnis?

4 Eines der wesentlichen arbeitsrechtlichen Risiken im Zusammenhang mit einer Statusverfehlung besteht aus Unternehmenssicht in der Entstehung unbefristeter Arbeitsverhältnisse, insbesondere weil regelmäßig die Reglungen des Kündigungsschutzes Anwendung finden.[2] Bei der Frage, ob unbefristete oder befristete Arbeitsverhältnisse vorliegen, kommt es darauf an, ob die in dem vermeintlichen Werk- oder Dienstvertrag beinhalteten Regelungen zur Vertragslaufzeit einen Anknüpfungspunkt für eine Befristung enthalten, z.B. aufgrund einer vertraglichen Festlegung bestimmter Laufzeiten des vermeintlichen Werkvertrags- bzw. Dienstverhältnisses.

5 Lässt sich eine derartige Befristungsabrede im Wege der Auslegung ermitteln, muss diese aber auch den für Arbeitsverhältnisse geltenden Anforderungen des TzBfG genügen. In formaler Hinsicht erfordert dies zunächst die Einhaltung des gesetzlichen Schriftformerfordernisses, woran es in der Praxis bei dem Abschluss schriftförmiger Verträge oftmals nicht fehlen wird (vgl. § 14 Abs. 4 TzBfG).[3] In sachlicher Hinsicht kommt es dann darauf an, ob ein Sachgrund für eine Befristung gegeben ist, an dem es in der Praxis allerdings in der Regel fehlen wird, da die Parteien bei Abschluss des vermeintlichen Werk- oder Dienstvertrags noch nicht einmal von der Erforderlichkeit eines derartigen Befristungsgrundes ausgegangen sind (vgl. § 14 Abs. 1 TzBfG).[4] Dann kann allenfalls die Möglichkeit einer sachgrundlosen Befristung herangezogen werden, die allerdings nur innerhalb eines Zeitraums von zwei Jahren (bei höchstens drei Verlängerungen) und ohne bestehende Vorbeschäftigungen der Parteien im Rahmen eines Arbeitsverhältnisses möglich ist (vgl. § 14 Abs. 2 TzBfG). Das BAG hat diese Regelung um das Vorbeschäftigungsverbot im Wege einer telelogischen Reduktion allerdings insoweit eingeschränkt, als nur Arbeitsverhältnisse innerhalb der letzten drei Jahre als „Zuvor-Arbeitsverhältnis" gelten, die einer sachgrundlosen Befristung entgegenstehen.[5]

6 In der Praxis wird es zur Beurteilung der Wirksamkeit einer sachgrundlosen Befristung allerdings nicht nur darauf ankommen, wie lange das Vertragsverhältnis zwischen den Parteien bestanden hat. Wie bereits gezeigt, obliegt es dem klagenden Scheinselbstständigkeiten, im Wege einer Status-, Kündigungsschutz- oder Entfristungsklage eine etwaige Scheinselbstständigkeit für konkret definierte Zeiträume geltend zu machen (vgl. 3. Teil 1. Kap.), was für ihn ggf. auch (negative) Folgen hinsichtlich möglicher Rückzahlungsansprüche seitens des Einsatzunternehmens haben kann (vgl. Rn. 22–28 ff.). Diese konkreten Zeiträume eines gerichtlich festgestellten Arbeitsverhältnisses sind dann maßgeblich für die Beurteilung der Wirksamkeit einer sachgrundlosen Befristung einschließlich möglicherweise entgegenstehender Vorbeschäftigungen.[6]

---

2 Insoweit gelten allenfalls die gesetzlichen Einschränkungen bspw. hinsichtlich einer Wartezeit (§ 1 Abs. 1 KSchG) oder im Kleinbetrieb (§ 23 KSchG).
3 Vgl. ErfK/*Müller-Glöge* § 14 TzBfG Rn. 114 ff. m.w.N.
4 Vgl. zu den einzelnen Sachgrundbefristungen ErfK/*Müller-Glöge* § 14 TzBfG Rn. 23 ff. m.w.N.
5 Vgl. *BAG* NZA 2011, 905; *BAG* NZA 2012, 255; vgl. hierzu *Wank* RdA 2012, 361 m.w.N.
6 Vgl. *BAG* NZA 2007, 321.

b) Höhe des Arbeitsentgelts

Weiterhin ist aus Unternehmenssicht die Frage von Bedeutung, ob der vormals „freie Mitarbeiter" auch in Konsequenz einer Statusverfehlung die Ansprüche auf die im Rahmen des freien Mitarbeiterverhältnisses vertraglich verabredete Vergütung beibehält. Hierfür ist entscheidend, ob im Rahmen des „freien Mitarbeiterverhältnisses" eine vertragliche Vergütungsvereinbarung vorgelegen hat, die gem. § 611 Abs. 1 BGB – unabhängig von der rechtlichen Behandlung als Selbstständiger oder Arbeitnehmer – ebenfalls im Rahmen des nunmehr entstandenen Arbeitsverhältnisses Anwendung findet.[7]

Liegt im Rahmen des freien Dienstverhältnisses schon keine ausdrückliche Vergütungsvereinbarung vor, ist nach der Rechtsprechung des BAG allein durch die Auszahlung eines bestimmten Honorars jedenfalls nicht auf eine statusunabhängige Entgeltvereinbarung in dieser Höhe zu folgern, sodass im Arbeitsverhältnis ausschließlich ein Vergütungsanspruch auf die „übliche Vergütung" nach § 612 Abs. 2 BGB besteht:

„Entgegen der Ansicht der Revision ist allein daraus, dass die Kl. Honorare als freie Mitarbeiterin erhielt, nicht zu folgern, dass die Parteien eine Entgeltabrede des Inhalts geschlossen hätten, dass die Kl. die Vergütung für freie Mitarbeit selbst dann erhalten sollte, wenn sie ihre Tätigkeit für die Bekl. nicht (mehr) als freie Mitarbeiterin ausübe, sondern als Angestellte und damit als Arbeitnehmerin. (…) Hierfür genügt die Feststellung des ArbG nicht, dass die Parteien in einem Arbeitsverhältnis stehen. Denn sowohl ein Arbeitsvertrag als auch ein freier Dienstvertrag können auch ohne Abrede über die Vergütung wirksam zustande gekommen sein. Im Unterschied zu anderen Austauschverträgen, die im Zweifel solange nicht zustande gekommen sind, als sich die Parteien nicht über alle Punkte geeinigt haben, über die nach der Erklärung auch nur einer Partei Einigkeit erzielt werden soll (§ 154 BGB), ist das Zustandekommen eines Dienst- oder Arbeitsvertrags nicht davon abhängig, dass Einigkeit über die Vergütung erzielt worden ist. Ist die Leistung der Dienste bzw. der Arbeit nur gegen Vergütung zu erwarten, so wird eine solche dem Grunde nach geschuldet (§ 612 Abs. 1 BGB); ist über die Höhe der Vergütung nichts vereinbart, so richtet sie sich nach § 612 Abs. 2 BGB."[8]

Die mangels einer Vereinbarung geschuldete „übliche Vergütung" i.S.d. § 612 Abs. 2 BGB umfasst die in gleichen oder ähnlichen Berufen am gleichen Ort für vergleichbare Tätigkeiten gewährte Vergütung, sodass bei der Festlegung der Entgelthöhe vergleichbare Arbeitnehmer des Einsatzunternehmens als Referenz dienen können.[9]

Wurde dagegen eine Vergütungsvereinbarung abgeschlossen, ist im Wege der Auslegung zu ermitteln, ob diese Vergütungsvereinbarung auch statusunabhängig gelten soll. Dies richtete sich nach der Rechtsprechung des BAG lange Jahre insbesondere danach, ob bei dem Einsatzunternehmen unterschiedliche Vergütungsordnungen für freie Mitarbeiter und Arbeitnehmer vorliegen, so z.B. bei tarifunabhängigen Tagespauschalen für freie Mitarbeiter und tariflich geregelten Bruttomonatsgehältern für Arbeitnehmer.[10] In der Praxis war dies regelmäßig der Fall, weil freie Mitarbeiter in den meisten Fällen nach (höheren) Stunden- oder Tagespauschalen vergütet werden, Arbeitnehmer dagegen nach (niedrigeren) Bruttomonatsgehältern, die sich oftmals zumindest an bestehenden Tarifvorgaben orientieren. Bestanden derart unterschiedli-

---

7 Vgl. *BAG* NZA 2007, 321; NZA 2002, 1338; NZA 1998, 594; vgl. dazu Schaub/*Vogelsang* § 8 Rn. 43 ff.
8 Vgl. *BAG* NZA 1998, 594.
9 Vgl. ErfK/*Preis* § 612 Rn. 37 ff. m.w.N.
10 *BAG* NZA 2007, 321; NZA 2002, 1338; NZA 1998, 594; vgl. dazu Schaub/*Vogelsang* § 8 Rn. 43 ff.

che Vergütungsordnungen, war die vertragliche Vergütungsvereinbarung dahin auszulegen, dass ihre Geltung auf das freie Mitarbeiterverhältnis beschränkt ist, sodass die im Rahmen des Arbeitsverhältnisses geschuldete Vergütung ebenfalls nach § 612 Abs. 2 BGB bestimmt (vgl. Rn. 6).[11]

11 Neuere Rechtsprechung des BAG geht indes noch weiter: Danach darf selbst für den Fall, dass es an unterschiedlichen Vergütungsordnungen fehle, die Vergütungsvereinbarung nicht ohne weiteres auch im Arbeitsverhältnis als maßgeblich angesehen werden. Zurückgeführt wird dies maßgeblich auf zahlreiche Unterschiede zwischen beiden Vergütungsformen, u.a. decke jene im freien Dienstvertrag auch Risiken ab, die der freie Mitarbeiter anders als ein Arbeitnehmer selbst trage. Kernaussage für die Rechtspraxis ist daher die Folgende: „Eine für freie Mitarbeit individuell getroffene Vergütungsvereinbarung kann in der Regel nicht zugleich für eine Beschäftigung im Arbeitsverhältnis als maßgeblich angesehen werden. Für eine solche Annahme bedarf es vielmehr – vom Arbeitnehmer darzulegender – besonderer Anhaltspunkte", die – wie das BAG an späterer Stelle ergänzt, nur in begründeten Ausnahmefällen vorliegen dürften.[12]

12 Dagegen bleibt bei Vorliegen einer bestehenden Vergütungsvereinbarung nur die Möglichkeit, diese unter Heranziehung des Grundsatzes des Wegfalls der Geschäftsgrundlage gem. § 313 Abs. 1 BGB „anzupassen". Hierfür ist allerdings erforderlich, dass das Festhalten an dem Vertrag für das Einsatzunternehmen ein „unzumutbares Opfer" darstellt, wofür allein die Pflicht zur Entrichtung von Sozialversicherungsbeiträgen in Folge einer Statusverfehlung (vgl. hierzu 4. Teil 2. Kap.) nicht ausreicht.[13]

c) Sonstiges

13 Darüber hinaus hat der Arbeitnehmerstatus zur Folge, dass alle daran anknüpfenden Schutzvorschriften des deutschen Arbeitsrechts (KSchG, TzBfG, BurlG, EFZFG etc.) und auch die in dem Betrieb räumlich geltenden Betriebsvereinbarungen zur Anwendung gelangen. Darüber hinaus können aber auch tarifvertragliche Regelungen auf das Arbeitsverhältnis Anwendung finden, wenn entweder eine beiderseitige Tarifbindung oder eine Allgemeinverbindlichkeitserklärung gegeben ist (vgl. §§ 3 Abs. 1, 4 Abs. 1, 5 Abs. 4 TVG). Zudem kommt eine Anwendbarkeit tarifvertraglicher Bestimmungen aber auch in Betracht, wenn das Einsatzunternehmen das Tarifwerk auf alle Arbeitnehmer unabhängig von ihrer Tarifbindung und auch unabhängig von einer entsprechenden Vereinbarung anwendet. Weist das bisher auf Basis eines Scheinwerk-/-dienstvertrags durchgeführte Rechtsverhältnis keine Besonderheiten auf, so kann der Vertrag in diesen Fällen ergänzend dahin auszulegen sein, dass sämtliche betriebsüblichen Arbeitsbedingungen einschließlich der tarifvertraglichen Bestimmungen als vereinbart anzusehen sind.[14]

2. Dreiecksverhältnis

14 Im Dreiecksverhältnis wird dagegen vielfach mangels einer bestehenden Überlassungserlaubnis eine illegale Arbeitnehmerüberlassung vorliegen mit der Folge, dass gem. § 9 Nr. 1 AÜG die bestehenden Verträge zwischen Einsatzunternehmen und

---

11 *BAG* NZA 2002, 1338; NZA 1998, 594; vgl. dazu Schaub/*Vogelsang* § 8 Rn. 43 ff.
12 Vgl. *BAG* 26.6.2019 – 5 AZR 178/18.
13 *BAG* NZA 2002, 1338.
14 Vgl. ausführlich *Reinecke* RdA 2001, 357, 364 m.w.N.

Werkunternehmer sowie seinerseits dem Werkunternehmer und dem eingesetzten Fremdpersonal unwirksam sind und gem. § 10 Abs. 1 AÜG ein Arbeitsverhältnis zwischen dem Auftraggeber und dem Fremdpersonalmitarbeiter fingiert wird.[15]

a) Beginn des Arbeitsverhältnisses

Das fingierte Leiharbeitsverhältnis beginnt aufgrund der ausdrücklichen gesetzlichen Anordnung gem. § 10 Abs. 1 S. 1 AÜG zu dem Zeitpunkt, in dem der Fremdpersonalmitarbeiter nach dem vermeintlichen Werkvertrag seine Tätigkeit bei dem Einsatzunternehmen beginnen soll; nur in den Fällen, in denen dieser Zeitpunkt nicht bestimmt oder im Nachhinein nicht mehr bestimmbar ist, ist ausnahmsweise auf den Zeitpunkt der tatsächlichen Arbeitsaufnahme abzustellen.[16]

b) Inhalt des Arbeitsverhältnisses

Auch zum Inhalt des fingierten Arbeitsverhältnisses enthält § 10 Abs. 1 AÜG einige Regelungen:
- *Laufzeit des Vertrags:* Nach S. 2 gilt das fingierte Arbeitsverhältnis (nur dann) als befristet, wenn die Tätigkeit des Fremdpersonalmitarbeiters bei dem Einsatzunternehmen nur befristet vorgesehen war und ein die Befristung des Arbeitsverhältnisses sachlich rechtfertigender Grund vorliegt. Während die erste Voraussetzung in der Praxis oftmals erfüllt ist, fehlt es dagegen in den meisten Fällen an einem Sachgrund für die Befristung i.S.d. § 14 Abs. 1 TzBfG. Dagegen ist – anders als im Zwei-Personenverhältnis (vgl. Rn. 4–6) – ein Rückgriff auf eine Befristung des fingierten Arbeitsverhältnisses ohne Sachgrund nach § 14 Abs. 2 TzBfG nicht möglich, weil § 10 Abs. 1 AÜG ausdrücklich einen „sachlichen Grund" für die Befristung einfordert.[17]
- *Arbeitszeit:* Weiterhin gilt nach S. 3 für das fingierte Arbeitsverhältnis die zwischen dem vermeintlichen Werkunternehmer und dem Einsatzunternehmen vorgesehene Arbeitszeit als vereinbart. Im Fall eines Scheindienst- bzw. Scheinwerkvertrags wird es allerdings regelmäßig an einer solchen Vereinbarung zwischen dem Einsatzunternehmen und dem vermeintlichen Werkunternehmer fehlen, sodass gem. S. 4 (s.o.) die im Betrieb des Entleihers allgemein geltenden Regelungen maßgeblich sind.[18]
- *Arbeitsentgelt und sonstige Arbeitsbedingungen:* Schließlich sehen S. 4 und 5 vor, dass sich Inhalt und Dauer des fingierten Arbeitsverhältnisses nach den für den Betrieb des Einsatzunternehmens geltenden Vorschriften und sonstigen Regeln bestimmen; der Fremdpersonalmitarbeiter hat hierbei allerdings mindestens den Anspruch auf das von ihm mit dem Werkunternehmer vereinbarte Arbeitsentgelt.[19]

Insgesamt führen diese gesetzlichen Vorgaben zu einem weitgehenden Gleichlauf der fingierten Arbeitsverhältnisse der Fremdfirmenmitarbeiter im Vergleich zu dem in dem Einsatzunternehmen beschäftigten Stammpersonal. Entgegen einigen Missverständnissen in der Praxis haben das Einsatzunternehmen und der Fremdpersonalmit-

---

15 Dies gilt jedenfalls dann, wenn keine Arbeitnehmerüberlassungserlaubnis vorliegt; zur sog. Fallschirm-Lösung vgl. bereits 1. Teil Rn. 51 f. m.w.N.
16 BAG NJW 1977, 1413; vgl. auch *Thüsing* AÜG, § 10 Rn. 9 m.w.N.; a.A. bei *Boemke/Lembke* AÜG, § 10 Rn. 16, wonach der Zeitpunkt der Arbeitsaufnahme maßgeblich sein soll.
17 Vgl. *Thüsing* AÜG, § 10 Rn. 43 m.w.N.
18 Vgl. *Thüsing* AÜG, § 10 18–21 m.w.N.
19 Vgl. *Thüsing* AÜG, § 10 Rn. 67 ff. m.w.N.

arbeiter aber die Möglichkeit, den gesetzlich durch § 10 Abs. 1 AÜG vorgegebenen Inhalt des fingierten Arbeitsverhältnis durch abweichende Regelungen abzulösen; § 10 Abs. 1 AÜG beinhaltet insoweit keine Veränderungssperre.[20]

III. Individualrechtliche Gestaltungsmöglichkeiten

18 Vor dem Hintergrund dieser grundsätzlichen Rechtsfolgen ergeben sich aus Sicht der betroffenen Unternehmen aber auch arbeitsrechtliche Gestaltungsmöglichkeiten sowohl hinsichtlich des bestehenden Arbeitsverhältnisses als auch in Bezug auf die Rückabwicklung des vermeintlichen Werkvertrags- bzw. Dienstverhältnisses. Auch hier ist zwischen Statusverfehlungen im Zweipersonen- und Dreiecksverhältnis zu unterscheiden.

1. Zwei-Personenverhältnis

19 Im Zwei-Personenverhältnis sind jedenfalls folgende Gestaltungsmöglichkeiten in Betracht zu ziehen.

a) In Bezug auf das Arbeitsverhältnis

20 Der Bestand des Arbeitsverhältnisses wird regelmäßig nicht durch die Ausübung von Gestaltungsrechten durch die betroffenen Einsatzunternehmen in Frage gestellt werden können. In diesem Zusammenhang werden zwar vereinzelt die Möglichkeiten einer Anfechtung wegen eines Irrtums der Parteien hinsichtlich des Status (§ 119 BGB) oder einer Kündigung wegen Wegfalls der Geschäftsgrundlage diskutiert (§ 313 BGB). Liegt ein Irrtum hinsichtlich des Selbstständigenstatus vor, bildet dies aber einen unbeachtlichen Rechtsfolgenirrtum, der nicht zur Anfechtung des Arbeitsverhältnisses berechtigt.[21] Darüber hinaus wird das Kündigungsrecht nach § 313 BGB durch die speziellere Vorschrift des § 626 BGB verdrängt, wobei die Statusverfehlung schon keinen wichtigen Grund „an sich" darstellen kann, der zur außerordentlichen fristlosen Kündigung des Arbeitsverhältnisses berechtigt.[22]

21 Im Übrigen scheidet auch eine Nichtigkeit des Arbeitsvertrags aufgrund eines etwaigen geheimen Vorbehalts (§ 116 BGB) oder eines Scheingeschäfts (§ 117 BGB) aus. Ein geheimer Vorbehalt eines Erklärenden kommt bei einer Statusverfehlung in der Regel schon deshalb nicht in Betracht, weil beide Parteien übereinstimmend einen falschen Status begründet haben, ohne sich insgeheim etwas anderes vorzubehalten. Deshalb scheidet auch die Annahme eines Scheingeschäfts aus, da sich beide in einem Rechtsirrtum befanden und mithin kein verdecktes Geschäft abschließen wollten, sondern in Unkenntnis des zutreffenden Status den Vertrag abgeschlossen haben.[23]

b) In Bezug auf die Rückabwicklung des Scheinwerk/-dienstvertrags

22 Effektive Gestaltungsmöglichkeiten ergeben sich dagegen mit Blick auf das vermeintliche Werkvertrags- bzw. Dienstverhältnis. Denn für den Fall einer Statusverfehlung hatte das Einsatzunternehmen nach ständiger Rechtsprechung des BAG gegenüber

---

20 Vgl. *Thüsing* AÜG, § 10 Rn. 16 ff. m.w.N.
21 Vgl. *Lampe* RdA 2002, 18, 20; *Hümmerich/Reufels* S. 1946 f.
22 Vgl. *Schaub/Vogelsang* § 8 Rn. 43 ff. m.w.N.
23 Vgl. ausführlich *Lampe* RdA 2002, 18, 19 f.

dem Scheinselbstständigen gem. § 812 Abs. 1 S. 1 BGB einen Rückzahlungsanspruch in Höhe des Differenzlohns, wenn unterschiedliche Vergütungsordnungen für freie Mitarbeiter und Arbeitnehmer gegolten haben:[24]

„Der Arbeitgeber kann die Rückzahlung überzahlter Honorare verlangen, wenn der Arbeitnehmerstatus eines freien Mitarbeiters rückwirkend festgestellt wird. Mit dieser Feststellung steht zugleich fest, dass der Dienstverpflichtete als Arbeitnehmer zu vergüten war und ein Rechtsgrund für die Honorarzahlungen nicht bestand, wenn bei dem Dienstberechtigten unterschiedliche Vergütungsordnungen für freie Mitarbeiter und für Arbeitnehmer galten. War anstelle eines höheren Honorars das für Arbeitnehmer vorgesehene niedrigere Arbeitsentgelt zu zahlen, umfasst der Bereicherungsanspruch des Arbeitgebers nicht sämtliche Honorarzahlungen, sondern nur die Differenz zwischen beiden Vergütungen. Im Übrigen ist der Arbeitnehmer nicht ohne Rechtsgrund bereichert."

Wie bereits dargestellt, in der Praxis ist die Voraussetzung unterschiedlicher Vergütungsordnungen zumeist erfüllt, da freie Mitarbeiter in der Regel (höhere) Stunden- oder Tagespauschalen für ihre Tätigkeiten erhalten, während das (niedrigere) Gehalt von Arbeitnehmern regelmäßig in Monatsintervallen ausgezahlt wird. Jetzt geht das BAG noch weiter und davon aus, dass selbst für den Fall fehlender unterschiedlicher Vergütungsordnungen in der Regel davon auszugehen sei, dass die Vergütungsvereinbarung lediglich statusspezifisch gelte und hat in der Folge auch einen entsprechenden Rückzahlungsanspruch bejaht (vgl. Rn. 11).[25]

23

Die Höhe des Rückzahlungsanspruchs umfasst gem. § 818 Abs. 3 BGB die Differenz zwischen den durch die rechtsgrundlose Bereicherung entstandenen Vorteilen und den damit zusammenhängenden Nachteilen, d.h. dem Überschuss aller Aktiv- über die Passivposten. Im Fall einer Statusverfehlung ist dies gleichbedeutend mit dem Differenzlohn zwischen dem Entgelt, das der Scheinselbstständige auf Grundlage des Scheinwerk-/-dienstvertrags erhalten hat und dem Lohn, den er auf Grundlage eines Arbeitnehmerstatus erhalten hätte. Bei der Ermittlung des Differenzlohns ist also zum einen eine ordnungsmäße Eingruppierung des Scheinselbstständigen in das für Arbeitnehmer bestehende betriebliche Lohngefüge vorzunehmen; zum anderen kann bei der Berechnung des Differenzlohns aber auch zugunsten des Scheinselbstständigen zu berücksichtigen sein, dass dieser ggf. eigene Unterhalts- und Betriebskosten für den Einsatz eigener Betriebsmittel getragen oder bei Auftragsmangel bzw. Krankheit keinen Annahmeverzugslohn bzw. keine Entgeltfortzahlung erhalten hat.[26] Darüber hinaus, so auch die neuere Rechtsprechung des BAG, muss sich der Arbeitgeber nicht nur die im Arbeitsverhältnis geschuldete Bruttovergütung anrechnen lassen, sondern auch die darauf entfallenden Arbeitgeberanteile am Gesamtsozialversicherungsbeitrag.[25]

24

In der Folge kommen zwar einige Einwände von Scheinselbstständigen gegen derartige Rückzahlungsansprüche in Betracht, die in den meisten Fällen aber nicht durchschlagen dürften. In diesem Zusammenhang ist zu allererst der Einwand gem. § 814 BGB zu nennen, wonach das zum Zwecke der Erfüllung einer Verbindlichkeit Geleistete nicht zurückgefordert werden kann, wenn der Leistende gewusst hat, dass er zur Leistung nicht verpflichtet war. Erforderlich hierfür ist nach den allgemeinen Grundsätzen die Kenntnis des Leistenden, dass er nach der Rechtslage nichts schuldet; er

25

---

24 In prozessualer Hinsicht kann ein derartiger Anspruch als Eventualwiderklage in dem durch den Scheinselbstständigen betriebenen Status-, Kündigungsschutz- oder Entfristungsverfahren geltend gemacht werden (vgl. dazu 3. Teil 1. Kap.).
25 Vgl. *BAG* 26.6.2019 – 5 AZR 178/18.
26 Vgl. *Reinecke* RdA 2001, 357, 364 m.w.N.

hat aus den ihm bekannten Tatsachen eine im Ergebnis zutreffende rechtliche Schlussfolgerung zu ziehen, wobei eine entsprechende „Parallelwertung in der Laiensphäre" genügt.[27] Im vorliegenden Fall würde eine Kenntnis über die Statusverfehlung seitens des Einsatzunternehmens also zum Verlust möglicher Rückforderungsansprüche führen. Nach der Rechtsprechung des BAG sind die Hürden für eine derartige Kenntnis aber sehr hoch:

„Das LAG hat aus dem gegen die Kl. ergangenen Senatsurteil vom 11.3.1998 auf die positive Kenntnis der Kl. vom Arbeitnehmerstatus des Bekl. geschlossen. Damit hat es verkannt, dass das Kennen der Rechtsprechung allein zur Begründung des Wissens der Kl. von dem Nichtbestehen der Pflicht zur Honorarzahlung nicht genügt. Ob Rundfunksprecher im Rahmen eines freien Mitarbeiterverhältnisses oder eines Arbeitsverhältnisses beschäftigt werden, richtet sich immer nach den Besonderheiten des jeweiligen Einzelfalls. Für die Annahme positiven Wissens i.S.d. § 814 BGB wäre deshalb erforderlich, dass die bei der Kl. beschäftigten Justitiare auch die notwendige Tatsachenkenntnis im Einzelfall hatten. Das hat das LAG nicht festgestellt und kann bei den Mitarbeitern der Rechtsabteilung, die in das operative Tagesgeschäft nicht eingebunden sind, nicht ohne weiteres erwartet werden."[28]

26 Das BAG macht klar, dass eine Kenntnis der Statusverfehlung nur in jedem maßgeblichen Einzelfall bestehen kann; selbst eine Kenntnis von rechtskräftigen Entscheidungen hinsichtlich einer derartigen Statusverfehlung in vergleichbaren Fällen selbst im gleichen Unternehmen lassen noch nicht den Schluss zu, dass auch in dem vorliegenden Einzelfall eine fehlerhafte Statusbewertung zugrunde gelegt wurde. Darüber hinaus macht das BAG aber auch deutlich, dass die für eine Statusbewertung die Kenntnis der gelebten Vertragspraxis im operativen Tagesgeschäft erforderlich ist, die bspw. bei den verantwortlichen Justiziaren mangels Einbindung in das operative Tagesgeschäft nicht angenommen werden kann. Unter Zugrundelegung derart restriktiver Maßstäbe wird sich der insoweit darlegungs- und beweisbelastete Scheinselbstständige nur in absoluten Ausnahmesituationen auf den Einwand aus § 814 BGB berufen können, die dann allerdings an der Grenze zu einem für beide Seiten erkennbaren Scheingeschäft i.S.d. § 117 BGB mit der Folge der Nichtigkeit liegen dürften (vgl. dazu Rn. 21).

27 Auch ein möglicher Einwand der Entreicherung gem. § 818 Abs. 3 BGB seitens Scheinselbstständigen wird in der Regel nicht erfolgreich sein. Nach den allgemeinen Grundsätzen hat auch hier der bereicherte Scheinselbstständige den Wegfall der Bereicherung zu beweisen, weil es sich um eine rechtsvernichtende Einwendung handelt. Hierzu hat er im Falle einer Gehaltsüberzahlung darzulegen und im Streitfall zu beweisen, dass sich sein Vermögensstand in Folge der Gehaltsüberzahlung nicht verbessert hat. Nur bei Vorliegen kleinerer und mittlerer Arbeitseinkommen können ihm Erleichterungen zugutekommen: In diesen Fällen besteht bei einer gleichbleibend geringen Überzahlung des laufenden Arbeitsentgelts die Möglichkeit des Beweises des ersten Anscheins für den Wegfall der Bereicherung, sodass in solchen Fällen ein konkreter Nachweis, um solche Überzahlungen nicht mehr bereichert zu sein, ent-

---

27 Ständige Rechtsprechung *BAG* NZA 2005, 814; NZA 2002, 1338; NZA 2002, 155; vgl. dazu Hümmerich/*Reufels* S. 1949 ff.
28 *BAG* 9.2.2005 – 5 AZR 175/04, vgl. hierzu Hümmerich/*Reufels* S. 1946 f.; Schaub/*Vogelsang* § 8 Rn. 43 ff. m.w.N.

behrlich ist.[29] Die Anforderungen für einen derartigen Anscheinsbeweis sind nach der Rechtsprechung des BAG in Fällen einer Statusverfehlung aber wiederum sehr hoch:

„Diese Erleichterung der Darlegungs- und Beweislast kommt für den Arbeitnehmer aber nur dann in Betracht, wenn erfahrungsgemäß und typischerweise anzunehmen ist, dass die Zuvielzahlung für den laufenden Lebensunterhalt, insbesondere für konsumtive Ausgaben verbraucht wurde. Eine solche Annahme setzt voraus, dass es sich um Überzahlungen in relativ geringer Höhe handelt. Je höher die Überzahlung im Verhältnis zum Realeinkommen ist, umso weniger lässt sich annehmen, die zusätzlichen Mittel seien für den Lebensunterhalt verbraucht worden. Außerdem muss die Lebenssituation des Arbeitnehmers, insbesondere seine wirtschaftliche Lage so sein, dass die Verwendung der Überzahlung für die laufende Lebensführung nahe liegt. Das ist regelmäßig dann der Fall, wenn Arbeitnehmer mit geringem oder mittlerem Einkommen über keine weiteren Einkünfte verfügen, so dass sie die Nettobezüge aus ihrem Arbeitsverhältnis verwenden, um den laufenden Lebensunterhalt für sich und evtl. ihre Familie zu bestreiten. Sind dagegen nennenswerte andere Einkünfte vorhanden, so kann auf eine typische Lebenssituation, die zum Verbrauch der zusätzlichen Mittel führt, nicht geschlossen werden."[30]

Danach ist vor allem erforderlich, dass die Höhe der Überzahlungen aber auch ganz grundsätzlich verhältnismäßig gering sind. Diese Voraussetzungen werden in der Praxis nur in ganz seltenen Fällen erfüllt sein, da die unterschiedlichen Vergütungsordnungen stark voneinander abweichen; in allen anderen Fällen muss der Scheinselbstständige darlegen und beweisen, dass sich sein Vermögensstand in Folge der Gehaltsüberzahlung nicht verbessert hat. Auch wenn dies im Ergebnis eine Frage des Einzelfalls ist, wird dieser Nachweis in der Praxis nur in Ausnahmefällen denkbar sein. **28**

Letztlich macht das BAG zwar klar, dass einzel- oder kollektivvertragliche Ausschlussklauseln auch Rückforderungsansprüche als „sonstige Ansprüche aus dem Arbeitsverhältnis" erfassen können; dagegen beginnt der Lauf der Verfallfrist für den Anspruch des Einsatzunternehmens auf Rückzahlung der überzahlten Beträge aber in der Regel erst mit der rechtskräftigen Feststellung des Arbeitnehmerstatus: **29**

„Der Lauf der Verfallfrist für den Anspruch des Arbeitgebers auf Rückzahlung der überzahlten Beträge beginnt erst, wenn feststeht, dass das Vertragsverhältnis kein freier Dienstvertrag, sondern ein Arbeitsverhältnis war. Erst ab diesem Zeitpunkt der rechtsbeständigen gerichtlichen oder außergerichtlichen Klärung kann erwartet werden, dass der Arbeitgeber seine Ansprüche wegen Überzahlung geltend macht. Eine frühere Geltendmachung ist nicht zumutbar, weil vom Arbeitgeber ein widersprüchliches Verhalten verlangt würde. Die Korrektur des Vertragsverhältnisses kommt vorher nicht in Frage. Außerdem hat der Arbeitnehmer zu entscheiden, ob und ggf. für welchen Zeitraum er sich rückwirkend auf seinen Arbeitnehmerstatus beruft. Deshalb lässt sich der maßgebliche Anspruchszeitraum im Voraus nicht sicher bestimmen. (...) In Fällen der vorliegenden Art kann der Arbeitgeber die Überzahlung in der Regel erst im Zeitpunkt der rechtskräftigen Feststellung oder der außergerichtlichen Klärung erkennen."[31]

Dies ist ebenfalls auf den Beginn etwaiger Verjährungsfristen zu übertragen.[32] Insoweit mögliche Ausschluss- oder Verjährungsfristen also erst mit der gerichtlichen Feststellung eines Arbeitsverhältnisses beginnen, können Sie einer Rückforderung, die in **30**

---

29 *BAGE* 97, 326 = NZA 2001, 966 = NJW 2001, 2907; *BAGE* 79, 115 = NZA 1996, 27 = NJW 1996, 411.
30 *BAG* NZA 2005, 814; Schaub/*Vogelsang* § 8 Rn. 43 ff. m.w.N.
31 Vgl. *BAG* NZA 2005, 814.
32 Vgl. *Reinecke* RdA 2001, 357, 362 m.w.N.

dem gleichen Verfahren im Wege der Eventualwiderklage geltend gemacht wird, nicht entgegenstehen. Sollten die Verfahren nicht verbunden werden, ist allerdings spätestens mit der gerichtlichen Feststellung an die Geltendmachung von Rückforderungsansprüchen zu denken, denen ansonsten insbesondere etwaige Ausschlussklauseln entgegenstehen können.

2. Dreiecksverhältnis

31 Aus Sicht des Einsatzunternehmens kommt im Dreiecksverhältnis ebenfalls eine Rückabwicklung des gem. § 9 Nr. 1 AÜG unwirksamen Scheinwerkvertrags gegenüber dem Werkunternehmer in Betracht. Infolge der Unwirksamkeit lassen sich aus dem Vertrag für beide Parteien ebenfalls keine Primäransprüche auf Leistung ableiten, das Vertragsverhältnis ist auch hier nach Bereicherungsrecht rückabzuwickeln.[33]

32 Hieraus ergibt sich zunächst einmal ein Anspruch des Einsatzunternehmens gegen den Werkunternehmer auf bereits bezahlten „Werklohn" auf Grundlage einer Leistungskondition (vgl. § 812 Abs. 1 S. 1 Alt. 1 bzw. S. 2 Alt. 1 BGB). Nach überwiegender Ansicht soll dieser Bereicherungsanspruch aber nach § 817 S. 2 BGB ausgeschlossen sein, wenn das Einsatzunternehmen von dem Scheincharakter des Werkvertrags und damit der Illegalität der Überlassung Kenntnis hatte.[34] Unter Zugrundelegung der Rechtsprechung zu § 814 BGB (vgl. Rn. 25) wird dies aber nur in Ausnahmefällen in Betracht kommen.

33 Andersherum hat aber auch der Werkunternehmer gegenüber dem Einsatzunternehmen dem Grunde nach ein Anspruch auf Wertersatz gem. § 818 Abs. 2 BGB für die von den im Rahmen des Scheinwerkvertrages (illegal) überlassenen Arbeitnehmern geleisteten Dienste (Leistungskonditionen, § 812 Abs. 1 S. 1 Alt. 1 bzw. S. 2, Alt. 1 BGB). Ein Ausschluss des Wertersatzanspruches gem. § 817 S. 2 BGB kommt ebenfalls nur in Betracht, wenn der Werkunternehmer im Wissen um den Scheinwerkvertrag und somit auch um das Erfordernis einer Erlaubnis gehandelt hat, was – unter Zugrundelegung der genannten Rechtsprechung zu § 814 BGB (vgl. Rn. 25) – ebenfalls nur in Ausnahmefällen in Betracht kommt.[35]

34 Sollten sich derart wechselseitige bereicherungsrechtliche Ansprüche von Einsatzunternehmen und Werkunternehmer gegenüberstehen, sind diese im Ergebnis zu saldieren.[36]

IV. Fazit

35 Insgesamt bestehen die arbeitsrechtlichen Folgen einer Statusverfehlung also insbesondere darin, dass ein Arbeitsverhältnis zwischen dem Einsatzunternehmen und dem Fremdpersonalmitarbeiter entsteht. Von Seiten des Einsatzunternehmens ist aber in jedem Einzelfall zu prüfen, welchen Inhalt das entstehende Arbeitsverhältnis hat, ins-

---

33 *BGH* NZA 2003, 616; NZA 2002, 1086; NJW 2000, 3492; vgl. Boemke/*Lembke* AÜG, § 9 Rn. 49 ff. m.w.N.
34 Hamann/*Schüren* AÜG, § 9 Rn. 54 f. m.w.N.; a.A. Lembke, der insoweit die Anwendung des § 817 S. 2 BGB gem. § 242 BGB ausschließen möchte, weil ansonsten durch den Ausschluss des Rückforderungsanspruchs gegen den Werkunternehmer der von der Rechtsordnung nicht gebilligte Zustand der unerlaubten Arbeitnehmerüberlassung wirtschaftlich gesehen legalisiert würde.
35 *BGH* NJW 1980, 452.
36 *Thüsing* AÜG, § 10 Rn. 16 ff. m.w.N.

besondere kommen befristete Arbeitsverhältnisse und ein herabgesetztes Entgelt in Betracht. Darüber hinaus ist aber auch an weitere Gestaltungsmöglichkeiten zu denken, insbesondere an einen Rückgriff gegen den jeweiligen Vertragspartner des Einsatzunternehmens, wobei in der Praxis vor allem im Fall des Zwei-Personenverhältnisses ein Anspruch des Einsatzunternehmens gegen den Scheinselbstständigen auf Rückzahlung des Differenzlohns in Erwägung zu ziehen ist, sofern verschiedene Vergütungsordnungen für freie Mitarbeiter und Arbeitnehmer bestehen. Die rechtlichen Verteidigungsmöglichkeiten des Scheinselbstständigen gegen derartige Ansprüche sind in der Praxis sehr eingeschränkt, sodass derartige Ansprüche im Rahmen eines effektiven Konfliktmanagements im Zusammenhang mit einer Statusverfehlung unerlässlich sind.

2. Kapitel
Sozialversicherungsrechtliche Konsequenzen der Statusverfehlung

Literatur: *Bettinghausen/Wiemers* Scheinselbstständigkeit – Risikoverteilung zwischen Arbeitgeber und Arbeitnehmer, BB 2020, 2356; *Exner* Konsequenzen der Verkennung des arbeitsrechtlichen Status, Die Behandlung der Rechtsformverfehlung in arbeitsrechtlicher und sozialrechtlicher Sicht, Diss. 2005; *Holthausen* Statusfeststellung und Scheinselbstständigkeit – Ein Praxisbefund über Etikettenschwindel, Umgehungs-, Schein- sowie verdeckte Rechtsgeschäfte und ihre Folgen, RdA 2020, 92; *Schlegel/Geiger* Sozialversicherungsrechtliche Statusfeststellung, Änderungsbedarf und Änderungspotentiale, NJW 2020, 16, 17 mit Verweis auf BT-Drucks. 14/1855, S. 6.

I. Feststellung der Beschäftigung, Fälligkeit der Gesamtsozialversicherungsbeiträge

Wie bereits gezeigt, ist an die Feststellung einer Beschäftigung i.S.d. § 7 SGB IV die Versicherungspflicht des Erwerbstätigen und damit die Pflicht zur Beitragszahlung durch den Arbeitgeber geknüpft, § 28e SGB IV. Der Gesamtsozialversicherungsbeitrag umfasst die Beiträge zur Renten-, Kranken-, Pflege- und Arbeitslosenversicherung sowie die Umlage nach AAG und für Insolvenzgeld.[1] **1**

Die Feststellung eines Arbeitsverhältnisses führt zur Annahme der Beschäftigung nach § 7 SGB IV. **2**

Die jeweilige Feststellung kann ein Präjudiz für andere Aufträge desselben Auftraggebers mit anderen Auftragnehmern darstellen. **3**

Je nach dem, in welchem Stadium sich eine Fehleinschätzung zum sozialversicherungsrechtlichen Status eines Auftragnehmers offenbart, können sich unterschiedliche Zeitpunkte für die Feststellung der Versicherungspflicht ergeben. **4**

Wurde vor (§ 7a Abs. 4a SGB IV) oder innerhalb eines Monats nach Beginn des vermeintlichen Auftragsverhältnisses (§ 7a Abs. 5 SGB IV) ein Statusfeststellungsverfahren durchgeführt und greift die Privilegierung des § 7a Abs. 5 SGB IV, gilt der Tag der Bekanntgabe der Entscheidung als Tag des Eintritts in das Beschäftigungsverhältnis, § 7a Abs. 5 S. 1 SGB IV (3. Teil 2. Kap. Rn. 35 ff.). Die Gesamtsozialversicherungsbeiträge werden in den Fällen der Privilegierung erst zu dem Zeitpunkt fällig, zu dem die Entscheidung, dass eine Beschäftigung vorliegt, unanfechtbar geworden ist, § 7a Abs. 5 S. 3 SGB IV. Widerspruch und Klage haben aufschiebende Wirkung, § 7a Abs. 6 SGB IV.[2] **5**

---
[1] *MAH SozialR/Plagemann* § 9 Rn. 1.
[2] Dazu auch *Schlegel/Geiger* NJW 2020, 16, 17.

II. Nacherhebung von Gesamtsozialversicherungsbeiträgen

6 In Fällen der Statusverfehlung wurden keine Beiträge abgeführt, diese werden also nacherhoben. Im Innenverhältnis haben Arbeitnehmer und Arbeitgeber die Beitragslast zwar zu teilen.[3] Im Außenverhältnis allerdings ist der Arbeitgeber Schuldner der Gesamtsozialversicherungsbeiträge.[4]

7 Der Arbeitgeber kann korrespondierend zu seiner Zahlungsverpflichtung – den Fortbestand des Beschäftigungsverhältnisses unter Zahlung einer Vergütung vorausgesetzt – im Rahmen der nächsten drei Lohn- oder Gehaltszahlungen einen Lohnabzug in Höhe der Beitragsteile des Arbeitnehmers durchführen, § 28g S. 1–3 SGB IV.[5]

III. Anfall von Säumniszuschlägen auf nicht entrichtete Beiträge

8 Nach § 24 Abs. 1 SGB IV fallen auf Beiträge und Beitragsvorschüsse, die der Zahlungspflichtige nicht bis zum Ablauf des Fälligkeitstages gezahlt hat, für jeden angefangenen Monat der Säumnis Säumniszuschläge an. Etwas anderes gilt nur, wenn der Beitragsschuldner glaubhaft machen kann, dass er unverschuldet keine Kenntnis von der Zahlungspflicht hatte, § 24 Abs. 2 SGB IV (5. Teil 3. Kap. Rn. 15 ff.).

IV. Tatbestandswirkung nicht angefochtener Bescheide

9 Nach höchstrichterlicher Rechtsprechung ist davon auszugehen, dass Verwaltungsakte der Versicherungsträger, die nicht angefochten werden, „mit der für einen bestimmten Rechtsbereich getroffenen Regelung als gegeben hingenommen werden müssen"[6] Ausgehend davon binden auch Entscheidungen nach § 7a SGB IV die Finanzbehörden,[7] zum Beispiel im Rahmen von Lohnsteueraußenprüfungen[8] und die Bundesanstalt für Arbeit,[9] soweit sie entsprechende Folgen auslösen, es sei denn der Verwaltungsakt ist offenkundig rechtswidrig. Das gilt aber nicht für die den angrenzenden Rechtsgebieten eigenständig vorzunehmende Prüfung der Arbeitgebereigenschaft (zur eingeschränkten Bindungswirkung s. 3. Teil 4. Kap.).

V. Regressmöglichkeiten des Unfallversicherungsträgers

10 Erleidet der Auftragnehmer einen Arbeitsunfall in einer Zeit, für die das Bestehen einer Beschäftigung festgestellt wurde, ist der Unternehmer gegenüber dem Unfallversicherungsträger regresspflichtig, § 110 Abs. 1a SGB VII. Häufig prüft die Berufs-

---

3 *Exner* S. 243.
4 *Bettinghausen/Wiemers* BB 2020, 2356, 2358.
5 *Exner* S. 245.
6 BFH 21.1.2010 – VI R 52/08, Rn. 19, juris.
7 BFH 6.6.2002 – VI R 178/07; BFH 21.1.2010 – VI R 52/08.
8 *MAH SozialR/Plagemann* § 6 Rn. 12.
9 BSG 28.9.2011 – B 12 KR 15/10 R, juris.

genossenschaft, ob bzw. wann der verunglückte Versicherte bei der DRV angemeldet worden ist. Bei verspäteter Beitragsmeldung wird in der Praxis oft auf eine illegale Beschäftigung geschlossen.

VI. (Fort)Bestehen einer sozialversicherungspflichtigen Beschäftigung – Wirkungen für die Zukunft

Sofern die Voraussetzungen für die Pflichtmitgliedschaft in der gesetzlichen Sozialversicherung vorliegen, sind Beitragsmeldungen zu erstatten und Gesamtsozialversicherungsbeiträge abzuführen, wobei diese von Arbeitgeber und Arbeitnehmer hälftig zu tragen sind. Dabei ist zu berücksichtigen, dass die mit dem vermeintlichen Auftragnehmer vereinbarte Vergütung als Bruttoentgelt und damit als Bemessungsgrundlage heranzuziehen ist.[10]

---

10 *Exner* S. 250; so auch *LAG Rheinland-Pfalz* 12.3.2015 – 3 Sa 437/14 Rn. 99, juris, allerdings mit der Einschränkung auf das Arbeitsverhältnis und nicht das Sozialversicherungsrecht in den Blick nehmend.

3. Kapitel
Steuerrechtliche Konsequenzen der Statusverfehlung

Literatur: *Buse* Die LSt-Nachschau (§ 42g EStG), DB 2016, 1152; *Harder* Haftung des Geschäftsführers für nicht abgeführte Lohnsteuer – Anmerkung zu FG Köln, Urteil vom 25.2.2014 – 10 K 2954/10, NZI 2014, 595; *Janssen-Heid/Hilbert* Lohnsteuer-Nachschau nach § 42g EStG – Übersicht und offene Fragen, BB 2015, 598; *Lanzinner* Scheinselbstständigkeit als Straftat, 2014; *Nacke* Zweifelsfragen und Prüfungsschwerpunkte bei der Lohnsteuerhaftung, DStR 2005, 1297; *Obenhaus* Umsatzsteuerliche Konsequenzen verdeckter Arbeitsverhältnisse, BB 2012, 1130; *Paintner* Das Gesetz zur Umsetzung der Amtshilferichtlinie sowie zur Änderung steuerlicher Vorschriften im Überblick/Teil 1.: Die Änderungen im Bereich des Ertragsteuerrechts, DStR 2013, 1629; *Pump/Krüger* Rückzahlungsanspruch des Arbeitgebers auf zu Unrecht ausgewiesene Umsatzsteuer bei kollusivem Zusammenwirken, NZA 2012, 1141; *Seel* Selbständig oder doch Arbeitnehmer? – Eine Analyse der sozial- und steuerrechtlichen Behandlung von Beschäftigten, NZS 2011, 532; *Wittkowski/Hielscher* Wesentliche Gesetzesänderungen zur Unternehmensbesteuerung – insbesondere zum Jahreswechsel 2012/2013, BC 2012, 542.

I. Einführung und Ausgangslage

Wie bereits in den Kapiteln zum steuerrechtlichen Arbeitgeberbegriff (2. Teil 3. Kap.) sowie den steuerlichen Feststellungsmöglichkeiten einer Arbeitgeberstellung (3. Teil 3. Kap.) aufgezeigt, sind mit einer **Statusverfehlung** im Steuerrecht erhebliche wirtschaftliche Konsequenzen verbunden, vor allem – aber nicht ausschließlich – für den Auftrag- bzw. Arbeitgeber.

1. Haftung für nicht abgeführte Lohnsteuer

a) Haftung des Arbeitgebers

Nachträglich erkannte Unregelmäßigkeiten beim Lohnsteuerabzug führen in der Regel zur **Haftung des Arbeitgebers für nicht entrichtete Lohnsteuer** gem. § 42d EStG. Das gilt sowohl für die Nichteinbehaltung und -abführung der Lohnsteuer von für das Unternehmen abhängig tätigen Personen („*dem Grunde nach*") als auch für die unzutreffende Ermittlung der Bemessungsgrundlage („*der Höhe nach*").[1]

Zwar ist der Arbeitnehmer Schuldner der Lohnsteuer, allerdings haftet der Arbeitgeber – neben dem Arbeitnehmer gesamtschuldnerisch – als Haftungsschuldner, wenn er seiner Verpflichtung zum Lohnsteuerabzug nicht ordnungsgemäß nachkommt. Hat in Fällen der Statusverfehlung der Auftragnehmer seinerseits die Einkünfte als (vermeintlich) Selbstständiger ordnungsgemäß versteuert, ergeben sich in der Regel keine relevanten Auswirkungen für den Auftraggeber.[2] Die vorrangige Inanspruchnahme des Steuerpflichtigen – also nicht des Auftraggebers – ist zudem dann geboten, wenn zweifelhaft ist, ob er überhaupt Arbeitnehmer ist; ist die Einkommensteuer später bei ihm nicht hereinzuholen, kann der Arbeitgeber noch immer als Haftender in Anspruch genommen werden, sofern der Steuerpflichtige wirklich als Arbeitnehmer

---

[1] Streck/Mack/Schwedhelm/*Olgemöller* Rn. 2.181.
[2] *Lanzinner* S. 37/38.

einzuordnen war.³ Ein allgemeiner Grundsatz, wonach der Arbeitnehmer vorrangig in Anspruch zu nehmen ist, existiert aber nicht. Die Frage, an welchen der beiden Gesamtschuldner das Finanzamt sich halten will, ist nach pflichtgemäßem (Auswahl-)-Ermessen unter Berücksichtigung der Interessen aller Beteiligten und der Gesamtumstände des Einzelfalls abzuwägen.⁴

4 In Fällen der Statusverfehlung ist es allerdings nicht selten, dass die später von der Finanzverwaltung als Arbeitnehmer eingestuften, vom Auftraggeber aber als Selbstständige behandelten Personen – vor allem bei zwischenzeitlicher Beendigung des Beschäftigungsverhältnisses – faktisch nicht mehr greifbar, etwa unbekannt verzogen, oder mittellos sind. Dann greift die Haftung des Arbeitgebers, den die Finanzverwaltung per Lohnsteuerhaftungsbescheid in Anspruch nehmen wird.

5 Dabei besteht für die Geschäftsleitung ein persönliches Haftungsrisiko, weil nicht nur der Arbeitgeber bzw. der Unternehmer als juristische Person haften, sondern maßgeblich auch deren gesetzliche Vertreter direkt in die Haftung genommen werden können (vgl. dazu Rn. 33 ff.).

b) Rückgriff beim Arbeitnehmer

6 Weil grundsätzlich allein der Arbeitnehmer Schuldner der Lohnsteuer ist, kann der **Arbeitgeber** bei dem Scheinselbstständigen (dem Arbeitnehmer) **Rückgriff nehmen** und Erstattung der von ihm gezahlten Lohnsteuerbeträge verlangen.

7 Dieser Innenausgleich zwischen Arbeitgeber und Arbeitnehmer ist zivilrechtlicher Natur und stellt einen Fall des Gesamtschuldnerausgleiches nach § 426 BGB dar.⁵ Daneben steht dem Arbeitgeber ein vertraglicher Ausgleichsanspruch nach Auftragsrecht analog § 670 BGB zu.⁶ Der Arbeitgeber hat – ähnlich einem Beauftragten nach § 670 BGB – zunächst einen Anspruch auf Freistellung gegen den Scheinselbstständigen und nach Erfüllung der fremden Steuerschuld – etwa nach Zahlung auf einen Haftungsbescheid⁷ – einen Erstattungsanspruch.⁵ Dabei stehen dem Arbeitnehmer bzw. Scheinselbstständigen grundsätzlich keine Einwendungen gegen den Regress des Arbeitgebers zu – es sei denn, ein solcher Anspruch wird einmal von tarifvertraglichen Ausschlussklauseln erfasst –, vielmehr muss er seine Rechte gegenüber dem Finanzamt geltend machen,⁶ soweit die Lohnsteuernachforderung beim Arbeitgeber insgesamt berechtigt gewesen ist.

8 Ein solcher Ausgleichsanspruch kann zudem dann ausgeschlossen sein, wenn eine (wirksame) **Nettolohnvereinbarung** vorliegt und der Arbeitgeber auf dieser Grundlage zur Auszahlung des vereinbarten Nettobetrages und deshalb auch verpflichtet war, die auf den Nettolohn entfallende Steuer zu tragen.⁸ Eine Schwarzgeldabrede steht einer solchen Nettolohnvereinbarung dabei nicht gleich, weil sie regelmäßig nicht die Verpflichtung des Arbeitgebers beinhaltet, nach Aufdeckung nachgeforderte Steuerbeträge zusätzlich zu übernehmen.⁵ Derartige Abreden, die Vergütung ohne Berücksichtigung von Steuern und Sozialversicherungsbeiträgen „*schwarz*" auszuzahlen, führen nach Auffassung des BAG nicht per se zur Nichtigkeit des Vertrages gem.

---

3 So zutreffend Schmidt/*Krüger* § 42d Rn. 32.
4 Frotscher/Geurts/*Herrmann* EStG, § 42d Rn. 48.
5 Brandis/Heuermann/*Wagner* § 42d Rn. 122.
6 Schmidt/*Krüger* § 42d Rn. 64.
7 Die allgemeinen Vorschriften zum Haftungsbescheid finden sich in § 191 AO.
8 Brandis/Heuermann/*Wagner* § 42d Rn. 122; Schmidt/*Krüger* § 42d Rn. 64.

Einführung und Ausgangslage 3. Kapitel **4**

§§ 134, 138 BGB.[9] Wäre der Vertrag unwirksam, könnten schon deshalb weitere Pflichten des Arbeitgebers daraus nicht abgeleitet werden. Die Nichtigkeit erstreckt sich nur dann auf das gesamte Vertragsverhältnis, sollte die Absicht, Steuern und Sozialversicherungsbeiträge zu hinterziehen, Hauptzweck der Vereinbarung gewesen sein.[10] Aktuell hat der BGH entschieden, eine Schwarzgeldabrede führe jedenfalls dann zu einer solchen Nichtigkeit eines (Werk-)Vertrags, wenn der Unternehmer (Auftragnehmer) vorsätzlich gegen das Verbot des § 1 Abs. 2 Nr. 2 SchwarzArbG verstoße und der Auftraggeber den Verstoß des Unternehmers kennt und bewusst zum eigenen Vorteil ausnutze.[11]

Verzichtet der Arbeitgeber – nach Zahlung auf die fremde Steuerschuld – auf die Geltendmachung seines **Rückgriffsanspruchs**, wird dadurch dem Arbeitnehmer bzw. dem Scheinselbstständigen im Zeitpunkt des Verzichts ein Vorteil und damit (weiterer) Arbeitslohn zugewendet.[12] Dieser Vorteil fließt dem Arbeitnehmer als Arbeitslohn zu und entsteht darauf (also auf die nachbezahlte Lohnsteuer) gem. § 38 Abs. 2 S. 2 EStG wiederum Lohnsteuer.[13] **9**

Dabei soll nach überzeugender Auffassung allerdings kein Vorteil zugewendet werden und damit auch kein Arbeitslohn vorliegen, wenn der Rückgriff für den Arbeitgeber unwirtschaftlich wäre, etwa weil der Arbeitnehmer bereits ausgeschieden oder unpfändbar ist, oder infolge tarifvertraglicher Ausschlussfristen ein Rückgriff schon im Ansatz nicht in Betracht kommt.[14] **10**

2. Konsequenzen bei der Umsatzsteuer

Auch im Umsatzsteuerrecht sind die Konsequenzen erheblich und zwar für beide Seiten. **11**

a) Korrektur von Umsatzsteuer und Vorsteuerabzug

Liegt ein steuerrechtliches Arbeitsverhältnis vor, ist der Beschäftige nicht Unternehmer i.S.d. § 2 UStG (s. zum steuerrechtlichen Arbeitgeberbegriff 2. Teil 3. Kap. Rn. 14 ff.). Damit durfte der **Scheinselbstständige (Auftragnehmer) mangels Unternehmereigenschaft keine Umsatzsteuer** in den von ihm an den Auftraggeber gestellten Rechnungen **ausweisen**; gleichwohl schuldet er aus dem (unberechtigten) Steuerausweis dem Finanzamt die offen ausgewiesene Umsatzsteuer, § 14c Abs. 2 S. 1 UStG. Dennoch bleibt dem **Auftraggeber der Vorsteuerabzug versagt**, weil gesetzlich nicht geschuldete Steuer, die nur in einer Rechnung gem. § 14c UStG ausgewiesen ist, nicht zum Vorsteuerabzug berechtigt.[15] Dabei soll beim Vorsteuerabzug ein Gutglaubensschutz hinsichtlich der Unternehmereigenschaft des Leistenden ausdrücklich nicht bestehen.[16] Damit muss der Auftraggeber die von ihm zu Unrecht gezogene Vorsteuer gem. § 17 Abs. 1 S. 2 UStG rückwirkend – also für den Besteuerungszeitraum, in dem sie unberechtigt vorgenommen wurde – berichtigen, und zwar auch dann, wenn der Auftragnehmer seine (nach wie vor [aber unberechtigt] Umsatzsteuer ausweisende) **12**

---

9 Vgl. dazu *BAG* BB 2003, 1960.
10 *BGH* NJW-RR 2001, 380.
11 *BGH* NZM 2013, 689.
12 Schmidt/*Krüger* § 42d Rn. 64.
13 Brandis/Heuermann/*Wagner* § 42d Rn. 130.
14 Schmidt/*Krüger* § 42d Rn. 64; s. dort auch zur Gegenauffassung.
15 Sölch/Ringleb/*Oelmaier* § 15 Rn. 326.
16 *BFH*/NV 1987, 745; *Sächsisches FG* 12.2.2004 – 2 K 291/00.

Rechnung noch nicht berichtigt hat.[17] Entsprechend muss die (unberechtigt)ausgewiesene Umsatzsteuer, aus der ein Vorsteuerabzug vom Auftraggeber geltend gemacht wurde, von diesem dem Finanzamt wieder erstattet werden.[18] Der Scheinselbstständige muss für eine Berichtigung bei dem für ihn zuständigen Wohnsitzfinanzamt einen Antrag stellen, das vom Betriebsstättenfinanzamt des Auftraggebers als Rechnungsempfänger prüfen lässt, inwieweit unberechtigt in Anspruch genommene Vorsteuerabzüge (durch den Auftraggeber als Rechnungsempfänger) zurückgezahlt worden sind; dann ist die Gefährdung des Steueraufkommens beseitigt und kann eine Berichtigung zugunsten des Scheinselbstständigen erfolgen.[19]

13 Nur dann, wenn der als selbstständiger Unternehmer Tätige sich umsatzsteuerlich als Kleinunternehmer einordnen lässt und gegenüber dem Auftraggeber ohnehin ohne Umsatzsteuerausweis abgerechnet hat, erübrigen sich Korrekturen bei der Umsatzsteuer.[20]

b) Zivilrechtliche Rückabwicklung

14 Zudem besteht zwar **zivilrechtlich** im Regelfall ein **Rückforderungsanspruch mit Blick auf** die an den Auftragnehmer (zu Unrecht) **gezahlte Umsatzsteuer**; dieser muss allerdings durchgesetzt werden,[21] was ebenfalls vielfach tatsächlich Schwierigkeiten bereitet und oftmals im Ergebnis daran scheitert, dass nicht sicher feststeht, ob der Schuldner überhaupt ausreichend zahlungsfähig ist.[22]

15 Gehen die Parteien irrtümlich übereinstimmend von einer Umsatzsteuerpflicht aus, ist die Vergütung entsprechend herabzusetzen und hat im vorliegenden Zusammenhang dann der Auftraggeber einen Anspruch auf Rückzahlung der überzahlten Umsatzsteuern gegen seinen Vertragspartner,[23] also im vorliegenden Zusammenhang gegen den Scheinselbstständigen. Ein Auftragnehmer ist grundsätzlich nicht gehindert, freiwillig berichtigte Rechnungen ohne Umsatzsteuerausweis an den Auftraggeber zu erteilen und sich vom Finanzamt dann die abgeführte Umsatzsteuer erstatten lassen, um die entsprechenden Beträge an seinen Auftraggeber weiterzuleiten.[24] Ein solcher Steuererstattungsanspruch kann vom Auftragnehmer an den Auftraggeber nach Maßgabe des § 46 Abs. 1–3 AO bereits im Vorfeld nach Maßgabe der dortigen Formvorschriften abgetreten und dies der Finanzbehörde anzeigt werden; so kann die zu erstattende Umsatzsteuer (ohne Umweg über den Auftragnehmer) direkt dem Auftraggeber zufließen.

16 Auch der Auftragnehmer muss aber gegebenenfalls Umsatzsteuer nachentrichten, weil seine Vorsteueranmeldungen aus Eingangsrechnungen mit Umsatzsteuerausweis,

---

17 *Pump/Krüger* NZA 2012, 1141, 1142; *Obenhaus* BB 2012, 1130, 1132.
18 *Lanzinner* S. 38.
19 *Obenhaus* BB 2012, 1130, 1131.
20 *Obenhaus* BB 2012, 1130, 1131; Kleinunternehmer ist gem. § 19 Abs. 1 S. 1 UStG, wessen Umsatz einschließlich Umsatzsteuer im vorangegangenen Kalenderjahr 17 500 EUR nicht überstiegen hat und im laufenden Kalenderjahr voraussichtlich 50 000 EUR nicht übersteigen wird.
21 Für eine solche Klage gegen den „Scheinselbstständigen" ist das Arbeitsgericht zuständig, vgl. *Pump/Krüger* NZA 2012, 1141, 1142.
22 Im Falle kollusiven Zusammenwirkens zwischen Auftraggeber und Auftragnehmer soll zivilrechtlich dagegen kein Erstattungsanspruch bestehen, vgl. dazu *Pump/Krüger* NZA 2012, 1141, 1142/1143.
23 Grüneberg/*Ellenberger* § 157 Rn. 13 m.w.N.; LG Gießen NJW-RR 2002, 1708.
24 *Sächsisches FG* 12.2.2004 – 2 K 291/00.

für die von ihm ein Vorsteuerabzug geltend gemacht wurde, mangels Unternehmereigenschaft und damit mangels eigener Befugnis zum Vorsteuerabzug zu korrigieren sind; eine Aufrechnung mit denkbaren Erstattungsansprüchen aus seinen Ausgangsrechnungen mit (unberechtigtem) Umsatzsteuerausweis gegenüber dem Finanzamt ist ihm gem. § 14c Abs. 2 UStG dabei ausdrücklich abgeschnitten.[25]

3. Kontrollmöglichkeiten der Finanzbehörden

Werden von Sozialversicherungsträgern Feststellungen zu einer Scheinselbstständigkeit Beteiligter getroffen, werden auch die Finanzbehörden nach einer Kontrollmitteilung entsprechende Überprüfungen im Rahmen einer Außenprüfung oder einer Lohnsteuer-Nachschau vornehmen wollen. Dies kann bei entsprechender Einordnung durch die Finanzverwaltung dann zu den bereits angesprochenen, erheblichen Steuernachforderungen sowie zusätzlicher Festsetzung von Nachzahlungszinsen (§ 233a AO) sowie ggf. – bei Nichtzahlung etwa infolge einer Kumulation der Nachzahlungsbeträge – der Erhebung von Säumniszuschlägen (§ 240 AO) führen.   **17**

II. Zur Haftung des Arbeitgebers für die Lohnsteuer nach § 42d EStG

1. Einführung und Voraussetzungen

Gem. §§ 38 Abs. 3 S. 1, 41a Abs. 1 S. 1 EStG ist der (inländische) Arbeitgeber (s. zum steuerrechtlichen Arbeitgeberbegriff 2. Teil 3. Kap. Rn. 14 ff.) verpflichtet, die Lohnsteuer vom Arbeitslohn einzubehalten und an das Finanzamt abzuführen. Wird die Lohnsteuer nicht ordnungsgemäß einbehalten und abgeführt,[26] kann der Arbeitgeber auf Grundlage des § 42d Abs. 1 Nr. 1 EStG in die Haftung genommen werden. Der Zweck des Lohnsteuerabzugsverfahrens und der daran anknüpfenden Haftung ist dabei nicht nur, Steuerausfälle möglichst zu unterbinden, sondern ausdrücklich auch, das Steuerverfahren durch das Hinzuziehen des Arbeitgebers *„billiger und einfach auszugestalten"*.[27]   **18**

Wird ein Beschäftigter fehlerhaft als freier Mitarbeiter (Selbstständiger) statt als Arbeitnehmer geführt, hat dies zwangsläufig zur Folge, dass das Lohnsteuerabzugsverfahren nicht beachtet worden ist. Aus diesem Grunde spielt im Steuerrecht die Abgrenzung zwischen selbstständiger bzw. unselbstständiger Tätigkeit gerade in diesem Zusammenhang eine ganz entscheidende Rolle (s. zu dieser Abgrenzung 2. Teil 3. Kap. Rn. 23 ff.).[28] Neben der Erklärungspflicht und dem Zahlungsverhalten – beides kann vom Unternehmen allerdings noch relativ leicht und sicher beeinflusst werden –, stellt die materielle Gesetzeskonformität bei Anwendung des Lohnsteuerrechts durch das Unternehmen deshalb die maßgebliche **Risiko- und Gefahrenquelle** dar. Durch fachkundige Steuerberatung kann die Lohnsteuerlast auf das gesetzlich vorgeschrie-   **19**

---

25 *Lanzinner* S. 38.
26 Der Lohnsteuereinbehalt greift stets dann, wenn der Arbeitslohn als Barlohn ausgezahlt wird. Erhält der Arbeitnehmer dagegen lohnsteuerpflichtigen Sachbezug oder wird der Lohn von dritter Seite gezahlt, hat entweder der Arbeitnehmer dem Arbeitgeber den Fehlbetrag zur Verfügung zu stellen oder der Arbeitgeber behält einen entsprechenden Teil der anderen Bezüge des Arbeitnehmers zurück, vgl. § 38 Abs. 4 S. 1 EStG (s. dazu z.B. *Nacke* DStR 2005, 1297, 1298).
27 Brandis/Heuermann/*Wagner* § 42d Rn. 18 m.w.N.
28 *Seel* NZS 2011, 532, 534.

bene Maß begrenzt bzw. optimiert und können außerplanmäßige steuerliche Nachzahlungen vermieden werden. Ungeachtet seiner einfachen Grundstruktur ist das Lohnsteuerrecht kompliziertes und demzufolge fehleranfälliges Detailrecht.[29]

20 Nach § 42d Abs. 1 EStG haftet der Arbeitgeber gem. den dort geregelten Tatbeständen neben dem **Grundfall** für einzubehaltende und abzuführende Lohnsteuer auch für zu Unrecht erstattete Lohnsteuer oder infolge Verletzung seiner Aufzeichnungspflichten verkürzte Einkommen- bzw. Lohnsteuer sowie für diejenige Lohnsteuer, die nach § 38 Abs. 3a EStG ein Dritter zu übernehmen hat. Der Lohnsteuerhaftungsanspruch entsteht bereits mit Verwirklichung eines dieser Grundtatbestände, ohne dass es des Erlasses eines Haftungsbescheides bedarf.[30]

21 Auch für die Lohnsteuerhaftung ist der **steuerrechtliche Arbeitgeberbegriff maßgeblich** (s. dazu 2. Teil 3. Kap. Rn. 14 ff.). Die Haftung des Arbeitgebers nach § 42d Abs. 1 EStG setzt ausdrücklich kein Verschulden voraus, sie stellt also eine verschuldensunabhängige Haftung dar, die Schadensersatz- und nicht Strafcharakter hat; sie kann deshalb auch nur einen Ausgleich schaffen für eine zu geringe Abführung der *gesetzlich geschuldeten* Lohnsteuer.[31] Das Merkmal (fehlenden) Verschuldens unterscheidet die Arbeitgeberhaftung von der Vertreterhaftung auf Grundlage der §§ 34, 69 AO, die ein Verschulden voraussetzen (siehe dazu Rn. 33 ff.).[32] Allerdings kann dem Grad des Verschuldens – nach umstrittener Auffassung – im Rahmen der erforderlichen Ermessensausübung, ob der Arbeitgeber oder der Arbeitnehmer in Anspruch zu nehmen ist, Bedeutung zukommen.[33]

22 **Während des laufenden Kalenderjahres** haftet der Arbeitgeber für die Lohnsteuer des jeweiligen Lohnzahlungszeitraumes, und zwar auch dann, wenn zu vermuten ist, dass die Jahreslohnsteuerschuld nicht in entsprechender Höhe entstehen wird. Nach Ablauf des Kalenderjahres richtet sich die Haftung des Arbeitgebers dagegen nach der Jahreslohnsteuer anhand des Jahresarbeitslohns.[34]

23 Während des laufenden Kalenderjahres wird dabei grundsätzlich der Arbeitnehmer vom Finanzamt durch Lohnsteuernachforderungsbescheid (als Vorauszahlungsbescheid) in Anspruch genommen. Nur dann, wenn der Arbeitgeber die Lohnsteuer einbehalten, aber nicht abgeführt hat und der Arbeitnehmer damit durch den Einbehalt belastet ist, scheidet eine Inanspruchnahme des Arbeitnehmers selbst aus.[35] Stellt das Finanzamt also unterjährig eine Arbeitnehmerstellung von Beschäftigten fest, die beim Auftraggeber als Selbstständige geführt werden – also einen Fall der Scheinselbstständigkeit – so kommt zunächst die direkte Inanspruchnahme der Beschäftigten durch das Finanzamt in Betracht.

24 Im Übrigen sind **Arbeitgeber und Arbeitnehmer Gesamtschuldner der Lohnsteuer** und hat das Finanzamt im Rahmen des ihm zustehenden Ermessens zu entscheiden, wer für nicht einbehaltene Lohnsteuerbeträge in Anspruch genommen wird. Bis auf

---

29 Streck/Mack/Schwedhelm/*Olgemöller* Rn. 2.181.
30 *BFH* BStBl 1996, 87.
31 Schmidt/*Krüger* § 42d Rn. 2.
32 Brandis/Heuermann/*Wagner* § 42d Rn. 58.
33 Schmidt/*Krüger* § 42d Rn. 7 m.w.N.
34 Vgl. dazu Kirchhof/Seer/*Eisgruber* § 42d Rn. 8 f.; Schmidt/*Krüger* § 42d Rn. 18 ff.
35 Schmidt/*Krüger* § 42d Rn. 20.

Zur Haftung des Arbeitgebers für die Lohnsteuer nach § 42d EStG 3. Kapitel

die in § 42d Abs. 2 EStG genannten Ausnahmefälle besteht dabei grundsätzlich eine Gesamtschuldnerschaft von Arbeitgeber und Arbeitnehmer. Dann kann das Betriebsstättenfinanzamt die Steuer- oder Haftungsschuld **nach pflichtgemäßem Ermessen** gegenüber jedem Gesamtschuldner geltend machen, § 42d Abs. 3 S. 2 EStG. Das Ermessen erstreckt sich insbesondere auf die Frage, ob der Arbeitnehmer als Steuerschuldner vorrangig in Anspruch zu nehmen ist. Die Frage, ob das Finanzamt einen Haftungsanspruch geltend machen will, sog. **Entschließungsermessen**, setzt zunächst voraus, dass ein Haftungstatbestand erfüllt ist. In diesem Zusammenhang kann eine Inanspruchnahme des Arbeitgebers ermessensfehlerhaft sein, wenn die Ursachen für die fehlerhafte Einbehaltung der Lohnsteuer in der Sphäre des Finanzamtes liegen.[36] Die Inanspruchnahme ist insbesondere dann ermessensfehlerhaft, wenn der Arbeitgeber sich an eine (auch unrichtige) Anrufungsauskunft gem. § 42e EStG gehalten hat, weil dann schon der Haftungstatbestand nicht erfüllt ist (vgl. zur Anrufungsauskunft 3. Teil 3. Kap. Rn. 9 ff.).

Im Rahmen des sog. **Auswahlermessens** stellt sich im zweiten Schritt – wenn also eine Haftung des Arbeitgebers dem Grunde nach zu bejahen ist – die Frage, ob nicht zunächst der Arbeitnehmer als Steuerschuldner in Anspruch zu nehmen ist. Nach der ständigen Rechtsprechung des BFH ist die Inanspruchnahme des Arbeitgebers nicht (mehr) zulässig, wenn die Steuer vom Arbeitnehmer ebenso schnell und einfach erhoben werden kann, etwa weil er zur Einkommensteuer zu veranlagen ist.[37] Der Arbeitnehmer als Steuerschuldner kann bis auf wenige Ausnahmen stets in Anspruch genommen werden, wenn die Lohnsteuer nicht ordnungsgemäß einbehalten worden ist, vor allem kann er nicht vorbringen, der Arbeitgeber (als Haftender) sei vorrangig in Anspruch zu nehmen.[38] Von der Möglichkeit, Lohnsteuer im Rahmen der Einkommensteuerveranlagung des Arbeitnehmers nachzuerheben, machen die Finanzämter allerdings nur zurückhaltend Gebrauch; im Mittelpunkt der Nacherhebung steht – obgleich Steuerschuldner nur der Arbeitnehmer ist – regelmäßig doch der Arbeitgeber[39], weil dieser für die Finanzverwaltung „leichter greifbar" ist. Vor allem, wenn der Aufwand überschaubar ist, sollten bloße Praktikabilitätserwägungen der Finanzbehörden hier aber nicht den Ausschlag geben dürfen.

Die Rechtsprechung hat aber auch anerkannt, dass das Finanzamt ermessensfehlerfrei handelt, wenn es zur Vereinfachung des Verfahrens den Arbeitgeber deshalb in Anspruch nimmt, weil nach einer Lohnsteuerprüfung viele Lohnsteuerbeträge aufgrund von im Wesentlichen gleich gelagerten Sachverhalten nachzuzahlen sind; so ist bspw. nach dem BFH regelmäßig bei Lohnsteuernachforderungen für mehr als 40 Arbeitnehmer[40] oder bei einer Vielzahl meist kleiner Lohnsteuerbeträge[41] die Inanspruchnahme des Arbeitgebers gerechtfertigt.

Bei einer vorsätzlich begangenen Steuerstraftat ist die Haftungsschuld dagegen gegen den Steuerstraftäter festzusetzen und bedarf es einer besonderen Begründung des

---

36 Schmidt/*Krüger* § 42d Rn. 26.
37 Kirchhof/Seer/*Eisgruber* § 42d Rn. 27.
38 *BFH* BStBl 1991, 720; Schmidt/*Krüger* § 42d Rn. 16.
39 Streck/Mack/Schwedhelm/*Olgemöller* Rn. 2.191.
40 Schmidt/*Krüger* § 42d EStG Rn. 31 unter Verweis auf *BFH* BStBl 1980, 289 sowie *BFH* BStBl 1992, 696.
41 *BFH* BStBl 1974, 756.

Ermessens in diesem Falle nicht.[42] Die Inanspruchnahme des Arbeitgebers ist also in der Regel ermessensfehlerfrei, wenn der Steuerabzug bewusst oder jedenfalls leichtfertig versäumt worden ist.[43]

2. Umfang der Haftung und Haftungsbescheid

28 Der **Umfang der Haftung** bestimmt sich nach der individuell ermittelten Lohnsteuer. Hat der Arbeitgeber die Lohnsteuer nicht selbst berechnet, muss das Finanzamt die Berechnung durchführen, um die Höhe der Haftungsschuld konkret festzustellen. Maßgebend ist dabei die vom Arbeitgeber einzubehaltende und abzuführende **Lohnsteuer**, nach Ablauf des Kalenderjahres die hypothetische Lohnsteuerabzugsschuld. Eine Schätzung der Lohnsteuer mit einem durchschnittlichen Steuersatz gem. § 40 Abs. 1 Nr. 2 EStG ist nur zulässig, wenn der Arbeitgeber zustimmt oder wenn die allgemeinen Voraussetzungen für eine Schätzung gem. § 162 AO vorliegen.[44]

29 Als Haftungsschuldner ist der Arbeitgeber allerdings regelmäßig **nicht** Schuldner der **Nachzahlungszinsen**. Es können allerdings Säumniszuschläge entstehen, wenn die Haftungsschuld nicht zum Fälligkeitszeitpunkt ausgeglichen wird, da gem. § 240 Abs. 1 S. 2 AO die Haftungsschuld der Steuerschuld gleichgestellt ist.[45] Säumniszuschläge werden nach § 240 AO bei nicht rechtzeitiger Zahlung fälliger Steuern (bzw. einer zurückzuzahlenden Steuervergütung) erhoben und sind ein dem Steuerrecht eigenes Druckmittel zur Durchsetzung titulierter Zahlungsansprüche des Fiskus, das Zinsersatzcharakter hat.[46]

30 Der Haftungsbescheid selbst ist vom Betriebsstättenfinanzamt schriftlich zu erteilen und muss erkennen lassen, dass der Adressat als Haftungsschuldner in Anspruch genommen wird. Des Weiteren muss er das Leistungsgebot und eine Rechtsbehelfsbelehrung enthalten, weil der Haftungsbescheid – wie auch ein gegen den Arbeitnehmer selbst gerichteter Lohnsteuernachforderungsbescheid – mit Einspruch bzw. Klage angefochten werden kann.[47]

31 Die Bestimmungen zur steuerlichen Festsetzungsverjährung sind auf den Erlass eines Haftungsbescheides entsprechend anzuwenden, § 191 Abs. 3 S. 1 AO. Diese Festsetzungsfrist beträgt grundsätzlich 4 Jahre, in den Fällen der Haftungsnormen des §§ 70, 71 AO (s. dazu unten Rn. 33 ff.) beträgt die Festsetzungsfrist auch für den Haftungsbescheid allerdings 10 Jahre, § 191 Abs. 3 S. 2 AO.

3. Haftung bei Arbeitnehmerüberlassung

32 In Fällen der Arbeitnehmerüberlassung enthält § 42d Abs. 6–8 EStG **Sonderregelungen für die Haftung von Verleiher bzw. Entleiher**. Sowohl bei der unerlaubten wie bei der erlaubten Arbeitnehmerüberlassung besteht die Möglichkeit, den Entleiher als

---

42 *BFH* BStBl 2009, 478.
43 *Schmidt/Krüger* § 42d EStG Rn. 31.
44 Kirchhof/Seer/*Eisgruber* § 42d EStG Rn. 21.
45 Kirchhof/Seer/*Eisgruber* § 42d EStG Rn. 22.
46 Klein/*Rüsken* § 240 AO Rn. 1.
47 Schmidt/*Krüger* § 42d EStG Rn. 45 ff., 58. Dort auch zu weiteren Einzelheiten zum Inhalt des Haftungsbescheides, insbesondere dazu, dass ein Haftungsbescheid, der die Lohnsteuer mehrerer Arbeitnehmer betrifft, als Sammelbescheid zulässig ist, in dem die einzelnen Beträge zwar zusammengefasst werden dürfen, aber grundsätzlich nach den jeweiligen Arbeitnehmern aufzugliedern sind.

Haftenden in Anspruch zu nehmen, wobei der Entleiher im Falle erlaubter Arbeitnehmerüberlassung dann nicht haftet, wenn er bestimmte Mitwirkungspflichten erfüllt hat.[48] Gem. § 42d Abs. 6 EStG handelt es ich um eine zusätzliche Haftung des Entleihers neben dem Arbeitgeber, die im Falle der erlaubten Arbeitnehmerüberlassung nicht greift, wenn der Entleiher belegen kann, dass er seinen Meldepflichten gem. § 28a–28c SGB IV nachgekommen ist.[49]

III. Persönliche Haftung von Vertretern des Unternehmens, §§ 34, 69, 70 f. AO

1. Einführung

Neben die Haftung bzw. die Steuerschuldnerschaft des Unternehmers bzw. Arbeitgebers als natürlicher oder juristischer Person kann die Haftung gesetzlicher Vertreter, von Vermögensverwaltern sowie sonstigen Verfügungsberechtigten gem. §§ 69, 34, 35 AO treten – und dies nicht nur für die Lohnsteuer, sondern stets dann, wenn Steuerschulden nicht ordnungsgemäß bedient werden. Gem. § 71 AO haften zudem die an einer Steuerhinterziehung beteiligten Personen verschärft für die verkürzten Steuern sowie Hinterziehungszinsen, was auch einfache Angestellte des Unternehmens oder externe Berater treffen kann. 33

Gem. § 34 Abs. 1 AO haben u.a. die gesetzlichen Vertreter juristischer Personen deren steuerliche Pflichten zu erfüllen, insbesondere dafür Sorge zu tragen, dass die Steuern aus den Mitteln entrichtet werden können, die von ihnen verwaltet werden. Gesetzliche Vertreter sind dabei insbesondere der Vorstand einer AG oder Genossenschaft, der – auch faktische – Geschäftsführer einer GmbH und der Abwickler oder der Liquidator.[50] Des Weiteren kommt eine entsprechende Haftung in Betracht für Vereinsvorsitzende – auch soweit sie nur ehrenamtlich und unentgeltlich tätig sind –, Insolvenz- und Zwangsverwalter, Testamentsvollstrecker oder Prokuristen.[51] 34

Auf Grundlage des § 69 S. 1 AO haften die gesetzlichen Vertreter sowie Verfügungsberechtigten i.S.d. §§ 34, 35 AO, soweit Ansprüche aus dem Steuerschuldverhältnis infolge vorsätzlicher oder grob fahrlässiger Verletzung der ihnen auferlegten Pflichten nicht oder nicht rechtzeitig festgesetzt bzw. erfüllt werden können. 35

Die Haftung hat Schadensersatzcharakter und zum Ziel, Steuerausfälle auszugleichen, die durch schuldhafte Pflichtverletzungen von Angehörigen dieses Personenkreises verursacht worden sind. Dadurch wird für diesen Personenkreis die **steuerliche Pflicht** bestimmt, **für eine zulasten eines anderen begründete Steuerschuld mit dem eigenen Vermögen unbeschränkt einstehen zu müssen**.[52] Die Haftungsschuld ist akzessorisch gegenüber der Steuerschuld, weshalb bei Erlass des Haftungsbescheides die Steuerschuld nicht durch Zahlung oder sonstige Befriedigung etwa im Rahmen von Vollstre- 36

---

48 Schmidt/*Krüger* § 42d Rn. 66, 69.
49 Kirchhof/Seer/*Eisgruber* § 42d Rn. 58, 61.
50 Klein/*Rüsken* § 34 Rn. 5 ff., 6.
51 Kirchhof/Seer/*Eisgruber* § 42d Rn. 37.
52 Klein/*Rüsken* § 69 Rn. 1a.

ckungsmaßnahmen erloschen sein darf. Allerdings ist die Festsetzung der Steuer gegen den (eigentlichen) Steuerschuldner nicht Voraussetzung für die Haftungsinanspruchnahme nach § 69 AO.[53]

37 Vor allem – aber nicht nur – bei Lohnsteuerschulden nimmt die Finanzbehörde regelmäßig die für das Unternehmen Handelnden in Anspruch, soweit sie anders nicht mehr realisiert werden können, etwa dann, wenn der Arbeitgeber inzwischen in die Insolvenz gefallen ist. Der Schwerpunkt liegt dabei auf der Haftung der Geschäftsleiter gem. § 69 AO sowie bei der Hinterzieherhaftung nach § 71 AO, bei Personenhandelsgesellschaften zudem auf der akzessorischen Haftung der Gesellschafter gem. § 128 HGB.[54] Nach der Rechtsprechung gilt eine **verschärfte Haftung gerade für Lohnsteuerschulden**, weil die Lohnsteuer eine vom Arbeitgeber treuhänderisch für den Fiskus verwaltete Steuer darstelle.[55]

2. Voraussetzungen der Haftung gesetzlicher Vertreter gem. § 69 S. 1 AO

38 Die steuerliche Haftung trifft allein die in den §§ 34, 35 AO bezeichneten Personen und tritt dann ein, wenn Ansprüche aus dem Steuerschuldverhältnis nicht – durch Steuerbescheid oder, wie bei der Umsatzsteuer, durch Anmeldung – bzw. nicht rechtzeitig festgesetzt oder nicht bzw. nicht rechtzeitig erfüllt werden; zusätzlich auch dann, wenn Steuervergütungen bzw. -erstattungen vom Fiskus rechtsgrundlos ausbezahlt worden sind. Dabei muss dem Haftungsschuldner ein Verstoß gegen ihn treffende steuergesetzliche Pflichten vorgehalten werden können, der schuldhaft – vorsätzlich oder grob fahrlässig – war. Durch diese Pflichtverletzung muss zudem kausal der steuerliche Schaden verursacht worden sein.[56]

39 **Lohnsteuerpflichten des Geschäftsführers** entstehen bereits mit seiner nominellen Bestellung. Dabei ist nicht entscheidend, ob er die nötige Sachkunde besitzt und die Tätigkeit tatsächlich ausübt; setzt er Mitarbeiter ein, muss er diese ausreichend überwachen.[57] Um sich seinem Haftungsrisiko zu entziehen, muss der Geschäftsführer zurücktreten oder sein Amt niederlegen.[57] An der Abführungspflicht – ggf. nach entsprechender Lohnkürzung (vgl. Rn. 40) – ändern auch eine Insolvenzantragstellung der Gesellschaft und die Bestellung eines vorläufigen Insolvenzverwalters nichts, solange die Geschäftsleitung rechtlich noch in der Lage ist, über das Geld zu verfügen.[58]

40 Eine schuldhafte Pflichtverletzung liegt auch dann vor, wenn bspw. die Nichtabführung der Lohnsteuer im (vermeintlichen) Interesse der Erhaltung des Betriebes und seiner Arbeitsplätze erfolgt, insbesondere auch dann, wenn die termingerechte Abführung deshalb unterbleibt, weil der Geschäftsführer hofft oder darauf vertraut, dass er die Steuerrückstände nach Behebung der Liquiditätsprobleme ausgleichen kann, etwa weil er auf einen künftigen Mittelzufluss, den Erfolg eines Stundungsantrages beim Finanzamt oder das Bestehen einer Aufrechnungslage mit einem (vermeintlichen) Vorsteuerguthaben vertraut.[59] Bei Liquiditätsschwierigkeiten gilt der **Grundsatz der gleichrangigen Befriedigung** von Arbeitnehmern und Finanzbehörde. Reichen die Mittel nicht zur

---
53 *BFH* BStBl 1995, 300; Klein/*Rüsken* § 69 Rn. 1a.
54 Streck/Mack/Schwedhelm/*Olgemöller* Rn. 2.197.
55 Streck/Mack/Schwedhelm/*Olgemöller* Rn. 2.197 unter Verweis auf *BFH/NV* 2007, 1731.
56 Vgl. Klein/*Rüsken* § 69 Rn. 130 ff.; Tipke/*Kruse* § 69 AO Rn. 20 ff.
57 Kirchhof/Seer/*Eisgruber* § 42d Rn. 39.
58 *Harder* NZI 2014, 595, 596 unter Verweis auf *FG Köln* EFG 2014, 1350.
59 Kirchhof/Seer/*Eisgruber* § 42d Rn. 41, 38.

Persönliche Haftung von Vertretern des Unternehmens 3. Kapitel **4**

Zahlung der Bruttolöhne inklusive der Lohnsteuer aus, darf der **Lohn nur noch gekürzt ausgezahlt** werden, auch wenn die Bank Gelder nur für Nettolohnzahlungen zur Verfügung stellt. Dieser Grundsatz führt zu einer Begrenzung der Haftung auf diejenige Lohnsteuer, die bei korrekter Kürzung entstanden wäre, wobei die Beweislast für die Behauptung gleichmäßiger Befriedigung jeweils der Haftungsschuldner, also der Geschäftsleiter, trägt.[60]

Diesen trifft die **Pflicht zur Vermögensvorsorge**, die nicht erst mit Fälligkeit der jeweiligen Steuer entsteht, sondern bereits dann, wenn die Steueransprüche zu erwarten sind. Deshalb sind bereits vor Fälligkeit der Steuern die Mittel des Steuerschuldners (bei der Lohnsteuer also des Arbeitgebers) so zu verwalten, dass er zur pünktlichen Zahlung der (erst später fällig werdenden) Steuerschulden in der Lage ist. Aus diesem Grunde liegt eine Pflichtverletzung u.a. darin, wenn der Steuerschuldner sich durch Vorwegbefriedigung anderer Gläubiger schuldhaft außerstande setzt, künftig fällig werdende Steuern, deren Entstehung ihm bekannt sein muss, zu tilgen.[61] **41**

Auch weitere Steuerarten, insbesondere die **Umsatzsteuer**, sind zwar nicht vorrangig vor anderen Verbindlichkeiten, aber im gleichen Umfang wie diese zu tilgen. Auch hier verpflichtet der Grundsatz anteiliger Tilgung der Steuerschulden den gesetzlichen Vertreter, bei unzureichenden Zahlungsmitteln die fälligen Steuern in etwa in gleicher Weise zu begleichen wie die Forderungen anderer Gläubiger.[62] Wird dies nicht beachtet, kann auch insoweit ein Haftungsbescheid drohen. Bei der Ermittlung der Haftungsquote für die Umsatzsteuer sind allerdings die im Haftungszeitraum getilgten Lohnsteuern weder bei den Gesamtverbindlichkeiten noch bei den geleisteten Zahlungen mit zu berücksichtigen.[63] **42**

3. Haftung des Steuerhinterziehers nach § 71 AO sowie Haftung nach § 70 AO

Gem. § 71 AO haften auch der Steuerhinterzieher – der Täter wie der Teilnehmer – für die Verkürzung des Steueraufkommens bzw. zu Unrecht gewährte Steuervorteile und darüber hinaus für Nachzahlungszinsen gem. § 235 AO (vgl. dazu straf- und bußgeldrechtliche sowie außerstrafrechtliche Konsequenzen der Statusverfehlung 4. Teil 4. Kap. Rn. 50 ff.). Auch § 71 AO begründet lediglich eine **Haftung auf Schadensersatz** und stellt keine zusätzliche Sanktion für begangenes Unrecht dar, mit der Folge, dass es tatsächlich zu einem Steuerausfall gekommen sein muss.[64] **43**

Voraussetzung der Haftung ist, dass eine Steuerhinterziehung nach § 370 AO – bzw. eine sog. Steuerhehlerei nach § 374 AO – vorliegt oder sich der Betreffende an einer solchen Tat beteiligt hat. Dabei muss wenigstens bedingter Vorsatz vorliegen, eine leichtfertige Steuerverkürzung i.S.d. § 378 AO löst daher keine entsprechende Haftung aus.[65] **44**

Die Haftung trifft nicht nur den oder die Täter, sondern auch die Teilnehmer, also Anstifter und Gehilfen. Nach Sinn und Zweck der Regelung besteht die Haftung **45**

---

60 Kirchhof/Seer/*Eisgruber* § 42d Rn. 40. Vergleiche zu den Einzelheiten zur Berechnung der Haftungsquote Klein/*Rüsken* § 69 Rn. 63 ff.
61 Klein/*Rüsken* § 69 Rn. 51 m.w.N.
62 Klein/*Rüsken* § 69 Rn. 51 m.w.N. aus der Rspr. Vergleiche dort auch Rn. 63 ff. zu den Einzelheiten zur Berechnung der Haftungsquote.
63 *BFH/NV* 2007, 1731.
64 Koenig/*Kratzsch* § 71 Rn. 1.
65 Koenig/*Kratzsch* § 71 Rn. 5.

allerdings nur dann, soweit Täter bzw. Teilnehmer nicht selbst Steuerschuldner sind, weil die Steuerschuldnerschaft eine (zusätzliche) Haftung nach § 71 AO ausschließt,[66] etwa dann, wenn der Arbeitgeber als Einzelunternehmer Steuern hinterzogen hat. Als **Haftende** kommen daher in erster Linie die gesetzlichen Vertreter des Unternehmens sowie zusätzlich Angestellte, die für den Steuerpflichten tätig sind, und u.a. steuerliche Berater in Betracht.[67]

46 Die Sondervorschrift des § 70 AO greift bei Zöllen, Verbrauchsteuern und der Einfuhrumsatzsteuer sowie bei Abzugsteuern ein, weil es in diesen Fällen dazu kommen kann, dass der Vertretene nicht Steuerschuldner wird. Der Zweck besteht darin, dem Vertretenen den – durch die Handlungen seines Vertreters ungerechtfertigt zugeflossenen – Steuervorteil auch dann entziehen zu können, wenn er nicht unmittelbar Steuerschuldner geworden ist. Denn ist er selbst Steuerschuldner, bedarf es schon seiner Inanspruchnahme über einen Haftungstatbestand nicht.[68]

47 Von Bedeutung ist, dass die Finanzverwaltung an Feststellungen eines (*früheren*) Strafgerichtes in diesem Zusammenhang nicht gebunden ist. Auch ein wegen Steuerhinterziehung ergangenes rechtskräftiges Strafurteil hat keine Bindungswirkung für das Haftungsverfahren,[69] wobei aber regelmäßig die Finanzbehörde den von einem Strafgericht festgestellten Sachverhalt übernehmen und sich zu eigen machen wird. Allerdings kann die Finanzverwaltung von der Entscheidung abweichen, wenn nachträglich Tatsachen bekannt werden, die im Strafurteil nicht berücksichtigt werden konnten.[70] Im Übrigen muss es dem Betroffenen, wenn man eine Orientierung der Finanzverwaltung an einem Strafurteil zulässt, möglich bleiben, substantiierte Einwendungen gegen das Strafurteil vorzutragen; entscheidend ist dann, ob sich aufgrund dieses Vorbringens und des Akteninhalts eine weitere Aufklärung des Sachverhalts der Finanzverwaltung aufdrängen muss. Dann hat die Finanzverwaltung nach dem Untersuchungsgrundsatz (§ 88 AO) eigenständig den Sachverhalt möglichst vollständig aufzuklären.

Im umgekehrten Fall gilt, dass dann, wenn **nach** Erlass des Haftungsbescheides ein freisprechendes Urteil eines Strafgerichtes ergeht, das Finanzamt zu prüfen hat, ob der Bescheid ganz oder teilweise zurückgenommen werden muss; auch insoweit besteht allerdings grundsätzlich eine Bindung an das Strafurteil nicht.[71]

48 Auch der Haftungsanspruch des § 71 AO wird durch Haftungsbescheid gem. § 191 AO geltend gemacht. Im Falle einer Steuerstraftat ist in diesem Zusammenhang allerdings das Auswahlermessen der Finanzbehörde (vgl. Rn. 25) derart vorgeprägt, dass die Haftung vorrangig gegenüber dem Steuerstraftäter geltend zu machen ist; aus diesem Grunde muss die Ermessensentscheidung nicht näher begründet werden.[72] Auch hier kann der Haftungsbescheid mit Einspruch gem. § 347 Abs. 1 AO sowie Klage zum Finanzgericht angegriffen werden (vgl. steuerrechtliche Möglichkeiten der Haftungseingrenzung 5. Teil 4. Kap. Rn. 16 ff., 23 ff.).

---

66 Tipke/Kruse/*Loose* § 71 AO, Rn. 6 ff.
67 Klein/*Rüsken* § 71 Rn. 4.
68 Vgl. dazu im Einzelnen Koenig/*Kratzsch* § 70 Rn. 1 ff.; Klein/*Rüsken* § 70 Rn. 1.
69 *BFH*/NV 2012, 602.
70 Tipke/Kruse/*Loose* § 71 AO, Rn. 11 m.w.N.
71 Koenig/*Kratzsch* § 71 Rn. 28 m.w.N.
72 Koenig/*Kratzsch* § 71 Rn. 24.

IV. Lohnsteuer-Nachschau gemäß § 42g EStG

1. Einführung

Im Jahr 2013 wurde die Vorschrift des § 42g EStG zur Lohnsteuer-Nachschau in das EStG eingefügt. Sie soll der Sicherstellung einer ordnungsgemäßen Einbehaltung und Abführung der Lohnsteuer dienen und stellt ein besonderes Verfahren zur zeitnahen Aufklärung derartiger Sachverhalte dar, § 42g Abs. 1 EStG. Sie betrifft damit insbesondere alle inländischen Arbeitgeber und ausländischen Verleiher i.S.d. § 38 Abs. 1 EStG[73] (vgl. zu Leiharbeitsverhältnissen im Steuerrecht 2. Teil 3. Kap. Rn. 17, 50, Rn. 70 – Arbeitnehmerüberlassung). 49

Die Lohnsteuer-Nachschau ist **keine Lohnsteueraußenprüfung** gem. § 42f EStG und damit auch keine Außenprüfung i.S.d. §§ 193 ff. AO. Sie dient vielmehr allein dem Zweck einer spontanen und damit raschen Kontrolle, insbesondere zur Vermeidung von Schwarzarbeit und zur Identifikation von Scheinarbeitsverhältnissen.[74] Sie ist eine **gegenwartsbezogene Prüfung,** dient also nicht der Aufklärung abgeschlossener Zeiträume oder Vorgänge, und soll der Finanzverwaltung einen Eindruck von den räumlichen Verhältnissen, dem tatsächlich eingesetzten Personal und dem üblichen Geschäftsbetrieb vor Ort verschaffen.[75] 50

Weil die Vorschriften zur Außenprüfung nicht anwendbar sind, geht weder eine schriftliche Prüfungsanordnung mit Rechtsbehelfsbelehrung voraus, die zusammen mit der Angabe des voraussichtlichen Prüfungsbeginns und des Prüfernamens dem Steuerpflichtigen angemessene Zeit vor Beginn einer Außenprüfung gem. §§ 196 f. AO bekannt gegeben wird,[76] noch ist überhaupt eine Ankündigung gegenüber dem Steuerpflichtigen erforderlich.[77] Entsprechend kommt auch ein Antrag auf verbindliche Zusage nach § 204 AO im Anschluss an eine Lohnsteuer-Nachschau nicht in Betracht (s. im Einzelnen zur verbindlichen Zusage 3. Teil 3. Kap. Rn. 30 ff.).[78]

Hintergrund ist der **Zweck** der Regelung, **illegale Beschäftigung aufzudecken**, weshalb sich die Finanzverwaltung einen „*ungeschminkten Eindruck*" von den tatsächlichen Verhältnissen im Betrieb machen können soll. Eine vorausgehende Ankündigung gäbe unredlichen Arbeitgebern die Möglichkeit, die tatsächlichen Verhältnisse zu verschleiern.[79] Werden Unregelmäßigkeiten beim Lohnsteuerabzug seitens der Finanzverwaltung – auch bloß vage – vermutet, so ist dies ausreichend für eine solche Nachschau; ein steuerstrafrechtlicher Anfangsverdacht allerdings dürfe nicht gegeben sein, weil dann sogleich das Strafverfahrensrecht zur Anwendung komme, das insbesondere eine Belehrung des Beschuldigten über seine Rechte sowie dazu vorsieht, dass er sich nicht selbst belasten muss.[80] Aufgrund dieser verhältnismäßig niedrigen Schwelle für eine Lohnsteuer-Nachschau besteht deshalb die Gefahr, dass die Finanzverwaltung 51

---

73 *Janssen-Heid/Hilbert* BB 2015, 598; *Buse* DB 2016, 1152
74 *Wittkowski/Hielscher* BC 2012, 542; *Janssen-Heid/Hilbert* BB 2015, 598, 599.
75 *Buse* DB 2016, 1152, 1153.
76 *Paintner* DStR 2013, 1629, 1634/1635.
77 Schmidt/*Krüger* § 42g Rn. 4; *Buse* DB 2016, 1152, 1154.
78 *Janssen-Heid/Hilbert* BB 2015, 598, 599.
79 *Paintner* DStR 2013, 1629, 1635.
80 *Janssen-Heid/Hilbert* BB 2015, 598, 600.

zu diesem Instrument greift, um sich spontan Nachweise zu beschaffen, obgleich im Einzelfall aufgrund bereits vorliegender Erkenntnisse die Schwelle des strafrechtlichen Anfangsverdachts schon erreicht ist.

52 Die **Lohnsteuer-Nachschau ist auf** die **Überprüfung lohnsteuerlicher Pflichten** des Arbeitgebers **beschränkt**; andere Steuerarten werden sachlich von ihr nicht erfasst.[81] Eine Lohnsteuer-Nachschau kommt deshalb insbesondere in Betracht bei Beteiligung der Finanzverwaltung an Einsätzen der Finanzkontrolle Schwarzarbeit,[82] zur Feststellung der Arbeitgeber- oder Arbeitnehmereigenschaft sowie dazu, ob eine Person selbstständig oder als Arbeitnehmer tätig ist.[83] Anlass können aber auch (bloß) die Eröffnung eines neuen Betriebes oder eine Zufallsauswahl in Branchen mit typischen Risiken für Schwarzarbeit sein, insbesondere im Bau-, Logistik-, Transport- oder Speditionsgewerbe.[84] Dabei können die aufgrund einer Lohnsteuer-Nachschau ermittelten Erkenntnisse direkt verwertet werden, anders als bei einer Außenprüfung bedarf es weder einer Schlussbesprechung noch der Übermittlung eines Prüfungsberichts. Im Übrigen kann es sowohl zu Nachforderungen beim Arbeitgeber – etwa durch einen Lohnsteuerhaftungsbescheid – als auch beim Arbeitnehmer – durch Lohnsteuernachforderungsbescheide oder bei der Einkommensteuerveranlagung – kommen.[85]

2. Ablauf und Voraussetzungen einer Lohnsteuer-Nachschau

53 Die Lohnsteuer-Nachschau findet während üblicher Geschäfts- und Arbeitszeiten statt. Die Finanzverwaltung kann dabei Grundstücke und Räume von Personen, die eine gewerbliche oder berufliche Tätigkeit ausüben, betreten und haben die Betreffenden Unterlagen vorzulegen und Auskünfte zu erteilen, § 42g Abs. 2, Abs. 3 S. 1 EStG. Die Anordnung erfolgt durch den Amtsträger in der Regel mündlich zu Beginn der Lohnsteuer-Nachschau und soll dabei dem Arbeitgeber der Vordruck „Durchführung einer Lohnsteuer-Nachschau" nach bundeseinheitlichem Vordruck übergeben werden,[86] in dem sich allerdings lediglich allgemein gehaltene Hinweise finden.

54 Dabei sind auf Verlangen unter anderem Lohn- und Gehaltsunterlagen sowie sonstige Aufzeichnungen, Bücher und Geschäftspapiere vorzulegen und die zum Verständnis der Aufzeichnungen erforderlichen Auskünfte zu geben.[87] Die Verpflichtung besteht allerdings nur für Sachverhalte, die der Lohnsteuer-Nachschau unterliegen, d.h. die Unterlagen müssen die von § 42g Abs. 1 EStG umfassten Prüffelder betreffen. Aus der Verwendung des Begriffes „Vorlage" folgt, dass eine Mitnahme der vorgelegten Unterlagen für die Amtsträger nicht zulässig ist.[88] Ein digitaler Datenzugriff ist im Rahmen der Lohnsteuer-Nachschau ausdrücklich nicht gestattet.[89] Ist die Sachverhaltsaufklärung infolge des fehlenden Datenzugriffs aus Sicht der Finanzverwaltung erschwert, geht sie meist zur Lohnsteuer-Außenprüfung über (s. dazu Rn. 56).[90]

---

81 *Buse* DB 2016, 1152, 1153.
82 *Buse* DB 2016, 1152.
83 BMF-Anwendungsschreiben v. 16.10.2014, BStBl 2014, 1378, Rn. 4.
84 *Janssen-Heid/Hilbert* BB 2015, 598, 599.
85 Brandis/Heuermann/*Wagner* § 42g Rn. 51.
86 *BMF*-Anwendungsschreiben v. 16.10.2014, BStBl 2014, 1378, Rn. 6.
87 Zum Umfang der Befugnisse der Finanzverwaltung i.e. vgl. *Buse* DB 2016, 1152, 1154 f.
88 Brandis/Heuermann/*Wagner* § 42g Rn. 41.
89 Schmidt/*Krüger* § 42g Rn. 15; *Buse* DB 2016, 1152, 1156.
90 *Buse* DB 2016, 1152, 1156.

Dabei haben **auch die Arbeitnehmer** des von der Lohnsteuer-Nachschau betroffenen Arbeitgebers **Auskunft** über Art und Höhe ihrer Einnahmen **zu geben** sowie auf Verlangen Bescheinigungen etwa über den Lohnsteuerabzug vorzulegen; dies gilt insbesondere für Personen, bei denen fraglich ist, ob sie überhaupt Arbeitnehmer des Arbeitgebers sind oder waren, § 42g Abs. 3 S. 2 i.V.m. § 42f Abs. 2 S. 2, 3 EStG.[91] Die steuerlichen Verhältnisse der Arbeitnehmer, die alleinige Schuldner der Lohnsteuer sind, können dann mit überprüft werden, soweit die Pflicht des Arbeitgebers zur Einbehaltung und Abführung der Lohnsteuer reicht.[92]

55

Kommt der Betroffene dem Verlangen der Finanzverwaltung nicht nach, sind zwar Zwangsmittel i.S.d. § 328 AO denkbar, werden aus Praktikabilitätserwägungen allerdings regelmäßig nicht zur Anwendung kommen.[93] Allerdings kann gem. § 42g EStG bei gegebenem Anlass ohne vorherige Prüfungsanordnung sofort **von der Lohnsteuer-Nachschau zu einer Lohnsteueraußenprüfung übergegangen** werden. Diese Entscheidung ist Ermessensentscheidung des Amtsträgers, die gerichtlich nur eingeschränkt überprüfbar ist.[94] Dafür muss gem. § 42g Abs. 4 S. 2 EStG auf diesen Übergang zunächst nur schriftlich hingewiesen, es kann also auf die Bekanntgabe einer Prüfungsanordnung verzichtet werden; darüber hinaus gelten allerdings die Bestimmungen für die Lohnsteueraußenprüfung gem. § 42f EStG (s. dazu Rn. 61 ff.). Nur bei einem Übergang zur Lohnsteuer-Außenprüfung wird es dem Amtsträger im Übrigen möglich sein, die lohnsteuerlich erheblichen Sachverhalte wirklich vertieft und damit auch abschließend zu überprüfen.[95]

56

Der Übergang erfolgt daher typischerweise spontan. Im Übrigen ist nach Auffassung der Finanzverwaltung ein solcher Übergang zur Lohnsteueraußenprüfung angezeigt, wenn erhebliche Fehler beim Lohnsteuerabzug festgestellt werden, weitere Ermittlungen erforderlich sind oder die Sachverhaltsermittlung aufgrund fehlenden Datenzugriffs nicht oder nur erschwert möglich ist.[96]

57

§ 42g Abs. 5 EStG erlaubt der Finanzverwaltung dabei ausdrücklich die Auswertung der Feststellungen aus einer Lohnsteuer-Nachschau sowohl für andere Steuerarten der geprüften Person als auch mit Blick auf dritte Personen. Feststellungen können daher bspw. für die Umsatzsteuer – etwa bei Scheinselbstständigkeit zur Korrektur des Vorsteuerabzugs (vgl. dazu Rn. 12 f.) – verwertet werden sowie mit Blick auf die Einkommensteuerveranlagung von Arbeitnehmern bzw. von lediglich zum Schein beschäftigten Personen.

58

3. Rechtsbehelfsmöglichkeiten

Nach Auffassung der Finanzverwaltung handelt es sich bei der Lohnsteuer-Nachschau um schlichtes Verwaltungshandeln und damit nicht um einen Verwaltungsakt, weshalb Rechtsschutz durch Einspruch oder Anfechtungsklage nicht in Betracht kommen sollen; diese Auffassung ist allerdings nicht unumstritten.[97] So sollen durchaus Einspruch

59

---

91 Schmidt/*Krüger* § 42g Rn. 15.
92 *Buse* DB 2016, 1152, 1153.
93 Brandis/Heuermann/*Wagner* § 42g Rn. 41 a.E.
94 Schmidt/*Krüger* § 42g Rn. 17.
95 *Janssen-Heid/Hilbert* BB 2015, 598, 605.
96 Brandis/Heuermann/*Wagner* § 42g Rn. 46.
97 Vgl. Brandis/Heuermann/*Wagner* § 42g Rn. 55; Schmidt/*Krüger* § 43 Rn. 21.

und sogar Klage zulässig sein; vorläufiger Rechtsschutz in Form eines Antrags auf Aussetzung der Vollziehung (s. dazu 5. Teil 4. Kap. Rn. 27 ff.) komme ebenfalls in Betracht.[98]

60 Selbst dann aber, wenn man Rechtsbehelfsmöglichkeiten anerkennt, so hätten diese keine aufschiebende Wirkung,[99] weshalb dem Betroffenen meist wohl nur die nach Beendigung der Lohnsteuer-Nachschau zur Verfügung stehenden Rechtsbehelfe bzw. -mittel verbleiben. Dann – und wenn man Rechtsbehelfsmöglichkeiten gänzlich ablehnt, soll dem Erfordernis effektiven Rechtsschutzes durch eine Prüfung der Rechtmäßigkeit der Verwertung im Rahmen der nach der Lohnsteuer-Nachschau erfolgenden Festsetzungen Rechnung getragen werden, insbesondere also im Einspruchs- und Klageverfahren gegen mögliche Nachforderungs- bzw. Haftungsbescheide.[100]

V. Lohnsteueraußenprüfung und allgemeine Außenprüfung

1. Lohnsteueraußenprüfung

61 Neben der Lohnsteuer-Nachschau gem. § 42g EStG (s. Rn. 49 ff.) eröffnet § 42f EStG der Finanzverwaltung die Möglichkeit, eine **Lohnsteueraußenprüfung** durchzuführen, die sich nur auf die Prüfung der Lohnsteuer im Prüfungszeitraum beschränkt.

62 Die Lohnsteueraußenprüfung ist eine normale Außenprüfung i.S.d. §§ 193 ff. AO. Im Vorfeld hat deshalb rechtzeitig eine schriftliche Prüfungsanordnung mit Rechtsbehelfsbelehrung zu ergehen, § 196 AO. Auch die Lohnsteueraußenprüfung erstreckt sich (nur) auf die Frage, ob die Lohnsteuer vom Arbeitgeber zutreffend einbehalten und an das Finanzamt abgeführt worden ist.[101]

63 Gem. § 42f Abs. 2, Abs. 3 EStG treffen sowohl den Arbeitgeber als auch den Arbeitnehmer Mitwirkungsverpflichtungen, die insbesondere für den Arbeitgeber umfassend sind. Die Mitwirkungspflichten können – wie die Duldung der Prüfung insgesamt – mit Zwangsmitteln gem. § 328 AO erzwungen werden und kann das Finanzamt hier zudem neben der Lohnbuchhaltung auch die Überlassung der Datenträger zur Finanzbuchhaltung (anders als bei der Lohnsteuer-Nachschau, s. oben Rn. 54) anordnen.[102]

64 Mit Blick auf die Verzahnung von Steuer- und Sozialversicherungsrecht im Bereich der Scheinselbstständigkeit ist auf § 42f Abs. 4 EStG hinzuweisen, der vorsieht, dass **auf Verlangen des Arbeitgebers eine zeitgleiche Außenprüfung durch die Finanzverwaltung und den Rentenversicherungsträger möglich** ist, um zusätzliche Belastungen für den Arbeitgeber durch mehrfache Betriebsprüfungen verschiedener Behörden möglichst auszuschließen. Allerdings zeigt die Praxiserfahrung, dass dieses Instrument

---

98 *Buse* DB 2016, 1152, 1157.
99 Schmidt/*Krüger* § 42g Rn. 21 – dort auch zur Möglichkeit, Durchführung und Fortsetzung der Lohnsteuer-Nachschau durch einen Antrag auf Aussetzung der Vollziehung beim Finanzamt zu verhindern.
100 Brandis/Heuermann/*Wagner* § 42g Rn. 55, 56. So auch *Buse* DB 2016, 1152, 1157.
101 Kirchhof/Seer/*Eisgruber* § 42f Rn. 4.
102 Brandis/Heuermann/*Heuermann* § 42f Rn. 20.

kaum genutzt wird und im Übrigen die Prüfungen zwar zeitgleich, nicht aber einheitlich durchgeführt werden, insbesondere also weder inhaltsgleich sind noch auch nur annähernd gleichlang andauern.[103]

2. Allgemeine Außenprüfung gem. §§ 193 ff. AO

Steuerliche – einschließlich lohn- wie umsatzsteuerlicher – Fragen können bei Steuerpflichtigen mit Gewinneinkünften, also insbesondere solchen, die gewerblich oder freiberuflich tätig sind, umfassend im Rahmen einer Außenprüfung gem. §§ 193 ff. AO einer Überprüfung unterzogen werden, die sich in der Regel auf drei Veranlagungszeiträume bezieht. 65

Eine solche Außenprüfung wird rechtzeitig im Vorfeld durch schriftliche Prüfungsanordnung mit Rechtsbehelfsbelehrung angekündigt, §§ 196, 197 AO.[104] Die Prüfungsanordnung bestimmt den zeitlichen und sachlichen Umfang der Außenprüfung, insbesondere welche Steuerarten und welche Besteuerungszeiträume überprüft werden sollen.[105] Gem. § 194 Abs. 1 S. 2 AO kann eine Außenprüfung mehrere Steuerarten und Besteuerungszeiträume umfassen, sie kann sich allerdings auch nur auf bestimmte Sachverhalte beschränken.[106] 66

3. Rechtsbehelfsmöglichkeiten

Die Prüfungsanordnung für eine (lohnsteuerliche oder umfassende) Außenprüfung kann mit Einspruch und Anfechtungsklage angefochten werden, die allerdings keine aufschiebende Wirkung haben. Einstweiliger Rechtsschutz muss durch einen Antrag auf Aussetzung der Vollziehung der Prüfungsanordnung erlangt werden.[107] Formelle Fehler im Zusammenhang mit der Bekanntgabe der Prüfungsanordnung stehen einer späteren Verwertung von Erkenntnissen im Rahmen der Steuerfestsetzung im Übrigen nicht entgegen. Das Interesse an einer gesetzmäßigen und gleichmäßigen Steuerfestsetzung hat nach der Rechtsprechung des BFH hier Vorrang vor dem Interesse an einem formal ordnungsgemäßen Verfahren.[108] 67

VI. Umsatzsteuer-Nachschau nach § 27b UStG

Die Umsatzsteuer-Nachschau gem. § 27b UStG ermöglicht – als Vorläuferregelung zur Lohnsteuer-Nachschau gem. § 42g EStG (s. Rn. 49 ff.) – zur Sicherstellung einer gleichmäßigen Festsetzung und Erhebung der Umsatzsteuer der Finanzbehörde die Möglichkeit, ohne vorherige Ankündigung und außerhalb einer Außenprüfung Grundstücke und Räume von Personen, die eine gewerbliche oder freiberufliche Tätigkeit selbstständig ausüben, während der Geschäfts- und Arbeitszeiten zu betreten, um Sachverhalte festzustellen, die für die Besteuerung erheblich sind, § 27b Abs. 1 S. 1 UStG. 68

---

103 Vgl. dazu Kirchhof/Seer/*Eisgruber* § 42f Rn. 13 m.w.N.
104 Vgl. zu Einzelheiten die Kommentierungen bei *Koenig* §§ 193 ff. AO sowie *Tipke/Kruse* §§ 193 ff. AO.
105 Koenig/*Intemann* § 196 AO Rn. 39.
106 *BFH/NV* 2012, 1927 Rn. 15.
107 Koenig/*Intemann* § 196 AO Rn. 81.
108 *BFH* BStBl 1998, 461 ff.

69 Abläufe und Voraussetzungen sind denjenigen zur Lohnsteuer-Nachschau ähnlich und kann im Übrigen für weitere Einzelheiten auf die einschlägigen Kommentierungen verwiesen werden.[109]

70 Auch hier kann gem. § 27b Abs. 3 UStG bei gegebenem Anlass von einer Umsatzsteuer-Nachschau unmittelbar zu einer Außenprüfung übergegangen werden. Im Rahmen der Umsatzsteuer-Nachschau festgestellte Verhältnisse ermöglichen es im Übrigen – wie bei der Lohnsteuer-Nachschau –, die Ergebnisse für andere Steuerarten des betroffenen Unternehmens und auch bei anderen, also dritten Personen zu verwerten.

---

[109] Bunjes/*Leonard* § 27b Rn. 1 ff., Sölch/Ringleb/*Leipold* § 27b UStG Rn. 1 ff. sowie Schwarz/Widmann/Radeisen/*Kemper* UStG § 27b Rn. 15 ff.

4. Kapitel
Straf- und bußgeldrechtliche sowie außerstrafrechtliche Konsequenzen der Statusverfehlung

Literatur: *Berchthold* Bekämpfung der Schwarzarbeit und Beitragsrecht der Beschäftigung – Von der (Selbst-)Entmündigung eines Rechtsgebiets, Teil 1, ASR 2021, 108; *ders.* Bekämpfung der Schwarzarbeit und Beitragsrecht der Beschäftigung – Von der (Selbst-)Entmündigung eines Rechtsgebiets, Teil 2, ASR 2021, 154; *Buchholz* Vorenthalten und Veruntreuen von Arbeitsentgelt im Bereich der Pflege, NZWiSt 2020, 89; *Bürger* Der Arbeitgeberbegriff in § 266a StGB – ein komplexes normatives Tatbestandsmerkmal: Voraussetzungen und Irrtumsfolgen, wistra 2016, 169, 171; *Ceffinato* Der Irrtum des Arbeitgebers und seines Vertreters, wistra 2020, 230; *Floeth* Strafbarkeit wegen Vorenthaltens und Veruntreuens von Arbeitsentgelt in Fällen sog. Scheinselbständigkeit – Arbeitgeberstellung des „Auftraggebers" und die insoweit im Rahmen des subjektiven Tatbestandes zu stellenden Anforderungen NZS 2016, 771; *Gercke/Leimenstoll* Vorenthalten von Sozialversicherungsbeiträgen (§ 266a StGB) – Ein Leitfaden für die Praxis, HRRS 2009, 442; *Grötsch* Neue Entwicklung und Angleichung der Rechtsprechung in § 370 AO und § 266a StGB „Eine Rechtsprechungsübersicht", NStZ 2020, 591; *Höll* Vorsatz bei der Umsatzsteuerhinterziehung, Kognitive und voluntative Anforderungen bei akzessorischen Tatbeständen, Diss. 2012; *Kempf/Schilling* Vermögensabschöpfung, 2007; *Klötzer-Assion* Also doch Deckmantelgesetzgebung! „Klammheimliche" Reform des sozialversicherungsrechtlichen Statusfeststellungsverfahrens in § 7a SGB IV, Zu den straf- bzw. bußgeldrechtlichen Implikationen sowie Fragen der Contractor Compliance (Teil 1), WiJ 2/3 2021, 133; *dies.* Also doch Deckmantelgesetzgebung! „Klammheimliche" Reform des sozialversicherungsrechtlichen Statusfeststellungsverfahrens in § 7a SGB IV, Zu den straf- bzw. bußgeldrechtlichen Implikationen sowie Fragen der Contractor Compliance (Teil 2), WiJ 1/2022, 39; *dies.* FKS als „Finanzpolizei"? Zum Entwurf eines Gesetzes gegen illegale Beschäftigung und Sozialleistungsmissbrauch, WiJ 2/2019, 86; *dies.* FKS als „Finanzpolizei"! – Gesetz gegen illegale Beschäftigung und Sozialleistungsmissbrauch vom Bundestag verabschiedet, WiJ 3/2019, 140; *dies.* Haben Sie das schon registriert?, WiJ 2/2017, 43; *dies.* Auf der Zielgeraden? Zum Referentenentwurf der Verordnung über den Betrieb des Registers zum Schutz des Wettbewerbs um öffentliche Aufträge und Konzessionen (WRegVO-E), WiJ 1/2021, 56; *dies.* Update 1.6.2022: Register zum Schutz des Wettbewerbs um öffentliche Aufträge und Konzessionen abrufbar, WiJ 1/2022, 42; *Krack* Zur Interpretation des § 266a Abs. 2 StGB, wistra 2015, 121; *Kudlich* (Schein-)Selbstständigkeit von „Busfahrern ohne eigenen Bus" und Fragen des § 266a Abs. 1 StGB, ZIS 2011, 482; *Lanzinner* Scheinselbstständigkeit als Straftat, Diss. 2014; *Mayer* Zur inneren Tatseite bei § 266a StGB, NZWiSt 2015, 169; *Mansdörfer/Habetha* Strafbarkeitsrisiken des Unternehmers, 2015; *Ransiek/Hüls* Zum Eventualvorsatz bei der Steuerhinterziehung, NStZ 2011, 678; *Reichling* Die Unmöglichkeit der Beitragsentrichtung im Rahmen des § 266a StGB – zugleich eine Besprechung von BGH, Beschluss vom 11. August 2011, 1 StR 295/10; StRR 2012, 49; *Rettenmaier/Reichling* Neue Sanktionsrisiken für Arbeitgeber, NJW 2020, 2147; *Riechert/Nimmerjahn* Mindestlohngesetz, 2015; *Rieks* „Schöne neue (Arbeits-)Welt" oder signifikantes Strafbarkeitsrisiko für die Shared Economy?, wistra 2020, 49; *Rönnau/Kirch-Heim* Das Vorenthalten von Arbeitgeberbeiträgen zur Sozialversicherung gem. § 266a StGB n.F. – eine geglückte Regelung?, wistra 2005, 321; *Rönnau/Becker* Vorsatzvermeidung durch Unternehmensleiter bei betriebsbezogenen Straftaten NStZ 2016, 569; *Schulz* Die Strafbarkeit des Arbeitgebers nach § 266a StGB bei der Beschäftigung von Scheinselbstständigen, NJW 2006, 183; *ders.* Neues bei § 266a StGB, Methodendisziplin als Strafbarkeitsrisiko?, ZIS 2014, 572; *Thum/Selzer* Die Strafbarkeit des Arbeitgebers bei illegaler Beschäftigung im Lichte der neuen Rechtsprechung des BGH, wistra 2011, 290; *Weidemann* Vorsatz und Irrtum bei Lohnsteuerhinterziehung und Beitragsvorenthaltung – zugleich Bemerkung zu BGH v. 7.10.2009 – 1 StR 478/09, wistra 2010, 29, 463, 464; *Wittig* Zur Auslegung eines missglückten Tatbestandes – Die neue Rechtsprechung des BGH zu § 266a Abs. 2 und deren Folgen für § 266a Abs. 1 StGB, HRRS 2012, 63.

I. Straf- und bußgeldrechtliche Verantwortung der Geschäftsleitung – Grundsätze

1 Die **Leitungsmacht** und damit die **Steuerungsmöglichkeit** in einem Unternehmen haben die Geschäftsleiter. Daraus leitet sich die Verantwortung für strategische Entscheidungen, auch und gerade für die Ausgestaltung des operativen Geschäftsbetriebs und das Verhalten nachgeordneter Mitarbeiter ab. Der Gesetzgeber hat korrespondierend zur Leitungsmacht der Unternehmensorgane deren **persönliche strafrechtliche Haftung** über § 14 StGB geregelt.[1] Vor strafrechtlicher Haftung schützt bei mehrköpfigen Leitungsgremien auch eine etwaige Ressortverteilung nicht. Vielmehr ist es Pflicht der Gremienmitglieder, sich wechselseitig zu überwachen.[2]

2 Nichts anderes gilt bei Ordnungswidrigkeiten. § 9 Abs. 1 StGB regelt „in sachlicher Übereinstimmung mit § 14 StGB"[3] die Organ- und Vertreterhaftung im Ordnungswidrigkeitenrecht.

3 Die Leitungsorgane trifft im Falle der **Delegation** eigener Leitungsmacht eine umfassende Organisations- und Aufsichtspflicht zur Vermeidung von Straftaten und Ordnungswidrigkeiten, welchen ihren Ausdruck in § 130 OWiG findet, der diesbezügliche vorsätzliche oder fahrlässige Versäumnisse sanktioniert. „Die Vorschrift will sicherstellen, dass in Betrieben und Unternehmen Vorkehrungen gegen die Begehung solcher betriebsbezogenen Zuwiderhandlungen getroffen werden. Sie beruht auf dem Gedanken, dass Inhaber wirtschaftlich tätiger Verbände verpflichtet sind, Normverstößen entgegenzuwirken, die ihrem Organisationskreis entstammen."[4]

4 Juristische Personen können in Deutschland kriminalstrafrechtlich nicht verfolgt werden. Das Verbandssanktionengesetz ist „vom Tisch".[5] Der juristischen Person drohen bei Fehlverhalten ihrer Organe und/oder sonstiger in § 30 Abs. 1 OWiG definierten Leitungspersonen dessen ungeachtet empfindliche Sanktionen im Rahmen der Verbandsbuße nach § 30 OWiG.[6] Es handelt sich um eine Durchgriffshaftung auf das betroffene Unternehmen – mit empfindlichen Folgen (Rn. 100 ff.).

5 Beim Verdacht des Scheinselbstständigkeit eines oder mehrerer Auftragnehmer droht auf Auftraggeber-Seite die Strafverfolgung wegen des Verdachts des Vorenthaltens

---

1 Instruktiv und zusammenfassend dazu *Mansdörfer/Habetha* 1. Kap. Rn. 69 ff.; Rotsch/*Rotsch* § 4 Rn. 3 ff.
2 *Mansdörfer/Habetha* 1. Kap. Rn. 263 mit Verweis auf *BGH* NStZ 2000, 203, 205.
3 KK-OWiG/*Rogall* § 9 Rn. 1.
4 KK-OWiG/*Rogall* § 130 Rn. 1; zur Delegation als Organisationskonzept Rotsch/*Rotsch* § 5 Rn. 3 ff.; zu den Aufsichtspflichten § 8 Rn. 9 ff.
5 *Schröder* Diskontinuität stoppt Verbandssanktionengesetz https://rsw.beck.de/zeitschriften/nzwist/editorial/2022/06/01/diskontinuit%C3%A4t-stoppt-verbandssanktionengesetz.
6 *Zieglmeier* NJW 2016, 2163; *Vogel/Simon* CCZ 2021, 115.

von Sozialversicherungsbeträgen nach § 266a Abs. 1 und 2 StGB.[7] Daneben stehen regelmäßig Steuerdelikte, weshalb in strafbewehrten Fällen der Statusverfehlung die Arbeitgebereigenschaft sowohl nach § 266a StGB als auch nach § 370 AO festzustellen ist.[8]

Auch bei faktischer Geschäftsführung kommt eine strafrechtliche Haftung in Betracht. Es ist im Einzelfall zu hinterfragen, ob die Haftungserstreckung – und damit die Begründung der Tätereigenschaft – vorliegt (2. Teil 4. Kap. Rn. 54 ff.). 6

II. Strafbares Vorenthalten von Sozialversicherungsbeiträgen, § 266a StGB

§ 266a StGB unterscheidet zwischen der Vorenthaltung von Arbeitnehmer- und Arbeitgeberanteilen zur Sozialversicherung. Folgende Varianten des Vorenthaltens von Sozialversicherungsbeträgen kommen gem. § 266a Abs. 1 und 2 StGB in Betracht: 7

1. § 266a Abs. 1 StGB

Gegenstand von § 266a Abs. 1 StGB ist die Vorenthaltung fälliger, tatsächlich geschuldeter **Arbeitnehmerbeiträge**. Die Tathandlung erschöpft sich in der bloßen Nichtzahlung der Arbeitnehmerbeiträge. Es ist nicht vorausgesetzt, dass ein Entgelt gezahlt wurde.[9] Der Tatbestand knüpft an das Bestehen der Versicherungspflicht an. Grundsätzlich sind Beiträge, die nach dem Arbeitsentgelt oder dem Arbeitseinkommen zu bemessen sind, in voraussichtlicher Höhe der Beitragsschuld spätestens am drittletzten Bankarbeitstag des Monats fällig, in dem die Beschäftigung oder Tätigkeit, mit der das Arbeitsentgelt oder Arbeitseinkommen erzielt wird, ausgeübt worden ist oder als ausgeübt gilt, § 23 Abs. 1 S. 2 SGB IV.[10] 8

Der Umfang abzuführender Beiträge bestimmt sich nach materiellem Sozialversicherungsrecht.[11] Arbeitnehmerbeiträge sind Bestandteil des Arbeitsentgelts. Die Beitragspflicht entsteht hinsichtlich eines gegen Arbeitsentgelt Beschäftigten gem. § 14 Abs. 1 SGB IV regelmäßig „mit dem Versicherungs(pflicht)verhältnis in den einzelnen Versicherungszweigen."[12] 9

---

7 Zur Entstehungsgeschichte der Norm LK-StGB/*Möhrenschlager* Vor § 266a; *Rönnau/Kirch-Heim* wistra 2005, 321; zur Anwendbarkeit des § 266a StGB bei „Scheinselbstständigkeit" *Schulz* NJW 2006, 183 ff. mit Hinweis auf den Streitstand in Fn. 2–4.
8 Auf die strafrechtliche Verantwortung des Auftragnehmers soll hier nicht eingegangen werden. Ausführlich dazu *Lanzinner* S. 129 ff.
9 Zum Streitstand MK-StGB/*Radtke* § 266a Rn. 31.
10 § 23 Abs. 2 S. 1 geändert m.W.v. 1.1.2011 durch Gesetz v. 9.12.2010 (BGBl I S. 1885); Abs. 1 S. 4 eingef., bish. S. 4–6 werden S. 5–7 m.W.v. 1.1.2012 durch Gesetz v. 22.12.2010 (BGBl I S. 2309); Abs. 3 S. 2 geändert m.W.v. 1.1.2013 durch Gesetz v. 12.4.2012 (BGBl I S. 579); Abs. 1 S. 4 aufgeh., bisherige S. 5–7 werden S. 4–6 m.W.v. 1.1.2015 durch Gesetz v. 21.7.2014 (BGBl I S. 1133); Abs. 2a geändert m.W.v. 1.1.2015 durch Gesetz v. 15.4.2015 (BGBl I S. 583); Abs. 1 S. 3 neu gef. m.W.v. 1.1.2017 durch Gesetz v. 30.6.2017 (BGBl I S. 2143); Abs. 2 S. 2 geändert m.W.v. 1.1.2020 durch Gesetz v. 12.12.2019 (BGBl I S. 2652); Abs. 1 S. 4 eingef., bisherige S. 4–6 werden S. 5–7 m.W.v. 1.7.2020 durch Gesetz v. 12.6.2020 (BGBl I S. 1248).
11 LK-StGB/*Möhrenschlager* § 266a Rn. 35 m.w.N.; *Fischer* § 266a Rn. 9a.
12 LK-StGB/*Möhrenschlager* § 266a Rn. 37 m.w.N. in Fn. 98.

Bis 2012 galt dies nicht für geringfügige Beschäftigungsverhältnisse. Dies hat der Gesetzgeber geändert.[13]

10 Gerät das Auftrag gebende Unternehmen in finanzielle Schieflage, ist fraglich, ob § 266a Abs. 1 StGB auch greift, wenn Zahlungsunfähigkeit gegeben ist.[14] Dazu hat der 5. Strafsenat des BGH entschieden: „§ 266a Abs. 1 StGB macht sich auch strafbar, wer zwar zum Fälligkeitszeitpunkt nicht leistungsfähig war, es aber bei Anzeichen von Liquiditätsproblemen unterlassen hat, Sicherungsvorkehrungen für die Zahlung der Arbeitnehmerbeiträge zu treffen, und dabei billigend in Kauf genommen hat, dass diese später nicht mehr erbracht werden können. Das Vorenthalten von Arbeitnehmerbeiträgen setzt nicht voraus, dass an die Arbeitnehmer tatsächlich Lohn abgeführt wurde."[15] Der 1. Strafsenat des BGH hat diese Frage in seiner Entscheidung vom 11.8.2011[16] noch obiter dicta behandelt und meinte, dass der zahlungsunfähige Auftraggeber nach § 266a Abs. 1 StGB bestraft werden kann. Diese Auffassung hat im Schrifttum viel Kritik erfahren.[17] Ein Absehen von Strafe ist nur unter den engen Voraussetzungen des § 266a Abs. 6 StGB möglich (Rn. 36 ff.).

11 Der 5. Strafsenat des BGH hat „für die bis zum Jahresende 2020 geltenden Rechtslage in der nach damaligem Recht einheitlich maximal dreiwöchigen Frist (§ 15a Abs. 1 S. 1 InsO a.F.) zur Stellung eines Insolvenzantrages nach Eintritt eines Insolvenzgrundes wegen des in § 64 S. 1 GmbHG a.F. und in § 92 Abs. 2 S. 1 AktG a.F. enthaltenen Zahlungsverbotes einen temporären Rechtfertigungsgrund bzgl. des Unterbleibens der Abführung der Arbeitnehmerbeiträge angenommen. Nach Ablauf der Frist zur Stellung des Insolvenzantrags lebt nach diesem Verständnis der Vorrang der Abführungspflicht wieder auf; bei Nichterfüllung macht sich der Arbeitgeber bzw. machen sich seine Vertretungsorgane nach Abs. 1 strafbar (str.). Die dem zugrundeliegende Gesetzeslage hat sich durch das (ganz überwiegend) zum 1.1.2021 in Kraft getretene Gesetz zur Fortentwicklung des Sanierungs- und Insolvenzrechts nicht unwesentlich geändert, ohne dass nach der Vorstellung des Gesetzgebers damit die Rechtslage verändert werden soll. Für den hier betrachteten Fragenkreis ist von Bedeutung, dass § 15b Abs. 1 S. 1 InsO die bislang über die Gesetze zu den Rechtsverhältnissen juristischer Personen des Privatrechts verteilten Zahlungsverbote nach Eintritt von Zahlungsunfähigkeit oder Überschuldung (etwa § 64 S. 1 GmbHG a.F.) nunmehr – nach dem Vorbild der Insolvenzantragspflicht in § 15a Abs. 1 InsO – rechtsformübergreifend normiert. § 15b Abs. 1 S. 2 InsO nimmt im Grundsatz solche Zahlungen vom Verbot aus, die mit der Sorgfalt eines ordentlichen und gewissenhaften Geschäftsleiters vereinbar sind; § 15b Abs. 2 InsO enthält mittels Vermutungsregeln Konkretisierungen der Sorgfaltsanforderungen an den Geschäftsleiter. Aus § 15b Abs. 3 und der auf § 266a für entsprechend anwendbar gehaltenen Regelung in § 15b Abs. 8 S. 1 InsO wird gefolgert, dass die Strafbarkeit aus § 266a sowohl in der Phase zwischen Insolvenzreife und Antragstellung als auch während des Eröffnungsverfahrens ausgeschlossen ist, wenn und soweit die jeweils verpflichtete Geschäftsleitung den Zeitraum nach § 15a Abs. 1

---

13 *Lanzinner* S. 57 f. mit den Einzelheiten zu den zu treffenden Feststellungen.
14 Verneinend *Krack* wistra 2015, 121, 126 mit Hinweis auf die Vorverlagerung der Strafbarkeit; für eine weite Auslegung und für den Fall der Handlungsunfähigkeit eine Strafbarkeit verneinend MK-StGB/*Radke* § 266a Rn. 119 m.w.N.
15 *BGH* wistra 2002, 340; ausführlich dazu MK-StGB/*Radtke* § 266a Rn. 67 ff.
16 *BGH* wistra 2011, 426 mit Verweis auf *BGH* wistra 2002, 340; zum Meinungsstand und mit a.A. *Krack* wistra 2015, 121, 126.
17 Z.B. *Wittig* HRRS 2012, 63 ff.; *Reichling* StRR 2012, 49 ff.; *Lanzinner* S. 63

S. 1 InsO in der durch § 15b Abs. 2 S. 2 InsO vorgeschriebenen Weise nutzt und (kumulativ) den Insolvenzantrag rechtzeitig in der gebotenen Weise stellt (näher Rn. 62). Wegen der Vorstellungen des Gesetzgebers, die vor der Reform geltende Rechtslage zumindest nicht maßgeblich zu verändern, behalten die Erwägungen zu dem bis Jahresende 2020 geltenden Recht Bedeutung."[18]

2. § 266a Abs. 2 StGB

§ 266a Abs. 2 StGB betrifft das Vorenthalten von **Arbeitgeberanteilen** von Beiträgen zur Sozialversicherung. Die Vorschrift wird weithin als missglückt bezeichnet und stark kritisiert.[19] Der Unterschied zu § 266a Abs. 1 StGB besteht darin, dass nicht nur an das Nichtentrichten von Beiträgen angeknüpft, sondern darüber hinaus verlangt wird, dass der Arbeitgeber weitere Unrechtselemente verwirklicht.[20] **12**

a) § 266a Abs. 2 Nr. 1 StGB

In der Variante des § 266a Abs. 2 Nr. 1 StGB ist vorausgesetzt, dass der Einzugsstelle gegenüber unrichtige oder unvollständige Angaben über sozialversicherungsrechtlich erhebliche Tatsachen gemacht werden. Dies sind regelmäßig Tatsachen, aus denen sich Grund oder Höhe der Zahlungspflicht ergeben, also das Bestehen eines Arbeitsverhältnisses und die Höhe des Arbeitsentgelts.[21] Darunter fallen auch unrichtige oder unvollständige Angaben zur Anzahl der Arbeitnehmer, unrichtige Bezeichnung als freie Mitarbeiter oder Selbstständige etc.[22] Derartige Angaben können auf einer rechtlichen Bewertung beruhen, was unter Umständen Auswirkungen auf die subjektive Tatseite haben oder zu einem Verbotsirrtum führen kann,[22] wobei zu unterscheiden ist, ob letzterer vermeidbar oder unvermeidbar war. **13**

b) § 266a Abs. 2 Nr. 2 StGB

§ 266a Abs. 2 Nr. 2 StGB sanktioniert das **In-Unkenntnis-Lassen** der Einzugsstelle über sozialversicherungsrechtlich erhebliche Tatsachen. Dazu zählt, dass der Einzugsstelle die Eigenschaft einer Person als Arbeitgeber nicht bekannt ist, insbesondere im Bereich Schwarzarbeit.[23] **14**

3. Zusammentreffen von § 266a Abs. 1 und Abs. 2 StGB

Bleibt ein Arbeitgeber im selben Zeitraum Beiträge für verschiedene Versicherungszweige schuldig, liegt ein **einheitliches Vergehen** vor. Werden Gesamtsozialversicherungsbeiträge, also Arbeitgeber- und Arbeitnehmerbeiträge gleichzeitig vorenthalten, erfolgt der Schuldspruch gem. höchstrichterlicher Rechtsprechung[24] lediglich wegen Vorenthaltens und Veruntreuens von Arbeitsentgelt nach § 266a Abs. 1 StGB. Die **15**

---

18 MK-StGB/*Radtke* § 266a Rn. 68a.
19 *Krack* wistra 2015, 121; *Wittig* HRRS 2012, 63; *Rönnau/Kirch-Heim* wistra 2005, 321.
20 *Lanzinner* S. 104 m.w.N.; *Krack* wistra 2015, 121, 124 ff.
21 *Fischer* § 266a Rn. 20.
22 LK-StGB/*Möhrenschlager* § 266a Rn. 69.
23 *Fischer* § 266a Rn. 21; LK-StGB/*Möhrenschlager* § 266a Rn. 70.
24 *BGH* wistra 2010, 408.

daneben verwirklichte Tatbestandsvariante des § 266a Abs. 2 StGB wirke sich lediglich auf den Schuldumfang aus, führe aber nicht zu einer tateinheitlichen Verwirklichung verschiedener Tatbestände.[25]

4. § 266a StGB als Vorsatzdelikt

a) Grundsatz

16 § 266a StGB setzt in allen Tatbestandsalternativen **Vorsatz** voraus. Vorsätzlich handelt, wer die Umstände des gesetzlichen Tatbestands kennt. Der Vorsatz muss sich auf alle Tatbestandsmerkmale des § 266a StGB in seiner jeweiligen Variante erstrecken. Dazu gehören die Arbeitgebereigenschaft, die Fälligkeit zu zahlender Sozialversicherungsbeiträge, die Nichtzahlung sowie die Möglichkeit zur Abführung der Beiträge usw.[26] Der Vorsatz muss ferner den wesentlichen Kausalverlauf und etwaige strafschärfende Umstände umfassen.

17 Bedingter Vorsatz genügt und wird angenommen, wenn der Täter die Nichtabführung fälliger Sozialversicherungsbeiträge zumindest billigend in Kauf nimmt. Eine entsprechende Absicht ist hingegen nicht erforderlich.[27]

18 Zu der Frage, ob dem Täter bewusst sein muss, selbst zum Handeln verpflichtet zu sein, bestehen unterschiedliche Auffassungen.[28]

b) Rechtsprechung des 1. Strafsenats des BGH zu den Anforderungen an die subjektive Tatseite und Irrtümer über das Merkmal „Arbeitgeber"

19 Wie aufgezeigt, ist zentrales Tatbestandsmerkmal des § 266a StGB als Sonderdelikt das Merkmal „Arbeitgeber" (2. Teil 4. Kap.).[29] Zu erkennen, mindestens aber billigend in Kauf zu nehmen, dass man Arbeitgeber im Sinne der Strafnorm ist, ist mithin Voraussetzung auf subjektiver Tatseite in Konstellationen der Statusverfehlung.

20 Nach der Rechtsprechung des 1. Strafsenats handelte bezüglich des Tatbestandsmerkmals „Arbeitgeber" mit Tatvorsatz, **wer alle tatsächlichen Umstände kennt**, die die Arbeitgebereigenschaft begründen. Denn dann kenne man auch den für die Unrechtsbegründung wesentlichen Bedeutungsgehalt des Merkmals „Arbeitgeber" mit den daraus folgenden Pflichten.[30]

21 **Irrtümer** über die Arbeitgeberstellung stellten hiernach lediglich einen – den Vorsatz nicht berührenden – Subsumtionsirrtum dar, der allenfalls geeignet sei, einen regelmäßig durch Durchführung eines Statusverfahrens nach § 7a Abs. 1 S. 1 SGB IV vermeidbaren Verbotsirrtum zu begründen.[31]

---

25 LK-StGB/*Möhrenschlager* § 266a Rn. 108 m.V.a. abweichende Meinungen in der Literatur in Fn. 257.
26 *Gercke/Leimenstoll* HRRS 2009, 442, 448.
27 LK-StGB/*Möhrenschlager* § 266a Rn. 79 m.w.N. zu den einzelnen Tatbestandsvarianten in Fn. 198.
28 Contra: *BGHZ* 133, 370, 381; *LG Ravensburg* StV 2007, 412; NK/*Tag* § 266a Rn. 80; pro: *OLG Frankfurt* ZIP 1995 213, 218; Schönke/Schröder/*Perron* § 266a Rn. 17; SK-StGB/*Hoyer* § 266a Rn. 55; *Thum/Selzer* wistra 2011, 290, 293.
29 *Bürger* wistra 2016, 169, 171.
30 *Schulz* ZIS 2014, 572, 575.
31 Ausführliche Darstellung der Rechtsprechung in der 1. Auflage 2016; *BGH* wistra 2010, 29, 30; kritisch dazu *Kudlich* ZIS 2011, 482, 489; *Buchholz* NZWiSt 2020, 89, 92.

An dieser Auffassung hält der 1. Strafsenat nach zutreffenden Erwägungen **nicht** 22
mehr fest.[32] In seiner Entscheidung vom 24.1.2018 - 1 StR 331/17 führte der Senat aus,
hiervon abweichen zu wollen: „In der Rspr. des BGH werden die Anforderungen an
den Inhalt des Vorsatzes in Bezug auf das normative Tatbestandsmerkmal der Stellung als Arbeitgeber in § 266a StGB und in § 41a EStG i.V.m. dem Straftatbestand aus
§ 370 Abs. 1 Nr. 1 und 2 AO unterschiedlich bestimmt. Nach der Rspr. des BGH wird
bezogen auf die subjektive Tatseite in § 266a StGB wie folgt differenziert: Der Vorsatz
muss sich auf die Eigenschaft als Arbeitgeber und Arbeitnehmer – dabei allerdings
nur auf die statusbegründenden tatsächlichen Voraussetzungen, nicht auf die rechtliche Einordnung als solche und die eigene Verpflichtung zur Beitragsabführung – und
alle darüber hinausreichenden, die sozialversicherungsrechtlichen Pflichten begründenden tatsächlichen Umstände erstrecken. Liegt diese Kenntnis der tatsächlichen
Verhältnisse vor, unterliegt der Täter, wenn er glaubt, nicht Arbeitgeber zu sein oder
für die Abführung der Beiträge Sorge tragen zu müssen, keinem vorsatzausschließenden Tatbestandsirrtum, sondern (allenfalls) einem – in der Regel vermeidbaren – Verbotsirrtum (*BGH* 7.10.2009 –1 StR 478/09 = NStZ 2010, 337 f. und v. 4.9.2013 – 1 StR
94/13 = wistra 2014, 23, 25 Rn. 16, jeweils m.w.N.; Urt. v. 15.10.1996 – VI ZR 319/95 =
BGHZ 133, 370, 381)."

„Demgegenüber gehört nach st. Rspr. des BGH zum Vorsatz der Steuerhinterziehung, 23
dass der Täter den Steueranspruch dem Grunde und der Höhe nach kennt oder zumindest für möglich hält und ihn auch verkürzen will (vgl. *BGH* 13.11.1953 – 5 StR 342/53
= *BGHSt* 5, 90, 91 f. = NJW 1964, 241 und *BGH* 5.3.1986 – 2 StR 666/85 = wistra 1986,
174; *BGH* 19.5.1989 – 3 StR 590/88 = BGHR AO § 370 I Vorsatz 2; v. 24.10.1990 – 3 StR
16/90 = BGHR AO § 370 Abs. 1 Vorsatz 4 und v. 8.9.2011 – 1 StR 38/11 = NStZ 2012,
160, 161 Rn 21 f.). Nimmt der Steuerpflichtige irrtümlich an, ein Steueranspruch sei
nicht entstanden, liegt nach der Rspr. ein Tatbestandsirrtum vor, der gem. § 16 I 1 StGB
den Vorsatz ausschließt (vgl. *BGH* 13.11.1953 – 5 StR 342/53 = BGHSt 5, 90, 91 f. = NJW
1964, 241 und v. 5.3.1986 – 2 StR 666/85 = wistra 1986, 174; *BGH* 19.5.1989 – 3 StR 590/
88 = BGHR AO § 370 Abs. 1 Vorsatz 2; v. 24.10.1990 – 3 StR 16/90 = BGHR AO § 370
Abs. 1 Vorsatz 4 und v. 8.9.2011 – 1 StR 38/11 = NStZ 2012, 160, 161 Rn. 21 f.). Danach
ist ein Irrtum über die Arbeitgebereigenschaft in § 41a EStG und die daraus folgende
Steuerpflicht, an die der Steueranspruch und der Straftatbestand des § 370 Abs. 1 Nr. 2
AO anknüpfen, als Tatbestandsirrtum zu behandeln."

„Da **für** die **Differenzierung kein sachlicher Grund** erkennbar ist und es sich jeweils 24
um (normative) Tatbestandsmerkmale handelt, erwägt der Senat – insoweit entgegen
den Überlegungen in dem Beschluss des Senats vom 8.9.2011 – 1 StR 38/11 = NStZ
2012, 160, 161 Rn. 23 ff. –, zukünftig auch die Fehlvorstellung über die Arbeitgebereigenschaft in § 266a StGB und die daraus folgende Abführungspflicht insgesamt als
(vorsatzausschließenden) Tatbestandsirrtum zu behandeln."[33] In den nachfolgenden
Entscheidungen der Strafsenate wurde dieser Richtungswechsel vollzogen.[34]

In der Verteidigungsarbeit kommt es nun noch stärker darauf an herauszuarbeiten, 25
bei wem zu welchem Zeitpunkt welche (Er)Kenntnis vorlag. Das gilt erst recht bei

---

32 *Ceffinato* wistra 2020, 230.
33 *BGH* 24.1.2018 – 1 StR 331/17, wistra 2018, 339 = NStZ-RR 2018, 180, 181 f.; dazu auch *Grötsch* NStZ 2020, 591.
34 *BGH* 24.9.2019 – 1 StR 346/18, wistra 2020, 70; *BGH* 3.3.2020 – 5 StR 595/19, NZWiSt 2020, 288; *BGH* 8.1.2020 – 5 StR 122/19, wistra 2020, 260.

modernen Ausgestaltungen.[35] Die größten praktischen Probleme liegen aber nicht nur im Subjektiven, z.B. in der sich wandelnden Gewichtung der von der Rechtsprechung des BSG entwickelten Abgrenzungskriterien, die der BGH zwar der Sache nach übernommen hat, die Gewichtungsproblematik aber in den seltensten Fällen nachvollzieht.[36] Statt objektiver fundierter Prüfung wird verstärkt auf Ebene des Vorsatzes der Straftatbestand des § 266a StGB verneint werden – mit katastrophalen Auswirkung im Bereich der Ordnungswidrigkeiten.

26 Nicht nur, aber gerade mit Blick auf die neu normierte Ordnungswidrigkeit des § 8 Abs. 3 SchwarzArbG bei leichtfertigem Vorenthalten von Sozialversicherungsbeiträgen bedarf es der Abgrenzung von (bedingtem) Vorsatz und Fahrlässigkeit. Der 1. Strafsenat des BGH hat bereits in seiner Entscheidung vom 24.9.2019[37] klargestellt, dass er sich bei dieser Abgrenzung an Erkundigungspflichten in Bezug auf die arbeits- und sozialrechtliche Situation orientieren wird und die Kriterien seiner Entscheidung zur Verletzung steuerlicher Erkundigungspflichten bzw. der etwaigen **Gleichgültigkeit** des Verpflichteten[38] zugrunde legt: „Ob ein Arbeitgeber seine entsprechende Stellung und das Bestehen hieraus folgender sozialversicherungsrechtlicher Abführungspflichten für möglich gehalten und billigend in Kauf genommen hat, muss vom Tatgericht im Rahmen der Beweiswürdigung im Einzelfall anhand der konkreten Tatumstände geklärt werden. Hierbei kann zunächst Bedeutung erlangen, **wie eindeutig die Indizien** sind, die – im Rahmen der außerstrafrechtlichen Wertung – für das Vorliegen einer Arbeitgeberstellung sprechen. Zudem kann von Relevanz sein, **ob und inwiefern der Arbeitgeber im Geschäftsverkehr erfahren** ist oder nicht und **ob das Thema illegaler Beschäftigung in der jeweiligen Branche im gegebenen zeitlichen Kontext gegebenenfalls vermehrt Gegenstand des öffentlichen Diskurses** war. Ein gewichtiges Indiz kann daneben überdies sein, ob das **gewählte Geschäftsmodell von vornherein auf Verschleierung oder eine Umgehung** von sozialversicherungsrechtlichen Verpflichtungen **ausgerichtet** ist. Jedenfalls bei **Kaufleuten**, die als Arbeitgeber zu qualifizieren sind, sind auch die im Zusammenhang **mit ihrem Gewerbe bestehenden Erkundigungspflichten in Bezug auf die arbeits- und sozialrechtliche Situation** in den Blick zu nehmen, weil eine **Verletzung einer Erkundigungspflicht** auf die **Gleichgültigkeit** des Verpflichteten **hinsichtlich der Erfüllung dieser Pflicht** hindeuten kann (vgl. *BGH* NStZ 2012, 160 Rn. 27)."[39]

27 Die Rechtsauffassung des BGH in Strafsachen berücksichtigt nunmehr die Kritik im Schrifttum und die Gegenauffassungen der Instanzgerichte.[40]

---

35 *Rieks* wistra 2020, 49.
36 Divergierende Einschätzung zum Arbeitgeberstatus am Beispiel des Honorararztes, Leitentscheidung *BSG* 4.6.2019 – B 12 R 11/18 R: arbeitsrechtliche Einordnung unbeachtlich, regulatorische Vorgaben bei Gewichtung prüfen, funktionsgerechtet Teilhabe am Arbeitsprozess statt Weisungsgebundenheit, mehrere Auftraggeber unbeachtlich, Honorarhöhe bedingt beachtlich etc.; instruktiv zur Entwicklung FS Plagemann/*Langner* 145 ff.; Leitentscheidung zu Honorarpflegekräften *BSG* 7.6.2019 – B 12 R 6/18 R, orientiert an der Leitentscheidung zum Honorararzt, aber bei der Gewichtung die Besonderheiten stationärer Pflegeeinrichtungen beachtlich; zum neuen Abgrenzungsweg des BAG FS Plagemann/*Rittweger* S. 205, 209 mit dem Vorschlag der Lösung über ein „Hybridmodell".
37 Wistra 2020, 70 = NJW 2019, 3532.
38 *BGH* 8.9.2011 – 1 StR 38/11, Rn. 27.
39 NJW 2019, 3532, 3534.
40 Dazu 1. Auflage 2016 Rn. 22 ff. mit den entsprechenden Nachweisen.

5. Rechtsfolgen des § 266a StGB

a) Strafandrohung bei Verwirklichung des Grunddelikts

Die Grundtatbestände des § 266a Abs. 1 und 2 StGB sind mit Geldstrafe oder Freiheitsstrafe bis zu fünf Jahren bedroht.[41]

b) Strafverschärfung bei Vorliegen eines besonders schweren Falles

Strafschärfungen können sich bei der Annahme eines besonders schweren Falls nach § 266a Abs. 4 StGB ergeben. Soweit eines der dortigen Regelbeispiele als verwirklicht angesehen wird, beträgt der Strafrahmen Freiheitsstrafe von sechs Monaten bis zu 10 Jahren, sieht also eine Mindestfreiheitsstrafe vor. Das Vorliegen eines besonders schweren Falles muss je Tat geprüft werden, für die eine Einsatzstrafe festzulegen ist.

Als regelmäßig besonders schweren Fall der Beitragsvorenthaltung wertet der Gesetzgeber das Vorenthalten von Beiträgen aus grobem Eigennutz in großem Ausmaß[42] (§ 266a Abs. 4 Nr. 1 StGB), das fortgesetzte Vorenthalten von Beiträgen unter Verwendung nachgemachter oder verfälschter Belege (§ 266a Abs. 4 Nr. 2 StGB), die fortgesetzte Beitragshinterziehung bei Verschaffung falscher Belege (§ 266a Abs. 4 Nr. 3 StGB), das bandenmäßige Begehen bei Vorhalten unrichtiger Belege (§ 266a Abs. 4 Nr. 4 StGB) oder das Ausnutzen der Mithilfe eines Amtsträgers, der seine Befugnisse oder seine Stellung missbraucht (§ 266a Abs. 4 Nr. 5 StGB).

Grob eigennützig i.S.d. § 266a Abs. 4 S. 2 Nr. 1 StGB handelt, wer in besonders anstößigem Maß oder in besonders anstößiger Weise vom auf den eigenen Gewinn gerichteten Gewinnstreben geleitet handelt.[43] Es reicht indes nicht aus, sich persönlich bereichern zu wollen. Ausschlaggebend sollen die kriminelle Energie, vor allem die Art, Intensität und Häufigkeit der Tatbegehung sein.

Bei der Feststellung des großen Ausmaßes kann man sich an der Rechtsprechung des BGH zu § 370 AO orientieren, wonach ein großes Ausmaß vorliegen soll, wenn der Hinterziehungsbetrag 50 000 EUR bei Erlangung ungerechtfertigter Zahlungen oder 100 000 EUR bei in Unkenntnislassen der Finanzbehörde von steuererheblichen Tatsachen übersteigt. Grundsätzlich kann als Parallele auch die Grenze von 50 000 EUR herangezogen werden, die beim Tatbestand des Betruges nach § 263 StGB das große Ausmaß darstellt.[44]

Die Kumulation zwischen grobem Eigennutz und großem Ausmaß stellt bei dem Regelbeispiel des § 266a Abs. 4 S. 2 Nr. 1 StGB eine Besonderheit dar. § 266a Abs. 4 StGB stellt aber nicht auf gewerbsmäßiges Handeln ab.

Als nachgemachte oder verfälschte Belege i.S.d. § 266a Abs. 4 S. 2 Nr. 2 StGB kommen Schriftstücke wie Arbeitsverträge, Lohnbescheinigungen oder sonstige technische

---

41 Zu Strafzumessungserwägungen bei Schäden in 7-stelliger Höhe s. *LG Bonn* 1.10.2012, Rn. 86 ff., 96 zitiert nach juris; *Rittweger* DStR 2016, 2595.
42 Kumulativ, MK-StGB/*Radtke* § 266a Rn. 109.
43 Zu den verfassungsrechtlichen Bedenken mangels Bestimmtheit i.S.d. Art. 103 GG LK-StGB/*Möhrenschlager* § 266a Rn. 86.
44 *Thum/Selzer* wistra 2010, 290 (294); Lackner/Kühl/*Heger* Rn. 16b; NK-StGB/*Tag* Rn. 100; SK-StGB/*Hoyer* Rn. 85.

Aufzeichnungen in Betracht. Fortgesetzt im Sinne der Vorschrift heißt, der Täter muss mindestens zwei Beitragshinterziehungen unter Vorlage nachgemachter oder gefälschter Belege verwirklicht haben.[45]

35 Bei der bandenmäßigen Begehung der Beitragsvorenthaltung gelten die allgemeinen Grundsätze hinsichtlich des Bandenbegriffs. Die Bandenabrede muss hier das Vorhalten unrichtiger, nachgemachter oder gefälschter Belege zum Gegenstand haben.[46]

6. Absehen von Strafe und Strafaufhebung, § 266a Abs. 6 StGB

36 § 266a Abs. 6 StGB sieht das Absehen von Strafe (§ 266a Abs. 6 S. 1 StGB) und einen Strafaufhebungsgrund (§ 266a Abs. 6 S. 2 StGB) vor. Zum einen kann in Tatbestandsalternativen der Abs. 1 und 2 das Gericht von einer Bestrafung absehen, wenn der Arbeitgeber spätestens im Zeitpunkt der Fälligkeit oder unverzüglich danach der Einzugsstelle schriftlich die Höhe der vorenthaltenen Beiträge mitteilt und darlegt, warum die fristgemäße Zahlung nicht möglich ist, obwohl er sich ernsthaft darum bemüht hat.

37 Die insoweit bestehende **strafrechtliche Enthaftungsmöglichkeit** gibt es nach dem Wortlaut der Norm nur in den Fällen, in denen dem Arbeitgeber die Zahlung unmöglich ist. Allerdings führt auch das Fehlen der Handlungsmöglichkeit zum Ausschluss des Tatbestands, sodass nach „allgemeinen Grundsätzen des Unterlassungsdelikts Straflosigkeit gegeben ist"[47].

38 Voraussetzung für das Absehen von Strafe nach § 266a Abs. 6 S. 1 StGB ist mithin, dass dem Täter die fristgerechte Zahlung aus einem anzuerkennenden Grund unmöglich ist. Ein solcher Grund wird gesehen in dem Bemühen, den Betrieb, der durch Zahlung fälliger Beiträge in seinem Bestand gefährdet wäre, aufrechtzuerhalten und

---

45 *LG Kiel* 29.8.2018 – 3 KLs 7/16 BeckRS 2018, 44688; *LG Bonn* 31.1.2019 – 29 Kls 1/18 BeckRS 2019, 56132; nach steuerstrafrechtlichen Maßstäben sind mindestens 2 Fälle unter Vorlage unrichtiger Belege erforderlich, MK-StGB/*Radtke* 3266a Rn. 112 mit Verweis auf *BGH* wistra 1989, 107 und *BGH* wistra 1998, 265.

46 „Mit dem 2017 neu eingeführten Regelbsp. geht eine gewisse Vorverlagerung des von Nr. 2 erfassten erhöhten Unrechtsgehalts einher, als es anders als dort (→ Rn. 108) nicht auf die Verwendung nachgemachter oder gefälschter Belege ankommt, sondern bereits das Sichverschaffen derartiger Belege genügt. Die Verschaffung muss allerdings durch einen Dritter erfolgen, der die vom Regelbsp. erfassten Belege gewerbsmäßig anbietet; wobei Letzteres im Sinne der allgemeinen Begriffsbestimmung der wiederholten Tatbegehung zur Erschließung einer nicht nur vorübergehenden und nicht ganz unerhebliche Einnahmequelle verstanden werden soll. Ausweislich der Gesetzesmaterialien soll bei dem von Regelbsp. personal erfassten Täter – notwendig im Zeitpunkt des Verschaffens – der Vorsatz zur Verwendung der entsprechenden Belege bestehen müssen. Bedingter Vorsatz wird offenbar für ausreichend gehalten. Soweit in der Begründung des der Reform zugrunde liegenden Regierungsentwurfs formuliert wird, es sei entscheidend – und offenbar ausreichend –, dass der Täter in dem Bewusstsein handele, mit den Belegen die tatsächliche Arbeitgebereigenschaft und damit die tatsächlichen Beschäftigungsverhältnisse zu verschleiern, verdunkelt dies die Anforderungen an die ersichtlich gebotene subjektive Komponente des Regelbeispiels. Der Täter muss im Moment des Verschaffens die konkrete Möglichkeit einer späteren Verwendung der unrichtigen oder falschen Belege kennen und sich mit dem Eintritt dieser Möglichkeit abfinden. Insoweit gelten auf der Ebene der strafprozessualen Überzeugungsbildung vom Vorliegen bedingten Vorsatzes die allgemeinen Grundsätze. Bei dem vorstehend dargelegten Verständnis des Regelbeispiels weist dieses im Hinblick auf die objektiv nicht erforderliche Verwendung eine **überschießende Innentendenz** auf.", MK-StGB/*Radtke* § 266a Rn. 112a.

47 MK-StGB/*Radtke* § 266a Rn. 119; *BGH* 28.5.2002 – 5 StR 16/02; *BGHSt* 47, 318, 321; *BGHSt* 48, 307, 311; *Fischer* § 266a Rn. 22.

die Beitragsentrichtung hinauszuschieben.[48] Der Täter muss sich ernsthaft um eine fristgerechte Zahlung bemühen, d.h., er muss die möglichen und zumutbaren Maßnahmen ausschöpfen, um sich die erforderlichen Mittel zu verschaffen.

In formeller Hinsicht ist zu beachten, dass spätestens im Zeitpunkt der Fälligkeit oder unverzüglich danach schriftlich dargelegt werden muss, dass und warum die fristgerechte Zahlung trotz des ernsthaften Bemühens nicht geleistet werden kann. Auf Basis dieser Mitteilung kann dann die zuständige Einzugsstelle weiter entscheiden. Liegen die Voraussetzungen vor, kann das Tatgericht im pflichtgemäßen Ermessen über das Absehen von Strafe entscheiden. 39

Der Strafausschluss nach § 266a Abs. 6 S. 2 StGB ist der strafbefreienden Selbstanzeige in Steuerangelegenheiten, hier § 371 Abs. 3 AO, nachempfunden. Die Bestrafung des Täters ist ausgeschlossen, soweit die Voraussetzungen des § 266a Abs. 6 S. 1 StGB erfüllt und die Beiträge innerhalb angemessener Frist nachentrichtet sind. 40

Die Nachentrichtung kann auch durch Dritte erfolgen. Dies kann für Fälle der illegalen Arbeitnehmerüberlassung interessant sein, weil durch die Zahlung eines der Gesamtschuldner Straffreiheit eintritt.[49] Denn in den Fällen, in denen der Verleiher nicht über die erforderliche Erlaubnis nach § 1 AÜG verfügt, wird der zwischen Verleiher und Leiharbeitnehmer geschlossene Vertrag gem. § 9 Nr. 1 AÜG unwirksam. Dann gilt gem. § 10 Abs. 1 S. 1 AÜG ein Arbeitsverhältnis zwischen Entleiher und Leiharbeitnehmer als zustande gekommen. Hinsichtlich der Zahlungspflichten gegenüber dem Leiharbeitnehmer gelten der Verleiher und der Entleiher als Arbeitgeber und haften als Gesamtschuldner, § 10 Abs. 3 S. 2 AÜG. Entsprechend sind beide Beitragsschuldner. 41

Streitig ist die Behandlung jener Fälle, in denen der Täter die Beiträge ohne die nach § 266a Abs. 6 S. 1 StGB geforderte vorhergehende Mitteilung nachentrichtet. Einerseits wird vertreten, dass § 266a Abs. 6 S. 2 StGB anwendbar sei, weil durch die nachträgliche Zahlung gleichsam konkludent der Mitteilungspflicht genügt werde. Andererseits wird entgegengehalten, dass die Einzugsstelle möglichst frühzeitig in die Lage versetzt werden soll, Maßnahmen zu ergreifen, was deren Unterrichtung voraussetzt.[50] 42

7. Verfolgungsverjährung

Taten nach § 266a StGB sind bereits mit Ablauf der versäumten Zahlungsfrist, d.h. bei **Überschreitung des Fälligkeitszeitpunkts**, in den Konstellationen der Abs. 1 und 2 vollendet. Beendet ist eine Tat gem. § 266a StGB, wenn die Pflicht zum Handeln entfällt. Dies gilt bei echten Unterlassungsdelikten und ist nicht unumstritten.[51] 43

§ 25 Abs. 1 S. 2 SGB IV bestimmt, dass Beitragsabführungspflichten über das Verstreichen des jeweiligen Fälligkeitszeitpunkts hinaus fortbestehen.[52] Bei (bedingt) vorsätzlicher Beitragsvorenthaltung verjähren Beitragspflichten erst **30 Jahre** nach Ablauf des Kalenderjahres, in dem sie fällig geworden sind, § 25 Abs. 1 S. 2 SGB IV. Hierauf stellten die Strafgerichte bisher ab, so dass die Verjährung der Festsetzung sozialrecht- 44

---

48 LK-StGB/*Möhrenschlager* § 266a Rn. 98; SK-StGB/*Hoyer* § 266a Rn. 95.
49 MK-StGB/*Radtke* § 266a Rn. 126.
50 MK-StGB/*Radtke* § 266a Rn. 127 mit Verweis auf SK-StGB/*Hoyer*, der in der Neubearbeitung der in der Vorauflage von *Samson/Günther* vertretenen abweichenden Auffassung entgegentritt.
51 MK-StGB/*Radtke* § 266a Rn. 116, mit Verweis auf den Streitstand in Fn. 555.
52 *Hüls/Reichling* StraFo 2011, 305, 308; MAH SozialR/*Plagemann* § 9 Rn. 36 ff.

licher Beitragsansprüche den „denkbar spätesten Beginn der strafrechtlichen Verjährungsfrist"[53] darstellte. Ein früheres Eintreten der Verjährungsfrist kam lediglich bei Erfüllung der Beitragsschuld in Betracht oder, wenn der Beitragsschuldner wegfällt, der Täter aus seiner Vertreterstellung ausscheidet oder die Einzugsstelle Beitragsforderungen nach § 76 Abs. 2 Nr. 2 SGB IV niederschlägt.[54]

45 Nicht nur in puncto Vorsatz, sondern auch im Hinblick auf die Strafverfolgungsverjährung ist eine Abkehr von der bisherigen Rechtsprechung zu verzeichnen.[55] Der 1. Strafsenat des BGH führte in seinem Anfragebeschluss v. 13.11.2019 – 1 StR 58/19 aus: „An seiner bisherigen Auffassung, den Verjährungsbeginn bei Taten gem. § 266a Abs. 1 und Abs. 2 Nr. 2 StGB an das Erlöschen der Beitragspflicht anzuknüpfen, hält der Senat nicht länger fest; nach seiner Ansicht ist es vielmehr richtig, die Verjährung auch bei Taten gem. § 266a Abs. 1 StGB und § 266a Abs. 2 Nr. 1 StGB mit dem Verstreichenlassen des Fälligkeitszeitpunkts der Sozialversicherungsbeiträge beginnen zu lassen (ebenso eine im Vordringen befindliche Auffassung in der Literatur: BeckOK-StGB/*Dallmeyer* a.a.O., § 78a Rn. 7; *Loose* a.a.O., 165 ff.; *ders.* 207 f.; *Krug/Skoupil* a.a.O., 137 ff.; Achenbach/Ransiek/Rönnau/*Gercke* Handbuch Wirtschaftsstrafrecht, 5. Aufl., 12. Teil 2. Kap. Rn. 92; *Reichling/Winsel* JR 2014, JR Jahr 2014 S. 331 ff.; LK-StGB/*Möhrenschlager* a.a.O., § 266a Rn. 113 f.; *Hüls* ZHW 2012, ZHW Jahr 2012 S. 233 f.; *Hüls/Reichling* StraFo 2011, 305 ff.; *Bachmann* FS-Samson 2010, 233, 237 ff.; LK-StGB/*Gribbohm* StGB, 11. Aufl., § 266a Rn. 67; ferner *LG Baden-Baden* Urt. v. 12.11.2018 – 6 Ns 305 Js 5919/16)."[56]

46 Sowohl der 3. Strafsenat[57] als auch der 5. Strafsenat haben sich dem angeschlossen, wobei der 5. Strafsenat dies „nur" mit der besonderen Deliktsstruktur rechtfertigt.[58] Im Ergebnis verjähren Taten nach § 266a StGB nun also nach 5 Jahren. Die Änderung der Rechtsprechung beseitigt Verwerfungen im Verjährungssystem und damit auch die Unwucht bei dem Vergleich der Verjährung der Beitragsvorenthaltung nach § 266a StGB und der (einhergehenden) Lohnsteuerhinterziehung nach § 370 AO.[59]

8. Exkurs: Gesetzeskonkurrenz zwischen § 266a StGB und § 263 StGB

a) § 266a StGB als lex specialis

47 Wie oben gesehen, sanktioniert § 266a StGB in den Abs. 1 und 2 verschiedene Verhaltensweisen (Rn. 8 ff.). Während § 266a Abs. 1 StGB eher einen untreueähnlichen Charakter aufweist, beinhaltet § 266a Abs. 2 StGB betrugsähnliche Elemente.

---

53 MK-StGB/*Radtke* § 266a Rn. 116.
54 Zur faktischen Unverjährbarkeit echter Unterlassungsdelikte im Wirtschaftsstrafrecht *Krug/Skoupil* wistra 2016, 137 ff.; *Lanzinner* NStZ 2020, 162.
55 *Zimmermann/Smok* ArbRAktuell 2020, 24008, 616.
56 NStZ 2020, 159, BeckRS 2019, 34412, Rn. 13; mit Anm. *Habetha* WiJ 1/2020, 18, 21.
57 *BGH* 4.2.2020 – 3 ARs 1/20, BeckRS 2020, 3029.
58 „An etwa der beabsichtigten Entscheidung des 1. Strafsenats entgegenstehender Rechtsprechung hält der Senat nicht fest und schließt sich im Ergebnis der Rechtsauffassung des anfragenden Senats an. Die besondere Struktur der in Rede stehenden Tatbestände als ‚Fälligkeitsdelikte', rechtfertigt eine Abweichung von dem - vom Senat weiterhin als zutreffend erachteten - Grundsatz, dass die Verjährung bei echten Unterlassungsdelikten regelmäßig erst mit dem Wegfall der Handlungspflicht beginnt (vgl. LK-StGB/Greger/*Weingarten* 13. Aufl., § 78 Rn. 12, LK-StGB/*Möhrenschlager* 12. Aufl., § 266a Rn. 112 ff.)." *BGH* 6.2.2020 – 5 ARs 1.20, BeckRS 2020, 2837.
59 *Klötzer-Assion* NJW 2020, 3469; *BGH* 14.10.2020 – 1 StR 33/19, wistra 2021, 152.

Für die Gesetzeskonkurrenz zwischen § 266a und § 263 StGB bedeutet dies mit Blick **48** auf vorenthaltene Sozialversicherungsbeiträge Folgendes: Im Verhältnis zu § 266a Abs. 2 StGB tritt der Betrugstatbestand § 263 StGB stets zurück. Gleiches gilt, wenn beide o.g. Tatbestandsalternativen des § 266a StGB erfüllt sind, weil „das betrugsspezifische Unrecht auch insoweit durch die Verurteilung nach Abs. 2 ausreichend zum Ausdruck gebracht wird (…)".[60]

b) Strafbarkeit nach § 263 StGB

Kommt es nicht zu Verurteilung nach § 266a StGB, bleibt § 263 StGB anwendbar. **49** Gelangt das Tatgericht beispielsweise zu der Feststellung, dass der Tatbestand des Betruges erfüllt ist, muss es wegen Betruges verurteilen, wenn der speziellere Tatbestand des § 266a StGB nach seiner Überzeugung nicht greift. In einem solchen Fall liegt ein normatives Stufenverhältnis vor, welches „eine wahldeutige Verurteilung ausschließt".[61]

III. Lohnsteuerhinterziehung nach § 370 AO

1. Tatbestandsvoraussetzungen des § 370 AO

Während ein Selbstständiger verpflichtet ist, seine Einkommensteuer im Rahmen von **50** Einkommensteuervorauszahlungen gem. § 37 EStG zu entrichten, schuldet ein Arbeitnehmer Lohnsteuerschuldner gegenüber dem Finanzamt, § 38 Abs. 2 S. 1 EStG, die in dem Zeitpunkt, in dem der Arbeitslohn dem Arbeitnehmer zufließt, entsteht § 38 Abs. 2 S. 2 EStG. Dem Arbeitgeber im steuerrechtlichen Sinne obliegt es, dem zuständigen Finanzamt eine Steuererklärung einzureichen, in der die Summen der einbehaltenen Lohnsteuerbeträge mitgeteilt werden, § 41a EStG. Tut er dies nicht, kommt eine Strafbarkeit nach § 370 AO wegen Steuerhinterziehung in Betracht.[62]

Gemäß § 370 AO wird mit Freiheitsstrafe bis zu fünf Jahren oder mit Geldstrafe **51** bestraft, wer den Finanzbehörden gegenüber unzutreffende Angaben über steuerlich erhebliche Tatsachen macht oder diese pflichtwidrig über steuerlich erhebliche Tatsachen in Unkenntnis lässt und dadurch Steuern verkürzt.

In besonders schweren Fällen ist die Strafe Freiheitsstrafe von sechs Monaten bis zu **52** zehn Jahren. Ein besonders schwerer Fall liegt in der Regel vor, „wenn der Täter

1. in großem Ausmaß Steuern verkürzt oder nicht gerechtfertigte Steuervorteile erlangt,
2. seine Befugnisse oder seine Stellung als Amtsträger oder Europäischer Amtsträger (§ 11 Abs. 1 Nr. 2a des Strafgesetzbuchs) missbraucht,
3. die Mithilfe eines Amtsträgers oder Europäischen Amtsträgers (§ 11 Abs. 1 Nr. 2a des Strafgesetzbuchs) ausnutzt, der seine Befugnisse oder seine Stellung missbraucht,

---

60 Schönke/Schröder/*Perron* § 266a Rn. 27.
61 *OLG Bamberg* 16.2.2016 – 3 OLG 6 Ss 16/16, Rn. 7, veröffentlicht unter www.gesetze-bayern.de.
62 Zur lohnsteuerrechtlichen Verantwortlichkeit und dem Erfordernis einer angemessenen Steuer-Compliance *Mansdörfer/Habetha* Rn. 277 ff.; zum persönlichen steuerstrafrechtlichen Risiko Rn. 265 ff.

4. unter Verwendung nachgemachter oder verfälschter Belege fortgesetzt Steuern verkürzt oder nicht gerechtfertigte Steuervorteile erlangt, oder
5. als Mitglied einer Bande, die sich zur fortgesetzten Begehung von Taten nach Absatz 1 verbunden hat, Umsatz- oder Verbrauchssteuern verkürzt oder nicht gerechtfertigte Umsatz- oder Verbrauchssteuervorteile erlangt,
6. eine Drittstaat-Gesellschaft im Sinne des § 138 Absatz 3, auf die er alleine oder zusammen mit nahestehenden Personen im Sinne des § 1 Absatz 2 des Außensteuergesetzes unmittelbar oder mittelbar einen beherrschenden oder bestimmenden Einfluss ausüben kann, zur Verschleierung steuerlich erheblicher Tatsachen nutzt und auf diese Weise fortgesetzt Steuern verkürzt oder nicht gerechtfertigte Steuervorteile erlangt."

2. Tathandlungen und Taterfolg bei der Lohnsteuerverkürzung

53 Soweit der Auftraggeber auch eigene Arbeitnehmer beschäftigt und Auftragnehmer als scheinselbstständig qualifiziert werden, greift § 370 Abs. 1 Nr. 1 AO, weil die von ihm vorgenommenen Anmeldungen unrichtig sind, d.h. die angemeldete Lohnsumme im Anmeldezeitraum zu niedrig ausfällt.[63]

54 Unterlässt der Arbeitgeber die Abgabe der Steuererklärungen und wird Lohnsteuer nicht oder nicht rechtzeitig festgesetzt, namentlich verkürzt, greift § 370 Abs. 1 Nr. 2 AO.[64]

55 Die bloße Unterlassung der Lohnsteuerabführung ist – anders als bei § 266a Abs. 1 StGB – nicht strafbar. Voraussetzung ist überdies, dass überhaupt Lohn gezahlt wurde.

56 Bei Fälligkeitssteuern wie der Lohnsteuer liegt der Taterfolg – also der Verkürzungserfolg darin, dass die Lohnsteuer entweder nicht, nicht rechtzeitig oder nicht in der richtigen Höhe festgesetzt wird. Beachtlich ist dabei, dass der zur Anmeldung Verpflichtete die Steuern selbst zu berechnen hat, § 150 Abs. 1 S. 3 AO.[65]

3. Subjektiver Tatbestand

57 Der Straftatbestand der Steuerhinterziehung nach § 370 Abs. 1 Nr. 1 und 2 AO setzt **Vorsatz** voraus. Auch hier genügt bedingter Vorsatz.

58 In der Unterlassungsvariante des § 370 Abs. 1 Nr. 2 AO muss vom Vorsatz umfasst sein, dass der Täter weiß, oder billigend in Kauf nimmt, dass er die Finanzbehörde über steuerlich erhebliche Tatsachen in Unkenntnis lässt, dass er diese pflichtwidrig in Unkenntnis lassen will und weiß, dass dadurch Steuern verkürzt werden. Des Weiteren muss vom Vorsatz des Täters umfasst sein, dass gegen ihn ein Steueranspruch besteht.[66]

---

63 *Lanzinner* S. 125.
64 *Thum/Selzer* wistra 2011, 290, 295 f.; *Weidemann* wistra 2010, 463, 464; Flore/Tsambikakis/*Flore* § 370 Rn. 307 ff.; Adick/Bülte/*Adick* 17. Kap. Rn. 41.
65 Adick/Bülte/*Adick* 17. Kap. Rn. 53, 93 ff.
66 Flore/Tsambikakis/*Flore* § 370 Rn. 633 ff.; *Thum/Selzer* wistra 2011, 290, 295 mit Verweis auf *BGH* 16.12.2009 – 1 StR 491/09; Adick/Bülte/*Adick* 17. Kap. Rn. 110 m.w.N.; *BGH* 26.1.2022 – 1 StR 518/20 NStZ 2022, 418; *BGH* 11.2.2020 – 1 StR 119/19 NStZ 2020, 487; *BGH* 18.8.2020 – 1 StR 296/19, NStZ 2021, 297; *BGH* 1.4.2020 – 1 StR 5/20, NStZ 2021, 301; Klein/*Jäger* § 370 Rn. 174 ff.

Führen Ermittlungen zu dem Ergebnis, dass zumindest bedingt vorsätzlich Sozialversicherungsbeiträge vorenthalten wurden, wird oft auf den (Lohn)Steuerhinterziehungsvorsatz geschlossen. **59**

Wie bei anderen Delikten gilt auch auf dem Gebiet des Steuerstrafrechts, dass die Verwirklichung des subjektiven Tatbestands das Wissen und das Wollen der Tatbestandsverwirklichung voraussetzt. **60**

Ransiek/Hüls[67] verweisen darauf, dass sich der Vorsatz bei der Steuerhinterziehung auf die Tatbestandsmerkmale „steuerlich erhebliche Tatsachen" und „Steuern verkürzt" beziehen muss, was ohne Kenntnis oder eine Vorstellung über die Steuerrechtslage nicht denkbar ist, weshalb „der Nachweis der wissentlichen Tatbegehung im Zentrum des Interesses steht."[68] **61**

Die Konzentration auf das Wissenselement bedeutet allerdings, dass sich nur mit einem etwaigen Verkürzungserfolg abfinden kann, wer „(…) damit rechnet, ihn begünstigende falsche Angaben zu machen, [wer] nicht darauf vertraut, dass die Angaben doch richtig sind"[69]. **62**

Bezogen auf das Merkmal „Arbeitgeber" findet sich in den strafgerichtlichen Entscheidungen häufig die Darstellung, der Täter habe bei der gegebenen Sachlage „(…) den wesentlichen Bedeutungsgehalt des Tatbestandsmerkmals ‚Arbeitgeber' i.S.v. § 266a StGB und § 41a EStG – und daraus folgend – die damit einhergehenden, ihn treffenden Pflichten erfasst."[70] Dies ist aber in jedem Einzelfall und zu jedem Straftatbestand explizit zu prüfen. **63**

Fehlt es am Steuerverkürzungsvorsatz, kommt eine leichtfertige Steuerverkürzung gem. § 378 AO in Betracht. **64**

4. Rechtsfolgen
a) Verwirklichung des Grunddelikts

In Fällen der einfachen Steuerhinterziehung droht Geldstrafe oder Freiheitsstrafe bis zu fünf Jahren. **65**

b) Strafschärfung im besonders schweren Fall

Bei Verwirklichung eines der Regelbeispiele,[71] in denen ein besonders schwerer Fall der Steuerhinterziehung anzunehmen ist, beträgt der Strafrahmen Freiheitsstrafe von sechs Monaten bis zu zehn Jahren. **66**

In Konstellationen der Statusverfehlungen kann es schnell zur Verwirklichung eines Regelbeispiels kommen. Je nach Vertragsdauer und Umfang des gezahlten Entgelts kann sich die Summe verkürzter Steuern schnell oberhalb von 50 000 EUR – der **67**

---

67 Zum Eventualvorsatz bei der Steuerhinterziehung *Ransiek/Hüls* NStZ 2011, 678 ff.
68 *Ransiek/Hüls* NStZ 2011, 678, 679.
69 *Ransiek/Hüls* NStZ 2011, 678, 679; *Höll* S. 133 ff.; zum Zusammenwirken von Arbeitgeber und Arbeitnehmer bei der Schwarzlohnabrede zum Zwecke der Lohnsteuerhinterziehung und Bestimmung des Schuldumfangs Klein/*Jäger* § 370 Rn. 98.
70 *BGH* wistra 2010, 29 f.
71 Zu den Anforderungen an das Urteil *BGH* 22.9.2021 – 1 StR 86/21, NZWiSt 2022, 201 mit Anm. *Gehm*.

Grenze für das „große Ausmaß" bewegen. Auch das Regelbeispiel der bandenmäßigen Tatbegehung ist nicht fernliegend, wenn sich mindestens drei Personen zur (fortgesetzten) Steuerhinterziehung zusammengeschlossen haben.

c) Ergebnis

68 Die strafrechtlichen Folgen der steuerrechtlichen Statusverfehlung sind damit immens. Nach der Rechtsprechung des 1. Strafsenats des BGH soll bei Verkürzungsbeträgen von mehr als 1 Mio. EUR eine bewährungsfähige Freiheitsstrafe nicht mehr in Betracht kommen.[72]

5. Versuchsstrafbarkeit

69 Auch der Versuch der Steuerhinterziehung ist strafbar, § 370 Abs. 2 AO.

IV. Umsatzsteuerverkürzung gem. § 370 AO

70 Neben der Lohnsteuerhinterziehung kommt in Fällen festgestellter Scheinselbstständigkeit eine Umsatzsteuerhinterziehung in Betracht.

Der Auftraggeber wird als am Erwerbsvorgang Beteiligter (Einkauf von Werk- oder Dienstleistungen) die von ihm auf Rechnungen des Auftragnehmers gezahlte Umsatzsteuer als Vorsteuer abziehen, § 15 UStG. Dazu hat er als Steuerpflichtiger bis zum 10. Tag nach Ablauf des Voranmeldezeitraums eine Umsatzsteuervoranmeldung abzugeben. Die Steuer hat er selbst zu berechnen, § 18 Abs. 1 S. 1 UStG, und Steuerlasten grundsätzlich bis zum 10. Tag des Folgemonats zu entrichten, § 18 Abs. 1 S. 3 UStG. Außerdem hat er eine Umsatzsteuerjahreserklärung abzugeben, § 18 Abs. 3 S. 1 UStG.

71 Wird im Zuge von Ermittlungen festgestellt, dass ein Auftraggeber aus Rechnungen eines vermeintlich Selbstständigen in den Umsatzsteuervoranmeldungen und/oder der Umsatzsteuerjahreserklärung zu Unrecht Vorsteuern geltend macht, kommt bei entsprechendem Tatvorsatz eine Umsatzsteuerhinterziehung in Betracht.[73] Denn ist der beauftragte Fremdleister kein Unternehmer i.S.d. § 2 Abs. 1 UStG, sondern abhängig beschäftigt i.S.d. § 7 SGB IV, durfte auf Grundlage seiner Rechnungen Vorsteuer nicht geltend gemacht werden (2. Teil 3. Kap. Rn. 58 ff.).

72 Hinsichtlich der Rechtsfolgen ist auf die obigen Ausführungen zu verweisen (Rn. 44 ff.).

V. Zwischenergebnis zu den strafrechtlichen Konsequenzen

73 Dem Auftraggeber drohen empfindliche Strafen nach § 266a StGB, § 370 AO, wenn festgestellt wird, dass die Auftragnehmer tatsächlich abhängig beschäftigt wurden und der Auftraggeber das wusste bzw. billigend in Kauf genommen hat. Angesichts der Anordnung von Mindestfreiheitsstrafen bei Verwirklichung eines der genannten Regelbei-

---

72 *BGHSt* 53, 71, 86.
73 *Höll* Vorsatz bei der Umsatzsteuerhinterziehung, Kognitive und voluntative Anforderungen bei akzessorischen Tatbeständen, Diss. 2012: Rechtsprechungsübersicht 1. Halbjahr 2021 *Rolletschke/Stützl* NZWiSt 2021, 1 ff.; *BGH* 10.2.2021 – 1 StR 525/20, NStZ 2021, 747 = wistra 2021, 285; Klein/ *Jäger* § 370 Rn. 174, 179.

spiele ist zur individuellen strafrechtlichen Haftungsvermeidung, aber auch zur Haftungsvermeidung des vertretenen Unternehmens, durch geeignete Compliance-Maßnahmen und die Einholung fachlicher Expertisen sicherzustellen, dass mit größtmöglicher Sorgfalt über Fremdpersonaleinsatz entschieden wird.

VI. Bußgeld- und außerstrafrechtliche Konsequenzen der Statusverfehlung

1. Vorbemerkung

Statusverfehlungen sind nicht nur von strafrechtlicher Relevanz. Sie haben empfindliche außerstrafrechtliche Folgen. Dazu zählen nicht nur einschlägige Bußgeldvorschriften oder Maßnahmen der Vermögensabschöpfung, sondern auch die Erfassung in verschiedenen Registern sowie wirtschaftliche Nachteile durch etwaigen Ausschluss bei der Vergabe von Leistungen. Hinzu treten Fragen der Zuverlässigkeit von Unternehmern und Geschäftsführern. Gem. § 6 GmbHG entfällt z.B. die Eignung zur Geschäftsführung für die Dauer von fünf Jahren bei einer Verurteilung gem. § 266a StGB zu einer Freiheitsstrafe von mindestens einem Jahr. 74

2. Ausgewählte Ordnungswidrigkeiten

a) § 111 SGB IV

Wer u.a. den Meldepflichten nach § 28a SGB IV vorsätzlich oder leichtfertig nicht korrekt nachkommt, verhält sich ordnungswidrig.[74] 75

b) § 8 Abs. 3 SchwarzArbG

Mit dem Gesetz gegen illegale Beschäftigung und Sozialleistungsmissbrauch[75] wurde das SchwarzArbG verschärft. Neben weiteren Befugnissen der Finanzverwaltung, die hin zu einer „Finanzpolizei"[76] führen sollen, wurde in § 8 SchwarzArbG ein neuer Tatbestand eingeführt, der das leichtfertige Vorenthalten von Sozialversicherungsbeträgen i.S.d. § 266a StGB zum Gegenstand hat. Danach handelt nun ordnungswidrig, „wer als Arbeitgeber eine in § 266a Abs. 2 Nr. 1 oder 2 des Strafgesetzbuches bezeichnete Handlung leichtfertig begeht und dadurch der Einzugsstelle Beiträge des Arbeitnehmers oder der Arbeitnehmerin zur Sozialversicherung einschließlich der Arbeits- 76

---

74 § 111 Abs. 1 ber. BGBl 2009 I S. 3973; Abs. 5 und 6 angef. m.W.v. 1.1.2010 durch Gesetz v. 15.12.2008 (BGBl I S. 2426); Abs. 1 Nr. 2b und 2c eingef., bisherige Nr. 2b wird Nr. 2d, Nr. 8 geändert, Abs. 3 neu gef., Abs. 4 geändert, Abs. 5 und 6 aufgeh. M.W.v. 30.7.2010 durch Gesetz v. 24.7.2010 (BGBl I S. 983); Abs. 1 S. 1 Nr. 1, Nr. 4 lit. b und Nr. 8 geändert, Nr. 9–14 aufgeh., Abs. 4 geändert m.W.v. 3.12.2011 durch Gesetz v. 23.11.2011 (BGBl I S. 2298); Abs. 1 Nr. 4 lit. b geändert, Nr. 5 und 6 neu gef., Abs. 4 geändert m.W.v. 1.1.2016 durch Gesetz v. 15.4.2015 (BGBl I S. 583); Abs. 1 S. 1 Nr. 1a eingef. m.W.v. 1.1.2017 durch Gesetz v. 11.11.2016 (BGBl I S. 2500); Abs. 1 S. 1 Nr. 2 neu gef. m.W.v. 10.3.2017 durch Gesetz v. 6.3.2017 (BGBl I S. 399); Abs. 1 S. 1 Nr. 1 aufgeh., Nr. 2b, 2c und 8 geändert m.W.v. 26.11.2019 durch Gesetz v. 20.11.2019 (BGBl I S. 1626); Abs. 1 S. 1 Nr. 3 und 3a geändert, Nr. 3b aufgeh. M.W.v. 1.7.2020 durch Gesetz v. 12.6.2020 (BGBl I S. 1248). Zur sog. „Putzfrauenklausel" *Loose* NZWiSt 2020, 182.
75 BT-Drucks. 19/10683 v. 5.6.2019.
76 *Klötzer-Assion* WiJ 3/2019, 140; FKS als „kleine Staatsanwaltschaft", *Klötzer-Assion* 2/2019, 86, 102.

förderung oder vom Arbeitgeber zu tragende Beiträge zur Sozialversicherung einschließlich der Arbeitsförderung, unabhängig davon, ob Arbeitsentgelt gezahlt wird, leichtfertig vorenthält."

77 Der Gesetzgeber begründete die Einführung mit einer Sanktionslücke und will die Parallele zur leichtfertigen Steuerhinterziehung in § 378 AO ziehen,[77] die bei der Lohnsteuerverkürzung in den hier interessierenden Sachverhaltsgestaltungen in Betracht kommt, wenn kein Hinterziehungsvorsatz nachweislich ist.

78 Während die Fachwelt noch die Entscheidung des 1. Strafsenats des BGH vom 24.1.2018 zum Tatvorsatz begrüßt, lässt die Einführung des Bußgeldtatbestands in § 8 Abs. 3 SchwarzArbG die Besorgnis zu, dass es zu einer „uferlosen Fahrlässigkeitsahndung"[78] kommen könnte.

c) § 23 AEntG

79 Eine Ordnungswidrigkeit nach § 23 Abs. 1 AEntG kann vorliegen, wenn vorsätzlich oder fahrlässig branchenspezifische Mindestarbeitsbedingungen nicht gewährt werden und der Anwendungsbereich des AEntG eröffnet ist. Im Zusammenhang mit der Rechtsformverfehlung kann der Bußgeldtatbestand z.B. verwirklicht sein, wenn das vereinbarte Entgelt unterhalb der geregelten Mindestlöhne liegt.[79] Gravierend ist der Haftungstatbestand des § 23 Abs. 2 AEntG für die Sachverhalte, in denen der Auftraggeber, der Werk- oder Dienstleistungen ausführen lässt, weiß oder fahrlässig nicht weiß, dass der beauftragte Unternehmer seinen Verpflichtungen zur Beitragszahlung nicht oder nicht rechtzeitig nachkommt. In beiden Varianten drohen bei vorsätzlicher Verwirklichung Bußgelder bis zu 500 000 EUR.

d) § 21 MiLoG

80 Seit der Einführung des allgemeinen Mindestlohns kommen auch Ordnungswidrigkeiten nach § 21 MiLoG in Betracht.[80] Die Norm ist – wie das gesamte Gesetz – weitgehend dem AEntG nachempfunden. Bis zum Vorliegen gerichtlicher Entscheidung zur Auslegung ist auf die Entscheidungen zum AEntG zurückzugreifen. In Fällen der Scheinselbstständigkeit können Verstöße wegen nicht oder nicht rechtzeitiger Zahlung des allgemeinen Mindestlohns vorliegen.[81] Diese gehen regelmäßig einher mit der Verletzung von Aufzeichnungs- und Bereithaltungspflichten, denn für den vermeintlichen Auftragnehmer werden die gesetzlich vorgeschriebenen Aufzeichnungen gerade nicht geführt.[82] Daneben steht die Auftraggeberhaftung des vermeintlichen Auftraggebers von Werk- und Dienstleistungen in § 21 Abs. 2 MiLoG, wenn der Auftraggeber weiß oder fahrlässig nicht weiß, dass der Nachunternehmer seinen Verpflichtungen nicht nachkommt.

---

77 Regierungsentwurf, zu Art. 1, Nr. 11 b, zu Absatz 3, Seite 59; *Klötzer-Assion* 2/2019, 86, 101; dazu auch *Rettenmaier/Reichling* NJW 2020, 2147.
78 KK-OWiG/*Rengier* 4. Aufl. 2014, § 10 Rn. 2.
79 Überblick bei Gercke/Kraft/Richter/*Kraft* 2. Kap. Rn. 715 ff.
80 Zu Non-Compliance-Folgen bei Zuwiderhandlungen *Klötzer-Assion/Mahnhold* wistra 2015, 88 ff.
81 Siehe dazu auch *Riechert/Nimmerjahn* § 21 Rn. 28 ff.
82 *Klötzer-Assion/Mahnhold* wistra 2015, 88 f.; *Riechert/Nimmerjahn* § 21 Rn. 48 ff.

e) § 16 AÜG

Des Weiteren können Sachverhalte um den Einsatz von „Scheinselbstständigen" Fragen des drittbezogenen Personaleinsatzes, hier der Arbeitnehmerüberlassung in Abgrenzung zum Werk- oder Dienstvertrag aufwerfen. Branchenbezogene Besonderheiten wie z.B. im Baugewerbe sind zu beachten.[83]

81

Nach Auffassung des BMAS sind Vertragskonstruktionen, welche die Vertragsparteien „bewusst oder in Unkenntnis der Rechtslage als ‚Werkvertrag,'" bezeichnen, tatsächlich aber wegen der Ausgestaltung und Durchführung der Tätigkeit als Arbeitsverträge anzusehen sind, missbräuchlich. Begründet wird dies damit, dass auf solche Weise die Anwendung des gesamten Arbeitsrechts umgangen werden könne.[84] Seit der Novelle des AÜG[85] ist dem durch das sog. Transparenzgebot ein Riegel vorgeschoben, § 1 Abs. 1 S. 5 AÜG.

82

Als missbräuchlich werden auch solche Konstruktionen bezeichnet, bei denen ein Werkvertrag geschlossen, tatsächlich aber Arbeitnehmerüberlassung praktiziert wird. Bei verdeckter Überlassung war es möglich, eine Verleiherlaubnis vorzuhalten und sich auf diese zu berufen, wenn das Scheingeschäft aufgedeckt wird (sog. Vorratserlaubnis). Dies ist seit 2017 nicht mehr möglich.[86]

83

Verstöße gegen das AÜG werden als Ordnungswidrigkeiten sanktioniert, § 16 AÜG.

84

f) Sanktionsmöglichkeiten in Fallgestaltungen mit (EU) Ausländern

Werden ausländische Kräfte beauftragt, kommen weitere Tatbestände des SchwarzArbG, des AÜG und des SGB III in Betracht. Neben der illegalen Ausländerbeschäftigung können z.B. vorgeschobene Entsendefälle zur Umgehung der inländische Sozialversicherungspflicht eine Rolle spielen.[87]

85

g) Aufsichtspflichtverletzung, § 130 OWiG

Fehlverhalten in einem Unternehmen kann eine Ordnungswidrigkeit wegen der Verletzung der Aufsichtspflicht gem. § 130 OWiG zur Folge haben. Dies ist häufig bei Sonderdelikten der Fall, die an die Arbeitgebereigenschaft anknüpfen, insbesondere dann, wenn Arbeitgeberpflichten auf besonders Beauftragte oder sonstige Leitungspersonen wirksam delegiert werden, die gebotene Aufsicht jedoch nicht oder nicht in ausreichendem Maße ausgeübt wird.[88]

86

§ 130 OWiG regelt die Verantwortlichkeit des Betriebsinhabers für Zuwiderhandlungen, die in seinem Betrieb oder Unternehmen von Betriebsangehörigen begangen

87

---

83 Zu den Einzelheiten Gercke/Kraft/Richter/*Kraft* 2. Kap. Rn. 582 ff.
84 Referentenentwurf des BMAS v. 14.4.2016, Entwurf eines Gesetzes zur Änderung des Arbeitnehmerüberlassungsgesetzes und anderer Gesetze.
85 § 1 Abs. 1 S. 1 neu gef., Abs. 2, Abs. 3 einleitende Worte, Nr. 1 und 2 geändert, Nr. 3 angef. durch Gesetz v. 24.3.1997 (BGBl I S. 594); Abs. 3 geändert durch Gesetz v. 16.12.1997 (BGBl I S. 2970); Abs. 1 S. 3 angef., Abs. 2 geändert m.W.v. 1.1.2003 durch Gesetz v. 23.12.2002 (BGBl I S. 4607); Abs. 1 S. 1 geändert, S. 2 eingef., bisherige S. 2 wird S. 3 und 4, Abs. 3 Nr. 2 geändert, Nr. 2a eingef. m.W.v. 1.12.2011 durch Gesetz v. 28.4.2011 (BGBl I S. 642); Überschrift und Abs. 1 neu gef., Abs. 1a und 1b eingef., Abs. 3 einl. Satzteil und Nr. 2a eingef., Nr. 2b und 2c eingef. m.W.v. 1.4.2017 durch Gesetz v. 21.2.2017 (BGBl I S. 258).
86 *Klötzer-Assion* WiJ 3/2016, 153.
87 *Lanzinner* S. 179 ff.; Gercke/Kraft/Richter/*Kraft* 2. Kap. Rn. 487 ff.
88 *Rönnau/Becker* NStZ 2016, 569, 574.

werden und deren Verwirklichung durch gehörige Aufsicht oder entsprechende organisatorische Maßnahmen hätte verhindert werden können bzw. wesentlich erschwert worden wäre. Liegt eine Straftat zugrunde – z.B. § 266a StGB –, kann die Geldbuße bis zu 1 Mio. EUR betragen, § 130 Abs. 3 S. 1 OWiG. Ist eine Ordnungswidrigkeit Anknüpfungstat, orientiert sich die Geldbuße an dem Höchstmaß der Geldbuße, die für die Anknüpfungstat verhängt werden kann, § 130 Abs. 3 S. 2 OWiG.

h) Verbandsbuße, § 30 OWiG

88 Die dargestellten Straftaten und/oder Ordnungswidrigkeiten einschließlich der Aufsichtspflichtverletzung nach § 130 OWiG können Anknüpfungstaten für die Verhängung einer Verbandsgeldbuße[89] nach § 30 OWiG gegen die juristische Person sein.

89 Gem. § 30 Abs. 1 OWiG kann gegen eine juristische Person eine Geldbuße jedoch nur verhängt werden, wenn ihr vertretungsberechtigtes Organ oder eine mit der Leitung des Betriebes besonders beauftragte Person betriebsbezogene Straftaten oder Ordnungswidrigkeiten verwirklicht hat, wodurch Pflichten, welche die juristische Person treffen, verletzt wurden.[90] Regelmäßig erfolgt die Verfahrensbeteiligung der juristischen Person nach § 88 OWiG, so dass es einer gesonderten Vertretung bedarf.[91]

90 Zu berücksichtigen ist, dass eine solche Verbandsbuße gem. § 30 Abs. 4 OWiG auch im selbstständigen Verfahren verhängt werden kann, wenn ein wegen der Anknüpfungstat geführtes Straf- oder Bußgeldverfahren nicht eingeleitet oder eingestellt oder wenn von Strafe abgesehen wurde. Dies kann der Fall sein, wenn der Täter nicht mehr individualisierbar ist oder aus Opportunitätserwägungen von der weiteren Verfolgung abgesehen wird.

91 Die Anknüpfungstat fehlt, wenn das strafrechtliche Ermittlungsverfahren mangels hinreichenden Tatverdachts gem. § 170 Abs. 2 StPO eingestellt wurde.

92 Soll die Verbandsbuße wegen einer vorsätzlich verwirklichten Straftat verhängt werden, beträgt der Bußgeldrahmen bis zu 10 Mio. EUR, § 30 Abs. 2 Nr. 1 OWiG. Liegt eine Fahrlässigkeitstat zugrunde, liegt der Bußgeldrahmen bei bis zu 5 Mio. EUR, § 30 Abs. 2 Nr. 2 OWiG. Bei Anknüpfung an eine Ordnungswidrigkeit orientiert sich der Bußgeldrahmen des § 30 OWiG an der Höchstbuße der Anknüpfungstat. Eine Geldbuße kann gem. § 30 Abs. 2a OWiG auch gegen den Rechtsnachfolger festgesetzt werden.

93 Für Verbandsgeldbußen enthält das Gesetz keine eigenständigen Verjährungsvorschriften. Es gelten daher die Vorschriften über die Verjährung, die für die Straftat oder Ordnungswidrigkeit der betroffenen natürlichen Person gelten. Verjährungsunterbrechende Handlungen gegen die Leitungsperson wirken dem Verband gegenüber ebenfalls verjährungsunterbrechend. Umgekehrt sind aber Verfolgungshandlungen, die sich nur gegen den Verband richteten, nicht geeignet, eine Unterbrechungswirkung hinsichtlich der tatsächlich tätig gewordenen Leitungsperson zu begründen.[92]

---

89 Zum Unternehmensbegriff *KG Berlin* 6.12.2021 – 3 Ws 250/21, EuGH-Vorlage zu Unternehmen als Betroffene eines Bußgeldverfahrens nach Art. 83 DS-GVO, ZD 2022, 156.
90 Zur Betriebsbezogenheit Göhler/*Gürtler*/*Thoma* § 30 Rn. 18 ff.
91 *Trüg* NZWiSt 2022, 106; Göhler/*Gürtler*/*Thoma* § 30 Rn. 1 ff.; zu Führungspersonen mit Kontrollbefugnissen i.S.d. § 30 Abs. 1 Nr. 5 OWiG Göhler/*Gürtler*/*Thoma* § 30 Rn. 13 ff.; zum Fall der steuerlichen Selbstanzeige, Ahndungshindernis des § 378 AO *Reichling* NJW 2013, 2233, 2236.
92 G/J/W/*Niesler* § 30 OWiG Rn. 94 ff.

Die Verhängung einer Verbandsgeldbuße im selbstständigen Verfahren ist ausgeschlossen, wenn in dem Verfahren gegenüber der in § 30 Abs. 1 Ziff. 1–5 OWiG genannten Leitungsperson Verfolgungsverjährung eingetreten ist. 94

Für die Praxis ist die Frage bedeutsam, ob eine Verantwortlichkeit der Konzernobergesellschaft für Verfehlungen ihrer Tochtergesellschaften nach OWiG besteht (4. Teil 5. Kap. Rn. 46 ff.). Das ist nicht der Fall.[93] Denn die Bestimmung des Betriebsinhabers, dessen Verantwortlichkeit in § 130 OWiG und auch in § 9 OWiG geregelt ist, hat restriktiv zu erfolgen. § 130 OWiG gewährleistet, dass durch Delegation von Pflichten auf die unteren Ebenen keine Sanktionslücke bezogen auf die Leitungsebene und den Verband besteht. Nur durch § 130 OWiG als taugliche Anknüpfungstat kann eine Verbandsbuße gem. § 30 OWiG verhängt werden, wenn Straftaten und/oder Ordnungswidrigkeiten unterhalb der Leitungsebene verwirklicht werden und betriebsbezogene Pflichten betreffen. Dann ist aber auch nur die Leitungsperson über § 130 OWiG zu sanktionieren, welche mit gehöriger Aufsicht oder geeigneter Organisation die Verwirklichung der Zuwiderhandlung hätte verhindern oder zumindest erschweren können. Diese Aufgaben sind aber solche der Geschäftsleitung des rechtlichen, nicht des wirtschaftlichen Unternehmensinhabers.[94] 95

VII. Eintragungen rechtskräftiger Strafen und Bußen, Vergabesperren

1. Gewerbezentralregister

Rechtskräftige Verurteilungen nach § 266a StGB werden in das Gewerbezentralregister eingetragen, soweit die Strafe mehr als 90 TS oder 3 Monate Freiheitsstrafe beträgt. Gleiches gilt für rechtskräftig verhängte Geldbußen von mehr als 200 EUR § 149 Abs. 2 Nr. 3, 4 GewO. 96

„Bei Verwaltungsentscheidungen im Sinne des § 149 Abs. 2 Nr. 1 Gewerbeordnung (GewO) gibt es wegen der Besonderheiten des Gewerberechts hinsichtlich des Lebensalters keine Altersbeschränkung, während Bußgeldentscheidungen im Sinne von § 149 Abs. 2 Nr. 3 GewO nur gegen Personen, die mindestens 14 Jahre alt sind (Eintritt der Strafmündigkeit) erlassen werden können. Strafgerichtliche Verurteilungen richten sich gegen Personen, die mindestens 18 Jahre alt sind, da in diesen Fällen auf Geldstrafe oder Freiheitsstrafe erkannt werden kann (vgl. § 105 JGG). 97

In der Regel handelt es sich bei den betroffenen natürlichen Personen um den Gewerbetreibenden im Sinne des § 14 GewO, z.B. einen Kaufmann nach dem Handelsgesetzbuch oder den Gesellschafter einer Personengesellschaft. Da jedoch an einer Erweiterung des einzutragenden Personenkreises auf bestimmte abhängig beschäftigte Personen oder Vertretungsberechtigte ein übergeordnetes ordnungsrechtliches Interesse besteht, erstreckt sich der einzutragende Personenkreis auch auf die in § 149 Abs. 2 Nr. 3 lit. b GewO genannten Personen. Dieser Personenkreis umfasst neben den in § 9 OWiG genannten Personen auch solche, die in einer Rechtsvorschrift ausdrücklich als Verantwortliche bezeichnet sind. Verwaltungsentscheidungen werden nicht nur beim Gewerbetreibenden, sondern zusätzlich auch bei dem Vertretungsbe- 98

---

[93] *Graf* FS Feigen, S. 37, 43 ff.; einschränkend *OLG München* StraFO 2015, 82, 83; zur Haftung im Konzern *Arnold/Geiger* BB 2018, 2306.
[94] *Graf* FS Feigen, S. 37, 47.

rechtigten einer juristischen Person gem. § 151 Abs. 1 Nr. 1 GewO (z.B. Geschäftsführer und Vorstandsmitglieder) sowie dem mit der Leitung eines Betriebes oder einer Zweigniederlassung Beauftragten gem. § 151 Abs. 1 Nr. 2 GewO (z.B. Prokuristen und Disponenten) im Gewerbezentralregister eingetragen."[95]

2. Ausschluss von öffentlichen Aufträgen, black list

99 Gem. § 21 Abs. 1 S. 1 Nr. 4 SchwarzArbG[96] wird von öffentlichen Aufträgen ausgeschlossen, wer wegen § 266a StGB rechtskräftig wie oben beschrieben verurteilt wurde. Das gilt auch bei rechtskräftiger Verhängung verschiedener Geldbußen, u.a. nach § 16 AÜG, soweit die Geldbuße mindestens 2 500 EUR beträgt.

100 Gem. § 19 Abs. 1 MiLoG ist der Ausschluss von öffentlichen Vergaben ebenfalls möglich.[97] Wie nach § 21 SchwarzArbG ist eine Geldbuße in Höhe von mindestens 2 500 EUR vorgesetzt. Die öffentlichen Auftraggeber sind ab einem Auftragsvolumen von 30 000 EUR aufgefordert, Auskünfte aus dem Wettbewerbsregister einzuholen.[98]

3. Landes-Korruptionsregister

101 In verschiedenen Bundesländern wurden Straftaten nach § 266a StGB in sog. Korruptionsregistern erfasst – und zwar selbst dann, wenn das Strafverfahren nach § 153a StPO gegen eine Geldauflage eingestellt wurde. Diese stellen aufgrund des neu geschaffenen Wettbewerbsregisters die landeseigenen Korruptionsregister ein.

4. Bundeszentralregister

102 Straftaten, die mit Geldstrafe von mehr als 90 TS oder Freiheitsstrafe von mehr als 3 Monaten rechtskräftig abgeurteilt wurden, werden ins BZR eingetragen, insbesondere ins Führungszeugnis.

5. Wettbewerbsregister

103 Ab dem 1.6.2022 unterliegen Auftraggeber und Konzessionsgeber nach § 99 GWB bei einem geschätzten Auftragswert ab 30 000 EUR ohne Umsatzsteuer der Verpflichtung, vor Erteilung des Zuschlags abzufragen, ob der Bieter, der den Auftrag erhalten soll, wegen bestimmter Wirtschaftsdelikte von dem Vergabeverfahren auszuschließen ist.[99] Für Sektorenauftraggeber sowie Konzessionsgeber nach §§ 100 und 101 GWB ist diese Abfrage ab Erreichen der EU – Schwellenwerte zur Abfrage verpflichtend. Es besteht aber auch die Möglichkeit der freiwilligen Abfrage, falls diese Betragsgrenzen nicht erreicht sind.

---

95 Www.bundesjustizamt.de/DE/Themen/Buergerdienste/GZR/GZR_node.html.
96 § 21 Abs. 1 S. 4 neu gef., S. 5 eingef., bisheriger S. 5 wird S. 6 m.W.v. 14.9.2007 durch Gesetz v. 7.9.2007 (BGBl I S. 2246); Abs. 1 Nr. 3 geändert m.W.v. 1.4.2017 durch Gesetz v. 21.2.2017 (BGBl I S. 258); Abs. 1 S. 1 einl. Satzteil, Nr. 1, S. 3–5 geändert m.W.v. 10.3.2017 durch Gesetz v. 6.3.2017 (BGBl I S. 399); Abs. 1 S. 4 und 5 geändert m.W.v. 1.6.2022 durch Gesetz v. 18.7.2017 (BGBl I S. 2739, geändert durch Gesetz v. 18.1.2021, BGBl I S. 2) i.V.m. Bek. v. 18.10.2021 (BAnz AT 29.10.2021 B3) und Bek. v. 16.2.2022 (BGBl I S. 306).
97 Dazu *Riechert/Nimmerjahn* § 19 Rn. 18 ff.
98 Siehe 5. Dazu auch *Klötzer-Assion* WiJ 2/2017, 43; *dies.* WiJ 1/2021, 56; *dies.* WiJ 1/2022, 42.
99 Wettbewerbsregistergesetz BGBl I 2021, v. 18.1.2021, S. 2; Wettbewerbsregisterverordnung v. 16.4.2021, BGBl I 2021 S. 809; *Klötzer-Assion* WiJ 1/2021, 56; *dies.* WiJ 1/2022, 42; *Gottschalk/Lubner* NZWiSt 2018, 96.

Ein Verzicht auf die Abfrage ist zulässig, wenn das Unternehmen, das sich um den **104**
Auftrag bewirbt, innerhalb der letzten 2 Monate bei dem Auftraggeber bereits eine
Auskunft aus dem Wettbewerbsregister vorgelegt hat.

Nach der Pflicht zur Anwendung des Wettbewerbsregisters entfällt ab 1.6.2022 die **105**
Abfragepflicht bei dem Gewerbezentralregister und bei den Landeskorruptionsregistern. Diese werden nicht fortgeführt. Ein Übertrag dortiger Eintragungen in das Wettbewerbsregister ist nicht vorgesehen.

Das Landeskorruptionsregister Berlin stellt z.B. seinen Betrieb zum 31.5.2022 ein und **106**
hat öffentlich gemacht, dass danach „keine Eintragungen mehr im Korruptionsregister des Landes Berlin vorgenommen und keine Auskünfte mehr erteilt" werden. „Die gespeicherten Datensätze im Korruptionsregister (Datenbank) und die dazugehörigen Papierakten werden nach einer Aufbewahrungsfrist von drei Monaten nach Beginn der verpflichtenden Anwendung des Wettbewerbsregisters gelöscht."

Bestehende Abfragepflichten der Behörden aus anderen Gesetzen, also gem. § 21 Abs. 1 **107**
S. 5 SchwarzArbG, § 19 Abs. 4 MiLoG, § 21 Abs. 4 AEntG und gem. § 98c Abs. 1 und 3
AufenthG i.V.m. § 21 Abs. 4 AEntG i.V.m. § 150a Abs. 1 S. 1 Nr. 4 GewO werden ab
1.6.2022 durch die Abfrage beim Wettbewerbsregister ersetzt. Um eine Informationslücke für Auftraggeber zu verhindern, besteht die Möglichkeit, das Gewerbezentralregister auf freiwilliger Basis für drei Jahre bis zum 31.5.2025 abzufragen. Die Abfrage beim Wettbewerbsregister in einem Vergabeverfahren setzt die Registrierung der Auftraggeber voraus.

VIII. Vermögensabschöpfungsmaßnahmen

Vermögenssicherungs- und Vermögensabschöpfungsmaßnahmen sind bei Ermittlungs- **108**
verfahren nach § 266a StGB an der Tagesordnung.[100] Dem Täter oder Teilnehmer an einer Straftat sollen die Vorteile aus strafrechtlich relevantem Verhalten genommen werden.[101] Vermögensabschöpfungsfragen sind hoch komplex und müssen stets Bestandteil der (vorbeugenden) Vereidigung gegen den Vorwurf nach § 266a StGB, § 370 AO sein.

Auch das Ordnungswidrigkeitenrecht sieht Vermögensabschöpfungsmöglichkeiten **109**
vor, § 17 Abs. 4 OWiG.[102]

Im Steuerstrafverfahren stehen den Finanzbehörden durch § 324 AO eigene Arrestin- **110**
strumente zwecks Vermögenssicherung zur Verfügung. Erlangtes Etwas kann die verkürzte Steuer sein, weil sich der Steuerhinterzieher Aufwendungen erspart. Zu prüfen ist, ob beim Täter ein Vermögensvorteil eingetreten ist.[103] Beachtlich sind die mit dem zweiten Corona-Steuerhilfegesetz[104] eingeführten Verschärfungen hinsichtlich der Einziehung auch bei verjährten Steueransprüchen, § 375a StGB.[105]

---

100 Grundlagen und Überblick bei *Kempf/Schilling* S. 25 ff.; *Bach* NZWiSt 2019, 214.
101 Keine rechnerische Besserstellung mit der Tatbestandsverwirklichung des § 266a StGB, zum Erlangten etwa bei § 266a StGB *Bach* NZWiSt 2019, 214, 215 f.
102 „Crime does not pay" KK-OWiG/*Mitsch* § 17 Rn. 112 ff.; Abschöpfungsteil der Geldbuße nach Nettoprinzip zu bemessen *BGH* 27.4.2022 – 5 StR 287/21 mit Anm. *Meyer-Lohkamp/Solka* StraFo 2022, 296 ff.
103 *BGH* 11.7.2019 – 1 StR 620/18 Rn. 19, BGHSt 64, 146; zum Kompensationsverbot und Verwendung sog. Abdeckrechnungen *BGH* 6.8.2020 – 1 StR 198/20 Rn. 18 ff. NStZ 2021, 295.
104 BGBl I 2020, 1512.
105 *Madauß* NZWiSt 2020, 434; *Feindt/Rettke* DStR 2021, 79; *Lenk* NZWiSt 2021, 7; „lex cum-ex" *Fischer* NWB, 2020, 3314; *Lange/Borgel* ZWH 2020, 76 ff.

5. Kapitel
Zivilrechtliche Konsequenzen für Organe

Literatur: *Arnold/Geiger* Haftung für Compliance-Verstöße im Konzern, BB 2018, 2306; *Bayreuther* Haftung von Organen und Arbeitnehmern für Unternehmensgeldbußen, NZA 2015, 1239; *Baur/Holle* Compliance-Defense bei der Bußgeldbemessung und ihre Einpassung in das gesellschaftsrechtliche Pflichtenprogramm, NZG 2018, 14; *Beisheim/Hecker* Compliance-Verantwortung im Licht der „Siemens/Neubürger"-Entscheidung – auch bei Unternehmen der öffentlichen Hand, KommJur 2015, 49; *Dux-Wenzel/Janssen* Haftung des Vorstands für Bußgeld und Anwaltskosten bei Kartellrechtsverstoß, CB 2021, 86; *Eufinger* Verbandsgeldbuße nach § 30 OWiG und Compliance, ZIP 2018, 615; *Faßbender* 18 Jahre ARAG Garmenbeck – und alle Fragen offen, NZG 2015, 501; *Fleischer* Corporate Compliance im aktienrechtlichen Unternehmensverbund, CCZ 2008, 1; *ders.* Aktienrechtliche Compliance-Pflichten im Praxistest: Das Siemens/Neubürger-Urteil des LG München I, NZG 2014, 321; *Freund* Brennpunkte der Organhaftung – Anmerkungen aus der Praxis zur organrechtlichen Innenhaftung, NZG 2015, 1419; *Grau/Dust* Verbandsgeldbuße und Regresshaftung von Geschäftsleitern, ZRP 2020, 134; *Leclerc* Kartellgeldbußen als Schaden, NZKart 2021, 220; *Lüneborg/Resch* Die Ersatzfähigkeit von Kosten interner Ermittlungen und sonstiger Rechtsberatung im Rahmen der Organhaftung, NZG 2018, 209; *Leuschner* Das Haftungsprivileg der §§ 31a, 31b BGB, NZG 2014, 281; *Oppenheim* Die Pflicht des Vorstands zur Einrichtung einer auf Dauer angelegten Compliance-Organisation, DStR 2014, 1063; *Rieble* Zivilrechtliche Haftung der Compliance-Agenten, CCZ 2010, 1; *Schnorbus/Ganzer* Recht und Praxis der Prüfung und Verfolgung von Vorstandsfehlverhalten durch den Aufsichtsrat – Teil I, WM 2015, 1832, und Teil II, WM 2015, 1877; *Werths* Werkverträge – ein unkalkulierbares Compliance-Risiko, BB 2014, 697; *Zieglmeier* Rechtswegzersplitterung bei der Nichtabführung von Sozialversicherungsbeiträgen – Ein Leitfaden für die betriebliche Praxis, NZA 2015, 651; *ders.* Die sozialversicherungsrechtliche Statusbeurteilung – ein unterschätztes Compliancerisiko, NJW 2015, 1914; *ders.* Arbeitgeber-, Organ- und Beraterhaftung für Sozialversicherungsbeiträge auf Grund Beschäftigung, DStR 2020, 230.

I. Ausgangspunkt

1 Entpuppt sich ein Beschäftigungsverhältnis im Nachhinein als unzulässige „Scheinselbstständigkeit" und/oder „illegale Arbeitnehmerüberlassung" (vgl. 1. Teil Rn. 3),[1] findet sich zunächst das nun als Arbeitgeber zu qualifizierende Anstellungsunternehmen Nachforderungen für rückständige Sozialversicherungsbeiträge (vgl. hierzu 4. Teil 2. Kap. Rn. 6 ff.), und Lohnsteuer (vgl. hierzu 4. Teil 3. Kap. Rn. 2 ff.), jeweils nebst Säumniszuschlägen, sowie gegebenenfalls Bußgeldforderungen (Vgl. 4. Teil 4. Kap. Rn. 91 ff.) ausgesetzt. Nicht nur die Einzugsstelle und das Finanzamt, sondern auch das Unternehmen selbst werden in dieser Situation sorgfältig prüfen und zu prüfen haben,[2] ob als Schuldner bzw. Regressschuldner dieser Forderungen nicht noch weitere Personen in Betracht kommen, zuvörderst die Organe des Unternehmens.

---

1 Im Folgenden werden die entsprechenden Beschäftigungsverhältnisse zusammenfassend als „virulente" Beschäftigungsverhältnisse bezeichnet.
2 Vgl. für die Aktiengesellschaft *Schnorbus/Ganzer* WM 2015, 1832 ff. (Teil I) und 1877 ff. (Teil II).

II. Haftungssubjekt „Organ"

2 Bezüglich rückständiger Lohnsteuer sieht § 69 AO bei Vorsatz oder grober Fahrlässigkeit einen unmittelbaren Anspruch der Finanzverwaltung gegen das Organmitglied vor. Eine entsprechende Vorschrift für rückständige Sozialversicherungsbeiträge findet sich im SGB IV nicht. Allerdings kann sich ein Anspruch der Einzugsstelle gegen das Organmitglied aus § 823 Abs. 2 BGB i.V.m. §§ 266a, 14 StGB ergeben, wenn diesem Vorsatz vorzuwerfen ist. Besondere Vorschriften zur Haftung von Organen im (Innen-)Verhältnis zur Anstellungsgesellschaft finden sich für die GmbH in §§ 43, 52 GmbHG, für die AG in §§ 93, 116 AktG.[3] Als Haftungssubjekte kommen danach bei der GmbH ihre Geschäftsführer sowie – im Fall des Bestehens eines Aufsichtsrates – die Aufsichtsratsmitglieder in Betracht; bei der AG sind es ihre Vorstands- und ihre Aufsichtsratsmitglieder.[4]

III. Außenhaftung

3 Im Recht der Kapitalgesellschaften gilt der in den § 43 Abs. 2 GmbHG und § 93 Abs. 2 AktG zum Ausdruck kommende Grundsatz der Haftungskonzentration.[5] Danach haftet das Organmitglied für unternehmerische Pflichtverletzungen allein der Gesellschaft gegenüber (die insoweit gegebenenfalls im Außenverhältnis gegenüber geschädigten Dritten haftet). Dies soll dafür sorgen, dass die Ersatzleistung des Organmitglieds den Gesellschaftern bzw. Aktionären und den Gesellschaftsgläubigern in gleicher Weise zugute kommt.[6] Nur in begrenztem Umfang und aufgrund besonderer Anspruchsgrundlagen (z.B. nach Deliktsrecht oder § 69 AO) kommt daher eine Haftung der Leitungsorgane im Außenverhältnis in Betracht. Diese Außenhaftung der Leitungsorgane wird insbesondere dann relevant, wenn das betroffene Unternehmen zahlungsunfähig ist.

1. Anspruch der Einzugsstelle nach § 823 Abs. 2 BGB i.V.m. § 266a StGB

4 Ist dem Organmitglied hinsichtlich der nicht abgeführten Sozialversicherungsbeiträge Vorsatz vorzuwerfen, wobei bedingter Vorsatz ausreicht,[7] kann die Einzugsstelle vom

---

3 Für die Genossenschaft finden sich den §§ 93, 116 AktG entsprechende Vorschriften in §§ 34, 41 GenG, für die KGaA verweist § 283 AktG auf § 93 AktG. Die folgenden Ausführungen beschränken sich daher auf GmbH und AG. Vgl. allgemein zur Haftung der Organe einer Genossenschaft *Beuthien* GenG, 16. Auflage 2018, Kommentierung zu §§ 34 und 41 GenG; vgl. auch *BGH* NJW-RR 2004, 900. Von einer Darstellung der Haftung der Vertreter von Personengesellschaften wird hier abgesehen, da sich die Frage einer *Organ*haftung nur dann stellt, wenn die Geschäftsführung von einer Kapitalgesellschaft wahrgenommen wird, wie etwa im Falle einer GmbH & Co. KG.

4 Neben den Organen einer juristischen Person können auch andere, nicht notwendigerweise eine Organfunktion innehabende Funktionsträger als Haftungssubjekt in Betracht kommen, z.B. der „Compliance-Officer". Deren Haftung soll hier nicht näher dargestellt werden, siehe hierzu jedoch *Rieble* CCZ 2010, 1 ff.; *Giesen* CCZ 2009, 102 ff.; *Favoccia/Richter* AG 2010, 137; vgl. auch *BGH* NJW 2009, 3173 ff. (zur Haftung eines Innenrevisionsleiters).

5 Michalski/Heidinger/Leible/Schmidt/*Ziemons* § 43 Rn. 368; MK-GmbHG/*Fleischer* § 43 Rn. 339; Spindler/Stilz/*Fleischer* § 93 Rn. 307.

6 *BGH* NJW 1987, 1077, 1079; NJW 1994, 1801, 1802; MK-GmbHG/*Fleischer* § 43 Rn. 339; Spindler/Stilz/*Fleischer* § 93 Rn. 307.

7 *BGH* NJW-RR 2008, 1253; Michalski/Heidinger/Leible/Schmidt/*Ziemons* § 43 Rn. 706 f.; *Zieglmeier* DStR 2020, 230, 234 f.

Organmitglied persönlich nach § 823 Abs. 2 BGB i.V.m. § 266a StGB den Arbeitnehmeranteil der Sozialversicherungsbeiträge verlangen (vgl. zu den einzelnen Tatbestandsvoraussetzungen des § 266a StGB 4. Teil 4. Kap. Rn. 7 ff.). Als Haftende kommen auch Organmitglieder einer ausländischen Gesellschaft in Betracht.[8]

Rechtsprechung und h.L. bejahen den Schutzgesetzcharakter des § 266a StGB i.S.d. § 823 Abs. 2 BGB nicht nur zu Lasten des Arbeitgebers, sondern auch zu Lasten des Organmitglieds.[9] Normadressat des § 266a StGB ist zwar grundsätzlich das Unternehmen als Arbeitgeber. Da juristische Personen jedoch nicht selbst, sondern nur durch ihre Organe handeln können, obliegt die Pflicht zur Abführung der Sozialversicherungsbeiträge den Organmitgliedern, die dafür über § 14 Abs. 1 Nr. 1 StGB strafrechtlich und über § 823 Abs. 2 BGB auch zivilrechtlich verantwortlich sind.

Dass mehrere Mitglieder dem Leitungsorgan angehören, entlastet das einzelne Organmitglied dabei nicht. Als Organmitglied ist man nach der Rechtsprechung für die Abführung der Sozialversicherungsbeiträge unabhängig von der internen Zuständigkeitsverteilung oder einer Delegation auf andere Personen verantwortlich.[10] Sobald Anhaltspunkte dafür bestehen, dass die Erfüllung der Aufgaben durch das intern zuständige Organmitglied oder den mit der Erledigung beauftragten Angestellten nicht mehr gewährleistet ist, müssen auch die übrigen Organmitglieder durch geeignete Maßnahmen die Abführung der Sozialversicherungsbeiträge sicherstellen sowie die Einhaltung dieser Pflicht überwachen.[10] Anlass für konkrete Überwachungsmaßnahmen bieten dabei insbesondere eine finanzielle Krisensituation oder ungeordnete Verhältnisse im Geschäftsablauf der Gesellschaft.[10]

Allerdings ist nach einer Entscheidung des LG Bochum der Vorsatz solange ausgeschlossen, bis rechtskräftig von den Sozialgerichten über den Beitragsbescheid nach § 28p Abs. 1 S. 5 SGB IV entschieden wurde.[11] Die bloße Nichtzahlung der festgesetzten Sozialversicherungsbeiträge ist danach für einen bedingten Vorsatz i.S.d. § 266a StGB nicht ausreichend (vgl. im Einzelnen 4. Teil 4. Kap. Rn. 19 ff.).

Die Haftung nach § 823 Abs. 2 BGB i.V.m. § 266a StGB setzt den Eintritt eines Schadens voraus, der ursächlich auf der Beitragsvorenthaltung beruht. Dies ist typischerweise der Fall. An der Kausalität zwischen Beitragsvorenthaltung und Schaden fehlt es nach der höchstrichterlichen Rechtsprechung und der h.L. jedoch, wenn der Insolvenzverwalter die Zahlungen an die Sozialkasse nach §§ 129 ff. InsO voraussichtlich mit Erfolg hätte anfechten können.[12]

Das Organmitglied haftet gegenüber der Einzugsstelle nicht für Säumniszuschläge, da § 24 Abs. 1 SGB IV kein Schutzgesetz i.S.d. § 823 Abs. 2 BGB ist.[13] Es muss jedoch für Verzugs- und Prozesszinsen und die Kosten der Rechtsverfolgung einstehen.

---

8 *BGH* NJW 2013, 3303; *Zieglmeier* NZA 2015, 651, 655.
9 Vgl. statt aller Michalski/Heidinger/Leible/Schmidt//*Ziemons* § 43 Rn. 673 m.w.N. in Fn. 1829 und 1830; *BGH* NJW 2014, 1244; NJW-RR 2008, 1253; NJW 2001, 969; NJW 1997, 130. Am Schutzgesetzcharakter von § 266a StGB geübte Grundsatzkritik in Teilen des Schrifttums (vgl. Michalski/Heidinger/Leible/Schmidt/*Ziemons* § 43 Rn. 674 und Nachweise in MK-GmbHG/*Fleischer* § 43 Rn. 355, dort Fn. 1925) hat die Spruchpraxis bislang nicht beeindruckt.
10 *BGH* NJW-RR 2008, 1253; NJW 2001, 969; NJW 1997, 130.
11 *LG Bochum* GmbHR 2014, 1041 mit Anm. *Brötzmann*.
12 *BGH* NZS 2011, 547; NJW 2011, 1133; NJW 2010, 870; 2001, 967; MK-GmbHG/*Fleischer* § 43 Rn. 362.
13 *BGH* NZA 1986, 142; DStR 2008, 2169; NJW 2011, 1133.

10 Der Sozialversicherungsträger hat grundsätzlich alle Umstände darzulegen und zu beweisen, aus denen sich die Verwirklichung der einzelnen Tatbestandsmerkmale des § 266a StGB ergibt; das in Anspruch genommene Organmitglied trifft lediglich eine sekundäre Darlegungslast.[14] Die Darlegungs- und Beweislast des Sozialversicherungsträgers erstreckt sich dabei auch auf den Vorsatz des beklagten Organmitglieds.[15]

11 Sollte sich herausstellen, dass dem verantwortlichen Organmitglied eine vorsätzliche Pflichtverletzung vorzuwerfen ist, dann kann sich dieses nach § 302 Nr. 1 InsO der zivilrechtlichen Forderung nicht einmal durch Privatinsolvenz entledigen. Gläubiger flankieren deshalb ihren Schadensersatzanspruch immer häufiger mit einem Feststellungsantrag, dass die eingeklagte Forderung auf einer vorsätzlichen unerlaubten Handlung beruht.[16]

12 Die Verjährung des Anspruchs nach § 823 Abs. 2 BGB i.V.m. § 266a StGB richtet sich nach den allgemeinen Vorschriften der §§ 195, 199 BGB. Hiernach beträgt die Verjährungsfrist drei Jahre ab dem Schluss des Jahres, in dem der Anspruch entstanden ist und der Gläubiger von den den Anspruch begründenden Umständen und der Person des Schuldners Kenntnis erlangt oder ohne grobe Fahrlässigkeit erlangen musste.

2. Anspruch der Finanzverwaltung nach § 69 AO

13 Das Organmitglied haftet nach §§ 69, 44 AO bei Vorsatz oder grober Fahrlässigkeit für rückständige Lohnsteuer als Gesamtschuldner neben dem Unternehmen als dem eigentlichen Steuerschuldner. Von einer detaillierten Darstellung dieser Haftung in diesem Kapitel wird in Anbetracht der Ausführungen von 4. Teil 3. Kap. Rn. 33 ff. abgesehen.

IV. Innenhaftung

14 Liegt eine Statusverfehlung vor, die zu Ansprüchen gegen das Unternehmen und ggf. auch das Organmitglied persönlich führt, kommt regelmäßig auch eine Innenhaftung des Organmitglieds gegenüber dem Unternehmen in Betracht. Ein rechtswidriges

---

14 *BGH* NJW 2013, 1304, 1305; vgl. auch *OLG München* WM 2016, 164, 171.
15 *BGH* NJW 2013, 1304.
16 Vgl. etwa *BGH* NJW 2011, 1133; *Zieglmeier* NZA 2015, 651, 655. Nach § 184 Abs. 1 InsO kann die Einzugsstelle auch noch im Restschuldverfahren Feststellungsklage mit dem Antrag erheben, dass die Forderung auf einer vorsätzlich unerlaubten Handlung beruht. Nach dem BSG (NZI 2014, 872) ist der im Verfahren nach §§ 179 ff. InsO isoliert auszutragende Streit um die rechtliche Einordnung der angemeldeten Forderung als eine Forderung aus vorsätzlich begangener unerlaubter Handlung vor den Zivilgerichten zu führen. Nach dem *BGH* (Beschl. v. 12.6.2012 – II ZR 105/10, BeckRS 2012, 21935) ist der Arbeitgeber nach § 266a Abs. 1 StGB verpflichtet, im Falle eines Mangels an Zahlungsmitteln vorrangig die Arbeitnehmeranteile zur Sozialversicherung abzuführen. *Zieglmeier* NZA 2015, 651, 656 schlägt daher für den Fall, dass die liquiden Mittel des Unternehmens nicht ausreichen, um die vollständige Abführung der Sozialabgaben zu gewährleisten, vor, zumindest den Arbeitnehmeranteil am Sozialversicherungsbeitrag möglichst vollständig zu zahlen und der Krankenkasse bei der Zahlung im Wege einer konkreten Tilgungsbestimmung mitzuteilen, dass hiermit vorrangig die Arbeitnehmeranteile und nicht die Arbeitgeberanteile gezahlt werden sollen. Die Tilgungsbestimmung sollte aus Beweisgründen schriftlich festgehalten werden und von der Einzugsstelle gegengezeichnet werden. Ist für das Organ absehbar, dass die pünktliche Zahlung der Beiträge nicht möglich ist, sollte er versuchen, vor Fälligkeit (§ 23 SGB IV) mit den betroffenen Einzugsstellen eine Stundung nach § 76 Abs. 2 SGB IV zu vereinbaren.

Verhalten im Außenverhältnis stellt nämlich nach ganz herrschender Meinung zugleich eine Pflichtverletzung im Innenverhältnis dar.[17] Die Haftung aus dem Anstellungsvertrag tritt dabei hinter der gesetzlichen (Organ-)Haftung nach § 43 Abs. 2 GmbHG bzw. § 93 Abs. 2 AktG zurück.[18]

1. Die Pflichtenstellung

a) Geschäftsführer und Vorstand

Bei der Organhaftung wird dabei an die besondere gesetzliche Pflichtenstellung des Organs angeknüpft. So haben die Geschäftsführer einer GmbH nach § 43 Abs. 1 GmbHG „in den Angelegenheiten der Gesellschaft die Sorgfalt eines ordentlichen Geschäftsmannes anzuwenden". Entsprechendes gilt für die Vorstandsmitglieder einer AG, die nach § 93 Abs. 1 AktG „bei ihrer Geschäftsführung die Sorgfalt eines ordentlichen und gewissenhaften Geschäftsleiters anzuwenden" haben. **15**

Nach allgemeiner Ansicht beinhaltet diese Sorgfaltspflicht die sog. Legalitätspflicht der Organe: Diese haben – im Innenverhältnis – die im GmbH-Gesetz bzw. Aktiengesetz, der Satzung und der Geschäftsordnung niedergelegten Organpflichten zu erfüllen sowie – im Außenverhältnis – die das Unternehmen betreffenden Rechtsvorschriften des allgemeinen Zivilrechts, des Straf- und Ordnungswidrigkeitenrechts und des öffentlichen Rechts zu beachten.[19] Mit anderen Worten: Die Organe haben sich gesetzestreu zu verhalten.[20] „Nützliche" bzw. für das Unternehmen wirtschaftlich sinnvolle Rechtsverletzungen sind verboten.[21] Allerdings ist die Grenze zwischen gebilligtem und missbilligtem bzw. erlaubtem und verbotenem Risiko oft nicht leicht zu erkennen.[22] Die Einhaltung sämtlicher Normen in einem komplexen, schnellem Wandel unterliegenden Rechtsumfeld ist keine Selbstverständlichkeit, sondern bedarf vielmehr sorgfältiger Organisation und Überprüfung.[23] **16**

Dabei ist zu berücksichtigen, dass sich die Legalitätspflicht der Organe nicht in eigener Rechtstreue erschöpft, sondern eine Legalitätskontrolle fremder Personen einschließt: Das Organmitglied muss in seinem Verantwortungsbereich durch geeignete organisatorische Maßnahmen für ein gesetzestreues Verhalten seiner Untergebenen sorgen.[24] Die Legalitätskontrollpflicht der Organmitglieder trifft sich dabei mit ihrer organschaftlichen Überwachungsverantwortung.[25] Diese kommt bei der AG in § 91 Abs. 2 AktG insbesondere in der Pflicht des Vorstands zur Einrichtung eines Überwachungssystems zur Früherkennung von „den Fortbestand der Gesellschaft gefährden- **17**

---

17 Vgl. MK-GmbHG/*Fleischer* § 43 Rn. 31 m.w.N.
18 Vgl. MK-GmbHG/*Fleischer* § 43 Rn. 8 m.w.N.; MK-AktG/*Spindler* § 93 Rn. 11.
19 Michalski/Heidinger/Leible/Schmidt/*Ziemons* § 43 Rn. 59 f.; MK-GmbHG/*Fleischer* § 43 Rn. 12, 21 ff.; Spindler/Stilz/*Fleischer* § 93 Rn. 12, 14 ff.; Hüffer/*Koch* § 93 Rn. 9; *Beisheim/Hecker* KommJur 2015, 49.
20 *Fleischer* CCZ 2008, 1; *Meier-Greve* BB 2009, 2555.
21 MK-AktG/*Spindler* § 91 Rn. 68; *Faßbender* NZG 2015, 501, 504.
22 Vgl. *Faßbender* NZG 2015, 501, 504.
23 Vgl. *Faßbender* NZG 2015, 501, 504 unter Hinweis auf BGH NZG 2012, 940.
24 *Fleischer* CCZ 2008, 1, 2; *Fleischer* NZG 2014, 321, 322; *Oppenheim* DStR 2014, 1063; *Beisheim/Hecker* KommJur 2015, 49, 50.
25 *Fleischer* CCZ 2008, 1, 2. Vgl. zur allgemeinen Überwachungspflicht MK-GmbHG/*Fleischer* § 43 Rn. 108 ff.; Spindler/Stilz/*Fleischer* § 93 Rn. 94 ff.

den Entwicklungen" einschließlich Verstöße gegen gesetzliche Vorschriften[26] („Risikofrüherkennungssystems") zum Ausdruck. Auch wenn eine § 91 Abs. 2 AktG entsprechende Vorschrift im GmbH-Gesetz nicht existiert,[27] wird aus dem Zusammenspiel von Legalitäts- und allgemeiner Überwachungspflicht und nicht zuletzt vor dem Hintergrund von § 130 OWiG (vgl. 4. Teil 4. Kap. Rn. 86 f.) sowohl für die AG als auch die GmbH eine – in ihrem Kern nicht delegierbare – Pflicht der Organmitglieder zur Compliance[28] bzw. zur Einrichtung eines Compliance-Managementsystems (CMS) abgeleitet.[29]

18 Ein Großteil der „gutwilligen" Haftungssachverhalte beruht jedoch auf schlichter Rechtsunkenntnis oder falscher Rechtsanwendung.[30] Die schwierigsten Fälle kennzeichnet dabei ein fehlendes Problembewusstsein. Wer als Organmitglied nicht weiß, dass für Beratungsverträge zwischen der Gesellschaft und einem Aufsichtsratsmitglied Grenzen bestehen oder dass beim Einsatz von Werkunternehmern Scheinselbstständigkeitsrisiken drohen (können), dem kann auch ein noch so qualifizierter anwaltlicher Berater nicht aus der Haftung helfen, weil die entsprechende Frage ihn nicht erreichen wird. Ein CMS würde in einem solchen Fall ebenfalls leerlaufen. Demnach kann in vielen Fällen eine begleitende Rechtsberatung im Unternehmen, etwa durch eine Rechtsabteilung, mehr leisten als ein CMS.[31] Sobald allerdings die faktische Risikoermittlung und -begrenzung im deliktischen oder strafrechtlichen Bereich das Problem darstellt oder eine komplexe Aufgabenerfüllung mit hohen Wissensanforderungen zusammentrifft, wie etwa im Arbeitsrecht, vermag ein CMS einen erheblichen Beitrag zur Aufdeckung und Abhilfe zu leisten.[30]

19 Gleichwohl steht nach herrschender Meinung das „Ob" der Einrichtung eines CMS nicht zur Disposition der Organmitglieder, sondern allenfalls seine konkrete Ausgestaltung (vgl. zu den Einzelheiten einer Scheinselbstständigen/Contractor-Compliance, 5. Teil 1. Kap.).[32] Insoweit ist allgemein anerkannt, dass sich der Umfang der Compli-

---

26 MK-AktG/*Spindler* § 91 Rn. 52; vgl. auch *LG München I* 10.12.2013 – 5 HKO 1387/10 (sog. „Neubürger"-Entscheidung), Rn. 89 (zit. nach juris).
27 Und diese nicht ohne weiteres analog für die GmbH herangezogen werden kann, vgl. MK-GmbHG/*Fleischer* § 43 Rn. 61.
28 Nach *Oppenheim* DStR 2014, 1063 m.w.N. ist Compliance dabei die „Gesamtheit aller Maßnahmen, um das rechtmäßige Verhalten der Unternehmen, der Organmitglieder und der Mitarbeiter im Blick auf alle gesetzlichen Gebote und Verbote [sowie sämtlicher unternehmensinternen Richtlinien] zu gewährleisten.
29 MK-GmbHG/*Fleischer* § 43 Rn. 142; Michalski/Heidinger/Leible/Schmidt/*Ziemons* § 43 Rn. 59 f., 174 ff.; MK-AktG/*Spindler* § 91 Rn. 52 ff.; *Fleischer* NZG 2014, 321, 322; *Werths* BB 2014, 697, 700; *Zieglmeier* DStR 2020, 230, 236 f. Dabei kann in der Praxis dahingestellt bleiben, ob die Compliance-Pflicht unmittelbar aus § 91 Abs. 2 AktG oder aus der allgemeinen Leitungspflicht der §§ 76 Abs. 1, 93 Abs. 1 AktG herzuleiten ist (vgl. *LG München I* 10.12.2013 – 5 HKO 1387/10 (sog. „Neubürger"-Entscheidung), Rn. 89 m. w. N. (zit. nach juris)).
30 Vgl. *Hauschka* NJW 2004, 257, 260 f.
31 Vgl. *Hauschka* NJW 2004, 257, 260 f., der hinsichtlich der Einrichtung und Ausgestaltung eines CMS nach dem jeweiligen Haftungssachverhalt differenziert.
32 Vgl. auch Michalski/Heidinger/Leible/Schmidt/*Ziemons* § 43 Rn. 174; MK-AktG/*Spindler* § 91 Rn. 63; *Meier-Greve* BB 2009, 2555, 2557. *Oppenheim* DStR 2014, 1063, 1064 f. geht insoweit differenzierender vor, indem er von einer Pflicht des Leitungsorgans zu eingehender vorheriger Risikoanalyse ausgeht; kommt diese zu dem Ergebnis, dass das Unternehmen Risiken in besonderem Maße ausgesetzt ist, tritt eine Ermessensreduzierung auf Null ein mit der Folge einer Pflicht zur Einrichtung eines CMS.

ance-Pflicht nach Art, Größe und Organisation des Unternehmens, den zu beachtenden Vorschriften, der geographischen Präsenz sowie auch Verdachtsfällen aus der Vergangenheit richtet.[33]

Nicht erst,[34] aber spätestens seit der sog. „Neubürger"-Entscheidung des Landgerichts München I v. 10.12.2013[35] ist die Haftung von Organmitgliedern für Compliance-Verstöße bzw. Verstöße gegen die Compliance-Pflicht in aller Munde:[36] Fehlt es an einem funktionstüchtigen Compliance-System und kommt es im Unternehmen zu Rechtsverletzungen, liegt auf Seiten des Leitungsorgans eine Pflichtverletzung vor, die es grundsätzlich zum Ausgleich des dem Unternehmen hierdurch entstandenen Schadens verpflichtet.[37] Seither haben sich auch diejenigen Organmitglieder, die nicht unmittelbar selbst einen Gesetzesverstoß begangen haben, bei Gesetzesverstößen durch Mitarbeiter „ihres" Unternehmens nach der ordnungsgemäßen Erfüllung ihrer eigenen Pflichten, namentlich ihrer Compliance-Pflicht, fragen zu lassen. Beim gehäuften Auftreten „virulenter", eine Scheinselbständigkeit begründender Beschäftigungsverhältnisse im Unternehmen und hierdurch hervorgerufener, nicht unerheblicher finanzieller Belastungen[38] wird es daher im Nachgang zur Neubürger-Entscheidung zukünftig eher die Regel als eine Ausnahme sein, dass sich die Organmitglieder auch insoweit[39] ihrer Compliance-Verantwortung zu stellen haben.

aa) Objektive Pflichtwidrigkeit

(1) Organisationsermessen/Business Judgement Rule

Nach h.L. hat das Leitungsorgan hinsichtlich der Einzelausgestaltung des CMS ein breites Organisationsermessen im Sinne der Business Judgement Rule[40] abhängig von Art, Größe und Organisation des Unternehmens, den zu beachtenden Vorschriften, der geographischen Präsenz sowie auch Verdachtsfällen aus der Vergangenheit.[41] Dies

---

33 *Fleischer* NZG 2014, 321, 324; MK-AktG/*Spindler* § 91 Rn. 67 f.: Um die nötige Reichweite festzustellen, kann eine Compliance-Risikoanalyse geboten sein, die in periodischen Abständen zu wiederholen ist, gegebenenfalls auch bei besonderen Anlässen. Dabei können sich dem Vorstand bestimmte Risiken besonders aufdrängen, die breitflächig bekannt geworden sind.; Spindler/Stilz/*Fleischer* § 93 Rn. 50; MK-GmbHG/*Fleischer* § 43 Rn. 145; *Zieglmeier* NJW 2015, 1914, 1918; *LG München I* 10.12.2013 – 5 HKO 1387/10 (sog. „Neubürger"-Entscheidung), Rn. 89 m.w.N. (zit. nach juris).
34 Vgl. *Oppenheim* DStR 2014, 1063, 1064 unter Verweis auf *Schneider* ZIP 2003, 645 und *Fleischer* AG 2003, 291.
35 *LG München I* 10.12.2013 – 5 HKO 1387/10, veröffentlicht u.a. in NZG 2014, 345; wistra 2014, 367; NZWiSt 2014, 183; ZIP 2014, 570.
36 Vgl. nur die zahlreichen Literaturnachweise zur „Neubürger"-Entscheidung bei juris.
37 *Fett* CCZ 2014, 142, 144.
38 Vgl. die Beispielrechnung bei *Zieglmeier* NJW 2015, 1914, 1915 ff., insb. 1917.
39 D.h. neben den klassischen Compliance-relevanten Risikobereichen des Kapitalmarkt-, Kartell- und Korruptionsstrafrechts, des Umweltrechts, des Produkthaftungsrechts, sowie der Diskriminierung und sexuellen Belästigung am Arbeitsplatz und vermehrt auch des Steuerrechts, vgl. MK-GmbHG/*Fleischer* § 43 Rn. 147.
40 Vgl. hierzu im Einzelnen Spindler/Stilz/*Fleischer* § 93 Rn. 59 ff.; MK-GmbHG/*Fleischer* § 43 Rn. 66 ff.
41 MK-AktG/*Spindler* § 91 Rn. 67; Spindler/Stilz/*Fleischer* § 91 Rn. 53; MK-GmbHG/*Fleischer* § 43 Rn. 148, jeweils m.w.N.; vgl. auch *Rodewald* GmbHR 2015, R 369.

erkennt auch die Rechtsprechung an.[42] Ermessenseinschränkend können sich im Einzelfall Branchenstandards, Vorkommnisse im eigenen Unternehmen oder in solchen der eigenen Branche auswirken.[43]

22 Das LG München I hat insoweit einzelne Anforderungen an ein CMS konkretisiert:[44] So hat ein solches eine klare Regelung vorzusehen, wer auf der Ebene des Gesamtorgans die Hauptverantwortung für das CMS zu tragen hat.[45] Überdies ist darauf hinzuwirken, dass die mit der Überwachung der Compliance-Vorgaben beauftragten Personen hinreichende Befugnisse haben, um die notwendigen Konsequenzen aus den Verstößen zu ziehen.[46] Zudem sind funktionsfähige Kontrollstrukturen einzurichten, um Verstöße zu verhindern bzw. aufzudecken; hieraus folgt eine Berichtslinie mit daraus abzuleitenden Kompetenzen für disziplinarische Maßnahmen.[47] Die Effizienz des CMS ist schließlich fortlaufend zu überwachen.[48] Im Ergebnis muss das Leitungsorgan bei zur Kenntnis gebrachten Gesetzesverletzungen sachgerechte Maßnahmen zur Aufklärung und Untersuchung von Verstößen, deren Abstellen und der Ahndung der betroffenen Mitarbeiter vornehmen.[49]

23 Auch die h.L. formuliert allgemeine Mindestanforderungen an ein CMS, die sich durchaus mit den Anforderungen der Rechtsprechung decken. Dabei wird aber unterstrichen, dass es nicht angehe, den Organmitgliedern aus der ex post-Perspektive in allen Einzelheiten vorzuschreiben, wie sie ihr Unternehmen hätten organisieren sollen.[50]

24 Ein CMS hat sich danach auf sämtliche Zweige des Unternehmens zu erstrecken, um Pflichtverletzungen durch Mitarbeiter zu verhindern. Einzelne oder auch alle Funktionen innerhalb des CMS können – und ab einer gewissen Unternehmensgröße müssen – auf geeignete Mitarbeiter, z.B. einen Compliance-Beauftragten, delegiert werden;[51] in beiden Fällen ändert sich die Verantwortlichkeit der delegierenden Organmitglieder in eine Kontrollpflicht, die je nach Anlass intensiver oder geringer ausfallen kann.[52]

25 Bei entsprechender Gefährdungslage muss das Organ auf der Grundlage einer unternehmensspezifischen Risikoanalyse Compliance-Richtlinien ausarbeiten (lassen) und

---

42 *LG München I* 10.12.2013 – 5 HKO 1387/10, Rn. 89 (zit. nach juris).
43 *Fleischer* NZG 2014, 321, 324.
44 Und ist dafür durchaus kritisiert worden: *Bachmann* ZIP 2014, 570, 580 und *Oppenheim* DStR 2014, 1063, 1065, kritisieren beide, dass das LG München I im Rahmen einer ex post-Betrachtung das Ermessen des Vorstands hinsichtlich der Ausgestaltung des CMS unberücksichtigt ließ. Ähnliche Kritik äußern auch *Harbarth/Brechtel* ZIP 2016, 241, 248 ff., die dem Landgericht München I einen sog. Rückschaufehler („hindsight bias") anlasten.
45 *LG München I* 10.12.2013 – 5 HKO 1387/10, Rn. 98 (zit. nach juris).
46 *LG München I* 10.12.2013 – 5 HKO 1387/10, Rn. 99 (zit. nach juris).
47 *LG München I* 10.12.2013 – 5 HKO 1387/10, Rn. 100 (zit. nach juris).
48 *LG München I* 10.12.2013 – 5 HKO 1387/10, Rn. 101 (zit. nach juris). Über aufgedeckte, compliance-relevante Vorfälle haben sich die Organmitglieder fortlaufend zu informieren.
49 *LG München I* 10.12.2013 – 5 HKO 1387/10, Rn. 92 (zit. nach juris); vgl. auch *Fleischer* NZG 2014, 321, 324, der dieses Gebot schlagwortartig als „Aufklären, Abstellen, Ahnden!" beschreibt.
50 Spindler/Stilz/*Fleischer* § 91 Rn. 53; MK-GmbHG/*Fleischer* § 43 Rn. 148, jeweils m.w.N.; vgl. auch *Oppenheim* DStR 2014, 1063, 1065.
51 Dies kann sowohl horizontal durch Aufgabenzuweisungen zu einzelnen Ressorts, als auch vertikal durch Auswahl untergeordneter Personen erfolgen. Vgl. auch *Fleischer* CCZ 2008, 1, 3.
52 MK-AktG/*Spindler* § 91 Rn. 71.

bekanntmachen.⁵³ Ein solches Regelwerk darf nicht nur auf dem Papier stehen, sondern muss in der Unternehmenspraxis gelebt werden.⁵⁴ Dies setzt funktionsfähige Organisationsstrukturen einschließlich einer klaren Zuordnung der Verantwortlichkeiten und einer angemessenen Ressourcenausstattung voraus. Außerdem muss das Organ für die Einrichtung einer regelmäßigen und anlassbezogenen Compliance-Berichterstattung sorgen.⁵⁵

Ergeben sich Verdachtsmomente für Regelverstöße, so muss das Organ unverzüglich einschreiten und eine unternehmensinterne Untersuchung veranlassen.⁵⁶ Dabei hat es „den Dingen auf den Grund" zu gehen, weil sich nur so etwaige Überwachungsdefizite aufspüren und fortan vermeiden lassen. Sofern glaubhafte Anhaltspunkte für vergangene, gegenwärtige oder zukünftige Rechtsverstöße erkennbar werden („red flags") wandelt sich die Organisationspflicht des Vorstands in eine konkrete Nachforschungs- und Ahndungspflicht um.⁵⁷ Hinsichtlich der Aufklärungsmittel verfügt das Organ allerdings über einen gewissen Spielraum.⁵⁸ **26**

Schließlich obliegt dem Organ die Pflicht, das CMS regelmäßig und anlassbezogen zu überprüfen und nachzujustieren. Nach allgemeiner Ansicht erschöpfen sich die Compliance-Pflichten nicht in der einmaligen Einrichtung einer Compliance-Organisation, sondern fordern eine kontinuierliche Anpassung, Fortentwicklung, Überwachung und Kontrolle.⁵⁶ Ganz in diesem Sinne verlangt die Rechtsprechung zu § 130 OWiG die wiederholte Durchführung unangekündigter Stichproben.⁵⁹ **27**

Dringt ein Organmitglied mit Vorschlägen zur Verbesserung der Compliance-Organisation bei den übrigen Organmitgliedern tatsächlich nicht durch, so hat es, um dem Vorwurf der Pflichtwidrigkeit zu entgehen, nach dem LG München I entsprechende Gegenvorstellungen bei seinen Kollegen anzubringen und gegebenenfalls den Aufsichtsrat einzuschalten.⁶⁰ Im äußersten Fall mag es als ultima ratio sogar erforderlich sein, Dritte einzuschalten, um eine konkrete Gefahr für das Unternehmen abzuwenden.⁶¹ **28**

(2) Weisung oder Einverständnis der Gesellschafter/Hauptversammlung

Gemäß § 93 Abs. 4 S. 1 AktG ist die Schadensersatzpflicht des Vorstandsmitglieds ausgeschlossen, wenn die anspruchsbegründende Handlung auf einem gesetzmäßigen Beschluss der Hauptversammlung beruht. Entsprechendes gilt nach allgemeiner Ansicht für die GmbH für den Fall, dass der Geschäftsführer eine für ihn verbindliche Weisung der Gesellschafter⁶² befolgt.⁶³ Das Merkmal der Gesetzmäßigkeit i.S.d. § 93 **29**

---

53 *Fleischer* NZG 2014, 321, 326. Ein solches Regelwerk muss ein klares Bekenntnis der Unternehmensleitung zur Rechtstreue enthalten und alle Unternehmensangehörigen zur Einhaltung der Compliance-spezifischen Vorgaben anweisen. Vgl. auch *Beisheim/Hecker* KommJur 2015, 49, 51.
54 *Fleischer* NZG 2014, 321, 326; *Beisheim/Hecker* KommJur 2015, 49, 51.
55 *Fleischer* NZG 2014, 321, 326.
56 *Fleischer* CCZ 2008, 1, 2; *Fleischer* NZG 2014, 321, 326.
57 MK-AktG/*Spindler* § 91 Rn. 68.
58 *Fleischer* NZG 2014, 321, 326: Es kann nach pflichtgemäßem Ermessen auf interne Unterstützung durch die Compliance-Abteilung oder die Interne Revision zurückgreifen, aber auch externe Sachverständige hinzuziehen.
59 Vgl. *OLG Düsseldorf* WuW/E DE-R 1733, 1745; *BayObLG* NJW 2002, 766, 767.
60 *LG München I* 10.12.2013 – 5 HKO 1387/10, Rn. 104 (zit. nach juris).
61 *Fett* CCZ 2014, 142, 144.
62 Oder auch anderer Gesellschaftsorgane mit statutarischen Weisungsbefugnissen (z.B. eines Aufsichtsrats, Beirats oder Gesellschafterausschusses), vgl. MK-GmbHG/*Fleischer* § 43 Rn. 276.
63 MK-GmbHG/*Fleischer* § 43 Rn. 275 m.w.N.

Abs. 4 S. 1 AktG bei der AG bzw. der Verbindlichkeit der Weisung bei der GmbH bedeutet, dass der betreffende Beschluss weder nichtig (vgl. § 241 AktG)[64] noch anfechtbar sein darf. Nach Ablauf der Anfechtungsfrist wird ein anfechtbarer Beschluss zwar bestandskräftig und damit nach h.M. gesetzmäßig. Würde ein Organmitglied sich durch dessen Ausführung jedoch strafbar machen oder gegen öffentlich-rechtliche Pflichten verstoßen, wenn beispielsweise der Beschluss zur Nichtabführung von Sozialversicherungsabgaben bzw. Lohnsteuer anweisen würde,[65] dann braucht das Organmitglied diesen nicht auszuführen. Tut es dies dennoch, dann kann es sich nicht unter Hinweis auf diesen Beschluss enthaften.

bb) Subjektive Pflichtwidrigkeit – Verschulden

30 Die Haftung der Organe setzt ein Verschulden – Vorsatz oder Fahrlässigkeit – voraus. Danach hat das Leitungsorgan für die Fähigkeiten und Kenntnisse einzustehen, welche die ihm anvertraute Leitungsaufgabe **objektiv** erfordert. Demgemäß bleiben persönliche Eigenschaften wie Alter, Unerfahrenheit, Unfähigkeit oder Unkenntnis außer Betracht.[66] Der Verschuldensmaßstab besitzt allerdings auch eine **relative** Komponente: Seine Ausgestaltung wird durch die besondere Lage des Einzelfalls geprägt, die wiederum abhängig u.a. von Art, Größe, wirtschaftlicher Situation des Unternehmens, Konjunkturlage und Bedeutung der Geschäftsführungsmaßnahme ist. In der Praxis sind nur wenige Situationen vorstellbar, in denen zwar eine (objektive) Pflichtwidrigkeit, aber kein Verschulden vorliegt. Demgemäß ist die praktische Bedeutung des Verschuldenserfordernisses gering.[67]

31 Verfügt das Organmitglied nicht über die erforderlichen Kenntnisse, hat es unabhängige, qualifizierte und fachlich geeignete Berater zu konsultieren. Nach höchstrichterlicher Rechtsprechung kann sich ein Organmitglied demgemäß nicht darauf berufen, die Rechtslage falsch eingeschätzt zu haben. Ein Organmitglied muss für einen Rechtsirrtum einstehen, wenn es schuldhaft gehandelt hat; an das Vorliegen eines unverschuldeten Rechtsirrtums sind dabei strenge Maßstäbe anzulegen.[68] Um den strengen Anforderungen an die den Organmitgliedern obliegende Prüfung der Rechtslage und die Beachtung von Gesetz und Rechtsprechung zu genügen, reicht eine schlichte Anfrage bei einer von dem Organmitglied für fachkundig gehaltenen Person durch die Gesellschaft nicht aus. Erforderlich ist vielmehr, dass sich das Vertretungsorgan, das selbst nicht über die erforderliche Sachkunde verfügt, unter umfassender Darstellung der Verhältnisse der Gesellschaft und Offenlegung der erforderlichen Unterlagen von einem unabhängigen, für die zu klärende Frage fachlich qualifizierten Berufsträger beraten lässt und die erteilte Rechtsauskunft einer sorgfältigen Plausibilitätskontrolle unterzieht.[69]

---

[64] Der analog auch bei der GmbH heranzuziehen ist, vgl. Michalski/Heidinger/Leible/Schmidt/*Ziemons* § 43 Rn. 61.
[65] Vgl. Michalski/Heidinger/Leible/Schmidt/*Ziemons* § 43 Rn. 103 f. m.w.N.
[66] Vgl. Michalski/Heidinger/Leible/Schmidt/*Ziemons* § 43 Rn. 411 ff. m.w.N.; Spindler/Stilz/*Fleischer* § 93 Rn. 205.
[67] Spindler/Stilz/*Fleischer* § 93 Rn. 205; MK-GmbHG/*Fleischer* § 43 Rn. 255.
[68] *BGH* NZG 2011, 1271, 1272 f. m.w.N.
[69] *BGH* NZG 2011, 1271, 1273 m.w.N.

Innenhaftung 5. Kapitel **4**

Ein Organmitglied kann sich nicht unter Berufung auf eine unzutreffende Beratung **32** durch den Aufsichtsrat im Rahmen von dessen Aufsichtsratstätigkeit, die Teil der Überwachungspflicht ist, entlasten. Vorstandsmitglieder können sich nicht darauf berufen, der Aufsichtsrat habe sie ungenügend überwacht oder fehlerhaft beraten.[70]

cc) Kausalität/Zurechnung – Rechtmäßiges Alternativverhalten

Ein Anspruch gegen das Leitungsorgan setzt voraus, dass der Schaden des Unterneh- **33** mens adäquat-kausal auf einem pflichtwidrigen Verhalten des Leitungsorgans beruht.

Dies bedeutet aber, dass bei Compliance-Verstößen[71] mit an Sicherheit grenzender Wahrscheinlichkeit feststehen muss, dass der Schaden nicht eingetreten wäre, wenn das Unternehmen über eine vollwertige Compliance-Organisation verfügt hätte. Im Gegensatz zum oben erwähnten § 130 OWiG genügt es für die Vorstandshaftung gem. § 93 Abs. 2 AktG nicht, dass der Eintritt des relevanten Schadens bei „gehöriger Compliance" wesentlich erschwert worden wäre. Schadensersatzansprüche wegen einfacher Compliance-Verstöße nach § 93 Abs. 2 S. 1 AktG sind deshalb grundsätzlich relativ schwierig vor Gericht durchzusetzen.[72]

Geht man von der „Neubürger"-Entscheidung aus, so scheint die Rechtsprechung bei **34** Compliance-Verstößen jedoch gewillt zu sein, der Gesellschaft bei Schwierigkeiten des Nachweises einer hypothetischen Entwicklung mit Darlegungs- und Beweiserleichterungen zu helfen.[73] Das LG München I billigt der klagenden Gesellschaft unter Berufung auf zwei BGH-Entscheidungen[74] eine Beweiserleichterung nach Maßgabe des § 287 ZPO zu, weil der Ursachenzusammenhang zwischen Pflichtverletzung und Schaden im Rahmen des § 93 Abs. 2 AktG nicht zur haftungsbegründenden, sondern zur haftungsausfüllenden Kausalität gehöre. Der Umstand, dass die Kausalität vor allem im Zusammenhang mit einem Unterlassen geprüft werden müsse und daher letztlich hypothetisch zu prüfen sei, wie sich die Geschehnisse bei Vornahme der erforderlichen Handlungen dargestellt hätten, stehe der Bejahung der Kausalität nicht entgegen. Vorliegend gehe es nämlich um eine mangelhafte Aufsicht. Bei Errichtung einer funktionierenden Aufsicht müsse davon ausgegangen werden, dass effektive Kontrollen im Sinne eines wirksamen Compliance-Systems geeignet seien, Rechtsverletzungen der dann entsprechend überwachten Mitarbeiter zu verhindern.[75]

Diverse Stimmen in der Literatur plädieren ebenfalls – mit unterschiedlichen Begrün- **35** dungsansätzen – für eine Absenkung der Anforderungen an den Kausalitätsnachweis

---

70 *BGH* NZG 2011, 1271, 1273 unter Hinweis auf *BGH* NJW 1991, 1830.
71 Sofern es nicht um die Verletzung von Organisations-, Kompetenz- oder Verfahrensregeln (also insbesondere um die fehlende Zustimmung des Aufsichtsrats) geht, da diese gerade der Abstimmung und Herbeiführung von gemeinsamen Beschlüssen und Verfahrensweisen dienen und ansonsten der Schutzzweck und eine Sanktionierung über die Schadensersatzpflicht weitgehend leerlaufen würde (vgl. Noack/Servatius/Haas/*Beurskens* § 43 Rn. 57 m.w.N.).
72 *Schaefer/Baumann* NJW 2011, 3601, 3604; vgl. hierzu *Fleischer* NZG 2014, 321, 327 f.
73 *LG München I* 10.12.2013 – 5 HKO 1387/10, Rn. 114 (zit. nach juris); vgl. auch *Meier-Greve* BB 2009, 2555, 2559; Baumbach/Hueck/*Zöllner/Noack* GmbHG, 21. Auflage 2017, § 43 Rn. 43 befürworteten eine Regelvermutung, wonach hinreichende Überwachung zur Verhinderung der Schädigung geführt hätte. Dem Leitungsorgan obläge es hiernach, diese Vermutung zu entkräften. Vgl. auch MK-GmbHG/*Fleischer* § 43 Rn. 265a.
74 *BGH* NZG 2003, 358, 359; NZG 2008, 314, 315.
75 *LG München I* 10.12.2013 – 5 HKO 1387/10, Rn. 113, 114 (zit. nach juris). Vgl. auch *Meier-Greve* BB 2009, 2555, 2558 f.

bei Organisations- und Aufsichtspflichtverletzungen.[76] Im Ergebnis sprechen überzeugende Gründe dafür, der Gesellschaft jedenfalls bei gänzlich fehlenden oder ersichtlich unzulänglichen Compliance-Vorkehrungen mit einer Darlegungs- und Beweiserleichterung hinsichtlich der hypothetischen Kausalität zu Hilfe zu kommen.[77] Anders dürfte es bei einer grundsätzlich funktionsfähigen Compliance-Organisation liegen, weil man sonst das breite Organisationsermessen des Organmitglieds hinsichtlich der Einzelausgestaltung des CMS unterlaufen würde.[77]

36 Das Leitungsorgan trägt die Darlegungs- und Beweislast dafür, dass der Schaden mindestens in gleicher Höhe auch bei rechtmäßigem (Alternativ-)Verhalten eingetreten wäre.[78] Zu erbringen ist dabei der sichere Nachweis, dass der Schaden auf jeden Fall eingetreten wäre; die bloße Möglichkeit des Schadenseintritts reicht nicht aus.[79]

b) Aufsichtsrat

37 Nach § 116 Abs. 1 S. 1 AktG gilt für die Sorgfaltspflicht und Verantwortlichkeit der Aufsichtsratsmitglieder § 93 AktG entsprechend.[80] Im Rahmen der ihnen durch Gesetz und Satzung zugewiesenen Aufgaben interessieren hier insbesondere ihre – nicht delegierbare – Überwachungs- und Beratungsaufgabe.[81] Während dem Vorstand die Primärverantwortung für die Etablierung und Durchsetzung der Compliance obliegt, ist es Aufgabe des Aufsichtsrats, die Wahrnehmung der Compliance-Aufgaben durch den Vorstand zu überwachen.[82] Dabei ist zu berücksichtigen, dass nach § 111 Abs. 4 S. 1 AktG dem Aufsichtsrat eigene Geschäftsführungsbefugnisse (auch im Compliance-Bereich) nicht übertragen werden können.[83]

38 Die Überwachungspflicht des Aufsichtsrats erstreckt sich sowohl auf den präventiven als auch auf den repressiven Bereich der Compliance-Tätigkeit des Vorstands. Der Aufsichtsrat hat mithin nicht nur Vorhandensein, Tauglichkeit und Effizienz der Compliance-Organisation zu prüfen, sondern darüber hinaus auch zu überwachen, dass potenzielle Compliance-Verstöße aufgeklärt, Defizite des CMS beseitigt sowie Fehlverhalten von Mitarbeitern in angemessener Form geahndet werden.[82] Im Rahmen seiner Überwachungspflicht hat der Aufsichtsrat darauf zu achten, dass ein „nach Sachlage erforderliches und geeignetes Informationssystem" eingerichtet ist.[84] Dem

---

76 Vgl. im Einzelnen *Fleischer* NZG 2014, 321, 328 m.w.N.; vgl. auch *Meier-Greve* BB 2009, 2555, 2558 f., der dies in Anlehnung an das Erfordernis der wesentlichen Erschwerung i.S.d. § 130 OwiG diskutiert, danach differenziert, ob ein CMS überhaupt fehlt oder lediglich mangelhaft vorhanden ist, und zu dem Ergebnis gelangt, dass eine Kausalität nur dann zu verneinen sei, wenn die Umstände des Einzelfalls die Annahme nahe legen, dass eine pflichtgemäße Aufsicht keinen risikomindernden Effekt gehabt hätte.
77 *Fleischer* NZG 2014, 321, 328.
78 Spindler/Stilz/*Fleischer* § 93 Rn. 216; MK-GmbHG/*Fleischer* § 43 Rn. 266.
79 Noack/Servatius/Haas/*Beurskens* § 43 Rn. 56, 81 m.w.N.
80 Mit Ausnahme von § 93 Abs. 2 S. 3 AktG.
81 Vgl. § 111 Abs. 1 und Abs. 6 AktG. Ist nach dem Gesellschaftsvertrag einer GmbH ein Aufsichtsrat vorgesehen, gelten nach § 52 GmbHG die hier relevanten Vorschriften des AktG, insbesondere die §§ 111, 116 i.V.m. § 93 Abs. 1 AktG entsprechend.
82 *Reichert/Ott* NZG 2014, 241, 242 m.w.N.
83 *Reichert/Ott* NZG 2014, 241.
84 *BGH* NZG 2009, 107, 110 in Bezug auf ein Informationssystem zwischen Mutter- und Tochtergesellschaft zur Prüfung und Überwachung des Kreditrisikos.

entspricht, dass nach Nr. 5.3.2 des DCGK der Aufsichtsrat einen Prüfungsausschuss einrichten soll, der sich insbesondere mit Fragen des Risikomanagements und der Compliance befasst.

Erlangt der Vorstand Kenntnis von Umständen, welche auf das Vorliegen eines gravierenden oder systematisch relevanten Compliance-Vorfalls hindeuten, stellt dies regelmäßig einen „sonstigen wichtigen Anlass" dar, über welchen der Vorstand den Vorsitzenden des Aufsichtsrats unverzüglich in Kenntnis zu setzen hat (§ 90 Abs. 1 S. 2 AktG). Die Überwachungspflicht des Aufsichtsrats erstreckt sich sodann in sachlicher Hinsicht auf den gesamten „reaktiven Bereich", umfasst mithin die ordnungsgemäße Aufklärung des Sachverhalts, die Ahndung etwaiger Verstöße sowie die Beseitigung möglicher Defizite im Compliance-Management der Gesellschaft. Bezugspunkte der Aufsichtsratsüberwachung sind hierbei die Lenkungsentscheidungen des Vorstands im Zusammenhang mit der Aufarbeitung des Compliance-Vorgangs.[85]

39

Auch die Mitglieder des Aufsichtsrates unterliegen gesteigerten Anforderungen im Bereich des Risikomanagements. Spätestens seit der ARAG/Garmenbeck-Entscheidung[86] des BGH „ist die Zeit der ‚Frühstücksdirektoren' im Aufsichtsrat vorbei".[87] Danach sind die die Aufsichtsratsmitglieder im Rahmen ihrer retrospektiven Überwachung verpflichtet, vergangenes Fehlverhalten der Vorstandsmitglieder aufzudecken und zu verfolgen, falls Ansprüche der Gesellschaft nach sachgerechter Prüfung erfolgversprechend erscheinen.[88]

40

Hinzukommt, dass die Aufsichtsratsmitglieder nach der Rechtsprechung des BGH bei Geschäften, die wegen ihres Umfangs, der mit ihnen verbundenen Risiken oder ihrer strategischen Funktion für die Gesellschaft besonders bedeutsam sind, den relevanten Sachverhalt erfassen und sich anhand einer eigenen Risikoanalyse ein Urteil bilden müssen.[89] Zu der Überwachungspflicht des Aufsichtsrats gehört es demnach auch und vor allem, dass er sich über erhebliche Risiken, die der Vorstand mit Geschäften eingeht, kundig macht und deren Ausmaß unabhängig vom Vorstand selbstständig abschätzt.[90]

41

c) Vertragliche Haftung

In jedem Verstoß gegen die einem Organmitglied nach § 43 GmbHG bzw. § 93 AktG obliegenden Pflichten liegt regelmäßig eine Verletzung des Anstellungsvertrages. Allerdings tritt eine Haftung des Organmitglieds aus dem Anstellungsvertrag hinter derjenigen aus § 43 GmbHG bzw. § 93 AktG zurück.[91] Bedeutung hat der Anstellungsvertrag allenfalls dann, wenn er – soweit bei der GmbH zulässig – die Haftungsvoraussetzungen modifiziert oder solche Vertragspflichten verletzt sind, die in keinem sachlichen Zusammenhang zur Organstellung stehen und daher keine Haftung nach § 43 GmbHG auslösen können.[92]

42

---

85 *Reichert/Ott* NZG 2014, 241, 245.
86 *BGH* NJW 1997, 1926.
87 So *Passarge* NVwZ 2015, 252, 255.
88 Vgl. hierzu auch *Schnorbus/Ganzer* WM 2015, 1832, 1833.
89 *BGH* NZG 2013, 339 („Piëch/Sardinien-Äußerungen").
90 *BGH* NZG 2013, 339, 340.
91 Vgl. MK-GmbHG/*Fleischer* § 43 Rn. 8 m.w.N.; MK-AktG/*Spindler* § 93 Rn. 11.
92 Vgl. MK-GmbHG/*Fleischer* § 43 Rn. 8 m.w.N.

43 Eine vertragliche oder satzungsmäßige Begrenzung des Haftungsmaßstabs des § 93 AktG für den Vorstand einer AG kommt nach allgemeiner Meinung nicht in Betracht.[93] Demgegenüber kann die Haftung des Geschäftsführers einer GmbH vertraglich oder durch die Satzung grundsätzlich – in den Grenzen des § 43 Abs. 3 GmbHG – begrenzt werden, etwa durch eine Abkürzung der Verjährungsfrist oder die Aufnahme von Ausschlussfristen für die Anspruchsgeltendmachung.[94] Auch ein vertraglicher Haftungsausschluss für grobe (und damit naturgemäß auch für einfache) Fahrlässigkeit ist zulässig.[95]

2. Entlastungsbeschluss der Gesellschafter/Hauptversammlung

44 Gemäß § 120 Abs. 2 S. 2 AktG enthält die Entlastung bei der AG keinen Verzicht auf Ersatzansprüche. Dies ist anders bei der GmbH, wo den Entlastungsbeschlüssen der Gesellschafter sog. Präklusionswirkung zukommt.[96] Danach kann die Gesellschaft im Umfang der Entlastung keine Ersatzansprüche und Kündigungsrechte mehr gegen den Geschäftsführer geltend machen.[97] Präkludiert sind auch Ansprüche nach § 43 Abs. 2 GmbHG, solange sie nicht Tatbestände der §§ 9b, 43 Abs. 3 GmbHG mit den dort in Bezug genommenen Vorschriften betreffen.[98]

45 Die Gesellschaft ist dabei jedoch nur insoweit mit Ansprüchen ausgeschlossen, als diese für das entlastende Organ auf Grund der Rechenschaftslegung der Geschäftsführer samt aller zugänglich gemachten Unterlagen bei Anwendung der im Verkehr erforderlichen Sorgfalt erkennbar waren.[99] Außerhalb des aufgrund der Rechenschaftslegung Erkennbaren führt i.d.R. nur positive Kenntnis, die bei allen Gesellschaftern vorliegen muss, zur Verzichtswirkung.[100]

3. Compliance-Pflicht im Konzern

46 Die Vorstandspflichten innerhalb eines herrschenden Unternehmens – zumal einer Holding-Gesellschaft – erschöpfen sich nach allgemeiner Meinung nicht in der verantwortlichen Leitung der eigenen Gesellschaft, sondern schließen auch die Leitung der Konzernunternehmen ein.[101] Im Schrifttum umstritten ist jedoch, ob dem Leitungsorgan der Obergesellschaft hierbei eine umfassende Konzernleitungspflicht obliegt mit der Folge, dass dessen Überwachungspflichten auch die Einrichtung eines konzern-

---

93 MK-AktG/*Spindler* § 93 Rn. 27; Spindler/Stilz/*Fleischer* § 93 Rn. 3 ff.
94 *BGH* NJW 2002, 3777.
95 MK-GmbHG/*Fleischer* § 43 Rn. 312, 314 ff. m.w.N., der für den Haftungsausschluss die Form eines Mehrheitsbeschlusses der Gesellschafter fordert.
96 Vgl. Michalski/*Römermann* § 46 Rn. 277 ff.; MK-GmbHG/*Liebscher* § 46 Rn. 144 ff.; Noack/Servatius/Haas/*Noack* § 46 Rn. 41.
97 MK-GmbHG/*Liebscher* § 46 Rn. 144.
98 Michalski/*Römermann* § 46 Rn. 291. Der Präklusionswirkung sind nämlich solche Ansprüche entzogen, über die die Gesellschafter selbst nicht verfügen können, weil sie der Sicherung von Interessen Dritter, namentlich der Gesellschaftsgläubiger, dienen.
99 Noack/Servatius/Haas/*Noack* § 46 Rn. 41; vgl. auch *OLG München* WM 2016, 164, 166.
100 Noack/Servatius/Haas/*Noack* § 46 Rn. 41; Michalski/*Römermann* § 46 Rn. 283. Erkennbarkeit genügt allerdings, soweit die Gesellschafter als Geschäftsführer oder Aufsichtsratsmitglied in der Gesellschaft tätig sind.
101 *Fleischer* CCZ 2008, 1, 3 m.w.N.; *Arnold/Geiger* BB 2018, 2306 ff.

weiten Risikofrüherkennungssystems beinhalten.[102] Zutreffend dürfte vielmehr sein, dass eine Konzernleitungspflicht des Leitungsorgans der Obergesellschaft gegenüber den abhängigen Unternehmen nicht begründbar ist.[103] Gleichwohl trifft das Leitungsorgan der Obergesellschaft eine Überwachungsverantwortung.[104]

Die Wahrnehmung der konzernweiten Überwachungsaufgabe erfordert ein geeignetes Kontrollsystem, bei dessen Ausgestaltung dem Konzernvorstand ein weiter Ermessensspielraum zusteht.[105] Dies gilt auch für die Frage der Compliance-Organisation im Konzern,[106] wobei vermehrt davon ausgegangen wird, dass das Leitungsorgan der Muttergesellschaft eine konzernweite Compliance-Verantwortung trifft.[107] Diese wird jedoch durch den Grundsatz des rechtlich Möglichen begrenzt: Stößt danach die Einwirkungsmacht der Muttergesellschaft auf rechtliche Grenzen, schlägt sich dies in einer reduzierten Compliance-Verantwortung des Konzernvorstands nieder.[108] 47

In diesem Rahmen hat der Konzernvorstand für eine ordnungsgemäße Compliance-Organisation zu sorgen. Allgemein verbindliche Leitlinien zur Ausgestaltung einer Compliance-Struktur lassen sich im aktienrechtlichen Unternehmensverbund jedoch noch weniger aufstellen als in der unabhängigen Aktiengesellschaft. Festzuhalten ist, dass sich die organisatorische Verankerung der Compliance-Stellen an der Organisationsstruktur des Konzerns orientieren muss. Bei international tätigen Konzernen können dabei neben divisionalen auch regionale Compliance-Organisationen erforderlich sein.[109] Die unmittelbare Verantwortlichkeit für die Umsetzung der konzernweiten Compliance-Vorgaben obliegt weiterhin den einzelnen Konzernunternehmen, beim Konzernvorstand verbleibt wegen seiner nicht delegierbaren Kernverantwortung eine gewisse Organisations- und Überwachungsverantwortung.[110] 48

Die konzernweite Compliance-Verantwortung endet nicht an der deutschen Grenze, sondern erstreckt sich ebenso auf ausländische Tochtergesellschaften. Dies ist nur folgerichtig, weil die Legalitätspflicht auch für ausländisches Recht gilt und ausländische Rechtsvorschriften mitunter extraterritoriale Anwendung für sich in Anspruch nehmen.[111] Wie nicht zuletzt der Neubürger-Entscheidung des LG München I zu entneh- 49

---

102 Vgl. zum Meinungsstand MK-AktG/*Spindler* § 91 Rn. 79 f. m.w.N.; *Arnold/Geiger* BB 2018, 2306 ff.; vgl. auch *Fleischer* CCZ 2008, 1, 3.
103 MK-AktG/*Spindler* § 91 Rn. 79 f. m.w.N.; ebenso *Fleischer* CCZ 2008, 1, 3 m.w.N.
104 MK-AktG/*Spindler* § 91 Rn. 81 m.w.N.; *Arnold/Geiger* BB 2018, 2306 ff.; vgl. auch *Fleischer* CCZ 2008, 1, 3, der auch von einer konzernweiten Legalitätskontrolle spricht.
105 *Fleischer* CCZ 2008, 1, 4.
106 MK-AktG/*Spindler* § 91 Rn. 82.
107 So *Fleischer* CCZ 2008, 1, 5 m.w.N. unter Bezugnahme auf Nr. 4.1.3 DCGK; vgl. auch MK-AktG/*Spindler* § 91 Rn. 84, der, differenzierend, die Compliance-Pflichten im Konzern nach der jeweiligen Konzernierungsform bemisst; ebenso *Arnold/Geiger* BB 2018, 2306, 2307 f.
108 Vgl. *Fleischer* CCZ 2008, 1, 6; MK-AktG/*Spindler* § 91 Rn. 84. Vgl. zu den datenschutzrechtlichen Problemen einer Compliance-getriebenen Informationsweitergabe im Konzern MK-AktG/*Spindler* § 91 Rn. 85.
109 *Fleischer* CCZ 2008, 1, 6.
110 *Arnold/Geiger* BB 2018, 2306, 2307 f.; *Fleischer* CCZ 2008, 1, 6 fordert dabei ein konzernweites Berichtssystem zu Informationszwecken, mit periodischer Compliance-Berichterstattung über festgestellte Verstöße, ergriffene Gegenmaßnahmen und die allgemeine Einschätzung der konzerninternen Compliance-Risiken nebst anlassbezogener Ad-hoc-Berichterstattung über Compliance-Verstöße von konzernweiter Bedeutung. Darüber hinaus muss sich der Konzernvorstand durch geeignete Maßnahmen, z.B. unangekündigte Stichprobenkontrollen, davon überzeugen, dass die konzerninternen Compliance-Vorgaben tatsächlich eingehalten werden.
111 Vgl. *LG München I* 10.12.2013 – 5 HKO 1387/10, Rn. 89 und 94, zit. nach juris.

men ist, hat ein Hauptaugenmerk dabei der systematischen Erfassung von Rechtsrisiken im Ausland zu gelten; auch ist sicherzustellen, dass spezielle Compliance-Anforderungen anderer Jurisdiktionen eingehalten werden.[112]

4. Ersatzfähiger Schaden und Kausalität

50 Der ersatzfähige Schaden der Gesellschaft ist nach den allgemeinen Grundsätzen der §§ 249 ff. BGB und damit der sog. Differenzhypothese zu berechnen.[113] Verglichen wird danach das Vermögen der Gesellschaft mit jenem, das sie bei Hinwegdenken des schädigenden Ereignisses, der Pflichtverletzung des Organs, gehabt hätte.[114]

51 Im Fall einer sich – etwa infolge pflichtwidrig falsch gelebter Vertragspraxis – nachträglich herausstellenden Scheinselbstständigkeit kommen als vermögensmindernde Positionen in Betracht: (i) Die von der Gesellschaft an die Einzugsstelle nach § 28e SGB IV gezahlten (Gesamt-)Sozialversicherungsbeiträge oder – bei erfolgreicher persönlicher Inanspruchnahme des Organmitglieds durch die Einzugsstelle nach § 823 Abs. 2 BGB i.V.m. § 266a StGB – der Arbeitgeberanteil der Sozialversicherungsbeiträge und ggf. Säumniszuschläge nach § 24 SGB IV; (ii) Verbandsgeldbußen nach §§ 130, 30 OWiG; (iii) Aufklärungskosten, Kosten einer internal investigation; (iv) nachzuzahlende Lohnsteuer. Gegenüber einem insoweit pflichtwidrig handelnden Leitungsorgan sind die einzelnen Positionen wie folgt ersatzfähig:

a) Sozialversicherungsbeiträge und Säumniszuschläge

52 Das Unternehmen kann die nachgeforderten Sozialversicherungsbeiträge von den zuständigen Organen im Regressweg einfordern.[115] Auch Säumniszuschläge nach § 24 SGB IV sind in diesem Fall ersatzfähig.

53 Die seitens des Unternehmens vom „neuen" Arbeitnehmer erlangbare Differenz zwischen „neuem" geringeren Gehalt und der bisher gezahlten (regelmäßig höheren) Freie-Mitarbeiter-Vergütung muss sich die Gesellschaft anrechnen lassen, soweit sie diese vom „neuen" Arbeitnehmer erhalten kann (vgl. hierzu auch 4. Teil 1. Kap. Rn. 9, 24 ff.).

---

112 *Fleischer* CCZ 2008, 1, 6.
113 *BGH* NZG 2008, 314, 315 Rn. 8.
114 *OLG München* NZG 2000, 741, 743; vgl. auch Palandt/*Grüneberg* Vor § 249 Rn. 10 m.w.N.
115 Vgl. *Zieglmeier* NJW 2015, 1914, 1919, der ohne nähere Begründung die Ersatzpflicht auf den Arbeitnehmeranteil beschränkt. Der Sachverhalt ist bei nachträglicher Scheinselbstständigkeit infolge Organpflichtverletzung anders gelagert als der vom *BGH* in NJW-RR 2007, 1407 ff. entschiedene Fall. Dort war ein Gesamtschuldnerausgleichsanspruch der Gesellschaft gegen den Geschäftsführer verneint worden, da von vornherein Arbeitsverhältnisse vorlagen und der Geschäftsführer „lediglich" die Sozialversicherungsbeiträge nicht abgeführt hatte. Der BGH urteilte, dass insoweit gem. § 426 Abs. 1 S. 1 HS 2 BGB im Innenverhältnis „etwas anderes bestimmt". Schuldnerin gegenüber der Innungskrankenkasse für die Sozialversicherungsabgaben war gem. § 28e Abs. 1 SGB IV allein die Gesellschaft als Arbeitgeberin. Wäre der Geschäftsführer von der Innungskrankenkasse aufgrund des von ihm abgegebenen Schuldanerkenntnisses persönlich in Anspruch genommen worden und hätte die rückständigen Sozialversicherungsbeiträge ausgeglichen, hätte er damit zwar im Verhältnis zur Innungskrankenkasse eine eigene Schuld erfüllt, gleichzeitig aber auch gem. § 422 BGB die Gesellschaft von der sie gesetzlich treffenden Pflicht zur Zahlung der Sozialabgaben befreit, ohne aus irgendeinem rechtlichen Gesichtspunkt ihr gegenüber zu einer solchen Leistung verpflichtet zu sein.

b) Verbandsgeldbuße

Eine Verbandsgeldbuße, die der Gesellschaft wegen einer Aufsichtspflichtverletzung im Unternehmen nach §§ 130, 30 OWiG auferlegt wurde, ist nach h.M. grundsätzlich ersatzfähiger Schaden.[116] Die hiergegen erhobenen Bedenken unter Berufung auf entgegenstehende Wertungen des Straf- und Ordnungswidrigkeitenrechts[117] vermögen nicht zu überzeugen.[118] Vielmehr ist mit dem BGH zwischen strafrechtlicher Sanktion und zivilrechtlicher Inanspruchnahme zu trennen: Ob die Gesellschaft im Innenverhältnis bei ihren Organmitgliedern Rückgriff nehmen kann, wird durch das Ordnungswidrigkeitenrecht nicht präjudiziert. Dessen spezial- und generalpräventiver Sanktionszweck ist mit der Verhängung der Verbandsgeldbuße erreicht.[119] Schließlich wäre es unter Präventionsgesichtspunkten kontraproduktiv, wenn sich die Gesellschaft nicht bei ihren pflichtvergessenen Leitungsorganen schadlos halten könnte; die verhaltenssteuernde Wirkung eines Bußgeldrückgriffs entfiele dann.[120]

54

Ein eingerichtetes effektives Compliance-System kann bei der Bußgeldbemessung reduzierend berücksichtigt werden; dabei können sowohl ein bei Tatbegehung bereits implementiertes Compliance-System als auch nach Entdeckung der Taten und Einleitung eines staatlichen Verfahrens ergriffene Maßnahmen bußgeldmindernd sein.[121] Im Übrigen ist der Umfang des ersatzfähigen Bußgeldschadens begrenzt: Nach der Differenzhypothese kann die Gesellschaft nach h.M. nur den Ahndungsteil (§ 30 Abs. 2 und 4 OWiG), nicht aber den Abschöpfungsteil (§§ 17 Abs. 4, 30 Abs. 3 OWiG) im Regresswege von ihrem Leitungsorgan zurückverlangen.[122] Andernfalls stünde sie durch den Schadensfall besser als ohne das schädigende Ereignis, was dem schadensrechtlichen Bereicherungsverbot zuwiderliefe.

55

c) Aufklärungskosten, Kosten einer internal investigation

Im Falle möglicher Organisations- oder Überwachungspflichtverletzungen wird mit der Prüfung eines etwaigen Schadensersatzanspruchs der Gesellschaft – bzw. der Aufklärung etwaiger Rechtsverletzungen/Verstößen gegen die Legalitätspflicht – nicht

56

---

116 MK-GmbHG/*Fleischer* § 43 Rn. 263b unter Hinweis auf *RGZ* 169, 267 und *BGH* NJW 1997, 518; WM 2010, 993; a.A.: *LG Saarbrücken* 15.9.2020 – 7 HK O 6/16, Rn. 149 ff., juris: der Regress aus der Kartellbuße verletzt den nützlichen Effekt (effet utile) der Art. 101, 105 AEUV; *Leclerc* NZKart 2021, 220 ff. m.w.N. (nach Leclerc ergibt sich der Ausschluss des Kartellbußgeldregresses aus einer Auslegung des Schadensbegriffs unter Berücksichtigung des Dogmas der Einheit der Rechtsordnung. Kartellgeldbußen stellen danach keinen ersatzfähigen Schaden dar); vermittelnd *Grau/Dust* ZRP 2020, 134 ff. m.w.N.: Ein Bußgeldregress ist grundsätzlich möglich, jedoch auf ein angemessenes Maß zu reduzieren.
117 *LAG Düsseldorf* CCZ 2015, 185, 186 ff.; nach Aufhebung und Zurückverweisung durch das Bundesarbeitsgericht, vgl. *BAG* NZA 2018, 121 ff., hat das LAG die Arbeitsgerichte allerdings für unzuständig erklärt und den Rechtsstreit an das Landgericht Dortmund, Kammer für Kartellsachen, verwiesen, vgl. *LAG Düsseldorf* 29.1.2018 – 14 Sa 591/17, juris; beim LG Dortmund ruht der Rechtsstreit, vgl. *Dux-Wenzel/Janssen* CB 2021, 87 ff. Vgl. hierzu auch *Eufinger* WM 2015, 1265 ff.
118 Vgl. *Bayreuther* NZA 2015, 1239 ff.; MK-GmbHG/*Fleischer* § 43 Rn. 263b; *Eufinger* WM 2015, 1265, 1270.
119 Vgl. *Bayreuther* NZA 2015, 1239 ff.; MK-GmbHG/*Fleischer* § 43 Rn. 263b.
120 Vgl. *Bayreuther* NZA 2015, 1239, 1241 f.; MK-GmbHG/*Fleischer* § 43 Rn. 263b m.w.N.; vgl. auch *Eufinger* WM 2015, 1265, 1270.
121 Vgl. *BGH* 9.5.2017 – 1 StR 265/16, Rn. 118, juris; *Baur/Holle* NZG, 2018, 14; *Eufinger* ZIP 2018, 615, 617 ff. (sog. Feigenblatt-Compliance ist nicht ausreichend); *Eufinger* WM 2015, 1265, 1268; *Teicke/Matthiesen* BB 2013, 771 776.
122 Vgl. etwa *Leclerc* NZKart 2021, 220, 221 m.w.N.; MK-GmbHG/*Fleischer* § 43 Rn. 263c m.w.N.

selten ein erheblicher Aufklärungsaufwand, insbesondere bei internationalen Sachverhalten, verbunden sein. Diese Aufklärung wird bei größeren Unternehmen häufig im Rahmen sog. internal investigations[123] durch externe Rechtsanwaltskanzleien betrieben, die im Auftrag der Gesellschaft eine Art nach innen gerichtete due diligence-Prüfung vornehmen.

57 Von der von der Siemens AG im Rahmen des Rechtsstreits mit ihrem ehemaligen Vorstandsmitglied Neubürger geltend gemachten – und vom Gericht zugesprochenen – Schadensersatzforderung in Höhe von 15 Mio. EUR entfielen allein 12,85 Mio. EUR auf Kosten einer von einer US-amerikanischen Rechtsanwaltskanzlei durchgeführten internal investigation.[124] Unter Berufung auf die Rechtsprechung des BGH entschied das Landgericht München I insoweit, dass die Kosten für anwaltliches Tätigwerden als Folge von Pflichtverletzungen einen ersatzfähigen Schaden darstellen, sofern sie aus Sicht der Geschädigten zur Wahrnehmung ihrer Rechte erforderlich und zweckmäßig sind.[125] Nach Ansicht des Gerichts war die exorbitante Höhe der Untersuchungskosten deswegen gerechtfertigt gewesen, da Siemens an der New York Stock Exchange gelistet war und deshalb Sanktionen seitens der strengen US-amerikanischen Börsenaufsicht SEC fürchten musste.[126] Aufwendungen für die die internal investigations durchführenden Berater sind auf der Grundlage von Honorarvereinbarungen ersatzfähig und nicht der Höhe nach auf Gebühren nach dem Rechtsanwaltsvergütungsgesetz beschränkt, da bei internen Untersuchungen die Beauftragung spezialisierter Berater regelmäßig erforderlich und üblich ist.[127]

58 Die Erstattungsfähigkeit von Kosten für Gutachten zur Sachaufklärung erscheint allerdings mindestens problematisch, da die betroffenen Fragestellungen und deren Beantwortung – namentlich die Sachverhaltsaufklärung und deren Bewertung – zum Kern der Aufgaben des Aufsichtsrats einer AG gehören.[128] Die Einholung solcher Gutachten ist daher bereits zur Erfüllung der dem Aufsichtsrat zugewiesenen Aufgaben erforderlich. Es erscheint daher jedenfalls problematisch, solche Gutachten als zur zweckgerechten Rechtsverfolgung „notwendig" i.S.d. auch vom LG München I zitierten Rechtsprechung[129] und damit ohne Weiteres als erstattungsfähig einzustufen.[130]

---

123 Vgl. z.B. *Lüneborg/Resch* NZG 2018, 209 ff.; *Klengel/Mückenberger* CCZ 2009, 81; *Wagner* CCZ 2009, 8 ff.
124 *LG München I* 10.12.2013 – 5 HKO 1387/10, Rn. 110 (zit. nach juris).
125 *LG München I* 10.12.2013 – 5 HKO 1387/10, Rn. 110 (zit. nach juris) unter Hinweis auf *BGH* NJW 2005, 1112; NJW 1995, 446, 447. Vgl. auch *Lüneborg/Resch* NZG 2018, 209, 216 f.
126 Das *LG München I* 10.12.2013 – 5 HKO 1387/10, führte dabei weiter aus (vgl. Rn. 110 (zit. nach juris)): „In dieser Situation kann es einem Unternehmen, dessen Sitz außerhalb der Vereinigten Staaten von Amerika liegt, nicht verwehrt sein, spezialisierte amerikanische Rechtsanwaltskanzleien einzuschalten, um sich gegen die Vorwürfe zur Wehr zu setzen oder zumindest eine deutliche Reduktion der Sanktionen zu erreichen. Aufgrund der vorgelegten Rechnungen für die Leistungen im Zeitraum von März bis September 2007 hat die Kammer keinerlei Zweifel daran, dass diese Zahlungen auch tatsächlich geleistet wurden. Der Umfang der Rechnungen entsprach jeweils den getroffenen Vereinbarungen wie die interne Prüfung jeweils auf den einzelnen Rechnungen abgezeichnet hat. Aufgrund dessen hat die Kammer keinen Zweifel an der Rechtmäßigkeit der Zahlungen und deren Berechtigung."
127 *Lüneborg/Resch* NZG 2018, 209, 216 f.; MK-AktG/*Arnold* § 146 Rn. 16 m.w.N.
128 Vgl. oben Rn. 39.
129 Vgl. *BGH* NJW 2015, 3447, 3450 mit Verweis auf *BGH* NJW 2014, 939 Rn. 48; NJW 2012, 2427 Rn. 70; NJW 2006, 1065 Rn. 5; NJW 2004, 444, 446.
130 *Meier Greve* BB 2009, 2555, 2558; vgl. auch *Lüneborg/Resch* NZG 2018, 209, 213.

Klassifiziert man die Kosten einer internal investigation jedoch nicht als Rechtsverfolgungskosten im engeren Sinne, sondern als Aufwendungen zur Geringhaltung des Schadens oder gar zur Schadensbeseitigung, wenn man auf die Wiederherstellung einer angeschlagenen Reputation abstellt, dann erscheint eine Ersatzfähigkeit leichter begründbar.[131] **59**

d) Lohnsteuer

Da allein der Arbeitnehmer Schuldner der Lohnsteuer ist, kann der Arbeitgeber bei dem Scheinselbstständigen (dem Arbeitnehmer) Rückgriff nehmen und Erstattung der von ihm gezahlten Lohnsteuerbeträge verlangen. Insoweit scheidet ein Schaden des Arbeitgebers aus, den dieser im Regresswege gegenüber dem pflichtvergessenen Organ verfolgen könnte. Wegen Einzelheiten wird auf die Ausführungen im 4. Teil 3. Kap. Rn. 6 ff. verwiesen. **60**

5. Darlegungs- und Beweislastverteilung

In einem Rechtsstreit um Schadensersatzansprüche gegen das Organmitglied trägt die Gesellschaft die Darlegungs- und Beweislast (nur) dafür, dass und inwieweit ihr durch ein Verhalten des Organmitglieds in dessen Pflichtenkreis ein Schaden erwachsen ist, wobei ihr die Erleichterungen des § 287 ZPO zugute kommen können.[132] Einschränkend dürfte gelten, dass sich in Fällen, in denen ein konkretes ersatzpflichtiges Verhalten aus Sicht der Gesellschaft nicht ausgemacht werden kann, aus anderen Umständen, z.B. der Art des Schadens, auch eine Beweislastumkehr zugunsten der Gesellschaft hinsichtlich des konkreten Organ(fehl)verhaltens ergeben kann.[133] **61**

Sofern das pflichtwidrige Verhalten des Organs in einem Unterlassen besteht, können sich für die Gesellschaft nach dieser Darlegungs– und Beweislastverteilung erhebliche Schwierigkeiten ergeben. Die Gesellschaft muss danach im Einzelfall darlegen und beweisen, dass das Organmitglied bestimmte, gebotene Aufsichts- oder Überwachungsmaßnahmen, gegebenenfalls im Rahmen der Ausgestaltung eines CMS, nicht unternommen hat. Im Hinblick auf das bei der konkreten Ausgestaltung eines CMS bestehende weite Ermessen bereitet gerade der Nachweis, dass ein Unterlassen zu einer Sorgfaltspflichtverletzung geführt hat, in der Praxis nicht unerhebliche Schwierigkeiten.[134] **62**

Hingegen hat das Organmitglied darzulegen und erforderlichenfalls zu beweisen, dass es seinen Sorgfaltspflichten nachgekommen ist oder es kein Verschulden trifft, oder dass der Schaden auch bei pflichtgemäßem Alternativverhalten eingetreten wäre.[135] **63**

Mit anderen Worten: Das Unternehmen trägt die Darlegungs- und Beweislast für den eingetretenen Schaden und die Kausalität; bezüglich der allgemeinen Sorgfaltspflichten werden die Pflichtwidrigkeit des Verhaltens und das Verschulden zu Lasten des Organmitglieds vermutet. Für die AG ist dies ausdrücklich in § 93 Abs. 2 S. 2 AktG geregelt; diese Grundsätze finden jedoch auch bei der GmbH Anwendung.[136] **64**

---

131 *Fleischer* NZG 2014, 321 327; *Lüneborg/Resch* NZG 2018, 209, 213 m.w.N.
132 Vgl. *BGH* NJW 2003, 358; NJW 2013, 1958, 1959.
133 *Meier-Greve* BB 2009, 2555, 2559.
134 *Meier-Greve* BB 2009, 2555, 2560, der im Bereich der Verletzung von Compliance-Pflichten für Erleichterungen in der Darlegungslast plädiert.
135 Siehe z.B. *BGH* NJW 2003, 358; 2013, 1958, 1959.
136 MK-GmbHG/*Fleischer* § 43 Rn. 270.

65 Diese Beweislastverteilung gilt auch für das ausgeschiedene Organmitglied. Soweit dieses keinen Zugang zu den für seine Verteidigung relevanten Gesellschaftsunterlagen mehr hat, muss ihm die Gesellschaft – analog § 810 BGB und aus nachwirkender Treuepflicht i.V.m. § 242 BGB – Einsicht in die maßgeblichen Unterlagen gewähren.[137]

66 De lege ferenda fordern verschiedene Literaturstimmen zum Teil eine Änderung der Beweislastverteilung für ausgeschiedene Organmitglieder, zum Teil sogar eine Streichung des § 93 Abs. 2 S. 2 AktG. Beidem hat sich der 70. Deutsche Juristentag 2014 mehrheitlich angeschlossen.[138]

6. Verjährung

67 Ansprüche gem. § 93 Abs. 2 AktG, § 43 Abs. 2 GmbHG verjähren – kenntnisunabhängig (objektiv) – bei börsennotierten Gesellschaften in zehn Jahren,[139] bei anderen Gesellschaften in fünf Jahren (§ 93 Abs. 6 AktG, § 43 Abs. 4 GmbHG). Die Verjährungsfrist beginnt dabei gem. § 200 S. 1 BGB mit der Entstehung des Anspruchs.[140] Die ist nicht schon mit der Vornahme der pflichtwidrigen Handlung der Fall, sondern erst mit Eintritt des Schadens dem Grunde nach.[141] Der Schaden braucht dabei nicht bezifferbar zu sein; ausreichend ist, dass er im Wege der Feststellungsklage geltend gemacht werden könnte.[141]

68 Ohne Rücksicht auf einen Schadenseintritt verjähren Organhaftungsansprüche – wie sonstige Schadensersatzansprüche – entsprechend § 199 Abs. 3 S. 1 Nr. 2 BGB in dreißig Jahren von der Begehung der Handlung an.

69 Besondere Schwierigkeiten hinsichtlich der Bestimmung des Verjährungsbeginns ergeben sich bei schädigendem Dauerverhalten, vor allem pflichtwidrigen Unterlassungen wie z.B. Compliance-Verstößen. Bei Compliance-Verstößen von Geschäftsleitern ist die Pflichtverletzung danach erst abgeschlossen, wenn die Einrichtung einer leistungsfähigen Compliance-Organisation nicht mehr nachgeholt werden kann.[142] Bei pflichtwidrig unterlassener Inanspruchnahme ehemaliger Geschäftsleiter durch den Aufsichtsrat beginnt die Verjährungsfrist erst mit Eintritt der Verjährung der nicht geltend gemachten Ansprüche.[143] Maßgeblicher Zeitpunkt für den Verjährungsbeginn ist damit derjenige der letzten Nachholbarkeit.[144]

70 Die Verjährungsfrist des § 43 Abs. 4 GmbHG kann in den Grenzen des § 202 Abs. 2 BGB im Rahmen der Satzung oder des Anstellungsvertrages auf bis zu 30 Jahre verlängert werden. Nach der neueren Rechtsprechung des Bundesgerichtshofs kann sie auch verkürzt werden, sofern es sich nicht um Pflichtverletzungen nach § 43 Abs. 3

---

137 MK-GmbHG/*Fleischer* § 43 Rn. 274 m.w.N.; *Meier-Greve* BB 2009, 2555, 2559 f.; vgl. auch *Freund* NZG 2015, 1419 ff., der in gewissen Grenzen für ein Zurückbehaltungsrecht des Organmitglieds an Kopien relevanter Gesellschaftsunterlagen über den Zeitpunkt seines Ausscheidens aus der Gesellschaft hinaus plädiert.
138 MK-GmbHG/*Fleischer* § 43 Rn. 274a.
139 Maßgeblich ist die Börsennotierung zur Zeit der Pflichtverletzung, vgl. MK-AktG/*Spindler* § 93 Rn. 322 m.w.N.
140 MK-GmbHG/*Fleischer* § 43 Rn. 331 ff.
141 MK-GmbHG/*Fleischer* § 43 Rn. 331a m.w.N.
142 Vgl. LG München I 10.12.2013 – 5 HKO 1387/10, Rn. 120 (zit. nach juris) m.w.N.; vgl. auch MK-GmbHG/*Fleischer* § 43 Rn. 331b.
143 MK-GmbHG/*Fleischer* § 43 Rn. 331b unter Hinweis auf LG Essen ZIP 2012, 2061.
144 MK-GmbHG/*Fleischer* § 43 Rn. 331c.

GmbHG handelt.[145] Im gleichen Umfang ist auch die Vereinbarung oder satzungsmäßige Festschreibung einer Ausschlussfrist statthaft, mit deren Ablauf Schadensersatzansprüche erlöschen.[146]

Im Aktienrecht ist nach herrschender Meinung eine vertragliche oder satzungsmäßige Verlängerung oder Abkürzung der Verjährungsfrist des § 93 Abs. 6 AktG nicht möglich.[147] Hinsichtlich einer Verlängerung der Verjährungsfrist wird dies teilweise jedoch bezweifelt.[148]

V. Versicherbarkeit von Haftungsrisiken: D&O-Versicherung

Zur Abdeckung der Haftungsrisiken der Organmitglieder im Innen- und Außenverhältnis bieten zahlreiche Versicherungsgesellschaften eine Vermögensschaden-Haftpflichtversicherung an, die gemeinhin als Directors and Officers (D&O)-Versicherung bezeichnet wird. Diese Versicherung wird üblicherweise nicht von den Organmitgliedern, sondern von der Gesellschaft für diese abgeschlossen[149] und ist damit eine „gesellschaftsfinanzierte Haftpflichtversicherung".[150]

Für D&O-Versicherungen existieren nach wie vor sehr unterschiedliche Bedingungen;[151] die vom Gesamtverband der Deutschen Versicherungswirtschaft herausgegebenen Musterbedingungen[152] haben sich bislang nicht zum Marktstandard entwickelt.[153] Gleichwohl finden sich die folgenden Regelungen in der einen oder anderen Form in den meisten D&O-Versicherungsbedingungen:

Versichert sind nur Vermögensschäden.

Im Aktienrecht ist nach § 93 Abs. 2 S. 3 AktG im Falle des Abschlusses einer D&O-Versicherung ein Selbstbehalt von mindestens 10 % des Schadens vorzusehen. Eine Deckelung des Selbstbehalts ist zulässig, sie muss jedoch mindestens das Eineinhalbfache der festen jährlichen Vergütung des Vorstandsmitglieds betragen. Im GmbH-Recht existiert eine entsprechende Regelung nicht. Will sich die Gesellschaft die verhaltenssteuernde Wirkung und die Anreize für pflichtgemäßes Verhalten, die einem zwingenden Selbstbehalt zugeschrieben werden, zunutze machen, muss sie auf einer entsprechenden Regelung im Anstellungsvertrag des Geschäftsführers bestehen.[154]

Im Fall seiner Inanspruchnahme durch die Gesellschaft oder einen externen Anspruchsteller kann das betroffene Organmitglied vom D&O-Versicherer zunächst

---
145 *BGH* NJW 2002, 3777.
146 Vgl. *BGH* NJW 2002, 3777; *OLG Stuttgart* GmbHR 2003, 835, 837.
147 BeckOGK-AktG/*Fleischer* § 93 Rn. 374 mit Hinweis darauf, dass nach im Vordringen befindlicher Auffassung in der Literatur Individualabreden über eine Verlängerung der Verjährungsfrist möglich ist; MK-AktG/*Spindler* § 93 Rn. 324; *Hüffer/Koch* § 93 Rn. 182.
148 *Hüffer/Koch* § 93 Rn. 182; MK-AktG/*Spindler* § 93 Rn. 324.
149 Es handelt sich um eine Versicherung für fremde Rechnung i.S.d. §§ 43 ff. VVG.
150 MK-GmbHG/*Fleischer* § 43 Rn. 374 ff.; MK-AktG/*Spindler* § 93 Rn. 220 ff.; BeckOGK-AktG/*Fleischer* § 93 Rn. 282 ff.
151 Vgl. Graf von Westphalen/Thüsing/*Thüsing* Teil „Klauselwerke", „Geschäftsführerverträge", Nr. 13 „D&O-Versicherung", Rn. 147 ff.
152 Abrufbar mit Stand Juli 2021 unter www.gdv.de/resource/blob/58984/90d61323b6f03887dd63e7a 3029a0599/at-ah-d-o-sach-tv-ohne-projektgeschaeft--data.pdf.
153 Michalski/Heidinger/Leible/Schmidt/*Ziemons* § 43 Rn. 556.
154 MK-GmbHG/*Fleischer* § 43 Rn 382 m.w.N.

lediglich Ersatz der Rechtsverteidigungskosten (sog. Abwehrdeckung) und erst nach verlorenem Prozess Freistellung von der Regressforderung verlangen.[155] Üblicherweise sind auch die Kosten der Rechtsverteidigung in Straf- und Ordnungswidrigkeitenverfahren mitversichert.

77 Im Fall vorsätzlicher Pflichtverletzungen und Straftaten entfällt nach den D&O-Versicherungsbedingungen regelmäßig der Versicherungsschutz.[156] Häufig sind daher auch Schadensersatzansprüche ausgeschlossen, die auf die Zahlung von Vertragsstrafen, Bußgeldern und Geldstrafen gerichtet sind. Eine etwa zuvor gewährte sog. Abwehrdeckung steht unter dem Vorbehalt der Rückforderung für den Fall, dass sich ein potentiell pflichtwidriges Verhalten des versicherten Organmitglieds im Nachhinein tatsächlich als vorsätzliche Pflichtverletzung herausstellt.[157]

78 Der Katalog der Haftungsausschlüsse umfasst regelmäßig auch Ansprüche nach ausländischem Recht oder für solche, die vor ausländischen Gerichten geltend gemacht werden.

79 Im Unterschied zu dem in Deutschland für das sonstige Haftpflichtversicherungsrecht geltenden Verstoßprinzip wird bei den meisten D&O-Versicherungen eine Mischung von Anspruchserhebungsprinzip („claims-made") und Verstoßprinzip vereinbart. Beim Anspruchserhebungsprinzip ist für die Frage des Versicherungsschutzes nicht der Zeitpunkt der Pflichtverletzung, sondern der Zeitpunkt der Erhebung des Anspruchs durch den Geschädigten entscheidend. Versichert sind dementsprechend alle Ansprüche, die während des Versicherungszeitraums gegenüber einem Organmitglied geltend gemacht werden. Zusätzlich finden sich in den Versicherungsbedingungen aber Elemente des Verstoßprinzips. Deckungsschutz besteht im Ergebnis meist nur dann, wenn sowohl Anspruchserhebung und Pflichtverstoß in den versicherten Zeitraum fallen. Allerdings besteht die Möglichkeit, gegen Prämienaufschlag eine in die Vergangenheit gerichtete Rückwärtsversicherung und für die Zeit nach Ende der Laufzeit eine Nachversicherung zu vereinbaren.[158] Bei der Rückwärtsversicherung werden dabei auch Ansprüche wegen vor Versicherungsbeginn eingetretener Pflichtverletzungen in den Versicherungsschutz eingeschlossen, wenn der Versicherungsnehmer und die versicherten Personen bei Vertragsabschluss keine Kenntnis von möglicherweise vorliegenden Schadensumständen haben. Die Vereinbarung einer Nachhaftung gibt dem Unternehmen die Möglichkeit, auch nach Vertragsende erhobene Ansprüche dem Versicherer zu melden.

80 Problematisch ist es, wenn das Organmitglied bereits vor Abschluss der D&O-Versicherung Kenntnis vom eigenen Fehlverhalten hatte und dies bei Abschluss des Versi-

---

155 *Schnorbus/Ganzer* WM 2015, 1832, 1837 m.w.N.
156 Vgl. *Schnorbus/Ganzer* WM 2015, 1832, 1837.
157 Entsprechende Klauseln lauten in der Praxis wie folgt (oder ähnlich): „Der Versicherungsschutz erstreckt sich nicht auf Ansprüche wegen direkt vorsätzlicher Pflichtverletzung (dolus directus) der in Anspruch genommenen versicherten Person. Sofern Vorsatz streitig ist, besteht Deckungsschutz für Abwehrkosten. Wird Vorsatz rechtskräftig festgestellt, entfällt der Versicherungsschutz rückwirkend. Die versicherte Person ist dann verpflichtet, dem Versicherer die erbrachten Leistungen zurückzuerstatten."
158 Vgl. *OLG Hamburg* BB 2015, 2260 (nicht rechtskräftig, Revision beim BGH anhängig unter dem Az. IX ZR 161/15); *OLG Frankfurt/Main* RuS 2013, 329 ff.; *OLG München* NZG 2009, 714 ff. zur grundsätzlichen Zulässigkeit des Claims-made-Prinzips in Deutschland: Eine „Claims-Made"-Klausel stellt jedenfalls dann keine unangemessene Benachteiligung dar, sofern sie u.a. durch eine Nachhaftungsregelung kompensiert wird.

cherungsvertrages nicht angegeben hat. In diesen Fällen wird der Versicherer regelmäßig versuchen, sich über eine Anfechtung des Versicherungsvertrages wegen arglistiger Täuschung gem. § 123 BGB von seiner Versicherungspflicht zu befreien[159] oder sich auf einen Ausschluss der Rückwärtsdeckung wegen vorheriger Kenntnis berufen.

VI. Ehrenamtliche Leitungsorgane

81 Auch ehrenamtlich tätige Organmitglieder können von den hier dargestellten Risiken einer Haftung für den Fall der Statusverfehlung betroffen sein. Großvereine wie der ADAC e.V. mit über 19 Mio. Mitgliedern oder der Arbeiter-Samariter-Bund e.V. mit über 1,2 Mio. Mitgliedern beschäftigen u.a. Honorarnotärzte;[160] die Max-Planck-Gesellschaft zur Förderung der Wissenschaften e.V. hatte nach eigenen Angaben zum 1.1.2015 über 22 000 MitarbeiterInnen.

82 Der mit der Vereinsrechtsreform im Oktober 2009[161] eingeführte und mit dem Ehrenamtsstärkungsgesetz vom 21.3.2013[162] geänderte § 31a BGB begrenzt die Innenhaftung der ehrenamtlich oder gegen eine Vergütung von maximal 840 EUR jährlich tätigen Organmitglieder und besonderen Vertreter auf Vorsatz und grobe Fahrlässigkeit. Bei (leicht) fahrlässigen Pflichtverletzungen ist ein Schadensersatzanspruch des Vereins ausgeschlossen. Im Außenverhältnis bleiben Organmitglied und besonderer Vertreter bei einfacher (leichter) Fahrlässigkeit haftbar, können jedoch Freistellung vom Verein verlangen (§ 31 Abs. 2 BGB).[163] In Abweichung von § 280 Abs. 1 BGB trägt nach der Beweislastregel in § 31 Abs. 1 S. 3 BGB der Verein die Darlegungs- und Beweislast für das Vorliegen einer vorsätzlichen oder grob fahrlässigen Pflichtverletzung.[164] Das ist insoweit von erheblicher Tragweite, als bei Schädigungen von juristischen Personen durch deren Repräsentanten häufig allein Letzteren die genauen Umstände der Schadensentstehung bekannt sind. Die dadurch typischerweise hervorgerufene Beweisnot der juristischen Person hat den Gesetzgeber im Aktien- und Genossenschaftsrecht dazu veranlasst, die Beweislast ausdrücklich den Organen zuzuweisen (§ 93 Abs. 2 S. 2 AktG, § 34 Abs. 2 S. 2 GenG).[164]

83 § 31a BGB ist nicht nur auf gemeinnützige Vereine anwendbar, sondern gilt für jeden Verein (und über § 86 S. 1 BGB jede Stiftung), gleichgültig, welchen Zweck er (sie) verfolgt.

84 Die seinerzeit im Bundesratsentwurf vorgesehene Begrenzung der sozial- und steuerrechtlichen Vorstandshaftung wurde vom Rechtsausschuss des Bundestags verworfen, weil er die diesbezügliche Haftung des Vorstands nach § 823 Abs. 2 BGB i.V.m.

---

159 Vgl. *Schnorbus/Ganzer* WM 2015, 1832, 1837.
160 Vgl. etwa die Antwort der Landesregierung Niedersachsen auf die Mündliche Anfrage des CDU Abgeordneten V. Meyer, ob die Tätigkeit als Honorarnotarzt im Rettungsdienst der Sozialversicherungspflicht unterliege, abrufbar unter www.ms.niedersachsen.de/aktuelles/presseinformationen/unterliegt-die-taetigkeit-als-honorarnotarzt-im-rettungsdienst-der-sozialversicherungspflicht-antwort-der-landesregierung-auf-die-muendliche-anfrage--132289.html.
161 Gesetz zur Begrenzung der Haftung von ehrenamtlich tätigen Vereinsvorständen, BGBl I S. 3161.
162 BGBl I S. 556.
163 Siehe zum Haftungsprivileg sowie den einzelnen Tatbestandsvoraussetzungen der §§ 31a und 31b BGB *Leuschner* NZG 2014, 281 ff. und *Unger* NJW 2009, 3269 ff.
164 *Leuschner* NZG 2014, 281, 283.

§§ 266a, 14 StGB sowie nach §§ 69, 34 AO für ausreichend hielt.[165] Es bleibt also wie bisher bei der Haftung des Vorstands für die Nichtabführung von Sozialversicherungsbeiträgen nach § 823 Abs. 2 BGB i.V.m. §§ 266a, 14 StGB und für die Erfüllung der Steuerpflichten des Vereins nach §§ 69, 34 AO.

85 Teilweise wird vertreten, dass die Haftungsprivilegierung für ehrenamtlich tätige Vereinsvorstände nach § 31a BGB auch auf ehrenamtliches Leitungspersonal gemeinnütziger Kapitalgesellschaften erstreckt werden solle.[166] Dagegen spricht neben der abschließenden Regelung in § 43 GmbHG und § 93 AktG, dass der Zweck der Gemeinnützigkeit schon im Vereinsrecht keine Rolle spielt.[167] Vor allem ist jedoch zu beachten, dass die Haftung zumindest des GmbH-Geschäftsführers nach § 43 Abs. 2 GmbHG weitgehend disponibel ist und in Form von Weisungen bzw. Einverständnissen der Gesellschafter entschärft werden kann.[168] Der Reformgesetzgeber des GenG hat den Grundgedanken des § 31a BGB allerdings im Jahre 2017 für den Genossenschaftsvorstand aufgenommen und ihn in § 34 Abs. 2 S. 3 GenG dahin abgeschwächt, dass wenn ein Vorstandsmitglied im Wesentlichen unentgeltlich tätig wird, dies bei der Beurteilung seiner Sorgfalt zu seinen Gunsten berücksichtigt werden muss.[169] Über § 41 GenG gilt diese Haftungsprivilegierung für den Aufsichtsrat einer Genossenschaft entsprechend.

VII. Besondere Insolvenzverschleppungsrisiken, § 15a InsO

86 Sind Beitragsnachforderungen gegenüber dem Beitragsschuldner/Arbeitgeber per Bescheid festgesetzt, haben die Mitglieder des Vertretungsorgans einer juristischen Person zu prüfen, ob sie (Eigen-)Insolvenzantrag gem. § 15a InsO stellen müssen. Für die Prüfung, ob der rechtsformübergreifende Insolvenzgrund der Zahlungsunfähigkeit (§ 17 InsO) oder der körperschaftspezifische Überschuldungstatbestand (§ 19 InsO)

---

165 BT-Drucks. 16/13537, 7. Nach der Entwurfsfassung des Bundesrates sollte ein ehrenamtlich und unentgeltlich tätiges Vorstandsmitglied eines gem. § 5 Abs. 1 Nr. 9 KStG steuerbefreiten Vereins von der Haftung befreit werden, falls das Vorstandsmitglied durch vorherige schriftliche Aufgabenverteilung für die Einhaltung der betreffenden Pflichten nicht verantwortlich war. Im Ergebnis wäre ein Vorstandsmitglied dann (entgegen dem Grundsatz der Gesamtverantwortung) ausschließlich für das ihm zugewiesene Ressort verantwortlich und haftbar. Da eine solche Regelung letztlich zu Lasten der verantwortlichen – meist auch unentgeltlich tätigen – Vereinsvorstände ginge, wurde dieser Vorschlag nicht übernommen. Dem ist mit *Unger* NJW 2009, 3269, 3271 im Ergebnis zuzustimmen, da eine solche Regelung systemwidrig wäre. Trotz Aufgabenverteilung gilt der Grundsatz der Gesamtverantwortung der Organmitglieder weiter. Für die dem Organmitglied nicht zugewiesenen Ressorts besteht zwar bei Aufgabenteilung keine Pflicht zur unmittelbaren geschäftsführenden Tätigkeit mehr. Aber die nicht ressortausübenden Vorstandsmitglieder trifft eine allgemeine Überwachungspflicht hinsichtlich der Tätigkeit des ressortausübenden Vorstandsmitglieds.
166 *Bachmann* NJW-Beil. 2014, 43; vgl. auch MK-GmbHG/*Fleischer* § 43 Rn. 256b m.w.N.; gegen eine analoge Anwendung von § 31a BGB mit zutreffenden Argumenten *Noack* GmbHR 2010, R81.
167 Vgl. auch Michalski/Heidinger/Leible/Schmidt/*Ziemons* § 43 Rn. 424.
168 *Noack* GmbHR 2010, R81, der überdies anmerkt, dass es „das falsche Signal an die Verantwortlichen [wäre], dass leichte Fahrlässigkeit bei entsprechender Gehaltsgestaltung von vornherein verzeihlich sei", dies insbesondere angesichts der Tatsache, dass „[d]er in Unternehmensgruppen nicht seltene Vorgang, dass ein herrschender Gesellschafter ‚unten' unentgeltlich die Geschäftsführung mit betreib[e], [...] keinesfalls von vornherein haftungsprivilegiert sein" dürfe.
169 Vgl. auch MK-GmbHG/*Fleischer* § 43 Rn. 256b.

gegeben ist, ist die Erstellung einer Liquiditätsbilanz bzw. eines Überschuldungsstatus erforderlich. Gerät ein Unternehmen durch Beitragsnachforderungen in die Krise oder wird trotz Insolvenzreife der Betrieb fortgeführt, kommen daher auch Insolvenzdelikte in Frage (vgl. nur Bankrott, § 283 Abs. 1 Nr. 5 und 7 StGB, oder die Verletzung der Buchführungspflicht, § 283b StGB).[170]

In diesem Zusammenhang ist zu beachten, dass § 15a InsO Schutzgesetz i.S.d. § 823 Abs. 2 BGB ist und in Verbindung mit diesem einen (auf das negative Interesse gerichteten) Schadensersatzanspruch der von der verzögerten Insolvenzantragstellung betroffenen Gläubiger der Gesellschaft gegen das pflichtwidrig handelnde Organmitglied begründen kann.[171]

---

170 Vgl. auch *Rittweger/Zieglmeier* AnwBl 2015, 660, 665 f.
171 Vgl. *BGH* NZG 2012, 464, 465; MK-GmbHG/*Fleischer* § 43 Rn. 353.

5. Teil Strategien zur Haftungsvermeidung

1. Kapitel
Compliance

Literatur: *Bayreuther* Generalunternehmerhaftung nach dem Mindestlohngesetz und dem Arbeitnehmerentsendegesetz, NZA 2015, 961; *Bay/Hastenrath* Compliance-Management-Systeme, München 2014; *Greiner* „Bezeichnung" als Arbeitnehmerüberlassung nach § 1 I 5 AÜG: Wirklich das Ende der Vorratserlaubnis?, NZA 2018, 745; *Hamann* Fremdpersonal im Unternehmen – Industriedienstleistung statt Leiharbeit?, NZA-Beilage 2014, 3; *Henssler*: Fremdpersonaleinsatz durch On-Site-Werkverträge und Arbeitnehmerüberlassung – offene Fragen und Anwendungsprobleme des neuen Rechts, RdA 2017, 83; *Kainer/Schweipert* Werkverträge und verdeckte Leiharbeit nach dem neuen AÜG, NZA 2017, 13; *Klösel/Mahnhold* Contractor Compliance im neuen AÜG, BB 2017, 1524; *Lembke* Der Einsatz von Fremdpersonal im Rahmen freier Mitarbeiter, Werkverträgen und Leiharbeit, NZA 2013, 1312; *Mahnhold* Compliance und Arbeitsrecht, Frankfurt am Main/Berlin/Bern/Bruxelles/New York/Oxford/Wien 2004; *Maschmann* Fremdpersonaleinsatz im Unternehmen und die Flucht in den Werkvertrag, NZA 2013, 1305; *Mengel* Compliance und Arbeitsrecht, München 2009; *Moosmeyer* Compliance, 4. Aufl. 2021; *Teicke/Matthiesen* Compliance-Klauseln als sinnvoller Bestandteil eines Compliance-Systems, BB 2013, 771; *Schindele* Aktuelle Fragen zum Drittpersonaleinsatz, ArbRAktuell 2015, 363; *Spießhofer/Graf von Westphalen* Corporate Social Responsibility und AGB-Recht, BB 2015, 75; *Vogel/Simon* Fremdpersonal-Compliance: Strafbarkeit vermeiden, CB 2017, 193; *dies.* Fremdpersonal-Compliance 2.0: Jüngste Rechtsprechungsänderung der Sozial- und Strafgerichte – Chancen und Risiken für Compliance zugleich, CCZ 2021, 115; *Werths* Werkverträge – ein unkalkulierbares Compliance-Risiko, BB 2015, 697; *Willemsen/Mehrens*: Arbeitnehmerüberlassung versus Dienstleistung, NZA 2019, 473; *Zieglmeier* Die sozialversicherungsrechtliche Statusbeurteilung – ein unterschätztes Compliancerisiko, NJW 2015, 1914; *ders.* Beitrags-Compliance bei (Fremd-)Personaleinsatz im Unternehmen, DStR 2018, 619.

I. Grundlage der Contractor Compliance

Dass Scheinselbstständigkeitsrisiken bzw. hiermit gleichlaufend Risiken einer verdeckten Arbeitnehmerüberlassung in Compliance Management-Systemen (CMS) über lange Zeit allenfalls eine Nebenrolle gespielt haben,[1] ist sicherlich keine allzu gewagte These. Eine Studie von KPMG aus dem Jahre 2013[2] beispielsweise ermittelt für börsennotierte Unternehmen und mittelständische Unternehmen Datenschutz, Antikorruption, Untreue und Vermögensschädigung, Kartellrecht, Antidiskriminierung sowie den Schutz geistigen Eigentums sowie je nach Branche Geldwäsche, Produkthaftung und weitere branchenspezifische Regelungsnormen als relevante Rechtsgebiete von CMS; und auch der Prüfungsstandard IDW PS 980 für CMS identifiziert in einer nicht abschließenden Aufstellung das Wettbewerbs- und Kartellrecht, Antikorruptionsrecht, Außenwirtschaftsrecht und Exportkontrolle oder Datenschutz als mögliche Teilbereiche eines CMS.[3] Scheinselbstständigkeitsrisiken lassen sich wohl- 1

---
[1] *Zieglmeier* NJW 2015, 1914, 1917; vorstehend 1. Teil Rn. 4 f.
[2] *KPMG* Analyse des aktuellen Stands der Ausgestaltung von Compliance Management-Systemen in deutschen Unternehmen, 2013, abrufbar unter www.kpmg.com.
[3] *IDW* Prüfungsstandard: Grundsätze ordnungsgemäßer Prüfung von Compliance-Management-Systemen, dort unter A2; s. hierzu etwa *Görtz* BB 2012, 178, 181; Inderst/Bannenberg/Poppe/*Hülsberg/Laue* S. 152 ff.

wollend allenfalls noch dem Teilbereich „Arbeitsrecht" zuordnen. Insgesamt folgten CMS in ihrer Risikoanalyse im Kern nach wie vor den Spuren der „klassischen" Compliance, die ihre Anfänge anlässlich insiderrechtlicher und wettbewerbsrechtlicher Problematiken in den 1960er Jahren in den USA nahm.[4]

2 Die mangelnde oder zumindest geringe Verankerung von Scheinselbstständigkeitsrisiken in CMS darf aber nicht dahin missverstanden werden, dass Unternehmen „sehenden Auges" Scheinselbstständigkeitsrisiken mitunter beträchtlichen Ausmaßes kumulieren, ohne präventiv tätig zu werden. Maßnahmen wie die räumliche Abtrennung der Belegschaft von Fremdfirmen auf dem Betriebsgelände, die Kontaktsteuerung durch die Zwischenschaltung von Aufsichtspersonen,[5] Ticketsysteme,[6] die – in den Worten *Maschmanns* – „Durchprogrammierung des Arbeitsprozesses im Vertrag"[7] oder die bis zur AÜG Reform 2017 gängige Einholung einer vorsorglichen Verleiherlaubnis zur Abfederung der Risiken einer verdeckten Arbeitnehmerüberlassung sind Ausdruck solcher Präventionsstrategien und fanden sich auch schon vor der AÜG Reform 2017.

3 Getrieben waren derlei Präventionsstrategien aber weniger von dem Compliance-Gesichtspunkt als vielmehr dem mehr oder minder erfolgreichen Bestreben, das Outsourcing von Kernfunktionen des Unternehmens beherrschbar zu machen. Compliance schien sich bis zur AÜG Reform 2017 weithin zurückgehalten zu haben, sieht man mal von der teilweise vorzufindenden Zirkulation von Prüfkatalogen zur Erfassung von Scheinselbstständigkeitsrisiken ab.[8] Letztere hatten durchaus schon Eingang in die Unternehmenspraxis gefunden, häufig aber, ohne Teil eines CMS zu sein oder von Compliance gesteuert zu werden.

4 Diese Zurückhaltung ist spätestens seit der AÜG-Reform 2017 geschwunden, was angesichts der mit der Gesetzesreform einhergehenden, hitzigen politischen Debatte um Arbeitnehmerüberlassung und (Schein-) Werkverträge sowie die häufig wahrgenommene Tendenz der Sozialgerichte, die Sozialkassen mit Nachdruck zu stärken,[9] nicht verwundert. Hinzu kommen neue Arbeitsformen (z.B. „work on demand"), die auch im „Mutterland der Compliance", den USA, für Aufruhr sorgen. So wurde in den USA beispielsweise heftig um den Arbeitnehmerstatus der Fahrer von Uber gestritten.[10] Ferner sah sich FedEX zahlreichen Klagen[11] von Paketzustellern um ihren Status (Arbeitnehmer oder Selbstständiger) konfrontiert.[12] Das führte in der Praxis zu erheblicher Verunsicherung und hat viele Unternehmen veranlasst, Modelle der

---

4 Zur Historie s. bspw. *Mahnhold* S. 31 f.
5 *Maschmann* NZA 2013, 1305, 1309; *Hamann* NZA-Beilage 2014, 3, 7.
6 Vgl. *LAG Baden-Württemberg* NZA 2013, 1017.
7 *Maschmann* NZA 2013, 1305, 1309; ferner *Hamann* NZA-Beilage 2014, 3, 8.
8 Beispiele aus der Literatur z.B. *Umnuß/Dworschak/Scheele* Corporate Compliance Checklisten, 2. Aufl. 2012, Rn. 147; *Schindele* ArbRAktuell 2015, 363 ff.; s. ferner *Mengel* Kap. 8 Rn. 5 ff.; zur HR Compliance einschließlich der Erfassung von (Schein-)Selbstständigkeitsrisiken s. *Marschlich/ Krause* CB 2015, 358 ff.
9 Zur Sozialversicherungspflicht von Geschäftsführern a. zuletzt etwa *BSG* BeckRS 2015, 73497 = SGb 2015, 554; zur Sozialversicherungspflicht von Syndikusanwälten *BSG* NZA 2014, 971.
10 Vgl. Uber vs. Berwick, abrufbar unter http://de.scribd.com/doc/268911290/Uber-vs-Berwick.
11 Vgl. O'Connor v. Uber, Appeal Order des United States Court of Appeals for the Ninth Circuit, abrufbar unter www.ca9.uscourts.gov.
12 Siehe hierzu z.B. unter http://fortune.com/2015/06/22/what-your-fedex-and-uber-drivers-have-in-common/.

Arbeitnehmerüberlassung und ihre Vertragsbeziehungen zu Werkunternehmern/ Dienstleistern zu prüfen und ggf. neu zu ordnen. Je nach Größenordnung und Art der Risiken kann das auch zur Implementierung von Präventionsstrategien bis hin zur Integration in das häufig schon vorhandene CMS führen.

Ohnehin lenkt Compliance schon längst nicht mehr ihren Blick ausschließlich „nach innen" ins eigene Unternehmen; unter dem Stichwort „Compliance in der Lieferkette" oder eben – Contractor Compliance – geraten gerade auch Geschäftspartner in das Visier von CMS, also die Schnittstellen unternehmerischer Zusammenarbeit. So drohen Unternehmen nach dem UK Bribery Act Bußgelder für korruptive Handlungen von Ihnen zuzurechnenden Personen („associated persons"). Der zum UK Bribery Act ergangene Leitfaden des britischen Justizministeriums regt insoweit die Weitergabe von Anti-Korruptionsregeln in der Lieferkette einschließlich Auditierungsrechten gegenüber den Geschäftspartnern und Kündigungsrechte an.[13] Auf ähnlicher Linie bewegen sich die Securities and Exchange Commission (SEC) und das Department of Justice (DOJ) in den USA in ihrem Leitfaden zum Foreign Corrupt Practice Act (FCPA). Wiederum aus dem Blickwinkel der Korruptionsvermeidung und unter Beachtung der Risikopotentiale in den jeweiligen Nationen, dem Geschäftsfeld etc. werden Maßnahmen wie etwa eine Due Diligence-Prüfung des Geschäftspartners, ggf. periodisch zu wiederholen, die Auditierung („exercising audit rights") des Geschäftspartners, die Durchführung von Trainingsmaßnahmen und die Einholung jährlicher Compliance-Erklärungen des Geschäftspartners vorgeschlagen.[14] Schon aufgrund der exterritorialen Reichweite des UK Bribery Acts sowie des FCPA verwundert es nicht, dass sich ähnliche Maßnahmen im Rahmen der Korruptionsprävention auch in Deutschland insbesondere im Beschaffungswesen (Einkauf) durchsetzen. Der Bundesverband Materialwirtschaft, Einkauf und Logistik e.V. (BME) hat diesbezüglich beispielsweise „Anforderungen an einen Compliance-/CSR-Prozess im Lieferantenmanagement: Compliance-Risiko: Korruption" aufgestellt.[15] Laut einer Umfrage von KPMG aus dem Jahre 2014 führen rund 60 % der befragten Unternehmen vor Beauftragung eines Geschäftspartners eine Due Diligence-Prüfung durch. Routinemäßige Audits räumen 29,3 % der befragten Unternehmen ein, ad hoc-Prüfungen bei substantiellen Hinweisen auf Vertragsverstöße 44,7 %.[16]

Corporate Social Responsibility (CSR) bewegt sich auf vergleichbaren Pfaden. Hinter diesem Sammelbegriff verbergen sich inzwischen zahlreiche Initiativen, die – in den Worten der Europäischen Kommission – die „Verantwortung von Unternehmen für ihre Auswirkungen auf die Gesellschaft"[17] schärfen sollen. Zu nennen sind etwa UN Global Compact, die OECD-Leitsätze für multinationale Unternehmen, die dreigliedrige Grundsatzerklärung über multinationale Unternehmen und Sozialpolitik der ILO, ISO 26000 sowie die UN-Leitprinzipien für Wirtschaft und Menschenrechte.[18] Ferner müssen Unternehmen von öffentlichem Interesse und mit mehr als 500 Arbeit-

---

13 *Teicke/Matthiesen* BB 2013, 771, 771.
14 A Resource Guide to the U.S. Foreign Corrupt Practices Act, 14.11.2012, abrufbar unter www.sec.gov/spotlight/fcpa/fcpa-resource-guide.pdf.
15 Hierzu im Einzelnen *Schröder* CCZ 2013, 74 ff.
16 *KPMG* Compliance Management in der Lieferkette, 2014, abrufbar unter https://home.kpmg.com/de/de/home/themen/2014/02/compliance-management-in-der-lieferkette.html.
17 Europäische Kommission v. 25.10.2011, A renewed EU strategy 2011-2014 for Corporate Social Responsibility, abrufbar unter http://eur-lex.europa.eu
18 Überblick bei *Voland* BB 2015, 67 ff.

nehmern auf Grundlage der CSR-Richtlinie der EU seit 2017 in ihrem Lagebericht etwa über Konzepte zur Achtung der Menschenrechte, zur Bekämpfung von Korruption sowie über Sozial- und Arbeitnehmerbelange informieren. Diese Berichtspflicht umfasst auch „angewandte Due-Diligence-Prozesse".[19] Die UN Leitprinzipien beispielsweise verweisen Unternehmen auf ihre Rolle als „spezialisierte Organe der Gesellschaft" und ihre Aufgabe, „dem gesamten geltenden Recht Folge zu leisten und die Menschenrechte zu achten".[20] Im Zuge dessen sollen Unternehmen ihre Geschäftsbeziehungen zu Dritten gerade auch einer menschenrechtlichen Due Diligence unterziehen.[21] Das LkSG mit seinen umfassenden Compliancepflichten auch im Verhältnis zu Zulieferern schließt diese Entwicklung ab.

7 Wie sehr der deutsche Gesetzgeber auch schon vor Inkrafttreten des LkSG Unternehmen für ihre Vertragspartner in die Pflicht nimmt, zeigt auch der am 1.1.2015 in Kraft getretene § 13 MiLoG. Demnach haftet ein Unternehmer für Mindestlohnverstöße innerhalb der gesamten Nachunternehmerkette wie ein Bürge. Rechtstechnisch wird auf § 14 AEntG verwiesen, der eine solche Nachunternehmerhaftung bereits im Anwendungsbereich des Arbeitnehmerentsendegesetzes normiert. Mit § 13 MiLoG korrespondiert ein Bußgeldtatbestand, wonach ein Unternehmer mit einem Bußgeld belegt werden kann, wenn er jedenfalls fahrlässig nicht weiß, dass ein Nachunternehmer keinen Mindestlohn zahlt und der Auftrag einen erheblichen Umfang hat (§ 21 MiLoG). Auch diese Haftung betrifft die gesamte Nachunternehmerkette. Um sich vor dieser Haftung zu schützen, ergreifen Unternehmen diverse Maßnahmen gegenüber ihren Geschäftspartnern. Schon die Bürgenhaftung zielt gem. der Gesetzgebungsmaterialen darauf ab, dass Unternehmen ihre Vertragspartner sorgsam wählen.[22] Es soll also – um die Worte der UN-Leitprinzipien bzw. des Leitfadens zum FCPA aufzugreifen – eine Due Diligence-Prüfung stattfinden. Zur Vermeidung von Bußgeldern werden dann beispielsweise Regelungen zur Einholung von Verpflichtungserklärungen auf den Mindestlohn, die Einräumung von Auditierungsrechten oder Beschränkungen der Nachunternehmerkette erwogen.[23]

8 Die vorstehenden Ausführungen zu Compliance in der Lieferkette, CSR und der Nachunternehmerhaftung im MiLoG weisen letztlich den Weg, wo (Schein-) Selbstständigen-Compliance[24] als Teil der Contractor Compliance ansetzen muss: Es geht im

---

19 Richtlinie 2014/95/EU, Art. 29a Abs. 1.
20 Leitprinzipien für Wirtschaft und Menschenrechte, 2011, I.A.1., abrufbar unter www.auswaertiges-amt.de.
21 Leitprinzipien für Wirtschaft und Menschenrechte, 2011, II.B.17; siehe im Einzelnen *Voland* BB 2015, 67, 71; *Spießhofer* NJW 2014, 2473, 2475.
22 BT-Drucks. 18/1558, 40 zu der letztlich nicht in Kraft getretenen Bürgenhaftung mit Exkulpationsmöglichkeit: „Eine sorgfältige Auswahl des Vertragspartners berücksichtigt unter anderem den Leumund des Auftragnehmers und lässt nicht außer Acht, ob es konkrete Anhaltspunkte für ein Fehlverhalten des Auftragnehmers in der Vergangenheit gibt, ...".
23 Vgl. hierzu insgesamt z.B. *Bayreuther* NZA 2015, 961, 667 ff.; *Klötzer-Assion/Mahnhold* wistra 2015, 88, 91.
24 Aus Gründen der sprachlichen Vereinfachung sind mit dieser Begrifflichkeit auch andere Formen des Fremdpersonaleinsatzes (z.B. der Einsatz von Erfüllungsgehilfen von Werkunternehmern/ Dienstleistern), also nicht nur die klassische Scheinselbstständigkeit, gemeint. Synonym wird in der Praxis auch der Begriff der Fremdpersonal-Compliance oder – so auch nachfolgend – der Contractor Compliance verwandt.

Kern um die gesetzesgemäße Ausgestaltung sowie die Kontrolle der unternehmerischen Zusammenarbeit zwischen Unternehmen und Geschäftspartner, oder kurz, um „Schnittstellenkontrolle". Das spricht nicht anders als in den vorstehend genannten Zusammenhängen beide Seiten der Schnittstelle an. (Schein-) Selbstständigen-Compliance verlangt zum einen den Blick in die eigene Organisation des Unternehmens; zum anderen ist zu überlegen, wie der Geschäftspartner in die Schnittstellenkontrolle einbezogen werden kann. Diese Zweidimensionalität der (Schein-) Selbstständigen-Compliance war lange nur wenig bedacht, so (Schein-) Selbstständigen-Compliance überhaupt einmal thematisiert wurde.[25]

Die aufgezeigten Parallelen bieten zugleich ein reichhaltiges Instrumentarium an potentiellen Compliance-Maßnahmen, die jeweils auf ihre Sinnhaftigkeit und Tauglichkeit bei Kontrolle etwaiger Scheinselbstständigkeitsrisiken zu prüfen sind. Daneben stehen die klassischen Elemente eines Compliance-Programms wie Information, Dokumentation, Monitoring und Training, die ebenfalls Baustein einer entsprechenden Compliance-Strategie sein können.[26] Mit der AÜG-Reform 2017 haben entsprechende Compliance-Strategien im Übrigen nicht nur in der Unternehmenspraxis Berücksichtigung erfahren; die Literatur schlägt entsprechende Compliance-Maßnahmen ebenso vermehrt vor.[27]

II. Motive zur Implementierung einer Contractor Compliance

Die Motive zur Implementierung eines CMS sind inzwischen umfassend in der mittlerweile reichhaltigen Compliance-Literatur diskutiert. Es wäre müßig, einmal mehr der Frage nachzugehen, inwieweit nach deutschem Recht eine Rechtspflicht zur Einführung eines CMS bzw. Compliance-Maßnahmen besteht. Die wenn auch nicht rechtskräftig gewordene Siemens/Neubürger Entscheidung des *LG München I* v. 10.12.2013[28] setzt hier für Aktiengesellschaften ohnehin einen Meilenstein. Das *LG München I* leitet aus der Sorgfaltspflicht des § 93 Abs. 1 AktG die Pflicht zur Einrichtung einer auf Schadensprävention und Risikokontrolle ausgelegten Compliance-Organisation ab, soweit eine Gefährdungslage besteht. Ferner findet Compliance ihre Grundlage in § 130 OWiG,[29] der das Unterlassen von Aufsichtsmaßnahmen sanktioniert, mit denen Verstöße gegen betriebsbezogene Pflichten hätten verhindert/erschwert werden können. § 130 OWiG lässt sich insoweit durchaus als Compliance-Pflicht – und das unabhängig von der Rechtsform des Unternehmens – verstehen.

Unter diesem Ausgangspunkt lassen sich konkret für die Contractor Compliance folgende Motivbündel herausarbeiten:

---

25 So *Zieglmeier* NJW 2015, 1914, 1918 ff.
26 Siehe bereits vorstehend Teil 1 Rn. 56 ff.
27 Z.B. *Zieglmeier* DStR 2018, 619, 620 ff.; *Vogel/Simon* CB 2017, 193, 196 ff.; *Vogel/Simon* CCZ 2021, 115, 118 ff.; *Klösel/Mahnhold* BB 2017, 1524 ff.
28 NZG 2014, 345 ff.; s. hierzu etwa *Fleischer* NZG 2014, 321 ff.
29 Bspw. *Moosmayer* S. 5; *Mahnhold* S. 79 f.

1. Unternehmensimage

12 Wie Compliance generell[30] dient auch die Contractor Compliance dem Schutz des Unternehmensimage.[31] Die medial auf die Spitze getriebene Diskussion um „Lohnsklaven" und (Schein-) Werkverträge z.B. in der Fleischindustrie, die sogar ihren Weg bis in den Koalitionsvertrag vom 16.12.2013[32] gefunden hat, ruft das eindringlich in Erinnerung. Die Aufmerksamkeit, die die Diskussion um den Status von Uber-Fahrern in den USA erfahren hat (s.o.), ist hierfür weiterer Beleg. Wirksame Contractor Compliance kann zur Früherkennung und Behebung von Risikoquellen beitragen und somit Ansatzpunkte für von wem auch immer getriebene negative Imagekampagnen nehmen.

2. Haftungsprävention

13 Kernfunktion präventiver Compliance ist die Vermeidung bzw. Reduzierung von Haftungsrisiken. Das gilt selbstverständlich auch für Compliance-Maßnahmen, die Scheinselbstständigkeit oder verdeckte Arbeitnehmerüberlassung verhindern sollen.

a) Vermeidung von Problemfällen

14 Angesichts des Umfangs an Haftungsrisiken, die insbesondere steuer-, sozialversicherungs- und strafrechtlicher Natur sind, kann sich nach Durchführung einer unternehmensspezifischen Risikoanalyse ein gehobenes Interesse ergeben, derlei Haftungsrisiken durch Compliance-Maßnahmen zu reduzieren. Compliance hilft, Problemfälle frühzeitig zu erkennen, aufzulösen bzw. – in die Zukunft gerichtet – erst gar nicht entstehen zu lassen.

b) Vermeidung von Geldbußen etc.

15 Kommt es trotz eines entsprechenden Compliance-Konzepts zum Haftungsfall, kann ein effektives Compliance-Konzept helfen, Schadensersatzansprüche etwa aus § 91 Abs. 1 AktG oder auch Geldbußen gem. § 8 Abs. 3 SchwarzArbG und gem. § 130 OWiG abzuwehren.[33] Die im Falle einer Statusverfehlung relevanten steuer- und sozialversicherungsrechtlichen Tatbestände sind jeweils als betriebsbezogene Pflichten i.S.d. § 130 OWiG zu erachten. Laut Rechtsprechung und h.M. in der Literatur ist immer dann von einer betriebsbezogenen Pflicht auszugehen, wenn die Pflicht in Zusammenhang mit der Führung des Betriebs oder Unternehmens steht.[34] Der sozialversicherungsrechtliche Haftungstatbestand des § 28e Abs. 1 SGB IV auf den Gesamtversicherungsbeitrag richtet sich insoweit ausdrücklich an den Arbeitgeber, so dass an der Betriebsbezogenheit kein Zweifel besteht. Und auch der steuerrechtliche Ansatzpunkt des § 41a EStG nimmt unmittelbar den Arbeitgeber in die Pflicht, so dass sich auch hieraus die Betriebsbezogenheit ergibt. In diesem Zusammenhang dient die Contractor Compliance auch dem Schutz vor dem Ausschluss von öffentlichen Aufträ-

---

30 *Mahnhold* S 69 f. m.w.N.
31 *Marschlich/Krause* CB 2015, 358, 358; zur rechtlichen Verankerung des „Corporate Reputation Management" als Leitungspflicht des Vorstands s. *Seibt* DB 2015, 171 ff.; *Vogel/Simon* CB 2017, 193, 196.
32 Dort S. 49; abrufbar unter www.cdu.de/sites/default/files/media/dokumente/koalitionsvertrag.pdf.
33 Siehe insoweit auch *Zieglmeier* NJW 2015, 1914, 1917; *Vogel/Simon* CB 2017, 193, 196.
34 Siehe insoweit die Nachweise bei *Mahnhold* S. 78 f.

gen („Blacklisting").[35] Eine wirksame Contractor Compliance kann schließlich auf Ebene des subjektiven Tatbestands einer Strafbarkeit des Arbeitgebers gem. § 266a StGB entgegenstehen und dabei helfen, sich als Beitragsschuldner im Rahmen der Festsetzung von Säumniszuschlägen gem. § 24 Abs. 2 SGB IV zu exkulpieren.

c) Haftungsprävention durch Wissensmanagement

Darüber hinaus kann ein Compliance-Konzept wesentlicher Baustein zur Abwehr einer behaupteten Scheinselbstständigkeit bzw. verdeckten Arbeitnehmerüberlassung sein. Ausgangspunkt ist auch hier die Feststellung, dass die allermeisten Problemfälle nicht aus einer gezielten Umgehung arbeitsrechts- und sozialversicherungsrechtlicher Schutzvorschriften durch Scheinwerkverträge etc. entstehen, sondern vielmehr aus einer Vertragsdurchführung, die den ausdrücklichen Vertragsregelungen enteilt und entgegensteht. Vertragsbeziehungen zu Selbstständigen – häufig als Dauerschuldverhältnis angelegt – sind insoweit besonders risikobehaftet. Je arbeitsteiliger das Zusammenwirken von Auftraggeber und Selbstständigem (bzw. Arbeitnehmern eines Auftragnehmers) und je mehr Arbeitnehmer auf Seiten des Auftraggebers und des Auftragnehmers an den Schnittstellen der unternehmerischen Zusammenarbeit zum Einsatz kommen, desto größer sind die Risiken. Denn was „menschlich" naheliegt, nämlich sich unkompliziert und „auf dem kurzen Dienstweg" abzustimmen, kann aus Sicht der Contractor Compliance angesichts einer mitunter auf Nuancen angelegten Rechtsprechung – man bedenke nur die nicht nur für den juristischen Laien häufig schwer nachvollziehbare Abgrenzung auftrags- und arbeitsvertraglicher Weisungen – weitreichende Folgen haben. Es geht mitunter schlicht darum, den „Faktor Mensch" nicht nur tatsächlich, sondern auch juristisch „unter Kontrolle" zu bringen. 16

Das Rüstzeug hierfür ist bereits in der Rechtsprechung zumindest des BAG angelegt. Bezogen auf Rechtsbeziehungen eines Auftraggebers zu einem Sologselbstständigen führt das BAG schon mit Entscheidung v. 20.7.1994 aus, dass eine abweichende, auf eine Scheinselbstständigkeit hindeutende Vertragspraxis dem Vertretenen auch zurechenbar sein muss. Es seien insoweit die „Grundsätze der Duldungs- und Rechtsscheinvollmacht anzuwenden".[36] Nur unter der Prämisse der Duldung/Billigung der abweichenden Vertragsdurchführung oder dem „Kennenmüssen" bei gleichzeitig gegebenem Vertrauenstatbestand sei ein als Werk- oder Dienstvertrag geschlossenes Rechtsverhältnis tatsächlich als Arbeitsverhältnis zu verstehen.[37] Mit Blick auf die Abgrenzung des Einsatzes von Arbeitnehmern eines Werkunternehmers/Dienstleisters zur Arbeitnehmerüberlassung gilt im Grundsatz nichts anderes. Diesbezüglich hat das BAG mit Entscheidung v. 15.4.2014, 20.9.2016 und 27.6.2017 nochmals klargestellt, dass ein Arbeitsverhältnis zwischen dem eingesetzten Arbeitnehmer und dem Einsatzunternehmen kraft gesetzlicher Fiktion nur dann zustande kommt, wenn sich die Vertragsbeziehung zwischen Auftragnehmer und Auftraggeber tatsächlich als Arbeitnehmerüberlassungsvertrag darstellt. Entscheidend sei nicht die von den Parteien gewollte Rechtsfolge oder die im Vertrag gewählte Bezeichnung, sondern der tatsächliche Geschäftsinhalt. Widersprächen sich die ausdrücklich vereinbarten Regelungen und die Vertragsdurchführung, sei die Vertragsdurchführung maßgeblich. Diese lasse am ehesten Rückschlüsse auf das wirklich Gewollte zu. Das gelte allerdings nur dann, 17

---
35 *Vogel/Simon* CB 2017, 193, 196; *Klösel/Mahnhold* BB 2017, 1524, 1524.
36 *BAG* 20.7.1994 – 5 AZR 628/93 = BeckRS 1994, 30750193.
37 Erman/*Edenfeld* § 611 Rn. 9.

wenn die tatsächliche Durchführung „von dem Willen der am Abschluss der vertraglichen Vereinbarung beteiligten Arbeitgeber umfasst" sei. Das setze „die Kenntnis und zumindest Billigung der auf beiden Seiten zum Vertragsschluss berechtigten Personen" voraus.[38] Und selbst für den Fall, das ein „Selbstständiger" auf Vermittlung eines Dritten zum Einsatz kommt und anschließend eine Statusverfehlung behauptet,[39] hält das BAG eine in die gleiche Richtung weisende Entscheidung bereit. Mit Blick auf die gesetzliche Fiktion eines Arbeitsverhältnisses nach den Grundsätzen des AÜG fragt das BAG mit Entscheidung vom 9.11.1994 danach, ob die dem Dreiecksverhältnis Einsatzunternehmen/Vermittler/Selbstständiger zugrundeliegenden Vertragsverhältnisse ihrem Geschäftsinhalt nach auf Arbeitnehmerüberlassung gerichtet sind. Es bedarf eines Arbeitsverhältnisses zwischen dem vorgeblich „Selbstständigen" und dem Vermittler einerseits, andererseits eines Arbeitnehmerüberlassungsvertrags zwischen Einsatzunternehmen und dem vorgeblichen Vermittler. Mit Blick auf das letztere Rechtsverhältnis verweist das BAG erneut darauf, dass das Handeln der Vertragsdurchführenden den am Vertragsschluss Beteiligten zurechenbar sein müsse. Das sei anhand der „von der Rechtsprechung entwickelten Grundsätze der Duldungs- und Anscheinsvollmacht zu bestimmen."[40]

18 Abgerundet wird dieses im Kern privatautonom begründete Zurechnungskriterium durch die Klarstellung, dass „einzelne Vorgänge" nur dann zur Feststellung eines „vom Vertragswortlaut abweichenden Geschäftsinhalts" geeignet seien, „wenn es sich dabei nicht um untypische Einzelfälle, sondern um beispielhafte Erscheinungsformen einer durchgehend geübten Vertragspraxis handel(t)e".[41]

19 Diese beiden Kriterien – Zurechnung und Typizität der Vertragsabweichung – schaffen letztlich Motiv und Zielsetzung eines Compliance-Konzepts zugleich. Gelingt es einem Compliance-Konzept, Problemfälle derart frühzeitig zu erkennen und zu isolieren, dass sie kein Schema ergeben, leisten sie einen wesentlichen Beitrag zur Abwehr einer behaupteten Statusverfehlung. Das gilt ebenso, wenn Compliance-Konzepte den Vorwurf der Billigung einer vom ausdrücklichen Vertrag abweichenden Praxis ausräumen.

20 Für die Strukturierung eines Compliance-Konzepts ergibt sich hieraus zweierlei: Zum einen muss es in die Lage versetzen, Problemfälle zu erkennen, damit sie aufgelöst werden können. So lässt sich der Vorwurf einer Typizität von Problemkonstellationen sowie der Kenntnis einer Statusverfehlung abwenden. Zum anderen muss es aus Perspektive der an der Vertragsdurchführung Beteiligten den Eindruck ausräumen, dass eine Statusverfehlung von den Vertragsschließenden gebilligt wird, bzw. es muss ein entsprechender Rechtsschein vermieden werden. Das belegt wiederum die Zweidimensionalität der Contractor Compliance: Während das Ziel, Problemfälle zu erkennen und für die Zukunft zu unterbinden, nach innen, also in die eigene Organisation

---

38 *BAG* 15.4.2014 – 3 AZR 395/11 = BeckRS 2014, 70025; s. bereits *BAG* 27.1.1993 – 7 AZR 476/92 = BeckRS 1993, 30743764; *BAG* 20.9.2016 – 9 AZR 735/15, BB 2017, 123; *BAG* 27.6.2017 – 9 AZR 133/16. = BeckRS 2017, 145967 bzgl. AÜG a.F.
39 Zum sog. Selbstständigen-Contracting s. 7. Teil Rn. 14 f.; ferner etwa *Lange* ZWiSt 2015, 248, 252 ff.
40 BAGE 78, 252 ff.
41 *BAG* NZA-RR 2012, 455, 458; *BAG* 27.6.2017 – 9 AZR 133/16. = BeckRS 2017, 145967.

des Auftraggebers zielt, richtet sich das Zurechnungskriterium gerade auch an die auf Seiten des Auftragsnehmers Beteiligten. Generell bedarf es eines schutzwürdigen Vertrauens, insoweit beurteilt aus deren objektivem Empfängerhorizont.[42]

Soweit es um die Kenntnis von einer Statusverfehlung sowie der Typizität von Problemfällen geht, stellt sich insoweit für ein Compliance-Konzept zunächst die Aufgabe, das im Unternehmen vorhandene Wissen zu organisieren. Das knüpft an die generelle Pflicht zur Wissensorganisation in arbeitsteiligen Organisationen an. Hierdurch soll vermieden werden, dass arbeitsteilige Organisationen besser stehen als Einzelpersonen. Richtet man ein Konzept zur Contractor Compliance an den von der Rechtsprechung bereits entwickelten Elementen eines ordnungsgemäßen Wissensmanagements aus, kann das nicht nur helfen, Problemfälle frühzeitig zu erkennen, sondern auch, einer Wissenszurechnung vorzubeugen. Das kann gerade auch zur Haftungsabwehr wichtig sein, etwa zur Abwehr von Schadensersatzansprüchen von Organmitgliedern; mit Blick auf die Exkulpation des Arbeitgebers bzgl. Säumniszuschlägen gem. § 24 Abs. 2 SGB IV hebt das BSG ausdrücklich auf eine Wissenszurechnung „nach dem Rechtsgedanken der §§ 166, 278 BGB" ab und misst die Frage der Zurechnung von Wissen im Unternehmen daran, ob Organisationsstrukturen geschaffen wurden, um „entsprechende Informationen aufzunehmen und intern weiterzugeben"[43]. Die vorliegend aufgegriffene Frage der Begründung von Arbeitsverhältnissen kraft gesetzlicher Fiktion (§ 10 AÜG) oder kraft Rechtsgeschäfts begreift das BAG indes bislang nicht als Frage einer über Organisationspflichten hergeleiteten Wissenszurechnung,[44] sondern argumentiert hier rechtsgeschäftlich über das Institut der Duldungsvollmacht, teilweise auch der Anscheinsvollmacht (s.o.).

21

Im Wesentlichen umfasst die Pflicht zur Wissensorganisation bislang folgende Elemente:[45]

22

– Informationsweiterleitungspflicht, also die Weitergabe erkennbar relevanter Informationen im Unternehmen,
– Informationsabfragepflicht, also die Pflicht zur anlassbezogenen Abfrage vorhandenen Wissens,
– Informationsspeicherungspflicht, also das Vorhalten potentiell relevanter Informationen.

Mit Blick auf das Kriterium der Zurechnung ist zunächst festzuhalten, dass die bisherigen Entscheidungen des BAG zwar auf einer einheitlichen Linie basieren, sich im Detail aber Unterschiede andeuten. So knüpft das BAG in älteren Entscheidungen noch ausdrücklich an die „Duldungs- und Anscheinsvollmacht" an.[46] In den Entscheidungen v. 15.4.2014, 20.9.2016 und 27.6.2017 spricht das BAG insoweit nur noch von Kenntnis und „zumindest Billigung der auf beiden Seiten zum Vertragsschluss berechtigten Personen".[47] Da eine Anscheinsvollmacht gerade aber den Fall umfasst, dass der Vertretene das Handeln seines angeblichen Vertreters nicht kennt,[48] könnte man

23

---

42 *Lanzinner/Nath* NZS 2015, 251, 253, sprechen hier von einem subjektiven Merkmal, was jedenfalls aus vertragsrechtlicher Sicht missverständlich sein kann.
43 *BSG* 12.12.2018 – B 12 R 15/18 R = DStR 2019, 1165 Rn. 20.
44 Vgl. zumindest in der Fragestellung *BAG* 27.1.1993 – 7 AZR 476/92 = BeckRS 1993, 30743764.
45 Siehe im Einzelnen *Hauschka* Corporate Compliance, 3. Aufl. 2016, § 2 Rn. 15 ff.
46 *BAGE* 78, 252 ff.; *BAG* 20.7.1994 – 5 AZR 628/93 = BeckRS 1994, 30750193.
47 *BAG* 15.4.2014 – 3 AZR 395/11 = BeckRS 2014, 70025.
48 *BAG* 20.7.1994 – 5 AZR 628/93 = BeckRS 1994, 30750193.

hier sogar ein engeres Verständnis der aktuellen Rechtsprechung unterstellen. Denn eine „Billigung" setzt Kenntnis voraus. Und tatsächlich vermag der Verweis auf die Anscheinsvollmacht im Dreiecksverhältnis der eventuellen Arbeitnehmerüberlassung so recht nicht zu überzeugen. Denn mit Blick auf die Frage, ob ein Arbeitsverhältnis entsteht, fallen anders als im Verhältnis zum Solo-Selbstständigen die am Vertragsschluss Beteiligten und die auf die tatsächliche Durchführung ggf. Vertrauenden, also letztlich Schützenswerten, regelmäßig auseinander. Am anschaulichsten zeigt das die Konstellation des Selbstständigen-Contracting. Der Auftragnehmer, der Selbstständige an einen Auftraggeber vermittelt, ist und will gerade nicht an der Vertragsdurchführung beteiligt sein. Würde dann aber mit der Figur der Anscheinsvollmacht argumentiert, würde die rechtsgeschäftliche Rückbindung an den Willen der zum Vertragsschluss Berechtigten aufgelöst.[49] Darüber hinaus fügt sich das Kriterium der Kenntnis und Billigung nahtlos in den sog. verleiherbezogenen Ansatz, der sich in der Rechtsprechung des BAG andeutet.[50] Dieser stellt bei der Statusfrage im Dreiecksverhältnis auf das Verhältnis zwischen Intermediär und eingesetzter Person ab, während der sog. entleiherbezogene Ansatz auf jenes zwischen Einsatzunternehmen und eingesetzter Person abhebt und der „gemischt verleiher-/entleiherbezogene" Ansatz[51] alle Umstände des Einzelfalls in den Blick nimmt.[52] Der verleiherbezogene Ansatz bringt hierbei die gebotene Rückkoppelung an den Willen der zum Vertragsschluss Berechtigten vollständig zur Geltung, während der entleiherbezogene Ansatz diese auflösen würde.

24 Letztlich bleibt hier die Rechtsentwicklung abzuwarten. Aus Sicht der Contractor Compliance wäre es sicherlich verfehlt, sich auf eine der im Dreieck wesentlichen Rechtsbeziehungen zu konzentrieren oder auf dem schmalen Grad der Abgrenzung von Kennen und Kennenmüssen (so bei der Anscheinsvollmacht) zu wandeln. Es geht immer darum, nach innen ins eigene Unternehmen dem Eindruck vorzubeugen, eine Statusverfehlung könnte gebilligt werden. Setzt man unter dem Blickwinkel der Anscheinsvollmacht an, geht es um ein „Kennenmüssen" vom Handeln des vermeintlichen Vertreters. Gemeint ist eine fahrlässige Unkenntnis im Sinne einer Nichtkenntnisnahme und -hinderung trotz entsprechender Möglichkeit.[53] Hier kann Compliance ansetzen, indem durch Information, turnusmäßige Kontrolle und Auflösung von Problemfällen dem Fahrlässigkeitsvorwurf vorgebeugt wird.[54] Nach außen gegenüber dem Vertragspartner bzw. dessen Erfüllungsgehilfen gilt es, einen ggf. erweckten Rechtsschein zu zerstören bzw. dem Vertragspartner bzw. dessen Erfüllungsgehilfen die Schutzbedürftigkeit zu nehmen. Auch das kann Ziel von Compliance sein. Nur der gutgläubige „Kontrahent" kann auf eine Anscheinsvollmacht vertrauen.[55] Diesen guten Glauben kann Compliance zerstören, indem beispielsweise die Vertragspartner ihrerseits über die den Status begründenden Fakten informiert und verpflichtet wer-

---

49 Vgl. 2. Teil 1. Kap. Rn. 85.
50 Vgl. *BAG* 17.1.2017 – 9 AZR 76/16 = NZA 2017, 572, 574; zum Ganzen instruktiv *Lembke* NZA 2018, 393, 401; ferner *Uffmann* RdA 2019, 360, 369 f.; im Einzelnen s. 2. Teil 1. Kap. Rn. 85.
51 Vgl. insoweit *BSG* 1.3.2018 – B 12 KR 12/17 R = BeckRS 2018, 14960 Rn. 22, 31.
52 Im Einzelnen s. 2. Teil 1. Kap. Rn. 85.
53 Staudinger/*Schilken* BGB, 2014, § 167 Rn. 40 m.w.N.
54 Siehe hierzu im Einzelnen im 5. Teil 1. Kap. Rn. 47 ff.; vgl. insoweit auch die vielbeachtete Entscheidung des *LAG Baden-Württemberg* NZA 2013, 1017, 1023 mit freilich sehr hohen Anforderungen insbesondere an die Dokumentationspflichten der Einsatzunternehmen.
55 Staudinger/*Schilken* BGB, 2014, § 167 Rn. 43.

den, die Informationen an die ihrerseits mit der Auftragsdurchführung betrauten Personen weiterzugeben. Die entsprechenden Werk- bzw. Dienstverträge können entsprechende Regelungen umfassen. Zu überlegen ist insoweit auch, ob man sich in angemessenem Rahmen Auditierungsrechte[56] vorbehält.

Die weitaus besseren Argumente sprechen im Übrigen dafür, dass der vorstehend herausgearbeitete Ausgangspunkt einer Contractor Compliance – die Kriterien der Zurechenbarkeit und Typizität – auch nach der AÜG-Reform 2017 ihre Grundlage in der BAG Rechtsprechung finden dürften.[57] § 611a BGB betont für das Zweipersonenverhältnis lediglich, dass die Bezeichnung des Vertrages irrelevant ist, wenn sich das Vertragsverhältnis in der tatsächlichen Durchführung als Arbeitsverhältnis erweist. Das soll laut Gesetzgeber die bisherige Rechtslage abbilden; es spricht also nichts dagegen, die Rechtsprechung insoweit fortzuschreiben.[58] Und auch § 12 AÜG dürfte dem für das Dreipersonenverhältnis ebenso wenig entgegenstehen. Zwar formuliert der Gesetzgeber durchaus unglücklich, dass die tatsächliche Durchführung maßgeblich ist, wenn sich Vertrag und Durchführung widersprechen. Der Gesetzgeber wollte aber auch insoweit lediglich die bisherige Rechtslage in Worte fassen; auf die vorliegend wesentliche Entscheidung des *BAG* v. 15.4.2014 wird in den Gesetzgebungsmaterialen verwiesen. Von daher ist es durchaus konsequent, wenn die h.M. in der Literatur[59] an der bisherigen Rechtsprechung festhalten will. Das dürfte im Übrigen auch der in Art. 2 Abs. 1 GG verankerten Privatautonomie entsprechen.[60]

25

Diese Bedenken greifen letztendlich für sämtliche Auffassungen, die zur Statusbeurteilung allein auf die tatsächlichen Verhältnisse abstellen, ohne die rechtsgeschäftliche Zurechenbarkeit einzubeziehen. Diesen Ansatz könnte die Bundesagentur für Arbeit in ihrer Geschäftsanweisung zum Arbeitnehmerüberlassungsgesetz[61] verfolgen. Jedenfalls lässt die Geschäftsanweisung insoweit kein Problembewusstsein erkennen.

26

Schließlich bleibt die Frage, inwieweit die vorstehende Linie des BAG zum Tatbestandsmerkmal der Zurechenbarkeit auch auf steuer-, sozialversicherungs- und strafrechtliche Zusammenhänge durchschlägt. Lanzinner/Nath scheinen für die Konstellation des „Selbstständigen-Contracting" keine Wechselwirkung zu sehen, dürften hierbei aber im Ausgangspunkt außer Acht lassen, dass es auch im Verhältnis „Einsatzunternehmen/Selbstständiger" nach der zitierten, arbeitsgerichtlichen Rechtsprechung auf eine Zurechnung, also Verankerung im Willen auch des Einsatzunternehmers, ankommt.[62] Der BGH in Strafsachen verweist insoweit mit Entscheidung v. 5.6.2013 darauf, dass sich der Arbeitgeberbegriff gem. § 266a StGB nach dem Sozialversicherungsrecht richte, das wiederum auf das Arbeitsrecht Bezug nehme. In gleichem Atemzug aber betont das Gericht, dass für die Frage, ob ein sozialversicherungs- und lohnsteuerpflichtiges Arbeitsverhältnis vorliege, allein die tatsächlichen Gegebenheiten maßgeblich seien.[63] Daran knüpft der BGH in Strafsachen mit Entscheidung v. 24.9.2019 nahtlos an, um auf Ebene des subjektiven Tatbestands in

27

---

56 Siehe im Einzelnen im 5. Teil 1. Kap. Rn. 84 ff.
57 Siehe im Einzelnen 2. Teil 1. Kap., III. Rn. 77 ff.
58 BT-Drucks. 18/9232, 32; *Klösel/Mahnhold* BB 2017, 1524, 1526.
59 In diesem Sinne etwa Schüren/Hamann/*Hamann* § 1 AÜG Rn. 197; *Ulrici* § 12 AÜG, Rn. 19.
60 *Klösel/Mahnhold* BB 2017, 1524, 1527.
61 Abrufbar unter www.arbeitsagentur.de, s. hierzu auch *Lanzinner/Nath* NZS 2015, 251, 253.
62 *Lanzinner/Nath* NZS 2015, 251, 254.
63 *BGH* NStZ 2013, 587 ff.

Abkehr von der bisherigen Rechtsprechung eine für die Contractor Compliance wesentliche Aussage zu treffen. „Der Täter" – so der BGH – müsse „seine Stellung als Arbeitgeber und die daraus resultierende sozialversicherungsrechtliche Abführungspflicht zumindest für möglich gehalten und deren Verletzung billigend in Kauf genommen haben". Eine Fehlvorstellung über die Arbeitgebereigenschaft i.S.d. § 266a StGB sei als Tatbestandsirrtum i.S.v. § 16 Abs. 1 StGB einzuordnen.[64] Dass eine wirksame Contractor Compliance nach dieser Maßgabe für den Arbeitgeber bzw. dessen gesetzliche Vertreter zum wesentlichen Verteidigungsargument werden kann, liegt auf der Hand.[65] Das Bundessozialgericht stellt etwa mit Entscheidung v. 29.8.2012 heraus, dass die tatsächlichen Verhältnisse ausschlaggebend seien, wenn sie von Vereinbarungen abwichen, schränkt das aber ein: Ausgangspunkt sei das Vertragsverhältnis. „Eine im Widerspruch zu ursprünglich getroffenen Vereinbarungen stehende tatsächliche Beziehung und die hieraus gezogene Schlussfolgerung auf die tatsächlich gewollte Natur der Rechtsbeziehung" gehe „aber der nur formellen Vereinbarung vor, soweit eine – formlose – Abbedingung rechtlich möglich" sei.[66] Hierin wird eine Abkehr von der älteren Rechtsprechung mit ihrem ausschließlichen Fokus auf die tatsächliche Vertragsdurchführung zugunsten einer Betonung des Vertrags gesehen.[67] In der vielbeachteten Honorarärzteentscheidung v. 4.6.2019[68] stellt das BSG klar, dass bei der Statusbeurteilung vom Inhalt der getroffenen Vereinbarungen auszugehen sei.[69] Es sei zu prüfen, ob mündliche oder konkludente Änderungen erfolgt seien. Zugleich betont das BSG aber, dass in einem weiteren Schritt zu prüfen sei, ob eine abweichende Beurteilung geboten sei. In diesem Sinne betont das Gericht unter Verweis auf die Zwecke der Sozialversicherung, dass es ausgeschlossen sei, eine Tätigkeit allein nach den getroffenen Vereinbarungen einzuordnen. Der BFH schenkt dem Parteiwillen in ständiger Rechtsprechung Beachtung.[70]

28 Vor diesem Hintergrund wäre es sicherlich vermessen zu behaupten, ein Gleichlauf arbeits- und sozialgerichtlicher Entscheidungen sei ausgemacht und somit ein klarer Orientierungsrahmen für Compliance-Konzepte geschaffen. Die Honorarärzte-Entscheidung begründet durch den Verweis auf die Zwecke der Sozialversicherung gerade eine eigenständige Herangehensweise und lässt zugleich einen deutlichen Fokus auf das Vorliegen einer tatsächlichen Eingliederung erkennen. Das heißt aber nicht, dass Fragen der Zurechenbarkeit sozialrechtlich keine Rolle spielen können. Die Rechtsmacht der Beteiligten ist in die Gesamtbetrachtung einzubeziehen[71] und die Gesamtbetrachtung hat zumindest einen rechtsgeschäftlichen Fokus, nämlich den Willen der Parteien zu ermitteln.[72] Strafrechtlich erlangt die Frage der Zurechenbarkeit – wenn auch auf subjektiver Ebene im Gewand des Tatbestandsirrtums – umso mehr Bedeutung.

29 Im Ergebnis lässt sich eines sicherlich nicht von der Hand weisen: Macht Compliance allen Beteiligten, nicht nur den Vertragschließenden, klar, dass von den dem Vertrags-

---

64 *BGH* NJW 2019, 3532, 3533.
65 Siehe *Vogel/Simon* CCZ 2021, 115, 118.
66 *BSG* NZS 2013, 181, 182.
67 *Schnapp* NZS 2014, 41, 48.
68 *BSG* DStR 2019, 2429, 2430 ff.
69 Instruktiv *Uffmann* RdA 2019, 360, 370 ff.
70 Vgl. bspw. *BFH* BB 1985, 2153 = BeckRS 1985, 22007290.
71 *BSG* NZS 2013, 181, 183.
72 *Dieckmann* NZS 2013, 647, 649; *Uffmann* RdA 2019, 360, 370.

schluss zugrundeliegenden Tatsachen nicht abgewichen werden darf und werden ferner effiziente Kontrollmechanismen etabliert, ist ein ganz wesentlicher Beitrag zur Haftungsprävention geleistet.

III. Struktur einer Contractor Compliance

Was für CMS insgesamt gilt, gilt für die Contractor Compliance nicht minder: Es gibt nicht das „eine" Compliance-Konzept, vielmehr ist die Struktur eines Compliance-Konzepts abhängig von Faktoren wie der Größe des Unternehmens, Art und Umfang der Geschäftstätigkeit und den festgelegten Compliance-Zielen.[73] Wie generell geht auch der Strukturierung einer Contractor Compliance eine Risikoanalyse voraus, allerdings bezogen auf die Risiken eines Einsatzes von Selbstständigen bzw. Fremdpersonal. Hier zeigt sich, ob, in welchem Umfang und mit welcher Ausrichtung Compliance-Maßnahmen zu ergreifen sind. Verlagert ein Unternehmen beispielsweise aufgrund eines Auftrags geschuldete Leistungen auf Dritte, dürften im Regelfall umfassendere Compliance-Maßnahmen geboten sein. Das gilt insbesondere dann, wenn – wie häufig beim Outsourcing – zahlreiche Schnittstellen der unternehmerischen Zusammenarbeit zwischen Auftraggeber und Auftragnehmer entstehen, insbesondere, wenn gar Betriebsstätten geteilt werden. Beschränkt sich der Einsatz von Drittfirmen auf Nebenfunktionen – und sei es die Gebäudereinigung, das Betreiben der Kantine oder das Bestücken von Getränkeautomaten – dürfte hingegen allenfalls Anlass für rudimentäre Compliance-Maßnahmen bestehen. Selbst das lässt sich aber nicht pauschalisieren, sondern muss im Rahmen der Risikoanalyse beurteilt werden. 30

1. Einführung einer Contractor Compliance

Die Einführung eines Contractor Compliance-Konzepts geht im Wesentlichen auf zwei Anlässe zurück: Zum einen können sich im Rahmen einer allgemeinen Risikoanalyse im Rahmen des allgemeinen CMS bzw. im Rahmen eines HR Compliance Reviews[74] (Schein-) Selbstständigkeitsrisiken ergeben. Zum anderen können konkrete Anlässe, z.B. konkrete Problemfälle, die Auslagerung von Funktionen auf Dritte, äußere Anlässe wie Presseberichterstattungen über Problemfälle in anderen Unternehmen, Gesetzesinitiativen wie z.B. zur Auftraggeberhaftung nach § 13 MiLoG oder der AÜG-Reform 2017 zur Contractor Compliance veranlassen. Und auch neue Arbeitsformen – zusammengefasst unter dem Begriff der „Work on Demand"[75] – können Anstoß für eine generelle Überprüfung bestehender Vertragsbeziehungen sein. 31

Erfasst ein Unternehmen (Schein-) Selbstständigkeitsrisiken erstmals aus Compliance-Sicht, ergeben sich im Wesentlichen zwei Ausgangsfragen, zum einen, wie die entsprechenden Compliance-Risiken erfasst werden und zum anderen, wo nachfolgende Compliance-Maßnahmen organisatorisch angebunden werden sollen. 32

---

73 Vgl. z.B. *IDW* PS 980 Rn. 23; ISO 19600, S. V; *Mossmayer* S. 5; *Mahnhold* S. 121; *Zieglmeier* S. 1918; s. auch *LG München* NZG 2014, 345 = BeckRS 2014, 01998.
74 *Marschlich/Krause* CB 2015, 358 ff.
75 Siehe hierzu im 7. Teil.

a) Risikoanalyse

33 Im Rahmen einer Fremdpersonal-Risikoanalyse kann man im Grunde auf die gleichen Hilfsmittel zurückgreifen, die generell als Mittel der Risikoidentifizierung bei Implementierung eines CMS dienen.[76] Typische Instrumente der Risikoidentifikation sind Betriebsbesichtigungen, Checklisten, Fragebögen, Mitarbeiterinterviews, Risiko-Workshops etc.[77] Insoweit zeigen sich zwei Stoßrichtungen für Scheinselbstständigkeitsrisikoanalysen. Zum einen sind die Verträge zu Fremdfirmen zu sichten. Hier geht es regelmäßig um Verträge zu Soloselbstständigen, Dienstleistern/Werkunternehmern mit eigenen Arbeitnehmern/Subunternehmern etc. oder auch Verleihfirmen i.S.d. AÜG. Die neuen Arbeitsformen (Work on Demand"[78]) zugrundeliegenden Vertragsverhältnisse sollten ebenfalls nicht außer Acht gelassen werden. Das Gleiche gilt für Werk- oder Dienstverträge zwischen Konzerngesellschaften. Zum anderen geht es darum, die tatsächliche Vertragsdurchführung zu analysieren. Diese ist zumeist der eigentliche Quell für Scheinselbstständigkeitsrisiken bzw. dem Risiko einer verdeckten Arbeitnehmerüberlassung.

34 Doch auch bei Erfassung der Verträge trifft man häufig schon auf Überraschungen. Teilweise finden sich gar keine schriftlichen Verträge, was insbesondere bei älteren Vertragsbeziehungen zu beobachten ist. Teilweise werden ursprünglich auf ein konkretes Projekt befristete Verträge nicht fortgeschrieben, wenn es zu Folgeaufträgen kommt. Finden sich – wie häufig – Rahmenverträge, auf die dann in Projektbeschreibungen Bezug genommen wird, bergen die konkreten Projektbeschreibungen mitunter Risiken (so sie denn überhaupt dokumentiert sind). Denn hier schleicht sich häufig typisch arbeitsvertragliches Vokabular ein, was bei genauerer Analyse aber weniger einer Statusverfehlung als vielmehr mangelndem Problembewusstsein geschuldet ist. „Teamarbeit" etwa mag zwar für interne, an Arbeitnehmer gerichtete Stellenausschreibungen „attraktives Vokabular" sein; in Projektbeschreibungen mit Soloselbstständigen/Fremdfirmen hingegen ist derlei „Werbung" schlicht fehl am Platz. Eine präzisere Beschreibung der Schnittstellen unternehmerischer Zusammenarbeit ist geboten.[79] Ohnehin stellt sich manchmal der Eindruck ein, als hätten Arbeitsverträge für Verträge z.B. mit Soloselbstständigen Pate gestanden. Auch sollte die Vertragshistorie nicht außer Acht gelassen werden. Hat beispielsweise zu einem Soloselbstständigen schon einmal ein Arbeitsverhältnis bestanden, ist besondere Aufmerksamkeit geboten.

35 Daneben lohnt häufig auch ein Blick in Unternehmensrichtlinien, die Soloselbstständigen oder Fremdfirmen ausgehändigt werden. Auch insoweit fehlt nämlich mitunter das Problembewusstsein. So könnten etwa in global agierenden Unternehmen vorschnell „Global Policies" weitergereicht worden sein, die durch das Rechtsverständnis anderer Jurisdiktionen geprägt sind und aus der Perspektive des deutschen Rechts nicht trennscharf zwischen Arbeitnehmer und Selbstständigem unterscheiden. Auch die Übersetzungen können Fehlerquelle sein. Interessanterweise sind derlei „Policies" nicht selten Compliance zuzuordnen. Hat ein Unternehmen etwa noch keine separate Contractor Compliance mit eigenständigen Regelwerken implementiert, kann vorschnell die für Arbeitnehmer des eigenen Unternehmens konzipierte Ethikrichtlinie

---

76 Zur Durchführung von Risikoanalysen s. ausführlich *Bay/Hastenrath* S. 99 ff.
77 Im Einzelnen s. etwa *Bay/Hastenrath* S. 100.
78 Siehe hierzu im 7. Teil.
79 Zur Auftragsdefinition als Compliance-Maßnahme s. Rn. 99 f.

übergeben werden. Ein anderes Beispiel sind Regelungen zur „IT Sicherheit". Derlei Dokumente können leicht den Eindruck vermitteln, als Arbeitnehmer eingesetzt zu werden. Besonders problematisch ist insoweit auch das Selbstständigen-Contracting. Diese Modelle leben davon, dass kein Vertragsverhältnis zwischen vermitteltem Selbstständigen und Einsatzunternehmen entstehen soll. Je nach Vertragsgegenstand kann aber das Interesse groß sein, die Nutzung von Urheberrechten, Verschwiegenheitspflichten etc. doch direkt über „Policies" zu adressieren. Auch das kann Risikoquelle sein.

Im Kern geht es aber um die eigentlichen Vertragswerke mit den Selbstständigen/ Fremdfirmen, nämlich um Regelungen, die für freie Dienstverhältnisse/Werkverträge prägend sind (z.B. Regelungen zur Freiheit in der Arbeitseinteilung, „Urlaub", zu Gewährleistungsrechten bzw. der Haftung, der Nutzung von Betriebsmitteln (Miete?) bzw. dem Einsatz eigener Betriebsmittel etc.).[80] Juristisch komplexe Fragen kann insoweit die korrekte Einordnung neuer Arbeitsformen in Zeiten der „Work on Demand" (z.B. „Scrum") nach sich ziehen, was letztlich auch Compliance-Risiko ist. Insgesamt können Checklisten in dieser Phase der Risikoanalyse für die Prüfenden hilfreich sein. Sie dürfen den Blick für die eigentlichen, häufig nicht standardisierbaren Problemlagen aber nicht verstellen. **36**

Daneben kann in dieser Phase der Risikoanalyse auch schon ein Blick auf den Vertragspartner geboten sein. Hat dieser beispielsweise weitere Auftraggeber, eine eigene Organisationsstruktur, die ihm die Wahrnehmung von Arbeitgeberrechten ermöglicht, verwendet er eigenes Arbeitsgerät, setzt er eigenes Kapital ein?[81] Dies sind nur einige der Fragen, die insoweit relevant werden können. **37**

Die Begründung von Verträgen mit Fremdfirmen einschließlich der Dokumentation der Vertragswerke ist oft in den Einkauf („Procurement") integriert, teilweise auch in die Rechtsabteilungen („Legal"), die häufig ohnehin die Musterverträge entwerfen. Insbesondere bei größeren Outsourcing-Projekten finden sich mitunter Abteilungen, die ausschließlich die Geschäftsbeziehung zu den Werkunternehmern/Dienstleistern koordinieren. Soweit es um die Analyse der existenten Vertragswerke geht, hat die Analyse in den jeweils zuständigen Abteilungen als „Risk Owner"[82] anzusetzen. **38**

Noch wesentlich komplexer ist die Analyse der besonders risikoträchtigen Vertragsdurchführung. Je diversifizierter Fremdfirmen zum Einsatz kommen, umso schwieriger kann es sich gestalten, die zuständigen Abteilungen als „Risk Owner" zu identifizieren und die richtigen Ansprechpartner für eine Risikoanalyse zu finden. Im Sinne einer effizienten Risikoanalyse und je nach Größe und Struktur des Unternehmens bzw. des Einsatzes von Fremdfirmen kann es sich schon im Anschluss an die Erfassung der Vertragsbeziehungen empfehlen, Risiken zu priorisieren. Häufig lassen sich „Risikocluster" bilden.[83] So lassen sich Risiken gezielter analysieren und der Aufwand reduzieren. Auch lässt häufig schon ein Blick auf die jeweilige Branche, den Gegenstand der Werk-/Dienstleistung sowie den Einsatzort der Fremdfirma eine erste Priorisierung der Scheinselbstständigkeitsrisiken zu. Im Zuge dessen lässt sich dann beurteilen, mit welchen Mitteln und welchem Fokus die weitere Risikoanalyse erfolgen **39**

---

80 Siehe im Einzelnen im 5. Teil 2. Kap.
81 Siehe insoweit etwa *Schindele* ArbRAktuell 2015, 363, 363 ff.
82 *Bay/Hastenrath* S. 100.
83 *Vogel/Simon* CCZ 2021, 115, 119.

soll. In dieser Phase können Interviews, Workshops und – im Falle einer unternehmerischen Zusammenarbeit auf dem Betriebsgelände – Betriebsbegehungen zielführend sein. Hierbei ist auch auf typische Fehlerquellen wie die Aufnahme von Drittpersonal in unternehmensbezogene Telefonbücher, die Vergabe von E-Mail-Adressen, Türschilder (jeweils ohne Kenntlichmachung des Status als Externer) oder – „worst case" – Urlaubslisten zu achten. Auch Checklisten für die Befrager können die Informationsgewinnung strukturieren, sollten aber nicht den klaren Blick auf die Einzelheiten des Einzelfalls versperren.

40 Fragenkataloge für die jeweils relevanten Arbeitnehmer des Einsatzunternehmens machen insbesondere als Instrument einer periodischen Wiederholung von Risikoanalysen Sinn. Denn sind die Risiken erst einmal erfasst, lassen sich wesentlich gezieltere Fragenkataloge erstellen.[84] Unternehmenstypische Schwachstellen können adressiert werden. Bei erstmaliger Risikoanalyse hingegen müssen Fragenkataloge zwangsläufig pauschal bleiben[85] und dürften beispielsweise Interviews kaum ersetzen. Sie können insoweit aber im Rahmen einer ersten Risikopriorisierung hilfreich sein.

41 Am Ende des Prozesses steht eine Risikobewertung, die sich im Rahmen einer gezielten Contractor Compliance insbesondere von der Wahrscheinlichkeit einer Statusverfehlung sowie der möglichen Schadenshöhe leiten lässt.[86] Auch wenn sich das Schadensrisiko angesichts der Einzelfallabhängigkeit der Statusbeurteilung häufig nur schwer quantifizieren lässt, so bilden sich doch regelmäßig Risikogruppen heraus, die eine Orientierung und Priorisierung erlauben. Solche „Risikocluster" sind dann Ausgangspunkt für die im Sinne von Compliance zu ergreifenden Maßnahmen.

b) Integration der Contractor Compliance in Compliance-Strukturen

42 Verfügt ein Unternehmen über ein CMS, liegt es nahe, die (Schein-) Selbstständigen-Compliance in das CMS zu integrieren.[87] Zwingend ist das nicht, es dürfte aber schon aus Kostengründen wenig Sinn machen, insoweit eine Parallelorganisation aufzubauen. Es würden sich die gleichen Anforderungen stellen, an denen sich ein CMS ausrichtet. Darüber hinaus finden getrieben durch die Korruptionsprävention und nunmehr das LkSG weitere Facetten der Contractor Compliance immer mehr Eingang in CMS. Das ist ebenfalls ein naheliegender Anknüpfungspunkt, übrigens nicht nur für Risiken des Fremdpersonaleinsatzes, sondern auch für Konzepte zum Umgang mit der Auftraggeberhaftung nach § 13 MiLoG. Darüber hinaus signalisiert die Integration in ein CMS die Ernsthaftigkeit des Bemühens, Statusverfehlungen zu vermeiden. Auch insoweit gilt: Nur eine wirksame[88] Compliance-Strategie taugt zur Haftungsprävention.

43 Verfügt ein Unternehmen (noch) über kein CMS, dürfte sich ein in die relevanten Abteilungen integriertes Modell der Contractor Compliance anbieten. Vorbild sind insoweit Compliance-„Matrix-Organisationen", in denen sich die Compliance-Abteilung primär auf Prävention beschränkt, die Aufdeckung von Fehlverhalten und die Reaktion hierauf lediglich fachlich koordiniert und diese Aufgaben von anderen Organisationseinheiten, etwa Rechtsabteilung, Revision oder Personalabteilung

---

84 Vgl. insoweit die Checkliste von *Schindele* ArbRAktuell 2015, 363, 364 f.
85 So etwa *Zieglmeier* NJW 2015, 1914, 1918, zur Orientierung s. auch im 2. Teil 1. Kap. Rn. 14.
86 Vgl. insgesamt zur Risikobewertung *Bay/Hastenrath* S. 103 ff.
87 *Zieglmeier* NJW 2015, 1914, 1917.
88 Vgl. etwa die Wirksamkeitsprüfung nach IDW PS 980.

durchgeführt werden.[89] Teilweise wird hierbei sogar ganz auf die Einrichtung einer Compliance-Abteilung verzichtet. Auch die Präventivfunktion geht dann in den Fachabteilungen auf. Die notwendige Koordination übernimmt hierbei ein Komitee, in dem sich die Leiter der involvierten Fachabteilungen in Gesamtverantwortlichkeit organisieren.[90] Mit Blick auf die Contractor Compliance dürfte insoweit häufig die Rechtsabteilung, die Personalabteilung sowie der Einkauf einzubinden sein. Letztlich entscheidet die konkrete Aufgabenverteilung im Unternehmen. Wichtig ist hierbei insbesondere, dass die Compliance-Aufgaben etwa im Rahmen einer Prozessbeschreibung klar definiert und verteilt sind und über das Komitee ein regelmäßiger Austausch gewährleistet ist. Daneben sind Vorkehrungen zu treffen, die ein ordnungsgemäßes Dokumentenmanagement gewährleisten. Hier geht es nicht nur um die klassischerweise compliance-getriebenen Dokumentationen etwa zur Risikoanalyse, der Übergabe von Informationsschreiben zum Umgang mit Fremdpersonal, der Durchführung von Schulungen oder dem Umgang mit eventuellen Problemfällen einschließlich der Sanktionierung. Es geht gerade auch darum, die Verträge mit Fremdfirmen vollständig abzulegen. Bei Rahmenverträgen ist dafür zu sorgen, dass die jeweiligen projektbezogenen Einzelaufträge ebenfalls Eingang in die Dokumentation finden.

2. Elemente eines Compliance-Konzepts

Welche Compliance-Maßnahmen letztlich Sinn machen, entscheidet sich auf Grundlage der Risikoanalyse. Damit ist die Contractor Compliance maßgeschneidert; die nachfolgende Darstellung kann nur Ideen geben, aus welchem Fundus an möglichen Compliance-Maßnahmen ein Konzept zu erstellen ist. Die drei Grundfunktionen von Compliance – Prävention, Aufdeckung von Fehlverhalten und Reaktion – sollten sich aber in jedem Fall in der Contractor Compliance wiederfinden. **44**

Entsprechend der Aufteilung in Maßnahmen „nach innen" und „nach außen" gegenüber dem Vertragspartner ist an folgende Maßnahmen zu denken: **45**

a) Maßnahmen „nach innen" ins eigene Unternehmen

Compliance dient vornehmlich dem Ziel, Statusverfehlungen soweit als möglich zu vermeiden, um so das Unternehmensimage zu schützen und eine Haftung des Unternehmens bzw. von dessen Verantwortlichen zu vermeiden.[91] Entsprechend den obigen Ausführungen zur Haftungsprävention ist es Aufgabe von Compliance, durch Maßnahmen „nach innen" dem Vorwurf vorzubeugen, die Vertragsschließenden hätten fahrlässig Unkenntnis oder gar Kenntnis vom Handeln des/der eigenen Mitarbeiter(s) gehabt. **46**

aa) Aufklärung von Zielgruppen im Unternehmen

Der Hebel hierfür ist Aufklärung. Zumindest Arbeitnehmer mit Kontakt zu Fremdpersonal müssen wissen, unter welchen Voraussetzungen sie mit Fremdpersonal zusammenarbeiten können und dass sie sich an diese Vorgaben zu halten haben. **47**

---

89 *Moosmayer* S. 35 f.
90 *Bay/Hastenrath* S. 54; *Moosmayer* S. 35.
91 Siehe vorstehend im 5. Teil 1. Kap. Rn. 10 ff.

(1) Leitlinien/Verpflichtungserklärungen

48 Zunächst ist daran zu denken, den Umgang mit Fremdpersonal in den Ethikkodex des Unternehmens – soweit vorhanden – aufzunehmen. Hiermit wird es häufig aber nicht getan sein. Vielmehr empfehlen sich spezielle Informationen für Arbeitnehmer an Schnittstellen zu Fremdpersonal. Insbesondere bei größeren Outsourcing-Maßnahmen kann insoweit erheblicher, auch fortlaufender Informationsbedarf bestehen. Die Information sollte klare Verhaltensregeln zum Umgang mit Fremdpersonal aufzeigen, insbesondere klar machen, dass keine arbeitsvertragsbezogenen Weisungen erteilt werden dürfen (insbesondere keine Weisungen zur Arbeitszeit einschließlich Pausen, Urlaub etc.) und welche Kommunikationswege gegenüber Fremdpersonal einzuhalten sind (z.B. Ticketsysteme, Kontaktsteuerung über Disponenten). Hier ist auf die jeweiligen Besonderheiten des im Rahmen der Risikoanalyse erfassten Fremdpersonaleinsatzes zu reagieren. Ferner sollte klar gemacht werden, an wen sich Mitarbeiter bei Rückfragen oder Zweifeln über ordnungsgemäßes Verhalten wenden können. Sanktionen für etwaiges Fehlverhalten sollten ebenfalls angedroht werden. Darüber hinaus sind in der Praxis Prüfkataloge weit verbreitet, die z.B. über Punktwerte je Kriterium Risiken des Fremdpersonaleinsatzes schon im Rahmen der Vertragsanbahnung quantifizieren. Je nach Risikogruppe ist dann beispielsweise eine weitere Fachabteilung zur rechtlichen Klärung einzubinden.

49 Anschauungsmaterial bietet in diesem Zusammenhang eine vielbeachtete Entscheidung des *LAG Baden-Württemberg* v. 1.8.2013.[92] Die Arbeitgeberin hatte vorgetragen, die Arbeitnehmer „mehrfach und regelmäßig" darauf hingewiesen zu haben, dass Aufträge an die unternehmensfremde IT ausnahmslos über das im Unternehmen eingerichtete Ticketsystem zu erteilen seien. Damit erhob die Arbeitgeberin einen erheblichen Einwand, dem das Gericht aber letztlich auswich. „Die Beklagte" – so das LAG Baden-Württemberg ausdrücklich – habe „im Rahmen ihrer Darlegungslast ... nicht substantiiert vorgetragen und unter Beweisantritt gestellt, wer wen und wann über dieses Ticketsystem instruiert habe (hat), dass irgendwelche Verpflichtungsermächtigungen unterschrieben worden seien (sind), dass Konsequenzen bei Verstößen angedroht worden seien (sind) und es überhaupt Sanktionen gegeben habe (hat)."

50 Man mag diese Anforderungen an die Darlegungslast der Arbeitgeberin für überhöht halten. Wenn man aber die Anforderungen der Rechtsprechung an die Darlegungslast des Arbeitgebers zu unternehmerischen Entscheidungen bei betriebsbedingten Kündigungen bedenkt, wird man sich auf derlei praxisfeindliche Maßstäbe einstellen müssen. Das heißt, dass es mit der Übergabe von Informationsschreiben an Arbeitnehmer mit Schnittstellenfunktionen nicht getan ist. Arbeitgeber werden sich die Entgegennahme solcher Informationsschreiben schriftlich bestätigen lassen müssen, um vor Gericht überhaupt gehört zu werden. Verweigern Arbeitnehmer, die Entgegennahme von Schreiben zu bestätigen (in der Praxis keine Seltenheit), sollte die Übergabe auf anderem Wege schriftlich vermerkt werden. Darüber hinaus sind die Voraussetzungen dafür zu schaffen, dass auch Neueinstellungen/Versetzungen schriftlich informiert werden.

51 Zu erwägen ist ferner die Einholung von Verpflichtungserklärungen. In derlei Erklärungen dokumentieren Arbeitnehmer nicht nur, informiert worden zu sein; sie verpflichten sich zugleich zur Einhaltung der jeweiligen Vorgaben. Da Anweisungen, z.B.

---

[92] *LAG Baden-Württemberg* NZA 2013, 1017, 1023.

ein Ticketsystem einzuhalten, aber ohne Weiteres vom Direktionsrecht gedeckt sind, also auch ohne Verpflichtungserklärung verbindlich sind, besteht arbeitsrechtlich keine Notwendigkeit zur Einholung solcher Erklärungen. Darüber hinaus schaffen sie zusätzlichen bürokratischen Aufwand und mindern die Akzeptanz von Compliance. Aus Arbeitnehmersicht werden derlei Erklärungen leicht als Verlagerung von Verantwortung auf den Arbeitnehmer missverstanden. Zugleich ist die Bereitschaft zur Unterzeichnung solcher Verpflichtungserklärungen nicht immer groß, was zusätzliche Reibungspunkte schafft.[93]

Von daher dürfte es sich empfehlen, Verpflichtungserklärungen nicht inflationär einzufordern. Compliance lebt davon, auf Akzeptanz zu stoßen. Das kann über leicht verständliche, ansprechend gestaltete und praxisnahe Informationsschreiben am ehesten erreicht werden.[94] Hilfe wird gerne angenommen, Belehrungen und Drohungen hingegen nicht. Gleichwohl können Verpflichtungserklärungen für Schlüsselfunktionen durchaus Sinn machen. 52

(2) Schulungen

Schulungen sind üblicher Baustein von Compliance-Konzepten.[95] Auch für Arbeitnehmer an Schnittstellen zu Fremdpersonal machen Schulungen[96] Sinn. So kann anschaulich über die Rechtsrisiken einer Statusverfehlung aufgeklärt werden. Verhaltensregeln können maßgeschneidert auf die Besonderheiten des jeweiligen Fremdpersonaleinsatzes verständlich gemacht und in ihrer Bedeutung betont werden. Insbesondere „face to face"-Schulungen bieten zugleich Gelegenheit, mit Teilnehmern Compliance-Fragen aus dem Teilnehmerkreis heraus zu diskutieren und so ggf. Schwachstellen der Contractor Compliance aufzudecken.[97] Schulungen können so Teil einer fortlaufenden Risikoanalyse sein und die Effektivität des Compliance-Konzepts optimieren. 53

Wie derlei Schulungen ausgestaltet und durchgeführt werden (z.B. online oder „face to face"), ist stark unternehmensabhängig. Verfügt ein Unternehmen über eine Compliance-Organisation, können sie auch in die allgemeinen Compliance-Schulungsprogramme integriert werden. So ist zugleich gewährleistet, dass die Schulungen periodisch wiederholt werden. Neueinstellungen/Versetzungen werden so erfasst, Wissen wird aufgefrischt. Zusätzlicher Schulungsbedarf kann sich bei organisatorischen Änderungen im Unternehmen, neuen Modellen des Fremdpersonaleinsatzes oder auch konkreten Problemfällen ergeben.[97] 54

Der Teilnehmerkreis lässt sich aus der Risikoanalyse heraus definieren. Das gilt auch für die Schulungsintervalle (z.B. jährlich). 55

Wie die Entscheidung des *LAG Baden-Württemberg* v. 1.8.2013[98] anschaulich in Erinnerung ruft, ist die Schulungsteilnahme jeweils vollständig zu dokumentieren. Es sollte nachvollziehbar und beweisbar sein, wer wen wann und wo zu welchem Inhalt geschult hat. 56

---

93 Zu Mitbestimmungsrechten des Betriebsrats s. im 6. Teil Rn. 56 ff.
94 Vgl. zu den entsprechenden Anforderungen an Ethikkodizies etc. *Moosmayer* S. 49 ff.
95 Siehe bspw. ISO 19600, S. 15; s. insgesamt Inderst/Bannenberg/Poppe/*Inderst* S. 136 ff.
96 Zum Mitbestimmungsrecht des Betriebsrats gem. § 98 BetrVG s. im 6. Teil Rn. 63 ff.
97 Siehe bspw. ISO 19600, S. 15.
98 *LAG Baden-Württemberg* NZA 2013, 1017, 1023.

bb) Beratungsmöglichkeiten

57 Wie für CMS generell, so empfiehlt es sich auch in der (Schein-) Selbstständigen-Compliance, Ansprechpartner zu definieren, die Fragen zum korrekten Umgang mit Fremdpersonal beantworten können. Diese Funktion kann in die Compliance-Abteilung integriert werden, die regelmäßig Zuständigkeiten für rechtliche bzw. ethische Fragestellungen herausgebildet hat (z.B. zur Korruptionsprävention, zum Kartellrecht, zur Ausfuhrkontrolle). Zwingend ist das aber nicht, etwa wenn Compliance „schlank" als Matrix-Organisation ausgestaltet oder (noch) keine spezielle Compliance-Funktion eingerichtet ist.[99] So bietet sich bspw. die Rechtsabteilung für eine solche Aufgabe an; letztlich ist aber die konkrete Aufgabenverteilung im Unternehmen bzw. die Aufgabenverteilung innerhalb der zur Kontrolle von Scheinselbstständigkeitsrisiken gebildeten Matrix maßgeblich.

cc) Hinweisgebersysteme

58 Hinweisgebersysteme gehören mittlerweile auch in Deutschland zum Standard von CMS. Hinweisgebersysteme ermöglichen es Beschäftigten bzw. je nach Ausgestaltung Dritten (z.B. Kunden), über ein bestimmtes Verfahren wie bspw. die Nutzung einer Telefon-Hotline (anonym) Informationen über Verhaltensweisen von Mitarbeitern des Unternehmens abzugeben, die nicht im Einklang mit dem Gesetz oder unternehmensinternen Verhaltensregeln (insbesondere „Codes of Ethics") stehen.[100] Die sich um Hinweisgebersysteme rankenden Rechtsfragen wie etwa die Zulässigkeit von Meldepflichten oder die aktive Motivation zu anonymen Meldungen sind zwischenzeitlich umfassend diskutiert,[101] die Praxis hat ihre Wege gefunden, um derlei Systeme[102] im Einvernehmen mit dem Betriebsrat zu etablieren. Sind Hinweisgebersysteme bereits in die Compliance-Prozesse eines Unternehmens integriert, können diese Systeme auch für die (anonyme) Meldung von Problemen im Umgang mit Fremdpersonal geöffnet werden. Das ist umso naheliegender, wenn der Umgang mit Fremdpersonal in den Ethikrichtlinien ausdrücklich angesprochen wird. Erhalten Mitarbeiter Leitlinien mit Regeln zur Zusammenarbeit mit Fremdpersonal, können diese Leitlinien ebenfalls auf das Hinweisgebersystem verweisen.

59 Solche Hinweisgebersysteme lösen die üblichen Kommunikationswege zur Meldung von Problemfällen, z.B. gegenüber den Vorgesetzten, der Personal- oder Rechtsabteilung oder dem Betriebsrat nicht ab, sondern ergänzen diese. Letztere Meldemöglichkeiten, insbesondere die gegenüber dem Vorgesetzten oder der Personal- oder Rechtsabteilung, dürften im betrieblichen Alltag ohnehin die naheliegenderen Kommunikationswege in der Contractor Compliance sein. Auch dürfte regelmäßig kein Anlass bestehen, allein aus Gründen der Contractor Compliance ein Hinweisgebersystem einzurichten.[103] Allerdings dürfte sich die Frage über das Für und Wider eines Hinweisgebersystems mit Inkrafttreten des zum Zeitpunkt der Erstellung des Manuskripts im Regierungsentwurf vorliegenden Hinweisgeberschutzgesetzes erübrigen. Unternehmen mit mindestens 50 Mitarbeitern müssen demnach eine interne Melde-

---

99 Vgl. im Einzelnen *Moosmayer* S. 53 f.
100 Vgl. *Mahnhold* NZA 2008, 737 m.w.N.; ferner Inderst/Bannenberg/Poppe/*Hülsberg/Kuhn* S. 534 ff.; *Moosmayer* S. 56 ff.; ISO 19600, S. 24.
101 Bspw. *Moosmayer* S. 56 ff.; *Mahnhold* NZA 2008, 737, 738 ff.
102 Zu den Erscheinungsformen s. bspw. *Moosmayer* S. 56 ff.; zur Ausgestaltung s. Inderst/Bannenberg/Poppe/*Hülsberg/Kuhn* S. 542 ff.
103 Zur Mitbestimmung des Betriebsrats s. im 6. Teil Rn. 62 ff.

stelle einrichten. Die müsste wegen § 2 Abs. 1 Nr. 1/2 HinSchG-E auch Meldungen über begründete Verdachtsmomente bzgl. eines illegalen Fremdpersonaleinsatzes nachgehen.

Zu überlegen ist auch, Hinweisgebersysteme für Fremdpersonal zu öffnen, um Problemfälle frühzeitig zu erkennen. Existiert kein Hinweisgebersystem, könnten konkrete Ansprechpartner für Problemmeldungen benannt und über die Vertragspartner weitergegeben werden. Hier ist allerdings Vorsicht geboten. Leicht entsteht der Eindruck, als maße sich das Einsatzunternehmen, also der Auftraggeber, die Arbeitgeberstellung an. Deshalb müssen Vorkehrungen getroffen werden, die eben diesen Eindruck gegenüber dem Fremdpersonal ausräumen. Neben den entsprechenden schriftlichen Klarstellungen dürfte es häufig auch Sinn machen, nicht den Disponenten vor Ort, sondern z.B. einen Mitarbeiter der Rechtsabteilung bzw. von Compliance (eher nicht die Personalabteilung) zu benennen bzw. Meldungen über ein für Dritte ausdrücklich geöffnetes Hinweisgebersystem zu ermöglichen. Das trennt die Meldemöglichkeit von den risikoträchtigen Schnittstellen der täglichen unternehmerischen Zusammenarbeit ab. Für Personen, die wegen ihrer wirtschaftlichen Unselbständigkeit als arbeitnehmerähnliche Personen anzusehen sind (z.B. Heimarbeiter) soll nach § 3 Abs. 8 Nr. 6 HinSchG-E künftig ohnehin eine Meldestelle einzurichten sein. **60**

dd) Monitoring

Wie jedes CMS ist auch ein (Schein-)Selbstständigen-Compliance-Konzept auf seine Angemessenheit und Wirksamkeit zu kontrollieren. Insoweit wird vorgeschlagen, solche Prüfungen durch prozessunabhängige Stellen, z.B. die interne Revision, durchführen zu lassen.[104] Solche Kontrollen erfolgen präventiv nach einem bestimmten Prüfungsmuster, sind also von konkreten Problemfällen unabhängig.[105] Daneben ist es selbstverständlich Aufgabe der Compliance-Funktion und der jeweiligen Fachabteilungen, das Compliance-Konzept fortlaufend zu kontrollieren.[106] Die Prüfungen zielen regelmäßig auf die Einzelbausteine des jeweiligen Compliance-Konzepts ab.[107] Aus Sicht der (Schein-) Selbstständigen-Compliance kann es also je nach Ausgestaltung des Compliance-Konzepts z.B. um die vollständige Übergabe von Leitlinien an Mitarbeiter mit Schnittstellenfunktion, die Vollständigkeit und Effizienz von Schulungsprogrammen (z.B. auch durch Mitarbeiterbefragungen), die Prüfung der Funktionsfähigkeit von Meldewegen (z.B. durch Testfälle) oder auch die Vollständigkeit der Vertragswerke mit Fremdfirmen gehen. Wichtig dürfte auch die Kontrolle „vor Ort" sein, z.B. ob Konzepte zur räumlichen Abgrenzung von Fremdfirmen oder Konzepte zur Kontaktsteuerung (z.B. Ticketsysteme, Koordination über Disponenten) (noch) gelebt werden (z.B. durch Befragungen, bzgl. Fremdpersonal aber fraglich[108]). Der Umgang mit erkannten Problemfällen (wurde ermittelt und wurde gehandelt?) ist ebenfalls wesentlich. **61**

Werden Kontrollen durchgeführt, ist das zu dokumentieren.[109] **62**

---
104 *IDW* PS 980, A20; zum Umfang und Maßnahmen des Monitorings s. etwa ISO 19600, S. 21.
105 *Moosmayer* S. 88; Inderst/Bannenberg/Poppe/*Inderst* S. 148 f.
106 IDW PS 980, A20.
107 Vgl. insoweit etwa die Übersicht mit entsprechenden Kontrollmitteln bei *Moosmayer* S. 88 f.
108 Im Einzelnen im 5. Teil Kap. 1 Rn. 88.
109 Vgl. *Inderst/Bannenberg/Poppe* S. 149.

ee) Behandlung von Problemfällen

63 Die „Neubürger-Entscheidung" des *LG München I*[110] ruft das der Compliance zugrundeliegende Pflichtentrias „Aufklären, Abstellen, Ahnden"[111] nochmals eindringlich in Erinnerung. Auch aus Sicht der Contractor Compliance ist es elementar, Problemfälle nicht nur zu erkennen, sondern ihnen nachzugehen und diese dann aufzulösen. Nur so beugt man dem Vorwurf vor, eine ggf. von (ursprünglichen) Verträgen abweichende Praxis zu dulden, nur so wird verhindert, dass aus einem „unschädlichen" Einzelfall – in den Worten des BAG – „beispielhafte Erscheinungsformen einer durchgehend geübten Vertragspraxis"[112] werden.

64 Aufklärungsbedarf kann beispielsweise aus einer Risikoanalyse bei Strukturierung eines Compliance-Konzepts erwachsen, er kann aus den fortlaufenden bzw. periodischen Compliance-Kontrollen („Monitoring") hervorgehen oder über Meldungen/Fragen aus dem Kreis der Mitarbeiter bzw. des Fremdpersonals – und sei es über ein Hinweisgebersystem – erfolgen. Ergeben sich hinreichende Verdachtsmomente auf eine Problemlage, ist diese aufzuklären.

65 Wie ein Unternehmen auf Problemfälle zu reagieren hat, lässt sich nicht pauschal beantworten. Wie wahrscheinlich eine Statusverfehlung ist, hängt an den Umständen des Einzelfalls. Daran, dass eine Gesamtbetrachtung der Umstände des Einzelfalls geboten ist, wird zugleich klar, dass einzelne Fehler noch keine Statusverfehlung begründen (müssen). Die vorstehenden Ausführungen zu Zurechenbarkeit und Typizität[113] machen das ebenfalls deutlich. Insoweit ergeben sich grundsätzlich drei Fragestellungen:

66 Erstens geht es darum, wie die konkrete Fehlerquelle zu beheben ist. Werden beispielsweise organisatorische Maßnahmen zur Schnittstellenkontrolle missachtet (z.B. die räumliche Abtrennung des Fremdpersonals, Auftragserteilungen über Ticketsystem, Kontaktsteuerung über Disponenten), könnten diese durch klare Anweisungen gegenüber den jeweiligen Mitarbeitern bzw. entsprechenden Aufforderungen gegenüber dem Vertragspartner wieder eingerichtet werden. Haben Mitarbeiter Arbeitsanweisungen gegenüber Fremdpersonal erteilt, sind die Mitarbeiter entsprechend zu belehren. In vielen Konstellationen dürften (Nach-) Schulungen sinnvoll sein.

67 Zweitens geht es darum, ob und wie das Fehlverhalten eines Mitarbeiters zu sanktionieren ist. Theoretisch steht hier die ganze Bandbreite an Sanktionsmitteln zur Diskussion, die innerhalb des eröffneten Ermessensspielraums[114] auch für andere Compliance-Verstöße in Betracht kommen. Zu denken ist an arbeitsrechtliche Maßnahmen wie Abmahnungen, jedenfalls im Wiederholungsfalle auch Kündigungen sowie die Durchsetzung von Schadensersatzansprüchen gegenüber den verantwortlichen Mitarbeitern. Daneben ist im Extremfall gar an die Einleitung von Ordnungswidrigkeits- oder Strafverfahren zu denken. Insbesondere wenn konkrete Leitlinien zum Umgang mit Fremdpersonal missachtet werden, dürfte es häufig Sinn machen, schon recht früh zum Mittel der Abmahnung zu greifen.

---

110 *LG München* NZG 2014, 345 = BeckRS 2014, 01998.
111 *Fleischer* NZG 2014, 321, 324.
112 *BAG* NZA-RR 2012, 455, 458.
113 Hierzu s. im 5. Teil Kap. 1 Rn. 17 ff.
114 Bspw. *Fleischer* NZG 2014, 321, 324.

Die größte Schwierigkeit birgt der dritte Fragenkreis, nämlich wie zu reagieren ist, **68** wenn das „Kind in den Brunnen gefallen" scheint, nach Beurteilung aller Umstände des Einzelfalls also z.B. „wichtige Gründe"[115] für eine Statusverfehlung sprechen. Solche Problemlagen tauchen typischerweise dann auf, wenn erstmals eine Risikoanalyse durchgeführt wird oder schlicht kein wirksames Compliance-Konzept existiert.

Dass die Fehlerquelle abzustellen ist, ggf. Sanktionen zu ergreifen sind, wohnt der **69** Compliance-Idee inne. Wegschauen gilt nicht. Die Bandbreite möglicher Maßnahmen kann vom Abstellen einzelner Fehler in der Durchführung des Vertragsverhältnisses (s.o.), über die vorsorgliche Beendigung des Vertragsverhältnisses zum Dritten bis hin zur ggf. auch rückwirkenden Bestätigung des Status als Arbeitnehmer reichen. Eine pauschale Antwort, welche Maßnahme zu wählen ist, gibt es aber auch hier nicht, auch wenn der rechtliche Ausgangspunkt eindeutig ist: Versicherungspflichtige Beschäftigungsverhältnisse muss der Arbeitgeber gem. § 28a Abs. 1 SGB IV i.V.m. § 6 DEÜV der Einzugsstelle melden. Für zurückliegende Beschäftigungszeiten ist die Meldung nachzuholen.[116]

Doch aufgrund der gebotenen Gesamtbetrachtung des Einzelfalls und der Kriterien der **70** Zurechenbarkeit und Typizität liegt die Statusverfehlung häufig eben nicht eindeutig auf der Hand. Das führt zu einer in der Praxis mitunter schwierigen Risikobewertung. Je höher das Schadensrisiko,[117] desto eher mögen hierbei auch strafrechtliche Aspekte der Haftungsprävention eine Rolle spielen: So kann beispielsweise an eine (vorsorgliche) steuerstrafrechtliche Selbstanzeige gem. § 371 AO zu denken sein.[118] Die strafbefreiende Selbstanzeige gem. § 266a Abs. 6 StGB ist ein weiteres, in der Praxis allerdings nur selten taugliches Instrument.[119] Derlei Maßnahmen sind regelmäßig u.a. mit der (rückwirkenden) Meldung zur Sozialversicherung oder der Einleitung eines Statusfeststellungsverfahrens[120] zu koordinieren. Des Weiteren kann die sozialversicherungsrechtliche Verjährungsvorschrift des § 25 Abs. 1 SGB IV in die Entscheidungsfindung einfließen. Während Beitragsansprüche regelmäßig binnen vier Jahren verjähren, verjähren Ansprüche auf vorsätzlich vorenthaltende Beiträge erst in 30 Jahren. Erfasst werden sämtliche, noch nicht verjährten Beiträge. Die Verjährungsfrist verlängert sich aber durch rückwirkende Umwandlung in die 30-jährige Verjährungsfrist, wenn der Beitragsschuldner noch während der vierjährigen Verjährungsfrist bösgläubig wird.[121] Ob Vorsatz vorliegt, misst das BSG daran, ob der Beitragsschuldner die Beitragspflicht für möglich hält, die Nichtabführung der Beiträge aber billigend in Kauf nimmt.[121] Der Beitragsschuldner muss nicht nur die Tatsachen kennen, die zur Beitragspflicht führen; er muss vielmehr auch die Beitragspflicht für möglich halten.[122] Einen großzügigen Maßstab darf man diesbezüglich in der sozialgerichtlichen Rechtsprechung aber nicht erwarten. So soll es bereits vorwerfbar sein, wenn der Arbeitgeber hinsichtlich der versicherungs- und beitragsrechtlichen Beur-

---

115 *Lembke* NZA 2013, 1312, 1315.
116 *BSG* 30.3.2000 – B 12 KR 14/99 R, juris = BeckRS 1998, 30010878.
117 Siehe insoweit 5. Teil 1. Kap. Rn. 41.
118 Siehe hierzu und zu weiteren Gestaltungsmöglichkeiten im 5. Teil 5. Kap. Rn. 41 ff.
119 Siehe hierzu im 5. Teil 5. Kap. Rn. 34.
120 Dieses wird in der sozialrechtlich geprägten Literatur ohnehin als Instrument des Risikomanagements hervorgehoben, auch, um dem Vorsatzelement des § 266a StGB vorzubeugen, *Ziegelmeier* NZA 2021, 977, 978; *Zieglmeier* DStR-Beihefter 2015, 81, 84 bzgl. der Debatte um Mindestlohn im Amateursport; siehe insgesamt im 5. Teil 5. Kap. Rn. 20 ff.
121 *BSG* 30.3.2000 – B 12 KR 14/99 R – juris = BeckRS 1998, 30010878.
122 KasselerKommentar/*Zieglmeier* SGB IV, § 25 Rn. 46.

teilung einer Erwerbstätigkeit bei „Unklarheiten ... kein Einzugsstellen- (vgl § 28h SGB IV) und/oder Anfrageverfahren (vgl § 7a SGB IV)"[123] eingeleitet hat.

71 Bedenkt man die auch nach Neufassung des § 7a SGB IV begrenzte Aussagekraft von Statusfeststellungsverfahren als reine Momentaufnahme im Dauerschuldverhältnis, mag diese Sichtweise des BSG zumindest irritieren. Der Nutzen für die Zukunft des sich ggf. wandelnden Beschäftigungsverhältnisses ist gering, der Schaden bei einem Verzicht (jedenfalls aus dem Blickwinkel des § 25 Abs. 2 SGB IV) hingegen gewaltig. Das gilt insbesondere dann, wenn – entgegen den vorstehenden Ausführungen – die Unklarheiten in der Durchführung des Beschäftigungsverhältnisses für die Zukunft nicht ausgeräumt werden. Insgesamt bleibt nur zu hoffen, dass sich ein aus Compliance-Sicht förderlicher Maßstab entwickelt. Compliance-Audits zielen gerade darauf ab, „Unklarheiten" zu entdecken. Das ist gerade Kern der Präventionsstrategie. Wenn das dann aber ggf. einen „Rattenschwanz" an häufig vollkommen unnötigen Statusfeststellungsverfahren nach sich zöge, wäre einer wirksamen Compliance-Strategie von vorne herein ein Bärendienst erwiesen. Compliance würde schon im Ansatz ihre Akzeptanz verlieren und sich allzu leicht auf Konstellationen reduzieren, in denen „das Kind noch nicht in den Brunnen gefallen sein kann".[124] Letztlich bleibt abzuwarten, was die Rechtsprechung unter „Unklarheiten" im Kontext des § 25 Abs. 1 SGB IV versteht. Man wird mindestens wichtige Gründe für eine Statusverfehlung voraussetzen müssen. Das BSG stellt bzgl. der Exkulpation gem. § 24 Abs. 2 SGV IV zumindest klar, dass das „gesamte Risiko der Einordnung komplexer sozialversicherungsrechtlicher Wertungsfragen" nicht dem Arbeitgeber überantwortet werden darf, sich Schematisierungen verbieten und es auf den Einzelfall ankommt.[125]

b) Maßnahmen „nach außen" gegenüber Vertragspartner

72 Wie bereits ausgeführt, zielt die Fremdpersonal Compliance als Teil der Contractor Compliance gerade auch auf das Verhältnis zum Vertragspartner und dessen Erfüllungsgehilfen ab. Der Diskussion um die Korruptionsprävention, CSR und Mindestlohn-Compliance (§ 13 MiLoG) lassen sich einige Vorschläge für Compliance-Maßnahmen entnehmen, die auch in der (Schein-) Selbstständigen-Compliance fruchtbar gemacht werden können und insbesondere im Nachgang zur AÜG-Reform 2017 weite Verbreitung in der Praxis erfahren haben. Welche Compliance-Maßnahmen man letztlich wählt und dem Vertragspartner vorschlägt, muss aber sorgsam überlegt werden. Generell ist daran zu erinnern, dass Vertragsverhältnisse von gegenseitigem Vertrauen leben (sollten). Vertragspartnerkontrolle – als solche lassen sich nach außen gerichtete Compliance-Maßnahmen, insbesondere Auditierungsrechte, leicht deuten – schürt aber Misstrauen.[126] Das gilt vorliegend umso mehr, als die meisten Faktoren, die eine Statusverfehlung begründen können, in der Risikosphäre des Auftragsgebers liegen dürften (z.B. Erteilung von Arbeitsweisungen). Compliance darf hier nicht als der Versuch (miss-) verstanden werden, Risiken und Präventionsaufwand einseitig auf den Auftragnehmer abzuwälzen. Darüber hinaus dürfen die gewählten Compliance-Maßnahmen weder die Organisation des Auftragsgebers noch die des Auftragnehmers überfordern. Compliance lebt von Akzeptanz; diese droht

---

123 *BSG* NZA-RR 2012, 539, wenn auch bezogen auf Vorsatz i.S.d. § 14 Abs. 2 S. 2 SGB IV; *BSG* 12.12.2018 – B 12 R 15/18 = DStR 2019 1165 Rn. 24 bzgl. § 24 Abs. 2 SGV IV.
124 Z.B. bei Strukturierung einer geplanten Outsourcing-Maßnahme.
125 *BSG* 12.12.2018 – B 12 R 15/18 = DStR 2019 1165 Rn. 24.
126 Siehe etwa *Klötzer-Assion/Mahnhold* wistra 2015, 88, 92.

aber zu schwinden, wenn die ergriffenen Maßnahmen gemessen an dem konkreten Schadensrisiko „überschießende Tendenz" aufweisen. Einmal mehr gilt: Weniger kann mehr sein. Jede Compliance-Maßnahme muss sich aus der Risikoanalyse rechtfertigen.

aa) „Contractor Due Diligence"

Auch für die Contractor Compliance ist wichtig, sich seinen zukünftigen Vertragspartner genau anzuschauen. Das führt selbstverständlich nicht so weit wie in der Korruptionsprävention, bei der künftige Vertragspartner teilweise schon mittels automatisierter Prozesse „auf Herz und Niere" bewertet werden.[127] Gleichwohl macht es Sinn, bereits vor Vertragsabschluss Informationen einzuholen, die Risiken drohender Statusverfehlungen indizieren. Zu denken ist an Internetrecherchen, Handelsregisterabfragen oder auch die Abfrage von Informationen direkt beim potentiellen Vertragspartner. 73

Die einzuholenden Informationen sind vom Gegenstand des Fremdpersonaleinsatzes sowie der Struktur des Vertragspartners abhängig. Soll ein Vertrag mit einem Soloselbstständigen begründet werden, kann es bspw. wesentlich sein, ob 74
– der Selbstständige ein Gewerbe eingetragen hat,
– über weitere Auftraggeber verfügt,
– über eigene Betriebsmittel verfügt,[128]
– über ggf. erforderliche rechtliche Qualifikationen verfügt (z.B. § 34a GewO, § 2 PBefG, § 3 GüKG).[128]

Werden in größerem Rahmen Werk- oder Dienstleistungen vergeben, können weitere Informationen relevant werden, z.B. 75
– das Vorhandensein einer eigenen Organisation, die die Wahrnehmung von Arbeitgeberrechten ermöglicht,[129]
– Eintrag im Handelsregister,
– Fälle von Statusverfehlungen in der Vergangenheit.

Auch wenn eine Pauschalisierung wie immer schwierig ist, so lassen sich die Erscheinungsformen eines Fremdpersonaleinsatzes im Unternehmen doch i.d.R. so weit ordnen, dass eine solche „Vertragspartner Due Diligence" z.B. über Fragenkataloge strukturiert werden kann. 76

bb) Vertragsmanagement

Das Vertragsmanagement ist das Herzstück der „nach außen" gerichteten Contractor Compliance. Einerseits geht es darum, für eine vollständige und jederzeit verfügbare Dokumentation der Vertragswerke zu sorgen. Das klingt einfacher als es ist, insbesondere wenn auf Grundlage von Rahmenverträgen jeweils – ggf. aus unterschiedlichen Fachabteilungen heraus – Einzelaufträge verteilt werden. Anderseits sind die jeweiligen Verträge das Instrument, um den Fremdpersonaleinsatz deutlich von der Einstellung bzw. der Vermittlung von Arbeitnehmern abzugrenzen. Hierbei gibt der Vertrag zugleich die Handhabe, um den Vertragspartner seinerseits zur Contractor Compliance zu veranlassen. Der Vertragspartner kann so angeleitet werden, auf Grundlage 77

---

127 Siehe etwa *Schröder* CCZ 2013, 74, 76 ff.
128 *Zieglmeier* NJW 2015, 1914, 1918.
129 *BAG* NZA 1995, 572.

vertraglicher Verpflichtungen Vorkehrungen gegenüber seinen Erfüllungsgehilfen zu treffen, damit Vertragstext und Vertragsdurchführung nicht – jedenfalls nicht zurechenbar – voneinander abweichen.[130] Soll der Auftragnehmer beispielsweise Schulungsmaßnahmen durchführen, sollte darauf geachtet werden, dass der Auftragnehmer auch die Kosten trägt und die Schulung nicht durch den Auftraggeber durchgeführt wird. Ansonsten könnte ein Indiz für eine illegale Arbeitnehmerüberlassung gesetzt werden.[131] Mit Blick auf die gesamtschuldnerische Beitragstragungspflicht des § 28e SGB IV finden sich immer häufiger auch Vorgaben, dass der Auftragnehmer im Rahmen des Auftrags nur eigene Arbeitnehmer und keine Selbständigen beschäftigt. Welche Maßnahmen insoweit verlangt werden, hängt wiederum sehr an den Rahmenbedingungen der jeweiligen Vertragsbeziehung[132] und selbstverständlich an der Bereitschaft des Vertragspartners, sich auf derlei Regelungen einzulassen. Über folgende Regelungen ist nachzudenken:

(1) Vertragliche Informations- und Dokumentationspflichten

78 Wesentliche Aufgabe der „nach außen" gerichteten (Schein-) Selbstständigen-Compliance ist gegenüber dem eingesetzten Fremdpersonal das Vertrauen darauf zu zerstören, als Arbeitnehmer eingesetzt zu werden. Genau wie „nach innen" gegenüber den eigenen Arbeitnehmern mit Schnittstellenfunktionen ist das Mittel der Wahl die Aufklärung. Wird der Vertragspartner bspw. verpflichtet, seinen an Schnittstellen eingesetzten Arbeitnehmern die Rahmenbedingungen ihres Einsatzes (schriftlich) aufzuzeigen, insbesondere keine Arbeitsanweisungen (z.B. Weisungen zur Arbeitszeit einschließlich Pausen, Arbeitstempo oder Urlaub) von Arbeitnehmern des Auftraggebers entgegenzunehmen, ist viel gewonnen. In diese Information kann auch integriert werden, dass der eigene Vertragsarbeitgeber über eventuelle Problemfälle informiert wird. Je nach Risikopotential kann es auch sinnvoll sein, Schulungsmaßnahmen zu verlangen.

79 Wichtig ist hierbei, mit der Informationspflicht korrespondierende Dokumentations– und Auskunftspflichten[133] festzuschreiben. Im Konfliktfall muss durch den Werkunternehmer/Dienstleister nachgewiesen werden können, welchem Arbeitnehmer wann und auf welchem Wege welche Information (Schreiben und/oder Schulung/Einweisung?) erteilt wurde. I.d.R. wird also eine schriftliche Information erforderlich sein. Über eventuelle, ihm zur Kenntnis gelangte Konfliktfälle sollte der Auftragnehmer den Auftraggeber informieren müssen. So kann dieser seinerseits die Problemlage auflösen.

80 Ist es dem Auftragnehmer gestattet, seinerseits Nachunternehmer einzuschalten, dürften Regelungen naheliegen, wonach entsprechende Informations- und Dokumentationspflichten in der Nachunternehmerkette weitergereicht werden müssen.[134]

---

130 Siehe bereits in 5. Teil 1. Kap. Rn. 24.
131 *BAG* 20.9.2016 – 9 AZR 735/15 = NZA 2017, 49 Rn. 41.
132 Zur Frage, ob aus der Einflussnahme auf den Vertragspartner durch Compliance-Maßnahmen selbst Scheinselbstständigkeitsrisiken erwachsen können, s. im 5. Teil 1. Kap. Rn. 83, 88.
133 Zu den datenschutzrechtlichen Aspekten s. im 5. Teil 1. Kap. Rn. 87 f.
134 Zu den hiermit korrespondierenden AGB-rechtlichen Problemen s. 5. Teil 2. Kap. Rn. 40 ff.

(2) Freistellungserklärungen

Jedenfalls theoretisch ist in Anlehnung an die Debatte um § 13 MiLoG zu überlegen, Freistellungsklauseln für die aus einer Statusverfehlung entstehenden Schäden aufzunehmen. Angemessen dürften derlei Klauseln indes nicht sein. Denn das eigentliche Schadensrisiko liegt eindeutig auf Seiten des Auftraggebers. Der Auftraggeber gliedert das Fremdpersonal in seine Arbeitsorganisation ein, er geriert sich als Arbeitgeber. Gleichwohl würde dem Auftragnehmer durch eine Freistellungsklausel der Einwand des fehlenden Verschuldens abgeschnitten. Das Schadensrisiko würde einseitig auf ihn verlagert. Solche Klauseln halten regelmäßig einer Überprüfung am Maßstab der §§ 305 ff. BGB nicht stand.[135] Darüber hinaus bergen derlei Klauseln das Risiko, im Rahmen des § 266a StGB als Indiz für bedingt vorsätzliches Handeln verstanden zu werden.[136]

81

Um die Umsetzung vertraglich vereinbarter Compliance-Maßnahmen wie insbesondere Informations- und Dokumentationspflichten zu fördern, ist bspw. an (ggf. formularmäßig) vereinbarte Vertragsstrafen zu denken. Diese müssen sich in angemessenem Rahmen bewegen.

82

(3) Beschränkung der Nachunternehmerkette

Erstreckt ein Auftraggeber sein Contractor Compliance-Konzept auf den Auftragnehmer, liegt die Versuchung nahe, die Nachunternehmerkette zu beschränken. Konkret würde dem Auftragnehmer untersagt, den Auftrag seinerseits fremd zu vergeben. Das erhöht die Chancen auf ein effizientes Compliance-Konzept. Der Kreis der Beteiligten wird eingegrenzt; Einwirkungs- und eventuelle Kontrollmöglichkeiten werden so gestärkt. Daneben kann auch CSR (mit Blick auf die Rechtmäßigkeit der Arbeitsbedingungen bei Nachunternehmern) Motor für Beschränkungen der Nachunternehmerkette sein. Aus Sicht der (Schein-) Selbstständigen-Compliance ist aber Vorsicht geboten. Zum einen können derlei Beschränkungen AGB-rechtswidrig sein.[137] Zum anderen wird eingewendet, dass Werk-/Dienstverträge durch solche Beschränkungen „in die Nähe der Scheinselbstständigkeit bzw. der verdeckten Arbeitnehmerüberlassung rücken"[138] könnten. Und tatsächlich gilt der Umstand, auf Nachunternehmer zurückgreifen zu können und das auch zu tun, regelmäßig als starkes Indiz gegen eine Scheinselbstständigkeit/verdeckte Arbeitnehmerüberlassung. Das darf zwar nicht dahin missverstanden werden, dass eine Beschränkung der Nachunternehmerkette zwangsläufig in die Scheinselbstständigkeit bzw. verdeckte Arbeitnehmerüberlassung führt.[139] Hieran zeigt sich weder eine Eingliederung in die Arbeitsorganisation des Auftraggebers noch die Erteilung arbeitsrechtlicher Weisungen. Gleichwohl gibt man ein wesentliches Argument zur Abwehr des Vorwurfes einer Statusverfehlung preis. Insbesondere beim Einsatz von Soloselbstständigen kann das zu erheblichen Schwie-

83

---

135 Vergleiche Erman/*Roloff* § 307 Rn. 13, s. ferner im Einzelnen im 5. Teil 2. Kap. Rn. 67; vgl. im CSR-Zusammenhang *Spießhofer/Graf von Westphalen* BB 2015, 75, 80 f.
136 Kindhäuser/Neumann/Paeffgen/*Tag* § 266a StGB Rn. 81.
137 Siehe hierzu im 5. Teil 2. Kap. Rn. 40 ff., ferner eingehend am Beispiel der MiLoG Compliance *Bayreuther* NZA 2015, 961, 969.
138 *Bayreuther* NZA 2015, 961, 969.
139 Unkritisch insoweit auch zur Beschränkung der Nachunternehmerkette durch einen Genehmigungsvorbehalt *BAG* NZA 2005, 627, wobei man die beiläufigen Ausführungen des Bundesarbeitsgerichts sicherlich nicht überbewerten sollte.

rigkeiten führen. Das BAG hat mit Entscheidung vom 14.6.2016[140] die rechtliche (nicht tatsächliche) Möglichkeit der Einschaltung von Personal noch einmal als Kriterium hervorgehoben. Bei größer angelegten Outsourcing Maßnahmen hingegen lassen sich derlei Argumentationsdefizite durch gegensteuernde Maßnahmen (z.B. Kontaktsteuerung über Disponenten/eigene Arbeitsbereiche etc.) häufig leichter aufwiegen. Auch dürfte es in derlei Projekten unproblematisch sein, die „Nachunternehmerkette" insoweit zu beschränken, als der Auftragnehmer nur mit eigenen Arbeitnehmern und nicht mit Selbständigen tätig werden darf.

(4) Auditierungsrechte

84　Gleich ob zur Korruptionsprävention,[141] generell in der CSR[142] oder auch im Rahmen der Mindestlohn-Compliance,[143] sich gegenüber Auftragnehmern Auditierungsrechte vertraglich vorzubehalten, wird regelmäßig vorgeschlagen. Auch aus Sicht der (Schein-) Selbstständigen-Compliance ist zu überlegen, sich Prüf– und Kontrollrechte vertraglich festschreiben zu lassen.

85　Das Ausmaß an möglichen Auditierungsrechten lässt sich etwa am Beispiel der Korruptionsprävention nachvollziehen. Insoweit werden im Wesentlichen Einsichtsrechte in Unterlagen, Berichte, Konten und Bücher von Auftragnehmern erwogen. Mal beschränkt man Auditierungsrechte auf begründete Verdachtsfälle, mal sollen sie anlassunabhängig eingeräumt werden.[144] Darüber hinaus werden Kooperationspflichten – insbesondere Auskunftspflichten – in den Compliance-Klauseln formuliert.[145] In der Mindestlohn-Compliance geht es insoweit im Kern um die Vorlage von Lohnabrechnungen durch den Auftragnehmer.[146] Mit Blick auf die Beschränkung von Nachunternehmerketten weist das BAG insoweit darauf hin, „Bauleiter und Poliere des Generalunternehmens auf den Baustellen" könnten kontrollieren, „ob auf der Baustelle auch tatsächlich Arbeitnehmer des jeweils verpflichteten Nachunternehmers tätig"[147] würden. Das legt Befragungsrechte nahe, auch wenn man die Ausführungen des BAG insoweit sicherlich nicht „überstrapazieren" darf.

86　Welchen Umfang Auditierungsrechte aus Sicht der (Schein-) Selbstständigen-Compliance haben sollten, hängt wiederum von den geplanten Compliance-Maßnahmen gegenüber dem Auftragnehmer ab. Diese gehen auf die Risikoanalyse zurück. Wird der Auftragnehmer beispielsweise dazu verpflichtet, die von ihm an den Schnittstellen der unternehmerischen Zusammenarbeit eingesetzten Arbeitnehmer über den Rahmen ihres Einsatzes zu informieren,[148] liegt es nahe, die vollständige Umsetzung dieser Verpflichtung zu prüfen. Hiermit korrespondiert die Prüfung, ob entsprechende Dokumentationspflichten erfüllt werden. Beides kann durch (periodische) Vorlage der Dokumente erfolgen, anhand derer der Auftragnehmer die Übergabe der Infor-

---

140　*BAG* 14.6.2016 – 9 AZR 305/15 = NZA 2016, 1453 Rn. 32.
141　Siehe insoweit *Teicke/Matthiesen* BB 2013, 773 f.
142　Vgl. insoweit z.B. *Spießhofer/Graf von Westphalen* BB 2015, 75, 77.
143　Siehe hierzu beispielsweise *Bayreuther* NZA 2015, 961, 968 f.; *Insam/Hinrichs/Tacou* NZA-RR 2014, 569, 571; *Klötzer-Assion/Mahnhold* wistra 2015, 88, 92.
144　Übersicht bei *Teicke/Matthiesen* BB 2013, 771, 773.
145　Siehe etwa *Schröder* CCZ 2013, 74, 77.
146　Siehe etwa *Bayreuther* NZA 2015, 961, 968; *Klötzer-Assion/Mahnhold* wistra 2015, 88, 92; vgl. auch *BAG* NZA 2005, 627.
147　*BAG* 12.1.2005 AP Nr. 2 zu § 1a AEntG.
148　Siehe im Einzelnen 5. Teil 1. Kap. Rn. 78 ff.

mation etc. erfasst. Zwar lässt sich hieraus – jedenfalls bei größeren Outsourcing Maßnahmen – nicht erkennen, ob die vom Auftragnehmer zur Verfügung gestellten Informationen vollständig sind, also z.B. alle an den Schnittstellen eingesetzten Arbeitnehmer umfasst. Der Auftraggeber weiß regelmäßig nicht, welche Arbeitnehmer der Auftragnehmer zur Erfüllung seiner vertraglichen Pflichten einsetzt. Das muss er letztlich aber auch nicht, wenn der Auftragnehmer ihm die Vollständigkeit der Unterlagen bestätigt. Ferner geben die Unterlagen auch ohne Abgleich der Namen einen guten Einblick, ob der Auftragnehmer etwaige Informations- und Dokumentationspflichten ernst nimmt.

Vor diesem Hintergrund dürften regelmäßig auch pseudonymisierte Nachweise ausreichend sein. Das relativiert zugleich die datenschutzrechtliche Problematik,[149] nämlich ob Daten über die Erteilung von Informationen etc. als personenbezogene Daten vom Auftragnehmer an den Auftraggeber weitergegeben werden können. Mit Klarnamen versehen ist die Übermittlung solcher Daten an Art. 6 Abs. 1 lit. f DSGVO zu messen. Das eröffnet eine Interessenabwägung. Entsprechend der Diskussion um Mindestlohnkontrollen anhand von Lohnunterlagen dürfte die Übermittlung nur „sach- und anlassbezogen",[150] also nicht pauschal, zulässig sein. Das dürfte insbesondere bei Ermittlungen wegen des Verdachts einer Statusverfehlung der Fall sein oder auch dann, wenn die zur Verfügung gestellten, anonymisierten Unterlagen den Verdacht begründen, dass sie unvollständig sind. Insgesamt bedarf es auch hier einer Erforderlichkeitsprüfung im Einzelfall, also der Frage, ob mildere Mittel zur Verfügung stehen.[151] **87**

Sich die Befragung von Mitarbeitern des Auftragnehmers anlassunabhängig vorzubehalten, dürfte i.d.R. weder zielführend noch angemessen sein. Zwar kann sich hieran durchaus ein Interesse ergeben, etwa um eine ggf. erfolgte Beschränkung der Nachunternehmerkette zu überprüfen[152] oder die Einhaltung von Schnittstellen aus Auftragnehmersicht durch „Interviews" zu kontrollieren. Leicht erweist man der (Schein-) Selbstständigen-Compliance jedoch einen „Bärendienst". Zwar hat der Gesetzgeber mit Blick auf die Mindestlohn-Compliance ausdrücklich hervorgehoben, dass Prüf- und Kontrollrechte kein Indiz für einen Schein-Werkvertrag bzw. eine Scheinselbstständigkeit sind.[153] Im Verhältnis zu Arbeitnehmern von Fremdfirmen dürften Befragungen etc. aus Sicht der Arbeitnehmer aber dennoch schnell als Indiz für eine (vermeintliche) Arbeitgeberstellung missverstanden werden. Denn Pflichten, sich befragen zu lassen, ergeben sich regelmäßig aus dem Arbeitsverhältnis, also gerade nicht gegenüber dem Auftraggeber. Das schafft zumindest (unnötigen) Rechtfertigungsbedarf. Damit dürften Befragungen wohl nur im Zusammenhang mit der Aufklärung eines Verdachts auf eine Statusverfehlung sinnvoll sein. Ohne Einwilligung des jeweiligen Arbeitnehmers ist die Datenerhebung im Verhältnis Auftragnehmer/Arbeitnehmer zunächst an § 26 Abs. 1 BDSG zu messen, wobei der Arbeitnehmer im **88**

---

149 Siehe insoweit *Teicke/Matthiesen* BB 2013, 771, 774.
150 Siehe insoweit *Bayreuther* NZA 2015, 961, 969 u.a. unter Verweis auf die 80. Konferenz der Datenschutzbeauftragten des Bundes und der Länder, insoweit zitiert nach *Franck/Krause* DB 2015, 1285, 1286.
151 Siehe insoweit *Klötzer-Assion/Mahnhold* wistra 2015, 88, 92.
152 Siehe insoweit *BAG* NZA 2005, 627.
153 BT-Drucks. 18/1558, 40.

Grundsatz Fragen zu seinem Arbeitsbereich beantworten muss.[154] Die Antworten kann der Auftragnehmer dann gem. Art. 6 Abs. 1 lit. f DSGVO anlassbezogen, also insbesondere im Rahmen einer konkreten Compliance-Ermittlung an den Auftraggeber weitergeben.[155] Der Erforderlichkeitsgrundsatz ist auch hierbei zu beachten. Hiervon losgelöst können Auskunftpflichten geregelt werden, damit der Auftraggeber mit Hilfe von Informationen des Auftragnehmers den Vorwurf einer Statusverfehlung gerichtlich abwehren kann.[156]

89 Schon unter dem Gesichtspunkt der AGB-Kontrolle sollte der Umfang (Gegenstand und Anlass) der Auditierungsrechte transparent und angemessen in der Compliance-Vertragsklausel formuliert werden. Hierbei sollte der Auftraggeber nicht der Versuchung unterliegen, sich „auf Vorrat" möglichst weitgehende Prüf- und Kontrollrechte vorzubehalten. Nicht nur, dass das der Akzeptanz des Compliance-Konzepts schaden kann. Vielmehr gilt auch hier die Regel: Wer sich Prüf- und Kontrollrechte vorbehält, muss diese auch ausüben. Ansonsten setzt er sich dem Vorwurf aus, dass diese Rechte nur für das „Papier" sind. Das kann den Vorwurf der „willful blindness" fördern und sich im Rahmen einer Statusbeurteilung sogar gegen den Auftraggeber wenden.[157]

(5) Sonderkündigungsrechte

90 Schließlich können Sonderkündigungsrechte für den Fall vorgesehen werden, dass der Auftragnehmer die vertraglich vereinbarten Compliance-Pflichten nicht ausübt.[158]

3. Organisation des Fremdpersonaleinsatzes und Vertragsgestaltungen als Element der Haftungsprävention

91 Als dritte Säule der (Schein-) Selbstständigen-Compliance kommen regelmäßig organisatorische Maßnahmen in Betracht, die vornehmlich der Schnittstellenkontrolle dienen. Es geht im Wesentlichen darum, schon dem Eindruck vorzubeugen, der Auftraggeber bzw. dessen Erfüllungsgehilfen könnten dem Fremdpersonal Arbeitsanweisungen erteilen. Hierfür haben sich im Kern zwei Ansätze entwickelt, die mitunter auch kombiniert werden: Zum einen die Steuerung der auftragsbezogenen Zusammenarbeit z.B. über Kontaktpersonen auf Seiten des Auftragnehmers (z.B. Meister, Vorarbeiter, Einsatzleiter[159]), teilweise zusätzlich des Auftraggebers (z.B. Disponent), zum anderen – in den treffenden Worten *Maschmanns*[160] – die „Durchprogrammierung des Arbeitsprozesses im Vertrag".

---

154 Zum Diskussionsstand um Mitarbeiterbefragungen s. etwa *Moll* Münchener Anwaltshandbuch Arbeitsrecht, 3. Aufl. 2012, Rn. 115 ff.
155 Eine Teilnahme an einer ggf. mündlichen Befragung ist ebenfalls möglich.
156 Im Mindestlohnzusammenhang s. etwa *Bayreuther* NZA 2015, 961, 968; Formulierungsbeispiel aus der Korruptionsprävention *Schröder* CCZ 2013, 74, 77.
157 Mit Blick auf Compliance in der Lieferkette *Moosmayer* S. 78; zur Mindestlohn-Compliance *Klötzer-Assion/Mahnhold* wistra 2015, 88, 92.
158 Zur Frage, ob es ausdrücklicher Klauseln zur Wahrnehmung eines „Sonderkündigungsrechts" bedarf, s. im 5. Teil 2. Kap. Rn. 66.
159 *Maschmann* NZA 2013, 1305, 1309; *Hamann* NZA-Beilage 2014, 3, 6.
160 *Maschmann* NZA 2013, 1305, 1309.

a) Kontaktsteuerung/Repräsentantenmodelle

Mittels Kontaktsteuerung (Repräsentantenmodelle[161]) soll sichergestellt werden, dass gegenüber dem Auftragnehmer nur auftragsbezogene Weisungen[162] – also keine Arbeitsanweisungen – erteilt werden und der Auftraggeber seinerseits die Arbeitsleistung seiner Arbeitnehmer organisiert und koordiniert.[163] Im Grundsatz muss der Auftragnehmer also selbst über das wann, wo und wie der Arbeitsleistung entscheiden. Um das zu gewährleisten, bietet es sich an, den Kontakt zwischen Auftragnehmer und Auftraggeber zu kanalisieren und damit zu kontrollieren. Verfügt der Auftragnehmer über eigenes Know-how und eine eigene Betriebsorganisation,[164] wird umso leichter sichtbar, dass die Arbeitsorganisation auf Seiten des Auftragnehmers, i.d.R. ausgeübt über dessen Kontaktperson, verbleibt. Damit ist die Kontaktsteuerung ein Mittel, das insbesondere für größere Outsourcing Maßnahmen geeignet ist.

92

aa) Zwischenschaltung von Disponenten etc. – Einfache Repräsentantenmodelle

Um den Kontakt entsprechend zu steuern, kann wie erwähnt auf Seiten des Auftragnehmers eine Kontaktperson zwischengeschaltet werden (einfache Repräsentantenmodelle[165]), die ihrerseits innerhalb der arbeitsteiligen Organisation des Auftragnehmers die Arbeitsleistung koordiniert. Daneben macht es – soweit möglich – Sinn, auch auf Seiten des Auftraggebers eine Kontaktperson einzurichten.[166] Je weniger Schnittstellen es gibt, desto besser lässt sich die unternehmerische Zusammenarbeit kontrollieren.

93

Die auf Seiten des Auftraggebers eingesetzten Kontaktpersonen müssen sich gegenüber der Kontaktperson auf auftragsbezogene Weisungen beschränken. Je klarer diese im Vertrag zwischen Auftraggeber und Auftragnehmer definiert sind, desto leichter lässt sich das umsetzen.[167] Es ergeben sich durchaus Gestaltungsspielräume. Das zeigt eine Entscheidung des LAG Hamm anschaulich. So erachtete es das Gericht als unschädlich, dass der Auftraggeber am Betriebsleiter der Auftragnehmerin vorbei in dringenden, unaufschiebbaren Fällen und bei Gefahr im Verzug (es ging um Betriebsablaufstörungen im Busbetrieb bei Verkehrsstaus, Verspätungen oder Ähnlichem) „direkte Anweisungen" an die Arbeitnehmer des Auftraggebers erteilte. Das sei vom zugrundeliegenden Geschäftsbesorgungsvertrag ausdrücklich gedeckt gewesen.[168]

94

Dass die an den Schnittstellen eingesetzten Arbeitnehmer umfassend in ihre, sensible Aufgabe eingewiesen werden müssen und entsprechend geschult werden sollten, liegt auf der Hand.

95

---

161 Siehe im 2. Teil 1. Kap. Rn. 55 ff.; *Litschen/Yacoubi* NZA 2017, 484, 488 f.
162 Zur Differenzierung zwischen auftragsbezogenen und arbeitsvertraglichen Weisungen s. im 2. Teil 1. Kap. Rn. 23 ff.
163 *Maschmann* NZA 2013, 1305, 1309; *Hamann* NZA-Beilage 2014, 3, 6.
164 *Maschmann* NZA 2013, 1305, 1309.
165 Siehe im 2. Teil 1. Kap. Rn. 59.
166 Siehe in diesem Zusammenhang etwa *LAG Hamm* 26.11.2010 – 10 TaBV 67/10 = BeckRS 2011, 68558.
167 Siehe insoweit etwa *BAG* NZA-RR 2012, 455 ff.; in diesem Sachverhalt sind Elemente der Auftragsdefinition und Kontaktsteuerung kombiniert.
168 *LAG Hamm* 26.11.2010 – 10 TaBV 67/10 = BeckRS 2011, 68558.

bb) Ticketsysteme – Institutionalisierte Repräsentantenmodelle

96 Der Idee der Kontaktsteuerung folgen im Kern auch sog. Ticketsysteme. Diese haben durch die bereits mehrfach erwähnte Entscheidung des *LAG Baden-Württemberg* v. 1.8.2013 zuletzt noch einmal erhebliche Aufmerksamkeit erfahren.[169] Ticketsysteme zielen darauf ab, dass Einzelaufträge – i.d.R. auf Grundlage eines Rahmenvertrags – ausschließlich über das System zu den dort definierten Regeln erteilt werden dürfen (institutionalisierte Repräsentantenmodelle[170]). Das Computersystem übernimmt also die Rolle der Kontaktpersonen.

cc) Räumliche Abgrenzung

97 Dass Kontaktsteuerungsmodelle fehleranfällig sind, zeigt die Entscheidung des *LAG Baden-Württemberg* v. 1.8.2013 deutlich. Je enger die Erfüllungsgehilfen von Auftragnehmer und Auftraggeber zusammenwirken,[171] desto größer ist das Risiko, dass formale Vorgaben wie die Kontaktsteuerung über Kontaktpersonen oder Ticketsysteme in Vergessenheit geraten. Der „Faktor Mensch" blendet juristisch motivierte, in der Praxis mitunter lästig empfundene Vorgaben allzu leicht aus.[172] Infolgedessen integrieren Kontaktsteuerungsmodelle – soweit nach dem Gegenstand des Auftrags möglich – häufig Konzepte, Anweisungen „auf dem kurzen Dienstweg" an den Kontaktpersonen/Ticketsystemen vorbei zu verhindern. Hierzu gehören zunächst entsprechende Schulungen;[173] daneben laufen derlei Konzepte häufig darauf hinaus, den betrieblichen Kontakt zwischen den Arbeitnehmern von Auftraggeber und Auftragnehmer zu unterbinden. So werden beispielsweise räumlich getrennte und entsprechend abgegrenzte Arbeitsbereiche, Pausenräume etc. eingerichtet, sofern die unternehmerische Zusammenarbeit in derselben Betriebsstätte erfolgen muss. Darüber hinaus kann durch Betriebsausweise, Namensschilder, Türschilder etc., die jeweils den Vertragsarbeitgeber erkennen lassen, dem Eindruck vorgebeugt werden, man sei in die Organisation des jeweiligen Gegenübers integriert. Zugleich wird hierdurch in Erinnerung gerufen, der jeweils anderen Seite keine Arbeitsanweisungen zu erteilen.

b) Durchprogrammierung des Arbeitsprozesses im Vertrag

98 Die zweite Strategie – teilweise auch mit der Kontaktsteuerung kombiniert (s.o.) – korrespondiert mit der Rechtsprechung des BAG, wonach es mit Blick auf eine Arbeitnehmerüberlassung unschädlich sein soll, wenn die für den Arbeitseinsatz des Fremdpersonals notwendigen Weisungen in den Werk-, Dienst-, bzw. Geschäftsbesorgungsvertrag integriert werden.[174] Das BAG hält es mit Entscheidung v. 31.3.1993 bzgl. eines Bewachungsvertrags etwa für unschädlich, wenn „die geschuldete Dienstleistung bis in Einzelheiten hinein vertraglich so genau geregelt ist, dass dem Dienstverpflichteten hinsichtlich der Art und Weise der Ausführung des Dienstes kaum noch ein größerer Entscheidungsspielraum bleibt".[175] „Einzelheiten bezüglich Ausführung,

---

169 *LAG Baden-Württemberg* NZA 2013, 1017 ff.
170 Siehe im 2. Teil 1. Kap. Rn. 60.
171 Zu „Onsite-Werkverträgen" s. 2. Teil 1. Kap. Rn. 56.
172 Siehe insoweit bereits 5. Teil 1. Kap. Rn. 20.
173 Siehe im Einzelnen 5. Teil 1. Kap. Rn. 58 ff.
174 Siehe etwa *BAG* NZA-RR 2012, 455 ff.; s. hierzu im Einzelnen im 2. Teil 1. Kap. Rn. 19 ff.; *Litschen/Yacoubi* NZA 2017, 484, 489.
175 *BAG* NZA 1993, 1078, 1080.

Umfang, Güte, Zeit und Ort der Erbringung bzw. Erstellung" könnten – so das BAG ferner mit Entscheidung v. 1.12.1992[176] – „insoweit detailliert und bestimmt vereinbart werden".

Auf dieser Grundlage können detaillierte Auftragsbeschreibungen grundsätzlich vor einer Statusverfehlung schützen. Der Arbeitsprozess ist derart „vorprogrammiert", dass es keiner Weisungsrechte mehr bedarf.[177] Allerdings sollte man derlei Modelle nicht überfordern. Auch wenn die Rechtsprechung bislang eher großzügig war, so stellt sich doch die Frage, wann man den Bogen überspannt. Sind für die Durchführung des Fremdpersonaleinsatzes beispielsweise keine arbeitsbezogenen Weisungen mehr nötig, sind Zweifel anzumelden.[178] Das bringt die Crowdworker-Entscheidung des BAG v. 1.12.2020[179] zum Ausdruck; es müssen in den Worten des BAG „nennenswerte(n) Entscheidungsspielräume bleiben. Darüber hinaus droht auch hier, dass die konkrete Auftragsdefinition in der betrieblichen Praxis in Vergessenheit gerät und abweichende, dann grundsätzlich schädliche Anweisungen erteilt werden.[180] (Ergänzende) Kontaktsteuerungsmodelle mögen hier einen gewissen Schutz bieten. 99

c) Gründung von „Ein-Mann GmbH"

Schließlich ist immer wieder die Idee vorzufinden, Soloselbstständige nur dann einzusetzen, wenn diese zuvor eine Gesellschaft, insbesondere eine GmbH, gegründet haben. Das Vertragsverhältnis wird – am Beispiel einer GmbH erläutert – nicht mit dem Soloselbstständigen als Gesellschafter-Geschäftsführer, sondern mit der gegründeten GmbH geschlossen. 100

Tatsächlich hat dieses Modell gegenüber der Begründung eines Vertragsverhältnisses mit dem Soloselbständigen zunächst einiges für sich. Das BAG hat in dieser Konstellation mit Entscheidung vom 17.1.2017[181] grundsätzlich keine illegale Arbeitnehmerüberlassung gesehen. Es fehle an einem Arbeitsverhältnis zwischen Geschäftsführer und GmbH, so dass keine Arbeitnehmerüberlassung i.S.d. AÜG vorliegen könne. Eine Grenze bilde aber ein Rechtsmissbrauch, etwa, wenn arbeitsrechtliche Schutzvorschriften durch bewusstes und gewolltes Zusammenwirken umgangen werden sollen. Diesem Eindruck ist im Rahmen der Vertragsanbahnung und Durchführung vorzubeugen, was insbesondere bei einer Ein-Mann-GmbH besonderer Aufmerksamkeit bedarf. 101

d) Betriebsführungsvertrag

Ein tragfähiges Modell zur Abwendung von Scheinselbstständigkeitsrisiken bzw. dem Risiko einer verdeckten Arbeitnehmerüberlassung können Betriebsführungsverträge sein. Relevant ist insoweit der sogenannte echte Betriebsführungsvertrag, in dem der „Betriebsführer" in fremdem Namen, also im Namen des Arbeitgeberunternehmens, die Führung eines (mehrerer) Betriebes oder Betriebsteils des Arbeitgeberunterneh- 102

---

176 *BAG* AuR 1993, 338 = BeckRS 1992, 30743366.
177 *Maschmann* NZA 2013, 1305, 1309; s. ferner die detaillierte Analyse von *Hamann* NZA-Beilage 2014, 3, 6.
178 *Maschmann* NZA 2013, 1305, 1310; *Hamann* NZA-Beilage 2014, 3, 6.; vgl. *LAG Berlin-Brandenburg* 5.12.2019 – 21 TaBV 489/19 = BeckRS 2019, 36122; *Schüren/Hamann* § 1 AÜG Rn. 210.
179 *BAG* 1.12.2020 – 9 AZR 102/20 = AP Nr. 132 zu § 611 BGB Abhängigkeit, Rn. 43.
180 *Maschmann* NZA 2013, 1305, 1310.
181 *BAG* 17.1.2017 – 9 AZR 76/16 = NZA 2017, 572 Rn. 20 ff.; ferner *Lembke* NZA 2013, 1312, 1315; 2. Teil 1. Kap. Rn. 93 ff.

mens übernimmt. Im Verhältnis „Betriebsführer" zu den Arbeitnehmern des Arbeitgeberunternehmens scheidet eine Arbeitnehmerüberlassung aus, da der Betriebsführer in fremden Namen agiert, also der Betriebsführer die Arbeitnehmer nicht dem „eigenen" Direktionsrecht unterstellt.[182] Aber auch im Verhältnis Arbeitgeberunternehmen zum Betriebsführer – in den meisten Konstellationen ohnehin eine Gesellschaft – kommt keine Scheinselbstständigkeit bzw. verdeckte Arbeitnehmerüberlassung in Betracht. Denn der Betriebsführer wird nicht dem arbeitsrechtlichen Weisungsrecht unterstellt, sondern handelt ausschließlich in Ausübung der im Betriebsführungsvertrag geschlossenen Regelungen.

103 So vielversprechend dieser Ansatz zunächst scheint, so beschränkt sind doch die Einsatzmöglichkeiten in der Praxis. So bezieht sich die Betriebsführung regelmäßig auf die Ausübung von Leitungsfunktionen. Damit ist der Betriebsführungsvertrag typischerweise kein Mittel für klassische Outsourcing-Maßnahmen. Darüber hinaus steckt der Teufel häufig im Detail. Schon die Formulierung einer Email Signatur will wohldurchdacht sein, will man das insoweit gebotene „Handeln in fremden Namen" nicht in Frage stellen. Ansonsten droht eine sog. unechte Betriebsführung, die durch ein Handeln des Betriebsführers in eigenem Namen geprägt ist und bei entsprechender Nutzung der wirtschaftlichen Einheit nach außen,[183] also nicht nur gegenüber den Arbeitnehmern, zum Übergang der Arbeitsverhältnisse auf den Betriebsführer gem. § 613a BGB führen kann. Tritt der Betriebsführer nur den Arbeitnehmern gegenüber in eigenem Namen auf, droht die Fiktion von Arbeitsverhältnissen gem. § 10 Abs. 1 AÜG.[184] Auch wenn sicherlich nicht bei jeder Weisung kenntlich gemacht werden muss, für wen gehandelt wird,[185] so zeigt die Praxis hier doch immer eine gewisse „Fehleranfälligkeit", die auch aus Compliance-Sicht zu erfassen ist. Das gilt insbesondere dann, wenn zugleich eigene Arbeitnehmer des Betriebsführers zum Einsatz kommen. Ferner droht die Gründung von Gemeinschaftsbetrieben zwischen Betriebsführer und Arbeitgeberunternehmen, wenn der Betriebsführer in dem Betrieb eigenes Personal einsetzt und im Arbeitgeberunternehmen zugleich die Leitung in personellen und sozialen Angelegenheiten übernimmt.[186] Gemeinschaftsbetriebe bringen weitgehende arbeitsrechtliche Folgen mit sich, z.B. die Möglichkeit zur Gründung eines einheitlichen unternehmensübergreifenden Betriebsrats im Gemeinschaftsbetrieb, das Vorliegen einer Betriebsänderung (§ 111 BetrVG) bei Gründung und Aufspaltung des Gemeinschaftsbetriebs oder individualrechtlich einer unternehmensübergreifenden Sozialauswahl bei betriebsbedingten Kündigungen im Gemeinschaftsbetrieb sowie einen unternehmensübergreifenden Weiterbeschäftigungsanspruch.

e) Gemeinschaftsbetrieb

104 Angesichts dieser weitreichenden Folgen eines Gemeinschaftsbetriebs vermag es zunächst zu überraschen, wie sehr Gemeinschaftsbetriebe mittlerweile als Mittel zum

---

[182] *Rieble* NZA 2010, 1145, 1147; *Niklas/Schauß* BB 2014, 2805, 2809.
[183] *BAG* 25.1.2018 – 8 AZR 309/16, NZA 2018, 933 Rn. 56.
[184] *Rieble* NZA 2018, 1302, 1304, a.A. mit beachtenswerten Argumenten ErfK/*Wank/Roloff* § 1 AÜG Rn. 36.
[185] Siehe insoweit treffend *Rieble* NZA 2010, 1145, 1147.
[186] Hier bleiben aber Gestaltungsspielräume, insbesondere indem die personelle und soziale Leitung beim Arbeitgeber verbleibt und auch gelebt wird.

Schutz vor einer verdeckten Arbeitnehmerüberlassung „gepriesen" werden.[187] Aus Compliance-Sicht indes sind solche Überlegungen nur konsequent. Tatsächlich sind Gemeinschaftsbetriebe bis zur Grenze des Rechtsmissbrauchs[188] probates Mittel zur Haftungsprävention. Nach ständiger Rechtsprechung des BAG schließen sich die unternehmerische Zusammenarbeit im Gemeinschaftsbetrieb und die Arbeitnehmerüberlassung gegenseitig aus.[189]

Gleichwohl dürfte die Gründung von Gemeinschaftsbetrieben als Präventionsstrategie häufig nicht in Betracht kommen. Für kurzzeitige und kurzfristige Fremdpersonaleinsätze dürften Gemeinschaftsbetriebe wegen der Beteiligungsrechte des Betriebsrats nach § 111 BetrVG häufig schon als Präventionsstrategie ausscheiden. Darüber hinaus dürften viele Unternehmen davor zurückschrecken, mit Fremdunternehmen derart weitreichende arbeitsrechtliche Bindungen (z.B. Sozialauswahl und Weiterbeschäftigungsanspruch, gemeinsamer Betriebsrat mit entsprechenden Beteiligungsrechten gegenüber allen beteiligten Unternehmen) einzugehen. Damit dürfte die Präventionsstrategie „Gemeinschaftsbetrieb" zumeist für eine längerfristig angelegte Zusammenarbeit zwischen Konzernunternehmen in Frage kommen.[190] **105**

f) Personalgestellung und Selbstständigen-Contracting

Als mögliche Präventionsstrategie wird mitunter auch die Personalgestellung diskutiert, bei der ein Unternehmen dem anderen technisches Gerät überlässt und im Zuge dessen Arbeitnehmer zur Bedienung des Geräts zur Verfügung stellt.[191] Tatsächlich erachtet das BAG solche gemischten Verträge nicht als Arbeitnehmerüberlassung, sofern die Gebrauchsüberlassung des Geräts das Vertragsverhältnis prägt.[192] Allerdings ist diese Grenzziehung schwierig und stark einzelfallabhängig, so dass das Modell zwar gewisse Gestaltungsmöglichkeiten bietet, aber wohl kaum zur generellen Präventionsstrategie taugt. **106**

Nichts anderes gilt mit Blick auf das Selbstständigen-Contracting, bei dem ein Personaldienstleister Dritten Selbstständige vermittelt. Dieses Modell reduziert die Scheinselbstständigkeitsrisiken im Kern nicht.[193] **107**

IV. Arbeitnehmerüberlassung als Compliance-Strategie

Trotz Einhaltung aller zuvor beschriebener Compliance-Strategien wird es immer wieder Konstellationen geben, bei denen die rechtliche Bewertung der vertraglichen und tatsächlichen Durchführung der Arbeitseinsätze unklar bleibt. In der Praxis ist weiterhin zu beobachten, dass viele Unternehmen bestrebt sind, ihren Arbeitskräftebedarf durch den Abschluss von Werkverträgen zu decken. Dennoch darf nicht unerwähnt bleiben, dass insbesondere in Grenzfällen unangenehme Konsequenzen drohen, wenn die behördliche Prüfung der Werkverträge zu dem Ergebnis kommt, ein Werkvertrag **108**

---

187 Vergleiche *Niklas/Schauß* BB 2014, 2805, 2809 f., ferner die Nachweise bei Schüren/*Hamann* § 1 AÜG Rn. 91.
188 Schüren/*Hamann* § 1 AÜG Rn. 92.
189 Siehe etwa *BAG* 25.10.2000 – 7 AZR 487/99, juris.
190 Siehe insoweit auch *Niklas/Schauß* BB 2014, 2805, 2809 f.
191 *Niklas/Schauß* BB 2014, 2805, 2808; ErfK/*Wank/Roloff* § 1 AÜG Rn. 37.
192 *BAG* NZA 1993, 1125, 1127.
193 *Niklas/Schauß* BB 2014, 2805, 2808; s. ferner im 7. Teil Rn. 14.

läge nicht vor, sondern es handele sich in Wahrheit um eine (unerlaubte) Arbeitnehmerüberlassung. Die Folgen, welche das AÜG an eine solche illegale Arbeitnehmerüberlassung knüpft, sind einfach wie folgenreich. Sowohl der Überlassungsvertrag als auch Arbeitsvertrag zwischen Verleiher und Arbeitnehmer sind unwirksam, § 9 Nr. 1 AÜG. Zudem wird ein Arbeitsverhältnis zwischen dem Auftraggeber, also dem Entleiher, und Leiharbeitnehmer fingiert, § 10 AÜG. Dabei gelten aufgrund des Geleichbehandlungsprinzips die Arbeitsbedingungen, die im Betrieb des Entleihers Anwendung finden. Sowohl für Verleiher als auch Entleiher greifen zudem die Bußgeldtatbestände des § 16 AÜG. Der Entleiher hat darüber hinaus mit strafrechtlichen Konsequenzen zu rechnen. Ihm droht eine Verurteilung wegen Hinterziehung von Sozialversicherungsbeiträgen (§ 266a StGB), wenn der Leiharbeitnehmer weniger Lohn erhalten hat, als ihm aus dem gesetzlich fingierten Arbeitsverhältnis zum Entleiher zustand.

109 In der Vergangenheit hatten sich viele Unternehmen zur Vermeidung dieser Konsequenzen mit der sog. „Schubladenerlaubnis" oder „Vorratserlaubnis" beholfen, schließlich liegt i.d.R. kein Fall der illegalen Arbeitnehmerüberlassung vor, wenn eine Überlassungserlaubnis vorliegt. Eine an sich unzulässige Gestaltung wurde daher durch das vorsorgliche Einholen einer Überlassungserlaubnis abgesichert. Dieser Compliance-Praxis wurde mit der AÜG-Novelle im Jahr 2017 der Riegel vorgeschoben. Seither müssen sich die Vertragsparteien vorab entscheiden, ob sie sich für Arbeitnehmerüberlassung entscheiden.[194] Dies erfordert eine entsprechende Verschriftlichung im Vertrag, der ausdrücklich als Arbeitnehmerüberlassungsvertrag zu bezeichnen ist, § 1 Abs. 1 AÜG i.V.m. § 12 Abs. 1 AÜG. Da dies im Falle der verdeckten Arbeitnehmerüberlassung, die nach außen in der Form eines Werkvertrags durchgeführt wird, gerade nicht der Fall ist, kann scheidet die bis vor einigen Jahren praktizierte Rettung durch die „Schubladenerlaubnis" mittlerweile aus.

110 Damit rückt die Arbeitnehmerüberlassung wieder umso mehr in den Blickpunkt einer sorgfältigen Compliance-Strategie. Der Praxis ist daher in Grenzfällen durchaus zu empfehlen dem Werkvertrag Arbeitnehmerüberlassung vorzuziehen, wobei klar ist, dass dies auch Nachteile, wie Höchstüberlassungsdauer, und Equal-Pay mit sich bringen wird. Vielfach treten, ob der skizzierten Risiken diese Nachteile, im Rahmen einer Compliance-Betrachtung hingegen zurück.

1. Abgrenzung Werkvertrag – Arbeitnehmerüberlassung

111 Vor der Entscheidung, ob ein Werkvertrags- oder ein Arbeitnehmerüberlassungsvertragskonstrukt gewählt werden soll, ist anhand des geplanten und bereits konkretisierten Einsatzes im Rahmen der Compliance zu prüfen, wie dieser Einsatz rechtlich zu bewerten ist. Mithin sind Werkvertrag und Arbeitnehmerüberlassung voneinander abzugrenzen.

a) Grundsätze

112 Aufgrund der erheblichen rechtlichen und wirtschaftlichen Risiken einer Fehleinschätzung hat die Abgrenzung von Arbeitnehmerüberlassung und Werkvertrag eine immense praktische Bedeutung.

---

[194] Schüren/Hamann/*Hamann* AÜG § 1 Rn. 161; *Kainer/Schweipert* NZA 2017, 13.

Eine Arbeitnehmerüberlassung liegt vor, wenn ein Arbeitgeber (Verleiher, Vertragsarbeitgeber) einem Dritten (Entleiher) aufgrund zumindest konkludenter Vereinbarung (Arbeitnehmerüberlassungsvertrag) bei ihm angestellte Arbeitnehmer überlässt. Das Überlassen von Arbeitnehmern fordert, dass der Entleiher das Weisungsrecht ausübt und dass die jeweiligen Arbeitnehmer des Verleihers auch in die Betriebsorganisation des Entleihers eingegliedert sind. Maßgebliches Abgrenzungskriterium ist, wer das Weisungsrecht über die Arbeitnehmer ausübt.[195] 113

Sofern ein Werkvertrag vorliegt, übt allein der Werkunternehmer das Weisungsrecht über die Arbeitnehmer aus. Er weist seine Arbeitnehmer an, ein Werk zu erstellen. Der Auftraggeber, indes hat kein arbeitsrechtliches Weisungsrecht über das eingesetzte Personal. Der Werkunternehmer bestimmt selbst, wie und mit welchen Arbeitnehmern er das Werk erbringt. Der Werkvertrag ist dadurch gekennzeichnet, dass der Werkunternehmer, der auch das Weisungsrecht über seine Arbeitnehmer ausübt, einen Erfolg schuldet. Der Werkunternehmer schuldet ein ordnungsgemäßes und mangelfreies Gewerk, das von dem Auftragnehmer auch abzunehmen ist. 114

Die Arbeitnehmerüberlassung ist dadurch gekennzeichnet, dass der Verleiher lediglich ordnungsgemäß ausgewählte und für die zu verrichtenden Arbeiten qualifizierte Arbeitnehmer zur Verfügung stellt. Der Pflichtenkreis des Verleihers erstreckt sich nur auf die Personalauswahl und die Zurverfügungstellung des Personals, nicht aber auf die ordnungsgemäße Erbringung der Dienstleistungen oder die Erstellung von Werken. Sofern die überlassenen Arbeitnehmer mangelhafte Arbeitsleistungen erbringen, führt dies nicht zu einer Haftung des Verleihers. Der Pflichtenkreis des Verleihers endet mit der Überlassung des Personals. Für die ordnungsgemäße Erstellung des Werkes ist er nicht mehr verantwortlich. Diese obliegt ausschließlich dem Auftraggeber, also dem Entleiher, der mit den überlassenen Arbeitnehmern, die er anweist, selbst das Werk erstellt. 115

b) Abgrenzung im Einzelfall

Die Abgrenzung zwischen Werkvertrag und Arbeitnehmerüberlassung erfolgt weitgehend anhand eines Indizienkataloges. Der konkret geplante Einsatz ist an diesem Indizienkatalog zu messen, um beurteilen zu können, ob ein Werkvertrag vorliegt. Nicht jeder drittbezogene Personaleinsatz ist eine Arbeitnehmerüberlassung. Ein Arbeitnehmer wird nicht bereits dann „überlassen" i.S.d. AÜG, wenn er Weisungen eines Dritten zu befolgen hat. „Überlassen" erfordert gem. § 1 Abs. 1 AÜG Ausübung des Weisungsrechts durch den Entleiher und Eingliederung des Arbeitnehmers in Betriebsorganisation des Entleihers. Für die Praxis empfiehlt es sich, diese Abgrenzung anhand von Katalogen/Checklisten vorzunehmen. Orientieren kann man sich dabei z.B. an den „Fachliche Weisungen Arbeitnehmerüberlassungsgesetz (AÜG)" der Agentur für Arbeit.[196] 116

aa) Leistungsinhalt

Wichtig, aber nicht allein entscheidend, ist der sich aus den vertraglichen Vereinbarungen ergebende Leistungsinhalt. Vereinbaren die Vertragsparteien die Erstellung eines qualitativ individualisierbaren und dem Werkunternehmer zurechenbaren Werkergebnisses und wird dieser Vertragsinhalt auch so gelebt, so spricht dies für 117

---
195 *BAG* BeckRS 9998, 148419; *BAG* NJOZ 2004, 3635.
196 Abrufbar unter: www.arbeitsagentur.de/datei/fw-aueg_ba016586.pdf.

einen Werkvertrag. Entscheidend ist dabei, dass das zu erstellende Werkergebnis so präzise wie möglich beschrieben wird. Fehlt es an einer solchen Konkretisierung und werden lediglich unbestimmte Vertragsziele festgeschrieben, die gerade kein abnahmefähiges Werk darstellen und auch nicht erfolgsbezogen sind, so spricht dies eher für Arbeitnehmerüberlassung. Beschränkt sich also der Vertragsinhalt auf z.B. die Vereinbarung über die Mitarbeit im Betrieb oder Allgemeinplätze wie „Einführung der IT-Landschaft" oder „Montage", so genügt dies nicht für einen Werkvertrag. Gleiches gilt, wenn gleichzeitig oder über einen bestimmten Zeitraum eine Summe von Klein- und Kleinst-„Projekten" vergeben wird (z.B. Aufteilung des Gewerks bis zur „Atomisierung", z.B. Schweißnähte, Verputzarbeit geringen Umfangs im Leistungslohn).[197]

bb) Überlassung von Arbeitnehmern

118 Ein klares Indiz für Arbeitnehmerüberlassung liegt vor, wenn der Vertrag konkret die Überlassung von Mitarbeitern zur Durchführung von Arbeiten bestimmt, die sodann auch noch näher bestimmt werden.

cc) Abnahme

119 Sind hingegen Liefertermin und die Abnahme im Einzelnen geregelt, so ist dies typisch für einen Werkvertrag. Dabei ist insbesondere darauf zu achten, dass z.B. der Gefahrübergang genau formuliert bzw. bestimmt wird.

dd) Haftung/Gewährleistung

120 Ein bedeutendes Indiz ist die Frage der Haftung bzw. Gewährleistung. Haftet der Auftragnehmer nicht nur auf dem Papier, sondern auch tatsächlich entsprechend den werkvertraglichen Gewährleistungspflichten (Nachbesserung, Schadensersatz, Minderung) und nicht lediglich auf die sorgfältige Auswahl der eingesetzten Mitarbeiter, so liegt in der Regel ein Werkvertrag und gerade keine Arbeitnehmerüberlassung vor. Es ist also die Frage zu stellen, wer die Gefahr bis zur Abnahme trägt. Hat der Unternehmer keinen Anspruch auf den Werklohn bei Nichtfertigstellung des Werks, so ist von einem Werkvertrag auszugehen. Dabei gehen die Behörden im Rahmen ihrer Prüfungen immer öfter dazu über, sich die praktische Umsetzung der vertraglich vorgesehenen Haftungs- und Gewährleistungsregelungen zu prüfen. Es ist daher zwingend darauf zu achten, dass diese nicht nur auf dem Papier existieren, sondern auch konkret umgesetzt werden.[198]

ee) Vergütung

121 Auch die Ausgestaltung der Vergütungsregelungen ist ein nicht zu unterschätzendes Indiz. Typisch für einen Werkvertrag, ist die Vereinbarung einer erfolgsorientierten Abrechnung der Werkleistung. Erfolgt hingegen die Vergütung unabhängig vom Gelingen der Arbeit und/oder nach Zeitaufwand, so liegt eher eine Arbeitnehmerüberlassung vor.

gg) Stellung der Betriebsmittel

122 Ist der Unternehmer überdies in der Lage die von ihm übernommenen Arbeiten selbständig und eigenverantwortlich zu planen und durchzuführen, da ihm dafür nicht nur

---

197 ErfK/Wank/*Roloff* AÜG § 1 Rn. 24.
198 BeckOK ArbR/*Kock* AÜG § 1 Rn. 67.

die personelle, sondern auch die materielle Ausstattung zur Verfügung steht, so dürfte ein Werkvertrag vorliegen. Stellt hingegen der Auftraggeber die Betriebsmittel so kommt eher Arbeitnehmerüberlassung in Frage, wobei das Kriterium dort nicht tauglich ist, in denen nicht sächliche Betriebsmittel, sondern menschliches Know How gefragt ist.[199]

hh) Eingliederung in die Organisation des Auftraggebers/Weisungsrecht

Ein entscheidendes Indiz ist auch, inwiefern die eingesetzten Mitarbeiter in den Beschäftigungsbetrieb eingegliedert werden und wer ihnen Weisungen erteilt. Ist beispielsweise der Besteller berechtigt, Arbeitnehmer mit mangelnder Qualifikation zurückzuweisen oder können die Vertragsparteien sich einseitig oder wechselseitig Weisungen erteilen, die über bspw. Festlegungen bestimmter fachlicher Spezifikationen hinausgehen, so kommt eine Werkvertragsgestaltung nicht in Betracht. Gleiches gilt, wenn Mitarbeiter des Bestellers mit denen des Auftragnehmers zusammenarbeiten oder die Fremdkräfte namentlich in Anwesenheits- oder Urlaubslisten geführt werden.[200]

2. Compliance-Strategie Arbeitnehmerüberlassung

Unternehmen, die Werkleistungen einkaufen, ist dringend zu empfehlen, Regeln zur Vertragsgestaltung zu erarbeiten. Eines der größten Probleme aus Compliance-Sicht ist dabei, dass Werkverträge üblicherweise über operative Abteilungen z.B. den Einkauf und nicht über die Personalabteilung eingekauft werden. In diesen Abteilungen fehlt es aber oftmals am nötigen Know-How und insbesondere am Problembewusstsein, welche Auswirkung Fehleinschätzungen in Bezug auf die Natur der Verträge haben können. Umgekehrt stehen auch Anbieter von Leistungen, die auf dem Betriebsgelände eines Bestellers stattfinden, vor der Aufgabe, ihre Angebote rechtssicher zu gestalten. Insoweit ist es auch bei der stets so komplexen Abgrenzung von Arbeitnehmerüberlassung und Werkvertrag notwendig und zweckmäßig, den handelnden Personen Handreichungen an die Seite zu stellen, auf die sie zurückgreifen können. Im Zweifelsfalle sollte intern die Vorgabe lauten, statt eines Werkvertrages einen Arbeitnehmerüberlassungsvertrag schließen.

a) Ampelsystem

In der Praxis hat sich für die interne Schulung und Information die Entwicklung von Ampelsystemen bewährt. Anhand von farblich unterlegten Checklisten können dann die handelnden Personen der operativen Abteilungen abschätzen, ob die von ihnen geplante Leistung tatsächlich in Form von Werkverträgen abschließen können oder auf Arbeitnehmerüberlassung setzen sollten. Gleichzeitig hilft ihnen dies dabei, die von Unternehmern übermittelten Verträge besser und zielgerichteter lesen und analysieren zu können. Ein solches Ampelsystem könnte beispielsweise wie folgt aufgebaut sein:

– „*Grün*": Bei der geplanten Beauftragung handelt es sich nicht um illegale Arbeitnehmerüberlassung. Die Arbeiten können als Werk- bzw. Dienstleistungsvertrag vergeben werden.

---
199 Schüren/Hamann/*Hamann* AÜG § 1 Rn. 180.
200 BeckOK ArbR/*Kock* AÜG § 1 Rn. 64.

- *„Gelb":* Die Analyse anhand der Checklist ist indifferent und es bedarf noch Abstimmungsbedarf, entweder intern im Zusammenspiel mit der Compliance – oder Personalabteilung oder aber extern gegenüber dem Vertragspartner, beispielsweise in Bezug auf die Auftragsbeschreibung. Sodann ist zu abzuschätzen, ob der Auftrag so verbleiben kann oder aber angepasst werden muss.
- *„Rot":* Die Arbeiten können nicht als Werkvertrag ausgeführt werden. Es ist eine Arbeitnehmerüberlassung zu vereinbaren.

126 Das Ampelsystem eignet sich aber nicht nur für zukünftige Vertragsverhältnisse, sondern kann auch im laufenden Einsatz angewandt werden. Insbesondere in Hinblick auf Fragestellungen zu Equal-Pay und Höchstüberlassungsdauer (dazu im Einzelnen 8. Teil) sind auch die etablierten Verträge regelmäßig zu überprüfen.

127 Flankiert werden muss dies zwingend mit Schulungen der operativen Abteilungen, damit diese schon vorab Problembewusstsein entwickeln können.

b) Vertragliche Grundlagen

128 Vor dem Hintergrund, dass der Arbeitnehmerüberlassungsvertrag ein gesetzlich nicht geregelter Vertrag „sui generis" ist,[201] regelt das AÜG den Vertragsinhalt in § 1 Abs. 1 AÜG nur rudimentär (Vertragsinhalt ist die „Überlassung von Arbeitnehmern zur Arbeitsleistung") und darüber hinaus nur Formvorschriften und Hinweispflichten. Umso wichtiger ist es, den handelnden Mitarbeitern ein festes Vertragswerk zur Verfügung zu stellen, von dem sie nicht, jedenfalls aber nur nach Rücksprache, abweichen dürfen. Dazu müssen die Grundlagen der Vertragsgestaltung für Arbeitnehmerüberlassungsverträge beachtet werden.

aa) Form und Inhalt

129 So bedarf der Arbeitnehmerüberlassungsvertrag stets der Schriftform, § 12 Abs. 1 AÜG und muss ausdrücklich als Arbeitnehmerüberlassungsvertrag bezeichnet werden, § 1 Abs. 1 S. 5 AÜG. Weiter sollten die Verträge Erklärungen des Verleihers enthalten, dass dieser über eine Erlaubnis zur Arbeitnehmerüberlassung verfügt[202] und Angaben des Entleihers zur vorgesehenen Tätigkeit und zur erforderlichen Qualifikation der einzusetzenden Mitarbeiter enthalten.[203] Zudem sind in Anlagen Angaben des Entleihers zu den Arbeitsbedingungen vergleichbarer Stammarbeitnehmer vorzusehen, jedenfalls dann, wenn kein Zeitarbeitstarifvertrag Anwendung findet.

bb) Bezeichnungspflicht/Konkretisierungspflicht

130 § 1 Abs. 1 S. 6 AÜG sieht zudem vor, dass vor jeder Überlassung im Einzelfall die Person des Leiharbeitnehmers unter Bezug auf den Arbeitnehmerüberlassungsvertrag zu konkretisieren ist. Diese Konkretisierungspflicht ist zwingend zu beachten, da ein Verstoß zur Fiktion eines Arbeitsverhältnisses zum Entleiher führt. Um den Anforderungen des Gesetzes zu genügen, muss der Verleiher vor Beginn der Überlassung dem Entleiher die Person des Leiharbeitnehmers namentlich „unter Bezugnahme" auf den Arbeitnehmerüberlassungsvertrag benennen. Eine bestimmte Form ist für diese Konkretisierung zwar nicht erforderlich, aus Beweisgründen ist jedoch Textform (z.B. E-Mail) ratsam.

---

201 *BAG* NZA 1996, 92.
202 Thüsing AÜG/*Thüsing* AÜG § 12 Rn. 18.
203 Thüsing AÜG/*Thüsing* AÜG § 12 Rn. 19.

Beispiel: „Sehr geehrter Kunde,
ab dem XX.XX.XXXX überlassen wir Ihnen auf Grundlage des zwischen uns bestehenden Arbeitnehmerüberlassungsvertrages vom XX.XX.XXXX die folgenden Arbeitnehmer: ..."

cc) Gegenseitige Rechte und Pflichten

Mangels gesetzlicher Regelung sind zwingend auch die Pflichten der Vertragsparteien aufzunehmen. So sollte der Verleiher verpflichtet sein, geeignete Arbeitskräfte für den vereinbarten Zeitraum im vereinbarten Umfang zur Verfügung zu stellen, wobei „geeignet" bedeutet, dass der Leiharbeitnehmer die vertraglich vereinbarte Qualifikation besitzen muss.[204] Hauptleistungspflicht des Entleihers ist hingegen naturgemäß die Zahlung der vereinbarten Überlassungsvergütung.[205] **131**

dd) Dauer/Beendigung

Die Beendigung der Arbeitnehmerüberlassung richtet sich nach den vertraglichen Vereinbarungen. Entweder wird eine feste Laufzeit vereinbart oder es werden Kündigungsfristen vereinbart, die auch sehr kurz sein können. **132**

ee) Arbeitszeit/Überstunden

Meist finden sich auch Regelungen zur Einsatzzeit im Arbeitnehmerüberlassungsvertrag, beispielsweise hinsichtlich der regelmäßigen Arbeitszeit oder der Befugnis des Entleihers, Überstunden in bestimmten Umfang anzuordnen. Ob Überstunden zuschlagspflichtig sind, richtet sich allein nach dem Vertrag; nicht relevant hingegen ist, ob der Leiharbeitnehmer selbst vom Verleiher Zuschläge verlangen kann. **133**

ff) Weisungsbefugnis/Fürsorgepflichten im Hinblick auf Arbeitsschutz

Zwar ist die Weisungsbefugnis des Entleihers seine Nebenpflicht und auf einen vertragsgemäßen Einsatz der Leiharbeitnehmer beschränkt.[206] Dennoch empfiehlt sich eine explizite Regelung. **134**

Beispiel: „Der Entleiher verpflichtet sich, die Leiharbeitnehmer nur mit Arbeiten zu beschäftigen, für die sie vertraglich vorgesehen sind oder die der Qualifikation der Leiharbeitnehmer entsprechen."

Hinsichtlich des Arbeitsschutzes gilt, dass die sich aus den öffentlich-rechtlichen Bestimmungen ergebenden Handlungspflichten Entleiher und Verleiher gemeinsam obliegen. Während der Entleiher die praktischen Maßnahmen zur Durchführung des Arbeitsschutzes in seinem Betrieb zu ergreifen hat, ist der Verleiher im Wesentlichen auf Überwachung und Kontrolle der Einhaltung dieser Bestimmungen verpflichtet.[207] Auch insoweit sollten aber Regelungen getroffen werden. **135**

gg) Abberufung und Austausch von Leiharbeitnehmern

Da durch Überlassung eines bestimmten Arbeitnehmers keine Konkretisierung auf diesen bestimmten Arbeitnehmer eintritt, da die Überlassung rechtlich gesehen ein Dauerschuldverhältnis darstellt, ist der Verleiher ist grundsätzlich jederzeit berechtigt, Leiharbeitnehmer auszutauschen. In Bereichen, in denen eine längere Einarbeitungs- **136**

---

204 Thüsing AÜG/*Thüsing* AÜG § 12 Rn. 23 ff.
205 Thüsing AÜG/*Thüsing* AÜG § 12 Rn. 35.
206 Schüren/Hamann/*Schüren* Einl. Rn. 359.
207 Thüsing AÜG/*Thüsing* AÜG § 12 Rn. 37.

zeit erforderlich ist, empfiehlt sich daher aus Entleihersicht, die ständige Austauschbefugnis des Verleihers im Vertrag einzuschränken, wobei zu beachten ist, dass die Konkretisierungspflicht auch im Falle des Austauschs gilt. Der Entleiher hingegen kann den Austausch des Leiharbeitnehmers nur bei Leistungsstörungen verlangen, insbesondere bei fehlender Geeignetheit. Auch hier kann es sich empfehlen zeitlich befristete Austauschansprüche zu vereinbaren.

hh) Haftung/Gewährleistung des Verleihers

137 Grundsätzlich gilt, dass der Verleiher (nur) für die ordnungsgemäße Auswahl eines geeigneten Arbeitnehmers haftet.[208] Bei der Vertragsgestaltung empfiehlt es sich daher aus Sicht des Entleihers die Qualifikation des Leiharbeitnehmer sowie die Tätigkeit, die er ausüben soll, so genau wie möglich zu bezeichnen. Bei unspezifischen Angaben (z.B. bloße Bezeichnung als „Aushilfskraft") wird der Entleiher kaum einen Leiharbeitnehmer als ungeeignet zurückweisen können. Aus Sicht des Verleihers ist umgekehrt eine möglichst knappe Beschreibung ratsam, insbesondere die Eignung zu einer bestimmten Tätigkeit sollte so wenig konkret wie möglich gefasst werden.

138 Vertragliche Haftungsbeschränkungen sind in vorformulierten Überlassungsverträgen hingegen nur eingeschränkt und nur auf den typischerweise eintretenden Schaden zulässig. Insbesondere ist ein formularmäßiger Ausschluss oder die betragsmäßige Beschränkung der Haftung für die ordnungsgemäße Auswahl des Leiharbeitnehmers nicht zulässig, § 307 Abs. 1 BGB.

ii) Abwerbung von Leiharbeitnehmern

139 Die Abwerbung von Leiharbeitnehmern durch den Entleiherbetrieb lässt sich rechtlich nicht verhindern. Gem. § 9 Nr. 3 und 4 AÜG kann weder im Arbeitnehmerüberlassungsvertrag noch im Arbeitsvertrag mit dem Leiharbeitnehmer ausgeschlossen werden, dass dieser – nach Beendigung des Arbeitsverhältnisses zum Verleiher – mit dem Entleiher ein Arbeitsverhältnis begründet. Verboten ist jedoch die unzulässige Abwerbung z.B. durch Anstiftung zum Vertragsbruch. Zulässig ist jedoch die Vereinbarung eines „angemessenen" Vermittlungsentgelts; § 9 Nr. 3 HS 2 AÜG. Dieses muss sich im Rahmen des üblichen Entgelts bewegen, welches für Arbeitsvermittlung gezahlt wird. Die Gesetzesbegründung nennt als Kriterien „Dauer des vorangegangenen Verleihs, die Überlassungsvergütung und der Aufwand für die Gewinnung eines vergleichbaren Arbeitnehmers". In der Praxis hat sich bewährt, dass das Vermittlungsentgelt max. 2 Bruttomonatsgehälter beträgt und sich spätestens nach sechs Monaten auf Null reduzieren. Beispiele für rechtmäßige Formulierungen finden sich in der Rechtsprechung des BGH.[209]

c) „Schein-Arbeitnehmerüberlassungsvertrag"

140 Immer finden sich Compliance-Lösungen, die auf die oben besprochene Problematik mit typengemischten Verträgen reagieren. Dabei wird es im Hinblick auf die Haftung für zulässig erachtet, in problematischen Grenzfällen, bei denen die bisherigen werkvertraglichen Einsätze vorsorglich auf Arbeitnehmerüberlassung umgestellt werden soll, den Verleiher zu werkvertragsähnlicher Gewährleistung zu verpflichten. Ob ein solcher „Schein-Arbeitnehmerüberlassungsvertrag" aber tatsächlich im Gegensatz

---

208 Münchener Handbuch zum Arbeitsrecht, Bd. 2/*Schüren* § 145 Rn. 43 ff.
209 *BGH* NJW 2007, 764; *BGH* NZA-RR 2012, 67; *BGH* NZA 2021, 50.

zum umgekehrten Fall keine wesentlichen Risiken birgt, ist zweifelhaft, da der Vertrag sich dann von den wesentlichen Grundgedanken der gesetzlichen Regelung/Risikoverteilung entfernt.

d) Aufteilung der Leistungen auf unterschiedliche Verträge

Da wo es sich anbietet und sinnvoll erscheint, ist es aber empfehlenswert darüber nachzudenken, die ursprünglich in einem Vertrag vorgesehenen Leistungen aufzuspalten und in mehrere Vertragsverhältnisse zu unterteilen. So ist es dann ggf. möglich, für bestimmte Bereiche z.B. Kauf-/Werkverträge zu schließen und für klar definierte Einzelleistungen Arbeitnehmerüberlassung zu vereinbaren. **141**

2. Kapitel
Vertragsgestaltung

Literatur: *Bayreuther* Generalunternehmerhaftung nach dem Mindestlohngesetz und dem Arbeitnehmerentsendegesetz, NZA 2015, 961; *Bertram* Das Mindestlohngesetz als Compliancethema, GWR 2015, 26; *Gilch/Pelz* Compliance-Klauseln – Gut gemeint aber unwirksam, CCZ 2008, 131; *Heise* Agile Arbeit, Scrum und Crowdworking – New Work außerhalb des Arbeitsrechts?, NZA-Beilage 2019, 100; *Lange* Die Strafbarkeit des Arbeitgebers nach § 266a StGB bei mit Scheinwerkverträgen und im Rahmen des „Contractings" beschäftigten Fachkräften, NZWiSt 2015, 248; *Maschmann* Fremdpersonaleinsatz im Unternehmen und die Flucht in den Werkvertrag, NZA 2013, 1305; *Telcke/Matthiesen* Compliance-Klauseln als sinnvoller Bestandteil eines Compliance-Systems, BB 2013, 771; *Uffmann* Projektbezogener Einsatz hochqualifizierten Fremdpersonals in der Compliancefalle, NZA 2018, 265; *Werths* Werkverträge – ein unkalkulierbares Compliancerisiko?, BB 2014, 697.

I. Ausgangspunkt/Bedeutung der Vertragsgestaltung

Die meisten Problemfälle im Bereich der Scheinselbstständigkeit resultieren nicht aus einer gezielten Umgehung arbeitsrechtlicher und sozialversicherungsrechtlicher Schutzvorschriften durch Scheinwerkverträge o.ä., sondern aus einer Vertragsdurchführung, die den ausdrücklichen Vertragsregelungen enteilt oder entgegensteht. Vertragsbeziehungen zu Selbständigen – häufig als Dauerschuldverhältnis angelegt – sind insoweit besonders risikobehaftet. Je arbeitsteiliger das Zusammenwirken von Auftraggeber und Selbstständigem (bzw. Arbeitnehmern des Auftragnehmers) und je mehr Arbeitnehmer auf Seiten des Auftraggebers und des Auftragnehmers an den Schnittstellen der unternehmerischen Zusammenarbeit zum Einsatz kommen, desto größer sind die Risiken (vgl. auch 5. Teil 1. Kap. Rn. 13 ff.). Der Einstieg für eine (Haftungs-)Prüfung sind dabei immer die zwischen den Parteien „ausdrücklich getroffenen Vereinbarungen", d.h. der – zu Dokumentations- und Beweiszwecken idealerweise schriftlich geschlossene – Vertrag als evidenteste „Schnittstelle" der unternehmerischen Zusammenarbeit. 1

Sowohl nach dem im Frühjahr 2017 neu eingeführten § 611a Abs. 1 BGB[1] als auch nach höchstrichterlicher Rechtsprechung ist nämlich die Natur des Rechtsverhältnisses – Arbeitsverhältnis oder Werk- bzw. Dienstvertrag – anhand einer Gesamtwürdigung aller maßgebenden Umstände des Einzelfalls zu ermitteln; der objektive Geschäftsinhalt ist dabei zum einen den ausdrücklich getroffenen Vereinbarungen, zum anderen der praktischen Durchführung des Vertrags zu entnehmen.[2] Widersprechen sich Vereinbarung und tatsächliche Durchführung, ist zwar Letztere maßgebend.[3] Gleichzeitig gilt aber, dass der im Vertrag niedergelegte Wille der Parteien ent- 2

---

[1] Eingeführt durch das Gesetz zur Änderung des Arbeitnehmerüberlassungsgesetzes und anderer Gesetze v. 21.2.2017, BGBl I S. 258 (Materialien BT-Drucks. 18/9232, 18/10064); seit dem 1.4.2017 in Kraft.
[2] Ständige Rechtsprechung *BAG* NZA 2021, 552, 555 ff.; NZA 2013, 1348, 1350; NZA 2012, 731 m.w.N.; vgl. auch *LAG Baden-Württemberg* NZA 2013, 1017.
[3] Ständige Rechtsprechung *BAG* NZA 2021, 552, 558; NZA 2013, 1348, 1350; NZA 2012, 731 m.w.N.; *LAG Baden-Württemberg* NZA 2013, 1017; vgl. auch *Werths* BB 2014, 697, 700; vgl. auch *Grüneberg/Weidenkaff* § 611a Rn. 6 m.w.N.; *Heise* NZA-Beilage 2019, 100, 105.

scheidet, wenn sich in Grenzfällen aufgrund des Vertragswortlauts und der praktischen Durchführung keine eindeutige Klärung herbeiführen lässt.[4] Demgemäß ist eine saubere Vertragsgestaltung der notwendige erste Schritt einer Strategie zur Vermeidung einer Haftung für Scheinselbstständigkeitsrisiken.

II. Individuelle Vertragsgestaltung und AGB-Recht

3   In der Unternehmenspraxis ist es bei gleichgelagerten Situationen der Regelfall, dass bei der Vertragsgestaltung auf vorhandene – etwa durch eine Rechts- oder Personalabteilung oder einen externen Rechtsanwalt erstellte – Muster- oder Formularverträge zurückgegriffen wird. In diesem Fall stellt sich das Problem der Verwendung allgemeiner Geschäftsbedingungen oder AGB. Liegen allgemeine Geschäftsbedingungen i.S.d. §§ 305 ff. BGB vor, folgt hieraus eine Vielzahl von Einschränkungen bei der Vertragsgestaltung.

1. Begriff der AGB

4   Allgemeine Geschäftsbedingungen sind nach § 305 Abs. 1 S. 1 BGB „alle für eine Vielzahl von Verträgen vorformulierten Vertragsbedingungen, die eine Vertragspartei (Verwender) der anderen Vertragspartei bei Abschluss eines Vertrags stellt". Dabei ist nach § 305 Abs. 1 S. 2 BGB gleichgültig, „ob die Bestimmungen einen äußerlich gesonderten Bestandteil des Vertrags bilden oder in die Vertragsurkunde selbst aufgenommen werden, welchen Umfang sie haben, in welcher Schriftart sie verfasst sind und welche Form der Vertrag hat".

5   Vorformuliert sind Vertragsbedingungen, wenn sie für eine mehrfache Verwendung schriftlich aufgezeichnet oder in sonstiger Weise, z.B. auf Tonband oder in Textbausteinen als Datei, fixiert sind; ausreichend für eine Vorformulierung ist, dass die Vertragsbedingungen im Kopf des Verwenders gespeichert werden.[5] Nicht erforderlich ist es, dass der Verwender die Vertragsbedingungen selbst vorformuliert hat.[6] Muss eine Klausel noch – maschinen- oder handschriftlich – um Angaben ergänzt werden, die den konkreten Vertrag betreffen, stellt dies ihren Charakter als allgemeine Geschäftsbedingung nicht in Frage, wenn es sich bei dem Zusatz um eine unselbstständige Ergänzung handelt.[7]

6   Die Untergrenze für eine „Vielzahl" im vorgenannten Sinne liegt nach der Rechtsprechung des BGH und des BAG bei der Absicht zur dreimaligen Verwendung, die auch nur gegenüber einer Partei erfolgen kann; die §§ 305 ff. BGB gelten dabei bereits im ersten Verwendungsfall.[8] Bereits aus Inhalt und Gestaltung der Klauseln kann der äußere Anschein folgen, dass die Klauseln zur mehrfachen Verwendung vorformuliert wurden.[9] Danach erwecken formelhaft verwendete Klauseln bis zum Beweis des Gegenteils den Anschein der Mehrverwendungsabsicht.[10]

---

4   Vgl. *BAG* NZA 2010, 877, 879 f.
5   Vgl. Grüneberg/*Grüneberg* § 305 Rn. 8 m.w.N.; MK-BGB/*Fornasier* § 305 Rn. 13 m.w.N.
6   Vgl. MK-BGB/*Fornasier* § 305 Rn. 14 m.w.N.
7   Vgl. Grüneberg/*Grüneberg* § 305 Rn. 8 m.w.N.; MK-BGB/*Fornasier* § 305 Rn. 15 m.w.N.
8   Vgl. Grüneberg/*Grüneberg* § 305 Rn. 9 m.w.N.; MK-BGB/*Fornasier* § 305 Rn. 18 m.w.N.; Ulmer/Brandner/Hensen/*Habersack* § 305 Rn. 24.
9   Vgl. *BGH* NJW 2014, 1725, 1727, Rn. 25 m.w.N.
10 Vgl. MK-BGB/*Fornasier* § 305 Rn. 18 m.w.N.

Nach § 305 Abs. 1 S. 1 BGB müssen die Vertragsbedingungen „gestellt" worden sein. Damit ist eine einseitige Auferlegung der Bedingungen durch den Verwender, seinen Vertreter, Berater oder seinen sonstigen Abschlussgehilfen gemeint.[11] Das Gegenteil des Stellens ist das individuelle Aushandeln der Vertragsbedingungen zwischen den Vertragsparteien i.S.v. § 305 Abs. 1 S. 3 BGB. „Gestellt" sind Vertragsbedingungen mithin immer dann, wenn es an den Voraussetzungen des § 305 Abs. 1 S. 3 BGB fehlt, der Verwender die Bedingungen also fertig in den Vertrag eingebracht und sie dem Kunden einseitig auferlegt hat. An der Einseitigkeit der Auferlegung fehlt es allerdings, wenn die Einbeziehung der vorformulierten Bedingungen in den Vertrag auf einer freien Entscheidung der beteiligten Parteien beruht.[12]

Die Anforderungen der Rechtsprechung an ein Aushandeln sind sehr streng. Aushandeln bedeutet dabei mehr als nur „Verhandeln".[13] Vielmehr muss der Verwender „den gesetzesfremden Kerngehalt seiner allgemeinen Geschäftsbedingungen, also die den wesentlichen Inhalt der gesetzlichen Regelung ändernden oder ergänzenden Bestimmungen, inhaltlich ernsthaft zur Disposition stellen und dem Verhandlungspartner Gestaltungsfreiheit zur Wahrung eigener Interessen einräumen mit zumindest der realen Möglichkeit, die inhaltliche Ausgestaltung der Vertragsbedingungen zu beeinflussen".[13] Im Streitfall hat der Verwender die entsprechenden Umstände, dass er sich „deutlich und ernsthaft zur gewünschten Änderung einzelner Klauseln bereit erklärt hat", darzulegen.[13]

Individuelle Vertragsabreden haben nach § 305b BGB stets Vorrang vor allgemeinen Geschäftsbedingungen.

2. Einbeziehung

Damit AGB Bestandteil eines Vertrages werden, müssen sie nach § 305 Abs. 2 oder 3 BGB in der Vertrag einbezogen worden sein.[14] Eine Einschränkung dieses Einbeziehungserfordernisses gilt nach § 310 Abs. 1 BGB im Verkehr zwischen Unternehmern.[15]

3. Verbot überraschender Klauseln

Nach § 305c Abs. 1 BGB sind Klauseln in allgemeinen Geschäftsbedingungen unwirksam, wenn sie nach den Umständen so ungewöhnlich sind, dass der Vertragspartner nicht mit ihnen zu rechnen braucht (sog. „überraschende" Klausel). Dabei kommt es zum einen auf die empirische Häufigkeit der Verwendung einer bestimmten Klausel und zum anderen darauf an, ob diese einen objektiv ungewöhnlichen Inhalt hat. Die Ungewöhnlichkeit bestimmt sich nach den Gesamtumständen des Einzelfalls, insbesondere dem Vertragswerk und der Verkehrserwartung.[16]

Die Prüfung nach § 305c Abs. 1 erfolgt in drei Schritten. Zunächst ist festzustellen, welche Vorstellungen und Erwartungen der Kunde vom Inhalt des abgeschlossenen Vertrages nach den Umständen hatte und haben durfte. Sodann ist der Inhalt der streitigen AGB-Klausel zu ermitteln. Schließlich ist zu fragen, ob die Diskrepanz zwi-

---

11 Vgl. Grüneberg/*Grüneberg* § 305 Rn. 10 m.w.N.; MK-BGB/*Fornasier* § 305 Rn. 21 m.w.N.
12 Vgl. MK-BGB/*Fornasier* § 305 Rn. 21 m.w.N.
13 Vgl. *BGH* NJW 2014, 1725, 1727, Rn. 27 m.w.N.
14 Vgl. zur Einbeziehung im Einzelnen Ulmer/Brandner/Hensen/*Habersack* § 305 Rn. 123 ff.
15 Vgl. nachstehend Rn. 18.
16 Vgl. *Gilch/Pelz* CCZ 2008, 131 f.

schen den Vorstellungen des Kunden und dem Inhalt der AGB-Klausel so groß ist, dass sich die Annahme rechtfertigt, es handele sich um eine „überraschende" Klausel i.S.d. § 305c Abs. 1.[17]

13 Gerade im Hinblick auf noch nicht so weit verbreitete – wenngleich in ihrer Verbreitung zunehmende – Compliance-Klauseln kann sich das Problem des Überraschungseffekts i.S.d. § 305c Abs. 1 BGB ergeben.[18]

4. Unklarheitenregel

14 Sind Vertragsklauseln in sich missverständlich oder unklar formuliert, gehen Zweifel zu Lasten des Verwenders. Dabei ist aber zunächst anhand der allgemeinen Auslegungsregeln der §§ 133, 157 BGB das Gewollte zu ermitteln. Nur wenn danach mindestens zwei Auslegungsmöglichkeiten verbleiben, greift die Unklarheitenregelung des § 305c Abs. 2 BGB ein.[19] In diesem Fall ist zunächst anhand der kundefeindlichsten Auslegung festzustellen, ob die Klausel unwirksam ist. Ist dies nicht der Fall, findet die kundenfreundlichste Auslegung Anwendung.[20]

5. Inhaltskontrolle

15 Ein weiteres „Hauptproblem" der Einordnung einer Vertragsbestimmung als allgemeine Geschäftsbedingung ist für den Verwender, dass sich diese der nach den §§ 307, 308, 309 BGB angeordneten Inhaltskontrolle stellen muss. Nach § 307 Abs. 1 BGB sind Bestimmungen in allgemeinen Geschäftsbedingungen unwirksam, „wenn sie den Vertragspartner des Verwenders entgegen den Geboten von Treu und Glauben unangemessen benachteiligen. Eine unangemessene Benachteiligung kann sich auch daraus ergeben, dass die Bestimmung nicht klar und verständlich ist" (sog. Transparenzgebot). Nach § 307 Abs. 2 BGB ist eine unangemessene Benachteiligung im Zweifel anzunehmen, wenn eine Bestimmung „mit wesentlichen Grundgedanken der gesetzlichen Regelung, von der abgewichen wird, nicht zu vereinbaren ist" oder „wesentliche Rechte oder Pflichten, die sich aus der Natur des Vertrags ergeben, so einschränkt, dass die Erreichung des Vertragszwecks gefährdet ist".

16 Die §§ 308 und 309 BGB enthalten konkrete Klauselverbote. § 308 BGB betrifft dabei „Klauselverbote mit Wertungsmöglichkeit", d.h. Klauseln, die unbestimmte Rechtsbegriffe enthalten und deren Unwirksamkeitsfeststellung eine richterliche Wertung erfordert.[21] § 309 BGB hingegen enthält Klauselverbote ohne Wertungsmöglichkeit; die entsprechenden Klauseln enthalten keine unbestimmten Rechtsbegriffe und sind unabhängig von einer richterlichen Wertung unwirksam.[22]

17 Einer Inhaltskontrolle geht aber stets die Auslegung der betreffenden Klausel vor, um zu ergründen, ob die Klausel tatsächlich kontrollfähig ist, d.h. von Rechtsvorschriften abweichende oder ergänzende Regelungen enthält, vgl. § 307 Abs. 3 BGB.

---

17 Vgl. MK-BGB/*Fornasier* § 305c Rn. 6.
18 Vgl. *Gilch/Pelz* CCZ 2008, 131 f.
19 Vgl. Grüneberg/*Grüneberg* § 305c Rn. 15 ff.
20 Vgl. *Gilch/Pelz* CCZ 2008, 131, 132; vgl. auch MK-BGB/*Fornasier* § 305c Rn. 49 ff.
21 Vgl. Grüneberg/*Grüneberg* § 308 Rn. 1.
22 Vgl. Grüneberg/*Grüneberg* § 309 Rn. 1/2.

6. Einschränkungen des Anwendungsbereichs

§ 310 Abs. 1 BGB beschränkt den Schutz der §§ 305 ff. BGB u.a. für Unternehmer **18** i.S.d. § 14 BGB. Nach § 14 Abs. 1 BGB ist Unternehmer jede natürliche oder juristische Person, „die bei Abschluss eines Rechtsgeschäfts in Ausübung ihrer gewerblichen oder selbstständigen beruflichen Tätigkeit handelt". Nach der Rechtsprechung setzt eine gewerbliche Tätigkeit – jedenfalls – ein selbstständiges und planmäßiges, auf eine gewisse Dauer angelegtes Anbieten entgeltlicher Leistungen am Markt voraus.[23] Selbstständige Dienstleister oder Werkunternehmer sind damit grundsätzlich Unternehmer i.S.d. § 14 BGB mit der Folge, dass insbesondere die Klauselverbote der §§ 308, 309 BGB nicht unmittelbare Anwendung finden.[24] Allerdings haben diese häufig nach der Rechtsprechung auch im unternehmerischen Rechtsverkehr indizielle Bedeutung.[25]

7. Rechtsfolgen bei Nichteinbeziehung und Unwirksamkeit

Nach § 306 BGB führt die Unwirksamkeit allgemeiner Geschäftsbedingungen oder **19** deren unwirksame Einbeziehung in den Vertrag nicht zur Unwirksamkeit des Gesamtvertrags. Anstelle der nicht einbezogenen bzw. unwirksamen allgemeinen Geschäftsbedingung gilt die gesetzliche Regelung. Lediglich dann, wenn das Festhalten an dem Vertrag auch unter Berücksichtigung der Geltung der gesetzlichen Regelung eine unzumutbare Härte für eine Vertragspartei darstellen würde, ist der Vertrag nach § 306 Abs. 3 BGB unwirksam.

Verstößt der Inhalt einer allgemeinen Geschäftsbedingung teilweise gegen die **20** §§ 307 ff. BGB, so ist die Klausel grundsätzlich im Ganzen – auch im kaufmännischen Verkehr – unwirksam.[26] Nach der ständigen Rechtsprechung des BGH ist dem Gericht die inhaltliche Abänderung einer wegen unangemessener Benachteiligung unwirksamen Klausel, die dazu führen würde, der Klausel mit einem (noch) zulässigen Inhalt Geltung zu verschaffen (geltungserhaltende Reduktion), verboten.[27]

Die Rechtsprechung hat das Verbot geltungserhaltender Reduktion dadurch entschärft, **21** dass sie annimmt, es könne eine und dieselbe Klausel in einen inhaltlich zulässigen und einen inhaltlich unzulässigen Teil zerlegt und auf diese Weise die kassatorische Wirkung des Urteils auf den unzulässigen Teil beschränkt werden.[28] Enthält die Klausel neben der unwirksamen auch unbedenkliche, sprachlich und inhaltlich abtrennbare Bestimmungen, bleiben diese nach ständiger höchstrichterlicher Rechtsprechung wirksam, auch wenn sie den gleichen Sachkomplex betreffen.[29] Voraussetzung für die Teilaufrechterhaltung ist, dass nach Wegstreichen der unwirksamen Teilregelung ein aus sich heraus verständlicher Klauselrest verbleibt (sog. „blue pencil-test").[30]

Vor diesem Hintergrund sollte bei der Vertragsgestaltung bei risikobehafteten Rege- **22** lungsgegenständen auf eine Teilbarkeit der Vertragsregelung im vorbeschriebenen

---

23 *BGH* NJW 2006, 2250, 2251 Rn. 14; Grüneberg/*Ellenberger* § 14 Rn. 2.
24 Vgl. auch Ulmer/Brandner/Hensen/*Schäfer* § 310 Rn. 20.
25 Vgl. Grüneberg/*Grüneberg* § 307 Rn. 40; Ulmer/Brandner/Hensen/*Schäfer* § 310 Rn. 27, 31 ff.
26 Vgl. Grüneberg/*Grüneberg* § 306 Rn. 6 m.w.N.
27 Vgl. *BGH* NJW 2013, 991, 992, Rn. 25 m.w.N.; NJW 1993, 1787; *BAG* NJW 2006, 795; 2005, 3305, 3307.
28 Vgl. MK-BGB/*Fornasier* § 306 Rn. 22.
29 Vgl. Grüneberg/*Grüneberg* § 306 Rn. 7 unter Hinweis auf *BGH* NJW 2015, 928; 2014, 141.
30 *BGH* NJW 2015, 928, 930; 2014, 141, 142; vgl. auch *BAG* NZA 2005, 1053, 1056.

Sinne geachtet werden. Dies kann z.B. durch das Aufteilen einer Regelung in mehrere, für sich sinnvolle Sätze oder das Einfügen von Absätzen zwischen den Regelungsteilen geschehen.

8. Beweislast

23 Wer sich auf den Schutz der AGB-Vorschriften beruft, muss im Streitfall beweisen, dass die Voraussetzungen der Anwendbarkeit der Vorschriften gegeben sind. Wird also von einer Vertragspartei geltend gemacht, dass bestimmte Vertragsbedingungen gem. §§ 305 Abs. 2, 305c Abs. 1 nicht Vertragsbestandteil geworden seien oder nach den Regeln der §§ 305b und 305c behandelt oder gem. §§ 307 ff. als unwirksam angesehen werden müssten, so trifft sie die Beweislast dafür, dass es sich bei den streitigen Klauseln um Vertragsbedingungen handelt, die für eine Vielzahl von Verträgen vorformuliert waren; hierfür ist allerdings in der Regel der Nachweis ausreichend, dass ein gedrucktes oder sonst vervielfältigtes Klauselwerk verwandt worden ist.[31] Dem Verwender hingegen obliegt es, darzutun, dass die Vertragsbedingungen „im Einzelnen ausgehandelt" oder – was gleichbedeutend ist – nicht „gestellt" waren.[31]

III. Die einzelnen Regelungsgegenstände

24 Vor diesem Hintergrund werden im Folgenden die Regelungsgegenstände aufgezeigt, die in einem freien Dienst- oder Werkvertrag bzw. entsprechenden Rahmenvertrag zur Vermeidung einer Scheinselbstständigkeit regelmäßig enthalten sein sollten.[32] Daneben werden Regelungsgegenstände dargestellt, die in einem „guten" Vertrag ebenfalls bedacht werden sollten. Mit dem konkreten Regelungsgegenstand ggf. einhergehende AGB-rechtliche Risiken werden im jeweiligen Zusammenhang kurz erläutert.

1. Vertragsgegenstand

a) Allgemeines

25 Wie bereits zu Beginn dieses Kapitels ausgeführt, wird Ausgangspunkt für jede Prüfung der Rechtsnatur des Beschäftigungsverhältnisses die – idealerweise mit der Bezeichnung des Vertrags in seiner Überschrift korrespondierende Beschreibung – des Vertragsgegenstandes in der Vertragsurkunde sein. Entsprechend viel Sorgfalt sollte darauf verwendet werden, den Vertragsgegenstand so zu beschreiben, dass Anhaltspunkte für eine Scheinselbstständigkeit vermieden werden. Gegenüber dem Vertragspartner muss durch den Vertrag – und vor allem auch seine Umsetzung – der Eindruck vermieden bzw. das Vertrauen darauf zerstört werden, als Arbeitnehmer eingesetzt zu werden.

26 Von überragender Wichtigkeit ist, dass die beschriebenen Leistungen in der Praxis im Rahmen eines (freien) Dienst- bzw. Werkvertrages auch „gelebt" werden können. Die besten Vertragsregelungen nützen nichts, wenn sie in der Praxis nicht umgesetzt werden (können).

---

31 Vgl. MK-BGB/*Fornasier* § 305 Rn. 51.
32 Angesichts der Vielgestaltigkeit der Erscheinungsformen einer selbstständigen Beschäftigung wird bewusst davon abgesehen, einen Mustervertrag vorzustellen und diesen zu kommentieren.

Idealerweise sollte dabei der Vertragsgegenstand so konkret und auch abschließend 27
wie möglich bezeichnet werden – und zwar unabhängig davon, ob Vertragsgegenstand
eine Werk- oder Dienstleistung sein soll (vgl. auch 2. Teil 1. Kap. Rn. 14 ff.). Andernfalls kann für die Zuweisung der erforderlichen Tätigkeiten die Ausübung von Weisungsrechten erforderlich sein, was tunlichst vermieden werden sollte.[33] Die Weisungsgebundenheit hinsichtlich Ort, Zeit, Art und Durchführung der Tätigkeit ist nämlich
wesentliches Element für das Vorliegen eines Arbeitsverhältnisses. Für die jeweilige
Abgrenzung ist eine an den Umständen des Einzelfalls orientierte Würdigung vorzunehmen.[34] Dabei ist jedoch zu beachten, dass auch tatsächliche Zwänge durch eine
vom Auftraggeber geschaffene Organisationsstruktur geeignet sein können, den
Beschäftigten zu dem gewünschten Verhalten zu veranlassen, ohne dass dazu konkrete Weisungen ausgesprochen werden müssen. So ist von einem Arbeitsverhältnis
auszugehen, wenn der Auftraggeber in der Lage ist, Art und Umfang der Beschäftigung maßgeblich zu steuern und dadurch über eine Planungssicherheit verfügt, wie sie
bei einem Einsatz eigener Arbeitnehmer typisch ist.[35]

Demgemäß sollten Weisungsrechte des Auftraggebers ausgeschlossen werden, sofern 28
sie nicht – bei Vereinbarung eines Dienst- oder Werkvertrages – zulässige sach- und
ergebnisbezogene Ausführungsanweisungen, z.B. Qualitätsvorgaben oder Angaben zu
Größe, Menge und Art des zu erstellenden Werks, betreffen (vgl. auch 2. Teil 1. Kap.
Rn. 19 ff.).[36] Zu vermeiden sind Weisungen, die auf ein arbeitsvertragliches Leitungsrecht hindeuten können, wie dies bei personen-, ablauf- und verfahrensorientierten,
insbesondere zeit- und ortsbezogenen, Weisungen (z.B. Vorgabe von Pausen- und
Urlaubszeiten) der Fall ist.[37] Abhängig von der geschuldeten Leistung kann es sinnvoll
sein, eine ausdrückliche Regelung aufzunehmen, wonach der freie Mitarbeiter bei der
Wahl von Arbeitsort und Arbeitszeit grundsätzlich frei ist.

Die Notwendigkeit der Einbindung des Auftragnehmers in Mitarbeiterteams des Auf- 29
traggebers sollte ebenso wie die umfassende Nutzung von Betriebsmitteln des Auftraggebers[38] im Rahmen eines eingerichteten Arbeitsplatzes vermieden werden, da
dies nach der Rechtsprechung für ein Arbeitsverhältnis spricht.[39]

Abhängig von der geschuldeten Leistung bietet sich zur „Durchprogrammierung" des 30
Arbeitsablaufs ggf. die Vereinbarung eines Ticketsystems an, das dann in der Praxis
allerdings auch gelebt werden muss.[40]

---

33 Vgl. auch *Maschmann* NZA 2013, 1305, 1309 f., der insoweit von einer „Durchprogrammierung des
Arbeitsprozesses" im Vertrag spricht; *Heise* NZA-Beilage 2019, 100, 105.
34 Ständige Rechtsprechung *BAG* NZA 2021, 552, 556 f., Rn. 31 ff.; NZA 2012 733, 734 f. m.w.N.; weitgehend identisch damit erfolgt auch die sozialrechtliche Abgrenzung, vgl. *BSG* 30.4.2013 – B 12 KR
19/11, Rn. 13.
35 *BAG* NZA 2021, 552, 556 f. Rn. 36 m.w.N.
36 Vgl. *BAG* NZA 2021, 552, 556 f. Rn. 35; vgl. auch *Maschmann* NZA 2013, 1305, 1308 m.w.N., insbesondere unter Hinweis auf *BGH* NJW 1985, 631 zu den Grenzen des Anweisungsrechts des Werkbestellers. Grenze ist der in der vertraglichen Leistungsbeschreibung fixierte Erfolg.
37 Vgl. *BAG* NZA 2021, 552, 556 f. Rn. 35; vgl. auch *Maschmann* NZA 2013, 1305, 1308 m.w.N.
38 Vgl. zur Nutzung von Betriebsmitteln des Auftraggebers unten Rn. 51.
39 *BAG* NJOZ 2010, 1705, 1706; dafür, dass umgekehrt die Benutzung eigener Betriebsmittel für ein
freies Dienstverhältnis spricht: *BAG* NZA-RR 2016, 288.
40 Vgl. *BAG* NZA 1993, 1078, 1080. Aber: *LAG Baden-Württemberg* NZA 2013, 1017.

b) Rahmenvertrag

31 Soll es sich bei dem Vertrag um einen Rahmendienst- oder -werkvertrag handeln, kann es sinnvoll sein, einzelne Projekte in einer separaten Vereinbarung zwischen den Parteien einvernehmlich zu konkretisieren.

32 Dabei kann es empfehlenswert sein, dem Auftragnehmer im Rahmenvertrag das Recht einzuräumen, einzelne Aufträge abzulehnen. Kommt es hiernach zu einer separaten vertraglichen Festlegung des konkreten Leistungsgegenstandes, lässt sich argumentieren, dass der Auftragnehmer insoweit jedenfalls nicht von seinem Recht zur Ablehnung Gebrauch gemacht hat und die Konkretisierung deshalb einvernehmlich – und nicht im Rahmen einer einseitigen Weisung des Auftraggebers – erfolgte.

33 In den Projektbeschreibungen zu vermeiden ist typisch arbeitsvertragliches Vokabular: „Teamarbeit" etwa mag für interne, an Arbeitnehmer gerichtete Stellenausschreibungen „attraktives Vokabular" sein; in Projektbeschreibungen hingegen ist sie fehl am Platz.[41] Der Rückgriff auf Arbeitsverträge als Vorlage für Verträge z.B. mit Soloselbständigen ist dringend zu vermeiden. Auch sollte die Vertragshistorie nicht außer Acht gelassen werden. Hat beispielsweise zu einem Soloselbständigen schon einmal ein Arbeitsverhältnis bestanden, ist besondere Aufmerksamkeit bei der Vertragsgestaltung geboten.

2. Vergütung und Abrechnung

34 Eine Vergütung kann grundsätzlich nach Zeitabschnitten oder als Pauschale vereinbart werden. Regelmäßig ist die Vereinbarung eines Pauschalhonorars, ggf. gekoppelt an die Abnahme der Vertragsleistung,[42] die mit Blick auf eine Scheinselbstständigkeitsvermeidung ideale Vergütungsvariante. Auch wenn ein Zeithonorar als Indiz für eine Arbeitnehmereigenschaft angesehen werden könnte,[43] ist dessen Vereinbarung unproblematisch, wenn durch die übrige Vertragsgestaltung sichergestellt ist, dass ein Arbeitsverhältnis nicht vorliegt.

35 Erbringt der Auftragnehmer seine Leistung nach Stunden, sollten Regelungen zur Einreichung, Prüfung und Freizeichnung von Stundenlohnzetteln aufgenommen werden.[44] Erfahrungsgemäß mündet das Fehlen einer entsprechenden Praxis regelmäßig in einen Streit, ggf. sogar Rechtsstreit, über die tatsächlich geleisteten Stunden.

36 Der Vertrag kann und sollte auch Regelungen zur Erstattung von Aufwendungen des Auftragnehmers enthalten. Dabei kann ein Aufwendungsersatz auf Nachweis ebenso wie eine pauschale Abgeltung der Aufwendungen, z.B. mit der vereinbarten Vergütung, vereinbart werden.[45]

37 Hinsichtlich der Abrechnung sollte der Vertrag die aus Sicht des Unternehmens notwendigen Anforderungen an die vom Auftragnehmer zu stellende Rechnung, z.B.

---

41 Vgl. auch 5. Teil 1. Kap. Rn. 34.
42 Vgl. § 640 BGB.
43 So noch *BAG* 8.6.1967 – AP BGB § 611 Abhängigkeit Nr. 6. Nach *BAG* NZA 1994, 1132, 1134 sind die Modalitäten der Entgeltzahlung für die Abgrenzung allerdings nicht entscheidend. Letzteres wird bestätigt durch *BAG* NZA-RR 2016, 344, 347. Vgl. auch *Uffmann* NZA 2018, 265, 268 f. zum Heranziehen der Vergütungshöhe als Indiz.
44 Vgl. etwa die Regelung in § 15 Abs. 3 VOB/B.
45 Die Abbedingung oder Pauschalierung des Aufwendungsersatzes ist grundsätzlich zulässig, vgl. MK-BGB/*Schäfer* § 670 Rn. 3.

gesonderter Ausweis der Umsatzsteuer, konkrete Bezeichnung der Auftragsnummer u.ä., enthalten. Die Auszahlung der Vergütung sollte vom Vorliegen einer ordnungsgemäßen Rechnung im vorbezeichneten Sinne abhängig gemacht werden. Grundsätzlich gilt, dass eher „technische" Regelungen zum Abrechnungsmodus ab einem gewissen Umfang im Interesse der Lesbarkeit des Vertrages besser in einem Anhang zu diesem aufgehoben sind. Dabei ist selbstverständlich darauf zu achten, dass dieser im Vertrag in Bezug genommen und dem Vertrag auch tatsächlich beigefügt wird.

Es ist schließlich sinnvoll, ausdrücklich klarzustellen, dass der Auftragnehmer keinen Anspruch auf Vergütungsfortzahlung im Krankheitsfall sowie Urlaub hat. Nach §§ 1, 2 BUrlG haben nämlich nur Arbeitnehmer und ihnen Gleichgestellte Anspruch auf Urlaub. Die Entgeltfortzahlung im Krankheitsfall gilt nach § 3 EntgFG ebenfalls nur für Arbeitnehmer. **38**

3. Verhältnis des Selbstständigen zu Dritten
a) Tätigkeit für andere Auftraggeber

Zur Vermeidung einer Scheinselbstständigkeit kann es sinnvoll sein, dem Auftragnehmer ausdrücklich das Recht einzuräumen, auch für andere Auftraggeber – ggf. im Rahmen des vereinbarten Wettbewerbsverbots[46] – tätig zu werden. Die Tätigkeit für mehrere unterschiedliche Auftraggeber spricht gegen eine Eingliederung in die Betriebsorganisation des einzelnen Auftraggebers (vgl. 2. Teil 1. Kap. Rn. 67 ff.). **39**

b) Einschaltung Dritter als Erfüllungsgehilfen

Die Freiheit des Auftragnehmers, sich zur Vertragserfüllung auch Dritter zu bedienen, ist ein wesentliches Indiz gegen seine persönliche Abhängigkeit vom Auftraggeber und damit für eine Selbstständigkeit. **40**

Sofern es daher nicht zwingend auf eine höchstpersönliche Erfüllung der Leistungspflicht durch den Auftragnehmer selbst ankommt, sollte der Vertrag eine ausdrückliche Regelung enthalten, wonach der Auftragnehmer berechtigt ist, sich zur Vertragserfüllung auch dritter Personen zu bedienen. Dies ist ein wichtiges Indiz für die Selbstständigkeit.[47] **41**

Soll die Auftragserfüllung im Wesentlichen oder gerade durch den Auftragnehmer erfolgen, empfiehlt sich die Aufnahme einer Regelung, die den Einsatz von Dritten grundsätzlich ermöglicht, diesen jedoch von einer vorherigen Zustimmung des Auftraggebers im konkreten Einzelfall abhängig macht. Diese grundsätzliche, wenngleich eingeschränkte Möglichkeit, sich zur Erfüllung der Verbindlichkeiten Dritter zu bedienen, stellt – jedenfalls im Vergleich zu der uneingeschränkten Verpflichtung zur persönlichen Leistungserbringung – immer noch ein (schwaches) Indiz für eine selbstständige Tätigkeit dar. Abhängig von den Umständen des Einzelfalls kann eine derartige Einschränkung oder gar das vollständige Fehlen des Rechts des Auftragnehmers, sich zur Auftragserfüllung Dritter zu bedienen, jedoch durchaus gerechtfertigt sein. Dies ist insbesondere dort der Fall, wo es auf die besondere, möglicherweise bei Dritten nicht ohne weiteres vorhandene Qualifikation des Auftragnehmers ankommt.[48] **42**

---

46 Vgl. unten Rn. 52 ff.
47 *BAG* BeckRS 2005, 43136 = BAGE 115, 1, denn umgekehrt ist die Pflicht zur persönlichen Leistungserbringung von Bedeutung für das Bestehen eines Arbeitsverhältnisses *BAG* NZA 2021, 552.
48 Vgl. *LAG Köln* ZVertriebsR 2015, 306 zur Abgrenzung des Handelsvertreters von einem Arbeitnehmer.

43 In jedem Fall zu vermeiden ist ein Weisungsrecht des Auftraggebers gegenüber den vom Auftragnehmer eingesetzten Personal, da dies zu einer (illegalen) Arbeitnehmerüberlassung führen könnte.[49]

44 Sollte dem Auftragnehmer die Einschaltung Dritter zur Vertragserfüllung möglich sein, dann empfiehlt sich zudem die Aufnahme einer Verpflichtung des Auftragnehmers mit Blick auf eine mögliche Auftraggeberhaftung nach dem zum 1.1.2015 in Kraft getretenen Mindestlohngesetzes (MiLoG). Dieses sieht mit seinem Verweis in § 13 MiLoG auf § 14 AEntG eine verschuldensunabhängige Haftung des Auftraggebers hinsichtlich der Mindestlohnansprüche der Arbeitnehmer der gesamten Nachunternehmerkette vor. Diese Haftung wird durch § 21 Abs. 2 MiLoG von einem bußgeldbewährten Ordnungswidrigkeitenkatalog flankiert, sollte dem Auftraggeber im Rahmen der Auswahl seiner den Mindestlohn nicht zahlenden Auftragnehmer Fahrlässigkeit oder Vorsatz vorwerfbar sein. Des Weiteren kommt auch der Ausschluss von öffentlichen Aufträgen in Betracht (§ 19 MiLoG).

45 Im Hinblick auf das MiLoG kommen eine Reihe weiterer Vertragsregelungen zur Reduzierung des eigenen Haftungsrisikos in Betracht wie z.B. die Abgabe einer Freistellungserklärung, ein vertraglicher Haftungsausschluss oder die Gestellung von Sicherheiten oder Bankbürgschaften. Von einer detaillierten Darstellung wird hier jedoch abgesehen.[50]

4. Geheimhaltung und Datenschutz

a) Geheimhaltung/Verschwiegenheit

46 Auch wenn sich Geheimhaltungs-/Verschwiegenheitspflichten der Vertragsparteien aus § 242 BGB ergeben können, sollte in jedem Fall eine Geheimhaltungspflicht des Auftragnehmers ausdrücklich im Vertrag vereinbart werden. Um das Risiko einer etwaigen unangemessenen Benachteiligung auszuschließen, sollte die Geheimhaltungsverpflichtung beidseitig ausgestaltet sein. Abhängig von der Bedeutung der offengelegten Informationen sollte die Geltung der Geheimhaltungsverpflichtung das Vertragsverhältnis außerdem für einen angemessenen Zeitraum überdauern.

47 Damit die Geheimhaltungsverpflichtung auch „Biss" hat, sollte auf die Vereinbarung einer Vertragsstrafe für den Fall des Verstoßes hingewirkt werden, da es erfahrungsgemäß mit erheblichen Schwierigkeiten für den Geschädigten verbunden ist, einen durch den Verstoß kausal hervorgerufenen Schaden im Einzelnen darzulegen und zu beweisen.[51] Überdies mag der Sanktionscharakter einer Vertragsstrafe von einem entsprechenden Vertragsverstoß abhalten.

b) Datenschutz

48 Verarbeitet der Auftragnehmer im Rahmen seiner Tätigkeit personenbezogene Daten, ist er nach § 5 BDSG auf das Datengeheimnis zu verpflichten, das auch nach der Beendigung seiner Tätigkeit fortbesteht. Dabei ist dafür zu sorgen, dass etwaige Erfüllungsgehilfen des Auftragnehmers ebenfalls entsprechende Erklärungen nach dem BDSG abgeben.

---

49 Vgl. BAG NZA 2017, 49; ebenso BAG 15.4.2014 – 3 AZR 395/11, Rn. 20.
50 Vgl. zu Einzelheiten Bayreuther NZA 2015, 961; Bertram GWR 2015, 26, 28. Vgl. allgemein zur Vereinbarung von Haftungsbeschränkungen unter 11., Rn. 73 ff.
51 Vgl. zu den Einzelheiten der Ausgestaltung einer Vertragsstrafenklausel unten 11.b) dd), Rn. 88 ff.

5. Aufbewahrung und Rückgabe von Geschäftsunterlagen

Der Auftragnehmer sollte im Vertrag zur sorgsamen Aufbewahrung aller ihm vom Auftraggeber zur Verfügung gestellten Geschäftsunterlagen sowie zu deren unverzüglicher Rückgabe nach Beendigung des Vertragsverhältnisses verpflichtet werden. Im Vertrag kann zudem eine Rückgabepflicht auch während des laufenden Vertragsverhältnisses auf Anforderung des Auftraggebers vereinbart werden. 49

Idealerweise sollte im Vertrag ein Zurückbehaltungsrecht des Auftragnehmers an den Geschäftsunterlagen ausgeschlossen werden. Allerdings ist dies risikolos nur im Rahmen einer Individualvereinbarung möglich; ein formularvertraglicher Ausschluss des Zurückbehaltungsrechts nach § 273 BGB ist gem. § 309 Nr. 2b) BGB gegenüber Verbrauchern unwirksam.[52] Im Geschäftsverkehr zwischen Unternehmern ist die formularmäßige Abbedingung des § 273 BGB insoweit zulässig, als die dem Zurückbehaltungsrecht zugrundeliegende Gegenforderung aus demselben Vertragsverhältnis nicht unbestritten oder rechtskräftig festgestellt ist.[53] Ob die – grundsätzlich zulässige – Einschränkung eines Zurückbehaltungsrechts hinsichtlich solcher Ansprüche, die nicht aus demselben Vertragsverhältnis stammen, sinnvoll ist, muss anhand der Umstände des Einzelfalls entschieden werden. 50

6. Nutzung von Betriebsmitteln des Auftraggebers

Die Nutzung von Betriebsmitteln des Auftraggebers zur Erbringung der eigenen – selbstständigen – Leistungen wird als schwaches Indiz für das Vorliegen eines Arbeitsverhältnisses angesehen (vgl. auch 2. Teil 1. Kap. Rn. 62 ff.).[54] Daher sollte eine solche nur im Einzelfall und idealerweise gegen Entgelt erfolgen. Insoweit sollte der Vertrag ausdrückliche Regelungen zur entgeltlichen Überlassung der Betriebsmittel des Auftraggebers vorsehen, entweder in einem eigenen Vertragsabschnitt „Miete" oder zumindest durch einen Passus, wonach das Nutzungsentgelt bereits bei der Kalkulation der Leistungsvergütung berücksichtigt wurde. 51

7. Wettbewerbs- und Abwerbeverbot

Nach der Rechtsprechung stellt die Vereinbarung von Wettbewerbs- und Abwerbeverboten kein sonderlich starkes Indiz für eine Scheinselbstständigkeit dar.[55] Um berechtigte Interessen des Auftraggebers zu sichern,[56] sollte der Vertrag daher eine entsprechende Verbotsklausel enthalten. Dabei ist darauf zu achten, dass diese hinreichend transparent ist.[57] 52

Wie die Geheimhaltungsverpflichtung sollten auch Wettbewerbs- und Abwerbeverbote sinnvollerweise mit einer Vertragsstrafe bewehrt werden, um zum einen Verstöße hiergegen wirksam sanktionieren zu können und zum anderen ein gewisses Abschreckungspotential zu schaffen.[58] 53

---

52 Vgl. Grüneberg/*Grüneberg* § 309 Rn. 15.
53 Vgl. *BGH* NJW 1992, 575, 577; vgl. auch Grüneberg/*Grüneberg* § 309 Rn. 16.
54 Vgl. *BAG* NZA 2013, 1348, 1351 und spiegelbildlich soll die Benutzung eigener Betriebsmittel für ein freies Dienstverhältnis sprechen: *BAG* NZA-RR 2016, 288.
55 Für Wettbewerbsverbote: *BAG* NZA 2000, 481.
56 Vgl. § 74a Abs. 1 S. 1 HGB.
57 Vgl. *BGH* NJW 2016, 401 zu einem wegen Verstoßes gegen das Transparenzgebot des § 307 Abs. 1 BGB unwirksamen formularmäßig vereinbarten nachvertraglichen Wettbewerbsverbots.
58 Vgl. zu den Einzelheiten der Ausgestaltung einer Vertragsstrafenklausel unten 11.b) dd), Rn. 88 ff.

54 Zu beachten ist, dass ein nachvertragliches Wettbewerbsverbot bei wirtschaftlicher Abhängigkeit eines freien Mitarbeiters nur gegen Vereinbarung einer Karenzentschädigung wirksam ist.[59]

8. Vertragsdauer und Kündigung

55 Das Vertragsverhältnis kann befristet oder unbefristet abgeschlossen werden.

56 Bei der Bemessung der Kündigungsfrist sollte darauf geachtet werden, dass diese möglichst weit von den für Arbeitnehmer geltenden Kündigungsfristen des § 622 BGB entfernt ist.

57 Für die Kündigungserklärung einer Partei sollte der Vertrag zu Beweiszwecken die Schriftform vorsehen.

58 Die Kündigung eines Werkvertrages kann die Rechte des § 648 BGB auslösen. Danach steht dem Werkunternehmer auch im Fall der Kündigung der vereinbarte Werklohn zu, er muss sich jedoch dasjenige anrechnen lassen, was er infolge der Vertragsbeendigung an Aufwendungen erspart oder durch anderweitige Verwendung seiner Arbeitskraft erwirbt oder zu erwerben böswillig unterlässt. Das Kündigungsrecht nach § 648 BGB kann grundsätzlich abbedungen werden, allerdings nicht durch AGB bei längerfristigen Verträgen.[60] Auch der Vergütungsanspruch des § 648 BGB kann – insbesondere individualvertraglich – modifiziert werden, muss sich bei formularvertraglicher Modifikation jedoch in den Grenzen der §§ 307 Abs. 1 S. 2, 308 Nr. 7a), 309 Nr. 5 b) BGB bewegen.[61]

9. Compliance

59 Insbesondere in Situationen, in denen der Auftraggeber mit einer Vertragskette konfrontiert ist, deren „hintere" Glieder er nur mittelbar über sein Vertragsverhältnis mit dem „ersten Glied" kontrollieren und beeinflussen kann, kann sich im Interesse der im vorangegangenen Kapitel angesprochenen Scheinselbstständigen-/Contractor-Compliance und der daraus resultierenden Kontrolle der Zusammenarbeit zwischen Unternehmen und Geschäftspartner („Schnittstellenkontrolle") (vgl. hierzu im Einzelnen 5. Teil 1. Kap.) auch die Aufnahme von sog. Compliance-Klauseln empfehlen.

60 Deren Regelungsgegenstände reichen von der Verpflichtung zur Einhaltung bestimmter Standards oder zur Weitergabe solcher Verpflichtungen an eigene Vertragspartner über Auditierungsklauseln und Informationspflichten bis hin zu Untersuchungs- und Ermittlungspflichten.[62]

---

59 Vgl. § 74 Abs. 2 HGB. Vgl. *BAG* NZA 1997, 1284; NJW 1998, 99; *BGH* NJW 2003, 1864. Vgl. demgegenüber *OLG Stuttgart* 20.3.2008 – 10 U 228/07, BeckRS 2009, 10830, wonach ein zwischen einem Haupt- und Subunternehmer vereinbartes nachvertragliches Wettbewerbsverbot nicht der Regelung des § 74 Abs. 2 HGB unterfällt, wenn der Subunternehmer die Leistung nicht persönlich zu erbringen hat. Der *BGH* (NJW 2009, 1751) hat die Entscheidung des OLG Stuttgart aufgehoben und das zwischen den Parteien ohne Karenzentschädigung vereinbarte nachvertragliche Wettbewerbsverbot nach § 1 GWB für unwirksam befunden.
60 Vgl. Grüneberg/*Retzlaff* § 648 Rn. 11 m.w.N.
61 Vgl. Grüneberg/*Retzlaff* § 648 Rn. 11 m.w.N.
62 Vgl. *Gilch/Pelz* CCZ 2008, 131 ff.; *Teicke/Matthiesen* BB 2013, 771 ff. Vgl. auch das seit dem 1.1.2023 geltende Gesetz über die unternehmerischen Sorgfaltspflichten zur Vermeidung von Menschenrechtsverletzungen in Lieferketten (Lieferkettensorgfaltspflichtengesetz – LkSG) v. 16.7.2021 (BGBl I S. 2959), dort insbesondere Abschnitt 2 (§§ 4–10 LkSG).

Die einzelnen Regelungsgegenstände 2. Kapitel

AGB-rechtlich unproblematisch ist dabei die Pflicht zur Einhaltung bestimmter Standards, soweit sich diese in ohnehin zu beachtenden inländischen Gesetzesregelungen erschöpfen. Ein Unwirksamkeitsrisiko besteht jedoch bei Klauseln, nach denen der Verwendungsgegner garantieren soll, dass er entsprechende Regelungen in der Vergangenheit auch gegenüber Dritten eingehalten hat.[63] **61**

Bei der formularmäßigen Verpflichtung zur Einhaltung eines eigenen Verhaltenskodex oder von Compliance-Richtlinien ist darauf zu achten, dass die jeweiligen Regelungen wirksam in den Vertrag mit einbezogen werden und inhaltlich selbst den Anforderungen wirksamer AGB genügen.[63] Soll der Auftragnehmer überdies verpflichtet werden, seine Vertragspartner, z.B. Subunternehmer, zur Einhaltung dieser Regelungen zu verpflichten, dürfte dies dann eine unangemessene Benachteiligung i.S.d. § 307 Abs. 2 Nr. 1 BGB darstellen, wenn die Subunternehmer nicht als Erfüllungsgehilfen des Auftragnehmers i.S.d. § 278 BGB anzusehen wären.[64] Abhilfe könnten in diesem Fall sog. „Bemühensklauseln" schaffen, wonach sich der Verwendungsgegner im Rahmen des ihm Möglichen und Zumutbaren bemüht, seinen Subunternehmer zur Einhaltung bestimmter Vorgaben und Standards aufzufordern.[65] **62**

Formularmäßig vereinbarte Auditierungsrechte des Auftraggebers unterliegen einem hohen Unwirksamkeitsrisiko. Auditierungen können grundsätzlich als Eigen- oder als Fremdauditierung durchgeführt werden. Im Rahmen von Eigenauditierungen werden mehr oder weniger differenzierte Fragebögen an den Vertragspartner verschickt, die dieser innerhalb einer vorgegebenen Zeit vollständig und nach bestem Wissen zu beantworten hat.[66] Die dort getätigten Aussagen können zu einem späteren Zeitpunkt u.a. im Wege einer Fremdauditierung auf ihren Wahrheitsgehalt hin überprüft werden. **63**

Die formularmäßige Einräumung eines Fremdauditierungsrechts, das typischerweise umfangreiche Einsichts- und Prüfungsrechte bezüglich interner Geschäftsunterlagen des Vertragspartners beinhaltet, könnte entweder bereits als überraschende Klausel i.S.d. § 305c Abs. 1 BGB oder nach § 307 BGB unwirksam sein.[67] Auch datenschutzrechtlich begegnen solche Klauseln erheblichen Bedenken.[68] Ist allerdings nach der Klausel sichergestellt, dass die datenschutzrechtlichen Vorgaben eingehalten werden, und würden die Prüfungen allein von zur beruflichen Verschwiegenheit verpflichteten Personen und beschränkt auf tatsächlich relevante, idealerweise im Vorfeld zu definierende Unterlagen vorgenommen werden, dann könnte sich die Regelung möglicherweise doch als wirksam herausstellen.[69] **64**

---

63 Vgl. *Teicke/Matthiesen* BB 2013, 771, 772 m.w.N.
64 Vgl. *Teicke/Matthiesen* BB 2013, 771, 773 m.w.N.; vgl. auch *Gilch/Pelz* CCZ 2008, 131, 133 f. Vgl. auch § 6 Abs. 4 LkSG.
65 Vgl. *Teicke/Matthiesen* BB 2013, 771, 773 m.w.N.; ebenso *Gilch/Pelz* CCZ 2008, 131, 134.
66 Vgl. *Gilch/Pelz* CCZ 2008, 131, 134.
67 Vgl. *Teicke/Matthiesen* BB 2013, 771, 773 f. m.w.N.; ebenso *Gilch/Pelz* CCZ 2008, 131, 135. Im Anwendungsbereich des LkSG wird der überraschende Charakter eines formularmäßigen Auditierungsrechts angesichts der Pflicht zur „Vereinbarung angemessener vertraglicher Kontrollmechanismen" nach § 6 Abs. 4 Nr. 4 LkSG nicht mehr ohne Weiteres angenommen werden können.
68 Vgl. zu den Einzelheiten *Teicke/Matthiesen* BB 2013, 771, 773 f. m.w.N.
69 So wohl auch *Teicke/Matthiesen* BB 2013, 771, 774, die bei Auftauchen von Problemen für eine gemeinsame einvernehmliche Aufarbeitung des Compliance-Verstoßes plädieren.

65 Wichtig ist, mit einer vereinbarten Informations(weitergabe)pflicht korrespondierende Dokumentations- und Auskunftspflichten festzuschreiben.[70] Im Konfliktfall muss durch den Auftragnehmer nachgewiesen werden können, welchem seiner Arbeitnehmer oder – bei entsprechender Gestattung – Unterauftragnehmer wann und auf welchem Wege welche Information (Schreiben und/oder Schulung/Einweisung?) erteilt wurde. In der Regel wird also eine schriftliche Information erforderlich sein. Über eventuelle, ihm zur Kenntnis gelangte Konfliktfälle sollte der Auftragnehmer den Auftraggeber informieren müssen. So kann dieser seinerseits eine eventuell bestehende Problemlage auflösen.

66 Im Rahmen einer Complianceklausel kann auch ein Sonderkündigungsrecht für den Fall vorgesehen werden, dass der Verwendungsgegner gegen die ihm auferlegten Compliancepflichten oder einen Verhaltenskodex verstößt. Sofern allerdings nicht eine besonders gravierende Pflichtverletzung vorliegt, ist eine Kündigung oder ein Rücktritt vom Vertrag nach §§ 314 Abs. 2, 323 Abs. 2 BGB nur nach Setzung einer Nachfrist zur Heilung des Pflichtverstoßes möglich. Auch wenn diese Vorschriften dispositiv sind, kann auch im unternehmerischen Verkehr nicht gänzlich auf das Erfordernis der Nachfristsetzung verzichtet werden.[71] Ohne hinreichenden sachlichen Grund verstößt auch im unternehmerischen Verkehr eine Kündigungsklausel gegen § 308 Nr. 3 BGB i.V.m. § 307 Abs. 2 Nr. 1 BGB. Demgemäß kann nicht jede Verletzung eines Verhaltenskodex eine Kündigung rechtfertigen, was bei der Gestaltung des Sonderkündigungsrechts beachtet werden sollte.

67 Jedenfalls theoretisch könnte in Anlehnung an die Debatte um § 13 MiLoG überlegt werden, Freistellungsklauseln für die aus einer Statusverfehlung entstehenden Schäden aufzunehmen. Solche Klausel halten regelmäßig einer Überprüfung am Maßstab der §§ 307 ff. BGB nicht Stand, zumal das eigentliche Schadensrisiko eindeutig auf Seiten des Auftraggebers liegt.[72] Dieser gliedert den Auftragnehmer in seine Arbeitsorganisation ein, allein er kann sich als Arbeitgeber gerieren.

10. Sorgfaltsmaßstab und Qualitätskontrolle

68 Gerade bei Dienstverträgen sollte der Sorgfaltsmaßstab möglichst genau definiert werden, da bei diesem Vertragstypus eine Gewährleistung nicht vorgesehen ist.

69 Weil der Auftraggeber keine Weisungsbefugnis hat, ist eine festgeschriebene regelmäßige Qualitätskontrolle des Leistungsgegenstands zu empfehlen. Da eine Qualitätskontrolle Bestandteil eines jeden freien Vertragsverhältnisses ist, liegt hierin auch kein Indiz für ein Arbeitsverhältnis; nach der Rechtsprechung muss der freie Mitarbeiter mit einer Kontrolle der Qualität seiner Arbeit rechnen.[73]

---

70 Vgl. auch § 10 LkSG.
71 Vgl. *Gilch/Pelz* CCZ 2008, 131, 136 m.w.N.
72 Vgl. Erman/*Roloff/Looschelders* § 307 Rn. 13 m.w.N.
73 BAG NZA-RR 2007, 424, 427, Rn. 24 unter Hinweis auf BAG NZA 2000, 1102. Der Umstand, dass Kontrollrechte des Auftraggebers nicht arbeitsvertragstypisch sind, zeigt sich etwa auch in § 384 HGB.

11. Gewährleistung und Haftung

a) Gewährleistung

Im Dienstvertragsrecht ist eine Gewährleistung nicht vorgesehen, da – anders als beim Werkvertrag – kein Erfolg geschuldet wird.[74] Für den Fall der Schlechterfüllung bleibt dem Dienstberechtigten nur die Kündigung des Dienstvertrags.[75]   **70**

Im Werkvertragsrecht wird sich der Auftraggeber regelmäßig mit der gesetzlichen Gewährleistung nach §§ 633 ff. BGB zufriedengeben, wenn er nicht im Einzelfall ein besonderes Interesse an einer Gewährleistungserweiterung, sei es im Hinblick auf die Gewährleistungsfrist oder den Gewährleistungsinhalt und -umfang, hat. Der Auftragnehmer hingegen wird häufig versuchen, seine nach dem Gesetz bestehende Gewährleistung zu begrenzen, z.B. durch eine Abkürzung der Gewährleistungsfristen oder die Beschränkung oder den Ausschluss einzelner Gewährleistungsrechte (z.B. den Ausschluss des Rücktritts- oder Minderungsrechts nach § 634 Nr. 3 BGB oder eine Beschränkung des Nacherfüllungsanspruchs auf eine Mängelbeseitigung).[76]   **71**

Da die konkrete Ausgestaltung der Gewährleistungsregelung von dem geschuldeten Werk (z.B. Herstellung von Software, Herstellung eines Bauwerks, Herstellung eines Rundfunkbeitrags) abhängt, würde selbst eine oberflächliche Darstellung der unterschiedlichen Regelungsvarianten den hier zur Verfügung stehenden Rahmen sprengen.   **72**

b) Haftung

Der Auftragnehmer hat naturgemäß ein Interesse daran, seine Haftung zu beschränken oder gar auszuschließen. Der Auftraggeber wiederum hat ein Interesse daran, dass der Auftragnehmer möglichst umfassend für seine Leistungen haftet.   **73**

Im Bereich des Contracting wird dem Contractor einerseits daran gelegen sein, seine Haftung gegenüber dem Auftraggeber möglichst zu begrenzen, wohingegen er andererseits gegenüber dem Selbstständigen selbst in der Auftraggeberrolle und damit an dessen möglichst umfassender Haftung interessiert ist. Der Auftraggeber des Contractors wiederum wird ein Interesse daran haben, dass der Contractor möglichst umfassend für eigene Pflichtverletzungen und solche des Selbstständigen einsteht, zumal ihm der Selbstständige mangels Vertragsbeziehung lediglich aus Delikt haftet (vgl. zur Struktur des Contracting 7. Teil Rn. 16 f.).[77]   **74**

aa) Haftungsbeschränkung

Gemäß § 276 Abs. 3 BGB kann dem Schuldner nicht im Voraus die Haftung wegen Vorsatzes erlassen werden. Demgegenüber kann die Haftung für Fahrlässigkeit grundsätzlich vertraglich ausgeschlossen oder modifiziert werden.[78]   **75**

Individualvertraglich vereinbarte Haftungsbeschränkungen, Haftungsausschlüsse und -begrenzungen für einfache und grobe Fahrlässigkeit sind stets zulässig.   **76**

---

74 Ständige Rechtsprechung des BGH, vgl. etwa *BGH* NJW 2004, 2817.
75 Vgl. auch *OLG Köln* BeckRS 2015, 04612 m.w.N. zu Fallgestaltungen, in denen die völlige Unbrauchbarkeit der erbrachten Dienstleistung gleichsteht und nach §§ 281 Abs. 1 und 2, 280 Abs. 1 und 3 BGB zu einem Schadenersatzanspruch führt, der dem Vergütungsanspruch entgegengehalten werden kann oder die Einrede des nichterfüllten Vertrags rechtfertigt.
76 In diesem Zusammenhang sind die Beschränkungen des § 309 Nr. 8b) BGB zu beachten.
77 Vgl. zur Struktur des Contracting auch *Lange* NZWiSt 2015, 248, 252 f.
78 Vgl. nur Grüneberg/*Grüneberg* § 276 Rn. 35.

77 Formularvertraglich ist eine Haftungsfreizeichnung oder -begrenzung für grobe Fahrlässigkeit nach § 309 Nr. 7b) BGB – auch im unternehmerischen Geschäftsverkehr – nicht möglich.[79] Für einfache Fahrlässigkeit gelten die Einschränkungen des § 309 Nr. 7a) BGB, und zwar auch im unternehmerischen Geschäftsverkehr; d.h. eine Haftungsfreizeichnung oder -begrenzung bei der Verletzung von Leben, Körper oder Gesundheit kommt nicht in Betracht.

78 Nach § 307 Abs. 2 Nr. 2 BGB ist überdies der formularmäßige *Ausschluss* der Haftung für die Verletzung wesentlicher Vertragspflichten (teilweise auch als „Kardinalpflichten" bezeichnet) – auch im Geschäftsverkehr mit Unternehmern – unabhängig vom Verschuldensgrad grundsätzlich unwirksam.[80] Die pünktliche Lieferung eines Werks gehört dabei ebenfalls zu den wesentlichen Vertragspflichten.[81]

79 Auch eine formularmäßige *Begrenzung* der Haftung für die Verletzung wesentlicher Vertragspflichten kommt nur in engen Grenzen in Betracht. Nach der Rechtsprechung ist eine Haftungsbegrenzung auf den „vertragstypischen, vernünftigerweise vorhersehbaren Schaden" zulässig.[82] In diesem Zusammenhang ist zu beachten, dass sich „vertragstypisch" und „vernünftigerweise vorhersehbar" nicht nur auf die Höhe eines Schadens, sondern auch auf die Schadensart, etwa entgangenen Gewinn, bezieht.[83]

80 Eine Klarstellung zum Begriff der „wesentlichen Vertragspflichten" mag angesichts der Tatsache, dass der BGH einen diesem Begriff verwandten Terminus („Kardinalpflichten") in einigen Entscheidungen für intransparent erklärt hat,[84] sinnvoll sein, wobei einzuräumen ist, dass die von der Literatur empfohlene „Erläuterung", wonach wesentliche Vertragspflichten solche Pflichten sind, „deren Erfüllung die ordnungsgemäße Durchführung des Vertrages überhaupt erst ermöglichen und auf deren Einhaltung der Vertragspartner regelmäßig vertraut und vertrauen darf" oder „deren Erfüllung den Vertrag prägt und auf deren Einhaltung der Kunde vertrauen darf",[85] letztlich nur eine marginal bessere Eingrenzung des Begriffs ermöglicht.

81 Die summenmäßige Begrenzung der Haftung für die Verletzung wesentlicher Vertragspflichten auf einen Höchstbetrag in allgemeinen Geschäftsbedingungen ist nach der Rechtsprechung des BGH auch gegenüber Kaufleuten dann unwirksam, wenn der

---

79 Vgl. Grüneberg/*Grüneberg* § 309 Rn. 55 ff.
80 Vgl. etwa Ulmer/Brandner/Hensen/*Christensen* § 309 Nr. 7 BGB Rn. 43 sowie Rn. 33 mit Erläuterungen zur Rechtsprechung.
81 Vgl. für das Werkvertragsrecht Grüneberg/*Retzlaff* § 631 Rn. 12 m.w.N.; für den Werklieferungsvertrag: *OLG Schleswig* BeckRS 2012, 15884.
82 Vgl. Ulmer/Brandner/Hensen/*Christensen* § 309 Nr. 7 BGB Rn. 39, wobei in der Literatur teilweise kritisch angemerkt wird, dass der Begriff des „vertragstypischen, vernünftigerweise vorhersehbaren Schadens" unklar ist und gegen das AGB-rechtliche Transparenzgebot verstoße, vgl. *Ulrich* S. 109.
83 Vgl. Grüneberg/*Grüneberg* § 309 Rn. 48 unter Hinweis auf *BGH* NJW-RR 2001, 342; vgl. auch *LG Hannover* 22.1.2010 – 2 O 302/07, Rn. 91 ff., zit. nach juris).
84 *BGH* NJW-RR 2005, 1496.
85 Vgl. Ulmer/Brandner/Hensen/*Christensen* § 309 Nr. 7 Rn. 40 m.w.N. in Fn. 241; vgl. auch *BGH* NJW-RR 2005, 1496, 1505; NJW 2001, 292, 302; NJW-RR 1998, 1426, 1427. In einem vom *OLG Celle* BauR 2009, 103, entschiedenen Fall lautete die insoweit für unproblematisch befundene Klausel wie folgt: „[...] für Schadensersatzansprüche wegen eines schuldhaften Verstoßes gegen wesentliche Vertragspflichten, soweit durch den Verstoß die Erreichung des Vertragszwecks gefährdet wird, wobei in diesem Fall bei einfacher Fahrlässigkeit nur für den vertragstypischen, vernünftigerweise vorhersehbaren Schaden gehaftet wird."

Die einzelnen Regelungsgegenstände 2. Kapitel **5**

Höchstbetrag die vertragstypischen, vorhersehbaren Schäden nicht abdeckt.[86] Vielmehr muss die formularvertraglich vereinbarte Haftungshöchstsumme angemessen sein und einem vorhersehbaren Schaden entsprechen.[87] Eine Haftungshöchstsumme ohne Bezug zum vertragstypischen und vorhersehbaren Schaden im konkreten Fall, etwa als Vielfaches oder Bruchteil eines „abstrakten" Betrages (z.B. das Fünfzehnfache des Reinigungsentgelts), ist unwirksam.[88]

Ein formularmäßiger Haftungsausschluss für einfache Fahrlässigkeit kommt nach **82** § 307 BGB weiterhin nicht in Betracht, wenn der Verwender in besonderer Weise Vertrauen für sich in Anspruch genommen hat oder er gesetzlich oder standesrechtlich eine Haftpflichtversicherung abschließen muss oder eine solche üblich ist,[89] ferner bei übernommenen Garantien[90] sowie wenn gesetzlich eine Haftungsbeschränkung ausgeschlossen ist (vgl. z.B. § 14 ProdHaftG).

In diesem Zusammenhang ist zu beachten, dass eine unzulässige Haftungsbegrenzung **83** i.S.d. § 309 Nr. 7 BGB auch vorliegt, wenn die gesetzliche Verjährungsfrist für die betroffenen Ansprüche verkürzt wird.[91]

Eine von der gesetzlichen Beweislastverteilung abweichende Regelung kann eine mittel- **84** bare Haftungsbeschränkung darstellen. Sie ist, sofern sie formularmäßig erfolgt, nach § 309 Nr. 12 BGB, der auch im Verkehr zwischen Unternehmern gilt, unwirksam.[92]

bb) Haftungserweiterung

Vertragliche Haftungserweiterungen sind in Individualvereinbarungen bis zur Grenze **85** der Sittenwidrigkeit (§ 138 BGB) wirksam.[93] Haftungserweiterungen durch allgemeine Geschäftsbedingungen, etwa der formularmäßige Verzicht auf das Verschuldenserfordernis bei der Schadensersatzhaftung, sind gegenüber Verbrauchern unwirksam und auch gegenüber einem Unternehmer nur ausnahmsweise, unter Berücksichtigung des Prinzips der Risikobeherrschung, zulässig.[94]

cc) Verfallklauseln

Verfallklauseln (mitunter auch Verwirkungsklauseln genannt), welche die schriftliche **86** Geltendmachung von Ansprüchen aus dem Vertrag innerhalb einer bestimmten Frist nach Fälligkeit eines Anspruchs und ggf. bei Ablehnung des Anspruchs oder Nichtäußerung binnen eines definierten Zeitraums die gerichtliche Geltendmachung des Anspruchs innerhalb einer weiteren Frist verlangen, sind grundsätzlich zulässig.[95] Werden sie formularvertraglich vereinbart, ist darauf zu achten, dass die Frist nicht unan-

---

86 Vgl. *BGH* NJW-RR 1996, 783, 788 unter Verweis auf *BGH* NJW 1993, 335; *OLG Köln* 10.8.2012 – 6 U 54/12, BeckRS 2012, 18158; vgl. Ulmer/Brandner/Hensen/*Christensen* § 309 Nr. 7 Rn. 46.
87 Vgl. *Werner/Pastor* Rn. 2723; jurisPK-BGB/*Lapp/Salamon* § 309 Rn. 111.
88 Vgl. *BGH* NJW 2013, 2502, 2503 f.
89 Vgl. Grüneberg/*Grüneberg* § 309 Rn. 50 m.w.N.
90 Ulmer/Brandner/Hensen/*Christensen* § 309 Nr. 7 Rn. 41.
91 Vgl. *BGH* NJW 2014, 211; NJW 2013, 2584.
92 Vgl. Grüneberg/*Grüneberg* § 309 Rn. 110.
93 Vgl. *BGH* NJW 2012, 2414, 2415.
94 Vgl. *BGH* NJW 1979, 105, 106 f.; Grüneberg/*Grüneberg* § 307 Rn. 96 m.w.N.
95 Vgl. *BAG* NZA 2005, 1111; NZA 2001, 723; bestätigend *BAG* NZA 2020, 310; vgl. auch *BGH* NJW 2004, 2965, der eine Ausschlussklausel im Reisevertrag für unwirksam hielt, die die Ausschlussfrist des § 651g BGB a.F. auch auf deliktische Ansprüche erstreckte.

gemessen kurz bemessen und der Beginn der Ausschlussfrist eindeutig bestimmbar ist, da andernfalls das Risiko einer Unwirksamkeit der Regelung nach § 307 Abs. 1 BGB besteht.

87 Bei der Bewertung einer etwaigen unangemessenen Benachteiligung durch die vereinbarte Ausschlussfrist wird berücksichtigt, inwieweit die Parteien tatsächlich ein berechtigtes Interesse an einer schnellen Klärung der streitgegenständlichen Ansprüche haben. Ein solches wird insbesondere dann anzunehmen sein, wenn der Anspruchsgegner nach einem längeren Zeitraum Schwierigkeiten haben wird, die tatsächlichen Anspruchsvoraussetzungen, z.B. die Berechtigung von Mängelrügen, festzustellen.[96] Dies ist bei der Klauselgestaltung zu berücksichtigen.

dd) Vertragsstrafe/Pauschalierter Schadensersatz

88 In Anbetracht der mit einer Vertragsstrafenklausel verbundenen Nachteile für den Verwendungsgegner, insbesondere der hierdurch begründeten Leistungspflicht ohne Schadensnachweis, kann eine solche nach § 307 BGB unwirksam sein, wenn sie den Schuldner unangemessen benachteiligt.

89 Bei der Bemessung der Höhe der formularmäßig vereinbarten Vertragsstrafe ist darauf zu achten, dass die Strafe in einem sachgerechten Verhältnis zur Bedeutung des Vertragsverstoßes für den Verwender steht. Wird an ein immer wiederkehrendes Verhalten angeknüpft (etwa Verletzung eines Wettbewerbsverbots), darf die Gesamtstrafe nicht außer Verhältnis zur Pflichtverletzung stehen.[97] Ist die Vertragsstrafe nämlich zu hoch bemessen, kommt in Anbetracht des Verbots der geltungserhaltenden Reduktion[98] eine andernfalls nach § 343 BGB mögliche Reduzierung auf ein angemessenes Maß nicht in Betracht.[99]

90 Zu beachten ist, dass eine formularmäßig vereinbarte Vertragsstrafe – auch im unternehmerischen Verkehr – auf einen möglicherweise daneben bestehenden Schadensersatzanspruch anzurechnen ist, um wirksam zu sein.[100]

91 Die formularmäßige Vereinbarung eines pauschalierten Schadensersatzes hat sich – auch im unternehmerischen Rechtsverkehr – an § 309 Nr. 5 BGB und der hierzu ergangenen Rechtsprechung zu messen.[101] Demnach darf die Schadenspauschale nicht den normalerweise zu erwartenden Schaden übersteigen oder dem Verwendungsgegner muss der Nachweis gestattet sein, dass ein Schaden überhaupt nicht oder wesentlich niedriger als die Pauschale entstanden ist.

c) Haftpflichtversicherung

92 Unter Umständen empfiehlt sich die Aufnahme einer Verpflichtung des Auftragnehmers zum Abschluss einer Betriebshaftpflichtversicherung. Dies ist insbesondere dann sinnvoll, wenn das potentielle Haftungsrisiko des Auftragnehmers dessen individuelle Leistungsfähigkeit voraussichtlich übersteigen wird. Überdies deutet eine eigene Betriebshaftpflichtversicherung des Auftragnehmers auf dessen Selbstständigkeit hin.

---

96 Vgl. *BGH* NJW 2004, 2965, 2966; vgl. auch *BAG* NZA 2020, 310, 314; NZA 2005, 1111; NZA 2001, 723.
97 Ulmer/Brandner/Hensen/*Fuchs/Zimmermann* § 309 Nr. 6 Rn. 29 m.w.N.
98 Vgl. oben Rn. 16.
99 Ulmer/Brandner/Hensen/*Fuchs/Zimmermann* § 309 Nr. 6 Rn. 26 m.w.N.
100 Ulmer/Brandner/Hensen/*Fuchs/Zimmermann* § 309 Nr. 6 Rn. 30, 36 m.w.N.
101 Vgl. Grüneberg/*Grüneberg* § 309 Rn. 32 m.w.N.

Die einzelnen Regelungsgegenstände 2. Kapitel 5

12. Rechte an Arbeitsergebnissen

Der Auftraggeber hat wie der Arbeitgeber ein Interesse daran, das im Rahmen des Beschäftigungsverhältnisses entstandene Arbeitsergebnis verwerten zu können. Angesichts der Unübertragbarkeit des Urheberrechts insgesamt wie auch einzelner Verwertungsrechte, vgl. § 29 Abs. 1 UrhG, kann ein Auftraggeber oder Arbeitgeber Rechte am Arbeitsergebnis nur im Wege der Einräumung von Nutzungsrechten nach § 31 UrhG erlangen. 93

Dieser Rechtserwerb wird für Arbeits- und (öffentlich-rechtliche) Dienstverhältnisse nach § 43 UrhG insofern erleichtert, als sich die Notwendigkeit einer Nutzungsrechtseinräumung bereits aus dem Inhalt oder dem Wesen des Arbeits- oder Dienstverhältnisses ergibt.[102] 94

Für Computerprogramme hält § 69b UrhG eine Sonderregelung parat. Danach stehen dem Arbeitgeber bzw. Dienstherrn weitergehend als nach § 43 UrhG alle vermögensrechtlichen Befugnisse an den in Arbeits- oder Dienstverhältnissen geschaffenen Computerprogrammen zu, sofern die Parteien nichts anderes vereinbart haben.[103] 95

§ 43 UrhG findet jedoch keine Anwendung im Rahmen von Werkverträgen, d.h. bei Auftragswerken.[104] § 43 UrhG findet ebenfalls keine Anwendung auf Dienstverträge, die keine Arbeitsverträge sind und eine freie Mitarbeit begründen.[105] Der Auftraggeber muss sich also ebenso wie bei einem bereits vorbestehenden fremden Werk, das nicht nach seinen Angaben geschaffen wurde, sämtliche zur Verwertung benötigten Nutzungsrechte auf vertraglichem Wege sichern. 96

Zudem gilt bei einer selbstständigen Beschäftigung im Rahmen eines Dienst- oder Werkvertrages das Arbeitnehmererfindungsgesetz[106] nicht. Damit stehen dem Auftraggeber auch nicht automatisch die Vermögenswerte, insbesondere gewerbliche Schutzrechte, an einer im Zuge der Beschäftigung geschaffenen Erfindung zu, wie dies § 7 ArbnErfG nach – vergütungspflichtiger – Inanspruchnahme der Diensterfindung durch den Arbeitgeber vorsieht. 97

Ziel einer entsprechenden vertraglichen Regelung im freien Dienst- bzw. Werkvertrag muss es demgemäß sein, dem Auftraggeber die übertragungsfähigen Rechte am Arbeitsergebnis an im Zuge der Beschäftigung geschaffenen Arbeitsergebnissen bzw. Erfindungen möglichst umfassend zu übertragen. 98

Abhängig vom konkreten Leistungsgegenstand ist es nicht immer einfach, eine abschließende und alle möglichen Konstellationen (z.B. von Software-Programmierungen bis zur (Mit-)Erstellung von patentfähigen Gegenständen) erfassende Regelung zur Übertragung der Rechte an den Arbeitsergebnissen zu finden. 99

Allgemein sollte darauf geachtet werden, dem Auftraggeber die Nutzungs- und Verwertungsrechte einschließlich aller verwandten Schutzrechte möglichst ausschließlich 100

---

102 Vgl. Dreier/Schulze/*Dreier* § 43 Rn. 1.
103 Vgl. §§ 88 ff. UrhG für den Fall der Filmherstellung.
104 Vgl. Dreier/Schulze/*Dreier* § 43 Rn. 5. Aufgrund seines wenig konkreten Wortlauts würde sich gleichwohl auch im Anwendungsbereich von § 43 UrhG konkretisierende vertragliche Regelungen empfehlen.
105 Vgl. Dreier/Schulze/*Dreier* § 43 Rn. 8.
106 Gesetz über Arbeitnehmererfindungen (ArbnErfG), zuletzt geändert durch Artikel 25 des Gesetzes v. 7.7.2021 (BGBl I S. 2363). Dieses gilt nur für patent- oder gebrauchsmusterfähige Erfindungen sowie technische Verbesserungsvorschläge.

und mit dem Recht zur Weiterübertragung einzuräumen. Die Vereinbarung sollte dabei möglichst genau den zeitlichen und geografischen Umfang definieren sowie die von der Lizenz erfassten Nutzungsarten möglichst detailliert benennen. Andernfalls, d.h. ohne eine konkrete Bezeichnung des Lizenzumfanges, wird dieser von einem Gericht durch (einschränkende) Auslegung entsprechend dem mit der Einräumung verfolgten Zweck ermittelt, nach dem Grundsatz des möglichst weitgehenden Verbleibens von Rechten bei demjenigen, der Nutzungsrechte einräumt („Zweckübertragungsregel", § 31 Abs. 5 UrhG).[107]

101 Nach § 31a UrhG kann der Urheber auch Rechte für bisher unbekannte Nutzungsarten einräumen. Hierfür ist allerdings die Schriftform, § 126 BGB, erforderlich. Zu beachten ist dabei, dass der Urheber insoweit ein Widerrufsrecht hat und ihm zudem nach § 32c UrhG ein Anspruch auf angemessene Vergütung zusteht, auf den er im Voraus nicht verzichten kann.

102 Hinsichtlich der Vergütung für die Rechtsübertragung kann geregelt werden, dass diese mit der vereinbarten Leistungsvergütung abgegolten sein soll. Dabei sollte jedoch nicht das Risiko unterschätzt werden, dass eine zu „auftraggeberfreundliche" Regelung, die zu einer nahezu unentgeltlichen Übertragung führt, den Auftragnehmer dazu anhalten könnte, eine Scheinselbstständigkeit bzw. einen Arbeitnehmerstatus allein mit dem Ziel geltend zu machen, um in den „Genuss" des Arbeitnehmererfindungsgesetzes und der dort zwingend vorgesehenen angemessenen Vergütung für Diensterfindungen zu gelangen.

103 Zusätzliche Vergütungsansprüche des Auftragnehmers können unabhängig von der Natur des Vertragsverhältnisses aufgrund der §§ 32, 32a und 32b UrhG bestehen, wenn die vereinbarte Vergütung in einem auffälligen Missverhältnis zu den Erträgen und Vorteilen aus der Rechteübertragung stehen. Für derartige Fälle wäre deshalb ggf. bereits vorab an die Aufnahme von Regelungen zu denken, die eine zusätzliche Vergütung i.S.d. §§ 32, 32a und 32b UrhG vorsehen.[108]

104 Im Übrigen kommen als Regelungsgegenstände in diesem Zusammenhang in Betracht:
– Ist Leistungsgegenstand die Erstellung von Software, sollte in den Vertrag eine Pflicht des Auftragnehmers zur Überlassung des Quellcodes und der Entwicklungsdokumentation aufgenommen werden.
– Das Recht des Urhebers auf Autoren- bzw. Namensnennung ist im Kern unverzichtbar. Vertragliche Beschränkungen inter partes sind möglich, solange dies nicht einem Verzicht auf alle Zeiten gleichkommt.[109]
– Eine vertragliche Zusicherung oder Garantie des Auftragnehmers, dass sein Werk frei von Rechten Dritter ist, kann in allgemeinen Geschäftsbedingungen nicht vereinbart werden, ebensowenig wie eine Verlängerung der Frist für die Haftung des Verkäufers für Rechtsmängel auf 10 Jahre.[110] Sofern keine individualvertragliche Zusicherung verhandelbar ist, kann in Anbetracht der relativ strengen gesetzlichen

---
107 Vgl. Wandtke/Bullinger/*Wandtke* § 31 Rn. 41 ff. m.w.N.
108 Zu Problemen bei der formularmäßigen Einbeziehung von Drittverwertungsrechten in die Abgeltung und sonstigen Implikationen des AGB-Rechts im Bereich von vgl. *OLG Jena* GRUR-RR 2012, 367 (Ls.) = BeckRS 2012, 11880 = ZUM-RD 2012, 393; vgl. auch *OLG Hamburg* GRUR-RR 2011, 293.
109 Dreier/Schulze/*Schulze* § 13 Rn. 24 ff. m.w.N.
110 Vgl. *BGH* NJW 2006, 47, 49 f. Rn. 29.

Haftung für Rechtsmängel nach §§ 435, 437, 453 BGB auf eine entsprechende Zusicherung auch verzichtet werden. In diesem Zusammenhang empfiehlt sich auch die Aufnahme einer Freistellungsverpflichtung des Auftragnehmers für den Fall, dass Dritte Rechte gegen den Auftraggeber geltend machen.
– Abhängig von der tatsächlich geschuldeten Leistung sollte ggf. versucht werden, eine § 5 ArbnErfG ähnliche Regelung in den Vertrag aufzunehmen, wonach der Auftragnehmer dem Auftraggeber unverzüglich Erfindungen zu melden hat. Auch sollte in diesen Fällen der Auftragnehmer/Urheber verpflichtet werden, den Auftraggeber bei der Anmeldung von Schutzrechten im Zusammenhang mit der Erfindung zu unterstützen.

105 Komplizierter wird die Situation im Rahmen eines Contracting-Modells,[111] bei dem zwischen dem das Arbeitsergebnis schaffenden Selbstständigen und dem Auftraggeber des Contractors keinerlei Vertragsverhältnis besteht (vgl. 7. Teil Rn. 16 f.).[112] Hier hat die Sicherung der Rechte an den Arbeitsergebnissen sozusagen „über Eck" im Rahmen einer Vertragskette zu erfolgen. Dabei ist darauf zu achten, dass der Contractor als erster „Übertragungsempfänger" der Rechte in der Übertragungskette seinerseits berechtigt ist, diese Rechte an seinen Auftraggeber als – eigentlichen „Besteller" – (zweiten) „Empfänger" (weiter) zu übertragen.[113]

106 Angesichts der Vielfalt möglicher Arbeitsergebnisse und daran anknüpfender Rechte kann sich im Einzelfall mit Blick auf eine möglichst umfassende Sicherung der Rechte die Einholung entsprechend spezialisierten Rechtsrats empfehlen.

13. Gerichtsstand

107 Sind die Parteien Kaufleute[114] oder juristische Personen des öffentlichen Rechts oder öffentlich-rechtliche Sondervermögen, können sie nach § 38 Abs. 1 BGB für ihre Streitigkeiten aus und in Zusammenhang mit dem Vertragsverhältnis im Rahmen einer Gerichtsstandsvereinbarung die Zuständigkeit eines an sich unzuständigen Gerichts des ersten Rechtszugs vereinbaren (sog. Prorogation).

108 Dabei ist zu beachten, dass ein selbstständiger Unternehmer, der Werk- oder Dienstleistungen anbietet, nicht notwendigerweise auch Kaufmann im vorbezeichneten Sinne und damit nicht automatisch prorogationsfähig ist. Vielmehr ist hierfür nach § 1 Abs. 2 HGB grundsätzlich ein „nach Art und Umfang in kaufmännischer Weise eingerichteter Geschäftsbetrieb" erforderlich, sofern die Firma des Unternehmens nicht in das Handelsregister eingetragen ist.[115] Stellt sich bei Fehlen der Kaufmannseigenschaft eine Gerichtsstandsklausel als unwirksam heraus, dann gelten die gesetzlichen Gerichtsstände der §§ 12 ff. ZPO.

109 Zu beachten ist ferner, dass nach herrschender Auffassung Gerichtsstandsvereinbarungen im Zweifel auch für Streitigkeiten über die Wirksamkeit und das Bestehen des abgeschlossenen Vertrags bestimmt sein sollen.[116]

---
111 Vgl. hierzu *Lange* NZWiSt 2015, 248, 252 f.
112 Vgl. *Lange* NZWiSt 2015, 248, 252 f.
113 Vgl. zu den AGB-rechtlichen Grenzen für die Übertragung von Nutzungsrechten *OLG Hamburg* GRUR-RR 2011, 293; *OLG Jena* GRUR-RR 2012, 367 (LS) = BeckRS 2012, 11880 = ZUM-RD 2012, 393; *OLG Rostock* ZUM 2012, 706.
114 Vgl. zum Kaufmannsbegriff §§ 1–7 HGB.
115 Dann Kannkaufmann nach § 2 HGB oder Scheinkaufmann nach § 5 HGB.
116 Vgl. *BGH* JR 1960, 264; *KG* BB 1983, 213; *OLG Stuttgart* NJOZ 2008, 2290, 2291 f.

110 Von der Darstellung von Einzelheiten zu einer Gerichtsstandsklausel bei internationalen Sachverhalten[117] wird hier angesichts der detaillierten Ausführungen im 2. Teil 6. Kap. Rn. 21 ff. abgesehen.

14. Rechtswahl

111 Die Parteien können das auf den Vertrag anwendbare Recht grundsätzlich frei wählen.[118] Umfangreiche Einschränkungen der Rechtswahlmöglichkeiten existieren allerdings für Arbeitsverträge (vgl. im Einzelnen 2. Teil 6. Kap. Rn. 36 ff., insb. 40 ff.).

15. Schlussbestimmungen

a) Schriftform

112 Im Interesse der Rechtssicherheit sollte der Vertrag vorsehen, dass Änderungen und Ergänzungen des Vertrages nur schriftlich erfolgen können. In der Praxis wird dabei unterschieden zwischen einfacher und doppelter Schriftformklausel. Nach der einfachen Schriftformklausel bedürfen Änderungen und Ergänzungen des Vertrages zu ihrer Wirksamkeit der Schriftform.[119] Bei der doppelten Schriftformklausel bedarf darüber hinaus auch der Verzicht auf die Schriftform seinerseits der Schriftform. Damit soll verhindert werden, dass der Vertrag durch eine einfache mündliche Vereinbarung, in der immer auch ein impliziter Verzicht auf die Schriftform liegen kann, „beiläufig" abgeändert werden kann.

113 Bei einem Formularvertrag sind allerdings doppelte Schriftformklauseln nach höchstrichterlicher Rechtsprechung in Anbetracht von § 305b BGB, der den Vorrang der Individualabrede vor allgemeinen Geschäftsbedingungen normiert, jedenfalls dann unwirksam, wenn der Eindruck erweckt wird, dass jedwede spätere mündliche Abrede generell unwirksam sei.[120] Einfache Schriftformklauseln können zwar durch mündliche Individualabrede abbedungen werden, können aber dennoch zumindest einen disziplinierenden Effekt auf die Vertragsparteien haben.

b) Salvatorische Klausel

114 Die Aufnahme einer sog. salvatorischen Klausel, wonach die Unwirksamkeit oder Teilunwirksamkeit einzelner Vertragsklauseln keine Auswirkung auf die Wirksamkeit des übrigen Vertrages hat, ist in Anbetracht der entsprechenden Regelung in § 306 BGB in einem Formularvertrag nicht zwingend. Handelt es sich hingegen um einen im einzelnen ausgehandelten Vertrag, sollte eine salvatorische Klausel aufgenommen werden.

---

117 Vgl. § 38 Abs. 2 ZPO: Eine Gerichtsstandsvereinbarung ist zulässig, wenn mindestens eine der Parteien keinen allgemeinen Gerichtsstand im Inland hat. Die Vereinbarung muss in diesem Fall schriftlich abgeschlossen oder, falls sie mündlich getroffen wird, schriftlich bestätigt werden. Eine eingeschränkte Gerichtswahl gilt hierbei dann, wenn eine der Parteien einen allgemeinen Gerichtsstand im Inland hat: Dann kann nur ein Gericht gewählt werden, bei dem diese Partei ihren allgemeinen Gerichtsstand hat oder ein besonderer Gerichtsstand begründet ist.
118 Vgl. § 3 EGBGB i.V.m. Art. 3 VO (EG) Nr. 593/2008 (Rom I). Einschränkungen erfährt dieses Recht im Rechtsverkehr mit Verbrauchern, vgl. Art. 46b EGBGB.
119 Vgl. §§ 126, 127 BGB.
120 Vgl. Ulmer/Brandner/Hensen/*Schäfer* § 305b Rn. 32 f. m.w.N.; vgl. auch *BAG* NZA 2008, 1233, 1235 f.

Die einzelnen Regelungsgegenstände 2. Kapitel

115 Zu berücksichtigen ist in diesem Zusammenhang, dass die geltungserhaltende Reduktion einer unwirksamen Klausel unzulässig ist. Auch eine Ersetzungsklausel, wonach statt des dispositiven Rechts „automatisch" eine Regelung gelten soll, die wirtschaftlich der unwirksamen Klausel am nächsten kommt, ist nach §§ 306 Abs. 2, 307 Abs. 1, Abs. 2 Nr. 1 BGB in Formularverträgen nicht mehr zulässig.[121] Nur in echten Individualverträgen kann eine Ersetzungsklausel wirksam aufgenommen werden.

---

121 Vgl. Grüneberg/*Grüneberg* § 306 Rn. 11 ff., 15; *BAG* NZA 2005, 1111, 1115.

3. Kapitel
Sozialversicherungsrechtliche Möglichkeiten der Haftungsvermeidung

I. Einholung von Rechtsrat

Bereits die unternehmerische Entscheidung zum Fremdpersonaleinsatz sollte auf rechtlichen Expertisen beruhen. Eine nur allgemeine oder oberflächliche anwaltliche Beratung lässt den (bedingten) Vorsatz in Bezug auf die Verletzung zentraler Arbeitgeberpflichten nicht entfallen.[1] Ansonsten gibt es, wie erläutert (3. Teil 2. Kap. Rn. 15 ff.) vor bzw. mit Beginn der Vertragsbeziehung oder in deren Verlauf Möglichkeiten, den sozialversicherungsrechtlichen Status des Auftragnehmers feststellen zu lassen. **1**

II. Sozialversicherungsrechtliche Feststellung des Erwerbsstatus

Im Ergebnis bietet das Statusfeststellungsverfahren nach § 7a Abs. 1 i.V.m. Abs. 5 SGB IV die beste Möglichkeit, die sozialversicherungsrechtliche Haftung für Gesamtsozialversicherungsbeiträge jedenfalls bis zur Entscheidung der Clearingstelle vollständig zu vermeiden. Da seit April 2022 schon **vor** Auftragsbeginn eine behördliche Einschätzung beantragt und im Rahmen der Gruppenfeststellung[2] für gleichartige Auftragsverhältnisse zumindest eine gutachterliche Äußerung eingeholt werden kann, könnte das Statusfeststellungsverfahren als Instrument der Haftungsvermeidung wieder mehr an Bedeutung gewinnen. Sinnvoll ist, dass sowohl eine Beschäftigung als auch eine selbständige Betätigung Gegenstand der behördlichen Entscheidung sein können. Selbst wenn eine Beschäftigung nach § 7 SGB IV festgestellt würde, würden auch nach dem novellierten Verfahren des § 7a SGB IV unter den Privilegierungsvoraussetzungen die die Gesamtsozialversicherungsbeiträge erst mit Bekanntgabe des Bescheids fällig (3. Teil 2. Kap. Rn. 35 ff.). **2**

Korrespondiert die Entscheidung nicht mit der Auffassung eines oder der Antragsteller, kann Rechtsmittel eingelegt werden. Es zeigt sich in der Praxis, dass Verwaltungsakte der Clearingstelle gerichtlich überprüft werden sollten, es sei denn man gelangt aus Kostengesichtspunkten und vor dem Hintergrund langer Verfahren bestehender Rechtsunsicherheit zu der Auffassung, es ist besser, die Zusammenarbeit zu beenden (3. Teil 1. Kap. Rn. 13 ff.). Dabei bleibt zu berücksichtigen, dass die der Tatsachenlage am nächsten liegende Entscheidung häufig erst von den Landessozialgerichten mit der gebotenen Begründungstiefe getroffen wird. **3**

---

1 *LSG der Länder Berlin und Brandenburg* 19.2.2021 – L 28 BA 2/21 B ER, abrufbar unter www.openjur.de.
2 *Zieglmeier* NZA 2021, 977, 983.

III. Einfluss der Festsetzungsverjährung auf das Haftungsrisiko

1. Regelverjährung

4 § 25 Abs. 1 S. 2 SGB IV bestimmt, dass Beitragsabführungspflichten über das Verstreichen des jeweiligen Fälligkeitszeitpunkts hinaus fortbestehen.[3] Gem. § 25 Abs. 1 S. 1 SGB IV beträgt die Verjährung 4 Jahre.

2. Verjährung bei vorsätzlicher Verletzung von Beitragspflichten

5 Bei (bedingt) vorsätzlicher Beitragsvorenthaltung verjähren Beitragspflichten allerdings erst 30 Jahre nach Ablauf des Kalenderjahres, in dem sie fällig geworden sind, § 25 Abs. 1 S. 2 SGB IV.

6 Verfahren zur Statusfeststellung, die im Verlauf der Auftragsdurchführung angestrengt werden, wirken sich regelmäßig auf die Frage der Festsetzungsverjährung aus. Denn Geschäftsleiter oder Verantwortliche eines Betriebes, welche erst im Nachhinein z.B. aufgrund festgestellter Abweichungen in der operativen Umsetzung des Auftragsverhältnisses Zweifel am Status des Auftragnehmers bekommen, sind in der Regel bis zu diesem Zeitpunkt gutgläubig.

7 Ungeachtet der eigenen rechtlichen Einschätzung des intern geprüften Falles ist zur Haftungsminimierung oder Haftungsvermeidung in dieser Konstellation Folgendes zu beachten: Nach ständiger Rechtsprechung des BSG[4] ist es für die Annahme eines bedingten Vorsatzes nach § 25 Abs. 1 S. 2 SGB IV ausreichend, wenn der Arbeitgeber innerhalb der Regelverjährung von 4 Jahren bösgläubig wird, d.h. Kenntnis von der Möglichkeit der Beitragspflicht erhält und gleichwohl Beiträge nicht abführt.

8 In Abhängigkeit von der finanziellen Leistungsfähigkeit empfiehlt es sich, ungeachtet etwaiger rechtlicher Auseinandersetzungen mit dem Versicherungsträger Meldungen zur Sozialversicherung nachzuholen und Beiträge nachzuentrichten. Nur so kann vermieden werden, dass es bei der Regelverjährung von 4 Jahren bleibt. Hinzu kommt, dass der Zeitraum für etwa zu erhebende Säumniszuschläge ebenfalls kurz gehalten werden kann.

IV. Verteidigung gegen Inanspruchnahme durch den Rentenversicherungsträger

1. Nutzung des Anhörungsverfahrens

9 Schon im Anhörungsverfahren bietet sich die Möglichkeit, etwaigen Feststellungen auf tatsächlicher wie rechtlicher Ebene entgegenzutreten. Die Regelungen der §§ 7 ff. SGB IV wurden in der Vergangenheit mehrfach geändert. In Abhängigkeit vom angeblichen Beitragszeitraum muss daher stets die geltende Fassung der sozialversicherungsrechtlichen Normen herangezogen werden. Diese haben oft binnen weniger Monate Änderungen erfahren, so dass für jeden Beitragsmonat eine Prüfung angezeigt sein kann.

---

3 *Hüls/Reichling* StraFo 2011, 305, 308.
4 *BSG* 30.3.2000 – B 12 KR 14/99 R, Rn. 23 ff., juris; so auch *LSG Berlin-Brandenburg* 14.7.2015 – L 1 KR 208/15 B ER, juris.

2. Ausschließliches Abstellen auf Ermittlungsergebnisse des FKS unzulässig

Vor allem aber sind die Unterschiede zwischen strafrechtlichem Ermittlungsverfahren und Betriebsprüfung der DRV beachtlich. Dies verdeutlicht ein vom LSG München[5] entschiedener Fall, in dem die DRV ohne eigene Ermittlungen zu führen, einen Beitragsnachforderungsbescheid gem. § 28p Abs. 1 SGB IV erlassen hatte, der sich ausschließlich auf Ermittlungsergebnisse der FKS und den im Strafverfahren gewonnenen Erkenntnissen stützte.[6]

Das ist die Regel in der Praxis. Denn die Behörden der Zollverwaltung werden von den Trägern der Rentenversicherung unterstützt und die Versicherungsträger arbeiten mit den Ermittlungsbehörden anlässlich von Arbeitgeberprüfungen i.S.d. § 28p SGB IV zusammen.

Im Entscheidungsfall hat die DRV sich – wie so oft in der Praxis zu beobachten – darauf beschränkt, den Abschluss des Strafverfahrens abzuwarten. Eigene Sachverhaltsermittlungen führte sie nicht durch. Stattdessen erließ die DRV einen Beitragsbescheid auf Basis des von der FKS ermittelten Sachverhalts.

Die DRV unterliegt bei Betriebsprüfungen jedoch dem Amtsermittlungsgrundsatz gem. § 20 SGB X. Das LSG München hat schon vor Jahren klargestellt, dass die Berechnung eines angeblich verursachten Beitragsschadens keine Betriebsprüfung i.S.d. § 28p SGB IV ersetzt.[7] Soweit der Rentenversicherungsträger angibt, in den Diensträumen der FKS Prüfungshandlungen durchzuführen, gibt dies Anlass zu exakten Prüfung.

3. Berechnung des Nacherhebungsbetrages

Problematisch ist die Einordnung der Fälle der Statusverfehlung (Scheinselbstständigkeit, Scheinwerk- oder Scheindienstvertrag) als illegale Beschäftigung i.S.d. § 14 Abs. 2 SGB IV. Daraus resultiert die Ermittlung des Beitragsschadens durch Hochrechnung auf ein Bruttoentgelt nach § 14 Abs. 2 S. 2 SGB IV und Fiktion der Lohnsteuerklasse VI. Nach Rechtsprechung der Sozialgerichte setzt die Anwendung des § 14 Abs. 2 S. 2 SGB IV die (mindestens bedingt) vorsätzliche Verletzung von Arbeitgeberpflichten

---

5 *LSG München* 21.10.2013 – L 5 R 605/13 B ER, juris.
6 Kritisch zu dieser Frage insbesondere *Berchthold* ASR 2021, 108; *ders.* ASR 2021, 154, 155 (Teil 2).
7 *LSG München* 21.10.2013 – L 5 R 605/13 B ER Rn. 22, juris; dazu auch *Pietrek* jurisPR-SozR 14/2015 Anm. 2; *LSG Niedersachsen-Bremen* 21.6.2017 – L 2 R 57/17, Rn. 45 ff. zitiert nach openJur 2020, 8895; *Olemüller* DStR 2020, 1577 ff., 1625 ff.; *Berchthold*: „Die zuständige Behörde ist zur Entscheidung über das Vorliegen einer Beschäftigung nämlich erst nach Ausschöpfung aller Erkenntnismöglichkeiten im Rahmen der Amtsermittlung „bis zur Grenze der Zumutbarkeit" und nach Gewinnung einer vollen Überzeugung im Sinne subjektiver Gewissheit ermächtigt (§ 20 SGB X). Hierzu gehört aus naheliegenden Gründen des materiellen Rechts auch die Beteiligung der Arbeitnehmer an den entsprechenden Feststellungsverfahren (§ 12 SGB X). Da indessen allein das Vorliegen einer entgeltlichen abhängigen Beschäftigung noch nicht Versicherungs-/ Beitragspflicht begründet,9 ist stets notwendiger Bestandteil des Erkenntnis- und Feststellungsprozesses auch die kumulative Anwendung insbesondere der (aller) Regelungen zur Versicherungsfreiheit für jeden Versicherungszweig und ggf. zeitabschnittsweise.", ASR 2021, 108, mit Verweis auf *BSG* 25.4.2012 – B 12 KR 24/10 R; kritisch *SG München* 16.3.2022 – S 38 KA 300/19, Rn. 46 zitiert nach openJur 2022, 9509.

voraus.⁸ Es ist also stets zu untersuchen, ob die Voraussetzungen gegeben sind und die Beitragsberechnung Bestand haben kann.

4. Unverschuldete Unkenntnis von der Zahlungspflicht/Vermeidung von Säumniszuschlägen

15   Nach § 24 Abs. 1 SGB IV ist für Beiträge und Beitragsvorschüsse, die der Zahlungspflichtige nicht bis zum Ablauf des Fälligkeitstages gezahlt hat, für jeden angefangenen Monat der Säumnis ein Säumniszuschlag von eins vom Hundert des rückständigen, auf 50 EUR nach unten abgerundeten Betrages zu zahlen.

16   Wird eine Beitragsforderung durch Bescheid mit Wirkung für die Vergangenheit festgestellt, ist ein darauf entfallender Säumniszuschlag nicht zu erheben, soweit der Beitragsschuldner glaubhaft macht, dass er unverschuldet keine Kenntnis von der Zahlungspflicht hatte, § 24 Abs. 2 SGB IV.

17   Der Nachweis der unverschuldeten Unkenntnis, d.h. der weder vorsätzlichen noch fahrlässigen Säumigkeit, ist in der Praxis schwer zu führen. Die Haltung der Behörden und Gerichte ist vor dem Hintergrund der Funktion der Säumniszuschläge nicht ungewöhnlich.

18   Denn: „Säumniszuschläge nach § 24 SGB IV sanktionieren die verspätete Beitragszahlung des Arbeitgebers, indem einerseits durch die säumnisbedingte Erhöhung des Zahlbetrags zur Sicherstellung eines geordneten Verwaltungsablaufs und der Beschaffung der hierfür benötigten Finanzmittel Druck auf den Schuldner ausgeübt wird (...), andererseits aber auch ein standardisierter Mindestschadensausgleich für den eingetretenen Zinsverlust und Verwaltungsaufwand vorgenommen wird (...). Damit soll sichergestellt werden, dass die Sozialleistungsträger die entstandenen Beiträge zum Fälligkeitstermin auch tatsächlich zur Erfüllung ihrer Leistungspflichten zur Verfügung haben, und zudem soll ausgeschlossen werden, dass sich der Beitragsschuldner durch rechtswidriges Verhalten ein ‚zinsloses' Darlehen verschafft oder durch eine verspätete Beitragszahlung selbst einen Zinsvorteil erlangt (...). In dieser ‚Doppelfunktion' dienen Säumniszuschläge somit der Funktionsfähigkeit und der finanziellen Stabilität der Sozialversicherung (*BSG* 29.8.2012 – B 12 KR 3/11 R , BSGE 111, 268 = SozR 4-2400 § 24 Nr. 7, Rn. 25; Hauck/Noftz/*Udsching* SGB IV, K § 24 Rn. 1, Stand Einzelkommentierung Oktober 2012). Hierbei handelt es sich um einen überragend wichtigen Gemeinwohlbelang und ein legitimes gesetzgeberisches Ziel (vgl *BSG* 29.8.2012 – B 12 KR 3/11 R, BSGE 111, 268; *BVerfG* 10.6.2009 – 1 BvR 706/08 u.a. – BVerfGE 123, 186, 264 f = SozR 4-2500 § 6 Nr 8 Rn. 233 m.w.N.)."⁹

19   Die unverschuldete Unkenntnis von der Zahlungspflicht muss glaubhaft gemacht werden. Sie wird nach Rechtsprechung des BSG jedenfalls bei Körperschaften des öffentlichen Rechts dann aberkannt, wenn „sich der Nachversicherungsschuldner durch einfache organisatorische Maßnahmen die notwendige Kenntnis über das Fehlen von Aufschubtatbeständen verschaffen kann (sog. Organisationsverschulden)."¹⁰

---

8   *BSGE* 109, 254; *LSG Baden-Württemberg* 20.10.2015 – L 11 R 3898/14, juris; *LSG Schleswig Holstein* 17.9.2015 – L 5 KR 146/15 B ER, juris; a.A. *LSG Rheinland-Pfalz* 29.7.2009 – L 6 R 105/09, juris.
9   *BSG* 2.11.2015 – B 13 R 35/14 R Rn. 21, juris.
10 *BSG* 1.7.2010 – B 13 R 67/09 R Rn. 23, juris; *BSG* 12.12. 2018 – B 12 R 15/18 R, NZWiSt 2019, 355, 356; *BSG* 16.12.2015 – B 12 R 11/14 R – BSGE 120, 209; zum Irrtum über die Beitragspflicht in Anlehnung an *BGH* 24.1.2018 – 1 StR 331/17 NZWiSt 2019, 355, 356.

20 Dies ist ohne Weiteres auf juristische Personen zu übertragen, denn das Fehlen notwendiger organisatorischer Maßnahmen bedingt die Zurechnung des Wissens einzelner Mitarbeiter.

21 Für die unverschuldete Unkenntnis von der Zahlungspflicht trägt der Sozialversicherungsträger die Beweislast. Ähnlich der Abgrenzung im Strafrecht ist auf Erkundigungspflichten als „Zünglein an der Waage" zwischen Fahrlässigkeit und bedingtem Vorsatz zu achten. Der 12. Senat des BSG stellt zwar klar, dass allein die Kenntnis einer einschlägigen Gerichtsentscheidung kein sicheres Wissen auf Seite des Arbeitgebers begründet.[11] Aber:

„Es kann aber im Rahmen bedingten Vorsatzes vorwerfbar sein, wenn ein Arbeitgeber bei Unklarheiten hinsichtlich der versicherungs- und beitragsrechtlichen Beurteilung einer Erwerbstätigkeit darauf verzichtet, die Entscheidung einer fachkundigen Stelle herbeizuführen (vgl. *BSG* 9.11.2011 – B 12 R 18/09 R, BSGE 109, 254 = SozR 4-2400 § 14 Nr. 13, Rn. 33; BSG 24.3.2016 – B 12 KR 20/14 R – SozR 4-2400 § 7 Nr. 29, Rn. 35). Allerdings darf nicht das gesamte Risiko der Einordnung komplexer sozialversicherungsrechtlicher Wertungsfragen den Arbeitgebern überantwortet werden (vgl. *BSG* 18.11.2015 – B 12 R 7/14 R, juris Rn. 27), so dass sich Schematisierungen verbieten. Es bedarf deshalb der individuellen Überprüfung des bedingten Vorsatzes unter sorgfältiger Beweiswürdigung im Einzelfall (vgl. *BSG* 4.9.2018 – B 12 KR 11/17 R, juris Rn. 26, zur Veröffentlichung in BSGE und SozR vorgesehen)."[11]

22 Dem Ansatz, eine unverschuldete Unkenntnis von der Zahlungspflicht erst bei Vorliegen eines Vorsatzes abzulehnen, hat das BSG eine Absage erteilt.[12]

23 Im strafrechtlichen Ermittlungsverfahren, in dem zunächst nur der Anfangsverdacht einer Straftat vorliegt und die DRV regelmäßig eingeschaltet wird, kann es sich als wirksames Verteidigungsmittel gegenüber dem Versicherungsträger erweisen, Beiträge unter Vorbehalt ohne Aufgabe der Rechtsposition zu zahlen.

---

11 *BSG* 12.12. 2018 – B 12 R 15/18 R NZWiSt 2019, 355, 358.
12 *BSG* 1.7.2010 – B 13 R 67/09 R Rn. 23, juris.

4. Kapitel
Steuerrechtliche Möglichkeiten der Haftungseingrenzung

I. Bedeutung eines Tax Compliance Mangement Systems

Die Relevanz steuerrechtlicher Pflichten vor allem im unternehmerischen Alltag wird beispielhaft daran deutlich, dass ein durchschnittliches deutsches Unternehmen jährlich mehr als 30 steuerrechtlich relevante Erklärungen abgeben muss. Weil aus Deutschland heraus tätige Unternehmen vielfach international arbeiten und deshalb zusätzlich an teilweise nicht weniger komplexe Steuergesetze des bzw. der ausländischen Staates/en, in denen sie tätig werden, gebunden sind, besteht selbst bei größtem Pflichtbewusstsein auf diesem Gebiet eine relativ hohe Fehleranfälligkeit.[1] 1

Entsprechend haben auch mittelständische Unternehmen mit keinem oder nur geringem Auslandsbezug vielfach die Notwendigkeit erkannt, den immer komplexer und anspruchsvoller werdenden steuerlichen Rahmenbedingungen mit der Implementierung geeigneter Tax Compliance Management Systeme – als Bestandteil einer umfassenden Corporate Compliance – zu begegnen. Dabei versteht man unter „Tax Compliance" gemeinhin die ordnungsgemäße Einhaltung steuerlicher Vorschriften, unter „Tax Compliance Management System" ein innerbetriebliches Kontrollsystem, durch das Regelverstöße vermieden sowie eine vollständige und fristgerechte Erfüllung aller steuerlichen Pflichten sichergestellt werden soll, und damit ein System, mit dem Tax Compliance im Unternehmen umgesetzt wird.[2] 2

Das ist auch und vor allem für die Geschäftsleitung eines Unternehmens von erheblicher Bedeutung. Nach der Geschäftsführer und Vorstand treffenden Legalitätspflicht haben diese dafür Sorge zu tragen, dass Verstöße gegen gesetzliche Vorschriften rechtzeitig erkannt werden und ein Risikofrüherkennungssystem bzw. ein (Tax) Compliance Management System implementiert wird, um sich im Einzelfall nicht einer persönlichen Haftung auch für (vermeidbare) Steuernachteile bzw. -nachforderungen auszusetzen (vgl. zu den zivilrechtlichen Konsequenzen für die Organträger im 4. Teil 5. Kap. Rn. 15 ff.). Durch die Implementierung eines (funktionsfähigen) Tax Compliance Management Systems können Unternehmen und Geschäftsleitung zeigen, dass alles Erforderliche unternommen worden ist, um Fehlern in diesem Bereich vorzubeugen – ein zur persönlichen Haftung führendes Organisationsverschulden scheidet dann aus.[3] 3

Neben der Überwachung des Compliance Systems zur frühzeitigen Erkennung und der Beseitigung von Fehlern soll so sichergestellt werde, dass die im Unternehmen für die Erfüllung der steuerlichen Pflichten Verantwortlichen insbesondere über neue gesetzliche Vorschriften sowie Rechtsprechung und Verwaltungsanweisungen informiert sind. 4

---
1 *Bartuschka* Haufe Steuer Office Kanzlei-Edition Online, Ziff. 1.
2 *Niemann/Dodos* DStR 2021, 392 ff. zu den Einzelheiten der Grundlagen, der Funktionsweise und des Aufbaus seines Tax Compliance Magementsystems.
3 *Bartuschka* Haufe Steuer Office Kanzlei-Edition Online, Ziff. 2.

5 Dazu rechnet auch die Kenntnis von Verfahren und Möglichkeiten, mit denen sich das Unternehmen im Bereich der „Scheinselbstständigkeit" frühzeitig (in steuerlicher Hinsicht) Rechtssicherheit verschaffen (s. dazu eingehend 3. Teil 3. Kap. Rn. 9 ff.) bzw. sich gegen eine rechtswidrige nachgelagerte Inanspruchnahme zur Wehr setzen kann. Die Einzelheiten dazu sollen im Folgenden überblicksartig dargestellt werden.

6 Zwar kann das Unternehmen etwa hinsichtlich der Lohnsteuer bei dem Auftragnehmer (dem Arbeitnehmer) regelmäßig Rückgriff nehmen (s. 4. Teil 3. Kap. Rn. 12 ff.) und scheidet insoweit dann grundsätzlich ein Schaden des Unternehmens aus (vgl. dazu im 4. Teil 5. Kap. Rn. 61). Allerdings ist auch hier denkbar, dass dies scheitert, weil der Auftragnehmer (zum Zeitpunkt des stets erst zeitlich nachfolgenden Rückgriffs) tatsächlich nicht mehr greifbar oder nicht mehr leistungsfähig ist und durch die (zusätzlich notwendig gewordene) Auseinandersetzung mit den Finanzbehörden sowie als Folge eines (erfolglosen zivilrechtlichen) Rückgriffs beim Auftragnehmer etwa in Form von Gebühren für externe Berater vermeidbarer Aufwand anfällt, für den das Unternehmen dann die Geschäftsleitung verantwortlich machen will.

II. Einholung verbindlicher Auskünfte bzw. Zusagen der Finanzverwaltung

1. Möglichkeiten bei der Lohnsteuer

7 Soweit auch das Steuerrecht **Möglichkeiten zur Feststellung** eröffnet, inwieweit ein **Arbeitsverhältnis** (nicht) vorliegt, um einer erst späteren Feststellung einer Scheinselbstständigkeit durch die Finanzverwaltung vorzubeugen, sollten in begründeten Fällen diese Möglichkeiten auch ergriffen werden (s. zu den steuerrechtlichen Feststellungsmöglichkeiten zur Arbeitgebereigenschaft 3. Teil 3. Kap. Rn. 1 ff., 9 ff.), etwa in typischen Risikobranchen wie dem Bau-, Logistik-, Transport- oder Speditionsgewerbe oder in Fällen des Outsourcing von betrieblichen Nebenleistungen (s. zum Outsourcing den Abschnitt zum arbeitsrechtlichen Arbeitgeberbegriff 2. Teil 1. Kap. Rn. 51 ff.).

8 Wie im 3. Kap. des 3. Teils ausgeführt, steht vor allem mit Blick auf das **Lohnsteuerabzugsverfahren** mit der **Anrufungsauskunft nach § 42e EStG** ein probates Mittel zur Verfügung, insbesondere, weil eine solche Auskunft im Rechtsbehelfsverfahren voll überprüfbar ist (3. Teil 3. Kap. Rn 9 ff.).

9 In Fällen, in denen das Finanzamt bereits eine **Außenprüfung** angekündigt hat, stellt § 204 AO die Möglichkeit bereit, die Anerkennung von Dauersachverhalten wie vertragliche Vereinbarungen mit Subunternehmern oder freien Mitarbeitern auch für die Zukunft zu sichern (3. Teil 3. Kap. Rn. 30 ff.). In diesem Zusammenhang kann zudem nicht nur der Bereich der **Lohnsteuer**, sondern können auch **umsatzsteuerliche Fragestellungen** einer Klärung zugeführt werden (3. Teil 3. Kap. Rn. 32).

10 Darüber hinaus stellt das Steuerrecht das Instrument der **verbindlichen Auskunft gem. § 89 Abs. 2 AO** zur Verfügung, insbesondere mit Blick auf umsatzsteuerliche wie sonstige steuerliche Fragestellungen gerade auch außerhalb des Lohnsteuerabzugsverfahrens (s. 3. Teil 3. Kap. Rn. 47 ff.). Dabei müssen allerdings Einschränkungen gemacht werden, weil eine solche Auskunft inhaltlich nicht in vollem Umfang überprüfbar ist und in der Praxis die Finanzverwaltung häufig restriktiv verfährt, also einen Negativbescheid in Aussicht stellt (3. Teil 3 Kap. Rn. 64 ff.). Weil eine Bindungswirkung an einen rechtswidrigen, weil inhaltlich fehlerhaften Negativbescheid nicht besteht, bleibt dem Steuerpflichtigen jedoch stets die Möglichkeit, anders zu verfahren, wenn – nach steuerlicher Beratung – gewichtige Gründe für die Rechtmäßigkeit des eigenen Standpunktes sprechen. Dann bleibt die Prüfung der Rechtmäßigkeit einem nachgelagerten (Besteuerungs-)Verfahren überlassen.

2. Möglichkeiten bei der Umsatzsteuer

Insgesamt besteht im Rahmen des Lohnsteuerabzugsverfahrens die Möglichkeit, kritische Fragestellungen frühzeitig über eine Lohnsteueranrufungsauskunft klären zu lassen. Dort wird aber verbindlich nur geklärt, in welchem Umfang der Arbeitgeber den Vorschriften zum Einbehalt sowie zur Abführung der Lohnsteuer nachzukommen hat. Eine Bindungswirkung mit Blick auf andere Steuerarten, insbesondere die **Umsatzsteuer**, besteht nicht. Umsatzsteuerliche Fragen im Spannungsfeld freier bzw. unselbstständiger Beschäftigungsverhältnisse lassen sich in diesem Zusammenhang nur über die §§ 204, 89 Abs. 2 AO klären (s. Rn. 9 f. sowie steuerrechtliche Konsequenzen der Statusverfehlung 4. Teil 3. Kap. Rn. 11 ff.). 11

Diese Ausgangslage ist deshalb unbefriedigend, weil die Umsatzsteuer – gemeinsam mit der Lohnsteuer – den größten Teil des Steueraufkommens in der Bundesrepublik Deutschland ausmacht und dementsprechend Prüfungsschwerpunkt der Finanzverwaltung und Gegenstand spezieller Umsatzsteuer-Sonderprüfungen ist. Die Umsatzsteuer hat sich aus diesem Grund in den vergangenen Jahren für viele Unternehmen als größter steuerlicher Risikobereich herausgestellt, vor allem auch aufgrund der komplexen rechtlichen Rahmenbedingungen.[4] 12

Ein sinnvolles Compliance-System hat im Bereich des Umsatzsteuerrechtes deshalb nicht nur den Bereich der Rechnungskontrolle zu umfassen,[5] sondern sollte auch beinhalten, bei Vergabe von Aufträgen an Subunternehmer – und dabei insbesondere an im Markt als Einzelpersonen auftretende Unternehmer – das steuerliche Risiko einer Scheinselbstständigkeit zu erfassen und die zuständige Rechts- oder Compliance-Abteilung Einfluss auf die Vertragsgestaltung und dessen konkrete Durchführung nehmen zu lassen. 13

3. Einholung externer steuerlicher Expertise

Aufgrund der verschiedenen Alternativen und der schwierigen verfahrens- wie auch materiell-rechtlichen Fragestellungen sollten entsprechende Überlegungen in der Regel nicht ohne externe Abstimmung mit dem zuständigen Steuerberater sowie im Bedarfsfall auch mit einer Rechtsanwaltskanzlei mit steuerrechtlicher Expertise erfolgen. 14

Bei der Wahl der konkreten Vorgehensweise sollte man sich bei der Gestaltung zunächst an den Vorgaben der Verwaltung, insbesondere den Verwaltungsanweisungen des BMF, Erlassen der Finanzverwaltung sowie Verfügungen der Oberfinanzdirektionen, orientieren, soweit auf dieser Grundlage die eigenen Ziele mit Aussicht auf Erfolg verwirklicht werden können, um langwierige Einspruchs- oder gar Klageverfahren möglichst zu vermeiden.

---

4 Streck/Mack/Schwedhelm/*Alvermann* Rn. 2.80 ff.
5 Vgl. dazu und zu weiteren Einzelheiten Streck/Mack/Schwedhelm/*Alvermann* Rn. 2.80 ff.

15 Ist eine gerichtliche Auseinandersetzung vor den Finanzgerichten unvermeidbar und der Sachverhalt bereits umgesetzt, so bleibt in einem solchen Gerichtsverfahren dann allerdings die Rechtsprechung – und damit vor allem die des BFH – maßgeblich, die nicht selten zugunsten des Steuerpflichtigen von der Verwaltungsauffassung abweicht.

III. Rechtsbehelfs- und Klageverfahren

1. Einspruchsverfahren gemäß §§ 347 ff. AO

16 §§ 347 ff. AO regelt das **Einspruchsverfahren** gegen belastende Verwaltungsakte der Finanzverwaltung, insbesondere also gegen Steuerfestsetzungen und Haftungsbescheide.

17 Über den Einspruch, der binnen Monatsfrist nach Bekanntgabe des Verwaltungsaktes einzulegen ist, § 355 Abs. 1 AO, entscheidet die Finanzbehörde per Einspruchsentscheid, § 367 Abs. 1 S. 1 AO. Gegen diesen Einspruchsentscheid ist, wenn der angegriffene Steuerbescheid ganz oder zum Teil bestätigt wird, Anfechtungsklage zum Finanzgericht zu erheben, die regelmäßig nur zulässig ist, wenn das außergerichtliche Vorverfahren erfolglos geblieben ist, §§ 40, 44 FGO.

18 Weil Verwaltungsakte und damit auch Steuerbescheide mit einer Rechtsbehelfsbelehrung versehen sind, wird die Fristenkontrolle im Unternehmen deutlich erleichtert, § 356 Abs. 1 AO, soweit nicht ohnehin der (externe) Steuerberater Zustellungsbevollmächtigter ist und damit ihm die Fristenkontrolle obliegt. Unterbleibt eine Rechtsbehelfsbelehrung, kann grundsätzlich noch binnen Jahresfrist seit Bekanntgabe der Einspruch erhoben werden, § 356 Abs. 2 AO.

19 Dabei sollte im Zweifel zunächst fristwahrend Einspruch gegen belastende Steuerbescheide – etwa einen Lohnsteuerhaftungsbescheid (vgl. 4. Teil 3. Kap. Rn. 28 ff.) – eingelegt werden, auch wenn noch nicht sicher feststeht, ob ein solches Einspruchsverfahren schlussendlich durchgeführt wird. Läuft die Einspruchsfrist ab, wird der Bescheid bestandskräftig und kann gegen ihn dann grundsätzlich nicht mehr vorgegangen werden. Dies gilt insbesondere für Änderungsbescheide nach einer Außenprüfung, weil dann der Steuerfall abschließend geprüft ist und deshalb die Rechtfertigung für einen bis dahin angeordneten Vorbehalt der Nachprüfung in der Regel entfällt.[6]

20 Erstmalig bekannt gegebene Unternehmenssteuerbescheide ergehen zunächst unter einem solchen Vorbehalt der Nachprüfung gem. § 164 AO, mit der Folge, dass die Steuerfestsetzung jederzeit aufgehoben oder geändert werden kann, solange der Vorbehalt wirksam ist, § 164 Abs. 2 S. 1 AO. Dies wirkt auch zugunsten des Steuerpflichtigen, sodass in diesen Fällen trotz Ablaufs der Einspruchsfrist Änderungen im Grundsatz auch noch zugunsten des Steuerpflichtigen möglich sind.

2. Klageverfahren zum Finanzgericht

21 Nach erfolgloser Durchführung eines Einspruchsverfahrens steht gem. § 40 FGO der Rechtsweg zu den Finanzgerichten offen. Hiernach kann mit der **Anfechtungsklage**

---

6 Klein/*Rüsken* § 164 AO Rn. 50 ff.

die Aufhebung oder Änderung eines belastenden Verwaltungsaktes oder mit der **Verpflichtungsklage** die Verurteilung der Finanzverwaltung zum Erlass eines abgelehnten oder unterlassenen Verwaltungshandelns begehrt werden.[7]

Die Klagefrist für eine Anfechtungs- bzw. Verpflichtungsklage beträgt gem. § 47 Abs. 1 S. 1 FGO im Regelfall einen Monat. Sie beginnt für eine Anfechtungsklage mit der Bekanntgabe der Entscheidung über den außergerichtlichen Rechtsbehelf. Die Klage kann nicht nur fristwahrend zum Finanzgericht erhoben werden, sondern gilt die Frist auch dann als gewahrt, wenn die Klage bei dem Finanzamt (fristgemäß) angebracht wird, das den angefochtenen Verwaltungsakt bzw. die angefochtene Entscheidung erlassen hat, § 47 Abs. 2 FGO.

Die Verpflichtungsklage bei unterlassenem Erlass eines Bescheides ist nur in Form der sog. **Untätigkeitsklage** nach § 46 FGO zulässig.[8] Die Untätigkeitsklage kommt in Betracht, wenn seitens der Finanzverwaltung über einen außergerichtlichen Rechtsbehelf in der Sache ohne Mitteilung zureichender Gründe binnen angemessener Frist nicht entschieden ist; dann ist eine Klage auch ohne vorherigen Abschluss des Vorverfahrens ausnahmsweise zulässig, § 46 Abs. 1 S. 1 FGO.

Dies mag in den oben erörterten Fällen eines Einspruches gegen eine Lohnsteueranrufungsauskunft, einer Zusage nach § 204 AO oder einer verbindlichen Auskunft nach § 89 Abs. 2 AO relevant werden, wenn bei geplanten – zeitnah umzusetzenden – Maßnahmen die Finanzverwaltung keine Entscheidung trifft bzw. über einen Einspruch nicht binnen angemessener Frist entscheidet.

Eine Klagefrist besteht für die Untätigkeitsklage nicht, sie ist allerdings erst nach Ablauf einer angemessenen Entscheidungsfrist zulässig, d.h. regelmäßig erst nach Ablauf eines halben Jahres, sofern nicht besondere Umstände vorliegen, die eine vorzeitigere Klageerhebung rechtfertigen oder aber eine längere Entscheidungsfrist für die Behörde erforderlich machen, § 46 Abs. 1 S. 2 FGO.[9]

Diese angemessene Entscheidungsfrist läuft nicht ab, wenn die Behörde für die Verzögerung der Sachentscheidung einen zureichenden Grund und diesen Grund dem Kläger auch mitgeteilt hat. Ob ein rechtfertigender Grund vorliegt, der die Bearbeitungszeit noch angemessen erscheinen lässt, ist nach den gesamten Umständen des Einzelfalles zu beurteilen. Hier sind einerseits der sachliche Umfang bzw. die rechtlichen Schwierigkeiten des Falles sowie andererseits das Interesse des Rechtsbehelfsführers an einer baldigen Entscheidung gegeneinander abzuwägen.[10] Zwar muss der Behörde eine ausreichende Bearbeitungszeit zugebilligt werden, damit sie eine richtige Entscheidung treffen kann, allerdings gilt auch im finanzbehördlichen Einspruchsverfahren das allgemeine Beschleunigungsgebot, wonach die Behörde alles Zumutbare zu veranlassen hat, um das Verfahren zeitnah abzuschließen.[11]

---

7 Schwarz/Pahlke/*Dumke* § 40 FGO Rn. 2 ff. (auch zu den weiteren Klagearten einer Leistungs- bzw. einer Feststellungsklage).
8 Schwarz/Pahlke/*Dumke* § 40 FGO Rn. 24c.
9 Schwarz/Pahlke/*Dumke* § 46 FGO Rn. 13.
10 Schwarz/Pahlke/*Dumke* § 46 FGO Rn. 21.
11 Schwarz/Pahlke/*Dumke* § 46 FGO Rn. 18; Schwarz/Pahlke/*Dumke* § 363 AO Rn. 1.

3. Aussetzung bzw. Aufhebung der Vollziehung, § 361 AO, § 69 FGO

27 Weil durch Einlegung eines Einspruches gegen einen Steuerbescheid bzw. die Klage gegen eine ablehnende Einspruchsentscheidung die **Vollziehung des Verwaltungsaktes** nicht gehemmt ist, kann die zuständige Finanzbehörde gem. § 361 AO die **Aussetzung der Vollziehung** ganz oder zum Teil gewähren. Nach Ablehnung durch die Finanzverwaltung steht das Einspruchsverfahren zur Verfügung bzw. kann alternativ Aussetzung der Vollziehung beim Finanzgericht beantragt werden, § 69 FGO.

28 Ist auf Zwangsmaßnahmen der Finanzverwaltung eine Steuerschuld erfüllt, wird ein Antrag auf **Aufhebung der Vollziehung** statthaft, der die Behörde verpflichten soll, den Zustand wiederherzustellen, der vor der Vollziehung bestand.[12]

29 Aussetzung sowie Aufhebung der Vollziehung sollen auf Antrag erfolgen, wenn ernstliche Zweifel an der Rechtmäßigkeit des angefochtenen Verwaltungsaktes bestehen oder die Vollziehung für den Betroffenen eine unbillige Härte zur Folge hätte, die nicht durch überwiegende öffentliche Interessen geboten ist, § 361 Abs. 2 S. 2 AO. Wird ein solcher Antrag auf Aussetzung bzw. Aufhebung vor Fälligkeit der strittigen Steuerforderung bei der Finanzbehörde eingereicht und begründet, so ist nach Auffassung der Finanzverwaltung im Regelfall ab dem Fälligkeitstage die Aussetzung bzw. Aufhebung der Vollziehung auszusprechen.[13]

30 Zu beachten ist dabei, dass dann, wenn ein Einspruch oder eine Anfechtungsklage keinen Erfolg haben bzw. daraufhin die Entscheidung nur teilweise abgeändert wird, im Übrigen der geschuldete Betrag gem. §§ 237, 238 AO mit dem gesetzlichen Zinssatz der Abgabenordnung zu verzinsen ist.

IV. Einbindung und Verantwortung externer steuerlicher Berater

1. Externe steuerliche Berater im Tax Compliance-System

31 Regelmäßig wird – zumal bei größeren Unternehmen – die **laufende Steuerberatung** in der Hand externer Berater liegen, in erster Linie bei Steuerberatern bzw. Steuerberatungsgesellschaften. Meist sind dabei die Lohnbuchhaltung, die Erstellung der Finanzbuchhaltung und der Jahresabschlüsse sowie der zugehörigen Unternehmenssteuererklärungen beauftragt.

32 Im Rahmen eines Tax Compliance-Systems des Unternehmens muss deshalb entschieden werden, ob und wann solche externen Berater beauftragt werden und wie ihre Tätigkeit überprüft wird. Dabei **unterliegen auch die vertraglichen Beziehungen mit den externen steuerlichen Beratern der Tax Compliance-Kontrolle** und stellt es jedenfalls einen Compliance-Verstoß dar, wenn sich Unternehmen der eigenen Verantwortung zur Erfüllung steuerlicher Pflichten durch Einschaltung externer Berater entziehen wollen und mit diesen unangemessene Haftungsbeschränkungen bzw. -freistellungen vereinbaren.[14] Zudem muss mit Blick auf die ausgelagerten Steuerberatungsauf-

---

12 Klein/*Rätke* § 361 AO Rn. 31 ff.
13 AEAO zu § 361 Rn. 7.2.
14 Streck/Mack/Schwedhelm/*Streck* Rn. 1.282 ff.

gaben festgelegt werden, in welcher Hand unternehmensintern die Verantwortung für die externen Berater liegt, wer Entscheidungen sowie Weisungen aufseiten des Mandanten erteilen darf und wem gegenüber der Berater jeweils berichtspflichtig ist.[15]

Dabei muss der wechselseitige **Informationsfluss** besondere Beachtung finden. Denn auch die Pflichten eines Steuerberaters richten sich nur nach Inhalt und Umfang des ihm erteilten Mandates und hat er nur in diesem Rahmen die steuerlichen Interessen seines Auftraggebers umfassend wahrzunehmen.[16] Vor allem bei einem (langjährigen und umfassenden) Dauermandat muss ein Steuerberater allerdings auch ungefragt über steuerlich bedeutsame Fragen und mögliche alternative Gestaltungsmöglichkeiten informieren.[17] Häufig wird auf Mandantenseite dabei nicht bedacht, dass dem Berater eine ausreichende Entscheidungsgrundlage und damit die relevanten Informationen erst zur Verfügung gestellt werden müssen. Zwar hat der Berater den von ihm zu beurteilenden Sachverhalt durch Einsicht in Unterlagen und gegebenenfalls auch Rückfragen beim Mandanten aufzuklären,[18] allerdings trifft den Mandanten eine eigene Informationsverschaffungspflicht und ist es seine Aufgabe, den Steuerberater mit den notwendigen Informationen über die persönlichen, finanziellen bzw. geschäftlichen Gegebenheiten vollständig zu unterrichten.[19] Der steuerliche Berater darf sich auf die Richtigkeit solcher Angaben grundsätzlich ohne eigene Nachforschungen verlassen. Er darf insbesondere auf die Korrektheit der Informationen tatsächlicher Art – nicht allerdings bei Mitteilung bloßer Rechtstatsachen oder rechtlicher Wertungen durch den Mandanten – sowie die Echtheit von Dokumenten oder Buchungsbelegen vertrauen, ist insbesondere nicht verpflichtet, argwöhnisch zu sein und eigene Ermittlungen oder Prüfungen darüber anzustellen, ob die erteilten Informationen zutreffen.[20] Wird der externe Berater nicht zutreffend informiert oder „versickern" an sich für die Weitergabe vorgesehene Informationen im Unternehmen, weil sie durch vielerlei Hände gehen, kann dies im Außenverhältnis zu Nachteilen führen, weil der Berater sie nicht verwerten kann und dafür im Ergebnis auch nicht die Verantwortung trägt.

Einem Tax Compliance-System muss darüber hinaus auch die **Beauftragung von Rechtsanwälten** unterworfen sein, die vielfach in bestimmten Einzelfällen eingeschaltet werden, etwa in Einspruchs- sowie steuerlichen Klageverfahren, bei Steuerstrafverfahren und bei Ermittlungsmaßnahmen der Steuerbehörden. Insbesondere Untersuchungen über Pflichtverletzungen und Regelverstöße können mit guten Gründen externen Beratern, in der Regel Anwälten, in die Hand gelegt werden.[21] Auch für diese Fälle der Beauftragung von (Steuer-) Anwälten muss es ein Regelwerk geben, das die Kriterien festlegt, welche Kanzleien beauftragt werden sollen. Dabei muss stets die Kompetenz des Anwaltsbüros bzw. der eingeschalteten Rechtsanwälte ausschlaggebend sein. Dabei spielt die Größe des Büros – kleine Anwaltsboutique im Vergleich zu einer großen (internationalen) Sozietät – keine maßgebliche Rolle. Die Erfahrung, dass namhafte und große Anwaltskanzleien deshalb mandatiert werden, um dem Leiter der zuständigen Steuer- oder Rechtsabteilung die (vermeintliche)

---

15 Streck/Mack/Schwedhelm/*Streck* Rn. 1.284.
16 Grüneberg/*Grüneberg* § 280 Rn. 76, 77 ff.
17 Grüneberg/*Grüneberg* § 280 Rn. 76 m.w.N.
18 Grüneberg/*Grüneberg* § 280 Rn. 76.
19 Gräfe/Wollweber/Schmeer/*Gräfe* Rn. 449.
20 Gräfe/Wollweber/Schmeer/*Gräfe* Rn. 456, 453 f.
21 Streck/Mack/Schwedhelm/*Talaska* Rn. 1.286.

Sicherheit zu geben, ihm könne schon aus diesem Grunde kein Verstoß gegen Compliance-Richtlinien gemacht werden, widerspricht dem Compliance-Gedanken.[22]

35 Auch hier muss im Unternehmen – neben der **Festlegung der Vergütung** – geregelt werden, wer dem Anwalt Anweisungen und Auskünfte zu erteilen hat und wem gegenüber der Rechtsberater berichtspflichtig ist. Im Konzern ist dabei vor allem darauf zu achten, im Auftragsverhältnis zu definieren, wer genau Auftraggeber ist und wem gegenüber die anwaltlichen Pflichten bestehen, etwa mit Blick auf Tochtergesellschaften oder Mitarbeiter (eigene bzw. solche von Tochtergesellschaften), deren Interessen im konkreten Einzelfall von dem externen Berater vertreten werden sollen.[23]

2. Aufgaben des mit der laufenden Steuerberatung betrauten Steuerberaters

36 Im Rahmen der **Lohnbuchhaltung** beinhaltet der Auftrag des Steuerberaters nicht nur die steuerliche Lohnabrechnung und die Führung des Lohnkontos, sondern auch die Berechnung der Sozialversicherungsabzüge. Die Lohnabrechnung und die Fertigung der Beitragsnachweise müssen nicht nur rechnerisch, sondern auch materiell zutreffend sein.[24] Auch hier ist der Steuerberater in tatsächlicher Hinsicht aber auf die Angaben des Mandanten angewiesen; auf sie muss er sich verlassen und kann sie in die Buchführung übernehmen. Entsprechend müssen ihm vom Unternehmen Bruttolöhne und eventuelle Zuschläge in zutreffender Höhe mitgeteilt werden, damit er sie berücksichtigen kann.[25]

37 Der für die Lohnbuchhaltung zuständige Steuerberater haftet, wenn er einen nicht versicherungspflichtigen Geschäftsführer einer GmbH der Einzugsstelle zu Unrecht als versicherungspflichtigen Arbeitnehmer gemeldet und in der Folgezeit für ihn die monatliche Abführung von Sozialversicherungsbeiträgen veranlasst hat.[26] Der steuerliche Berater, der im Auftrag des Arbeitgebers die Lohnabrechnungen besorgt, muss grundsätzlich auch **prüfen, ob für Beschäftigte eine Versicherungspflicht besteht**, wenn Beiträge nicht abgeführt werden. Ergeben sich in einem solchen Fall Unklarheiten oder sozialversicherungsrechtliche Schwierigkeiten, so ist der Steuerberater gehalten, die Unklarheiten durch eigene Rückfragen auszuräumen oder deswegen – ebenso wie zur Klärung sozialversicherungsrechtlicher Zweifel – auf Einschaltung eines hierfür fachlich geeigneten Beraters hinzuwirken.[27]

38 Der Steuerberater muss gerade mit Blick auf die Risiken bei freien Beschäftigungsverhältnissen der Ausgestaltung der zugrundeliegenden Verträge nachgehen und hat den Mandanten auf mögliche Probleme mit Blick auf eine Sozialversicherungspflicht hinzuweisen. Gegebenenfalls hat der Steuerberater die Hinzuziehung eines fachlich geeigneten Beraters – im Regelfall eines fachkundigen Rechtsanwaltes – zu empfehlen.[28] Ein Hinweis des Mandanten, er habe „freie Mitarbeiter" beschäftigt, begründet für den Berater in diesem Zusammenhang keinen Vertrauensschutz, da es sich nicht um eine tatsächliche Information, sondern um eine rechtliche Bewertung handelt, bei der der Steuerberater als Fachmann nicht auf die (allenfalls laienhafte) Bewertung des

---

22 Streck/Mack/Schwedhelm/*Talaska* Rn. 1.287.
23 Streck/Mack/Schwedhelm/*Talaska* Rn. 1.288.
24 Gräfe/Wollweber/Schmeer/*Gräfe* Rn. 909 m.w.N.
25 Gräfe/Wollweber/Schmeer/*Gräfe* Rn. 906 m.w.N.
26 *BGH* NJW-RR 2009, 136 ff.
27 *BGH* NJW-RR 2005, 1223, 1224; *BGH* NJW-RR 2004, 1358.
28 *BGH* NJW-RR 2004, 1358.

Auftraggebers vertrauen darf; dies erfordert vielmehr weitere Ermittlungen.[29] Dies wird im Regelfall auch dann gelten, wenn auf Seiten des Unternehmens Ansprechpartner mit steuerlicher bzw. juristischer Expertise tätig sind, weil der externe Berater gerade aufgrund seines besonderen Fachwissens eingeschaltet wird.

In diesem Rahmen wird der Steuerberater auf die Möglichkeiten etwa einer Lohnsteueranrufungsauskunft nach § 42e EStG oder – im Rahmen einer Außenprüfung – zur Einholung einer Zusage gem. § 204 AO oder einer verbindlichen Auskunft nach § 89 Abs. 2 AO hinzuweisen haben (vgl. zu den steuerrechtlichen Feststellungsmöglichkeiten 3. Teil 3. Kap. Rn. 9 ff., 30 ff., 47 ff.). Der Steuerberater hat für seine Mandanten den relativ sichersten Weg zu wählen und muss auch ungefragt über steuerlich bedeutsame Fragen und vorhandene Gestaltungsmöglichkeiten informieren.[30] 39

Fraglich ist, ob der Steuerberater den **sozialversicherungsrechtlichen Status von Mitarbeitern** eigenverantwortlich prüfen darf. Gemäß § 33 S. 1 StBerG hat er im Rahmen seines Auftrages den Mandanten in Steuersachen zu beraten und bei der Bearbeitung der Steuerangelegenheiten des Auftraggebers und der Erfüllung von dessen steuerlichen Pflichten Hilfe zu leisten. Abgrenzungsprobleme tauchen auf, wenn der Steuerberater rechtsberatend und damit unter Verstoß gegen § 2 RDG tätig wird. Verlässt der Steuerberater diesen Bereich und geht zur Beratung sozialversicherungsrechtlicher Fragen über, begibt er sich ggf. auf das Gebiet der erlaubnispflichtigen Rechtsdienstleistung, die ihm versagt ist. Deswegen soll in diesen Fällen der Mandant nicht erwarten dürfen, dass der Steuerberater verpflichtet ist, ihn auf dem Gebiet des Sozialversicherungsrechtes zu beraten; in diesem Falle muss der Mandant sich regelmäßig an einen Rechtsanwalt wenden.[31] Teilweise wird in der Rechtsprechung die Auffassung vertreten, der Steuerberater müsse dennoch den sozialversicherungsrechtlichen Status – etwa eines GmbH-Geschäftsführers – eigenverantwortlich prüfen.[32] Allerdings stellt die sozialversicherungsrechtliche Statusfeststellung keine Nebenleistung im Rahmen des Lohnbuchführungsmandates dar. Richtig dürfte sein, dass der Steuerberater den Mandanten jedenfalls zu informieren hat, dass er selbst den sozialversicherungsrechtlichen Status nicht geprüft und wie diese Prüfung – dann durch einen Rechtsanwalt – zu geschehen hat.[33] 40

Der **Steuerberater** hat deshalb dem Mandanten **mitzuteilen, welche (lohn-)steuerlichen und sozialversicherungsrechtlichen Konsequenzen es haben kann, wenn freie Mitarbeiter beschäftigt werden und später eine Scheinselbstständigkeit festgestellt wird**.[34] Dabei sollte dem Auftraggeber zusätzlich vor Augen geführt werden, dass der Vorsteuerabzug aus den vom Scheinselbstständigen gestellten Rechnungen entfallen und der Arbeitgeber möglicherweise als Haftungsschuldner für die von ihm nicht einbehaltene und abgeführte Lohnsteuer in Anspruch genommen werden kann (vgl. zu den steuerrechtlichen Konsequenzen einer solchen Statusverfehlung 4. Teil 3. Kap. Rn. 1 ff.). 41

---

29 Gräfe/Wollweber/Schmeer/*Gräfe* Rn. 455 a.E.
30 Grüneberg/*Grüneberg* § 280 BGB Rn. 76 m.w.N.
31 Gräfe/Wollweber/Schmeer/*Gräfe* Rn. 908.
32 Gräfe/Wollweber/Schmeer/*Gräfe* Rn. 910 unter Verweis auf das *OLG Brandenburg* DStR 2007, 1789.
33 *BGH* NJW-RR 2004, 1358; Gräfe/Lenzen/Schmeer/*Gräfe* Rn. 911.
34 *Fuldner* Haufe Steuer Office Kanzlei-Edition Online, HI1507262, Stand: 11.2.2022.

3. Voraussetzungen einer Haftung des externen steuerlichen Beraters

42 Kommt der Steuerberater – vor allem den zuvor unter Ziff. 2 geschilderten – Pflichten nicht nach, kann er gem. § 280 BGB auf den daraus resultierenden Schaden in Anspruch genommen werden. Dabei hat der Steuerberater grundsätzlich jede unrichtige Beurteilung einer steuerlichen Frage zu vertreten und – allerdings nur im Rahmen des ihm erteilten Mandats – die Interessen seines Mandanten umfassend wahrzunehmen.[35] Wie dargelegt haftet er auch dann, wenn er nicht auf sozialversicherungsrechtliche Bedenken hinweist und jedenfalls nicht die Einschaltung eines externen Rechtsanwaltes empfiehlt.

---

[35] Grüneberg/*Grüneberg* § 280 BGB, Rn. 76 ff.; zu den Einzelheiten der Steuerberaterhaftung vgl. im Übrigen *Gräfe/Wollweber/Schmeer* sowie *G. Fischer/Vill/D. Fischer/Rinkler/Chab/Pape* Handbuch der Anwaltshaftung unter Einbeziehung von Steuerberatern und Wirtschaftsprüfern, 5. Aufl. 2019.

5. Kapitel
Strategien zur Vermeidung strafrechtlicher Haftung und/oder der Sanktionierung wegen Ordnungswidrigkeiten

Literatur: *Burkhard* Die Selbstanzeige ab dem 1.1.2015, StraFo 2015, 95; *Gercke/Leimenstoll* Vorenthalten von Sozialversicherungsbeiträgen (§ 266a StGB) – Ein Leitfaden für die Praxis, HRRS 2009, 442; *Harbarth/Brechtel* Rechtliche Anforderungen an eine pflichtgemäße Compliance-Organisation im Wandel der Zeit, ZIP 2016, 241; *Klötzer-Assion* Also doch Deckmantelgesetzgebung! „Klammheimliche" Reform des sozialversicherungsrechtlichen Statusfeststellungsverfahrens in § 7a SGB IV, Zu den straf- bzw. bußgeldrechtlichen Implikationen sowie Fragen der Contractor Compliance (Teil 1), WiJ 2/3 2021, www.wistev.de; *dies.* Also doch Deckmantelgesetzgebung! „Klammheimliche" Reform des sozialversicherungsrechtlichen Statusfeststellungsverfahrens in § 7a SGB IV, Zu den straf- bzw. bußgeldrechtlichen Implikationen sowie Fragen der Contractor Compliance (Teil 2), WiJ 1/2022, 39, www.wistev.de; *Kudlich* (Schein-)Selbstständigkeit von „Busfahrern ohne eigenen Bus" und Fragen des § 266a Abs. 1 StGB, ZIS 2011, 482; *Mansdörfer/Habetha* Strafbarkeitsrisiken des Unternehmers, 2015; *Michalsky* Die Neuregelung der strafbefreienden Selbstanzeige: ein Überblick, JM 2015, 211 ff.; *Rolletschke/Roth* Die Selbstanzeige, 2015; *Rübenstahl* Selbstanzeige 3.0? – Der Entwurf des BMF eines Gesetzes zur Änderung der Abgabenordnung vom 27.8.2014, WiJ 2014, 190; *Schulz* Die Strafbarkeit des Arbeitgebers nach § 266a StGB bei der Beschäftigung von Scheinselbstständigen, NJW 2006, 183; *Trüg* Die Verteidigung von Unternehmen, NZWiSt 2022, 106

I. Grundsätzliche Erwägungen

Vor dem Hintergrund der aufgezeigten strafrechtlichen Konsequenzen etwaiger Statusverfehlungen (4. Teil 4. Kap.) sind in allen Fällen – und erst recht präventiv – geeignete Maßnahmen zur **Vermeidung persönlicher strafrechtlicher Haftung** zu ergreifen und konsequent umzusetzen. Neben der gebotenen **Schaffung** und **Kontrolle** von **Organisations- und Aufsichtsstrukturen** sind fachübergreifende, d.h. alle rechtlichen Aspekte der Beauftragung von Werk- oder Dienstleistern in den Blick nehmende, **Compliance-Maßnahmen** dringend anzuraten.[1] Die in Teil 5 dieses Buches dargestellten Strategien zur Haftungsvermeidung in arbeits-, sozialversicherungsrechtlicher und steuerrechtlicher Hinsicht können zur strafrechtlichen Haftungsvermeidung beitragen. 1

II. Vermeidung strafrechtlicher Haftung nach § 266a StGB

1. Auswirkungen des Anfrageverfahrens nach § 7a Abs. 1 S. 1 i.V.m. Abs. 5 SGB IV auf den Tatbestand des § 266a StGB

Gemäß § 266a StGB macht sich strafbar, wer als Arbeitgeber vorsätzlich fällige, tatsächlich geschuldete Arbeitnehmer- und/oder Arbeitgeberbeiträge vorenthält. 2

---

1 Zu den rechtlichen Anforderungen *Harbarth/Brechtel* ZIP 2016, 241 ff.

5 5. Kapitel   *Strategien zur Vermeidung strafrechtlicher Haftung*

3 Das strafrechtliche Haftungsrisiko aus § 266a StGB lässt sich bei Durchführung des Anfrageverfahrens bereits **vor** oder innerhalb eines Monats nach **Aufnahme der Tätigkeit** für die Dauer des Statusfeststellungsverfahrens bzw. bis zur Bestandskraft der getroffenen Entscheidung ausschließen.

4 In der Praxis ist zu berücksichtigen, dass beide Parteien Antragsteller nach § 7a SGB IV sein können. Unter Umständen haben die Antragsteller unterschiedliche Erwartungen, verfolgen unterschiedliche Ziele. In der Regel ist es aber gerade Wille der Parteien, sich nicht arbeitsvertraglich aneinander zu binden.

5 Seit der Novellierung des Statusfeststellungsverfahrens zum April 2022[2] wird nicht mehr über eine potenzielle Versicherungspflicht bei abhängiger Beschäftigung in den jeweiligen Zweigen der Sozialversicherungspflicht entschieden, sondern nur noch der sog. Erwerbsstatus festgestellt. Der Gesetzgeber beendet damit die Diskussion um die Zulässigkeit der sog. Elementenfeststellung.[3]

6 Zieglmeier verweist zutreffend darauf, dass bestimmte Konstellationen sehr schwierige Folgefragen auslösen: „unständige Beschäftigung nach § 27 III Nr. 1 SGB III, kurzfristige Beschäftigung nach § 8 I Nr. 2 SGB IV, hauptberufliche Selbständigkeit nach § 5 V SGB V usw."[4]

7 Aber auch die Feststellung der Selbständigkeit der Betätigung kann sozialversicherungsrechtliche Fragestellungen nach sich ziehen. Unter bestimmten Umständen[5] ist ein Soloselbständiger sozialversicherungspflichtig, § 2 Nr. 9 SGB VI.[6] Zwar treffen hier die Prüfungsobliegenheiten nicht zuerst den Auftraggeber. „Nimmt man Contractor Compliance jedoch ernst, hat der Auftraggeber in solchen Fällen angesichts der Auftraggeberhaftung gem. § 23 Abs. 2 AEntG bzw. § 21 Abs. 2 MiLoG mit Bußgeldrahmen von bis zu 500 000 EUR zu hinterfragen, ob eine Versicherungspflicht seines Vertragspartners besteht und sich entsprechende Nachweise der Abführung von Beiträgen oder der Befreiung von der Versicherungspflicht vorlegen zu lassen. Mindestens bedürfte es nach Auffassung der Verfasserin der Einholung einer entsprechenden Zusicherung des Vertragspartners."[7]

8 Nicht nur, aber auch die neu eingeführten Möglichkeiten, den Status im Dreiecksverhältnis durch den Dritten, also den Einsatzbetrieb feststellen zu lassen, ist die Contractor Compliance mit Blick auf die illegale Arbeitnehmerüberlassung nicht mit Feststellung der selbständigen Betätigung beendet. Es bleibt bei der Verpflichtung, das

---

2 Zu den Bedenken gegenüber dem alten Statusfeststellungsverfahren und der Befangenheit der DRV *Tuengerthal/Trasch* BD Blickpunkt Dienstleistung, ZeitarbeitReport 9/2019, Sonderdruck.
3 *BSG* 11.3.2009 – B 12 KR 11/07 R, BSGE 103, 17; *BSG* 26.2.2019 – B 12 R 8/18 R, BeckRS 2019, 8265.
4 NZA 2021, 977, 978.
5 Gilt für Personen, die im Zusammenhang mit ihrer selbständigen Tätigkeit regelmäßig keinen versicherungspflichtigen Arbeitnehmer beschäftigen und auf Dauer und im Wesentlichen nur für einen Auftraggeber tätig sind. Bei Gesellschaften gelten als Auftraggeber die Auftraggeber der Gesellschaft. Geringfügig Beschäftigte gelten nicht als „Arbeitnehmer" i.S.d. § 2 S. 1 Nr. 9 SGB VI.
6 MAH SozialR/*Plagemann* § 7 Rn. 7 ff., Rn. 38 zum Soloselbständigen oder „arbeitnehmerähnlichen Selbständigen".
7 *Klötzer-Assion* WiJ 1/2022, 39, 40.

Auftragsverhältnis immer wieder auf seine tatsächliche Ausgestaltung hin zu überprüfen, um ein „Verschleifen" der für die Bestimmung des Erwerbsstatus wesentlichen Kriterien durch die praktische Ausführung zu vermeiden.[8]

Wird der Antrag auf Statusfeststellung vor Beginn des Auftragsverhältnisses gestellt, können der DRV nur die **beabsichtigten** Umstände der Vertragsdurchführung mitgeteilt werden. Allein darauf bezieht sich die behördliche Entscheidung. Ändern sich die schriftlichen Vereinbarungen und/oder die Umstände der Vertragsdurchführung bis **zu einem Monat nach der Aufnahme der Tätigkeit**, müssen die Beteiligten dies unverzüglich mitteilen.

Sind wesentliche Änderungen zu verzeichnen, wird der Bescheid aufgehoben, § 48 SGB X. Die Aufnahme der Tätigkeit gilt dann als Zeitpunkt der Änderung der Verhältnisse, § 7a Abs. 4 S. 5 SGB IV.

Eine wirksame Contractor Compliance setzt voraus, bei einer dem Antrag entsprechenden Entscheidung der DRV mit Beginn des Auftragsverhältnisses ein (zeitliches) Monitoring zu installieren, um den Meldeobliegenheiten entsprechen zu können und sich die zur strafrechtlichen Haftungsvermeidung wichtige Privilegierung des § 7a Abs. 5 SGB IV zu sichern. Selbstverständlich sind die tatsächlichen Umstände der Auftragsausführung regelmäßig zu überprüfen. Wann eine Veränderung als wesentlich anzusehen ist, teilt der Gesetzgeber nicht mit.[9]

Die ohnehin kritisch eingestellten Strafverfolgungsbehörden werden Fälle, in den von den antizipierten Umständen der Auftragsausführung bei praktischer Durchführung abgewichen wird, genau in den Blick nehmen, weil für die Feststellung des Tatvorsatzes oder auch einer Leichtfertigkeit das Vorstellungsbild vor Aufnahme und während der Auftragsdurchführung von Belang sind.

Auch für die sog. Gruppenfeststellung mit gutachterlicher Einschätzung der DRV zu mehreren gleichartig ausgestalteten Auftragsverhältnissen[10] ist ein enges Monitoring angezeigt. Zwar kann die Beurteilung gleichartiger Auftragsverhältnisse „frühzeitig Gewissheit über den Erwerbsstatus der Auftragnehmer"[11] geben. Die gutachterliche Äußerung ist dem Auftragnehmer auszuhändigen, der somit die Angaben zur Auftragsausgestaltung überprüfen und damit ebenfalls für die ordnungsgemäße praktische Umsetzung sorgen kann. Denn sobald von der musterhaften Auftragsdurchführung tatsächlich abgewichen wird, droht die Gefahr der Strafverfolgung oder Verfolgung wegen Ordnungswidrigkeiten, wenn sich ein Tatvorsatz oder eine Leichtfertigkeit nachweisen lassen.

---

8 Zur Praxisrelevanz von § 7a Abs. 2 S. 2 und 3 SGB IV *Klötzer-Assion* WiJ 1/2022, 39, 42.
9 *Klötzer-Assion* WiJ 1/2022, 39, 41.
10 „Auftragsverhältnisse sind gleich, wenn die vereinbarten Tätigkeiten ihrer Art und den Umständen der Ausübung nach übereinstimmen und ihnen einheitliche vertragliche Vereinbarungen zu Grunde liegen. In der gutachterlichen Äußerung sind die Art der Tätigkeit, die zu Grunde gelegten vertraglichen Vereinbarungen und die Umstände der Ausübung sowie ihre Rechtswirkungen anzugeben. Bei Abschluss eines gleichen Auftragsverhältnisses hat der Auftraggeber dem Auftragnehmer eine Kopie der gutachterlichen Äußerung auszuhändigen.", § 7a Abs. 4b S. 2 SGB IV.
11 *Zieglmeier* NZA 2021, 977, 982.

14 Bei Durchführung des Anfrageverfahrens **innerhalb eines Monats nach Beginn** des Auftragsverhältnisses gilt Folgendes:

a) Feststellung einer selbstständigen Betätigung durch die DRV

15 Stellt die DRV fest, dass eine selbstständige Tätigkeit vorliegt, fehlt es an einer Beschäftigung i.S.d. § 7 SGB IV, an die das Sozialversicherungsrecht Arbeitgeberpflichten anknüpfen könnte. Ist der Auftraggeber nach Maßgabe des Sozialversicherungsrechts nicht Arbeitgeber, kann er angesichts der Sozialrechtsakzessorietät des § 266a StGB nicht als Arbeitgeber im Sinne der Strafnorm qualifiziert werden. Mangels Beschäftigung bestehen weder Melde- noch Abführungspflichten. Wo keine Beitragspflicht besteht, können auch keine fälligen Sozialversicherungsbeiträge vorenthalten werden. Der objektive Tatbestand des § 266a StGB ist in dieser Konstellation nicht erfüllt. Es besteht grundsätzlich kein strafrechtliches Haftungsrisiko aus § 266a StGB, es sei denn, es kommt zu Änderungen im Auftragsverhältnis.

aa) Bescheid erwächst in Bestandskraft

16 Unproblematisch sind zunächst jene Sachverhalte, in denen der Bescheid der DRV in Bestandskraft erwächst. Dies gilt jedenfalls solange, wie sich die tatsächlichen Verhältnisse, die Gegenstand der Prüfung waren, nicht ändern.

bb) Anfechtung des Bescheids

17 Wird der Ausgangsbescheid hingegen von einem Antragsteller – in der Praxis kann dies der Auftragnehmer sein – mit dem Ziel angefochten, eine abhängige Beschäftigung feststellen zu lassen und wird dem Widerspruch abgeholfen, ist auf die Bekanntgabe des Widerspruchsbescheids abzustellen.

18 Wird die Entscheidung der Clearingstelle abgeändert, werden nach Maßgabe des § 7a Abs. 5 SGB IV Beiträge erst nach Unanfechtbarkeit der Entscheidung, mit der eine Beschäftigung festgestellt wurde, fällig. Daraus folgt, dass der objektive Tatbestand des § 266a StGB mangels Fälligkeit bis zum Abschluss des Klageverfahrens in letzter Instanz nicht erfüllt ist/erfüllt sein kann.

cc) Bestands-/Rechtskraft der abweichenden Entscheidung

19 Ist eine Beschäftigung i.S.d. § 7 SGB IV unanfechtbar festgestellt, greifen Melde- und Abführungspflichten, werden Gesamtsozialversicherungsbeiträge (ab diesem Zeitpunkt) fällig. Werden Beiträge dann nicht fristgerecht abgeführt, greift § 266a StGB. Nur dann besteht ein strafrechtliches Haftungsrisiko.

b) Feststellung einer versicherungspflichtigen Beschäftigung im Anfrageverfahren

20 Liegt nach Auffassung der DRV eine Beschäftigung nach § 7 SGB IV vor, ist zunächst einmal auf die Arbeitgebereigenschaft nach § 266a StGB zu schließen. Hinsichtlich der weiteren Folgen ist zu unterscheiden:

aa) Entscheidung erwächst in Bestandskraft

21 Zur Erinnerung: Wird der Antrag auf Statusfeststellung innerhalb eines Monats nach Aufnahme der Tätigkeit gestellt, wird der Gesamtsozialversicherungsbeitrag erst nach Eintritt der Bestandskraft fällig, § 7a Abs. 5 S. 3 SGB IV.[12] (3. Teil 2. Kap.).

---

12 V. Koppenfels-Spies/Wenner/*Dietrich* § 7a Rn. 28 ff.; 41 ff.

Erwächst der Bescheid in Bestandskraft, hat der Arbeitgeber ab Bekanntgabe der Entscheidung, die als Tag des Eintritts in das Beschäftigungsverhältnis gilt, die Meldungen nach §§ 28a ff. SGB IV zu erstatten und Gesamtsozialversicherungsbeiträge abzuführen. Ein strafrechtlich relevantes Vorenthalten von Sozialversicherungsbeiträgen ist wegen der hinausgeschobenen Fälligkeit für den Zeitraum **davor** nicht zu besorgen.

bb) Entscheidung wird angefochten

Machen beide oder ein Antragsteller von der Möglichkeit Gebrauch, den Bescheid mit Widerspruch und/oder Klage anzufechten, gilt hinsichtlich der Fälligkeit des Gesamtsozialversicherungsbeitrags, dass diese mit Unanfechtbarkeit, also nach Abschluss des Widerspruchs- oder Klageverfahrens eintritt.

Mangels Fälligkeit ist der objektive Tatbestand des § 266a StGB in dieser Fallgestaltung für den Zeitraum bis zur Unanfechtbarkeit nicht erfüllt. Erst danach werden Gesamtsozialversicherungsbeiträge fällig, greifen Melde- und Abführungspflichten ein.

2. Möglichkeiten im laufenden Auftragsverhältnis nach § 7a Abs. 1 SGB IV

Werden Zweifel am sozialversicherungsrechtlichen Status des Auftragnehmers erst im Verlauf der Auftragsausführung oder gar nach Beendigung der Vertragsbeziehung offenbar, besteht weiterhin bzw. rückwirkend die Möglichkeit der Statusfeststellung über § 7a SGB IV.

Eine **vollständige strafrechtliche Haftungsvermeidung** durch Ausschluss bereits des objektiven Tatbestands des § 266a StGB ist damit aber nicht gewährleistet. Zum einen wird mangels Privilegierung des § 7a Abs. 5 SGB IV der Tag des Eintritts in das Beschäftigungsverhältnis nicht auf den Tag der Entscheidung der DRV festgelegt. Zum anderen wirkt die durch die Einleitung des Anfrageverfahrens hinausgeschobene Fälligkeit nicht strafrechtsausschließend. Denn zum Tatzeitpunkt, in dem die Voraussetzungen des § 266a StGB objektiv wie subjektiv vorgelegen haben müssen, waren bei tatsächlich abhängiger Beschäftigung Gesamtsozialversicherungsbeiträge fällig.[13]

Je nach Sachverhaltskonstellation kann aber für die Verantwortlichen, die bis zu einem bestimmten Zeitpunkt von Tatsachen, welche eine abhängige Beschäftigung begründen, keine Kenntnis hatten, kein Tatvorsatz angenommen werden. Das kann z.B. auch beim Wechsel von Verantwortlichkeiten der Fall sein. Gleiches gilt, wenn nachgeordnete Mitarbeiter entgegen getroffener Vereinbarungen und festgelegter Grundsätze zur Auftragsdurchführung die Geschäftsbeziehung als abhängige Beschäftigung praktizieren.[14]

Für die Schadensminimierung kann § 7a Abs. 1 SGB IV weiterhin ein sinnvolles Instrument sein. Das noch bestehende Vertragsverhältnis vorausgesetzt, kann für die Dauer des Verfahrens von der hinausgeschobenen Fälligkeit profitiert werden. Dann muss der Antragsteller die Gesamtsozialversicherungsbeiträge aber jedenfalls nach Unanfechtbarkeit des Bescheides zur Statusfeststellung entrichten.

---

13 Entsprechend auch *Lanzinner* S. 158 f.
14 So auch *Mansdörfer/Habetha* Rn. 402.

3. Bindung der Strafgerichte an die Entscheidung nach § 7a SGB IV?

29 Umstritten ist, ob die (unanfechtbar) gewordene Entscheidung der DRV die Strafgerichte bindet. Radtke,[15] der dem 1. Strafsenat des BGH angehört, vertritt in seiner Kommentierung zu § 266a StGB die Ansicht, die Entscheidung nach § 7a SGB IV binde die Strafgerichte grundsätzlich nicht – und zwar ebenso wenig wie eine rechtskräftige sozialgerichtliche Entscheidung. Hingegen ist Kudlich[16] der Auffassung, dass zumindest sozial**gerichtlichen** Entscheidungen ein **indizieller Charakter** zukomme, so dass sich die Strafgerichte hierauf stützen dürften. Die Schwierigkeit – so Kudlich zutreffend – liege aber in der divergenten sozialgerichtlichen Rechtsprechung bei vergleichbaren Fallgestaltungen, die kaum Verbindlichkeit zu erzeugen vermag.[16] Daran hat sich nichts geändert. Das Gegenteil ist der Fall.

30 Bei strenger Sozialrechtsakzessorität des § 266a StGB spricht einiges dafür, das am Maßstab des Sozialversicherungsrechts ermittelte Ergebnis für das Strafgericht als bindend anzusehen.[17] Grenzfälle wären dann nicht im Objektiven sondern ausschließlich im Subjektiven zu lösen. Dies wird so vertreten.[18] Es gilt aber zu bedenken, dass das Ergebnis der Ermittlungen oder die Beweisaufnahme im Strafverfahren sehr wohl abweichende Feststellungen hervorbringen können. Solche können durchaus günstig(er) sein.

31 In der Praxis zeigt sich, dass gerade die Ermittlung der zu würdigenden Tatsachen einen Schwerpunkt in der Verteidigung gegen den Vorwurf des § 266a StGB bildet. Der Umstand, dass das Verfahren nach § 7a SGB IV kein umfassendes Prüfungsverfahren darstellt, spricht daher gegen eine Bindungswirkung. Dies umso mehr, als eine besorgniserregende Entwicklung eingetreten ist, nahezu jede Beschäftigung als abhängig zu qualifizieren.

4. Erkenntnisse aus dem Anfrageverfahren nach § 7a SGB IV und ihre Verwertbarkeit im Strafverfahren vor dem Hintergrund der Selbstbelastungsfreiheit

a) Risikosetzung durch Mitwirkung

32 Der Frage, wie sich die Ergebnisse des Anfrageverfahrens nach § 7a SGB IV tatbestandlich auswirken können, ist auch eine Frage nach der Verwertbarkeit der von den Antragstellern mitgeteilten Tatsachen bzw. der von der DRV nach Amtsermittlungsgrundsätzen festgestellten Tatsachen im Strafverfahren.

33 Das Statusfeststellungsverfahren nach § 7a SGB IV birgt – je nach Intention der Verfahrensbeteiligten strafrechtliche Risiken, die vor dem Hintergrund der Mitwirkungsobliegenheiten erst gesetzt werden. Denn möglicherweise sind die gewonnenen Erkenntnisse geeignet, einen strafrechtlichen Anfangsverdacht wegen des Vorenthaltens von Sozialversicherungsbeiträgen zu begründen.

34 Die zur Mitwirkung verpflichteten Verfahrensbeteiligten unterliegen im Statusfeststellungsverfahren der Wahrheitspflicht. Dem Beschuldigten in einem Strafverfahren steht hingegen das Recht zu, zum Vorwurf zu schweigen. Nach dem Grundsatz der Selbstbelastungsfreiheit ist niemand verpflichtet, sich der Verfolgung wegen einer Straftat oder Ordnungswidrigkeit auszusetzen.

---

15 MK-StGB/*Radtke* § 266a Rn. 15.
16 ZIS 2011, 482, 484.
17 In diesem Sinne *Kudlich* ZIS 2011, 482, 488.
18 *Kudlich* ZIS 2011, 482, 488 m.w.N. in Fn. 41.

b) Auffassung von Schrifttum und Rechtsprechung

Dieses Dilemma der Beteiligten war in der Vergangenheit und ist bis heute kontrovers diskutiert. 35

Der 1. Strafsenat des BGH hatte sich 2014 mit der Frage zu befassen, ob im Rahmen einer steuerlichen Außenprüfung nach § 193 AO gefertigte Kontrollmitteilungen, welche in Erfüllung von Mitwirkungspflichten des Steuerpflichtigen nach § 200 AO zustande kommen, „auch zur Ahndung von Straftaten oder Ordnungswidrigkeiten verwendet werden dürfen".[19] Die Entscheidung hatte gerade die Verwertbarkeit der erstellten Kontrollmitteilungen im Strafverfahren wegen des Verdachts des Vorenthaltens von Arbeitsentgelt bei illegalen Beschäftigungsverhältnissen unter „Verschleierung des Bestehens eines sozialversicherungspflichtigen Arbeitsverhältnisses"[20] zum Gegenstand. 36

Der 1. Strafsenat des BGH entschied, dass die aus dem Steuerrecht resultierenden Aufzeichnungs- und Vorlagepflichten, auf deren Grundlage Kontrollmitteilungen regelmäßig angefertigt werden, den „Kernbereich der grundgesetzlich gewährleisteten Selbstbelastungsfreiheit auch dann nicht [gefährdeten], wenn die zu erstellenden oder vorzulegenden Unterlagen auch zur Ahndung von Straftaten oder Ordnungswidrigkeiten verwendet werden dürfen".[21] 37

Die Besonderheiten der Verwendungsverbote nach § 393 AO sind auf das sozialversicherungsrechtliche Statusfeststellungsverfahren nicht übertragbar. Zum einen handelt es sich bei dem Anfrageverfahren nach § 7a Abs. 1 S. 1 SGB IV um ein Verfahren, das die Vertragsparteien aus freiem Willen und nicht etwa aufgrund staatlicher Verpflichtung durchführen. Dass sie dann der Wahrheitspflicht unterliegen ist nur folgerichtig. In der Freiwilligkeit der Verfahrensdurchführung besteht aus Sicht der Verfasserin der entscheidende Unterschied. 38

Schulz[22] stellt die Ansätze in der Literatur dar, welche ein strafrechtliches Verwertungsverbot im Sinne eines umfassenden strafrechtlichen Beweiserhebungs- und verwendungsverbots befürworten.[23] Er geht dabei auf die Auffassung Dausters[24] ein, wonach unter Verweis auf die Gemeinschuldnerentscheidung des BVerfG[25] ein umfassendes strafrechtliches Verwertungsverbot als Lösung des Konflikts zwischen Amtsaufklärungspflicht und Beschuldigtenrechten geboten sei.[26] Dieser Ansatz – so Schulz – könne eine Grundlage auch für das Statusfeststellungsverfahren bilden. Allerdings könne anders als im Konkursrecht die Mitwirkung im Zivilrecht oder im Statusfeststellungsverfahren nicht erzwungen werden.[27] 39

Letzteres Argument bedarf aus Sicht der Verfasserin zumindest einer Einschränkung. Denn die am Verfahren Beteiligten unterliegen nach § 7a Abs. 4a SGB IV der Verpflichtung, der DRV Bund die entscheidungserheblichen Angaben und Unterlagen 40

---
19 *BGH* 16.4.2014 – 1 StR 516/13, Rn. 35, juris.
20 *BGH* 16.4.2014 – 1 StR 516/13, Rn. 42, juris.
21 *BGH* 16.4.2014 – 1 StR 516/13, Rn. 35, juris; dazu umfassend und überzeugend *Reichling* HRRS 2014, 473 ff.
22 NJW 2006, 183 ff.
23 NJW 2006, 183, 185.
24 StraFo 2000, 154.
25 *BVerfG* NJW 1981, 1431.
26 *Schulz* NJW 2006, 183, 185.
27 *Schulz* NJW 2006, 183, 185; Rotsch/*Eisele* § 22 Rn. 11.

vorzulegen und unverzüglich mitzuteilen, ob sich die schriftlichen Vereinbarungen oder die Art und die Umstände der Auftragsausführung geändert haben. Dies wird als spezialgesetzlich geregelte Mitwirkungspflicht bewertet, die gem. § 66 SGB X verwaltungsrechtlich durchgesetzt werden kann. § 111 Abs. 1 SGB IV sieht allerdings bei Verstoß gegen diese spezielle Mitwirkungspflicht kein Bußgeld vor. Die Versicherungsträger können den Beschäftigten nach § 28o Abs. 2 SGB IV Auskünfte zu allen für die Prüfung der Meldungen und Beitragszahlungen erforderlichen Tatsachen abverlangen. Allein die Auskunftspflicht ist auch mit den Mitteln des Ordnungswidrigkeitenrechts (§ 111 Abs. 1 Nr. 4 SGB IV) durchsetzbar. Von einer Verwertbarkeit der Erkenntnisse aus dem Statusfeststellungsverfahren im Strafverfahren wird man ausgehen müssen.

c) Zusammenfassung

41   Als Ergebnis lässt sich festhalten, dass derjenige, der ein Statusfeststellungsverfahren anstrengt, sich an den der DRV gegenüber gemachten Angaben im Tatsächlichen wird festhalten lassen müssen.

5. Haftungsvermeidung durch Einholung adäquaten Rechtsrats

42   Unabhängig vom Statusfeststellungsverfahren kann die Unternehmensleitung **qualifizierten Rechtsrat** einholen. Das sollte möglichst vor Beginn des Vertragsverhältnisses geschehen, kann aber auch durch irgendwelche Änderungen veranlasst sein. Es ist nur dann ein Berufen auf ein Rechtsgutachten möglich, wenn es mit der nötigen Expertise erstellt wurde und plausibel ist. Angesichts der komplexen Materie, divergierender Entscheidungen der Obergerichte im Sozialversicherungsrecht von Bundesland zu Bundesland und der unter Umständen abweichenden Ergebnisse aus angrenzenden Rechtsgebieten sollte eine umfassende, d.h. alle Rechtsfragen umfassende Expertise eingeholt werden. Eine Einschätzung auf einem Rechtsgebiet muss gerade nicht der Prüfung im angrenzenden Rechtsbereich standhalten (2. Teil 5. Kap.). Das spricht dafür, vor dem Hintergrund der geänderten Vorsatzrechtsprechung bei § 266a StGB (4. Teil 4. Kap.) die Erkundigungspflicht zur Vermeidung strafrechtlicher bzw. bußgeldrechtlicher Haftung gerade auf das den Tatbestand ausfüllende Sozialversicherungsrecht zu beziehen.

6. Strafbefreiende Selbstanzeige gemäß § 266a Abs. 6 StGB

43   Die Selbstanzeigemöglichkeit in § 266a StGB schafft nur unter sehr engen Voraussetzungen und beschränkt auf wenige Fallgestaltungen Möglichkeiten zum strafrechtlichen Haftungsausschluss. Sinn der Regelung ist es, dem Arbeitgeber während eines finanziellen Engpasses Luft zu verschaffen.[28] In der Praxis scheint die Regelung wenig fruchtbar zu machen.

7. Haftungsvermeidung oder -minimierung durch Verteidigung

44   Mit Fallgestaltungen der Beschäftigung angeblich Scheinselbstständiger sind die Strafgerichte zunehmend befasst. Jeder Einzelfall bietet Verteidigungspotential, das ausgeschöpft werden kann und muss. Neben der Einordnung des Auftragnehmers als selbstständig oder abhängig beschäftigt, spielen verschiedenste Aspekte eine Rolle. Vor

---

28   Gercke/Kraft/Richter/*Gercke* 2. Kap. Rn. 106 ff.; MK-StGB/*Radtke* § 266a Rn. 119.

allem wird man die Verteidigung nicht auf das Subjektive beschränken können, wenn man die Entscheidungen der Strafsenate nach der Rechtsprechungsänderung zum Vorsatz bei § 266a StGB betrachtet (4. Teil 4. Kap.).

Wesentlich ist eine Befassung mit der **Berechnung** des angeblich verursachten Sozialversicherungsschadens. Nachdem die Höhe des verursachten Schadens im Rahmen der Strafzumessung Berücksichtigung findet, liegt unabhängig vom Leistungsvermögen ein Schwerpunkt der Verteidigung auf der Überprüfung und Erschütterung der Schadensberechnung nach § 266a StGB. 45

In hohem Maße problematisch ist, dass die Fälle der Statusverfehlung (Scheinselbstständigkeit, Scheinwerk- oder Scheindienstvertrag) als illegale Beschäftigung i.S.d. § 14 Abs. 2 SGB IV qualifiziert werden. Das hat zur Folge, dass zur Ermittlung des Beitragsschadens ein Bruttoentgelt nach § 14 Abs. 2 S. 2 SGB IV hochgerechnet und die Lohnsteuerklasse VI zugrunde gelegt wird – mit drastischen Beitragsschäden.[29] 46

Dies wird durch die sozialgerichtlichen Entscheidungen getragen. Diese zeigen, dass die Anwendung des § 14 Abs. 2 S. 2 SGB IV an die (mindestens bedingt) vorsätzliche Verletzung von Arbeitgeberpflichten geknüpft wird.[30] In solchen Fällen wird regelmäßig auf einen Tatvorsatz nach § 266a StGB geschlossen werden. 47

Ob dies jedoch stets Bestand haben kann, ist im Verteidigungsfall zu prüfen. Denn das BSG bedient sich bei der Auslegung des § 14 Abs. 2 SGB IV bezüglich der subjektiven Komponente den Grundsätzen, die für § 25 SGB IV aufgestellt wurden. Danach liegt bedingter Vorsatz auch vor, wenn der zunächst gutgläubige Beitragsschuldner von der möglichen Beitragspflicht Kenntnis erlangt und Beiträge – dann – dennoch nicht abführt. 48

III. Vermeidung der strafrechtlichen Haftung nach § 370 AO

1. Einholung von Auskünften und Zusagen/Haftungsvermeidung durch Prävention

Ähnlich wie bei § 266a StGB lässt sich auch die steuerstrafrechtliche Haftung im Vorfeld minimieren, wenn nicht gar vermeiden. Die Mittel der Anrufungsauskunft nach § 42e EStG (3. Teil 3 Kap. Rn. 9 ff.) oder der verbindlichen Zusage nach § 204 AO (3. Teil 3. Kap. Rn. 30 ff.) vor oder bei Beginn des Auftragsverhältnisses sind zur Haftungsvermeidung geeignet. Denn der vermeintliche Auftraggeber kann sich hierauf bei später abweichender Beurteilung stützen und z.B. in Bezug auf die nicht abgeführte Lohnsteuer seine Inanspruchnahme als Haftungsschuldner verhindern (3. Teil 3. Kap.). 49

Erlangt der Auftraggeber im Rahmen der steuerlichen Außenprüfung die Erkenntnis, dass seine Statusbestimmung hinsichtlich geprüfter Auftragsverhältnisse vom Prüfer geteilt wird, besteht die Möglichkeit, sich diese Feststellungen für die Zukunft zu sichern, wodurch Planungs- und Rechtssicherheit erlangt werden kann (3. Teil 3. Kap. Rn. 30 ff.). 50

---

29 MK-StGB/*Radtke* § 266a Rn. 57 ff.; *Lanzinner* S. 78 ff., 84.
30 *BSGE* 109, 254; *LSG Baden-Württemberg* 20.10.2015 – L 11 R 3898/14, juris; *LSG Schleswig Holstein* 17.9.2015 – L 5 KR 146/15 B ER, juris; a.A. *LSG Rheinland-Pfalz* 29.7.2009 – L 6 R 105/09, juris.

51 An der Verwirklichung des objektiven Tatbestands der Steuerhinterziehung wird sich bei abweichender strafgerichtlicher Auffassung aber trotz aller präventiven steuerlichen Maßnahmen nichts ändern lassen. Allerdings wird ein solch umsichtiges Verhalten auf subjektiver Ebene, mindestens bei der Irrtumsfrage, eine Rolle spielen (müssen). Hier decken sich nach der Änderung der Vorsatzrechtsprechung bei § 266a StGB die Vorgaben zur Erkundigungspflicht.[31]

2. Strafbefreiende Selbstanzeige nach § 371 AO

a) Grundsätzliches

52 Hinsichtlich der neben § 266a StGB regelmäßig mitverwirklichten Steuerdelikte steht zur strafrechtlichen Enthaftung das Instrument der strafbefreienden Selbstanzeige gem. § 371 AO zur Verfügung.

53 Diese Vorschrift hat mit dem AOÄndG 2015[32] eine weitere Verschärfung erhalten.[33] Die Neuregelung weitet die Erklärungsanforderungen nunmehr auf mindestens 10 Jahre, d.h. das Doppelte der früheren Gesetzesfassung, aus. Außerdem wurden die Sperrgründe erweitert. Hinzukommt, dass die Nachzahlungspflicht auch anfallende Hinterziehungszinsen einbezieht und bei Missglücken der strafbefreienden Selbstanzeige nach § 371 AO bzw. Eingreifen verschiedener Sperrgründe über § 398a AO massiv erhöhte Zuschlagspflichten bestehen.[34]

b) Teilselbstanzeigemöglichkeit bei Lohn- und Umsatzsteuervoranmeldungen

54 Positiv zu bewerten ist, dass Teilselbstanzeigen bezogen auf Lohnsteuer- und Umsatzsteuervoranmeldungen wieder möglich sind. D.h., Straffreiheit tritt in solchen Fällen in dem Umfang ein, in dem der Täter die unrichtigen Angaben der Finanzbehörde gegenüber berichtigt oder unvollständige Angaben ergänzt bzw. unterlassene Angaben nachholt.[35]

55 So führt auch die Abgabe einer berichtigten Lohnsteuer- und/oder Umsatzsteuervoranmeldung nicht zum Sperrgrund der Tatentdeckung nach § 371 Abs. 2 Nr. 2 AO, § 371 Abs. 2a S. 2 AO.

56 Zu beachten ist aber, dass diese Ausnahme nicht für Steueranmeldungen gilt, die sich auf das Kalenderjahr beziehen. Werden diese im Sinne einer Selbstanzeige nachträglich berichtigt abgegeben, so können sie den Sperrgrund der Tatentdeckung und damit die Unwirksamkeit der strafbefreienden Selbstanzeige auslösen.

57 Jedenfalls kann die Abgabe einer Steuererklärung eine strafbefreiende Selbstanzeige sein, wenn der Steuerpflichtige steuerlich überhaupt nicht erfasst war.

---

31 Klein/*Jäger* § 370 Rn. 174 ff., 178a, 179.
32 BGBl 2014 I, 2415.
33 *Burkhard* StraFo 2015, 95 ff.; *Michalsky* JM 2015, 211 ff.; MK-StGB/*Kohler* § 371 Rn. 8 ff.; *Bilsdorfer* NJW 2021, 1504; *ders.* NJW 2022, 1431, 1434.
34 *Bilsdorfer/Kaufmann* DStR 2022, 348.
35 *Burkhard* StraFo 2015, 95, 98; dazu auch *Rübenstahl* WiJ 2014, 190, 195 f.; MK-StGB/*Kohler* § 371 Rn. 87.

c) Berichtigungsmöglichkeiten im Rahmen von Jahreserklärungen
aa) Abgabe einer wahrheitsgemäßen Lohnsteueranmeldung

Bezogen auf die nicht korrekt angemeldete und abgeführte Lohnsteuer ist es ausreichend, wenn die Lohnversteuerung in einer „späteren Lohnsteuer-Anmeldung, allerdings desselben Steuerjahres, nachgeholt"[36] wird. Für die Wirksamkeit der strafbefreienden Selbstanzeige ist es nicht erforderlich, unzutreffende Lohnsteuer-Anmeldungen zu korrigieren.

bb) Korrektur im Rahmen der Umsatzsteuerjahreserklärung

Mit der Abgabe einer wahrheitsgemäßen Umsatzsteuerjahreserklärung i.S.d. § 18 Abs. 3 UStG ist die strafbefreiende Wirkung ebenfalls verbunden, ohne dass die unterlassenen oder unrichtigen Umsatzsteuervoranmeldungen berichtigt oder nachgeholt werden müssen.

cc) Problem der Tatentdeckung für Folgezeiträume bei Abgabe berichtigter Jahreserklärungen

Für die Praxis ist relevant, dass für der Jahreserklärung zeitlich nachfolgende, unrichtig abgegebene oder unterlassene Umsatzsteuervoranmeldungen wiederum eine Teilselbstanzeigemöglichkeit besteht, die ausgeschöpft werden muss, um durch die Abgabe der wahrheitsgemäßen Umsatzsteuerjahreserklärung den Sperrgrund der Tatentdeckung für die Zukunft nicht zu setzen und Straffreiheit erlangen zu können.

d) Kein Sperrgrund nach § 371 Abs. 2 Nr. 3 AO

Von Vorteil ist die Privilegierung von Umsatzsteuervoranmeldungen bzw. Lohnsteuer-Anmeldungen auch insofern, als der Sperrgrund des § 371 Abs. 2 Nr. 3 AO, mithin die deutlich reduzierte Betragsgrenze, ab der Selbstanzeigen nicht strafbefreiend wirken sollen, nicht greift, § 371 Abs. 2a S. 1 AO.[37] Hiervon ausgenommen sind jedoch die Jahreserklärungen mit den entsprechenden negativen Folgen.

3. Sperrgrund der Tatentdeckung durch Einleitung eines Ermittlungsverfahrens nach § 266a StGB?

In der Praxis stellt sich häufig die Frage, ob mit der Einleitung eines Strafverfahrens nach § 266a StGB die Entdeckung einer Lohn- und Umsatzsteuerhinterziehung einhergeht.[38] In Fällen der Statusverfehlung stehen die Delikte nebeneinander, d.h., sie werden tatmehrheitlich verwirklicht.

Für die Verfolgung der Steuerdelikte sind die Finanzbehörden allein zuständig, § 386 Abs. 1 S. 1, Abs. 2 AO. Etwas anderes gilt nur, wenn die Staatsanwaltschaft die Strafsache an sich zieht, § 386 Abs. 4 S. 2 AO, und wenn gegen den Beschuldigten ein Haftbefehl oder Unterbringungsbefehl erlassen ist, § 386 Abs. 3 AO. Herrin des Verfahrens nach § 266a StGB ist aber die jeweils zuständige Staatsanwaltschaft, welche die Ermittlungen durch die FKS führen lässt.

---

36 MK-StGB/*Kohler* Nebenstrafrecht II § 371 AO Rn. 82.
37 *Rolletschke/Roth* Rn. 346.
38 Grundsatzentscheidung zur Problematik der Tatentdeckung *BGH* wistra 2010, 304, 306 f.; Klein/*Jäger* § 371 Rn. 155 ff.

64 Werden die steuerstrafrechtlichen Ermittlungen nicht zugleich von der Staatsanwaltschaft geführt, wird „nur" wegen des Verdachts nach § 266a StGB ermittelt, so dass die strafbefreiende Selbstanzeige bezogen auf die Steuerstraftat erhalten bleibt.

65 Häufig werden die zuständigen Finanzbehörden über die ebenfalls verwirklichte Steuerstraftat durch die FKS erst mit Übermittlung des Abschlussberichts informiert, was dann zur Einleitung eines Steuerstrafverfahrens führt. Regelmäßig stützen sich die Finanzbehörden auf das Ergebnis der Ermittlungen der FKS.

66 Findet sich eine entsprechende Einleitungsverfügung, welche auch die Straftat nach § 370 AO im Blick hat, nicht bei den strafrechtlichen Ermittlungsakten, wird man davon ausgehen können, dass die Maßnahmen (noch) nicht darauf ausgerichtet waren, gegen Verantwortliche wegen einer Steuerstraftat vorzugehen. Hinsichtlich der Tatentdeckungsfrage[39] kann dies praktisch bedeutsam sein. Denn als Tatentdecker[40] kommen nicht nur Mitarbeiter der Finanzbehörde sondern auch Zollbeamte, Polizeibeamte, Staatsanwälte oder Richter in Betracht.[41]

67 Beachtlich ist eine Entscheidung des LG Stuttgart aus dem Jahr 2019, in der nach einer Zollkontrolle, bei der Hinweise auf eine Einkommensteuerhinterziehung aufgefunden worden waren, der Sperrgrund der Tatentdeckung gem. § 371 Abs. 2 S. 1 Nr. 2 AO mit folgenden Erwägungen bejaht wurde: „Für die Jahre 2003 bis 2005, Taten Ziffer 5 bis 7 der Anklage, liegt der Sperrgrund der Tatentdeckung vor, § 371 Absatz 2 1 Nummer 2 AO. Eine Tat ist entdeckt, wenn bei vorläufiger Tatbewertung die Wahrscheinlichkeit eines verurteilenden Erkenntnisses gegeben ist (*BGH* Beschluss v. 5.4.2000 – 5 StR 226/99). Ein hinreichender Tatverdacht ist dabei nicht erforderlich, es genügt, dass **konkrete Anhaltspunkte für die Tat als solche** bekannt sind (*BGH* Beschluss v. 20.5.2010 – 1 StR 577/09). Dabei sind keine zu hohen Anforderungen an die Wahrscheinlichkeitsprognose zu stellen. In der Regel ist eine Tatentdeckung bereits dann anzunehmen, wenn unter Berücksichtigung der zur Steuerquelle oder zum Auffinden der Steuerquelle bekannten Umstände nach allgemeiner kriminalistischer Erfahrung eine Steuerstraftat nahe liegt (Graf/Jäger/Wittig/*Rolletschke* Wirtschafts- und Steuerstrafrecht, 2. Aufl., § 371 AO Rn. 106). Bei der Kontrolle des Angeklagten durch den Zoll am 5.5.2011 wurden Unterlagen zu Auslandsgeschäften und zu der Verbindung des Angeklagten zu ausländischen Firmen und Hinweise auf zumindest ein Auslandskonto des Angeklagten gefunden. Die ausländischen Firmenstempel und die Unterlagen zum Konto bei der I. Bank waren dabei unter einer Abdeckung im Kofferraum versteckt. Dem Finanzamt waren die ausländischen Firmen ebenso wenig bekannt, wie höhere ausländische Kapitaleinkünfte des Angeklagten. Die aufgefundenen Unterlagen und auch die Umstände ihres Auffindens legten **nach kriminalistischer Erfahrung den Verdacht** nahe, dass der Angeklagte Kapitaleinkünfte aus ausländischen Quellen bisher nicht in seinen Steuererklärungen angegeben hat. Der Angeklagte **rechnete** auch **damit**, dass aufgrund der aufgefundenen und

---

[39] Zur Definition der Tatentdeckung *BGH* 13.5.1983 – 3 StR 82/83, NStZ 1983, 415; *BGH* 5.4.2000 – 5 StR 226/99, *BGHR* AO § 371 Abs. 2 Nr. 2 Tatentdeckung 3; *BGH* 9.5.2017 – 1 StR 265/16, wistra 2017, 499 = mit Anm. *Engler* DStR 2017, 2260.

[40] *Engler* DStR 2017, 2260, 2263; *Brockerhoff* NZWiSt 2021, 348, 350; *Joecks/Jäger/Randt* Steuerstrafrecht, 8. Aufl. 2015, § 371 Rn. 316.

[41] *Rolletschke/Roth* Rn. 320 ff.; Joecks/Jäger/*Randt* Steuerstrafrecht, 8. Aufl. 2015, § 371 AO Rn. 308; Rolletschke/*Kemper* § 371 AO Rn. 334 f.; *Beermann/Gosch/Hoyer* AO/FGO § 371 AO Rn. 74 m.w.N.

sicher gestellten Unterlagen eine Überprüfung der ausländischen Firmen und Konten und seiner Verbindung dazu stattfinden würde, die zur Aufdeckung zumindest eines Teils seiner nicht erklärten Kapitaleinkünfte führen würde. Aus diesem Grund entschloss er sich nach Beratung mit seinen Anwälten zu dem Schreiben vom 13.5.2011."[42]

Zur strafrechtlichen Haftungsvermeidung ist ein **koordiniertes Vorgehen** unerlässlich. Inhaltlich stehen die Selbstanzeigen nach § 266a Abs. 6 StGB und § 371 AO nebeneinander. Sie wirken jede für sich bezogen auf den entsprechenden Anwendungsbereich und die zugrunde liegende Straftat.[43] **68**

Die Erfolgsaussichten einer strafbefreienden Selbstanzeige nach § 371 AO müssen in jedem Fall und schnellstmöglich geprüft werden. Wenn möglich, sollte ad-hoc eine steuerstrafrechtliche Expertise eingeholt werden. Insbesondere aufgrund der Verschärfung der Selbstanzeigeregelung empfiehlt es sich nicht, nur den steuerlichen Berater zu konsultieren. Vielmehr ist die Gemengelage des konkreten Einzelfalls unter Berücksichtigung der Wechselwirkungen in den unterschiedlichen Rechtsgebieten so zu betrachten, dass das Haftungsrisiko für den Arbeitgeber und/oder die Organe einer juristischen Person so gering als möglich gehalten werden kann. **69**

In den Fallkonstellationen, in denen nicht die Staatsanwaltschaft oder die Zollbehörden Fälle der Statusverfehlung aufdecken, sondern der entsprechende Anfangsverdacht aus einer steuerlichen Betriebs- oder Außenprüfung heraus entsteht, wird die strafbefreiende Selbstanzeige wegen der Sperrgründe des § 371 Abs. 2 Nr. 1 AO regelmäßig scheitern. Gleichwohl ist auch hier auszuloten, welche Handlungsoptionen zur Haftungsminimierung offenstehen. Denn selbst in Fällen der sog. missglückten Selbstanzeige kann sich das Offenlegungsverhalten auf Strafzumessungsebene erheblich auswirken, was öffentlichkeitswirksam ergangene Entscheidungen zeigen.[44] **70**

IV. Vermeidung der Haftung nach § 378 AO

Gelingt es, sich gegen den Vorwurf der vorsätzlichen Steuerhinterziehung zu verteidigen, verbleibt das Risiko einer Steuerordnungswidrigkeit, hier der leichtfertigen Steuerverkürzung. Auch dieses Risiko kann minimiert werden. **71**

Hat der Steuerpflichtige die Unrichtigkeit leichtfertig nicht erkannt, kann eine Ordnungswidrigkeit wegen leichtfertiger Steuerverkürzung nach § 378 AO vorliegen. Eine solche kann mit einer Geldbuße von bis zu 50 000 EUR geahndet werden, § 378 Abs. 2 AO. **72**

Leichtfertigkeit ist gegeben, wenn die Sorgfalt außer Acht gelassen wird, zu der ein Steuerpflichtiger nach seinen persönlichen Fähigkeiten und Kenntnissen verpflichtet und im Stande ist.[45] **73**

Als Sperrgrund für eine **wirksame bußgeldbefreiende Selbstanzeige** kommt nur die Bekanntgabe der Einleitung eines Bußgeldverfahrens in Betracht. Bis dahin kann eine Selbstanzeige bezogen auf die Steuerordnungswidrigkeit wirksam erstattet wer- **74**

---

42 *LG Stuttgart* 25.11.2019 – 6 KLs 144 Js 105277/11, Rn. 20, zitiert nach BeckRS 2019, 44747 = NZWiSt 2021, 355, mit Anm. *Brockerhoff* NZWiSt 2021, 348.
43 *Pump/Krüger* DStR 2013, 1972.
44 *LG München II* wistra 2015, 77 ff.; Flore/Tsambikakis/*Wessing/Biesgen* § 371 Rn. 201.
45 Klein/*Jäger* § 378 Rn. 20 ff.

den. Dies ist dringend anzuraten. Da § 378 Abs. 3 AO nicht auf § 371 Abs. 2 AO, § 398a AO verweist, ist kein Zuschlag auf die verkürzten Steuern zu erheben. Die Zinspflicht nach § 235 Abs. 1 S. 1 AO tritt nur ein, wenn der objektive und der subjektive Tatbestand des § 370 Abs. 1 AO erfüllt sind. Eine leichtfertige Steuerverkürzung nach § 378 Abs. 1 AO reicht zur Begründung einer Zinspflicht nicht aus.

V. Vermeidung der Haftung nach § 8 Abs. 3 SchwarzArbG

75 Ordnungswidrigkeiten nach § 8 Abs. 3 SchwarzArbG können mit einer Geldbuße bis zu 50 000 EUR geahndet werden. Für klein- und mittelständische Unternehmen kann dies eine empfindlich hohe Geldbuße darstellen, von den Eintragungen in das Wettbewerbsregister oder Zuverlässigkeitsfragen ganz abgesehen.

76 Eine bußgeldbefreiende Selbstanzeige bei dem für die Durchführung des Bußgeldverfahrens zuständigen Hauptzollamts kann insbesondere sinnvoll sein, wenn über eine bußgeldbefreiende Selbstanzeige nach § 378 AO wegen leichtfertiger Verkürzung von Lohnsteuern in Sachverhaltskonstellationen der Statusverfehlung nachgedacht wird. Ein koordiniertes Vorgehen ist auch im Ordnungswidrigkeitenrecht unbedingt erforderlich. Denn eine Geldbuße nach § 8 Abs. 3 SchwarzArbG wird – angelehnt an § 266a Abs. 6 StGB – nicht festgesetzt, wenn der Arbeitgeber spätestens im Zeitpunkt der Fälligkeit oder unverzüglich danach gegenüber der Einzugsstelle schriftlich die Höhe der vorenthaltenen Beiträge mitteilt, schriftlich darlegt, warum die fristgemäße Zahlung nicht möglich ist, obwohl er sich darum ernsthaft bemüht hat, und die vorenthaltenen Beiträge nachträglich innerhalb der von der Einzugsstelle bestimmten angemessenen Frist entrichtet, § 8 Abs. 9 SchwarzArbG.

77 Zurecht bemängeln *Rettenmaier/Reichling*[46] den fehlenden praktischen Nutzen der Selbstanzeigemöglichkeit, wenn bei einem Irrtum in Statusfragen, also über die Arbeitgeberstellung, kein Täter Grund hätte, sich bei der Einzugsstelle zu melden und mitzuteilen, warum eine unverzügliche Beitragszahlung unterblieben ist. Unter dem Gesichtspunkt der Statusverfehlung bleibt nur die Darlegung des Irrtums, der allein daraus resultierenden verbundenen Vorenthaltung im Fälligkeitszeitpunkt und die Nachzahlung, wenn einer strafrechtlichen Verfolgung bei Abgrenzung zwischen Leichtfertigkeit und bedingtem Vorsatz vorgebeugt werden soll.

VI. Haftungsvermeidung durch Verteidigung

78 Hauptaugenmerk der Verteidigung gegen den Vorwurf der Steuerhinterziehung in Fällen der Scheinselbstständigkeit wird ebenfalls der steuerrechtliche Status sein. Daneben liegt im Subjektiven Verteidigungsspielraum, zumal bei leichtfertiger Steuerverkürzung „nur" eine Ordnungswidrigkeit verwirklicht ist.

79 Beachtlich ist ferner die **Schadensberechnung**, denn bei der Lohnsteuer ist als Bemessungsgrundlage das Nettoentgelt heranzuziehen, das der vermeintliche Auftragnehmer erhalten hat. Die Hochrechnungsmöglichkeit des § 14 Abs. 2 SGB IV gibt es im Steuerrecht nicht. Es sind die individuellen Lohnsteuermerkmale zugrunde zu legen.

---

46 *Rettenmaier/Reichling* NJW 2020, 2147, 2149.

VII. Haftungsvermeidung, wirksame Delegation von Arbeitgeberpflichten

In der Mehrzahl der Unternehmen werden Pflichten delegiert. Das ist zulässig und sinnvoll. Gemäß § 14 Abs. 2 StGB und – korrespondierend – § 9 Abs. 2 OWiG[47] wird die straf- und bußgeldrechtliche Haftung von Leitungsorganen auf gewillkürte Vertreter erweitert, denen Aufgaben übertragen wurden, welche an sich der Geschäftsleitung obliegen (4. Teil 4. Kap. Rn. 1). **80**

Es wird stets zu fragen sein, ob ein ausreichendes Maß an Eigenverantwortlichkeit bei demjenigen verbleibt, der Aufgaben übertragen erhält. Nur dann rechtfertigt sich die Erstreckung der strafrechtlichen Verantwortung. **81**

Eine wirksame Delegation von Unternehmerpflichten setzt vor allem eine klare und unmissverständliche Aufgabenbeschreibung voraus. Des Weiteren muss der Nachgeordnete innerhalb der bestehenden organisatorischen Rahmenbedingungen in die Lage versetzt sein, den übertragenen Aufgaben ordnungsgemäß nachzukommen. **82**

Selbst bei einwandfreier Pflichtenübertragung verbleiben bei den Leitungsorganen Verantwortlichkeiten. Sie haben für die sachgerechte Organisation und die Überwachung nachgeordneter Mitarbeiter Sorge zu tragen. Diese Pflichten verbleiben und gehen soweit, dass sich für den Betriebsinhaber oder Vorgesetzten eine Garantenpflicht zur Verhinderung betriebsbezogener Straftaten von Mitarbeitern ergeben kann.[48] **83**

---

47 Zur Substitutenhaftung im Einzelnen KK-OWiG/*Rogall* § 9 Rn. 73 ff.
48 *BGHSt* 57, 42 mit Anm. *Zimmermann* WiJ 2013, 94 ff.

6. Teil Beteiligungsrechte des Betriebsrats

Literatur: *Greiner* „Personalhoheit" als Schlüsselbegriff der Abgrenzung von echtem Fremdpersonaleinsatz und verdeckter Arbeitnehmerüberlassung, RdA 2014, 262; *Hützen/Maiß* Veränderte Beteiligungsrechte des Betriebsrats beim Einsatz von Fremdpersonal, ArbRAktuell 2017, 299; *Rasche* Die Beteiligungsrechte von Betriebs- und Personalrat bei der Aufklärung von Compliance-Verstößen, öAT 2016, 7 ff.; *Scheicht/Loy* Arbeitsrechtliche Aspekte des Whistleblowings, DB 2015, 803; *Walle* Betriebsverfassungsrechtliche Aspekte beim werkvertraglichen Einsatz von Arbeitnehmern, NZA 1999, 518.

I. Einleitung

1 Mit Blick auf die Beschäftigung von Dienst- oder Werkunternehmern und deren Erfüllungsgehilfen im Betrieb ist das Ob, Wann und Wie der Beteiligungsrechte des Betriebsrats vorausschauend zu berücksichtigen. Hierbei geht es nicht nur um mögliche Beteiligungsrechte gegenüber der eigenen Belegschaft, z.B. bezüglich der Schulung zum Verhalten gegenüber Fremdunternehmern und dessen Arbeitnehmern, sondern auch um (vermeintliche) Beteiligungsrechte im Verhältnis zu Arbeitnehmern von Fremdunternehmen – sei es im Rahmen von Unterrichtungsrechten nach § 80 Abs. 2 BetrVG oder gar über die Beteiligung bei Einstellungen nach § 99 BetrVG.

2 Zuletzt wurden durch das am 1.7.2017 in Kraft getretene Gesetz zur Änderung des Arbeitnehmerüberlassungsgesetzes und andere Gesetze[1] klarstellend in § 80 Abs. 2 S. 1 BetrVG die Wörter „und umfasst insbesondere den zeitlichen Umfang des Einsatzes, den Einsatzort und die Arbeitsaufgaben dieser Personen" eingefügt. Ausgehend von der bisherigen Rechtsprechung wurde zudem eingefügt, dass zu den erforderlichen Unterlagen, die dem Betriebsrat nach § 80 Abs. 2 BetrVG zur Verfügung zu stellen sind, auch die Verträge zählen, die der Beschäftigung von Fremdarbeitnehmern zu Grunde liegen. Und im Bereich der Beteiligung an der Personalplanung nach § 92 BetrVG wurde klarstellend ergänzt, dass auch die Beschäftigung von Personen, die nicht in einem Arbeitsverhältnis zum Arbeitgeber stehen, unter den Begriff personelle Maßnahmen fällt. Neuerungen, wie erweiterte Beteiligungsrechte bei Einstellungen oder bei sozialen Angelegenheiten nach § 87 BetrVG, waren entgegen mancher Bestrebungen im arbeitsrechtlichen Schrifttum nicht geplant.

II. Beteiligung bei Einstellungen im Sinne des § 99 Abs. 1 BetrVG

3 Eines der Kernrechte des Betriebsrats ist die Mitbestimmung bei personellen Maßnahmen nach § 99 BetrVG. Bei der Beschäftigung von Dienst- und Werkunternehmern und deren Arbeitnehmern kommt regelmäßig die Frage auf, ob und wann eine mitbestimmungspflichtige Einstellung i.S.d. § 99 Abs. 1 BetrVG vorliegt. Wäre dies zu bejahen, könnte der Betriebsrat quasi durch die Hintertür über den Einsatz von Dienst- und Werkunternehmern im Betrieb mitbestimmen. Denn nach § 99 Abs. 2 BetrVG kann der Betriebsrat die Zustimmung zu Einstellungen bei Vorliegen eines der genannten Gründe verweigern mit der Folge, dass eine endgültige Einstellung nur nach Obsiegen in einem gerichtlichen Zustimmungsersetzungsverfahren möglich

---

1 BGBl I 2017, 262.

wäre. Die Kenntnis des von der Rechtsprechung geprägten Begriffs der Einstellung ist daher entscheidend, um diese bei der Durchführung von Beschäftigung von Arbeitnehmern von Dienst- und Werkunternehmern im Betrieb zu vermeiden.

1. Begriff

4 Nach ständiger Rechtsprechung des Bundesarbeitsgerichts liegt eine Einstellung i.S.d. § 99 Abs. 1 BetrVG immer dann vor, wenn Personen in den Betrieb eingegliedert werden, um zusammen mit den im Betrieb bereits beschäftigten Arbeitnehmern den arbeitstechnischen Zweck des Betriebs durch weisungsabhängige Tätigkeit zu verwirklichen.[2] Eine tatsächlich weisungsgebundene Tätigkeit muss dagegen nicht vorliegen – es genügt, wenn die Tätigkeit ihrer Art nach weisungsgebunden ist. Nach diesem Verständnis reicht es somit aus, wenn die innerhalb der Betriebsorganisation übernommene Tätigkeit beim Betriebsinhaber üblicherweise von Arbeitnehmern ausgeführt wird (oder werden könnte). Dagegen kommt es – nach Aufgabe der Zwei-Komponenten-Lehre durch das Bundesarbeitsgericht – nicht darauf an, ob die Personen in einem Arbeitsverhältnis zu dem Betriebsinhaber stehen.[3] Nach dieser Lehre mussten ein Arbeitsverhältnis zum Betriebsinhaber und die tatsächliche Eingliederung des Arbeitnehmers in die Betriebsorganisation bestehen, damit eine Arbeitnehmereigenschaft nach § 5 Abs. 1 BetrVG angenommen wurde. Im Zusammenhang mit der Beschäftigung von Leiharbeitnehmern hat das Bundesarbeitsgericht diese Lehre nun aufgegeben und es kommt bei vielen Konstellationen nicht mehr auf das Rechtsverhältnis zum Betriebsinhaber an. Das begründet im Ergebnis einen eigenen betriebsverfassungsrechtlichen Arbeitgeberbegriff, was im vorliegenden Zusammenhang aber nicht wesentlich ist.

5 Als weiteres Kriterium – und entscheidende Einschränkung – für den Einstellungsbegriff muss die Personalhoheit des Betriebsinhabers über die Beschäftigten hinzutreten. Dies wird regelmäßig durch eine tatsächliche Vertragsprüfung ersichtlich und verwirklicht sich im Wesentlichen durch arbeitsrechtliche Weisungen des Betriebsinhabers gegenüber den Beschäftigten. Bei echten Dienst- und Werkverträgen übt der Betriebsinhaber dagegen lediglich die projektbezogene Weisungsbefugnis aus, so dass eine mitbestimmungspflichtige Einstellung ausscheidet.[4] Wie sich anhand der noch darzustellenden Rechtsprechung zeigt, besteht bei „Grenzfällen" dennoch ein Risiko, dass bei einer gerichtlichen Überprüfung die Personalhoheit des Betriebsinhabers angenommen wird.

6 Im Zentrum des Begriffs der Personalhoheit steht die Frage, ob der Betriebsinhaber die für ein Arbeitsverhältnis typischen Entscheidungen über den individuellen Arbeitseinsatz nach Zeit und Ort treffen kann – also die arbeitsrechtliche Weisungsbefugnis wahrnimmt.[5] Im Einzelfall werden alle Berührungspunkte zwischen dem Einsatzunternehmen und den eingesetzten Beschäftigten der Fremdunternehmen daraufhin überprüft, ob noch rein werk- bzw. dienstbezogene Weisungen oder bereits

---

[2] *BAG* NZA 2014, 1149; NZA 2010, 1302; NZA 2004, 1289.
[3] *BAG* NZA 2013, 793; NZA 2008, 244 zu Ein-Euro-Jobbern.
[4] *Walle* NZA 1999, 518, 521; *Greiner* RdA 2014, 262; *BAG* NZA 2017, 525; NZA-RR 2017, 134; NZA 2014, 1149; NZA 2010, 1302; NZA 1992, 275; NZA 1991, 686; *LAG Schleswig-Holstein* BeckRS 2013, 70730.
[5] *BAG* NZA 2017, 525; NZA 2014, 1149; NZA 2010, 1302; NZA 1992, 275; NZA 1991, 686; *LAG Rheinland-Pfalz* BeckRS 2015, 73665.

arbeitsrechtliche Weisungen erteilt werden. Alleine die Mitarbeit am eigentlichen Produkt und die Zusammenarbeit mit Stammarbeitnehmern zur Verwirklichung des Betriebszwecks ist dagegen keine Eingliederung i.S.d. § 99 BetrVG.[6] Hierbei kann die zu erbringende Dienst- oder Werkleistung sogar bezüglich Art, Umfang, Güte, Zeit und Ort in den Arbeitsprozess des Einsatzbetriebes eingeplant sein, ohne dass dies zu einer Einstellung der Arbeitnehmer des Fremdunternehmens nach § 99 Abs. 1 BetrVG führt (zum Arbeitgeberbegriff s. 2. Teil 1. Kap. Rn. 6 ff.).[7]

Jede weitergehende Auslegung des Einstellungsbegriffs würde die unternehmerische Organisationsfreiheit einschränken und ist daher abzulehnen. Die grundlegende Entscheidung, wie der Betriebsinhaber den Betriebszweck verfolgen will – also durch eigene Arbeitnehmer oder mittels Outsourcings auf Dienst- oder Werkverträge – ist der Mitbestimmung des Betriebsrats entzogen.[8] Diese Entscheidung nunmehr über den Weg der Einstellung nach § 99 BetrVG wieder der Mitbestimmung zu unterwerfen würde in unzulässiger Weise in die unternehmerische Organisationsfreiheit eingreifen.

Auch von der Interessenlage her gibt es keinen Grund, die Mitbestimmung nach § 99 BetrVG auf Fremdarbeitnehmer zu erstrecken. Die Interessen der Stammbelegschaft im Zusammenhang mit der Tätigkeit von Dienst- und Werkunternehmern und deren Erfüllungsgehilfen werden bereits durch die Rechte des Betriebsrats bei der Personalplanung und der Betriebsänderung gem. §§ 92 ff., 111 ff. BetrVG gewahrt (hierzu unter Rn. 13 ff. und 46 ff.). Die Erfüllungsgehilfen von Dienst- oder Werkunternehmern können auch einen eigenen Betriebsrat wählen. Dennoch ist die Tendenz in der arbeitsrechtlichen Literatur, von einer mitbestimmungspflichtigen Einstellung i.S.d. § 99 BetrVG beim Einsatz von Fremdarbeitnehmern auszugehen, vorhanden.[9] Diese begründen eine Erweiterung des Einstellungsbegriffs damit, dass § 99 BetrVG arbeits**platz**bezogen und nicht wie bisher arbeits**vertrags**bezogen zu betrachten sei und daher jede Besetzung eines betrieblichen Arbeitsplatzes durch den Betriebsrat geprüft werden müsse.[10] Der Begriff der Personalhoheit wird damit obsolet. Diese Auslegung des Begriffs der Einstellung geht freilich zu weit und führt auch dazu, dass das im Rahmen des § 111 BetrVG regelmäßig nicht mitbestimmungspflichtige Outsourcing über den Umweg des § 99 BetrVG der vollen Mitbestimmung des Betriebsrats unterliegen würde – einem Betriebsrat den die hiervon betroffenen Fremdarbeitnehmer nicht einmal mitwählen dürfen. Auch greift das weitere Argument nicht, wonach der Betriebsrat die Möglichkeit haben müsse, zu prüfen, ob ein Werkvertrag vorliegt oder eine – mit weitergehenden Rechten des Betriebsrats versehene – Arbeitnehmerüberlassung.[11] Für diese Fragestellung kann der Betriebsrat ggf. seine Rechte aus § 80 Abs. 2 BetrVG zur Vorlage der Verträge geltend machen.

2. Einzelfälle

Der an vielen Einzelheiten zu messende Begriff der Personalhoheit kann in der Praxis zu erheblichen Problemen führen, was sich beispielsweise anhand der Entscheidung

---

6 *BAG* NZA 1991, 686; NZA 1992, 275.
7 *BAG* NZA 2014, 1149.
8 Vgl. *BAG* NZA 2004, 1289; NZA 1995, 281; NZA 1992, 19.
9 Vgl. *Karthaus/Klebe* NZA 2012, 417, 419 ff.
10 *Karthaus/Klebe* NZA 2012, 417, 420.
11 So aber *Dauner-Lieb* NZA 1992, 817, 823.

des LAG Köln v. 7.6.2011 zeigt. Dieses hat in seinem Beschluss festgestellt, „dass der Einsatz von Fahrern, die bei Fremdunternehmen angestellt sind, auf Bussen der Antragsgegnerin während der sog. „T-E" eine nach § 99 BetrVG mitbestimmungspflichtige Einstellung darstellt."[12] Das Landesarbeitsgericht Köln sah alleine in dem gemeinsamen Einsatz von eigenen und fremden Kräften für dieselbe Tätigkeit, gekoppelt mit einem einheitlichen Leitungsrecht durch den sog. Verkehrsmeister, der beim Einsatzunternehmen angestellt ist, die Eingliederung der fremden Kräfte in den Betrieb und somit eine Einstellung i.S.d. § 99 BetrVG. Auch wenn diese Entscheidung in der arbeitsrechtlichen Literatur (berechtigte) Kritik erfahren hat, da das Merkmal der Personalhoheit des Auftraggebers gegenüber den Fremdarbeitnehmern nicht geprüft wurde, zeigt sich hier das bestehende prozessrechtliche Risiko des Einsatzunternehmens.[13]

10 Genau an dieser Schnittstelle der Personaldisposition finden sich in der Praxis aber tatsächlich regelmäßig die Schwachstellen des Fremdpersonaleinsatzes, insbesondere in Form der (namentlichen) Personaleinsatzplanung durch das Einsatzunternehmen.[14] Zwar führt alleine die detaillierte vertragliche Vereinbarung der zu erbringenden Dienstleistung oder des zu erstellenden Werks, so dass dem Dienst- oder Werkunternehmen kaum oder kein eigener Entscheidungsspielraum mehr verbleibt, noch nicht zur Einstellung nach § 99 BetrVG.[15] Mit Übertragung der Personaldispositionen auf einen Mitarbeiter des Auftraggebers wird die Tätigkeit aber fremdgesteuert und die Personalhoheit liegt nicht mehr beim Werk- oder Dienstunternehmer. Dies zeigt eine weitere Entscheidung des LAG Köln, wo die Arbeitnehmer eines Fremdunternehmens zwar anhand eines detaillierten Leistungsverzeichnisses unter Aufführung der einzelnen Arbeitsschritte im „Hausgang" und in der „Sortiertätigkeit" auf Grundlage eines Dienstleistungsvertrags eingesetzt wurden.[16] Allerdings wurde die Poststelle, die die Fremdarbeitnehmer steuerte, von einem Mitarbeiter des Auftraggebers geleitet. Damit wurden in dem genannten Fall die Kriterien für eine Einstellung nach § 99 Abs. 1 BetrVG erfüllt. Dies zeigt: Der Teufel steckt im Detail.

11 Die Möglichkeit, die einzelnen Kriterien für den Begriff der Personalhoheit unterschiedlich zu werten und zu gewichten, machen eine regelmäßige Überprüfung der Durchführung der Dienst- und Werkverträge im eigenen Unternehmen so wichtig.

Dazu gehört, keine verbindlichen Vorgaben hinsichtlich der eingesetzten Personen zu machen, keine Dienstpläne für Fremdpersonal zu führen, Fremdpersonal nicht im Einsatzbetrieb zu „versetzen" und für die Arbeiten des Fremdpersonals bei Personalengpässen keine eigenen Mitarbeiter einzusetzen (siehe auch 2. Teil 1. Kap. Rn. 43 ff.).[17]

---

12 *LAG Köln* BeckRS 2011, 76297; *Hunold* NZA-RR 2012, 113.
13 *Hunold* NZA-RR 2012, 113, 115.
14 Vgl. hierzu *BAG* NZA 2014, 1149, wonach eine betriebsverfassungsrechtlich relevante Eingliederung vorliegen kann, wenn das Einsatzunternehmen nicht nur über den Einsatz der eigenen Fahrzeuge und ihres Fahrpersonals entscheidet, sondern auch über den vom Fremdunternehmen eingesetzten Fuhrpark unter namentlicher Nennung des Fahrpersonals des Fremdunternehmens.
15 *BAG* NZA-RR 2012, 455; BeckRS 2010, 71643; *LAG Hamm* BeckRS 2011, 68558; *LAG Düsseldorf* BeckRS 2009, 66421; *Maschmann* NZA 2013, 1305.
16 *LAG Köln* BeckRS 2010, 76132; vgl. *Hamann* NZA-Beilage 2014, 3.
17 *Hunold* NZA-RR 2012, 113, 116; vgl. *LAG Rheinland* BeckRS 2015, 73665.

III. Beteiligung bei Gestaltung von Arbeitsplatz, Arbeitsablauf und Arbeitsumgebung sowie in personellen Angelegenheiten

1. Unterrichtungs- und Beratungsrechte aus § 90 BetrVG

Die Fremdvergabe von Funktionen im Rahmen von Dienst- und Werkverträgen und die darauf beruhende Beschäftigung von Fremdarbeitnehmern auf Basis von Verträgen mit Dienst- und Werkunternehmern im Betrieb ist zwar nach § 99 BetrVG regelmäßig mitbestimmungsfrei. Dennoch obliegen dem Betriebsrat im Rahmen der Planung der Fremdvergabe von Funktionen (und der hierbei entstehenden Tätigkeit im Betrieb des Betriebsinhabers) Unterrichtungs- und Beratungsrechte bei der Gestaltung von Arbeitsplatz, Arbeitsablauf und Arbeitsumgebung nach § 90 Abs. 1 Nr. 3 und 4, Abs. 2 BetrVG. Der Betriebsrat ist unter Vorlage der erforderlichen Unterlagen rechtzeitig zu unterrichten, so dass er noch eigene Alternativvorschläge unterbreiten kann und diese noch berücksichtigt werden können. Dies betrifft bei der Fremdvergabe von Funktionen die vorgesehenen Maßnahmen und die Auswirkungen auf die Arbeitnehmer.[18]

12

2. Personalplanung, § 92 BetrVG

Vor dem Einsatz von Fremdarbeitnehmern auf Basis von Dienst- oder Werkunternehmern ist der Betriebsrat im Rahmen der Personalplanung nach § 92 BetrVG zu beteiligen. Zum Begriff der Personalplanung gehört auch die Personaldeckungsplanung, also die Planung, wie der ermittelte Bedarf an Arbeitnehmern gedeckt werden kann.[19] Dies umfasst die Beratung über die Personaldeckung durch die Einstellung eigener Arbeitnehmer oder eben den Fremdfirmeneinsatz.[20] Mit dem Gesetz zur Änderung des Arbeitnehmerüberlassungsgesetzes und anderer Gesetze (s. Rn. 2) wurde dies klarstellend in § 92 Abs. 1 S. 1 BetrVG nach den Wörtern „personelle Maßnahmen" durch die Wörter „einschließlich der geplanten Beschäftigung von Personen, die nicht in einem Arbeitsverhältnis zum Arbeitgeber stehen" eingefügt.[21] Der Arbeitgeber hat den Betriebsrat umfassend und rechtzeitig zu informieren, so dass seine Vorschläge und Bedenken bei der Personalplanung noch berücksichtigt werden können – also vor einer möglichen schriftlichen Fixierung einer unternehmerischen Entscheidung. Auch hat der Arbeitgeber den Betriebsrat – jedenfalls nach dessen Aufforderung – über Bedarfsplanungen in Bezug auf Werkvertragsarbeitnehmer zu unterrichten, wenn dieser mit dem Werkvertragsunternehmen in Verhandlungen über die Änderung des bisherigen Werkvertrages eintritt.[22] Soweit keine Personalplanung besteht, kann der Betriebsrat die Einführung nicht erzwingen.[23]

13

Weiter kann der Betriebsrat nach § 92 Abs. 2 BetrVG initiativ Vorschläge zur Personalplanung unterbreiten – so z.B. bisher fremdvergebene Arbeiten wieder durch eigene Arbeitnehmer verrichten zu lassen. Um dieses Vorschlagsrecht in der Praxis

14

---

18 D/K/K/W/*Klebe/Wankel* BetrVG § 90 Rn. 23; BeckOK ArbR//*Werner* § 90 BetrVG Rn. 6; Richardi/*Annuß* § 90 Rn. 14.
19 GK-BetrVG/*Raab* § 92 Rn. 14; Richardi/*Thüsing* § 92 Rn. 8 f.
20 BAG NZA 1989, 932; Richardi/*Thüsing* § 92 Rn. 36; vgl. *Walle* NZA 1999, 518, 520; *Hunold* NZA 1993, 723.
21 BGBl I 2017, 262.
22 *LAG München* BeckRS 2019, 37540.
23 GK-BetrVG/*Raab* § 92 Rn. 21; Richardi/*Thüsing* § 92 Rn. 43.

ausüben zu können, hat das Bundesarbeitsgericht dem Betriebsrat das Recht auf Zurverfügungstellung von sog. Kontrolllisten vom Werkschutz zugesprochen, aus denen sich Einsatztage und Einsatzzeiten der einzelnen Arbeitnehmer der Fremdfirmen ergeben.[24] Nur so könne der Betriebsrat Vorschläge unterbreiten, die von tatsächlichen Gegebenheiten ausgehen und fundiert sind.[24]

3. Beschäftigungssicherung, § 92a BetrVG

15 Der Betriebsrat hat nach § 92a Abs. 1 BetrVG das Recht, dem Arbeitgeber Vorschläge zur Sicherung und Förderung der Beschäftigung zu machen. Hierunter fällt auch ein möglicher Alternativvorschlag zur Personalplanung mit dem Inhalt der Reduzierung der Einsätze von Personen, die nicht in einem Arbeitsverhältnis mit dem Arbeitgeber stehen.[25]

IV. Anspruch auf Unterrichtung und Vorlage von Unterlagen nach § 80 BetrVG

1. Einleitung

16 Wesentliches Beteiligungsrecht im Zusammenhang mit der Beschäftigung von Fremdarbeitnehmern auf der Basis von Dienst- oder Werkverträgen ist das Recht des Betriebsrats auf rechtzeitige und umfassende Unterrichtung zur Durchführung seiner Aufgaben. Die Informations-, Einsichts- und Auskunftsrechte aus § 80 Abs. 2 BetrVG sollen es dem Betriebsrat ermöglichen, in eigener Verantwortung zu prüfen, ob sich Aufgaben ergeben und er zu ihrer Wahrnehmung tätig werden muss.[26] Nach § 80 Abs. 2 S. 1 2. HS BetrVG erstreckt sich diese Unterrichtungspflicht auch auf die Beschäftigung von Personen, die nicht in einem Arbeitsverhältnis zum Arbeitgeber stehen, und umfasst insbesondere den zeitlichen Umfang des Einsatzes, den Einsatzort und die Arbeitsaufgaben dieser Personen. Die Informationspflichten hat der Arbeitgeber von sich aus zu erfüllen, jedoch kann der Betriebsrat diese auch anfordern, wenn die Informationspflichten nicht erfüllt wurden. Die Prüfung, ob eine verdeckte Arbeitnehmerüberlassung vorliegt oder ein Werkvertrag, zeigt sich an der konkreten Durchführung des Einsatzes von Fremdarbeitnehmern, dennoch kann bereits dem zugrundeliegenden Vertragsverhältnis zwischen Auftraggeber und Auftragnehmer eine Indizwirkung entnommen werden.[24] Da dieses dem Betriebsrat nicht vorliegt, ist die Unterrichtung nach § 80 Abs. 2 BetrVG in der Praxis eine regelmäßige Forderung.

17 Dem Betriebsrat sind über den Unterrichtungsanspruch hinaus auf Verlangen jederzeit die zur Durchführung seiner Aufgaben erforderlichen Unterlagen zur Verfügung zu stellen. Den Anspruch auf Überlassung der erforderlichen Unterlagen hat der Betriebsrat nicht nur zur Durchführung seiner Überwachungsaufgabe nach § 80 Abs. 1 Nr. 1 BetrVG, sondern für die Wahrnehmung sämtlicher Aufgaben, die ihm nach dem Betriebsverfassungsgesetz obliegen. Klassische Situation ist das Verlangen des Betriebsrats auf Vorlage der Dienst- und Werkverträge, wenn die Beschäftigten im Betrieb des Arbeitgebers eingesetzt werden.

---

24 *BAG* NZA 1989, 932.
25 *ArbG Karlsruhe* BeckRS 2013, 197945; Richardi/*Thüsing* § 92a Rn. 6.
26 *BAG* NZA 2011, 418.

2. Informationspflichten

a) Voraussetzungen des Informationsanspruchs

Nach dem Wortlaut des § 80 Abs. 2 BetrVG räumt der Gesetzgeber dem Betriebsrat das Informationsrecht nur zur Durchführung seiner Aufgaben ein. Die Informationspflicht bezieht sich hierbei auf sämtliche Aufgaben des Betriebsrats, also auch auf Aufgaben, die in dem Katalog der allgemeinen Aufgaben nach § 80 Abs. 1 BetrVG nicht ausdrücklich genannt sind. Es muss aber stets ein Bezug zu möglichen Aufgaben des Betriebsrats bestehen und die begehrte Information muss im Einzelfall zur Aufgabenwahrnehmung erforderlich sein.[27] Soweit der Arbeitgeber die Informationen nicht von sich aus erteilt, kann der Betriebsrat auch Auskunft verlangen.

Eine Unterrichtung über den Inhalt der Verträge mit Fremdfirmen kommt nur dann in Betracht, wenn diese durch Entsendung von Arbeitnehmern im Betrieb des Arbeitgebers tätig werden.[28] Dies zeigt sich schon aus dem Wortlaut des § 80 Abs. 2 S. 1 2. HS BetrVG, wonach sich die Unterrichtung auf die Beschäftigung von Personen, die nicht in einem Arbeitsverhältnis zum Arbeitgeber stehen, erstreckt. Darüber hinaus muss die Tätigkeit der Verfolgung des arbeitstechnischen Zweckes des Betriebes des Arbeitgebers dienen. Folglich besteht kein Anspruch bezüglich solcher Personen, die nur kurzfristig im Betrieb eingesetzt werden, wie z.B. der Elektriker, der eine defekte Stromleitung zu reparieren hat.[29]

Konkret muss der Arbeitgeber immer dann Auskunft geben, wenn ein hinreichender Grad an Wahrscheinlichkeit besteht, dass die Informationen die Aufgaben des Betriebsrats betreffen.[30] Nur so kann überprüft werden, ob ein Aufgabenbezug besteht. Für den erforderlichen Grad der Wahrscheinlichkeit ist auf den Blickwinkel des Betriebsrats abzustellen.[31] Dazu muss der Betriebsrat konkret darlegen, wozu er die gewünschten Informationen benötigt. Bei Informationen zur Beschäftigung von Personen aufgrund von Dienst- und Werkverträgen im Betrieb können Informationen insbesondere zur Prüfung einer verdeckten Arbeitnehmerüberlassung und daraus resultierende Beteiligungsrechte aus § 99 BetrVG erforderlich sein. Die Anforderungen sind umso niedriger, je weniger der Betriebsrat auf Grund der ihm bereits zugänglichen Informationen beurteilen kann, ob die begehrten Auskünfte tatsächlich zur Durchführung seiner Aufgaben erforderlich sind.

Soweit in der Rechtsprechung in Bezug auf Informationen zur Beschäftigung von Personen, die nicht in einem Arbeitsverhältnis zum Arbeitgeber stehen, teilweise darauf verzichtet wurde, gesondert zu prüfen, ob diese Informationen überhaupt zur Erfüllung der Aufgaben des Betriebsrats notwendig sind, geht dies über den Wortlaut des § 80 Abs. 2 BetrVG hinaus und damit zu weit.[32]

Hat der Betriebsrat bereits in bestimmtem Umfang Kenntnisse, deren er zur Erfüllung seiner Kontrollaufgaben nach § 80 Abs. 1 Nr. 1 BetrVG bedarf, so setzt der Anspruch auf zusätzliche Informationen oder die Vorlage weiterer Unterlagen kon-

---

27 *BAG* NZA 2008, 1078; NZA 2004, 936.
28 *BAG* NZA 1989, 932; *Hess. LAG* BeckRS 2011, 71714; a.A. D/K/K/W/*Buschmann* § 80 Rn. 83.
29 *Hess. LAG* BeckRS 2011, 71714; *LAG Baden-Württemberg* BeckRS 2011, 65836; siehe auch BT-Drucks. 14/5741, 46.
30 Richardi/*Thüsing* § 80 Rn. 53; *Fitting* § 80 Rn. 51.
31 *Oetker* NZA 2003, 1233, 1236.
32 So aber *LAG Baden-Württemberg* BeckRS 2011, 65836; *LAG Hamburg* BeckRS 2002, 30797454.

krete Anhaltspunkte voraus, die der Betriebsrat darzulegen hat.[33] Hiernach ist es nicht erforderlich, Werkverträge inhaltlich im Einzelnen vorzulegen, wenn der Betriebsrat anhand seiner ihm bereits bekannten Daten aus der Vergangenheit sowie der tatsächlichen Beobachtung bereits umfassend prüfen kann, ob es sich bei den eingesetzten Arbeitnehmern der Fremdfirmen um eine Arbeitnehmerüberlassung oder um die Erfüllung von Dienst- oder Werkleistungen aufgrund eines entsprechenden Vertrages handelt.[34] Das kann so weit gehen, dass die Verträge gar nicht vorgelegt werden müssen, wenn die Betriebsabläufe bereits ein eindeutiges Bild ergeben.[34] Das ist vollkommen konsequent, da die Vertragsvorlage kein Selbstzweck ist, sondern nur Hilfsmittel, um frühzeitig eventuelle Beteiligungsrechte zu erkennen.

23 Besteht sowohl der Aufgabenbezug, als auch die Erforderlichkeit, ist das Auskunftsverlangen keiner weiteren Verhältnismäßigkeitsprüfung zu unterwerfen.[35]

b) Reichweite des Informationsanspruchs

24 In der Rechtsprechung wurden insbesondere bereits folgende Auskunftsrechte bejaht:[36]
- Vor- und Nachname des Fremddienstleisters; Firmenname des Fremddienstleisters,
- Name des Projekts; Projektnummer,
- Organisationsebene,
- Standort; Einsatzort,
- zuständiger HR-Ansprechpartner,
- Herkunft des Fremddienstleisters (konzernintern oder -extern),
- Aufgabenbeschreibung,
- Verwendung,
- Grund für den Einsatz,
- Art des Vertrages,
- Beginn und Ende des Einsatzes,
- Art der Vergütung,
- Beauftragungsvolumen im Einsatzzeitraum,
- Arbeitsunfälle, die Beschäftigte anderer Unternehmen auf dem Betriebsgelände bei der Nutzung der betrieblichen Infrastruktur erleiden.

25 Dagegen ist ein Anspruch auf Mitteilung der konkreten Namen der eingesetzten Arbeitnehmer des Werkunternehmers abzulehnen, da diese Informationen zur Erfüllung der Aufgaben nicht erforderlich sind.[37] Auch sind diese in der Regel nicht bekannt, denn die Auswahl der konkreten Personen, die im Einsatzbetrieb tätig werden, obliegt dem Direktionsrecht des Dienst- oder Werkunternehmers. Dies gilt auch insoweit das BAG in seiner Entscheidung vom 12.3.2019[38] bejaht hat, dass der im Betrieb eingerichtete Betriebsrat über Arbeitsunfälle die Beschäftigte anderer Unternehmen auf dem Betriebsgelände bei der Nutzung der betrieblichen Infrastruktur

---
33 *BAG* NZA 2008, 1078; *ArbG Stuttgart* 13.11.2008 – 21 BV 143/08.
34 *ArbG Stuttgart* 13.11.2008 – 21 BV 143/08.
35 *LAG Baden-Württemberg* BeckRS 2011, 65836; Richardi/*Thüsing* § 80 Rn. 56; a.A. *Rieble/Gistel* BB 2004, 2462 jedenfalls soweit Betriebsgeheimnisse betroffen sind.
36 *ArbG Karlsruhe* BeckRS 2013, 197945, juris; *LAG Baden-Württemberg* BeckRS 2011, 65836; *LAG Hamburg* BeckRS 2002, 30797454; *BAG* NZA 2019, 850.
37 *ArbG Dortmund* BeckRS 2015, 69456; a.A. *LAG Baden-Württemberg* BeckRS 2011, 65836; *LAG Hamburg* BeckRS 2002, 30797454.
38 *BAG* NZA 2019, 850.

erleiden, zu informieren sei. Der Unterrichtungsanspruch erstreckt sich nur auf sachbezogene Daten (Unfalldatum und -uhrzeit, Unfallstelle, Unfallhergang, ggf. erlittene Verletzungen) und nicht auf personenbezogene Angaben. Soweit der Arbeitgeber ein Datenverarbeitungsverfahren mit Online-Zugriff hat, steht dem Betriebsrat über § 80 Abs. 2 BetrVG kein Anspruch auf einen umfassenden Zugriff zu.[39] Auch besteht kein Anspruch des Betriebsrats auf Mitteilung der zugrundeliegenden Wirtschaftlichkeitserwägungen des Arbeitgebers für die geplante Maßnahme. Diese Informationen sind für die Prüfung, ob ein mitbestimmungsfreier Einsatz von Fremdfirmen oder Arbeitnehmerüberlassung vorliegt, nicht erforderlich. Dies gilt umso mehr, als wirtschaftliche Daten von Drittunternehmen vorgelegt werden müssten, die deren Geschäftsgrundlage betreffen. Im Übrigen liegt die Mitbestimmung in wirtschaftlichen Angelegenheiten beim Wirtschaftsausschuss, dem auch keine Betriebs- und Geschäftsgeheimnisse vorgelegt werden müssen.

Hält der Betriebsrat die Unterrichtung durch den Arbeitgeber für unzureichend, so kann er verlangen, dass ihm die zur Durchführung seiner Aufgaben notwendigen Auskünfte erteilt werden. Eine Schranke besteht lediglich insoweit, als das Verlangen des Betriebsrats nicht rechtsmissbräuchlich sein darf.[40]

c) Zeitpunkt der Unterrichtung

Der Arbeitgeber hat den Betriebsrat von sich aus rechtzeitig und umfassend über die Beschäftigung von Erfüllungsgehilfen von Dienst- oder Werkunternehmern im Betrieb zu unterrichten.

Ein Schriftformerfordernis besteht nicht, so dass der Betriebsrat grundsätzlich auch mündlich unterrichtet werden kann.[41] Insbesondere bei umfangreichen, komplexen Informationen kann aber eine schriftliche Auskunft notwendig sein.[41] Bei einer nur mündlichen Auskunft wird es dem Betriebsrat in einem solchen Fall häufig nicht möglich sein, zu prüfen, ob sich betriebsverfassungsrechtliche Aufgaben ergeben und wie er diese verantwortlich wahrnehmen kann.

Rechtzeitig ist die Unterrichtung nur dann, wenn der Betriebsrat Gelegenheit hat, sich mit der Angelegenheit zu befassen; er darf also nicht vor vollendete Tatsachen gestellt werden. Maßgebend ist insoweit der Aufgabenbezug. Das ist vor allem zu beachten, soweit das Gesetz dem Betriebsrat Aufgaben erst zuweist, wenn der Arbeitgeber tätig wird oder eine beteiligungspflichtige Maßnahme plant.[42]

Bezüglich des Einsatzes von Fremdarbeitnehmern gibt es Rechtsprechung, die von einer Unterrichtungspflicht drei Wochen vor dem Beginn des Einsatzes ausgeht.[43] Dies wird damit begründet, dass der Betriebsrat in Anlehnung an § 99 Abs. 3 BetrVG zunächst eine einwöchige Überprüfungsmöglichkeit haben muss, eine weitere einwöchige Frist für den Arbeitgeber, eine mögliche Beanstandung des Betriebsrats zu überprüfen und eine Wochenfrist des Betriebsrats zur Zustimmungsverweigerung. Die dreiwöchige Frist soll gewährleisten, dass der Betriebsrat seine Rechte überprüfen und wahrnehmen kann; sei aber auch gleichfalls ausreichend.[44] Welcher Zeitraum im

---

39 *BAG* NZA 2012, 342.
40 *BAG* BeckRS 9998, 149822.
41 *BAG* NZA 2007, 99.
42 *BAG* NZA 1989, 929.
43 *ArbG Karlsruhe* BeckRS 2013, 197945.
44 Vgl. *ArbG Karlsruhe* BeckRS 2013, 197945.

Einzelfall tatsächlich noch rechtzeitig ist, kann sich so pauschal dagegen nicht bestimmen lassen. Denn der Betriebsrat hätte auch nach § 101 BetrVG die Möglichkeit, eine ohne Zustimmung des Betriebsrats vorgenommene Einstellung aufheben zu lassen, so dass eine dreiwöchige Frist nicht zwingend geboten ist. Hier wird es aber auf die jeweiligen Umstände des Einzelfalls ankommen.

3. Überlassung der erforderlichen Unterlagen

31 Über den Informationsanspruch hinaus kann der Betriebsrat die Vorlage der erforderlichen Unterlagen verlangen. Die Vorlage der Unterlagen muss für die Durchführung der Aufgaben des Betriebsrats erforderlich sein. Nicht erforderlich ist dagegen, dass die sich für den Betriebsrat ergebenden Aufgaben bereits feststehen.[45] Die Unterlagen sollen den Betriebsrat vielmehr in die Lage versetzen, in eigener Verantwortung selbst zu prüfen, ob sich für ihn Aufgaben ergeben und ob er tätig werden muss. Der Arbeitgeber muss dem Betriebsrat nur solche Unterlagen zur Verfügung stellen, die beim Arbeitgeber vorhanden sind. Die Informationspflicht enthält keine Verpflichtung zur Erstellung von Unterlagen.[46]

32 Die Unterlagen sind zur Verfügung zu stellen – eine Vorlage genügt nicht. Daraus folgt, dass der Arbeitgeber verpflichtet ist, die Unterlagen – zumindest in Abschrift – dem Betriebsrat zu überlassen; er muss sie aus der Hand geben, so dass der Betriebsrat sie ohne Beisein des Arbeitgebers auswerten kann.[47]

33 Mit dem Gesetz zur Änderung des Arbeitnehmerüberlassungsgesetzes und anderer Gesetze (s. Rn. 2) wurde in § 80 Abs. 2 BetrVG klargestellt, dass hierzu auch die Verträge gehören, die der Beschäftigung von Fremdarbeitnehmern im Betrieb zugrunde liegen. Dies war vor Inkrafttreten der Gesetzesänderung bereits ständige Rechtsprechung.[48] Gleichzeitig bildet jeder berechtigte Informationsanspruch eine Grundlage für die Vorlage von Unterlagen. So kann der Betriebsrat – je nach Einzelfall – auch die Vorlage von Tourenberichten der Fremdarbeitnehmer verlangen.[49] Soweit die vorzulegenden Unterlagen allerdings Informationen enthalten, die vom Anspruch nicht erfasst werden, darf der Arbeitgeber diese schwärzen.

4. Durchsetzung

34 Im Falle von Streitigkeiten über die Pflicht des Arbeitgebers, den Betriebsrat zu unterrichten und ihm auf Verlangen die erforderlichen Unterlagen zur Verfügung zu stellen, entscheidet das Arbeitsgericht im Beschlussverfahren (§ 2a Abs. 1 Nr. 1, Abs. 2 i.V.m. §§ 80 ff. ArbGG). Wenn verhindert werden muss, dass vollendete Tatsachen geschaffen werden, kann er seine Rechte aus § 80 Abs. 2 BetrVG ggf. sogar im Wege der einstweiligen Verfügung im Beschlussverfahren durchsetzen.[50] Wegen der damit verbundenen Erfüllungswirkung wird ein solcher Antrag aber nur in Ausnahmefällen erfolgreich sein, wenn auch eine umfassende Interessenabwägung zu Gunsten des Betriebsrats ausfallen würde.

---

45 *BAG* NZA 1989, 932.
46 Richardi/*Thüsing* § 80 Rn. 74.
47 So *BAG* NZA 1985, 432.
48 *BAG* NZA 1989, 932; *LAG Köln* BeckRS 2010, 76132.
49 *LAG Baden-Württemberg* BeckRS 2011, 65836.
50 Richardi/*Thüsing* § 80 Rn. 107; *LAG Hamm* BeckRS 2001 30459577.

V. Mitbestimmung bei sozialen Angelegenheiten, § 87 BetrVG

1. Anwendungsbereich

Zentrales Instrument des Betriebsrats sind die in § 87 BetrVG verankerten (Initiativ-) Rechte in sozialen Angelegenheiten. Hiernach hat der Betriebsrat u.a. mitzubestimmen bei Fragen der Ordnung des Betriebs und des Verhaltens der Arbeitnehmer im Betrieb. Ohne Regelung zwischen den Betriebsparteien ist an dieser Stelle eine Handlung des Arbeitgebers rechtlich nicht möglich. Vielmehr müsste im Streitfalle die Einigungsstelle verbindlich über den Inhalt der Regelung entscheiden. Auch sind mitbestimmungswidrig erlassene Anordnungen des Arbeitgebers mit Regelungscharakter gegenstandslos und müssen von Arbeitnehmern nicht befolgt werden.[51] Betriebsverfassungsrechtlich steht dem Betriebsrat grundsätzlich ein Unterlassungsanspruch gegen mitbestimmungswidriges Verhalten zu, welches er im Wege der einstweiligen Verfügung im Beschlussverfahren durchsetzen kann.

35

Soweit sich der Einsatz der Erfüllungsgehilfen von Dienst- oder Werkunternehmern als echter Dienst- oder Werkvertrag darstellt, bestehen keine Mitbestimmungsrechte des Betriebsrats des Einsatzbetriebes gegenüber diesen. Änderungen hieran wurden durch das Gesetz zur Änderung des Arbeitnehmerüberlassungsgesetzes und anderer Gesetze trotz der deutlichen Lobby, die Rechte des Betriebsrats gegenüber Fremdarbeitnehmern zu stärken, nicht vorgesehen.[52] Insbesondere ist nicht vorgesehen, dass dem Betriebsrat des Einsatzunternehmens Mitbestimmungsrechte beim Arbeits- und Gesundheitsschutz gegenüber auf dem Betriebsgelände tätigen Personen zustehen.[53]

36

2. Mitbestimmungsrechte des Betriebsrats des Dienst- oder Werkunternehmers gegenüber eigenen Arbeitnehmern

Gegenüber den Arbeitnehmern des Dienst- oder Werkunternehmers kann natürlich der Betriebsrat, der im Betrieb des Dienst- oder Werkunternehmers besteht, die Mitbestimmungsrechte aus § 87 Abs. 1 BetrVG ausüben. Diesbezüglich gelten auch keine Besonderheiten, soweit es um Regelungen geht, die nicht vom Tätigkeitsort abhängig sind. So sind Regelungen zu Urlaubsgrundsätzen nach § 87 Abs. 1 Nr. 7 gleichermaßen auf alle Arbeitnehmer des Betriebs anwendbar. Anders sieht dies mit betriebsgeländebezogenen Regelungen aus. Eine Regelung zur Zugangskontrolle nach § 87 Abs. 1 Nr. 1 BetrVG für das Betriebsgelände des Dienst- oder Werkunternehmers hat keine Relevanz für den im Fremdunternehmen eingesetzten Mitarbeiter, der die dortige Zugangskontrolle passieren muss.

37

Mit dieser Problematik hat sich das Bundesarbeitsgericht 2004 beschäftigt, als ein Betriebsrat eines Werkunternehmers gerichtlich die Mitbestimmung bei der Durchführung von Zugangskontrollen am Kundenwerkstor geltend machte und im Ergebnis ein Mitbestimmungsrecht aus § 87 Abs. 1 Nr. 1 und Nr. 6 BetrVG zugesprochen bekam.[54] Die Mitarbeiter des Werkunternehmens wurden ohne Beteiligung des

38

---

51 Zur Theorie der Wirksamkeitsvoraussetzung *BAG* NZA 2009, 1996, 200.
52 Vgl. zur Forderung nach Änderung des § 87 BetrVG *Brors/Schüren* (Missbrauch von Werkverträgen und Leiharbeit verhindern, unter www.kooperationsstelle-osnabrueck.de/fileadmin/user/Materialien_Downloads/Fair_statt_prekaer___Gute_Arbeit/Prof._Brors_Missbrauch_von_Werkvertraege.pdf).
53 So aber der Vorschlag von *Brors/Schüren* 62.
54 *BAG* NZA 2004, 556.

Betriebsrats dazu verpflichtet, ihre Fingerabdrücke beim Kundenbetrieb zu hinterlegen und beim Zugang des Betriebsgeländes die biometrische Zugangskontrolle zu durchlaufen. Das Gericht führte aus, dass der Begriff des Betriebs nicht räumlich, sondern funktional zu verstehen sei. Daher sind vom Arbeitgeber aufgestellte Verhaltensregeln auch dann mitbestimmungspflichtig, wenn es um Verhalten außerhalb der Betriebsstätte geht. Auch unterliegen die Arbeitnehmer des Werkunternehmers bei der Arbeit in einem fremden Betrieb weiterhin den Weisungen ihres Vertragsarbeitgebers. Für sie bleibt also weiterhin „ihr" Betriebsrat zuständig, auch wenn sie ihre Tätigkeit an einem anderen Ort – unter den Weisungen ihres Arbeitgebers – verrichten. Andernfalls sah das Bundesarbeitsgericht eine mit dem Schutzzweck des § 87 Abs. 1 Nr. 1 BetrVG nicht zu vereinbarende Lücke. Ein im Kundenbetrieb errichteter Betriebsrat kann die Interessen der auf Grund von Werkverträgen dort tätigen fremden Arbeitnehmer regelmäßig nicht wahrnehmen. Er besitzt für diese Arbeitnehmer weder ein Mandat noch kann er mit deren Vertragsarbeitgeber verhandeln. Diese haben im Übrigen auch keine rechtliche Möglichkeit, die Errichtung eines im Kundenbetrieb fehlenden Betriebsrats herbeizuführen.

39 Für die Praxis ist schon bei Abschluss von Dienst- oder Werkverträgen zu beachten, dass auch der Betriebsrat des Dienst- oder Werkunternehmers Beteiligungsrechte hat, da nach der Rechtsprechung des Bundesarbeitsgerichts der Werkunternehmer vertraglich sicherstellen muss, dass der Betriebsrat seine Mitbestimmungsrechte ausüben kann.[55]

3. Mitbestimmungsrechte des Betriebsrats des Einsatzbetriebes gegenüber Fremdarbeitnehmern

40 Mitbestimmungsrechte des Betriebsrats des Einsatzbetriebes aus § 87 BetrVG gegenüber Fremdarbeitnehmern sind abzulehnen – hier fehlt es bereits an der notwendigen Legitimierung des Betriebsrats gegenüber den Fremdarbeitnehmern.

41 Es gibt aber immer wieder Stimmen in der arbeitsrechtlichen Literatur, die eine solche enge Auslegung der Mitbestimmungsrechte aus § 87 BetrVG in Frage stellen und die These aufstellen, dass der Betriebsrat des Einsatzbetriebes Mitbestimmungsrechte gegenüber den Fremdarbeitnehmern ausüben könnte.[56] Auch der Deutsche Gewerkschaftsbund vertritt, dass aus gewerkschaftlicher Sicht der Betriebsrat sich Rechte aus § 87 BetrVG gegenüber Fremdarbeitnehmern erstreiten sollte.[57] Jedenfalls dann, wenn Mitbestimmungsrechte nur wirksam im Interesse der Stammbelegschaft wahrgenommen werden könnten, wenn mit ihnen auch Regelungen für Dritte getroffen werden, solle sich hiernach die Mitbestimmung des Betriebsrats auch auf Dritte erstrecken. Ebenso könne ein Koordinierungsbedarf, wie zum Beispiel im Arbeitsschutz, eine einheitliche Regelung für Stammbelegschaft und Fremdarbeitnehmer erforderlich machen. Trotz Kenntnis dieser Argumentation wurde durch das Gesetz zur Änderung des Arbeitnehmerüberlassungsgesetzes und anderer Gesetze keine Änderung an § 87 BetrVG vorgenommen.[58] Es bleibt dabei, dass der Betriebsrat des Einsatzunternehmens keine Mitbestimmungsrechte für die Erfüllungsgehilfen der Dienst- und Werkunternehmen wahrnehmen kann.

---

55 *BAG* NZA 2000, 1176.
56 Vgl. *Karthaus/Klebe* NZA 2012, 417, 423 ff.
57 Www.dgb.de/themen/++co++191204d8-3281-11e3-8364-00188b4dc422.
58 BGBl I 2017, 258.

Die entsprechenden Bemühungen für ein Mitbestimmungsrecht des Betriebsrats des 42
Einsatzbetriebes zeigen sich auch anhand einer Entscheidung des LAG Hamm, bei
dem der Betriebsrat Mitbestimmungsrechte aus § 87 Abs. 1 Nr. 2 und 3 BetrVG gegenüber Fremdarbeitnehmern von Werkunternehmern geltend gemacht hat.[59] Dieser Versuch scheiterte in der genannten Entscheidung bereits daran, dass keine Eingliederung in den Betriebs- und Produktionsablauf des Einsatzbetriebes vorlag – das Weisungsrecht oblag weiterhin dem Werkunternehmer. Eine solche Eingliederung sei
aber Voraussetzung dafür, dass ein Mitbestimmungsrecht überhaupt in Betracht
käme. Weiter hatte das Gericht erhebliche Bedenken, da zwei Betriebsräte konkurrierende Regelungen aufstellen könnten. Dieses rechtliche Problem einer Konkurrenzsituation zweier Betriebsräte müsste dann gelöst werden, da Betriebsvereinbarungen
gem. § 77 Abs. 4 BetrVG unmittelbar und zwingend auf die Arbeitsverhältnisse der
Beschäftigten einwirken.

Soweit dies in Einzelfallentscheidungen – wegen eines Umgehungssachverhalts – 43
anders gesehen wurde, lässt sich dem kein grundlegendes Prinzip entnehmen. So
wurde dem Betriebsrat des Einsatzunternehmens ein Mitbestimmungsrecht aus § 87
Abs. 1 Nr. 3 BetrVG zugesprochen, wenn der Arbeitgeber eigene Arbeitnehmer als
Arbeitnehmer des Werkunternehmers beschäftigt.[60] Hintergrund war jedoch die
Annahme des Gerichts, dass der Fremdunternehmer nur als Strohmann eingeschaltet
wurde – zur Umgehung von Mitbestimmungsrechten.

VI. Unterrichtung des Wirtschaftsausschusses nach § 106 BetrVG

Dem nach § 106 BetrVG in Unternehmen mit in der Regel mehr als 100 ständig 44
beschäftigten Arbeitnehmern zu bildenden Wirtschaftsausschuss obliegen keine eigenen Mitbestimmungsrechte. Er soll wirtschaftliche Angelegenheiten mit dem Arbeitgeber beraten und die Betriebsräte bzw. Gesamtbetriebsräte über die wirtschaftliche
Situation des Unternehmens unterrichten. Unterrichtungspflichten und Auskunftsrechte können sich im Zusammenhang mit der Beschäftigung von Arbeitnehmern von
Dienst- und Werkunternehmen aus der eingeschränkten Generalklausel des § 106
Abs. 3 Nr. 10 BetrVG ergeben. Hierunter fallen alle Angelegenheiten, die das Unternehmen in entscheidenden Punkten betreffen und nicht bereits von den anderen
Regelungen erfasst werden. Entscheidend für einen Auskunftsanspruch ist jedoch,
dass die Interessen der Arbeitnehmer des Unternehmens wesentlich berührt werden.[61]

Wesentlich berührt werden die Interessen der Arbeitnehmer, wenn die Maßnahme 45
erhebliche soziale Auswirkungen haben kann.[62] Hier wird es also darauf ankommen,
ob die Ausgliederung zum Wegfall von betrieblichen Arbeitsplätzen führt oder die
Belegschaft in anderer Weise hiervon wesentlich berührt wird. Bei der Ausgliederung
von Dienstleistungen können die Auskunfts- und Vorlagerechte des Wirtschaftsausschusses weiter gehen als die des Betriebsrats nach § 80 Abs. 2 BetrVG, da die Regelung des § 106 BetrVG eine andere Zweckrichtung hat. Anders als bei der Personalplanung nach § 92 BetrVG, wo es abgrenzbar um die innerbetriebliche Personalpla-

---

59 *LAG Hamm* BeckRS 2014, 67177.
60 *BAG* NZA 1992, 376, *ArbG Wiesbaden* NZA-RR 1998, 165.
61 *BAG* NZA 1992, 649; *BAG* NZA 1991, 649.
62 *BAG* NZA 1991, 649.

nung geht, und auch anders als die Auskunftsansprüche im Rahmen der Aufgaben des Betriebsrats nach § 80 Abs. 2 BetrVG, geht es hier um eine gleichgewichtige und gleichberechtigte Beratung über die wirtschaftlichen Angelegenheiten des Unternehmens mit dem Unternehmer.[63] Eine solche Beratung ist nach der Rechtsprechung des Bundesarbeitsgerichts nur dann sinnvoll, wenn der Wirtschaftsausschuss Gelegenheit hat, auf die Planungen des Unternehmers Einfluss zu nehmen. Dazu ist dieser rechtzeitig und umfassend unter Vorlage der erforderlichen Unterlagen zu unterrichten. Anders als beim Auskunftsanspruch des Betriebsrats nach § 80 Abs. 2 BetrVG sind die Unterlagen über die Dienst- oder Werkverträge dem Wirtschaftsausschuss nicht nur auf Verlangen, sondern zusammen mit der Unterrichtung vorzulegen. In einer Einzelfallentscheidung ist das Bundesarbeitsgericht davon ausgegangen, dass unter die wirtschaftlichen Angelegenheiten i.S.d. § 106 Abs. 3 Nr. 10 BetrVG auch die mit Dienst- und Werkunternehmen vereinbarten Vergütungen fallen können.[64] Dies kann allerdings nur insoweit gelten, als hiervon die Interessen der Arbeitnehmer des Unternehmens wesentlich berührt werden.

VII. Mitbestimmung bei Betriebsänderungen

46 Das Outsourcing von Funktionen auf Dienst- oder Werkunternehmen kann zu Beteiligungsrechten in wirtschaftlichen Angelegenheiten – genauer wegen Betriebsänderung nach § 111 BetrVG – führen. Stellt sich der Fremdpersonaleinsatz als Betriebsänderung dar, muss der Betriebsrat hierüber rechtzeitig und umfassend informiert werden. Auch kann der Betriebsrat zum Versuch eines Abschlusses eines Interessenausgleichs über die geplante Betriebsänderung die Einigungsstelle nach § 100 ArbGG gerichtlich einsetzen lassen – sofern vorher keine Einigung zwischen den Betriebspartnern zustande kommt. Individualrechtlich können Arbeitnehmer bei einer Betriebsänderung, die ohne Versuch eines Interessenausgleichs durchgeführt wurde, nach § 113 Abs. 3 BetrVG Nachteilsausgleichsansprüche haben.

47 Die Beschäftigung von Fremdarbeitnehmern auf der Grundlage von Dienst- oder Werkverträgen ist unter drei Gesichtspunkten zu bedenken: die Betriebsänderung mit wesentlichen Nachteilen für die Belegschaft nach § 111 S. 1 BetrVG, die Einschränkung des Betriebs durch reinen Personalabbau nach § 111 S. 3 Nr. 1 BetrVG und die grundlegende Änderung der Betriebsorganisation nach § 111 S. 3 Nr. 4 BetrVG.

48 Für eine Betriebsänderung wegen erheblicher Nachteile müssen erhebliche Teile der Belegschaft betroffen sein, wobei auf die Schwellenwerte des § 17 KSchG zurückgegriffen wird, so dass in vielen Fällen eine Betriebsänderung ausscheidet.[65]

49 Ebenso muss für das Vorliegen einer Betriebsänderung wegen Betriebseinschränkung durch reinen Personalabbau nach § 111 S. 3 Nr. 1 BetrVG der erhebliche Teil der Belegschaft betroffen sein. Auch hier gelten insoweit die Schwellenwerte des § 17 KSchG.[65] Damit kann über die Größe des Outsourcings auch hier das Vorliegen einer betriebsverfassungsrechtlich relevanten Betriebsänderung gesteuert werden.

---

63 *BAG* NZA 2001, 402.
64 BAG NZA 2001, 402.
65 *Walle* NZA 1999, 518, 519.

Zuletzt kann das Outsourcing eine grundlegende Änderung der Betriebsorganisation **50** i.S.v. § 111 S. 3 Nr. 4 BetrVG sein, wenn sich die Maßnahme auf den Betriebsablauf in erheblicher Weise auswirkt und einschneidende Änderungen für die Arbeitsweise sowie die Arbeitsbedingungen der Arbeitnehmer bedeutet.[66] Hier kommt insbesondere eine erhebliche Umgestaltung des Betriebsaufbaus und -ablaufs aufgrund des Verlustes betrieblicher Arbeitsplätze durch Ausgliederung auf Dienst- und Werkverträge in Betracht. In der Rechtsprechung wurde jedenfalls im Rahmen eines Verfahrens zur Einsetzung einer Einigungsstelle über einen Interessenausgleich eine grundlegende Änderung der Betriebsorganisation in der Ausgliederung der Reinigungsarbeiten eines Hotels gesehen.[67] Durch die Vergabe der Primärfunktion der Reinigungsleistungen an Dritte sei der Kernbereich der Betriebsorganisation verändert worden. Dies dürfte auch für eine Ausgliederung von bisher durch eigene Arbeitnehmer durchgeführten Aufgaben auf selbstständige Handelsvertreter wegen des damit einhergehenden Verlustes betrieblicher Arbeitsplätze gelten.[68] Anders hat das Bundesarbeitsgericht die Ausgliederung der technischen Anzeigenproduktion (Satzherstellung) einer Druckerei einer Tageszeitung nicht als grundlegende Änderung der Betriebsorganisation gesehen, da nicht der gesamte Betriebsablauf in erheblichem Ausmaß betroffen war.[69]

Während im Regelfall eine Mitbestimmung über § 111 S. 1 und S. 3 Nr. 1 BetrVG **51** bereits wegen der notwendigen Schwellenwerte des § 17 Abs. 1 S. 1 KSchG ausscheiden dürfte, ist im Bereich der Ausgliederung sogenannter Primärfunktionen des Betriebs Vorsicht geboten.

VIII. Compliance-Konzepte

Ein besonderes Augenmerk muss in der Praxis auf den Implementierungen von Com- **52** pliance-Konzepten liegen. Hier werden – je nach Ausgestaltung – regelmäßig Regelungen getroffen, die Arbeitnehmer nach Vorgabe des Arbeitgebers einzuhalten haben. Nur so kann gewährleistet werden, dass der Einsatz von Fremdarbeitnehmern sich nicht als verdeckte Arbeitnehmerüberlassung darstellt (s. 5. Teil 1. Kap. Rn. 44 ff.). Für jedes Konzept muss aber geprüft werden, ob dieses der Mitbestimmung des Betriebsrats unterliegt oder mitbestimmungsfrei umgesetzt werden kann.

1. Einholung von Verpflichtungserklärungen

Verpflichtungserklärungen dokumentieren, dass die Arbeitnehmer über das Verhalten **53** gegenüber Arbeitnehmern von Werkunternehmern informiert wurden und sehen ggf. vor, dass die Arbeitnehmer sich schriftlich zur Einhaltung der jeweiligen Vorgaben verpflichten (s. 5. Teil 1. Kap. Rn. 51).

Verpflichtungserklärungen sind grundsätzlich nicht mitbestimmungspflichtig nach § 87 **54** Abs. 1 Nr. 1 BetrVG, da lediglich das mitbestimmungsfreie Arbeitsverhalten und nicht das mitbestimmungspflichtige Ordnungsverhalten betroffen ist. Der Arbeitgeber kann solche Arbeitsanweisungen und die Verpflichtungserklärungen ohne Beteiligung des

---

66 *BAG* NZA 2008, 957; *Fitting* § 111 Rn. 92.
67 *ArbG München* BeckRS 2000, 30852961.
68 *BAG* NZA 2004, 741.
69 *BAG* NZA 2008, 957.

Betriebsrats einfordern. Die Aufklärung über den Umgang mit Werkunternehmern dient lediglich der Klarstellung, wie die Arbeitnehmer ihre Arbeit auszuführen haben und mit wem sie ihre Arbeit gemeinsam zu verrichten haben (oder eben nicht). Insbesondere betreffen solche Verpflichtungserklärungen nicht das Verhalten am Arbeitsplatz selbst oder das Verhalten der Arbeitnehmer untereinander (wie z.B. bei Regeln zum Umgang mit Arbeitsmitteln).[70]

55 Wenn aber lediglich Regeln aufgestellt werden, in welcher Weise Mitarbeiter allgemein ihre Arbeitsaufgaben und Führungskräfte ihre Führungsaufgaben zu erledigen haben, unterliegt dies nicht der Mitbestimmung des Betriebsrates, da nur das Arbeitsverhalten betroffen ist.[71] Es wird lediglich die Arbeitspflicht konkretisiert und abgefordert.[72] Auch unterliegen Erklärungen, die das Arbeitsverhalten der Beschäftigten betreffen und die ohne Einfluss auf die Art und Weise des Verhaltens der Arbeitnehmer im Betrieb sind, nicht der Mitbestimmung.[73] Der Arbeitgeber bestimmt nur kraft seines arbeitsvertraglichen Weisungsrechts, welche Arbeiten auszuführen sind und in welcher Weise das geschehen soll. Soweit darüber hinaus durch die Unterschrift des Beschäftigten die Kenntnisnahme der Verpflichtung zur Einhaltung dieser Regeln dokumentiert wird, steht auch diese Dokumentation nur im Zusammenhang mit der Erbringung von Arbeitsleistung.[74] Eine Koordinierung des Zusammenlebens und Zusammenwirkens der Arbeitnehmer – also ein mitbestimmungspflichtiges Ordnungsverhalten – wird hiermit dagegen nicht begründet.

2. Nutzung von Ticketsystemen

56 Die Anweisung des Arbeitgebers an die eigenen Arbeitnehmer, den Werkunternehmer ausschließlich über das Ticketsystem zu beauftragen und nicht persönlich die Arbeitnehmer der Werkunternehmer zu kontaktieren, betrifft den Bereich des mitbestimmungsfreien Arbeitsverhaltens (zum Ticketsystem unter 5. Teil 1. Kap. Rn. 96). Der Arbeitgeber erlässt hierbei lediglich die arbeitsrechtliche Weisung, wie die Beauftragung von Werkunternehmern zu erfolgen hat bzw. welches Arbeitsmittel für eine bestimmte Aufgabe zu verwenden ist. Soweit Anordnungen des Arbeitgebers aber bloß zum Gegenstand haben, ob, wann und wie die vertraglich zugesagte Arbeit zu erledigen ist und wie deren Erbringung kontrolliert und gesichert wird, fallen sie nicht unter den Mitbestimmungstatbestand des § 87 Abs. 1 Nr. 1 BetrVG.[75]

57 Werden über das Ticketsystem allerdings Zeitpunkt und Identifikation des Arbeitnehmers aufgezeichnet könnte ggf. ein Mitbestimmungsrecht des Betriebsrats wegen der Einführung von technischen Einrichtungen, die dazu bestimmt sind, das Verhalten oder die Leistung der Arbeitnehmer zu überwachen nach § 87 Abs. 1 Nr. 6 BetrVG bestehen.

---

70 Vgl. Richardi/*Richardi/Maschmann* § 87 Rn. 179 ff.
71 *BAG* NZA 1985, 224.
72 *BAG* 27.9.2005 – 1 ABR 32/04, juris.
73 *BAG* NZA 2010, 180.
74 *BAG* NZA 2013, 467 zur Verwendung von Laufzetteln, auf denen u.a. Zutrittsberechtigungen einschließlich erforderlicher Belehrungen vermerkt sind.
75 Richardi/*Richardi* § 87 Rn. 196.

3. Kontaktsteuerung

Im täglichen Zusammenleben zwischen den verschiedenen Arbeitnehmergruppen im Betrieb dienen Regeln zur Kommunikation mit Fremdarbeitnehmern (vgl. 5. Teil 1. Kap. Rn. 92) dazu, zu verhindern, dass ohne Wissen des Arbeitgebers arbeitsrechtliche Weisungen an Fremdarbeitnehmer erteilt werden. Anweisungen zur Kontaktsteuerung stellen sich betriebsverfassungsrechtlich als bloße Arbeitsanweisungen dar und sind nicht nach § 87 Abs. 1 BetrVG mitbestimmungspflichtig. Anordnungen des Arbeitgebers die nur zum Gegenstand haben, ob, wann und wie die vertraglich zugesagte Arbeit zu erledigen ist und wie deren Erbringung kontrolliert und gesichert wird, fallen nicht unter den Mitbestimmungstatbestand des § 87 BetrVG.[76] Sie sind ausschließlich Ausprägung des arbeitsrechtlichen Weisungsrechts des Arbeitgebers und mitbestimmungsfreies Arbeitsverhalten.

58

4. Meldemöglichkeiten (Whistleblowing)

Die Einführung von Meldemöglichkeiten bei (vermuteten) Compliance-Verstößen ist in der arbeitsrechtlichen Literatur und Rechtsprechung bereits seit vielen Jahren bekannt, so dass bereits klare Linien vorhanden sind. Der Betriebsrat ist bei der Ein- und Durchführung nach § 87 Abs. 1 Nr. 1 BetrVG zu beteiligen, soweit es ein verpflichtendes Meldeverfahren darstellt.[77] Hier ist das Ordnungsverhalten der Arbeitnehmer im Betrieb betroffen.

59

Ob der bloße Hinweis des Arbeitgebers auf das Vorhandensein einer Telefon-Hotline noch mitbestimmungsfrei möglich ist, wenn hiervon keine Ordnung des Betriebs ausgeht, ist bislang noch nicht entschieden.[78] Für eine mitbestimmungspflichtige Maßnahme spricht jedenfalls, dass das Mitbestimmungsrecht nach § 87 Abs. 1 Nr. 1 BetrVG nicht notwendig verbindliche Verhaltensregeln voraussetzt.[79] Hier muss man die weitere Rechtsprechung abwarten – und das Bewusstsein behalten, dass insoweit Risiken bestehen, wenn der Betriebsrat nicht beteiligt wird.

60

Bei der Verwendung eines elektronischen Datenverarbeitungssystems, durch das Identität von Hinweisgeber und/oder gemeldetem Arbeitnehmer erkennbar sind (bspw. die Telefonnummer bzw. IP-Adresse), ist der Betriebsrat daneben nach § 87 Abs. 1 Nr. 6 BetrVG zu beteiligen.[80]

61

5. Mitbestimmung bei Schulungen

Innerbetriebliche Schulungs– und Informationsmaßnahmen, die dazu dienen, den Arbeitnehmern die genauen Aufgaben der Dienst- und Werkunternehmen sowie den Umgang mit Arbeitnehmern der Werkunternehmer zu erläutern, sind spätestens nach der Entscheidung des LAG Baden-Württemberg vom 1.8.2013 zu empfehlen (s. 5. Teil 1. Kap. Rn. 53 ff.).[81] Im Regelfall dürften diese mitbestimmungsfrei möglich sein.

62

---

76 Richardi/*Richardi* § 87 Rn. 196.
77 *BAG* NZA 2008, 1248; *LAG Düsseldorf* NZA-RR 2006, 81; Richardi/*Richardi* § 87 Rn. 198; *Fitting* § 87 Rn. 72; D/K/W/*Klebe* § 87 Rn. 62; *Scheicht/Loy* DB 2015, 803, 806.
78 Hierzu *Rasche* öAT 2016, 7; *Neufeld/Knitter* BB 2013, 821.
79 *Rasche* öAT 2016, 7.
80 *Rasche* öAT 2016, 7; *Neufeld/Knitter* BB 2013, 821.
81 *LAG Baden-Württemberg* NZA 2013, 1017 ff.

63 Die Mitbestimmung bei Schulungen richtet sich nach § 98 BetrVG und betrifft alle betrieblichen Bildungsmaßnahmen, bei denen der Arbeitgeber Träger bzw. Veranstalter der Maßnahme ist.[82] Voraussetzung einer betrieblichen Bildungsmaßnahme ist, dass dem Arbeitnehmer gezielt Kenntnisse und Erfahrungen vermittelt werden, die ihn zur Ausübung einer bestimmten Tätigkeit erst befähigt.[83] Dies wird bei Schulungen zum Umgang mit Fremdunternehmern und deren Erfüllungsgehilfen nicht verwirklicht. Nach § 98 Abs. 6 BetrVG sind aber auch sonstige Bildungsmaßnahmen im Betrieb im gleichen Umfang wie betriebliche Berufsbildungsmaßnahmen selbst mitbestimmungspflichtig. Hiervon erfasst werden alle Veranstaltungen, die zur Vermittlung von Kenntnissen führen, um einen Lernprozess herbeizuführen.[84]

64 Zwar wird für Compliance-Schulungen und Schulungen zum AGG vertreten, dass diese als sonstige Bildungsmaßnahmen i.S.d. § 98 Abs. 6 BetrVG mitbestimmungspflichtig sind.[85] Diese vermitteln regelmäßig aber auch Lerninhalte.[86] Soweit sich die Schulung lediglich als Unterrichtung über die Aufgaben und Verantwortung sowie über die Art der Tätigkeit und ihre Einordnung in den Arbeitsablauf des Betriebs darstellt, ist diese näher an einer mitbestimmungsfreien Unterrichtungs- und Erörterungspflicht nach § 81 BetrVG.[87] Hier wird es im Einzelfall auf den genauen Inhalt der Schulung über Fremdpersonaleinsatz ankommen. Bei EDV gestützten E-Learnings ist daneben § 87 Abs. 1 Nr. 6 BetrVG zu beachten.

---

82 *BAG* NZA 1991, 388.
83 *BAG* BeckRS 2013, 70165.
84 Richardi/*Thüsing* § 98 Rn. 71; GK-BetrVG/*Raab* § 98 Rn. 46.
85 *Neufeld/Knitter* BB 2013, 821; zu AGG-Schulungen: *Besgen* BB 2007, 213; Richardi/*Thüsing* § 98 Rn. 71; a.A. *Müller-Bonanni/Sagan* BB Special 5 (zu BB 2008, Heft 25), 28.
86 *Knitter* unter www.bvdcm.de/news/4-teil-compliance-schulungen-und-compliance-tests.
87 Vgl. *BAG* NZA 1991, 817.

7. Teil Work on Demand – Trends der Arbeitsflexibilisierung

Literatur: *Arnold/Günther* Arbeitsrecht 4.0, 2. Aufl. 2022; *Bayreuther* Arbeitnehmereigenschaft und die Leistung fremdbestimmter Arbeit am Beispiel des Crowdworkers, RdA 2020, 241; *Buschbaum/Klösel* Interim Management aus Sicht der arbeitsrechtlichen Vertragspraxis, NJW 2012, 1482; *Däubler/Klebe* Crowdwork: Die neue Form der Arbeit – Arbeitgeber auf der Flucht?, NZA 2015, 1032; *Günther/Böglmüller* Arbeitsrecht 4.0 – Arbeitsrechtliche Herausforderungen in der vierten industriellen Revolution, NZA 2015, 1025; *Heise/Friedl* Flexible („agile") Zusammenarbeit zwischen Unternehmen versus illegale Arbeitnehmerüberlassung, NZA 2015, 129; *Hengstler* Arbeitnehmerüberlassung in Scrum-Projekten – Besonderheiten der ANÜ und Vermeidungsstrategien, ITRB 2015, 217; *Niklas/Schauß* Die Arbeitnehmerüberlassung ist endlich – was kommt dann?, BB 2014, 2805; *Schindele* Aktuelle Fragestellungen zum Drittpersonaleinsatz (Scheinselbstständigkeit – Werkvertrag – Dienstleister), ArbRAktuell 2015, 363; *van Venrooy* Missbrauch des Dienstverschaffungsvertrags Selbstständigen-„Contracting" – ein Irrweg, NZA 2011, 670; *Vogt/Deepen* Interimsmanagement im Spannungsfeld zwischen selbstständiger und abhängiger Beschäftigung, ArbRAktuell 2012, 573; *Waltermann* Crowdworking – Arbeitsverhältnis ohne Arbeitspflicht, NJW 2022, 1129; *Werner/Fausel/Bitsch* Selbständige IT-Entwickler als Heimarbeiter: Fiktionen, Friktionen und eine folgenreiche Verkehrung in Gegenteile, NZA 2021, 991

I. „Work on Demand" in Zeiten des „Arbeitens 4.0"

„Arbeiten 4.0" – unter diesem Titel hat das Bundesministerium für Arbeit und Soziales im Jahre 2015 in seinem Grünbuch die Debatte über die Arbeitswelt der Zukunft in Zeiten des Digitalen Wandels entfacht und eine Diskussion angestoßen, die durch die Corona-Pandemie umso mehr beschleunigt wurde. Der Begriff „Work on Demand" erscheint im Vergleich zur „digitalisierten Wortwahl" des Bundesministeriums schon fast als „alter Hut", jedenfalls wenn man sich von der schlichten Übersetzung leiten lässt. Denn „Arbeit auf Nachfrage" ist sicherlich eine alles andere als neue Wunschvorstellung vieler Arbeitgeber, insbesondere, wenn durch Kündigungsschutz und vertraglich/tarifvertraglich geschuldete Regelarbeitszeit der Arbeitsflexibilisierung im Normalarbeitsverhältnis enge Grenzen gesetzt sind. Die lange Zeit auch politisch geförderte Zunahme der Solo-Selbstständigkeit auf 2,5 Mio. (2012)[1] ist hierfür genauso Beleg, wie die zwischenzeitliche Hochzeit der Arbeitnehmerüberlassung. 1

Neu ist indes, dass „Work on Demand" und „Arbeiten 4.0" in ihrer Verknüpfung Arbeitsformen (insbesondere Crowdwork als „digitale Form des Outsourcing"[2]) schaffen, die von Literatur und Rechtsprechung Schritt für Schritt aufgearbeitet werden. Ergänzend ist auf eine zügige, empirische Forschung zu hoffen. Denn neue Arbeitsformen wie Crowdwork drohen pauschal stigmatisiert zu werden. Titulierungen wie „Moderne Sklaven" und „traurige Tagelöhner" sowie der Verweis auf geringe Stundenlöhne und Arbeitsplatzabbau[3] stehen hierfür sinnbildlich. Da digitalisierte Arbeitsformen und global agierende und denkende Unternehmen bei „Dienstleistungen on demand" über „Online-Plattformen"[4] nicht auf den deutschen Arbeitsmarkt 2

---

1 Siehe im Einzelnen im 1. Teil Rn. 11 ff.
2 *Günther/Böglmüller* S. 1029.
3 Siehe insoweit *Schindele* S. 366 mit entsprechenden Verweisen auf Spiegel und TAZ.
4 Grünbuch „Arbeiten 4.0", S. 66.

angewiesen sind, sollte man insoweit aber nicht vorschnell sein. Fernab davon ist zu bedenken, dass flexible Arbeitsmodelle nicht nur in Deutschland auf dem Prüfstand stehen. Der Anglizismus „Work on Demand" zeigt das deutlich.[5]

3 Um im Sinne einer „Contractor Compliance" Scheinselbstständigkeitsrisiken bzw. Risiken einer verdeckten Arbeitnehmerüberlassung[6] durch neue Arbeitsformen erfassen zu können, werden nachfolgend Crowdwork, Scrum sowie die wesentlich präsenteren Modelle des Interim Management und des Selbstständigen-Contracting kurz angerissen.

II. „Work on Demand" in Beispielen

1. Crowdwork

4 Crowdwork oder auch Crowdsourcing bezeichnet die Vergabe bzw. Auslagerung von bestimmten Arbeiten durch einen Auftraggeber (Crowdsourcer) an eine üblicherweise unbestimmte Menge von Menschen, die sogenannte Crowd.[7] Die Aufgaben werden außerhalb des Unternehmens auf eine Internetplattform gestellt, insoweit abschließend definiert, und dann durch die Crowd, also durch die einzelnen Auftragnehmer, die sog. Crowdworker, bearbeitet.[7] Der Crowdworker hat hierbei die Möglichkeit, seine Leistungen weltweit und ortsunabhängig anzubieten.[8] Im Wann und Wo ihrer Tätigkeit sind sie frei, sie sind in keine Organisation integriert, in der Regel arbeiten sie mit eigenen Arbeitsmitteln.[9] Teilweise treten die Internetplattformen als reine Vermittler auf, so dass Rechtsbeziehungen zwischen Auftraggeber und Crowdworker entstehen, teilweise werden von der Plattform Rechtsbeziehungen zum Auftraggeber und zum Crowdworker begründet, jedoch nicht direkt zwischen Auftraggeber und Crowdworker.[7]

5 In beiden Ausgestaltungsformen ergeben sich im Ausgangspunkt keine Ansatzpunkte, um Crowdwork als Scheinselbstständigkeit bzw. verdeckte Arbeitnehmerüberlassung zu erachten.[10] Arbeitsvertragliche Weisungen des Auftraggebers gegenüber dem Crowdworker erfolgen insoweit nicht, die Auftragsdefinition ist abschließend. Eine Eingliederung in die Arbeitsorganisation des Auftraggebers ist ebenfalls nicht gegeben. Je nach Ausgestaltung der Plattform und des Vertragswerks kann es auf Grundlage der Crowdworker-Entscheidung des BAG v. 1.12.2020 gleichwohl zu einem Arbeitsverhältnis kommen. Das BAG leitet das im Kern aus einer durch ein Anreizsystem geprägten Organisationsstruktur ab, die mittels tatsächlicher Zwänge zu dem

---

5 Zur Diskussion in den USA s. etwa *Däubler/Klebe* S. 1032; ferner im 1. Teil Rn. 31 sowie im 5. Teil 1. Kap. Rn. 4.
6 Nachfolgend i.d.R. einheitlich Scheinselbstständigen-Compliance.
7 *Däubler/Klebe* S. 1033.
8 *Günther/Böglmüller* S. 1029.
9 *Däubler/Klebe* S. 1034.
10 *Schindele* S. 366; *Günther/Böglmüller* S. 1030; zur Frage, ob Crowdworker als arbeitnehmerähnliche Personen oder als Heimarbeiter angesehen werden können, s. *Däubler/Klebe* S. 1035 ff., sowie *Schindele* S. 366.

gewünschten Verhalten veranlasse und so eine persönliche Abhängigkeit schaffe.[11] Dem Auftragnehmer müssten nennenswerte Entscheidungsspielräume bleiben, die auch durch eine Auftragsbeschreibung auf der Plattform eingeschränkt sein könnten.[12]

Es ist sicherlich nicht falsch, in dieser Entscheidung eine Grundsatzentscheidung zu sehen. Die Potentiale subtiler Verhaltenssteuerung, wie sie durch die Digitalisierung entstehen, werden als Prüfkriterium herausgestellt; das schafft die Grundlage, um digitalisierte Arbeitsformen zu erfassen. Gleichwohl hängt dieses Kriterium stark von den Umständen des Einzelfalls ab, was erhebliche Gestaltungsspielräume schafft.[13] Im Rahmen der Ausgestaltung ist auch zu bedenken, dass die Auftragnehmer als Heimarbeiter gem. § 12 SGB IV zu erachten sein könnten, was ebenfalls im Einzelfall zu einer sozialversicherungsrechtlichen Beitragspflicht führen kann.[14] Es wird jedoch eine wirtschaftliche Abhängigkeit zu fordern sein.[15]

2. Scrum

Eine weitere moderne Arbeitsform ist das sogenannte Scrum. Streng genommen ist Scrum keine Neuerung. Wie dem sog. Scrum Guide,[16] den „Spielregeln" für Scrum, zu entnehmen, wurde Scrum als Rahmenwerk zur Entwicklung und Erhaltung komplexer Produkte in den 1990er Jahren entwickelt und erstmals 1995 präsentiert. Scrum wird insbesondere in der IT-Branche seit Jahren praktiziert, häufig auch für Prozesse innerhalb von Unternehmen ohne Einbindung von Fremdpersonal. Vorliegend relevant sind aber solche Konstellationen, in denen Fremdpersonal eingebunden wird.

Kennzeichnend für Scrum[17] ist, dass ein einheitlicher, meist komplexer Prozess in kleine Einheiten (Sprints) aufgeteilt wird, die in kurzer Zeit zu Zwischenergebnissen führen.[18] Den Rahmen hierfür bildet das Product Backlog, in dem der Auftraggeber die geforderten Produkteigenschaften im Sinne einer Ausgangsschätzung einträgt. Das Product Backlog ist nicht vollständig und ändert sich im Projektverlauf fortlaufend. Scrum ist für Teams mit einer Größe zwischen drei und neun Personen konzipiert. Die Teams werden aus Arbeitnehmern des Auftraggebers, Solo-Selbstständigen oder Fachkräften von Fremdfirmen zusammengestellt.[19] Innerhalb des Scrumteams gibt es drei unterschiedliche Rollen: den Product Owner, das Entwicklungsteam sowie den Scrum Master.[20] Der Product Owner hat als Stellvertreter des Auftraggebers insoweit die strategische Produktentwicklung in den Händen, der Scrum Master agiert als Moderator des Entwicklungsteams.[21] Das Team ist das ausführende Organ und hat die alleinige Gestaltungsmacht über den Arbeitsprozess. Ziel der Zusammenarbeit ist die schnelle und kostengünstige Entwicklung hochwertiger Produkte entsprechend einer

---

11 *BAG* 1.12.2020 – 9 AZR 102/20 = AP Nr. 132 zu § 611 BGB Abhängigkeit, Rn. 39; im Einzelnen 2. Teil 1. Kap. Rn. 36.
12 *BAG* 1.12.2020 – 9 AZR 102/20 = AP Nr. 132 zu § 611 BGB Abhängigkeit, Rn. 43.
13 *Waltermann* S. 1133.
14 So etwa *Martina* NZA 2021, 616 ff.
15 *Arnold/Günther* § 2 Rn. 105; *Werner/Fausel/Bitsch* S. 992 ff.
16 Www.scrumguides.org.
17 Zu den weiteren Details von Scrum s. neben dem Scrum Guide insbesondere *Heise/Friedl* S. 130 ff. und *Hengstler* ITRB 2012, 113, 114 ff.
18 *Heise/Friedl* S. 129.
19 *Schindele* S. 366.
20 Zur genauen Aufgabenverteilung vgl. *Heise/Friedl* S. 130 bzw. den Scrum Guide.
21 *Heise/Friedl* S. 130.

vorformulierten Vision.²² Diese Anforderungen werden schrittweise in zwei bis vier Wochen langen Intervallen, sog. Sprints umgesetzt. Am Ende eines Sprints steht bei Scrum die Lieferung eines fertigen Teilproduktes (Product Increment).²²

9 Wird Scrum in Reinform vereinbart und gelebt, liegt keine Scheinselbstständigkeit bzw. verdeckte Arbeitnehmerüberlassung vor.²³ So organisiert sich das Scrum Team selbst, innerhalb des Teams bestehen keine Hierarchien und auch der Scrum Master erteilt keine arbeitsrechtlichen Weisungen. Er hat vielmehr für die Selbstorganisation des Teams zu sorgen. Im Idealfall wird er sogar aus dem Entwicklungsteam heraus bestimmt. Auch der Product Owner nimmt keinen Einfluss darauf, wie das Entwicklungsteam die vorausgesetzten Produktfunktionalitäten herstellt.²⁴

10 Gleichwohl birgt Scrum Risikopotential. Schon bei Formulierung der vertraglichen Grundlage für Scrum sind – wie regelmäßig – einige Fallstricke zu beachten.²⁵ Die eigentliche Herausforderung liegt aber in der Vertragsdurchführung, da Teams aus Arbeitnehmern des Auftraggebers und Fremdpersonal dazu neigen, doch faktische Hierarchien einzuziehen, die mit der Ausübung arbeitsrechtlicher Weisungen einhergehen könnten. Ebenso kann die enge Zusammenarbeit „on site" für eine Eingliederung in die Betriebsorganisation des Auftraggebers oder Auftragnehmers sprechen.²⁶ Das schafft wiederum ein Aufgabenfeld für Präventivstrategien, ggf. integriert in die Contractor Compliance. Der Scrum Master muss entsprechend der ihm zugedachten Rolle darauf achten, dass eben keine arbeitsrechtlichen Weisungen Einkehr halten. Das gilt auch mit Blick auf Arbeitnehmer des Auftraggebers außerhalb des Scrumteams. Der Scrum Master muss ferner darauf achten, dass der Product Owner ausschließlich auftragsbezogene Weisungen durch Änderung des Product Backlogs erteilt.²⁷ Nennenswerte Entscheidungsspielräume müssen nach der Crowdworker-Entscheidung des BAG verbleiben.²⁸ Compliance kann hier z.B. durch Aufklärung der Beteiligten insbesondere gegenüber dem Scrum Master, letztlich aber auch gegenüber dem Fremdpersonal seinen Beitrag leisten. Risiken werden aber bleiben, allein schon, weil derlei weisungsfreie, aber enge Arbeitsformen bei arbeits- und sozialrechtlich vorgeprägten Richtern sicherlich nicht „selbsterklärend" sind.²⁹

3. Interim Management

11 Das „Interim Management" scheint mittlerweile zum Standardrepertoire der Unternehmenspraxis zu gehören.³⁰ Es geht um den befristeten Einsatz externer Führungskräfte im Unternehmen, im Idealfall bezogen auf abgrenzbare Projekte wie Börsengänge, Transaktionen, Restrukturierungen oder die Überbrückung von Vakanzen beim Ausscheiden „eigener" Führungskräfte.³¹ Mit Blick auf die Ausgestaltung des

---

22 *Schindele* S. 366.
23 *Heise/Friedl* S. 132 ff.; *Hengstler* S. 217 ff.
24 *Heise/Friedl* S. 130 f.
25 Siehe im Detail *Hengstler* S. 218 ff.
26 *Arnold/Günther* § 2 Rn. 134.
27 *Heise/Friedl* S. 132 f.
28 *BAG* 1.12.2020 – 9 AZR 102/20 = AP Nr. 132 zu § 611 BGB Abhängigkeit, Rn. 43.
29 Scrum ist nicht auf den IT-Bereich beschränkt. Je klassischer aber das Einsatzfeld – s. etwa das Beispiel von *Heise/Friedl* S. 135 zum externen beim Automobilhersteller auf dienstvertraglicher Basis – desto höher der Überzeugungsbedarf.
30 Siehe im Einzelnen im 1. Teil Rn. 27.
31 *Buschmann/Klösel* S. 1482.

Interim Management haben sich zwei Modelle etabliert: Im sog. angelsächsischen Modell schließt das Unternehmen mit einem Provider einen Dienstverschaffungsvertrag ab, in dessen Folge es zu einem direkten Vertragsschluss zwischen dem Unternehmen und dem Interim Manager kommt. Im sog. holländischen Modell schließt das Unternehmen einen Vertrag mit einem Provider, der dem Unternehmen eine Auswahl geeigneter Interim Manager zur Verfügung stellt und seinerseits einen Vertrag mit dem Interim Manager als Selbstständigen schließt, der im Unternehmen zum Einsatz kommt.[32] Eine vertragliche Beziehung zwischen Unternehmen und Interim Manager soll hierbei nicht entstehen.[33]

12 In Deutschland hat sich das holländische Modell weithin durchgesetzt. Gleich ob im holländischen oder angelsächsischen Modell, beide Modelle bringen Scheinselbstständigkeitsrisiken (angelsächsisches Modell) bzw. Risiken einer verdeckten Arbeitnehmerüberlassung (holländisches Modell) mit sich. Im angelsächsischen Modell unterscheiden sich die Risiken aus Compliance-Sicht dabei nicht vom sonstigen Einsatz von Solo-Selbstständigen. Demgemäß ist darauf zu achten, dass keine arbeitsrechtlichen Weisungen erteilt werden und der Selbstständige nicht in die Arbeitsorganisation eingegliedert wird. Grundlage sollte in den meisten Konstellationen ein klar formulierter Auftrag sein, der ein Tätigwerden ohne arbeitsrechtliche Weisungen ermöglicht.[34] Mit Blick auf die Vertragsdurchführung können Compliance-Maßnahmen ergriffen werden, damit die Praxis nicht dem Vertragswerk enteilt. Gerade beim Einsatz von Interim Managern sollte besonderes Augenmerk auf den äußeren Rahmen gelegt werden. Denn allzu oft schleichen sich hier Fehler ein. „Klassiker" sind Visitenkarten, die die Rolle des Externen nicht erkennen lassen, entsprechende Büroschilder oder Einträge im unternehmensinternen Telefonbuch. Dass Interim Manager i.d.R. Führungsaufgaben übernehmen, scheint derlei vermeidbare Probleme eher zu beflügeln. Daneben bringt die Funktion als externe Führungskraft regelmäßig mit sich, dass es zur mitunter auch engen Zusammenarbeit mit Arbeitnehmern des Einsatzunternehmens kommt. Kontaktsteuerungsmodelle als Compliance-Maßnahme sind für solche Funktionen häufig nicht tragfähig. Umso wichtiger ist hier, dass die Aufgaben vertraglich klar definiert sind und das Vertragswerk auch gelebt wird. Insbesondere ein längerfristig angelegter Einsatz ist insoweit risikoanfällig.

13 Die gleichen Risiken und Problemlagen ergeben sich im holländischen Modell, auch wenn der juristische Weg zur Begründung eines Arbeitsverhältnisses ein anderer sein dürfte. Vergleicht man die Konstellation mit der vom *BAG* am 9.11.1994 entschiedenen,[35] dürfte jedenfalls die arbeitsgerichtliche Rechtsprechung eher zum sog. verleiherbezogenen Ansatz tendieren. Es würde also danach gefragt, ob das Verhältnis zwischen Provider und Selbstständigen dem tatsächlichen Geschäftsinhalt nach, ein Arbeitsverhältnis ist, und das Verhältnis zwischen Einsatzunternehmen und Provider das eines Arbeitnehmerüberlassungsverhältnisses. In Folge würde ggf. ein Arbeitsverhältnis zwischen Einsatzunternehmen und „Selbstständigem" fingiert (§§ 9, 10 AÜG).[36]

---

32 Siehe im Einzelnen im 1. Teil Rn. 27; *Buschmann/Klösel* S. 1482.
33 *Vogt/Deepen* S. 575; *Haag/Tiberius* NZA 2004, 190, 194.
34 Siehe im Einzelnen im 5. Teil 1. Kap. Rn. 106.
35 Siehe im 5. Teil 1. Kap. Rn. 17.
36 Im Einzelnen 2. Teil 1. Kap. Rn. 85.

14 Das bietet vergleichbare Ansatzpunkte für die Contractor Compliance, so wie sie am Beispiel des Einsatzes von Fremdunternehmen diskutiert werden.[37] Soweit es aber um die Formulierung von Compliance-Klauseln insbesondere im Verhältnis zum „Selbstständigen" geht, ist besondere Vorsicht geboten. Der Status als Selbstständiger sollte durch die jeweiligen Klauseln nicht in Frage gestellt werden. Ohnehin bergen die Vertragsbeziehungen in diesem Dreiecksverhältnis einige Schwierigkeiten. Da gerade kein Vertragsverhältnis zwischen Einsatzunternehmen und Selbstständigem entstehen soll, fehlt es häufig an der direkten vertraglichen Einwirkungsmöglichkeit. Das kann zu einem „bösen Erwachen" führen, etwa wenn Nutzungsrechte für im Rahmen der Tätigkeit erworbene Urheberrechte des Selbstständigen nicht sauber im Dreiecksverhältnis an das Einsatzunternehmen weitergereicht werden oder vertrauliche Informationen nicht hinreichend geschützt sind.[38] Eine saubere vertragliche Gestaltung ist im holländischen Modell unerlässlich.

15 Je nach den Umständen des Einzelfalls ist im Rahmen der Ausgestaltung auch zu bedenken, dass der Selbständige als Heimarbeiter gem. § 12 SGB IV zu erachten sein könnte, was ebenfalls zu einer sozialversicherungsrechtlichen Beitragspflicht führen kann.[39] Der Provider könnte insoweit als Zwischenmeister i.S.d. § 2 Abs. 1 HAG zu erachten sein. Es wird jedoch zumindest eine wirtschaftliche Abhängigkeit des Selbständigen zu fordern sein.[40]

4. Selbstständigen-Contracting

16 Das Selbstständigen-Contracting entspricht im Kern dem vorstehend skizzierten Interim Management. Es ist ebenfalls entsprechend dem angelsächsischen Modell durchführbar, erfolgt aber in der Regel entsprechend dem holländischen Modell. Ein Provider verspricht die Erledigung von Aufgaben für den Auftraggeber durch von ihm eingesetzte Selbstständige, ohne dass ein Rechtsverhältnis zwischen Auftraggeber und Selbstständigen entstehen soll.[41]

17 Damit ergeben sich letztlich aus dem Blickwinkel der Contractor Compliance die gleichen Risiken, wie bereits für das Interim Management erläutert. Es muss vermieden werden, dass der Selbstständige in die Arbeitsorganisation des Einsatzunternehmens eingegliedert wird und dort arbeitsrechtliche Weisungen erhält. Die Formulierung der einzelnen Verträge im Dreiecksverhältnis des holländischen Modells ist – wie aufgezeigt – nicht minder herausfordernd wie die Kontrolle der Vertragsdurchführung, denkt man nur an die aufgezeigten Probleme des Urheberrechts, des Schutzes vertraulicher Informationen etc.[42]

III. Fazit

18 Die Contractor Compliance ist für neue Arbeitsformen gewappnet. Mit den bekannten Mitteln lassen sich viele Risiken reduzieren, so sich die jeweilige Aufgabe über-

---

37 Siehe im Einzelnen im 5. Teil 1. Kap.
38 Zu Haftungsfragen s. *Buschmann/Klösel* S. 1484.
39 So etwa *Martina* NZA 2021, 616 ff.; s. im Einzelnen 2. Teil 2. Kap. Rn. 21 ff.
40 *Arnold/Günther* § 2 Rn. 105; *Werner/Fausel/Bitsch* S. 992 ff.
41 *Niklas/Schauß* S. 2807; *van Venrooy* S. 671.
42 Zur Problemlage s. insbesondere *van Venrooy* S. 671 ff.

haupt im Wege des Fremdpersonaleinsatzes abbilden lässt. Die Rechtsprechung zur Heimarbeit Selbständiger schafft indes neue Herausforderungen. Letztlich wäre eine Reaktion des Gesetzgebers zu wünschen, auch wenn der nationale Gesetzgeber aufgrund der Internationalität moderner Arbeitsformen wie etwa Crowdworking mitunter schnell an seine Grenzen stößt.

8. Teil Compliance-Strategie Arbeitnehmerüberlassung – Ausgewählte Fragestellungen

Literatur: *Bissels* Unwirksamkeit des Arbeitsvertrags bei einem Verstoß gegen die Offenlegungs- und Konkretisierungspflicht, NZA 2017, 214; *Bissels/Münnich/Krülls* EuGH zur Überlassungshöchstdauer: Einige Antworten, aber auch zahlreiche Folgefragen, ArbRAktuell 2022, 247; *Blanke* Der Gleichbehandlungsgrundsatz in der Arbeitnehmerüberlassung, DB 2010, 1528; *Böhm* „Echter" Auftrag oder „verdeckte" Arbeitnehmerüberlassung?, NZA 2017, 494; *Günther/Böglmüller* Einführung agiler Arbeitsmethoden- was ist arbeitsrechtlich zu beachten?, NZA 2019, 417; *Henssler* Fremdpersonaleinsatz durch On-Site-Werkverträge und Arbeitnehmerüberlassung – offene Fragen und Anwendungsprobleme des neuen Rechts, RdA 2017, 83; *Krieger/Kruchen* Die Drehtürklausel im Konzern – raus, rein, Gehalt hoch? NZA 2014, 393; *Lembke* AÜG-Reform 2017 – Eine Reformatio in Peius, NZA 2017, 1; *Litschen/Yacoubi* Arbeitnehmerüberlassung und agile Prozess- und Organisationsformen, NZA 2017, 484; *Lohse* Konzerne in der Insolvenz – Auswirkungen auf den unternehmensübergreifenden Personaleinsatz im Rahmen der Arbeitnehmerüberlassung, DB 2020, 2073; *Martina* Die Verfassungswidrigkeit der Fiktion des § 10 Abs. 1 AÜG, Strafbarkeit gemäß § 266a StGB sowie die uneingeschränkte Anwendung des AÜG auf alle Arbeitnehmer, RdA 2018, 167; *Saager/Schmuck* Illegale Arbeitnehmerüberlassung und ihre Rechtsfolgen im Überblick NJOZ 2020, 417; *Scharff* Ein Jahr mit dem reformierten AÜG – Zeit für ein Resümee, BB 2018, 1140; *Seel* Neue Risiken bei der Arbeitnehmerüberlassung – „Gemeinschaftsbetrieb" als Alternative?, öAT 2017, 48; *Seiwerth* Gestaltung der neuen Überlassungshöchstdauer des AÜG durch Tarifvertrag, NZA 2017, 479; *Traut/Pötters* Formelle Anforderungen des neuen AÜG, DB 2017, 846; *Uffmann* Projektbezogener Einsatz hochqualifizierten Fremdpersonals in der Compliancefalle?, NZA 2018, 265; *Zieglmeier* Arbeitgeber-, Organ- und Beraterhaftung für Sozialversicherungsbeiträge auf Grund Beschäftigung, DStR 2020, 230.

I. Einleitung

Im 5. Teil 1. Kap. IV. Rn. 124 ff.) wurde die Compliance-Strategie Arbeitnehmerüberlassung bereits ausführlich beschrieben und dargestellt. Nunmehr gilt es auch ausgewählte Fragestellungen, die die Wahl der Arbeitnehmerüberlassung mit sich bringt, zu beleuchten. Denn allein mit dem Vertragsschluss und der Implementierung einer Arbeitnehmerüberlassungs-Strategie ist es noch nicht getan, wenn nicht die Besonderheiten dieses Rechtskonstrukts in den Blick genommen werden, zumal Verstöße mit empfindlichen Ordnungsgeldern belegt sind und teilweise auch strafrechtliche Konsequenzen nach sich ziehen. Dies gilt z.B. in Bezug auf die Höchstüberlassungsdauer. Die hierzu ergangen deutsche und europäische Rechtsprechung ist im Fluss und hat zu zum Teil bemerkenswerten Entscheidungen geführt, die im Rahmen der Arbeitnehmerüberlassungs-Compliance zwingend zu beachten sind. Gleiches gilt auch für das sog. „Equal-Pay"-Gebot. Zudem bietet die Arbeitnehmerüberlassung innerhalb des Konzerns eine Privilegierung, die man kennen sollte. Zuletzt sind auch formelle Aspekte, wie Anzeige- und Aufzeichnungspflichten ebenso zu beachten, wie die geltende Lohnuntergrenze.

II. Das Konzernprivileg

1. Grundsatz: Keine Arbeitnehmerüberlassung ohne Erlaubnis

Wie bereits im 5. Teil 1. Kap. IV. Rn. 108 ff. ausgeführt, besteht der Grundsatz, dass die Arbeitnehmerüberlassung im Rahmen einer wirtschaftlichen Tätigkeit nach § 1 Abs. 1 S. 1 AÜG erlaubnispflichtig ist. Anders als früher, kommt es nicht auf die Frage, ob die Überlassung gewerbsmäßig oder mit Gewinnerzielungsabsicht betrieben wird, an. Das bedeutet, dass auch gemeinnützige Einrichtungen, etwa karitative Genossenschaften oder Schwesternorganisationen, die Pflegepersonal stellen und konzerninterne Verleihunternehmen, die Arbeitnehmer gegen die Erstattung der Personalkosten überlassen, unter das AÜG fallen.[1] Erforderlich ist dabei zum einen eine gewisse Selbstständigkeit, die wirtschaftliche Betätigung verlangt aber darüber hinaus auch ein „gewisse Dauer". Die einmalige kurzfristige Überlassung von Arbeitnehmern, die nicht zu Verleihzwecken eingestellt sind, ist auch ohne Erlaubnis zulässig.[2] Im Zweifel sollte die Überlassung stets als ordnungsgemäße Arbeitnehmerüberlassung durchgeführt werden, zumal dies mit geringem Aufwand und Verwaltungskosten verbunden ist.

2. Verstoß gegen die Erlaubnispflicht

a) Arbeitsrechtliche Konsequenzen

3 Arbeitsrechtlich führt das Fehlen einer Erlaubnis zu erheblichen Konsequenzen. Sowohl Überlassungsvertrag als auch Arbeitsvertrag sind unwirksam, § 9 Nr. 1 AÜG. Dies gilt unabhängig davon, ob die Erlaubnis von Anfang an fehlt oder später (etwa durch Rücknahme, Widerruf) wegfällt. Unwirksamkeitsfolge tritt nicht rückwirkend, sondern mit Wegfall der Erlaubnis ein (arg. § 10 Abs. 1 S. 1 HS 2 AÜG). Das Arbeitsverhältnis zwischen Verleiher und Leiharbeitnehmer wird nicht rückabgewickelt, sondern – nach den Regeln des fehlerhaften („faktischen") Arbeitsverhältnis nur in der Zukunft nicht weitergeführt. Dies wiederum führt zur Fiktion eines Arbeitsverhältnisses zwischen Entleiher und Leiharbeitnehmer gem. § 10 AÜG. Darin gelten sodann die die Arbeitsbedingungen, die im Betrieb des Entleihers Anwendung finden (Gleichbehandlungsprinzip), wobei der Arbeitnehmer mindestens die mit dem Verleiher vereinbarte Vergütung verlangen kann, § 10 Abs. 1 S. 5 AÜG. Zudem gilt die zwischen Entleiher und Verleiher im Arbeitnehmerüberlassungsvertrag vorgesehene Einsatzzeit des Leiharbeitnehmers; § 10 Abs. 1 S. 3 AÜG.

b) Ordnungswidrikeit

4 Verleih und Leihe ohne eine erforderliche Erlaubnis ist ordnungswidrig und kann mit einer Geldbuße bis zu 500 000 EUR geahndet werden; § 16 Abs. 1 Nr. 1–1f und 2 i.V.m. Abs. 2. AÜG.

5 Zudem kommt ein Schadensersatzanspruch des Leiharbeitnehmers gegen den Verleiher nach § 10 Abs. 2 AÜG in Betracht. Geschützt wird dabei das Vertrauen des Arbeitnehmers auf die Gültigkeit seines Arbeitsvertrages mit dem Entleiher. Soweit das fingierte Arbeitsverhältnis zum Entleiher reicht, entsteht indes kein Schaden. Schadenspositionen könnte dabei z.B. sein, dass der Leiharbeitnehmer statt des Leiharbeitsverhältnisses eine höher dotierte Stelle annehmen hätte können.

c) Strafrechtliche Konsequenzen

6 Im Übrigen kommt auch eine Strafbarkeit des Entleihers gem. § 266a StGB bei einer illegalen Arbeitnehmerüberlassung in Betracht, wenn das Arbeitsentgelt des Leiharbeitnehmers beim Verleiher unterhalb der Beitragsbemessungsgrenzen liegt oder,

---

1 Zu DRK-Schwestern zuletzt *BAG* BB 2017, 1081.
2 Schüren/Hamann/*Hamann* AÜG § 1 Rn. 639 ff.

wenn der Verleiher keine oder zu wenig Sozialversicherungsbeiträge entrichtet.[3] Der Verleih und die Leihe von ausländischen Arbeitnehmern ohne Aufenthaltserlaubnis/Arbeitserlaubnis kann zudem sogar strafbar sein (§§ 15, 15a AÜG). Das Strafmaß kann dabei eine Freiheitsstrafe von bis zu einem Jahr – bei grobem Eigennutz bis zu drei Jahren – oder eine Geldstrafe umfassen.

3. Privilegierung im Konzern

Keine Erlaubnispflicht besteht hingegen grundsätzlich bei der vorübergehenden Konzernleihe, § 1 Abs. 3, Nr. 2 AÜG. Voraussetzung ist, dass Entleiher und Verleiher Konzernunternehmen i.S.v. § 18 AktG sind, wobei es unerheblich ist, ob es sich um einen sog. Überordnungskonzern oder einen Gleichordnungskonzern handelt. Erforderlich ist jedoch die „einheitliche Leitung" (§ 18 Abs. 2 AktG). Das bedeutet, dass eine planmäßige und auf eine gewisse Dauer angelegte gezielte Einflussnahme auf wesentliche Bereiche der Geschäftsführung (etwa durch Beherrschungsvertrag oder Personalunion von Geschäftsführung/Vorstand) gegeben ist. Dabei ist es unerheblich, welche Rechtsform die Konzernunternehmen haben oder ob sie derselben Branche angehören.

Es gilt aber auch im Konzernsachverhalt dringend zu beachten, dass es eine Rückausnahme dann gibt, wenn der Arbeitnehmer zum Zwecke der Überlassung eingestellt und beschäftigt wird. Grund für diese Ausnahme sind Missbrauchsfälle in der Vergangenheit bei konzerninternen Personalüberlassungsfirmen zur Umgehung der Tarifbindung (insbesondere bei „Schlecker"). Unzulässig dürfte es daher auch sein, wenn die die Konzernleihe dauerhaft erfolgt. Dies wurde zwar durch das BAG offen gelassen,[4] aber nach zutreffender Auffassung sollte nur der vorübergehende Einsatz bei anderen Konzernunternehmen ohne bürokratische Hürden ermöglicht werden, die dauerhafte Entsendung sollte hingegen nicht legalisiert werden.[5]

III. Höchstüberlassungsdauer

Die Höchstüberlassungsdauer, also der Zeitraum, für den Arbeitnehmer maximal an einen Entleiher verliehen werden dürften, hat eine wechselvolle Vergangenheit. Im Jahre 1972 trat das Arbeitnehmerüberlassungsgesetz in Kraft. In den Jahren 1985 bis 2002 wurde die Überlassungsdauer der Zeitarbeitnehmer sukzessive von 6 auf 24 Monate erweitert. Im Jahre 2003 wurde die zeitliche Beschränkung der Überlassungsdauer sodann mit den Hartz-Reformen aufgehoben. Im Jahre 2012 wurde die sog. „Drehtürklausel" in das Arbeitnehmerüberlassungsgesetz eingefügt. Diese sollte verhindern, dass Arbeitnehmer, die zuvor von ihren Arbeitgebern entlassen worden waren nach kurzer Zeit als Zeitarbeitnehmer zu veränderten Konditionen wieder beschäftigt werden.[6] Im Jahre 2017 trat schließlich die Gesetzesnovelle zur Arbeitnehmerüberlassung in Kraft. Diese ist kompliziert ausgestaltet. § 1 Abs. 1 S. 1 AÜG sieht vor, dass die Überlassung von Arbeitnehmern vorübergehend bis zu einer Überlassungshöchstdauer nach § 1 Abs. 1b AÜG zulässig ist. § 1 Abs. 1b AÜG wiederum sieht eine grundsätzliche Überlassungsdauer von 18 aufeinanderfolgenden Monaten vor,

---

3 Wabnitz/Janovsky/Schmitt/*Riediger/Schilling* 20. Kap. Rn. 151 ff.
4 *BAG* 20.1.2015 – 9 AZR 735/13.
5 BeckOK ArbR/*Kock* AÜG § 1 Rn. 221.
6 Schüren/Hamann/*Schüren* AÜG § 8 Rn. 204-208.

wobei Vordienstzeiten angerechnet werden, sofern zwischen den Einsätzen nicht mehr als drei Monate liegen. Die Höchstüberlassungsdauer ist dabei arbeitnehmerbezogen, nicht arbeitsplatzbezogen; d.h. ein und derselbe Arbeitsplatz kann dauerhaft rollierend durch Leiharbeitnehmer besetzt werden.[7] In einem Tarifvertrag von Tarifvertragsparteien der Einsatzbranche kann eine längere Überlassungshöchstdauer festgelegt werden. Hiervon haben tatsächlich auch einige Tarifvertragsparteien in Deutschland Gebrauch gemacht. So sieht beispielsweise der Tarifvertrag Leih/Zeitarbeit, der zwischen dem Verband der Metall- und Elektroindustrie Baden-Württemberg und der IG Metall Bezirk Baden-Württemberg abgeschlossen wurde, eine Höchstüberlassungsdauer von 48 Monaten vor. Angesichts der für die Arbeitgeber recht großzügigen Umsetzung der Richtlinie war es nur eine Frage der Zeit, bis sich die wieder Rechtsprechung mit dem Merkmal der vorübergehenden Arbeitnehmerüberlassung und auch mit den Überlassungshöchstgrenzen auseinandersetzt. Dabei wurden Feststellungen getroffen, die auch aus Compliance-Sicht von höchster Relevanz sind.

1. Verstoß gegen die Höchstüberlassungsdauer

a) Fiktionswirkung

10   Ein Verstoß gegen die Höchstüberlassungsdauer hat verschiedene Rechtsfolgen. Für den Entleiher am problematischsten ist wohl, dass dies zur Unwirksamkeit des Arbeitsvertrages zwischen Verleiher und Leiharbeitnehmer und einer Fiktion eines Arbeitsverhältnisses zum Entleiher führt. Die Fiktion tritt dabei bereits im Zeitpunkt des Überschreitens ein.[8] Retten könnte ihn nur die sog. Festhalteerklärung des Leiharbeitnehmers, wenn dieser innerhalb eines Monats nach Überschreiten der Höchstüberlassungsdauer erklärt, er wolle bei seinem bisherigen Arbeitgeber verbleiben.[9]

b) Ordnungswidrigkeit

11   Für den Verleiher, nicht aber für den Entleiher, stellt das Überschreiten der Höchstüberlassungsdauer eine Ordnungswidrigkeit dar, § 16 Abs. 1 Nr. 1e AÜG. Da dieser zudem ausschließlich auf § 1 Abs. 1b S. 1 AÜG verweist, gilt dies aber ausdrücklich nur für den Fall eines Verstoßes gegen den gesetzlichen Grundfall der achtzehnmonatigen Überlassungshöchstdauer. Bei einem Verstoß gegen die sich aus einem Tarifvertrag oder aufgrund einer Betriebs-/Dienstvereinbarung ergebenden längeren oder kürzeren Überlassungshöchstdauer liegt hingegen keine Ordnungswidrigkeit vor.[10]

2. Berechnung der Höchstüberlassungsdauer

a) Normalfall

12   Bei einem durchgehenden Einsatz eines Leiharbeitnehmers berechnet sich der 18-Monats-Zeitraum gem. §§ 187 Abs. 2, 188 Abs. 2 BGB. Dies bedeutet, dass der erste Tag der Überlassung mitgezählt wird. Die Frist endet dann 18 Monate später mit Ablauf des Vortages.

Beispiel. Beginnt der Einsatz am 5.1.2023, endet die Überlassungshöchstdauer am 4.7.2025.

---

[7] Zuletzt bestätigt durch *EuGH* 17.3.2022 – C-232/20.
[8] BeckOK ArbR/*Kock* AÜG § 10 Rn. 17.
[9] BeckOK ArbR/Kock AÜG § 9 Rn. 62.
[10] BeckOK ArbR/*Motz* AÜG § 16 Rn. 33; a.A. Schüren/Hamann/*Diepenbrock* AÜG § 16 Rn. 47.

Die bei Einführung der Überlassungshöchstdauer im Jahre 2017 noch vereinzelt vertretende Auffassung, die 18-Monats-Frist würde sich nach § 191 BGB berechnen, wonach pauschal 30 Tage für einen Monat anzusetzen sind (demnach die Überlassungshöchstdauer 540 Tage und damit etwas weniger als 18 Monate beträgt), hat sich nicht durchgesetzt.[11]

b) Umstrittene Fälle

Umstritten ist allerdings, ob und unter welchen Voraussetzungen Zeiten aus der Überlassungshöchstdauer herauszurechnen sind, in denen der Einsatz des Leiharbeitnehmers unterbrochen ist. Einigkeit besteht noch darin, dass „Unterbrechungen" des Einsatzes durch arbeitsfreie Tage (Samstage, Sonntage und Feiertage), Urlaubszeiten und Krankheitszeiten nicht relevant sind. Hierdurch wird die Tätigkeit zwar tatsächlich unterbrochen. Rechtlich handelt es sich jedoch um einen fortlaufenden Einsatz.[12]

Nicht so eindeutig ist der Fall, dass ein Arbeitnehmer immer nur für einzelne Tage eines Monats bei einem Entleiher eingesetzt wird, während er zu den übrigen Zeiten bei anderen Entleihern oder beim Verleiher eingesetzt wird. Hier wird zum Teil vertreten, dass in einem solchen Fall nur der anteilige Zeitraum des Monats zu berücksichtigen ist.[13] Zum Teil wird jedoch auch vertreten, dass bereits der Einsatz eines Leiharbeitnehmers an einem Tag eines Monats dazu führt, dass der Leiharbeitnehmer in diesem Monat überlassen wird. Wird z.B. ein Leiharbeitnehmer in vier aufeinanderfolgenden Monaten jeweils nur für wenige Tage überlassen, führt dies gleichwohl dazu, dass der Zeitraum von vier Monaten auf die Überlassungshöchstdauer anzurechnen ist.[14]

Auch die Vertreter der „liberaleren" Auffassung nehmen jedoch an, dass der Einsatz des betreffenden Leiharbeitnehmers nicht nur tatsächlich, sondern auch rechtlich unterbrochen sein muss.[15] Ausgangspunkt hierbei ist der Überlassungsvertrag, denn dieser legt Beginn und Ende des Einsatzes bei einem bestimmten Entleiher fest. Auch in diesem Fall ist eine Beendigung des Einsatzes eines konkreten Leiharbeitnehmers vor Ablauf der vertraglich vereinbarten Einsatzdauer möglich, wenn der Arbeitnehmerüberlassungsvertrag die Abberufung einzelner Leiharbeitnehmer zulässt.[15]

Nach den Fachlichen Weisungen der Bundesagentur für Arbeit vertritt diese eine vermittelnde Auffassung. Im Ausgangspunkt stellt die Bundesagentur für Arbeit zunächst auf die vertraglich vereinbarte Überlassungsdauer ab. Ist die Einsatzzeit eines namentlich bezeichneten Leiharbeitnehmers im Überlassungsvertrag geregelt, ergibt sich die Überlassungsdauer direkt aus der vertraglichen Vereinbarung. Ist hingegen der Leiharbeitnehmer im Arbeitnehmerüberlassungsvertrag nicht konkretisiert, ist für Beginn und Ende der Überlassung einzelner Leiharbeitnehmer Beginn und Ende der Überlassung dieses einzelnen Leiharbeitnehmers maßgeblich, wobei der Lauf der Überlassungsdauer durch eine „kurzzeitige Abberufung" nicht unterbrochen wird.[16]

---

11 BeckOK ArbR/*Kock* AÜG § 1 Rn. 94.
12 Schüren/Hamann/*Hamann* AÜG § 1 Rn. 325.
13 Schüren/Hamann/*Hamann* AÜG § 1 Rn. 334.
14 BeckOK ArbR/*Kock* § 1 AÜG Rn. 95.
15 Schüren/Hamann/*Hamann* AÜG § 1 Rn. 333.
16 Fachliche Weisungen der Bundesagentur für Arbeit, Stand: 1.8.2019, AÜG § 1, 1.2.1, abrufbar unter: www.arbeitsagentur.de/datei/fw-aueg_ba016586.pdf.

18 Die Unterschiede der unterschiedlichen Auffassungen werden anschaulich in den folgenden Beispielen verdeutlicht:

Beispiel 1: Verleiher und Entleiher vereinbaren, dass ein Leiharbeitnehmer innerhalb eines definierten Zeitraums (etwa Januar 2023 bis Dezember 2023) jeweils für fünf Tage im Monat beim Entleiher eingesetzt wird: Nach allen Auffassungen würde dies dazu führen, dass der gesamte Zeitraum als Überlassungszeitraum gilt, denn der Einsatz wird zwar tatsächlich, aber nicht rechtlich unterbrochen.

Beispiel 2: Der Arbeitnehmerüberlassungsvertrag sieht von vorneherein vor, dass nur an bestimmten, vertraglich definierten Tagen ein Einsatz erfolgen soll. Nach der strengeren Auffassung würde dies am Ergebnis nichts ändern, dass die gesamte Zeitdauer zwischen den Einsätzen mitberücksichtigt wird. Nur dann, wenn in einem Monat überhaupt kein Einsatz erfolgt, würde dieser Monat nicht mitgezählt werden. Nach der liberaleren Auffassung würde nur der vertraglich vereinbarte Einsatzzeitraum anzurechnen sein, wobei „kurzzeitige Unterbrechungen" zwischen den Einsatzzeiten mitzählen würden.

c) Handlungsempfehlung

19 Der Verfasser hält es für gut vertretbar, sich der liberaleren Auffassung sowie der Bundesagentur für Arbeit anzuschließen. Es dürfte sich hierbei um die herrschende Meinung handeln. Allerdings bestehen naturgemäß rechtliche Risiken, da höchstrichterliche Entscheidungen zu dieser Frage noch nicht vorliegen. Zu beachten ist allerdings, dass die Risiken einer fehlerhaften Berechnung der Überlassungshöchstdauer ganz überwiegend beim Entleiher liegen.

20 Nicht zu empfehlen ist es hingegen, die Einsatzzeiten zu kleinteilig zu vereinbaren (im Extremfall einzelne Einsatztage), da dies rechtsmissbräuchlich sein dürfte. Übliche Unterbrechungszeiten wie Urlaub, Krankheit und dergleichen sind zudem mitzuzählen. Wird ein Leiharbeitnehmer hingegen nur sporadisch benötigt (es solle eine Unterbrechung von mind. 2 Wochen angesetzt werden), kann es hingegen sinnvoll sein, für jeden (Kurz-) Einsatz einen separaten Überlassungsvertrag zu schließen, anstatt den Vertrag „durchlaufen" zu lassen. Wichtig ist jedoch, wie immer, genau zu dokumentieren, dass die Leiharbeitnehmer auch abberufen werden. Zu beachten ist dabei allerdings, dass jede rechtlich relevante Unterbrechung des Einsatzes durchaus administrativen Aufwand auf Seiten des Entleihers verursacht. Dieser müsste nach jeder Unterbrechung seinen Betriebsrat erneut gem. § 99 BetrVG beteiligen.

3. Abweichungen durch Tarifvertrag

21 Für viele Unternehmen ist die Höchstüberlassungsdauer insoweit problematisch, als viele Projekte für einen deutlich längeren Zeitraum avisiert sind. Oftmals bedienen sie sich schließlich gerade deswegen einer dritten Partei, weil es ihnen nicht möglich ist, ausreichend Fachpersonal zu rekrutieren. Wollen sie sich aber compliant verhalten und die zulässige Höchstüberlassungsdauer nicht überschreiten, insbesondere auch um die daran geknüpften Rechtsfolgen zu vermeiden, so müssen sie damit rechnen, spätestens nach 18 Monaten wieder das entliehene Personal auszutauschen. Insofern versuchen Unternehmen stets, die Höchstüberlassungsdauer so weit wie möglich auszuweiten. Eine Option ist dabei die Verlängerung der Dauer durch Tarifvertrag oder Betriebsvereinbarung. § 1 Abs. 1b) S. 2 ff. AÜG bestimmt, dass unter bestimmten Voraussetzungen in einem Tarifvertrag oder einer Betriebsvereinbarung eine abweichende Überlassungshöchstdauer festgelegt werden kann.[17]

---

17 Münchener Anwaltshandbuch Arbeitsrecht/*Christ* § 66 Rn. 19 f.

a) Tarifvertrag regelt abweichende Überlassungsdauer

Regelt ein Tarifvertrag eine abweichende Überlassungsdauer, bedeutet dies konkret, dass diese für tarifgebundene Arbeitgeber unmittelbar gilt. Nicht tarifgebundene Arbeitgeber, die hingegen über einen Betriebsrat verfügen, können die Übernahme einschlägiger tarifvertraglicher Regelungen durch Betriebs- oder Dienstvereinbarung vereinbaren. Bei nicht tarifgebundenen Arbeitgebern ohne Mitarbeitervertretung bleibt es hingegen bei den maximal 18 Monaten.

b) Tarifvertrag mit Öffnungsklausel

Sieht der Tarifvertrag eine Öffnungsklausel für Betriebs- und/oder Dienstvereinbarungen vor, so können tarifgebundene Arbeitgeber mit dem Betriebsrat eine abweichende Überlassungshöchstdauer in einer Betriebs- oder Dienstvereinbarung vereinbaren. Nicht-tarifgebundene Arbeitgeber, die aber über einen Betriebsrat verfügen, haben ebenfalls diese Möglichkeit, maximal jedoch ist eine abweichende Überlassungshöchstdauer in Betriebs- oder Dienstvereinbarung von 24 Monaten zulässig, es sei denn, der Tarifvertrag sieht abweichende Höchstdauer vor. Bei Arbeitgebern ohne Betriebsrat bleibt es hingegen bei max. 18 Monaten.

c) Tarifgebundenheit des Arbeitnehmers erforderlich?

Bislang umstritten war, ob die vorgenannten Grundsätze auch dann anwendbar sind, wenn zwar der Entleiher tarifgebunden ist, der verliehene Arbeitnehmer hingegen nicht Mitglied der tarifschließenden Gewerkschaft. Hierzu gab es unterschiedliche Auffassungen, die in zwei divergierenden Entscheidungen des LAG Baden-Württemberg gipfelten.[18] In den entschiedenen Fällen wurde jeweils ein Arbeitnehmer, der an die Tarifverträge der Zeitarbeit gebunden war, aber nicht Mitglied der IG-Metall war, über einen Zeitraum, der länger als 18 Monate, aber innerhalb der Höchstgrenzen des TV LeiZ, den der Verband der Metall- und Elektroindustrie Baden-Württemberg mit der IG Baden-Württemberg abgeschlossen hatte, verliehen. Der Arbeitnehmer erhob Klage gegen den Entleiher mit dem Antrag, festzustellen, dass der Arbeitnehmer in einem unbefristeten Arbeitsverhältnis zu dem Entleiher steht.

aa) 4. Kammer des LAG Baden-Württemberg: Tarifgebundenheit erforderlich

Die 4. Kammer des Landesarbeitsgerichts Baden-Württemberg[19] führte aus, dass im Recht der Arbeitnehmerüberlassung zwischen dem Rechtsverhältnis des Arbeitnehmers zum Verleiher und dem Rechtsverhältnis des Arbeitnehmers zum Entleiher zu differenzieren sei. § 1 Abs. 1b AÜG beinhalte Zeitvorgaben. Der Verleiher darf denselben Arbeitnehmer nicht länger als 18 aufeinanderfolgende Monate dem Entleiher überlassen, der Entleiher darf denselben Arbeitnehmer nicht länger als 18 aufeinanderfolgende Monate tätig werden lassen. Die zuletzt genannte Verpflichtung, also die Verpflichtung, den Leiharbeitnehmer nicht länger tätig werden zu lassen, sei eine Betriebsnorm i.S.d. § 3 Abs. 2 TVG. Ausreichend für die Geltung dieser Norm sei die Verbandsmitgliedschaft des Arbeitgebers, hier also des Entleihers. Der Arbeitnehmer indes müsse nicht Mitglied der Gewerkschaft sein. Das Recht, den Arbeitnehmer länger zu überlassen, sei indes eine Inhaltsnorm des Tarifvertrages. Diese aber gelte nur, wenn der Arbeitnehmer auch Mitglied der vertragsschließenden Gewerkschaft sei.

---

18 *LAG Baden-Württemberg* NZA-RR 2021, 176; *LAG Baden-Württemberg* NZA-RR 2021, 188.
19 *LAG Baden-Württemberg* NZA-RR 2021, 188.

Dies sei nicht der Fall gewesen. Der überlassene Arbeitnehmer sei zwar an die Tarifverträge der Zeitarbeit gebunden gewesen, sei aber nicht Mitglied der IG-Metall Bezirk Baden-Württemberg gewesen. Dies wiederum habe zur Konsequenz, dass der Verleiher nicht berechtigt gewesen sei, den Arbeitnehmer länger als 18 Monate einzusetzen. Ein Verstoß gegen die Höchstüberlassungsdauer führe zur Fiktion des Arbeitsverhältnisses zum Entleiher.

bb) 21. Kammer des LAG Baden-Württemberg: Tarifgebundenheit nicht erforderlich

26 Die 21. Kammer des LAG Baden-Württemberg hatte in seiner Entscheidung vom 18.11.2020 anders geurteilt.[20] Die 21. Kammer ging davon aus, dass durch die Betriebsnorm im Einsatzverhältnis lediglich der gesetzliche Höchstrahmen des § 1 Abs. 1b AÜG verschoben werde, ohne dass dies unmittelbar auf den Arbeitsvertrag zwischen dem Verleiher und dem Leiharbeitnehmer Auswirkungen hätte. Im Ergebnis wirke deshalb der Tarifvertrag der Einsatzbranche wie ein Reflex auf die zeitlichen Höchstgrenzen der Arbeitnehmerüberlassung, die der Verleiher zu beachten habe.

cc) Wie hat das BAG entschieden?

27 Da die Revisionen in den vorgenannten Verfahren eingelegt wurden, musste schließlich das BAG entscheiden.[21] Hätte sich die Auffassung der 4. Kammer des LAG Baden-Württemberg durchgesetzt, hätten die von den Tarifvertragsparteien recht großzügig formulierten Grenzen neu justiert werden müssen. Wie erwartet, hat sich das BAG aber auf die Seite der 21. Kammer des LAG Baden-Württemberg geschlagen und entschieden, dass bei einer vorübergehenden Arbeitnehmerüberlassung in einem Tarifvertrag der Tarifvertragsparteien der Einsatzbranche abweichend von der gesetzlich zulässigen Dauer von 18 Monaten eine andere Überlassungshöchstdauer vereinbart werden könne.[22] Diese sei auch für den überlassenen Arbeitnehmer und dessen Arbeitgeber (Verleiher) unabhängig von deren Tarifgebundenheit maßgebend. Auch wenn die Entscheidung bislang lediglich als Pressemitteilung vorliegt und die Entscheidungsgründe abzuwarten sind, ist ihr bereits jetzt zuzustimmen. Dem Gesetzgeber war daran gelegen, möglichst weitgehende Flexibilisierungsmöglichkeiten durch die sachnahen Tarifvertragsparteien zuzulassen. Diese Flexibilisierung wäre nahezu unmöglich, wenn der verliehene Arbeitnehmer als Mitglied auch an die Tarifverträge der Einsatzbranche gebunden sein muss. Für die einheitliche Betrachtung des Rechtes zu verleihen und des Rechts zu beschäftigen spricht der gesetzgeberische Wille, den Tarifvertragsparteien Flexibilisierungsmöglichkeiten zur Verfügung zu stellen, auch wenn die dogmatischen Erwägungen der 4. Kammer des LAG Baden-Württemberg beachtlich waren.

dd) Reine Vertriebsgesellschaften

28 Bei reinen Vertriebsgesellschaften, von produzierenden Unternehmen, die gerade keine eigene Produktionsstäte unterhalten und sich ausschließlich um den Vertrieb der Produkte kümmert, ist allerdings vorab sorgfältig zu prüfen, ob ein eventuelle für

---

20 *LAG Baden-Württemberg* NZA-RR 2021, 176.
21 *BAG* 14.9.2022 – 4 AZR 83/21 und 4 AZR 26/21.
22 Pressemitteilung des BAG zu 4 AZR 83/21 und 4 AZR 26/21, abrufbar unter: www.bundesarbeitsgericht.de/presse/verlaengerung-der-gesetzlich-festgelegten-hoechstdauer-einer-arbeitnehmerueberlassung-durch-tarifvertrag/.

das produzierende Unternehmen einschlägige Tarifvertrag auch für sie gilt. So hat das BAG zum Tarifvertrag über Branchenzuschläge für Arbeitnehmerüberlassungen in der Metall- und Elektroindustrie (TV BZ ME) entschieden, dass reine Vertriebsgesellschaften diesem nicht unterfallen, was zwar einerseits dazu führte, dass die darin vereinbarten Branchenzuschläge nicht zu zahlen waren, andererseits aber auch verlängerte Laufzeiten der Überlassung ebenfalls nicht einschlägig sind.[23] Damit besteht in diesen Fällen ein nicht unerhebliches Risiko, dem nur entgegengesteuert werden kann, wenn die die betrieblichen Geltungsbereiche der Tarifverträge, die eine längere Überlassungsdauer in der Einsatzbranche beinhalten, in jedem Einzelfall sorgfältig geprüft werden.

IV. Der Equal Pay-Grundsatz

1. Grundsätzliches

29 Zu beachten ist auch das sog. „Equal Pay" bzw. „Equal Treatment"-Prinzip nach § 8 AÜG. Danach können Leiharbeitnehmer vom Verleiher die Gewährung der im Entleiherbetrieb für vergleichbare Arbeitnehmer geltenden wesentlichen Arbeitsbedingungen einschließlich Arbeitsentgelt verlangen. Unter Arbeitsentgelt ist das Entgelt zu verstehen, das der Leiharbeitnehmer erhalten hätte, wenn er für die gleiche Tätigkeit beim Entleiher eingestellt worden wäre.[24]

2. Ausnahmen durch Tarifvertrag

30 Zur wichtigsten Ausnahme des Equal Pay-Grundsatzes gehört die Geltung eines Tarifvertrags der Zeitarbeitsbranche. In diesem kann vom Equal Pay-Grundsatz unter bestimmten Voraussetzungen abgewichen werden, entweder kraft beiderseitiger Tarifgebundenheit oder durch Bezugnahme im Arbeitsvertrag, § 8 Abs. 2 AÜG. Derzeit existieren einige Tarifverträge für die Zeitarbeitsbranche z.B. durch die DGB-Gewerkschaften jeweils mit den Verbänden IGZ und BZA sowie einige Haustarifverträge. Für Bezugnahmeklauseln ist zwingend darauf zu achten, dass dies nur dann zur Ausnahme führt, wenn der Tarifvertrag vollständig in Bezug genommen wird.[25] Vom „Equal Pay" abweichende Regelungen gelten allerdings nicht, falls der Arbeitnehmer in den letzten sechs Monaten vor der Überlassung beim Entleiher beschäftigt war, § 8 Abs. 3 AÜG. Damit soll der sog. „Drehtüreffekt", der im Rahmen der Insolvenz des Schleckerkonzerns zu erheblicher Kritik geführt hatte, verhindert werden.[26] Zwar ist die „Drehtür" damit nicht verboten, führt aber zu wirtschaftlichen Sanktionen des Verleihers.

31 Die Abweichung vom Equal-Treatment-Grundsatz per Tarifvertrag ist jedoch beschränkt, § 8 Abs. 4 AÜG. Diese ist hinsichtlich des Arbeitsentgelts nur für die ersten neun Monate zulässig. Eine längere Abweichung durch Tarifvertrag (bis zu 15 Monate) ist nur zulässig, wenn nach einer Einarbeitungszeit von sechs Wochen eine stufenweise Heranführung an das tarifliche Arbeitsentgelt erfolgt, die spätestens nach 15 Monaten der Einsatzzeit abgeschlossen sein muss.

---

23 *BAG* NZA-RR 2020, 365.
24 Schüren/Hamann/*Schüren* AÜG § 8 Rn. 27.
25 *BAG* NZA 2020, 260.
26 BeckOK ArbR/*Motz* AÜG § 8 Rn. 160 ff.

3. Verstoß gegen den Equal Pay-Grundsatz
a) Ordnungswidrigkeit

32 Der Verleiher handelt ordnungswidrig, wenn er dem Leiharbeitnehmer entgegen § 8 Abs. 1 die wesentlichen Arbeitsbedingungen eines vergleichbaren Stammarbeitnehmers nicht gewährt und damit gegen den Equal Pay-Grundsatz verstößt. Verstöße gegen Equal Pay können für den Verleiher mit einem Bußgeld von bis zu 500 000 EUR je Einzelfall geahndet werden. Zudem ist in der Regel die Arbeitnehmerüberlassungserlaubnis zu versagen bzw. zu entziehen.

b) Strafbarkeit gem. § 266a StGB

33 Für den Verleiher bestehen in diesen Fällen auch strafrechtliche Risiken. Schließlich richten sich die Beitragsansprüche der Sozialversicherungsträger nach dem zu zahlenden Entgelt. Zahlt nunmehr der Verleiher zu wenig, droht eine Strafbarkeit wegen Vorenthaltens von Sozialversicherungsbeiträgen bzgl. der Differenz zu Equal Pay nach § 266a StGB.

c) Handlungsempfehlung

34 Um diesen durchaus empfindlichen Konsequenzen vorzubeugen, ist im Rahmen der Vertragsgestaltung darauf zu achten, dass der Entleiher verpflichtet wird, die nach AÜG erforderlichen Angaben, welche wesentlichen Arbeitsbedingungen einschließlich des Arbeitsentgelts im Betrieb des Entleihers für einen vergleichbaren Arbeitnehmer des Entleihers einschließlich des Arbeitsentgelts gelten schriftlich mitzuteilen. Denn nur ein Irrtum über die tatsächlichen Umstände führt zur Straffreiheit.

35 Zudem sollte für den Fall, dass der Equal Pay-Grundsatz arbeitsvertraglich abbedungen werden soll, strikt darauf geachtet werden, dass keine Fehler gemacht werden, insbesondere die entsprechenden Tarifverträge vollständig in Bezug genommen werden.[27] Andernfalls besteht die Gefahr, dass der Gleichstellungsgrundsatz nicht wirksam abbedungen wurde und folglich equal pay/equal treatment ab dem ersten Tag der Überlassung zu gewähren ist, bzw. die Nichtgewährung zu den oben aufgezeigten Konsequenzen führen kann.

V. Anzeige-/Auskunfts-/Aufbewahrungspflichten

36 Aufgrund der erheblichen Anforderungen an die Dokumentation und die Anzeigepflichten des Gesetzes ist für eine ausreichende Contractor Compliance dafür zu sorgen, dass die vom Gesetz verlangten Anzeige, Auskünfte und Unterlagen vollständig sind und auch für mindestens drei Jahre aufbewahrt werden. Andernfalls ist dies das Einfallstor für die Erlaubnisbehörden und ein oftmals unterschätzter Hebel eine Vielzahl von potentiellen AÜG Verstöße zu sanktionieren.

37 Nach § 7 Abs. 1 AÜG hat der Verleiher der Erlaubnisbehörde nach Erteilung der Erlaubnis unaufgefordert die Verlegung, Schließung und Errichtung von Betrieben, Betriebsteilen oder Nebenbetrieben vorher anzuzeigen, soweit diese die Ausübung der Arbeitnehmerüberlassung zum Gegenstand haben. Nach § 7 Abs. 2 AÜG hat er überdies der Erlaubnisbehörde auf Verlangen wahrheitsgemäß, vollständig, fristge-

---

27 *BAG* NZA 2020, 260.

mäß und unentgeltlich Auskünfte zu erteilen, die zur Durchführung des AÜG erforderlich sind. Dazu gehören zum Beispiel die Angaben aller seiner Beschäftigten, getrennt nach Leiharbeitnehmern und anderen Arbeitnehmern, sowie Angaben zu ihrer Beschäftigungsdauer und den angewandten Tarifregelungen.[28] Zudem muss der Verleiher die geschäftlichen Unterlagen auf Verlangen vorlegen, aus denen sich die Richtigkeit seiner Angaben ergibt, oder seine Angaben auf sonstige Weise glaubhaft zu machen. Diese Geschäftsunterlagen sind dabei drei Jahre lang aufzubewahren.

Auch der Entleiher hat vergleichbare Verhaltenspflichten. Dieser muss den zuständigen (Zoll-) Behörden ebenfalls die Kontrolle der mit den Mindestlohnregelungen im Anwendungsbereich einer Rechtsverordnung nach § 3a AÜG verbundenen Arbeitgeberpflichten zu ermöglichen. So hat er Außenprüfungen zu dulden und daran mitzuwirken, § 17a AÜG i.V.m. § 5 Abs. 1 S. 1 SchwarzArbG, gleiches gilt für das Betreten des Grundstücks oder Geschäftsraums, § 17a AÜG i.V.m. § 5 Abs. 1 S. 2 SchwarzArbG. Ferner hat er Daten nach § 17a AÜG i.V.m. § 5 Abs. 3 S. 1 SchwarzArbG zu übermitteln. Auch ihn treffen Dokumentations- und Aufbewahrungspflichten, so die Pflicht zur Aufzeichnung von Beginn, Ende und Dauer der täglichen Arbeitszeit des Leiharbeitnehmers und die Aufbewahrung dieser Aufzeichnungen für mindestens zwei Jahre aufzubewahren, § 17c Abs. 1 AÜG. **38**

Verstöße gegen die vorgenannten Pflichten sind bußgeldbewährt mit Bußgeldern bis zu 1 000 EUR (für Verstöße gegen die Anzeigen- und Aufbewahrungspflicht) bzw. bis zu 30 000 EUR (für Verstöße gegen die Auskunftspflicht), § 16 Abs. 1 Nr. 4–6 und Nr. 1–13 und 17 AÜG. Besonders unangenehm für Unternehmen ist dabei, dass den Verwaltungsbehörden für die Durchsetzung der ihnen zustehenden Überprüfungsrechte unter bestimmten Voraussetzungen Grundstücke und Geschäftsräume betreten und prüfen dürfen, § 7 Abs. 3 AÜG und § 17a AÜG i.V.m. § 5 Abs. 1 SchwarzArbG. Der Verleiher hat dies zu dulden. Die Duldung kann zwar nur im Wege des Verwaltungszwangs zulässig durchgesetzt werden, besonders delikat macht dies aber die weiteren Bußgeldvorschriften flankierenden § 16 Abs. 1 Nr. 6a und Nr. 12 AÜG. Denn dulden Verleiher oder Entleiher eine der vorgenannten Maßnahmen nicht, so ist auch dies bußgeldbewährt und mit Bußgeldern für den Verleiher bis zu 1 000 EUR und den Entleiher sogar mit bis zu 30 000 EUR belegt. Dies wird viele Unternehmen dazu veranlassen, nicht den Verwaltungszwang abzuwarten, sondern die Maßnahme schlichtweg zu dulden.[29] **39**

VI. Lohnuntergrenze

Gem. § 8 Abs. 5 AÜG i.V.m. § 2 Abs. 1 der Vierten Verordnung über eine Lohnuntergrenze in der Arbeitnehmerüberlassung (LohnUGAÜV 4) sind Verleiher verpflichtet, ihren Leiharbeitnehmern mindestens das in § 2 Abs. 2 LohnUGAÜV 4 genannte Bruttoentgelt als Mindeststundenentgelt i.S.v. § 3a des AÜG zu zahlen (Mindeststundenentgelt). Bei einem Verstoß kann gegen den Verleiher ein Bußgeld von bis zu 500 000 EUR verhängt werden, § 16 Abs. 1 Nr. 7b, Abs. 2. **40**

---

28 Schüren/Hamann/*Schüren* AÜG § 7 Rn. 24.
29 Schüren/Hamann/*Diepenbrock* AÜG § 16 Rn. 64.

VII. Fazit

41 Arbeitnehmerüberlassung kann ein hervorragendes Instrument sein, um die Vielzahl der mit unklaren Werk- und/oder Dienstvertragskonstellationen einhergehenden Risiken zu vermeiden. Auf der anderen Seite sollte sie nur dann Mittel der Wahl sein, wenn sowohl Verleiher als auch Entleiher sicherstellen können, dass Sie wiederum die Arbeitnehmerüberlassungs-Compliance einhalten können. Andernfalls drohen empfindliche straf- und ordnungsrechtliche Konsequenzen und ein böses Erwachen. Dennoch gilt, in Zweifelsfällen sollte Arbeitnehmerüberlassung gewählt werden.

Anhang

1. Fallübersicht Arbeitsrecht

a) Arbeitsrechtlicher Arbeitgeberbegriff

Gericht/Datum AZ./Fundstelle	Normen	Leitsatz/Wesentlicher Entscheidungsinhalt
BAG 11.8.2015 9 AZR 98/14	§ 611 BGB §§ 84 Abs. 1 S. 2, Abs. 2 HGB	**Abgrenzung Werk-/Dienstvertrag zum Arbeitsverhältnis bei Zirkusartisten: Weisungen, betriebliche Eingliederung Leistungserbringung durch Dritte etc.** 1. (…) 2. Kann die vertraglich vereinbarte Tätigkeit typologisch sowohl in einem Arbeitsverhältnis als auch selbstständig erbracht werden, ist die Entscheidung der Vertragspartner für einen bestimmten Vertragstypus im Rahmen der bei jeder Statusbeurteilung erforderlichen Gesamtabwägung aller Umstände des Einzelfalls zu berücksichtigen. 3. Räumt der Vertragspartner dem Dienstnehmer das Recht ein, Dritte in die Leistungserbringung einzubinden, ist dies ein Indiz für eine selbstständige Tätigkeit. 4. Einzelne Vorgänge der Vertragsabwicklung sind zur Feststellung eines vom Vertragswortlaut abweichenden Geschäftsinhalts nur geeignet, wenn es sich dabei nicht um untypische Einzelfälle, sondern um beispielhafte Erscheinungsformen einer durchgehend geübten Vertragspraxis handelt.
BAG (U) 25.9.2013 1 AZR 282/12	§§ 611, 631, 645 BGB § 84 HGB	**Abgrenzung Werk-/Dienstvertrag zum Arbeitsverhältnis bei der Nachqualifizierung von Bodendenkmälern: Weisungsrechte, betriebliche Eingliederung etc.** 1. Ein Werkunternehmer ist selbstständig. Er organisiert die für die Erreichung eines wirtschaftlichen Erfolgs notwendigen Handlungen nach eigenen betrieblichen Voraussetzungen und ist für die Herstellung des geschuldeten Werks gegenüber dem Besteller verantwortlich.

Gericht/Datum AZ./Fundstelle	Normen	Leitsatz/Wesentlicher Entscheidungsinhalt
		2. Gegenstand eines Werkvertrags kann sowohl die Herstellung oder Veränderung einer Sache als auch ein anderer durch Arbeit oder Dienstleistung herbeizuführender Erfolg sein (§ 631 Abs. 2 BGB). Demgegenüber wird beim Dienstvertrag die Arbeitsleistung als solche geschuldet (§ 611 Abs. 2 BGB).
		3. Fehlt es an einem vertraglich festgelegten abgrenzbaren, dem Auftragnehmer als eigene Leistung zurechenbaren und abnahmefähigen Werk, kommt ein Werkvertrag kaum in Betracht; denn der „Auftraggeber" muss dann den Gegenstand der vom „Auftragnehmer" zu erbringenden Leistung durch weitere Weisungen erst noch bestimmen und damit Arbeit und Einsatz bindend organisieren.
		4. Richten sich die vom Auftragnehmer zu erbringenden Leistungen nach dem jeweiligen Bedarf des Auftraggebers, kann darin ein Indiz gegen eine werk- und für eine arbeitsvertragliche Beziehung liegen, etwa wenn mit der Bestimmung von Leistungen auch über Inhalt, Durchführung, Zeit, Dauer und Ort der Tätigkeit entschieden wird. Wesentlich ist, inwiefern Weisungsrechte ausgeübt werden und in welchem Maß der Auftragnehmer in einen bestellerseitig organisierten Produktionsprozess eingegliedert ist.
		5. Widersprechen sich schriftliche Vereinbarung und einvernehmliche Vertragsdurchführung, ist Letztere maßgebend.
BAG 20.5.2009 5 AZR 31/08	§ 611 BGB §§ 84 Abs. 1 S. 2, Abs. 2 HGB Art. 5 Abs. 1 S. 2 GG	**Abgrenzung Werk-/Dienstvertrag zum Arbeitsverhältnis bei programmgestaltenden Mitarbeitern im Rundfunkbereich: Rechtliche Sonderfälle aufgrund einschlägigen Verfassungsrechts** 1. Die Einbindung in ein festes Programmschema und die Vorgabe eines Programmverlaufs wirkt bei programmgestaltenden Mitarbeitern nicht statusbegründend.

Gericht/Datum AZ./Fundstelle	Normen	Leitsatz/Wesentlicher Entscheidungsinhalt
		2. Auch die Anwesenheit zu feststehenden Zeiten vor und nach der Sendung schließt ein freies Mitarbeiterverhältnis regelmäßig nicht aus. Das gilt ebenso für die notwendige Teilnahme an zeitlich festgelegten Redaktionskonferenzen. 3. Durch die Prüfung der Richtigkeit von Beiträgen nimmt eine öffentlich-rechtliche Rundfunkanstalt die ihr obliegenden Pflichten und zugleich das ihr als Dienst- oder Auftraggeberin zustehende Rügerecht wahr. Mit einer Kontrolle der Qualität seiner Arbeit muss auch der freie Mitarbeiter rechnen.
BAG 18.1.2012 7 AZR 723/10	§§ 9 Nr. 1, 10 Abs. 1 S. 1 AÜG	**Abgrenzung Werk-/Dienstvertrag zur illegalen Arbeitnehmerüberlassung beim Einsatz von beliehenem Sicherheitspersonal auf Flughafen: Personalhoheit, Weisungen, betriebliche Eingliederung** 1. Arbeitnehmerüberlassung i.S.d. § 1 Abs. 1 S. 1, II AÜG liegt vor, wenn einem Entleiher Arbeitskräfte zur Verfügung gestellt werden, die in dessen Betrieb eingegliedert sind und ihre Arbeit allein nach Weisungen des Entleihers und in dessen Interesse ausführen. 2. Von der Arbeitnehmerüberlassung zu unterscheiden ist die Tätigkeit eines Arbeitnehmers bei einem Dritten auf Grund eines Werk- oder Dienstvertrags. In diesen Fällen wird der Unternehmer für einen anderen tätig. Er organisiert die zur Erreichung eines wirtschaftlichen Erfolgs notwendigen Handlungen nach eigenen betrieblichen Voraussetzungen und bleibt für die Erfüllung der in dem Vertrag vorgesehenen Dienste oder für die Herstellung des geschuldeten Werks gegenüber dem Drittunternehmen verantwortlich. Die zur Ausführung des Dienst- oder Werkvertrags eingesetzten Arbeitnehmer unterliegen den Weisungen des Unternehmers und sind dessen Erfüllungsgehilfen.

Gericht/Datum AZ./Fundstelle	Normen	Leitsatz/Wesentlicher Entscheidungsinhalt
		3. Über die rechtliche Einordnung des Vertrags zwischen dem Dritten und dem Arbeitgeber entscheidet der Geschäftsinhalt und nicht die von den Parteien gewünschte Rechtsfolge oder eine Bezeichnung, die dem tatsächlichen Geschäftsinhalt nicht entspricht.
LAG Baden-Württemberg (U) 1.8.2013	§§ 9 Nr. 1, 10 Abs. 1 S. 1 AÜG	**Abgrenzung Werk-/Dienstvertrag zur illegalen Arbeitnehmerüberlassung beim IT-Dienstleister: Ticketsystem** 1. Für die rechtliche Abgrenzung des Werk- oder Dienstvertrags zur Arbeitnehmerüberlassung ist allein die tatsächliche Durchführung des Vertrags maßgebend. 2. Ein zwischen einem Werkunternehmen (hier: IT-Dienstleister) und dem Dritten vereinbartes Ticketsystem (EDV-spezifische Aufträge von Arbeitnehmern des Dritten werden nach Eröffnung eines Tickets vom Dritten bearbeitet) ist unproblematisch dem Werkvertragsrecht zuzuordnen. Wenn allerdings Arbeitnehmer des Dritten außerhalb dieses Ticketsystems in größerem Umfang Beschäftigte des Werkunternehmens direkt beauftragen und unter zeitlich-örtlichen Vorgaben auch personenbezogene Anweisungen erteilen, spricht dies für Arbeitnehmerüberlassung. 3. Wenn es sich bei diesen Direktbeauftragungen nicht um untypische Einzelfälle, sondern um beispielhafte Erscheinungsformen einer durchgehend geübten Vertragspraxis handelt, ist von einem Scheinwerkvertrag auszugehen.
BAG 6.8.2003 7 AZR 180/03	§§ 9 Nr. 1, 10 Abs. 1 S. 1 AÜG	**Abgrenzung Werk-/Dienstvertrag zur illegalen Arbeitnehmerüberlassung bei Fahrtdienstleistungen im Personennahverkehr: Personalhoheit, Weisungsrechte, betriebliche Eingliederung etc.**

Gericht/Datum AZ./Fundstelle	Normen	Leitsatz/Wesentlicher Entscheidungsinhalt
		1. Arbeitnehmerüberlassung i.S.d. AÜG ist nicht jeder drittbezogene Arbeitseinsatz. Die Arbeitnehmerüberlassung setzt vielmehr eine spezifische Vertragsgestaltung voraus, bei der die Arbeitnehmer, die der Verleiher dem Entleiher zur Verfügung stellt, in den Betrieb des Entleihers eingegliedert werden. Der Entleiher setzt dort die Leiharbeitnehmer wie eigene Arbeitnehmer ein. Die Vertragspflicht des Verleihers endet, sobald er die Arbeitnehmer ausgewählt und dem Entleiher zur Verfügung gestellt hat. Davon zu unterscheiden ist ein Dienst- oder Werkvertrag, bei dem ein Unternehmer für einen anderen tätig wird und – auch unter Einsatz von Arbeitskräften nach eigenen betrieblichen Voraussetzungen – für die im Rahmen Handlung oder den Erfolg gegenüber dem Vertragspartner verantwortlich bleibt.
		2. Beauftragt ein Unternehmen des öffentlichen Personennahverkehrs eine hundertprozentige Tochtergesellschaft als Subunternehmer mit der Durchführung des Transportbetriebs auf Teilen des Omnibusstreckennetzes, so werden die Busfahrer, die das Tochterunternehmen zur Erfüllung dieses Auftrags einsetzt, nicht ohne weiteres dem Auftragsunternehmen als Leiharbeitnehmer zur Verfügung gestellt.
BAG 17.1.2017 9 AZR 76/16	§§ 9 Nr. 1, 10 Abs. 1 S. 1 AÜG	**Überlassung eines GmbH-Geschäftsführers, Anwendbarkeit des AÜG, verleiherbezogene Betrachtung** 1. Die Überlassung des Alleingesellschafters und alleinigen Geschäftsführers einer Verleiher-GmbH unterliegt nicht dem Anwendungsbereich des AÜG.

Gericht/Datum AZ./Fundstelle	Normen	Leitsatz/Wesentlicher Entscheidungsinhalt
		2. Liegt eine Verleiherlaubnis vor und überlässt der Verleiher dem Entleiher auf der Grundlage eines Arbeitnehmerüberlassungsvertrags Arbeitskräfte, die nicht in einem Arbeitsverhältnis zu ihm stehen, ist regelmäßig das Innenverhältnis zwischen dem Verleiher und der überlassenen Arbeitskraft, nicht aber das Außenverhältnis zum Entleiher betroffen. Bei Verstößen gegen die gesetzlichen Voraussetzungen für eine erlaubte Arbeitnehmerüberlassung müssen Rechtsfolgen grundsätzlich im Innenverhältnis eintreten. 3. Die auf einer selbstbestimmten und autonomen Auswahlentscheidung der Verleiher-GmbH beruhende "Selbstüberlassung" ihres Alleingesellschafters und alleinigen Geschäftsführers zur weisungsgebundenen Arbeitsleistung an einen Entleiher begründet ohne Hinzutreten weiterer Umstände jedenfalls dann kein Arbeitsverhältnis mit dem Entleiher, wenn die GmbH über eine Erlaubnis nach § 1 Abs. 1 AÜG verfügt und als Verleiherin Dritten auch Leiharbeitnehmer im Rahmen ihrer wirtschaftlichen Tätigkeit zur Arbeitsleistung überlässt.
BAG 1.12.2020 9 AZR 102/20	§ 611a BGB	**Arbeitnehmerstatus eines Crowdworkers**

Gericht/Datum AZ./Fundstelle	Normen	Leitsatz/Wesentlicher Entscheidungsinhalt
		Die kontinuierliche Durchführung einer Vielzahl von Kleinstaufträgen („Mikrojobs") durch Nutzer einer Online-Plattform („Crowdworker") auf der Grundlage einer mit dem Betreiber („Crowdsourcer") getroffenen Rahmenvereinbarung kann im Rahmen der nach § 611a Abs. 1 S. 5 BGB gebotenen Gesamtbetrachtung zur Annahme eines Arbeitsverhältnisses führen, wenn der Crowdworker zur persönlichen Leistungserbringung verpflichtet ist, die geschuldete Tätigkeit ihrer Eigenart nach einfach gelagert und ihre Durchführungen inhaltlich vorgegeben sind sowie die Auftragsvergabe und die konkrete Nutzung der Online-Plattform im Sinne eines Fremdbestimmens durch den Crowdsourcer gelenkt wird.
BAG 14.6.2016 9 AZR 305/15	§ 2 Abs. 1 HAG	**Homeoffice, Heimarbeiter, hochqualifizierte freie Mitarbeiter** Auch qualifizierte Angestelltentätigkeiten können Heimarbeit i.S.v. § 2 Abs. 1 S. 1 HAG sein, wenn sie unter den Bedingungen der Heimarbeit ausgeführt werden. Heimarbeit ist nicht auf gewerbliche oder diesen vergleichbare Tätigkeiten beschränkt.

b) Fallübersicht Arbeitsrechtliche Konsequenzen der Statusverfehlung

Gericht/Datum AZ./Fundstelle	Normen	Leitsatz/Wesentlicher Entscheidungsinhalt
BAG (U) 8.11.2006 5 AZR 706/05	§§ 611, 812, 814 BGB § 14 TzBfG	**Inhalt des entstehenden Arbeitsverhältnisses, Rückzahlung des Differenzlohns, Rechtsmissbrauch** 1. Die Geltendmachung einer Arbeitnehmerstellung trotz Vereinbarung einer freien Mitarbeit kann nur für bestimmte Zeiträume erfolgen. Der Mitarbeiter muss auch im Rahmen einer Kündigungsschutzklage oder Befristungskontrollklage darlegen, für welche Zeit er von einem Arbeitsverhältnis ausgeht. Nicht erforderlich ist insoweit eine auf Feststellung des Bestehens des Arbeitsverhältnisses gerichtete Klage. Es ist rechtsmissbräuchlich, im Anschluss an eine gerichtliche Entscheidung die Arbeitnehmerstellung für weiter zurückliegende Zeiten geltend zu machen. 2. Die Rechtswirksamkeit einer Kündigung (§ 1 KSchG) und die Zulässigkeit einer Befristung (§ 14 TzBfG) sind danach zu beurteilen, ob und inwieweit im geltend gemachten Zeitraum ein Arbeitsverhältnis bestand. 3. Der Arbeitgeber kann die Rückzahlung zu viel gezahlter Honorare verlangen, wenn der Arbeitnehmerstatus rückwirkend festgestellt wird. (...)
BAG (U) 12.12.2001 5 AZR 257/00	§§ 611, 612 BGB §§ 3, 4, 5, 11 BUrlG	**Inhalt des entstehenden Arbeitsverhältnisses – Höhe der Vergütung** 1. Die Veränderung des rechtlichen Status eines Mitarbeiters vom Selbstständigen zum Arbeitnehmer führt nicht ohne weiteres zur Unwirksamkeit einer bestehenden Vergütungsvereinbarung. Dies gilt regelmäßig nur dann, wenn der Arbeitgeber – wie insbesondere im öffentlichen Dienst – Selbstständige und freie Mitarbeiter in unterschiedlicher Form (Stundenpauschale bzw. Tarifgehalt) vergütet.

Gericht/Datum AZ./Fundstelle	Normen	Leitsatz/Wesentlicher Entscheidungsinhalt
		2. Die für ein Dienstverhältnis getroffene Vergütungsabrede ist nicht allein deshalb unwirksam oder aus anderen Gründen unbeachtlich, weil das Rechtsverhältnis in Wahrheit ein Arbeitsverhältnis ist.
BAG (U) 21.1.1998 5 AZR 50/97	§§ 611, 612 BGB	**Inhalt des entstehenden Arbeitsverhältnisses – Höhe der Vergütung** 1. Die tariflichen Honorarsätze für freie Mitarbeiter an öffentlichrechtlichen Rundfunkanstalten liegen regelmäßig erheblich höher als die entsprechenden Tarifgehälter für Angestellte. 2. Aus der bloßen Zahlung der Honorare für freie Mitarbeit ist nicht zu schließen, dass diese Honorarvergütung auch für den Fall vereinbart ist, dass der Mitarbeiter eine rechtskräftige gerichtliche Feststellung erreicht, derzufolge er nicht freier Mitarbeiter, sondern Arbeitnehmer ist. 3. Steht dem Mitarbeiter einer öffentlich-rechtlichen Rundfunkanstalt mangels einer besonderen Vereinbarung die übliche Vergütung zu, so hängt deren Höhe davon ab, ob die Tätigkeit in freier Mitarbeit oder im Arbeitsverhältnis geleistet wird.
BAG (U) 9.2.2005 5 AZR 175/04	§§ 812 Abs. 1, 814, 818 Abs. 3 BGB § 301 ZPO	**Rückzahlung des Differenzlohns – Grundsatzentscheidung zu allen hiermit verbundenen Rechtsfragen** 1. Der Arbeitgeber kann die Rückzahlung überzahlter Honorare verlangen, wenn der Arbeitnehmerstatus eines freien Mitarbeiters rückwirkend festgestellt wird. Mit dieser Feststellung steht zugleich fest, dass der Dienstverpflichtete als Arbeitnehmer zu vergüten war und ein Rechtsgrund für die Honorarzahlungen nicht bestand, wenn bei dem Dienstberechtigten unterschiedliche Vergütungsordnungen für freie Mitarbeiter und für Arbeitnehmer galten.

Gericht/Datum AZ./Fundstelle	Normen	Leitsatz/Wesentlicher Entscheidungsinhalt
		2. Der Ausschluss der Rückforderung nach § 814 BGB erfordert, dass der Leistende positive Kenntnis der Rechtslage im Zeitpunkt der Leistung hatte. Nicht ausreichend ist die Kenntnis der Tatsachen, aus denen sich das Fehlen einer rechtlichen Verpflichtung ergibt. Der Leistende muss wissen, dass er nach der Rechtslage nichts schuldet. Er hat aus den ihm bekannten Tatsachen auch eine im Ergebnis zutreffende rechtliche Schlussfolgerung zu ziehen, wobei allerdings eine entsprechende „Parallelwertung in der Laiensphäre" genügt. 3. § 818 Abs. 3 BGB dient dem Schutz des gutgläubig Bereicherten, der das rechtsgrundlos Empfangene im Vertrauen auf das (Fort-)Bestehen des Rechtsgrundes verbraucht hat und daher nicht über den Betrag einer wirklich bestehen gebliebenen Bereicherung hinaus zur Herausgabe oder zum Wertersatz verpflichtet werden soll. (…) Auch die infolge Tilgung eigener Schulden mittels des rechtsgrundlos erlangten Geldes eintretende Befreiung von Verbindlichkeiten zählt zu den bestehen bleibenden Vermögensvorteilen, die einem Wegfall der Bereicherung grundsätzlich entgegenstehen. 4. Der Lauf der Verfallfrist für den Anspruch des Arbeitgebers auf Rückzahlung der überzahlten Beträge beginnt erst, wenn feststeht, dass das Vertragsverhältnis ein Arbeitsverhältnis war. Erst ab diesem Zeitpunkt der rechtsbeständigen gerichtlichen oder außergerichtlichen Klärung kann erwartet werden, dass der Arbeitgeber seine Ansprüche wegen Überzahlung geltend macht.

Fallübersicht Arbeitsrecht Anhang 1b

Gericht/Datum AZ./Fundstelle	Normen	Leitsatz/Wesentlicher Entscheidungsinhalt
BAG (U) 14.3.2001 4 AZR 152/00	§ 812 Abs. 1, Abs. 3 BGB	**Rückzahlung des Differenzlohns, tarifvertragliche Ausschlussfristen, Fälligkeit der Differenzlohnansprüche**
		Macht ein Arbeitnehmer seinen sog. Arbeitnehmerstatus (rückwirkend) geltend, werden im Sinne einer tarifvertraglichen Ausschlussfrist Rückzahlungsansprüche des Arbeitgebers wegen Überzahlungen gem. §§ 812 Abs. 1, 818 Abs. 3 BGB erst fällig, wenn feststeht, dass das Vertragsverhältnis ein Arbeitsverhältnis ist; bei einer gerichtlichen Feststellungsklage ist das der Zeitpunkt der Rechtskraft der Entscheidung.
BGH (U) 18.7.2000 X ZR 62/98	§§ 812 Abs. 1, 267, 421, 426 BGB § 1 AÜG	**Wertersatzanspruch bei illegaler Arbeitnehmerüberlassung aufgrund von Schweinwerkverträgen**
		„Zu Unrecht meint das BerGer, der auf Wertersatz gerichtete Bereicherungsanspruch der Kl. werde von den Sonderregelungen des Arbeitnehmerüberlassungsgesetzes verdrängt. Das Fehlen einer nach § 1 AÜG erforderlichen Erlaubnis führt zwar zur Unwirksamkeit des zwischen Ver- und Entleiher geschlossenen Vertrags (§ 9 Nr. 1 AÜG). Dies bedeutet allerdings nicht, dass deshalb ein Bereicherungsausgleich zwischen dem Ver- und Entleiher der Arbeitskräfte ausgeschlossen sein müsste. Hat der Verleiher durch Verleihen von Arbeitnehmern Leistungen bei dem Entleiher erbracht, so begründet dies einen Anspruch aus §§ 812 Abs. 1 1 Alt. 1, 818 Abs. 2 BGB, der sich auf den Ersatz der beim Entleiher objektiv eingetretenen Bereicherung richtet, sofern eine solche im Hinblick auf § 10 Abs. 1 AÜG festgestellt werden kann.

Klösel 415

Gericht/Datum AZ./Fundstelle	Normen	Leitsatz/Wesentlicher Entscheidungsinhalt
		Entgegen der Auffassung des BerGer widerspricht dies auch nicht der Regelung in § 10 Abs. 1 S. 1 AÜG, wonach bei Unwirksamkeit des Vertrags nach § 9 Nr. 1 AÜG ein Arbeitsverhältnis zwischen Entleiher und Leiharbeitnehmer fingiert wird. Diese Vorschrift schließt einen Bereicherungsanspruch des Verleihers gegen den Entleiher nicht von vornherein aus, weil die Fiktion eines Arbeitsverhältnisses zwischen Entleiher und Leiharbeitnehmer nach dem Willen des Gesetzgebers allein im Interesse des Leiharbeitnehmers geschaffen worden ist. Der Leiharbeitnehmer sollte dadurch einen stärkeren Schutz erhalten, als dies etwa bei einer subsidiären Haftung des Entleihers für die Erfüllung der Pflichten des Verleihers ihm gegenüber der Fall gewesen wäre."
BGH (U) 21.1.2003 X ZR 261/01	§§ 1 Abs. 1, 9 Nr. 1 AÜG	**Wertersatzanspruch bei illegaler Arbeitnehmerüberlassung aufgrund von Schweinwerkverträgen** Bei einer als Werkvertrag bezeichneten Vereinbarung zwischen einem deutschen und einem polnischen Unternehmen über Stahlbauarbeiten, gemäß dem das deutsche Unternehmen dem polnischen Unternehmen die Arbeitskräfte benennt, die eingestellt werden, der Betriebsleiter des deutschen Unternehmens die Arbeitskräfte einarbeitet, sie mit Werkzeug und Arbeitskleidung versorgt und die Arbeitszeit festlegt, handelt es sich um einen Arbeitnehmerüberlassungsvertrag, der bei Gewerbsmäßigkeit und Fehlen der Erlaubnis unwirksam ist, und bei dem die polnische Seite lediglich einen Anspruch aus Bereicherung hat, dessen Höhe gegebenenfalls zu schätzen ist.

c) Fallübersicht Besonderheiten beim grenzüberschreitenden/internationalen Sachverhalt

Gericht/Datum AZ./Fundstelle	Normen	Leitsatz/Wesentlicher Entscheidungsinhalt
EuGH (U) 11.11.2010 – C-232/09 Danossa	Art. 234 EG Art 2 a, 10 EWGRL 85/92 Art. 16 Abs. 1 EWGRL 391/89 Art. 2 Abs. 7 EWGRL 207/76, Art. 2 Abs. 1 EWGRL 207/76, Art. 1 EWGRL 613/86	**Unionsrechtlicher Arbeitnehmerbegriff: Grundsätzliche Begriffsbestimmung des EuGH** „Nach ständiger Rechtsprechung kann der Begriff des Arbeitnehmers im Sinne dieser Richtlinie nicht je nach nationalem Recht unterschiedlich ausgelegt werden; er ist anhand objektiver Kriterien zu definieren, die das Arbeitsverhältnis im Hinblick auf die Rechte und Pflichten der Betroffenen kennzeichnen. Das wesentliche Merkmal des Arbeitsverhältnisses besteht darin, dass eine Person während einer bestimmten Zeit für eine andere nach deren Weisung Leistungen erbringt, für die sie als Gegenleistung eine Vergütung erhält. Für die Arbeitnehmereigenschaft im Sinne des Unionsrechts ist es ohne Bedeutung, dass das Beschäftigungsverhältnis nach nationalem Recht ein Rechtsverhältnis sui generis ist. Sofern eine Person die vorstehend (…) angeführten Voraussetzungen erfüllt, ist die Art der Rechtsbeziehung zwischen ihr und der anderen Partei des Arbeitsverhältnisses ohne Bedeutung für die Anwendung der Richtlinie 92/85. Auch die formale Einstufung als Selbstständiger nach innerstaatlichem Recht schließt nicht aus, dass eine Person als Arbeitnehmer i.S.d. RL 92/85 einzustufen ist, wenn ihre Selbstständigkeit nur fiktiv ist und damit ein Arbeitsverhältnis im Sinne dieser Richtlinie verschleiert."

Gericht/Datum AZ./Fundstelle	Normen	Leitsatz/Wesentlicher Entscheidungsinhalt
BAG (U) 8.12.2010 10 AZR 562/08	§§ 12 ff., 38, 545 Abs. 2 ZPO Art. 2, 16, 17, 53 Abs. 1, Art. 54b Abs. 2, Luganer Übereinkommen	**Unionsrechtlicher/Internationaler Arbeitnehmerbegriff: Grundsätzliche Begriffsbestimmung des BAG** „Der Begriff des Arbeitsvertrags ist nicht nach nationalen Kriterien zu bestimmen, sondern als genuiner Begriff des Luganer Übereinkommens autonom auszulegen. Unter dem Begriff des „individuellen Arbeitsvertrages" ist eine Vereinbarung zu verstehen, die eine abhängige, weisungsgebundene Tätigkeit für eine bestimmte Dauer zum Inhalt hat, bei der der Arbeitnehmer regelmäßig in einer bestimmten Weise in den Betrieb des Arbeitgebers eingebunden ist und für die er als Gegenleistung eine Vergütung erhält. Dass eine soziale und wirtschaftliche Abhängigkeit der schwächeren Partei besteht, wirkt indiziell, ist aber für sich allein weder erforderlich noch ausreichend. Ebenso wenig ist die Höhe der Vergütung für die Qualifizierung als Arbeitsverhältnis von Belang, auch nicht die Gewährung einer anteiligen Erfolgsvergütung oder die Bezahlung durch Gesellschaftsanteile. Der Begriff „individuell" grenzt den Arbeitsvertrag lediglich von kollektiven Vereinbarungen wie Tarifvertrag, Betriebs- und Dienstvereinbarung ab."
LAG Köln (B) 30.7.2004 2 Ta 219/04	EGV 44/2001 Art. 5 Nr. 5, EGV 44/2001 Art. 21 § 2 Abs. 1 Nr. 3 ArbGG	**Internationale Zuständigkeit: Arbeitnehmerbegriff, Ausnahme zur „Sic-Non-Rechtsprechung"**

Gericht/Datum AZ./Fundstelle	Normen	Leitsatz/Wesentlicher Entscheidungsinhalt
		„Das Arbeitsgericht wird dabei allerdings zu berücksichtigen haben, dass sich die internationale Zuständigkeit aus der Verordnung Nr. 44/2001 v. 22.12.2000 des Rates über die gerichtliche Zuständigkeit und die Anerkennung und Vollstreckung von Entscheidungen in Zivil- und Handelssachen richtet. Danach ist für die Feststellung der Arbeitnehmereigenschaft bei der Prüfung der internationalen Zuständigkeit die „sic-non" Entscheidung nicht zulässig. Vielmehr ist die Arbeitnehmereigenschaft vertragsautonom positiv festzustellen (...). Insbesondere wird das Arbeitsgericht zu prüfen haben, ob eine Zuständigkeit in Köln aus Art. 5 Nr. 5 EuGVVO gegeben ist und ob die im Vertrag der Parteien enthaltene Derogation nach Art. 21 EuGVVO unwirksam ist."
OLG Hamburg (U) 14.4.2004 13 U 76/03	EGV 44/2001 Art. 15, 17, 21, 23 § 307 BGB	**Internationale Zuständigkeit: Arbeitnehmerbegriff, vertragsautonome Auslegung, Wirksamkeit von Gerichtsstandvereinbarungen** 1. Auch gegenüber einem Handelsvertreter ist die formularmäßige Vereinbarung eines ausschließlichen Gerichtsstandes nach Art. 23 EuGVVO zulässig. 2. Die formularmäßige Vereinbarung eines ausschließlichen Gerichtsstandes im Handelsvertretervertrag ist auch im Hinblick auf das Schutzbedürfnis des Handelsvertreters wirksam. Eine analoge Anwendung von Art. 19, 21 EuGVVO auf Handelsvertreter scheitert bereits an einer fehlenden Regelungslücke, denn der Handelsvertreter ist mangels Weisungsgebundenheit und persönlicher Abhängigkeit weder Arbeitnehmer noch übt er eine arbeitnehmerähnliche Tätigkeit aus, noch ist er einem Verbraucher gleichzustellen. 3. Der Begriff des Arbeitnehmers ist ebenso wie der des Verbrauchers gemeinschaftsrechtlich auszulegen und zu definieren.

Gericht/Datum AZ./Fundstelle	Normen	Leitsatz/Wesentlicher Entscheidungsinhalt
ArbG Münster (U) 26.1.1999 3 Ca 1563/98	Art. 17 Abs. 5 VollstrZustÜbk	**Internationale Zuständigkeit: Arbeitnehmerbegriff, vertragsautonome Auslegung, Wirksamkeit von Gerichtsstandsvereinbarungen** „Die Parteien haben im letzten Satz der Ziff. 12 ihres Vertrages v. 23.9.1994 Münster als zuständiges Gericht bestimmt. Diese Gerichtsstandsvereinbarung ist aber gem. Art. 17 Abs. 5 EuGVÜ rechtsunwirksam. Nach der genannten Norm können bei individuellen Arbeitsverträgen nur unter hier nicht vorliegenden, eingeschränkten Bedingungen Vereinbarungen über den Gerichtsstand wirksam getroffen werden. Das in Art. 17 Abs. 5 EuGVÜ vorausgesetzte Arbeitsverhältnis hat zwischen der Klägerin und dem Beklagten trotz der Benennung ihres Vertrages als „Werkvertrag" bestanden. In dem Zusammenhang folgt die Kammer der zutreffenden Rechtsprechung des EuGH (z.B. EuGH AP Nr. 2 zu Art. 5 Brüsseler Abkommen, Bl. 2), wonach die im EuGVÜ verwandten Begriffe grundsätzlich vertragsautonom auszulegen sind."
BAG (U) 20.12.2012 2 AZR 481/11	Art. 19 Nr. 2 Buchst. a, Art. 21, Art. 23 Abs. 5 EuGVVO §§ 562, 547 Nr. 6 ZPO	**IZPR/IPR: Gewöhnlicher Arbeitsort zur Bestimmung der objektiven Anknüpfung** „Unter dem Ort, an dem der Arbeitnehmer gewöhnlich seine Arbeit verrichtet, ist der Ort zu verstehen, an dem er die mit seinem Arbeitgeber vereinbarten Tätigkeiten tatsächlich ausübt. Erfüllt er die Verpflichtungen aus seinem Arbeitsvertrag in mehreren Mitgliedstaaten, ist dies der Ort, an dem oder von dem aus er unter Berücksichtigung aller Umstände des Einzelfalls den wesentlichen Teil seiner Verpflichtungen gegenüber seinem Arbeitgeber tatsächlich erfüllt."

Gericht/Datum AZ./Fundstelle	Normen	Leitsatz/Wesentlicher Entscheidungsinhalt
EuGH (U) 9.1.1997 C-383/95 – Rutten/Cross-Medical	Art. 5 Nr. 1 EuGVÜ	**IZPR/IPR – Gewöhnlicher Arbeitsort, Geltende Rechtsprechung-Grundsätze durch EuGH** „Ggg Art. 5 Nr. 1 i.d.F. des Übereinkommens vom 26.5.1989 über den Beitritt des Königreichs Spanien und der Portugiesischen Republik ist dahin auszulegen, dass bei einem Arbeitsvertrag, zu dessen Erfüllung der Arbeitnehmer seine Tätigkeit in mehr als einem Vertragsstaat verrichtet, der Ort, an dem der Arbeitnehmer gewöhnlich seine Arbeit verrichtet, im Sinne dieser Bestimmung der Ort ist, den der Arbeitnehmer zum tatsächlichen Mittelpunkt seiner Berufstätigkeit gemacht hat. Für die konkrete Bestimmung dieses Ortes ist der Umstand zu berücksichtigen, dass der Arbeitnehmer den größten Teil seiner Arbeitszeit in einem Vertragsstaat zubringt, in dem er ein Büro hat, von dem aus er seine Tätigkeit für seinen Arbeitgeber organisiert und wohin er nach jeder im Zusammenhang mit seiner Arbeit stehenden Auslandsreise zurückkehrt."
BAG (U) 28.5.2014 5 AZR 422/12	§ 10 Abs. 4, § 9 Nr. 2 AÜG, § 307 Abs. 1 S. 2 BGB Art. 27 ff. EGBGB	**Grenzüberschreitende (illegale) Arbeitnehmerüberlassung: Outbound-Fall, Anwendbarkeit des deutschrechtlichen Equal-Pay-Gebots** „Findet nach den Regeln des Internationalen Privatrechts auf das Arbeitsverhältnis eines Leiharbeitnehmers deutsches Arbeitsrecht Anwendung, schuldet der Verleiher bei Vorliegen der Voraussetzungen des § 10 Abs. 4 AÜG equal pay auch für Auslandseinsätze."

d) Fallübersicht Arbeitsrechtsweg

Gericht/Datum AZ./Fundstelle	Normen	Leitsatz/Wesentlicher Entscheidungsinhalt
BAG (U) 23.7.2014 7 AZR 853/12	§ 17 S. 1 TzBfG §§ 9 Nr. 1, 10 Abs. 1 S. 1 AÜG §§ 265, 325 ZPO	**Arbeitsgerichtliche Überprüfung der Befristung eines Arbeitsverhältnisses bei nach Klageerhebung (möglicherweise) eintretender Unwirksamkeit des ursprünglichen Arbeitsverhältnisses gem. § 9 Nr. 1 AÜG.** Frage der prozessualen Passivlegitimation des bisherigen Arbeitgebers und Bindungswirkung für den (möglichen) neuen Arbeitgeber.
BAG (U) 30.1.1991 7 AZR 497/89	§§ 9 Nr. 1, 10 Abs. 1 S. 1 AÜG	**Frage der Beweislastverteilung bei Geltendmachung eines Arbeitsverhältnisses** mit (vermeintlichem) Entleiher aufgrund behaupteter unerlaubter Arbeitnehmerüberlassung.
BAG (U) 24.5.2006 7 AZR 365/05	§§ 1 Abs. 2, 3 Abs. 1, 9 Nr. 1, 10 Abs. 1 S. 1 AÜG; § 256 ZPO § 242 BGB	**Frage nach der Verwirkung der Möglichkeit der gerichtlichen Geltendmachung sowie Bestehen eines Feststellungsinteresses** zur gerichtlichen Geltendmachung eines Arbeitsverhältnisses mit (vermeintlichem) Entleiher aufgrund behaupteter unerlaubter Arbeitnehmerüberlassung nach beendetem Einsatz.
BAG (U) 11.12.1996 5 AZR 708/95	§ 242 BGB	**Frage des rechtsmissbräuchlichen Berufens auf Arbeitnehmerstellung**, wenn zuvor jeweils durch (vermeintlichen) Arbeitnehmer Abschluss Arbeitsvertrag abgelehnt und Abschluss Vertrag über freie Mitarbeit gewünscht.

e) Fallübersicht Bindungswirkung

Gericht/Datum AZ./Fundstelle	Normen	Leitsatz/Wesentlicher Entscheidungsinhalt
BAG (U) 23.7.2014 7 AZR 853/12	§ 17 S. 1 TzBfG §§ 9 Nr. 1, 10 Abs. 1 S. 1 AÜG §§ 265, 325 ZPO	**Arbeitsgerichtliche Überprüfung der Befristung eines Arbeitsverhältnisses bei nach Klageerhebung (möglicherweise) eintretender Unwirksamkeit des ursprünglichen Arbeitsverhältnisses gem. § 9 Nr. 1 AÜG.** Frage der prozessualen Passivlegitimation des bisherigen Arbeitgebers und Bindungswirkung für den (möglichen) neuen Arbeitgeber.

Gericht/Datum AZ./Fundstelle	Normen	Leitsatz/Wesentlicher Entscheidungsinhalt
BAG (U) 21.6.2000 5 AZR 782/98	§ 256 ZPO	Feststellungsinteresse bezüglich Feststellung Arbeitsverhältnis mit Blick auf Erklärung Sozialversicherungsträger, Ergebnis der arbeitsgerichtlichen Entscheidung werde bei der Prüfung der sozialrechtlichen Versicherungspflicht übernommen.
BSG (U) 9.5.1995 10 Rar 5/94	§§ 325 Abs. 1, 265 ZPO	Bindungswirkung arbeitsgerichtlicher Urteile im sozialgerichtlichen Verfahren, hier bezüglich Bemessung Konkursausfallgeld.

2. Fallübersicht Sozialversicherungsrecht

a) Sozialversicherungsrechtlicher Arbeitgeberbegriff

Gericht/Datum AZ./Fundstelle	Normen	Leitsatz/Wesentlicher Entscheidungsinhalt
BSG (U) 22.6.2005 B 12 KR 28/03 R	§ 7 SGB IV	**Abgrenzung zwischen selbstständiger Tätigkeit und abhängiger Beschäftigung: Grundsätze zur Abgrenzung** „Nach § 7 Abs 1 SGB IV a.F. ist Beschäftigung die nichtselbstständige Arbeit, insbesondere in einem Arbeitsverhältnis. Nach der ständigen Rechtsprechung des BSG setzt eine Beschäftigung voraus, dass der Arbeitnehmer vom Arbeitgeber persönlich abhängig ist. Bei einer Beschäftigung in einem fremden Betrieb ist dies der Fall, wenn der Beschäftigte in den Betrieb eingegliedert ist und er dabei einem Zeit, Dauer, Ort und Art der Ausführung umfassenden Weisungsrecht des Arbeitgebers unterliegt. Demgegenüber ist eine selbstständige Tätigkeit vornehmlich durch das eigene Unternehmerrisiko, das Vorhandensein einer eigenen Betriebsstätte, die Verfügungsmöglichkeit über die eigene Arbeitskraft und die im Wesentlichen frei gestaltete Tätigkeit und Arbeitszeit gekennzeichnet. Ob jemand abhängig beschäftigt oder selbstständig tätig ist, hängt davon ab, welche Merkmale überwiegen. Maßgebend ist stets das Gesamtbild der Arbeitsleistung. Weichen die Vereinbarungen von den tatsächlichen Verhältnissen ab, geben letztere den Ausschlag."

Gericht/Datum AZ./Fundstelle	Normen	Leitsatz/Wesentlicher Entscheidungsinhalt
BSG (U) 20.3.2013 B 12 R 13/10 R	§ 7 SGB IV	**Abgrenzung zwischen selbstständiger Tätigkeit und abhängiger Beschäftigung bei Bühnenkünstlern: Dienstbereitschaft etc.** „Als „Gäste" beschäftigte Bühnenkünstler stehen in einer dauernden (durchgehenden) Beschäftigung, wenn in den Zeiten zwischen den Vorstellungen eine Verpflichtung zur Dienstbereitschaft besteht. Vorstellungshonorare sind dann beitragsrechtlich nicht den einzelnen Auftrittstagen zuzuordnen, sondern auf den gesamten Zeitraum vom ersten Probentag bis zum letzten Vorstellungstag zu verteilen."
BSG (U) 30.4.2013 B 12 KR 19/11 R	§ 7 SGB IV	**Abgrenzung zwischen selbstständiger Tätigkeit und abhängiger Beschäftigung bei Familienunternehmen** Ist ein Sohn in dem von seiner Mutter betriebenen Unternehmen tätig, darf – entsprechend den zum Tätigwerden in sog Familiengesellschaften entwickelten Grundsätzen – nicht unter Außerachtlassung der konkreten rechtlichen Rahmenbedingungen auf dessen Selbstständigkeit im Rechtssinn allein schon wegen der familiären Bindungen oder der bloßen Möglichkeit zur Einflussnahme auf die Geschicke des Unternehmens geschlossen werden.
BSG (U) 28.5.2008 B 12 R 13/07 R	§ 7 SGB IV	**Abgrenzung zwischen selbstständiger Tätigkeit und abhängiger Beschäftigung bei Piloten: Insbesondere Weisungen, betriebliche Eingliederung etc.** „Im vorliegenden Verfahren ist das LSG aufgrund dieser Rechtsprechung in seiner Gesamtwürdigung rechtsfehlerfrei zu dem Ergebnis gelangt, dass die Beigeladenen zu 4. und 10. bei der Klägerin in ihrer Pilotentätigkeit nicht abhängig beschäftigt sind. (…)

Gericht/Datum AZ./Fundstelle	Normen	Leitsatz/Wesentlicher Entscheidungsinhalt
		Entgegen der von der Revision vertretenen Auffassung unterliegen die beigeladenen Flugzeugführer bei der Durchführung ihrer einzelnen Einsätze keinem Zeit, Dauer, Ort und Art der Ausführung umfassenden Weisungsrecht der Klägerin. (...) Zum einen sind die beigeladenen Flugzeugführer nicht (nur), wie im dort entschiedenen Fall, als Co-Piloten, sondern (auch) als (allein)verantwortliche Flugzeugführer tätig. Zum anderen wird von ihnen nicht ständige Dienstbereitschaft erwartet. Das wäre etwa der Fall, wenn die Einsätze der Piloten in Dienstplänen aufgeführt wären, die das Luftfahrtunternehmen ohne vorherige Absprache mit ihnen erstellt. Die Aufnahme der Beigeladenen zu 4. und 10. in einen alle – auch die als Freelancer tätigen – Piloten umfassenden Einsatzplan findet nach den Feststellungen des LSG gerade nicht statt. Die einzelnen Einsätze werden lediglich in den jeweiligen Tagesplaner eingetragen. (...) Die Beigeladenen zu 4. und 10. sind auch nicht wie Beschäftigte in den Betrieb der Klägerin eingegliedert. Zutreffend hat das Berufungsgericht dabei auf die Verhältnisse abgestellt, die nach Annahme des jeweiligen Einzelauftrags auf der Grundlage des Rahmenvertrags bestehen. Nach den Feststellungen des LSG halten sich die Freelancer in den Betriebsräumen der Klägerin nicht auf. Auch sind ihre Einsätze, wie bereits dargelegt, nicht durch einseitig aufgestellte Dienstpläne geregelt mit der Folge, dass die Klägerin nicht wie bei Beschäftigten innerhalb eines bestimmten zeitlichen Rahmens über ihre Arbeitskraft frei verfügen kann."

Gericht/Datum AZ./Fundstelle	Normen	Leitsatz/Wesentlicher Entscheidungsinhalt
BSG (U) 19.8.2003 B 2 U 38/02 R	§ 7 SGB IV	**Abgrenzung zwischen selbstständiger Tätigkeit und abhängiger Beschäftigung bei „Menü-Bringern mit eigenem PKW": Zum Kriterium des Betriebsmittels etc.** „Die Berücksichtigung des Kriteriums „Betriebsmittel PKW" durch das LSG bei der Gesamtwürdigung wird durch die Beigeladene zwar nicht angegriffen; sie weist jedoch nachdrücklich darauf hin, dass die Verpflichtung zur Anbringung eines Firmenschildes bei den Auslieferungsfahrten nicht für das Vorliegen eines Beschäftigungsverhältnisses spreche. Dass die Benutzung eines eigenen Kraftfahrzeugs und die damit einhergehende Lastentragung durchaus für eine selbstständige Tätigkeit sprechen kann (…), stellt allerdings auch das LSG nicht in Frage. Dadurch aber, dass sich hier der Geschäftsführer der Beigeladenen die Kontrolle des Fahrzeuges vorbehielt, dieses ggf. auch ablehnen konnte und dass bei der Ausfahrt der Menüs das Firmenschild der Beigeladenen angebracht werden musste, unterlag der Kl. auch in diesem Bereich einengenden Auflagen durch die Beigeladene. Zwar wären die letztgenannten Aspekte für sich allein noch nicht geeignet, eine Abhängigkeit i.S. eines Beschäftigungsverhältnisses zu belegen. Dennoch weisen sie – was die Beigeladene nicht berücksichtigt – eindeutig auf eine gewisse Beschränkung der Handlungs- und Gestaltungsfreiheit, durch die eine selbstständige Tätigkeit grundsätzlich gekennzeichnet ist, hin. Es ist daher rechtlich nicht zu beanstanden, wenn das LSG die Benutzung des privaten PKW durch den Kl. im Rahmen der Gesamtwürdigung nicht als den entscheidenden Gesichtspunkt für die Annahme einer selbstständigen Tätigkeit des Kl. angesehen hat."

Gericht/Datum AZ./Fundstelle	Normen	Leitsatz/Wesentlicher Entscheidungsinhalt
LSG Bayern (U) 9.5.2012 L 5 R 23/12	§ 7 SGB IV	**Abgrenzung zwischen selbstständiger Tätigkeit und abhängiger Beschäftigung bei „LKW-Fahrern ohne eigenes Fahrzeug": Zum Kriterium des Betriebsmittels etc.** „In Anwendung dieser Maßstäbe sind sowohl die Beklagte als auch das Sozialgericht zu dem zutreffenden Abwägungsergebnis gekommen, dass der Beigeladene zu 1) für den Kläger in einem abhängigen Beschäftigungsverhältnis tätig geworden ist. a) In Würdigung der dokumentierten Tätigkeit des Beigeladenen zu 1) eine abhängige Beschäftigung sprechen folgende gewichtige Tatsachen: – Der Kläger hat dem Beigeladenen zu 1) für die insgesamt vier durchgeführten Fahrten das wesentliche Arbeitsmittel gestellt, nämlich den auf das Unternehmen des Klägers zugelassenen und für dieses versicherten Lkw, – Der Kläger hat die für den Betrieb dieses wesentlichen Arbeitsmittels notwendigen Betriebsstoffe wie Kraftstoff, Schmiermittel allein getragen, – der Kläger hat die Kosten von Unterhalt und Wartung des LKW allein übernommen. – der Beigeladene zu 1) ist in allen vier Fällen Routen gefahren, die der Kläger ihm nach Kundenaufträge des Klägers vorgegeben hatte, – die Tätigkeit des Beigeladenen zu 1), also die Ausführung der Fahrten, hat sich von der Tätigkeit der angestellten Fahrer des Klägers nicht wesentlich unterschieden und – der Beigeladene zu 1) ist nach Außen ebenso wenig als Selbstständiger aufgetreten, wie die Fahrer des Klägers.

Gericht/Datum AZ./Fundstelle	Normen	Leitsatz/Wesentlicher Entscheidungsinhalt
		Zwar hat der Kläger ursprünglich geltend gemacht, dass die Lkw-Nutzungskosten in die Vergütung für die Fahrten mit einkalkuliert gewesen sei. Hierfür lassen sich jedoch keinerlei Anhaltspunkte finden, es ist nicht nachvollziehbar, ob oder in welchem Umfange Anschaffungs- und Betriebsausgaben des Klägers auf den Beigeladenen zu 1) im Verhältnis zu den ihm zuzuschreibenden Laufleistungen in irgendeiner rechnerischen Form einbezogen worden wären. Darüber hinaus hat der Beigeladene zu 1) im Ermittlungsverfahren glaubhaft angegeben, dass sich seine Vergütung an dem Lohn orientiert hatte, die die angestellten Fahrer des Klägers für entsprechende Fernfahrten erhalten hätten."
BSG 4.6.2019 B 12 R 11/18 R	§ 7 SGB IV	**Abgrenzung zwischen Selbstständigkeit und abhängiger Beschäftigung, Honorarärzte** 1. Der Versorgungsauftrag eines Krankenhauses sowie die Regelungen über die Erbringung und Vergütung von Krankenhausleistungen, zur Qualitätssicherung im Krankenhaus und zum Patientenschutz haben keine zwingende übergeordnete Wirkung hinsichtlich des sozialversicherungsrechtlichen Status von im Krankenhaus tätigen sogenannten Honorarärzten, sind jedoch bei der Gewichtung der Indizien zur Statusbeurteilung zu berücksichtigen. 2. Da diese regulatorischen Rahmenbedingungen im Regelfall die Eingliederung ärztlichen Krankenhauspersonals in die Organisations- und Weisungsstruktur des Krankenhauses mit sich bringen, müssen für die nur ausnahmsweise in Betracht kommende selbstständige Tätigkeit im sozialversicherungsrechtlichen Sinn gewichtige Indizien bestehen.

b) Sonstige Fälle

Gericht/Datum AZ./Fundstelle	Normen	Leitsatz/Wesentlicher Entscheidungsinhalt
LSG Rheinland-Pfalz (U) 10.12.2013 L 6 R 65/12	§ 7 SGB IV	**Sozialversicherungsrechtliche Behandlung eines im Familienunternehmen tätigen Bauingenieurs, technischer Leiter** Bearbeitung der bautechnischen Vertragsunterlagen, Betreuung der bauausführenden Firmen etc. Funktion des leitenden Angestellten rechtfertige eine Qualifizierung als selbstständig nicht. Dabei wurde u.a. auf die Einschränkungen des Weisungsrechts bei „funktionsgerecht dienender Teilhabe am Arbeitsprozess" abgestellt. Bedeutung vertraglicher Regelungen bei Abweichungen zur tatsächlichen Ausgestaltung.
LSG NRW (B) 9.1.2013 L 8 R 406/12 B ER	§ 7 SGB IV	**Status eines Kranführers** Gegen Selbstständigkeit sprächen: feste Stundenvergütung, Vermittlung auf Baustellen, kein eigenes Betriebsmittel etc. Tätigkeit auf Veranlassung und unter Führung der dortigen Entscheidungsträger. Ortsgebundenheit habe sich schon kraft Natur der Sache ergeben. Anwesenheitspflicht gefolgert aus Stundenaufzeichnungen.
LSG Bayern (U) 26.3.2009 L 44 KR 375/07	§ 7 SGB IV	**Status eines Auslieferungsfahrers** Das Bayerische LSG entschied, dass eine Beschäftigung nach § 7 SGB IV in der Regel schon zu verneinen sei, wenn der Transporteur ein eigenes Kraftfahrzeug verwendet und gelegentlich fremde Fahrer einsetzt.
BSG (U) 11.3.2009 B 12 KR 21/07 R	§ 7 SGB IV	**Transportfahrer** Entscheidung der Vorinstanz aufgehoben. Feststellungen zu einzuhaltenden Zeiten, erteilten konkreten Weisungen, zeitlichen Freiräumen, Verpflichtungen zur Übernahme aller Touren bzw. zu möglichen Folgen bei Ablehnung von Touren etc. fehlten. Delegationsbefugnis kein entscheidendes Kriterium für eine selbstständige Tätigkeit.

Gericht/Datum AZ./Fundstelle	Normen	Leitsatz/Wesentlicher Entscheidungsinhalt
		Nutzung eines eigenen Fahrzeugs reiche allein nicht für eine Bewertung der Tätigkeit als selbstständige Tätigkeit aus. Vertragsstrafen könnten sowohl für eine selbstständige Tätigkeit als auch für Verstöße gegen Pflichten aus einer abhängigen Beschäftigung sprechen.
BSG (U) 28.5.2008 B 12 KR 13/07 R	§ 7 SGB IV	**Freelancer/Flugzeugführer** Flugzeuge im Eigentum der Auftraggeberin. Dieser oblag auch das Akquirieren von Aufträgen sowie deren komplette Organisation, d.h. die Frage, wann welcher Flug von welchem Flughafen aus zu welchem Zielort gehen soll und zu welchem Preis ein solcher Flug angeboten werden kann einschließlich der Rechnungslegung etc. Neben festangestellten Piloten existierte ein Pool sog. Freelancer, auf die die Auftraggeberin in Spitzenzeiten zurückgriff. Qualifiziert als selbstständige Tätigkeit.
Hessisches LSG (U) 25.1.2007 8 KR 148/05, L 8 KR 165/05	§ 7 SGB IV	**Die Tätigkeit eines Arztes im Praktikum** als Bereitschaftsarzt im Rahmen des Werksärztlichen Dienstes unterliegt der Versicherungspflicht in der Sozialversicherung.
Bayerisches LSG (U) 24.1.2006 L 5 KR 185/04	§ 7 SGB IV	**Physiotherapeut** und medizinischer Bademeister, dem die Bäderabteilung des Hotelbetriebs unterstand; Sozialversicherungspflicht, Unternehmerrisiko
SG Kassel (U) 10.3.2004 S 12 KR 1305/01 gehalten Hessisches LSG (U) 21.4.2008 L 1 KR 153/04		**Bauleiter, 1-Mann-Ltd.** selbstständige Bauleitertätigkeit, insgesamt weisungsfreie Tätigkeit

Gericht/Datum AZ./Fundstelle	Normen	Leitsatz/Wesentlicher Entscheidungsinhalt
BSG (U) 4.6.2019 B 12 R 11/18 R	§ 7 SGB IV	**Honorarärzte** Ärzte, die als Honorarärzte in einem Krankenhaus tätig sind, sind in dieser Tätigkeit regelmäßig nicht als Selbstständige anzusehen, sondern unterliegen als Beschäftigte des Krankenhauses der Sozialversicherungspflicht
BSG (U) 14.3.2018 B 12 R 3/17	§ 7 SGB IV	**Lehrtätigkeit an einer städtischen Musikschule** Die Tätigkeit von Lehrern an einer Musikschule kann je nach Ausgestaltung der Beziehungen zur Schule sowohl in abhängiger Beschäftigung als auch in selbständiger Tätigkeit erbracht werden. Fehlen eindeutige Zuordnungsmerkmale, komme aber auch „den vertraglichen Vereinbarungen zwischen Arbeitnehmer/Auftragnehmer und Arbeitgeber/Auftraggeber zwar keine allein ausschlaggebende, so doch eine gewichtige Rolle zu"
LSG Baden-Württemberg (U) 26.7.2016 L 11 R 4903/15	§ 7 SGB IV	**Museumsführer** Nicht sozialversicherungspflichtig, wenn eine Zuweisung anderer Aufgaben durch das Museum nicht zulässig ist und auch tatsächlich nicht erfolgt. Des Weiteren darf für die Durchführung der Tätigkeiten keine Einzelweisung durch das Museum erfolgen, lediglich der geschuldete Leistungsumfang (Thema der Führung, zeitlicher Rahmen und das konkrete Honorar nach Pauschalen) vorab vereinbart werden und die Anpassung an die Betriebsabläufe des Museums lediglich unvermeidbaren organisatorischen Sachzwängen geschuldet sein, wie die Öffnungszeiten und die üblichen Betriebsabläufe.

Gericht/Datum AZ./Fundstelle	Normen	Leitsatz/Wesentlicher Entscheidungsinhalt
LSG Rheinland-Pfalz (U) 31.8.2016 L 6 R 95/14	§ 7 SGB IV	**Radiomoderatorin** Programmgestaltende Radiomoderatoren stehen nur dann in einem Arbeitsverhältnis zur Sendeanstalt, wenn diese innerhalb eines bestimmten zeitlichen Rahmens über ihre Arbeitsleistung verfügen kann. Dies ist insbesondere dann anzunehmen, wenn ständige Dienstbereitschaft erwartet wird, oder der Mitarbeiter in nicht unerheblichem Umfang ohne Abschluss entsprechender Vereinbarungen zur Arbeit herangezogen werden kann. Im Falle von Rundfunk und Fernsehanstalten ist dies der Fall, wenn einseitig, d.h. ohne Mitwirkung der Mitarbeiterinnen und Mitarbeiter, Dienstpläne aufgestellt werden. Das Ausmaß der zeitlichen Inanspruchnahme (hier fünf Stunden pro Werktag) durch die übernommene Aufgabe allein führt nicht zu einer persönlichen Abhängigkeit und Weisungsgebundenheit.
LSG Berlin-Brandenburg (U) 5.11.2021 L 26 BA 6/20	§ 7 SGB IV	**Alleingesellschafterin und Geschäftsführerin einer Pflege-UG** Erbringt eine Pflege-UG (haftungsbeschränkt) einem Krankenhaus vertraglich geschuldete Pflegeleistungen durch Einsatz der Alleingesellschafterin und Geschäftsführerin, liegt keine illegale Arbeitnehmerüberlassung vor, wenn das Krankenhaus die Arbeitsleistung nur entgegennimmt, ohne selbst zur Entgeltzahlung an die Pflegekraft verpflichtet zu sein, und diese auch nicht als natürliche Person für etwaige Vertragsverletzungen haftet, sondern die juristische Person als Vertragspartnerin. Schließt ein Krankenhausträger mit einer juristischen Person des Privatrechts Dienstleistungsverträge mit dem Ziel der Erbringung von Pflegeleistungen auf Honorarbasis, ist diese Vertragsgestaltung – abgesehen von Fällen des Rechtsmissbrauchs – auch im Sozialversicherungsrecht zu berücksichtigen.

Gericht/Datum AZ./Fundstelle	Normen	Leitsatz/Wesentlicher Entscheidungsinhalt
Hessisches LSG (U) 18.11.2021 L 1 BA 25/21	§ 7 SGB IV	**Ein-Personen-Pflege-GmbH und Scheinselbständigkeit** Zwar spreche vieles dafür, dass die Tätigkeit des Pflegers grundsätzlich als abhängige Beschäftigung einzuordnen ist. Maßgeblich sei aber, welche rechtliche Bedeutung der Tatsache zukommt, dass die maßgeblichen Dienstleistungsvereinbarungen mit der GmbH und nicht mit dem Kläger direkt geschlossen worden sind. Grundsätzlich gelte, dass der Kläger – soweit er nicht Vertragspartei der Rechtsvorgängerin des Krankenhauses gewesen ist – zu dieser auch nicht in einem abhängigen Beschäftigungsverhältnis gestanden haben kann. Die auch im Sozialversicherungsrecht zu beachtende jeweils eigenständige Rechtssubjektivität von natürlicher und juristischer Person gebiete ihre Unterscheidung auch in ihrer Beziehung zueinander. Bei der Prüfung der Frage, wer „Auftraggeber" i.S.v. § 2 S. 1 Nr. 9 SGB VI der jeweiligen selbstständig erwerbstätigen natürlichen Person ist, kommt nicht in Betracht, die Rechtspersönlichkeit beteiligter juristischer Personen „hinwegzufingieren" und anschließend das Resultat dieser Vorgehensweise allein der natürlichen Person zuzuordnen.

3. Fallübersicht Steuerrecht

Entscheidung	Fundstelle	Inhalt
BFH (U) 18.6.2015 VI R 77/12	BStBl 2015, 903	**Telefoninterviewer**, denen ein Computerarbeitsplatz zur Verfügung gestellt wird, die Interviews auf Grundlage vorgegebener, an den Bildschirmen angezeigter Fragebögen durchführen, und die Antworten im Computersystem erfassen, sind bei Gesamtwürdigung der Verhältnisse nicht zwingend als Arbeitnehmer einzuordnen.
BFH (U) 19.2.2004 VI R 122/00	BStBl 2004, 620	**Geschäftsführer einer GmbH oder Vorstände** einer AG sind steuerlich regelmäßig Arbeitnehmer, weil sie in den Organismus der Gesellschaft eingegliedert sind und den Weisungen zu folgen haben, die sich aus Anstellungsvertrag und – bei der GmbH – den Gesellschafterbeschlüssen in Verbindung mit den gesetzlichen Vorschriften ergeben.
BFH (U) 2.12.1998 X R 83/96	BStBl 1999, 534	**Rundfunkermittler**, der im Auftrage einer Rundfunkanstalt Schwarzhörer aufspürt, ist kein Arbeitnehmer, sondern Gewerbetreibender, wenn die Höhe seiner Einnahmen weitgehend von seinem eigenen Arbeitseinsatz abhängt und er auch im Übrigen – insbesondere bei Ausfallzeiten – ein Unternehmerrisiko in Gestalt des Entgeltrisikos trägt.
Niedersächsisches FG (U) 10.4.2003 11 K 130/01	DStRE 2005, 20	**Bei der Abgrenzung zwischen selbstständig und unselbstständig Tätigen ist auf die Gesamtumstände des Einzelfalles abzustellen**; dabei sind die für und gegen ein Dienstverhältnis sprechenden Umstände gegeneinander abzuwägen.
FG Hamburg (U) 29.6.2005 II 402/03	DStRE 2005, 1442	**Studenten oder andere nebenberuflich kurzzeitig als Reiseleiter/Skilehrer für einen Reiseveranstalter tätige Personen** können Einkünfte aus selbstständiger Arbeit erzielen, wenn ihnen ein Gestaltungsspielraum bei der Ausgestaltung der Reise eingeräumt ist und ein gewisses Vergütungsrisiko besteht.

Entscheidung	Fundstelle	Inhalt
BFH (U) 16.5.2002 IV R 94/99	BStBl 2002, 565	**Ein (Co-)Pilot/Verkehrsflugzeugführer** kann selbstständig tätig sein und erzielt in der Regel Einkünfte aus Gewerbebetrieb. Indiz für die Selbstständigkeit ist konkret, dass die vereinbarte Vergütung nur für die Flugstunden gewährt wurde, nicht aber für die im Zusammenhang damit anfallenden sonstigen sog. Flugdienstzeiten, insbesondere die Aufenthalte außerhalb des Heimatorte.

4. Fallübersicht Strafrecht

Gericht/Datum AZ./Fundstelle	Normen	Leitsatz/Wesentlicher Entscheidungsinhalt
OLG Bamberg, (B) 16.2.2016 3 OLG 6 Sss 16/16	§§ 266a, 263 StGB § 14 Abs. 3 StGB § 6 Abs. 2 Nr. 3e GmbHG	**Unzulässigkeit wahldeutiger Verurteilung wegen Betrugs oder Vorenthalten und Veruntreuen von Arbeitsentgelt** Kann sich der Tatrichter nicht davon überzeugen, ob der Täter faktischer Geschäftsführer einer GmbH war, scheidet im Falle der täuschungsbedingten Nichtabführung von Sozialversicherungsbeiträgen eine ungleichartige Wahlfeststellung zwischen § 263 StGB und § 266a StGB aus, wenn nach den Urteilsfeststellungen mindestens der an sich von § 266a StGB verdrängte Betrugstatbestand verwirklicht wurde. In einem solchen Fall ist vielmehr wegen Betrugs zu verurteilen. Verliert ein Geschäftsführer einer GmbH, deren alleiniger Gesellschafter er ist, aufgrund einer rechtskräftigen Verurteilung sein Amt nach § 6 Abs. 2 Nr. 3e GmbHG, führt er aber gleichwohl unverändert seine bisherige Geschäftsführertätigkeit fort, so muss er sich besondere persönliche strafbarkeitsbegründende Merkmale, die auf die GmbH zutreffen, nach § 14 Abs. 1 Nr. 1, Abs. 3 StGB zurechnen lassen.
BGH (B) 24.6.2015 1 StR 76/15	§ 266a StGB § 370 AO	**Vermittlung von Auftragnehmern an Auftraggeber** Ein-Mann-Betrieb, Geschäft im Wesentlichen bestehend aus Kundendatenbank. Bei der Feststellung der Arbeitgeberstellung grundsätzlich „der Wille der Vertragsparteien (…) ausschlaggebend". Dem Weisungsrecht und der Eingliederung in den Betrieb kommen „besondere Bedeutung" zu. Ohne Eingliederung der Fachkräfte in den Betrieb des Auftraggebers keine Arbeitgebereigenschaft nach § 266a StGB.

Gericht/Datum AZ./Fundstelle	Normen	Leitsatz/Wesentlicher Entscheidungsinhalt
OLG Frankfurt (B) 7.3.2014 1 Ws 179/13	§ 266a StGB	**Vermittlung von Auftragnehmern an Auftraggeber/Franchise-System** Zugehörigkeit zu einem Personalpool besage nichts über die Eingliederung der Verpflichteten in den Betrieb eines Vermittlungsunternehmens. Gestaltung spreche gegen ein arbeitgebertypisches umfassendes Weisungsrecht gegenüber den Pflegekräften. U.a. wurde angeführt, dass Pflegekräfte der Vermittlungsagentur gegenüber keinerlei Pflegedokumentation schuldeten, sodass Kontrollen weder möglich waren noch faktisch ausgeübt wurden. Der Senat erachtete es nicht als kritisch, dass z.B. Abrechnungen am Geschäftssitz der Personalvermittlungsagentur im Namen der Pflegekräfte erstellt wurden.
BGH (B) 4.9.2013 1 StR 94/13	§ 266a StGB § 370 AO	**Saisonarbeiter aus Polen** Werkverträge bezogen auf die Ernte von Champignons. Entgegen der gewählten vertraglichen Gestaltung sei eine Eingliederung in den Betriebsablauf des Unternehmens gegeben (Gestaltung der täglichen Arbeitszeiten, der Arbeitsorganisation im Betrieb, Weisungen zur Ausführung konkreter Tätigkeiten sowie zur Erfassung geernteter Pilzmengen).
OLG Celle (B) 3.7.2013 1 Ws 123/13	§ 266a StGB § 370 AO	**Krankentransportdienst, Einsatz von Honorarkräften** Fahrer in den Betriebsablauf eingebunden, keine eigene Betriebsstätte. unternehmerisches Risiko allein bei rückläufiger Auftragslage.
BGH (B) 5.6.2013 1 StR 626/12	§ 266a StGB § 370 AO	**Qualifizierung eines Baukolonnenführers als Arbeitgeber i.S.d. § 266a StGB** Den Baukolonnenführern war eine zum Schein als Baufirma auftretende GmbH zur Verfügung gestellt worden.

Gericht/Datum AZ./Fundstelle	Normen	Leitsatz/Wesentlicher Entscheidungsinhalt
LG Bonn (U) 1.10.2012 27a KLs 4/12, 27a KLs – 430 Js 1700/07 – 4/12	§ 266a StGB § 370 AO	**Baustellen- und Unterhaltsreinigung**, Beauftragung von scheinselbständigen Subunternehmern, faktische Arbeitgebereigenschaft, Strafzumessung bei Beitragsschäden im 7-stelligen Bereich
BGH (B) 27.9.2011 1 StR 399/11	§ 266a StGB, § 370 AO	**Zuvor als Bauleiter ungarischer Werkvertragsfirmen tätige Personen** gründeten in Deutschland ansässige Gesellschaften. Qualifizierung als Scheinwerkvertrag. Entlohnung auf Stundenbasis, monatliche Stundenaufzeichnungen, Durchführung von Buchhaltung der Schriftverkehr vom Auftraggeber selbst.
LG Düsseldorf (U) 27.1.2011 014 KLs – 130 Js 62/05 bis 8/10	§ 266a StGB § 370 AO	**Einsatz rumänischer Subunternehmer in deutschen Schlachthöfen** zur Ausführung von Schlacht- und Zerlegearbeiten auf Werkvertragsbasis. Nach Überzeugung des LG Düsseldorf waren die Werkverträge zum Schein abgeschlossen. Tatsächlich sei die Leistungsbeziehung in Form unzulässiger Arbeitnehmerüberlassung ausgeführt worden. Die Arbeitnehmer hätten den Weisungen der vom Auftraggeber eingesetzten Vorarbeiter unterstanden. Die Vorarbeiter hätten Arbeitszeiten, Einsatzbereich bestimmt und die Schnittführung kontrolliert. Ein eigenverantwortliches Ausführen der aufgegebenen Arbeiten sei nicht möglich gewesen.
AG Schwetzingen (U) 6.4.2010 1 Cs 610 Js 28883/08 – AK 551/09	§ 266a StGB § 370 AO	**Fahrer als selbstständiger Subunternehmer** Gewerbe zum Transport von Gütern mit LKW für verschiedene Firmen als selbstständiger Fahrer angemeldet. Keine eigenen Fahrzeuge. Kein unternehmerisches Risiko. Vorsatzausschluss.

Gericht/Datum AZ./Fundstelle	Normen	Leitsatz/Wesentlicher Entscheidungsinhalt
BGH (B) 7.10.2009 1 StR 478/09	§ 266a StGB § 370 AO	**Prospektverteiler** Als scheinselbstständig qualifiziert. Zwar Gewerbe angemeldet, aber weisungsgebunden und ohne eigenes unternehmerisches Risiko, vollständig in dem Betrieb des Auftraggebers eingegliedert. Vorgabe der täglichen vollschichtigen Arbeitszeit, Gestellung des Materials, der Verteilbezirke. Nicht die nötigen Sprachkenntnisse, Entlohnung nach festen Stundensätzen.
LG Ravensburg (U) 26.9.2006 4 Ns 24 Js 22865/03	§ 266a StGB § 370 AO	**Subunternehmereinsatz bei einem Speditionsunternehmen** Sattelzugmaschine mit Sattelauflieger vermietet. Zur Sicherung des Mietzinses verpflichtete sich der Vertragspartner, alle mit dem Sattelzug gefahren Frachtaufträge über die Firma, mit der der Mietvertrag geschlossen worden war, abzurechnen. Wer den Sattelzug fahren sollte, war nicht geregelt. Vorsatzausschluss.
BGH (B) 24.6.2015 1 StR 76/15	§ 266a Abs.1, Abs. 2 Nr. 2 StGB	**Vermittler von Arbeitern für Bühnenaufbauten** Arbeitgebereigenschaft verneint keine Einbindung in den Betrieb
BGH (U) 7.4.2016 5 StR 332/15	§ 266a StGB § 14 StGB § 17 StGB	**Kükensortierer, faktischer Geschäftsführer** Sortierer als Arbeitnehmer Anforderungen an die Beauftragung nach § 14 StGB, Bestimmung der Arbeitgeberstellung Erkundigungspflicht, (keine) Vermeidbarkeit Verbotsirrtum
BGH (U) 24.1.2018 1 StR 331/17	§ 266a StGB § 16 StGB § 370 AO § 41a EStG	**Bau/Handwerk** Polnische Staatsangehörige Aufgabe der Vorsatzrechtsprechung, Angleichung an Vorsatz bei Steuerhinterziehung
BGH (U) 19.12.2018 1 StR 444/18	§ 266a StGB § 78a StGB § 370 AO	**Drückerkolonnen Zeitschriftenabonnements** Verfolgungsverjährung bei § 266a StGB Schätzung des Schadens bei § 266a StGB, Berechnung verkürzter Lohnsteuer

Gericht/Datum AZ./Fundstelle	Normen	Leitsatz/Wesentlicher Entscheidungsinhalt
BGH (B) 5.7.2018 1 StR 111/18	§ 370 AO § 266a StGB	**Generalunternehmer Baugewerbe, Schlüsselfertigbau, faktische Geschäftsführung** Ermittlung Fälligkeitszeitpunkte und Berechnungsgrundlagen bei Schwarzlohnzahlung, Bruttoentgelt
BGH (U) 10.7.2019 1 StR 265/18	§ 370 AO	**GbR, Umsatzerlöse** Tatmehrheit, Steuerhinterziehung, Verfolgungsverjährung, Abgabe der Steuererklärung, Teilidentität, Gewerbesteuerhinterziehung, Umsatzsteuerhinterziehung, Steuerschätzung, Tatbestandsirrtum
BGH (B) 24.9.2019 1 StR 346/18	§ 16 Abs. 1 S. 1 § 266a StGB § 370 Abs. 1 Nr. 2 AO	**Osteuropäische Pflegekräfte, häusliche Pflege** Beihilfe zur Beitragsvorenthaltung (!), Vorsatz bei den Pflegebedürftigen bzw. Angehörigen hinsichtlich eigener Arbeitgeberstellung Aufgabe Vorsatzrechtsprechung
BGH (B) 13.11.2019 1 StR 58/19	§ 266a StGB § 370 AO § 78 StGB	**Bau, Abdeckrechnungen, Schwarzarbeit** Aufgabe der Rechtsprechung zur Strafverfolgungsverjährung bei § 266a StGB wegen „Unwucht" im Verjährungssystem Gleichlauf § 266a StGB und § 370 AO
BGH (U) 8.1.2020 5 StR 122/19	§ 266a StGB	**Maler-, Putz-, Abbrucharbeiten** Faktischer Geschäftsführer bei Unternehmen mit angeblich bulgarischen Beschäftigten, Arbeitslosengeldleistungen Kenntnis der Arbeitgeberstellung Berechnung (Urteil trägt den Vorgaben noch Rechnung)
BGH (B) 3.3.2020 5 StR 595/19	§ 266a StGB § 16 StGB	**Strohmann-Geschäftsführer** Schwarzarbeit Kenntnis von der Arbeitgeberstellung im Zeitpunkt der Fälligkeit Vorsätzliche Verletzung der Beitragsabführungspflicht
BGH (U) 11.3.2020 2 StR 478/19	§ 266a StGB §§ 200, 260 StPO	**Gewerbe als Bodenleger, Scheinselbständigkeit** bulgarischer Arbeiter Umgrenzungsfunktion der Anklageschrift bei § 266a StGB (hier erfüllt)

Gericht/Datum AZ./Fundstelle	Normen	Leitsatz/Wesentlicher Entscheidungsinhalt
LG Frankfurt (Oder) (U) 20.3.2020 23 Wi KLs 1/!8	§ 266a StGB § 16 StGB § 7 SGB IV Art. 103 GG	**Brief- und Paketzusteller, Geschäftsführer GmbH** Verfassungswidrigkeit des § 266a StGB mangels Bestimmtheit des Merkmals „Arbeitgeber" Jedenfalls kein Tatvorsatz Irrtum über die Arbeitgeberstellung
BGH (B) 8.9.2021 1 StR 114/21	§ 266a StGB § 1 SchwarzArbG, § 14 Abs. 2 S. 2 SGB IV	**Definition Illegale Beschäftigung** „Der „illegalen Beschäftigung" unterfallen gem. § 1 Abs. 3 SchwarzArbG nF die dort im Einzelnen genannten Fälle, vornehmlich solche der unerlaubten Beschäftigung von Ausländern oder des Verstoßes gegen die Vorschriften über die Arbeitnehmerüberlassung. Indes sind diese Definitionen nicht für die Auslegung des in § 14 Abs. 2 S. 2 SGB IV verwendeten Tatbestandsmerkmals der „illegalen Beschäftigungsverhältnisse" maßgeblich. Dieses hat der Gesetzgeber als „Sammelbegriff für eine Vielzahl von verschiedenen Ordnungswidrigkeitstatbeständen oder Straftaten, von Verstößen gegen das Arbeitnehmerüberlassungsrecht bis hin zu Verstößen gegen das Steuerrecht oder zum Leistungsmissbrauch" bestimmt (BT-Drucks. 14/8221 S. 11). § 14 Abs. 2 Satz 2 SGB IV ist eine Norm des materiellen Sozialversicherungsrechts"
OLG Köln (U) 16.12.2021 7 U 12/20	§§ 134, 280 Abs. 1, § 312b, § 312g BGB; § 1 Abs. 2 S. 1 Nr. 5 Schwarz-ArbG	**Abdichtarbeiten** Schwarzarbeit bei fehlendem Meistertitel (verneint)
BGH (B) 1.4.2020 1 StR 5/20	§ 16 StGB § 23 TabStG	**Shisha-Bar, Hand-Strips** Tatbestandsirrtum bei der Steuerhinterziehung Steueranspruchstheorie
BGH (B) 11.1.2022 2 StR 460/20	§ 266a StGB	**Bau GmbH mit „Servicegesellschaften"** Abdeckrechnungen Subunternehmer Ermittlung nicht abgeführter Sozialversicherungsbeiträge durch Instanzgericht rechtsfehlerhaft

5. Fallübersicht Haftungsrecht

Gericht/Datum AZ./Fundstelle	Normen	Leitsatz/Wesentlicher Entscheidungsinhalt
BGH (U) 9.1.2001 VI ZR 407/99	§ 823 BGB, §§ 266a Abs. 1, 17, 14 Abs. 1 StGB	**Persönliche Haftung des Geschäftsführers vorenthaltene Arbeitnehmerbeiträge** 1. Zu den Pflichten des Geschäftsführers einer GmbH gehört es, sich in der finanziellen Krise des Unternehmens über die Einhaltung von erteilten Anweisungen zur pünktlichen Zahlung fälliger Arbeitnehmerbeiträge zur Sozialversicherung durch geeignete Maßnahmen zu vergewissern. 2. Ein Irrtum des Geschäftsführers über den Umfang seiner Pflicht zur Überwachung einer an die Buchhaltung erteilten Anweisung zur Zahlung fälliger Arbeitnehmerbeiträge ist ein Verbotsirrtum, der in der Regel den Vorsatz hinsichtlich des Vorenthaltens dieser Beiträge nicht entfallen lässt.
BGH (U) 2.12.2010 IX ZR 247/09	§ 823 Abs. 2 BGB § 266a Abs. 1 StGB §§ 129 ff. InsO	**Feststellung des Rechtsgrundes der vorsätzlichen unerlaubten Handlung; Schaden bei vorenthaltenen Arbeitnehmerbeiträgen bei Anfechtbarkeit der Beitragszahlung im Insolvenzverfahren** 1. Der Anspruch des Gläubigers auf Feststellung des Rechtsgrundes einer vollstreckbaren Forderung als solcher aus einer vorsätzlich begangenen unerlaubten Handlung verjährt nicht nach den Vorschriften, welche für die Verjährung des Leistungsanspruchs gelten. 2. Trotz Strafbarkeit unterbliebener Abführung von Arbeitnehmerbeiträgen zur Sozialversicherung erleidet der zuständige Versicherungsträger keinen Schaden, wenn die Beitragszahlung im Insolvenzverfahren erfolgreich angefochten worden wäre (Bestätigung von *BGH* NJW 2001, 967 = WM 2001, 162; NJW 2005, 2546 = WM 2005, 1180).

Gericht/Datum AZ./Fundstelle	Normen	Leitsatz/Wesentlicher Entscheidungsinhalt
LG Bochum (U) 28.5.2014 I-4 O 39/14	§ 823 Abs. 2 BGB §§ 266a Abs. 1, 14 Abs. 1 StGB	**Persönliche Haftung des Geschäftsführers für Sozialversicherungsbeiträge** Der Geschäftsführer eines Zeitarbeitsunternehmens, das mit seinen Arbeitnehmern die Geltung der Tarifverträge der so genannten Tarifgemeinschaft Christliche Gewerkschaften für Zeitarbeit und Personalservice Agenturen (CGZP) vereinbart hat, haftet nicht gem. § 823 Abs. 2 BGB i.V.m. §§ 266a Abs. 1, Abs. 2 Nr. 2, 14 Abs. 1 Nr. 1 StGB persönlich auf Schadensersatz, wenn das Unternehmen nach der Entscheidung des BAG über die Tarifunfähigkeit der CGZP (vgl. *BAG* 14.12.2010 – 1 ABR 19/10, ArbRB 2011, 12) nicht selbstständig höhere Sozialversicherungsbeiträge rückwirkend nachgemeldet und abgeführt hat. Es fehlt im Hinblick auf § 266a StGB an dem erforderlichen Vorsatz, da im Zeitpunkt der BAG-Entscheidung noch nicht feststand, ob die vom BAG festgestellte Unwirksamkeit der Tarifverträge der CGZP in der Weise rückwirkende Wirkung entfaltet, dass die Verleiher die Sozialversicherungsbeiträge der von ihnen beschäftigten Leiharbeitnehmer für die Lohndifferenz rückwirkend an die jeweiligen Sozialversicherungsträger nachentrichten müssen.
BGH (U) 18.12.2012 II ZR 220/10	§ 823 Abs. 2 BGB § 266a Abs. 1 StGB	**Persönliche Haftung des Geschäftsführers für Sozialversicherungsbeiträge, Vorsatznachweis** Die Darlegungs- und Beweislast des Sozialversicherungsträgers, der den Geschäftsführer einer Gesellschaft mit beschränkter Haftung wegen Vorenthaltung von Sozialversicherungsbeiträgen aus § 823 Abs. 2 BGB, § 266a Abs. 1 StGB in Anspruch nimmt, erstreckt sich auf den Vorsatz des beklagten Geschäftsführers; diesen trifft lediglich eine sekundäre Darlegungslast.

Gericht/Datum AZ./Fundstelle	Normen	Leitsatz/Wesentlicher Entscheidungsinhalt
BGH (U) 19.6.2012, II ZR 243/11	§ 64 Abs. 2 GmbHG a.F.	**Organisationspflichten des GmbH-Geschäftsführers** Ob der Geschäftsführer seiner Pflicht zur laufenden Beobachtung der wirtschaftlichen Lage des Unternehmens und näheren Überprüfung im Falle krisenhafter Anzeichen hinreichend nachgekommen ist, kann nur unter umfassender Berücksichtigung der für die Gesellschaft wirtschaftlich relevanten Umstände beurteilt werden, die dem Geschäftsführer bekannt waren oder bekannt sein mussten. Dem Geschäftsführer obliegt es, die Gründe vorzutragen und zu erläutern, die ihn gehindert haben, eine tatsächlich bestehende Insolvenzreife der Gesellschaft zu erkennen. Bei der Bewertung dieses Vorbringens ist zu berücksichtigen, dass der Geschäftsführer einer Gesellschaft mit beschränkter Haftung für eine Organisation sorgen muss, die ihm die zur Wahrnehmung seiner Pflichten erforderliche Übersicht über die wirtschaftliche und finanzielle Situation der Gesellschaft jederzeit ermöglicht.

Gericht/Datum AZ./Fundstelle	Normen	Leitsatz/Wesentlicher Entscheidungsinhalt
LG München I (U) 10.12.2013 5 HKO 1387/10 Siemens/Neubürger	§ 93 Abs. 1 S. 1, Abs. 2 S. 1, Abs. 6 AktG	**Schadensersatzanspruch gegen ein Vorstandsmitglied einer Aktiengesellschaft: Verletzung der Legalitätspflicht bei mangelnder Einrichtung eines Compliance-Systems im Unternehmen; Beginn der Verjährungsfrist** 1. Im Rahmen seiner Legalitätspflicht hat ein Vorstandsmitglied dafür Sorge zu tragen, dass das Unternehmen so organisiert und beaufsichtigt wird, dass keine Gesetzesverstöße wie Schmiergeldzahlungen an Amtsträger eines ausländischen Staates oder an ausländische Privatpersonen erfolgen. Seiner Organisationspflicht genügt ein Vorstandsmitglied bei entsprechender Gefährdungslage nur dann, wenn er eine auf Schadensprävention und Risikokontrolle angelegte Compliance-Organisation einrichtet. Entscheidend für den Umfang im Einzelnen sind dabei Art, Größe und Organisation des Unternehmens, die zu beachtenden Vorschriften, die geografische Präsenz wie auch Verdachtsfälle aus der Vergangenheit. 2. Die Einhaltung des Legalitätsprinzips und demgemäß die Einrichtung eines funktionierenden Compliance-Systems gehört zur Gesamtverantwortung des Vorstands. 3. Liegt die Pflichtverletzung eines Vorstandsmitglieds in einem Unterlassen, beginnt die Verjährung im Falle der Nachholbarkeit der unterlassenen Handlung nicht schon dann, wenn die Verhinderungshandlung spätestens hätte erfolgen müssen, sondern erst dann, wenn die Nachholbarkeit endet.

Fallübersicht Haftungsrecht | Anhang 5

Gericht/Datum AZ./Fundstelle	Normen	Leitsatz/Wesentlicher Entscheidungsinhalt
BGH (U) 20.9.2011 II ZR 234/09	§§ 93, 116 AktG	**Organhaftung bei Einschaltung externer Berater** 1. Der organschaftliche Vertreter einer Gesellschaft, der selbst nicht über die erforderliche Sachkunde verfügt, kann den strengen Anforderungen an eine ihm obliegende Prüfung der Rechtslage und an die Beachtung von Gesetz und Rechtsprechung nur genügen, wenn er sich unter umfassender Darstellung der Verhältnisse der Gesellschaft und Offenlegung der erforderlichen Unterlagen von einem unabhängigen, für die zu klärende Frage fachlich qualifizierten Berufsträger beraten lässt und den erteilten Rechtsrat einer sorgfältigen Plausibilitätskontrolle unterzieht. 2. Das Aufsichtsratsmitglied, das über beruflich erworbene Spezialkenntnisse verfügt, unterliegt, soweit sein Spezialgebiet betroffen ist, einem erhöhten Sorgfaltsmaßstab.
BGH (U) 4.11.2002 II ZR 224/00	§ 43 Abs. 2 GmbHG § 93 Abs. 2 S. 2 AktG	**Darlegungs- und Beweislast der GmbH bei Schadensersatzansprüchen gegen ihren Geschäftsführer** Eine Gesellschaft mit beschränkter Haftung trifft im Rechtsstreit um Schadensersatzansprüche gegen ihren Geschäftsführer gem. § 43 Abs. 2 GmbHG – entsprechend den Grundsätzen zu § 93 Abs. 2 AktG, § 34 Abs. 2 GenG – die Darlegungs- und Beweislast nur dafür, dass und inwieweit ihr durch ein Verhalten des Geschäftsführers in dessen Pflichtenkreis ein Schaden erwachsen ist, wobei ihr die Erleichterungen des § 287 ZPO zugute kommen können. Hingegen hat der Geschäftsführer darzulegen und erforderlichenfalls zu beweisen, dass er seinen Sorgfaltspflichten gem. § 43 Abs. 1 GmbHG nachgekommen ist oder ihn kein Verschulden trifft, oder dass der Schaden auch bei pflichtgemäßem Alternativverhalten eingetreten wäre.

Gericht/Datum AZ./Fundstelle	Normen	Leitsatz/Wesentlicher Entscheidungsinhalt
BGH (U) 21.4.1997 II ZR 175/95 – ARAG/Garmenbeck	§§ 93 Abs. 2, 111 Abs. 1, 112 AktG (1965)	**Pflicht des Aufsichtsrats zur Geltendmachung von Schadensersatzansprüchen gegen Vorstandsmitglieder** 1. Der Aufsichtsrat hat aufgrund seiner Aufgabe, die Tätigkeit des Vorstands zu überwachen und zu kontrollieren, die Pflicht, das Bestehen von Schadensersatzansprüchen der AG gegenüber Vorstandsmitgliedern eigenverantwortlich zu prüfen. Dabei hat er zu berücksichtigen, dass dem Vorstand für die Leitung der Geschäfte der AG ein weiter Handlungsspielraum zugebilligt werden muss, ohne den unternehmerisches Handeln schlechterdings nicht denkbar ist. Die nach § 147 Abs. 1 AktG bestehende Möglichkeit der Hauptversammlung, eine Rechtsverfolgung zu beschließen, berührt diese Pflicht nicht. 2. Kommt der Aufsichtsrat zu dem Ergebnis, dass sich der Vorstand schadensersatzpflichtig gemacht hat, muss er aufgrund einer sorgfältigen und sachgerecht durchzuführenden Risikoanalyse abschätzen, ob und in welchem Umfang die gerichtliche Geltendmachung zu einem Ausgleich des entstandenen Schadens führt. Gewissheit, dass die Schadensersatzklage zum Erfolg führen wird, kann nicht verlangt werden. 3. Stehen der AG nach dem Ergebnis dieser Prüfung durchsetzbare Schadensersatzansprüche zu, hat der Aufsichtsrat diese Ansprüche grundsätzlich zu verfolgen. Davon darf er nur dann ausnahmsweise absehen, wenn gewichtige Gründe des Gesellschaftswohls dagegen sprechen und diese Umstände die Gründe, die für eine Rechtsverfolgung sprechen, überwiegen oder ihnen zumindest gleichwertig sind. Anderen außerhalb des Unternehmenswohles liegenden, die Vorstandsmitglieder persönlich betreffenden Gesichtspunkten darf der Aufsichtsrat nur in Ausnahmefällen Raum geben.

Gericht/Datum AZ./Fundstelle	Normen	Leitsatz/Wesentlicher Entscheidungsinhalt
BGH (U) 6.11.2012 II ZR 111/12	§§ 116, 93 AktG	**Überwachungspflicht des Aufsichtsrats einer Aktiengesellschaft** Bei Geschäften, die wegen ihres Umfangs, der mit ihnen verbundenen Risiken oder ihrer strategischen Funktion für die Gesellschaft besonders bedeutsam sind, muss jedes Aufsichtsratsmitglied den relevanten Sachverhalt erfassen und sich ein eigenes Urteil bilden; dies umfasst regelmäßig auch eine eigene Risikoanalyse.
LAG Düsseldorf (Teil-)Urteil 20.1.2015 16 Sa 459/14 nicht rechtskräftig – Revision anhängig beim BAG 8 AZR 189/15	§ 43 Abs. 2 GmbHG § 81 GWB	**Haftung des Geschäftsführers einer GmbH für gegen das Unternehmen verhängte kartellrechtliche Geldbußen** Eine nach § 81 GWB gegen eine GmbH verhängte Geldbuße kann das Unternehmen nicht nach § 43 Abs. 2 GmbHG vom Geschäftsführer erstattet verlangen. Die Trennung zwischen ordnungsrechtlicher Sanktionierung und zivilrechtlicher Lastentragung spricht nicht dafür, dass eine Geldbuße stets ein ersatzfähiger Schaden ist. Die gesetzgeberische Wertung, dass Normadressat der Geldbuße das Unternehmen ist und nicht die für sie handelnden Personen, ist auch im Zivilrecht zu berücksichtigen. Dies gilt zumindest für vom Bundeskartellamt verhängte Kartellbußen, die nach § 81 Abs. 5 GWB fakultativ die Abschöpfung des beim Unternehmen erzielten Vorteils beinhalten können und nach § 81 Abs. 4 GWB sowohl gegen das Unternehmen selbst als auch gegen die für das Unternehmen handelnden Personen unter Berücksichtigung eines unterschiedlichen Dotierungsrahmens verhängt werden können.

Stichwortverzeichnis

Die Verweise beginnen mit dem Teil mit laufender Nummer, die folgenden fetten Zahlen verweisen auf die Kapitel, die mageren auf die Randnummern.

Abgrenzungskriterien
- Referentenentwurf **Teil 1** 34
- Repräsentantenmodelle **Teil 1** 34
- Vielzahl von Kriterien **Teil 1** 34
- werksbezogene Weisungen **Teil 1** 34

Abschöpfung Teil 4 5 55
Abwerbeverbot Teil 5 2 52
Allgemeine Geschäftsbedingungen Teil 5 2 3 f.
- aushandeln **Teil 5 2** 7
- Auslegung **Teil 5 2** 17
- äußerer Anschein **Teil 5 2** 6
- Beweislast **Teil 5 2** 23
- blue pencil-test **Teil 5 2** 21
- Einbeziehung **Teil 5 2** 10
- Formularverträge **Teil 5 2** 3
- geltungserhaltende Reduktion **Teil 5 2** 20
- gestellt **Teil 5 2** 7
- Inhaltskontrolle **Teil 5 2** 15
- Klauselverbote mit Wertungsmöglichkeit **Teil 5 2** 16
- Klauselverbote ohne Wertungsmöglichkeit **Teil 5 2** 16
- kundenfeindlichste Auslegung **Teil 5 2** 14
- Mehrverwendungsabsicht **Teil 5 2** 6
- Teilbarkeit **Teil 5 2** 22
- Transparenzgebot **Teil 5 2** 15
- überraschende Klausel **Teil 5 2** 11 f.
- Unklarheitenregelung **Teil 5 2** 14
- Unternehmer **Teil 5 2** 18
- Verbot geltungserhaltender Reduktion **Teil 5 2** 21, 89
- verhandeln **Teil 5 2** 8
- Vielzahl **Teil 5 2** 6
- vorformuliert **Teil 5 2** 5

Amtsermittlungsgrundsatz Teil 3 2 22; **Teil 5 3** 13
Anfrageverfahren
- optional **Teil 3 1** 4; **Teil 3 2** 15

Anknüpfungstat
- Verbandsbuße **Teil 4 4** 91

Anrufungsauskunft Teil 3 1 4
- Überprüfung **Teil 3 3** 29

Anscheinsvollmacht Teil 5 1 17, 21
Anstellungsvertrag Teil 4 5 14, 42
Antrag
- Statusfeststellung **Teil 3 2** 17

Anwendbarkeit des Rechts
- Rechtsfolgen bei Inbound-Fällen **Teil 2 5** 54
- Rechtsfolgen bei Outbound-Fällen **Teil 2 5** 54

- Statusabgrenzung, Rechtsfolgen **Teil 2 5** 54

ARAG/Garmenbeck Teil 4 5 40
Arbeiten 4.0 Teil 7 1 f., 18
Arbeitgeber Teil 2 1 1
- Dreipersonenverhältnis **Teil 2 1** 4, 10
- Heimarbeit **Teil 2 2** 21
- Heimarbeiter **Teil 2 1** 98
- Zweipersonenverhältnis **Teil 2 1** 3, 8

Arbeitgeber, steuerlich
- Angehörige **Teil 2 3** 71
- Arbeitgeberbegriff **Teil 2 3** 49
- Arbeitnehmerüberlassung **Teil 2 3** 70
- Arbeitslohn **Teil 2 3** 53
- Arbeitsverhältnis, mittelbares **Teil 2 3** 71
- Begriff **Teil 2 3** 1
- Dienstverhältnis **Teil 2 3** 19
- Gesamtwürdigung **Teil 2 3** 23
- Geschäftsleitung **Teil 2 3** 71
- Indiz Arbeits- und Sozialrecht **Teil 2 3** 43
- Kolonnenführer **Teil 2 3** 71
- Krankenhausarzt **Teil 2 3** 71
- Leiharbeitsverhältnis **Teil 2 3** 50
- Lohnsteuereinbehalt **Teil 2 3** 14
- Organschaft **Teil 2 3** 71
- Pilot **Teil 2 3** 71
- Reiseleiter **Teil 2 3** 71
- Rundfunkermittler **Teil 2 3** 71
- Telefoninterviewer **Teil 2 3** 71
- Transportunternehmen **Teil 2 3** 71
- Unternehmer nach UStG **Teil 2 3** 59
- Weisungsgebundenheit **Teil 2 3** 34

Arbeitgeberbegriff
- steuerlich **Teil 2 4** 56
- strafrechtlich **Teil 2 4** 10
- strafrechtsautonom **Teil 2 4** 10

Arbeitgeberstellung
- betriebsverfassungsrechtliche **Teil 3 1** 7

Arbeitnehmeranteil Teil 4 5 4
- Sozialversicherungsbeiträge **Teil 4 5** 4

Arbeitnehmereigenschaft
- betriebsverfassungsrechtliche **Teil 3 1** 41
- Darlegungs- und Beweislast **Teil 3 1** 15, 26

Arbeitnehmererfindungsgesetz Teil 5 2 97, 102
- Diensterfindung **Teil 5 2** 97

Arbeitnehmerüberlassung Teil 5 1 108; **Teil 5 2** 43; **Teil 7** 9, 13
- Abgrenzung Werkvertrag **Teil 5 1** 111
- abwerben **Teil 5 1** 139
- Ampelsystem **Teil 5 1** 125
- Anzeigepflichten **Teil 8** 36

453

- arbeitsrechtliche Konsequenzen **Teil 8** 3
- Aufbewahrungspflichten **Teil 8** 36
- Auskunftspflichten **Teil 8** 36
- Austausch von Leiharbeitnehmern **Teil 5 1** 136
- Equal Pay **Teil 8** 29
- Erlaubnispflicht **Teil 8** 2 ff., 6
  - Strafbarkeit **Teil 8** 6
- Haftung **Teil 5 1** 137
- Höchstüberlassungsdauer **Teil 8** 9 ff.
  - Berechnung **Teil 8** 12
  - Fiktionswirkung **Teil 8** 10
  - Ordnungswidrigkeit **Teil 8** 11
  - Tarifverträge **Teil 8** 21
- Konkretisierungspflicht **Teil 5 1** 130
- Konzernprivileg **Teil 8** 7
  - Rückausnahme **Teil 8** 8
- Lohnuntergrenze **Teil 8** 40
- Ordnungswidrigkeit **Teil 8** 4
- Schein-Arbeitnehmerüberlassungsvertrag **Teil 5 1** 140
- Schubladenerlaubnis **Teil 5 1** 109
- Tarifverträge
  - Tarifgebundenheit **Teil 8** 24
- unerlaubte **Teil 2 4** 16
- Verstöße gegen die Erlaubnispflicht **Teil 8** 3 f., 6
- vertragliche Grundlagen **Teil 5 1** 128, 130, 134, 136 f., 139
- Vertriebsgesellschaften **Teil 8** 28
- Vorratserlaubnis **Teil 5 1** 109
- Weisungsbefugnis **Teil 5 1** 134

Arbeitnehmerüberlassungserlaubnis Teil 5 1 75

Arbeitsergebnis Teil 5 2 93

Arbeitsgericht
- aut-aut-Fall **Teil 3 1** 9
- Beibringungsgrundsatz **Teil 3 4** 3
- Rechtsweg **Teil 3 1** 5, 9
- sic-non-Fall **Teil 3 1** 9

Arbeitsrechtsstreitigkeiten Teil 3 2 2

Arbeitsverhältnis
- Beendigung **Teil 3 1** 10
- Befristung **Teil 3 1** 19
- Kündigung **Teil 3 1** 11

Auditierungsrechte Teil 5 1 5, 7, 72, 84

Aufklärungskosten Teil 4 5 51

Aufsichtsrat Teil 4 5 2, 32, 37, 40, 58
- Risikoanalyse **Teil 4 5** 41

Auftraggeberhaftung Teil 5 1 31

Auftragsbeschreibung Teil 5 1 99

Auskunft, steuerlich *siehe Lohnsteueranrufungsauskunft*
- Auskunft nach § 89 AO **Teil 3 3** 47
- verbindliche Zusage, § 204 AO **Teil 3 3** 30

Auskunft, verbindlich, § 89 AO Teil 3 3 47
- Bindungswirkung **Teil 3 3** 57
- Rechtsbehelfe **Teil 3 3** 61

- Voraussetzungen **Teil 3 3** 49

Auskunftspflicht Teil 5 1 79, 85, 88

Auskunftsrechte des Betriebsrats *siehe Unterrichtung des Betriebsrats*

Ausland Teil 4 5 49

Ausländisches Recht Teil 2 5 36

Ausschlussfrist Teil 4 5 70; **Teil 5 2** 86

Aut-aut-Fall Teil 3 1 9

Bedingter Vorsatz
- Festsetzungsverjährung **Teil 5 3** 7

Befristung
- Darlegungs- und Beweislast **Teil 3 1** 27

Befristungskontrollklage Teil 3 1 19, 24
- Darlegungs- und Beweislast **Teil 3 1** 26
- Dreipersonenverhältnis **Teil 3 1** 21
- Fiktion der Wirksamkeit **Teil 3 1** 24
- Klagefrist **Teil 3 1** 24
- Klagegegner **Teil 3 1** 19
- Weiterbeschäftigungsanspruch **Teil 3 1** 39
- Zweipersonenverhältnis **Teil 3 1** 20

Beitragsschaden
- illegale Beschäftigung **Teil 5 3** 14; **Teil 5 5** 46

Berater Teil 4 5 31

Beratungsmöglichkeiten Teil 5 1 57

Bereicherungsverbot Teil 4 5 55

Beschäftigung Teil 4 2 1

Beschluss Teil 4 5 29
- Anfechtungsfrist **Teil 4 5** 29

Beschlussverfahren Teil 3 1 7
- aktives Wahlrecht **Teil 3 1** 44
- Antragsberechtigte **Teil 3 1** 44 f.
- Aufhebung von Einstellungen **Teil 3 1** 48
- Betriebsgröße **Teil 3 1** 47
- Eingruppierung **Teil 3 1** 49
- Freistellungen **Teil 3 1** 46
- Größe des Betriebsratsgremiums **Teil 3 1** 45
- passives Wahlrecht **Teil 3 1** 44
- personelle Einzelmaßnahmen **Teil 3 1** 48

Beschränkungen der Nachunternehmerkette Teil 5 1 7, 83

Bestrafung
- absehen von **Teil 4 4** 36

Betriebliche Eingliederung Teil 2 1 40
- betriebsfremde Leistungen **Teil 2 1** 51
- eigene Betriebsmittel **Teil 2 1** 62
- eigenständige betriebliche Organisation **Teil 2 1** 43
- einfache Repräsentantenmodelle **Teil 2 1** 59
- institutionalisierte Repräsentantenmodelle, Ticketsysteme **Teil 2 1** 60
- Mietmodelle **Teil 2 1** 65
- On-Demand-Werkverträge **Teil 2 1** 55, 57
- Onsite-Werkverträge **Teil 2 1** 56
- Onsite-Werkverträge in arbeitsteiligen Prozessen **Teil 2 1** 55

Stichwortverzeichnis

- Ort der Leistungserbringung **Teil 2 1** 41
- Outsourcing von betrieblichen Nebenleistungen **Teil 2 1** 51
- Personalhoheit **Teil 2 1** 45
- Repräsentantenmodelle **Teil 2 1** 55
- Zusammenarbeit mit Arbeitnehmern des Einsatzunternehmens **Teil 2 1** 42

Betriebsänderung Teil 6 46
- Änderung der Betriebsorganisation **Teil 6** 50
- Personalabbau **Teil 6** 49
- wesentliche Nachteile **Teil 6** 48

Betriebsbesichtigung Teil 5 1 33
Betriebsführungsvertrag Teil 5 1 102
Betriebsmittel des Auftraggebers Teil 5 2 51
Beweislast Teil 4 5 10, 36, 61 f.
- Beweiserleichterungen **Teil 4 5** 34
- Beweislastumkehr **Teil 4 5** 61
- Kausalität **Teil 4 5** 64
- Schaden **Teil 4 5** 64

Bindungswirkung Teil 2 4 56
- Arbeitsrecht und Sozialversicherungsrecht **Teil 3 4** 3
- Steuerrecht **Teil 3 4** 6
- Strafrecht **Teil 3 4** 8

Bundesverband Materialwirtschaft, Einkauf und Logistik Teil 5 1 5
Business Judgement Rule Teil 4 5 21
- Ermessen **Teil 4 5** 47

Bußgeld Teil 4 5 1

Checkliste Teil 5 1 33, 36, 39
CMS Teil 4 5 18 f., 23, 38; **Teil 5 1** 1, 3, 42
- konkrete Ausgestaltung **Teil 4 5** 19
- Mindestanforderungen **Teil 4 5** 23

Compliance Teil 4 5 17, 33, 37, 47, 69
- Berichterstattung **Teil 4 5** 25
- Compliance-Beauftragter **Teil 4 5** 24
- Compliance-Richtlinien **Teil 4 5** 25
- Unternehmensgröße **Teil 4 5** 24

Compliance-Klausel Teil 5 2 59
- Auditierungsklausel **Teil 5 2** 60
- Freistellungsklausel **Teil 5 2** 67
- Sonderkündigungsrecht **Teil 5 2** 66
- Subunternehmer **Teil 5 2** 62
- Verhaltenskodex **Teil 5 2** 62

Compliance-Managementsystem Teil 4 5 17
Compliance-Pflicht Teil 4 5 19
Contractor Teil 5 2 105
Contractor Compliance Teil 5 1 5, 8, 35, 42
- Fallanalyse **Teil 1** 56
- Fallmanagement **Teil 1** 56
- Rechtsmanagement **Teil 1** 56
- Risikoanalyse **Teil 1** 56
- Vertragsmanagement **Teil 1** 56

Contractor Due Diligence Teil 5 1 73
Corporate Social Responsibility Teil 5 1 6

Crowdsourcing Teil 7 4
Crowdwork Teil 7 2, 18
- Crowd **Teil 7** 4
- Crowdsourcer **Teil 7** 4
- Crowdworker **Teil 7** 4
- Scheinselbstständigkeit **Teil 7** 5
- verdeckte Arbeitnehmerüberlassung **Teil 7** 5

Crowdworking Teil 2 1 36
CSR Teil 5 1 83
CSR-Richtlinie Teil 5 1 6

D&O-Versicherung Teil 4 5 72
- Abwehrdeckung **Teil 4 5** 76
- Anfechtung **Teil 4 5** 80
- ausländisches Recht **Teil 4 5** 78
- claims-made **Teil 4 5** 79
- D&O-Versicherungsbedingungen **Teil 4 5** 73
- Kenntnis **Teil 4 5** 80
- Nachhaftung **Teil 4 5** 79
- Rückwärtsversicherung **Teil 4 5** 79
- Selbstbehalt **Teil 4 5** 75
- vorsätzliche Pflichtverletzung **Teil 4 5** 77

Darlegungs- und Beweislast
- Arbeitnehmereigenschaft **Teil 3 1** 15, 26
- Befristung **Teil 3 1** 27
- Befristungskontrollklage **Teil 3 1** 26
- Kündigungsgrund **Teil 3 1** 16
- Kündigungsschutzklage **Teil 3 1** 15
- Statusklage **Teil 3 1** 35

Darlegungslast Teil 4 5 10, 62
- sekundäre **Teil 4 5** 10

Datengeheimnis Teil 5 2 48
Delegation Teil 5 5 82
Differenzhypothese Teil 4 5 50, 55
Divergenzen Teil 2 4 64
Dokumentationspflicht Teil 5 1 78 f.
Doppelprüfungen
- Rentenversicherungsträger **Teil 3 2** 12

Dreiecksverhältnis siehe Arbeitnehmerüberlassung
Dreipersonenverhältnis Teil 3 1 13, 21
Dritte Teil 5 2 40
Due Diligence Teil 5 1 5 f., 73
- Vertragspartner **Teil 5 1** 76

Duldungsvollmacht Teil 5 1 17, 21

Ehegatten
- obligatorisches Verfahren **Teil 3 2** 42

Ehrenamtlich Teil 4 5 82
- Beweislast **Teil 4 5** 82

Eigentums- und Nutzungsrechte Teil 1 54
Eingliederung
- wesentliche Bedeutung **Teil 2 4** 25

Ein-Mann-GmbH Teil 5 1 100
Einzugsstelle Teil 4 5 1 f.

Entlastung Teil 4 5 44
– Präklusionswirkung Teil 4 5 44
Equal Pay
– Ausnahmen Teil 8 30
– Ordnungswidrigkeit Teil 8 32
– Strafbarkeit Teil 8 33
Erfindung Teil 5 2 97
Ermessen Teil 4 5 62
Ersetzungsklausel Teil 5 2 115
Ethikkodex Teil 5 1 48
Ethikrichtlinie Teil 5 1 35

Fahrlässigkeit Teil 4 5 30, 43
Fallmanagement Teil 1 49
Fallschirmlösung Teil 1 50
Feststellungsantrag
– Betriebsrat Teil 3 1 41
Feststellungsinteresse Teil 3 1 5
– Statusklage Teil 3 1 33
Feststellungsmöglichkeiten, steuerlich
– Treu und Glauben Teil 3 3 8
Fiktion der Wirksamkeit Teil 3 1 14, 24
Foreign Corrupt Practice Act (FCPA) Teil 5 1 5
Fragebögen Teil 5 1 33
Freistellungen Teil 3 1 46
Freistellungsklauseln Teil 5 1 81

Geheimhaltung Teil 5 2 46
Gemeinschaftsbetriebe Teil 5 1 103
Gerichtsstandsvereinbarung Teil 5 2 107
– internationale Sachverhalte Teil 5 2 110
– Solo-Selbstständige Teil 2 5 29
Gesamtabwägung Teil 2 2 11
– Kriterien Teil 2 2 3
– tatsächliche Verhältnisse Teil 2 2 3
Gesamtschuldner Teil 4 5 13
Gesamtsozialversicherungsbeitrag
– Fälligkeit Teil 3 2 35
Geschäftsführer Teil 4 5 2, 29
Gesellschafter Teil 4 5 29
Gestaltungsmöglichkeiten im Dreiecksverhältnis
– Werklohn, Wertersatz, Saldierung Teil 4 1 31
Gestaltungsmöglichkeiten im Zwei-Personen-verhältnis
– Arbeitsverhältnis Teil 4 1 20
– Ausschlussklausel Teil 4 1 29
– Differenzlohn Teil 4 1 22
– Einwand der Entreicherung Teil 4 1 27
– Rückabwicklung des Vertrages Teil 4 1 22
– Rückzahlungsanspruch Teil 4 1 24
– unterschiedliche Vergütungsordnung Teil 4 1 22
– Verjährung Teil 4 1 30
Gewährleistung Teil 5 2 70

Grenzüberschreitende Fremdpersonaleinsätze
– Zweipersonenverhältnis, Dreipersonenverhältnis Teil 2 5 1
Grobe Fahrlässigkeit Teil 4 5 2
Größe des Betriebsratsgremiums Teil 3 1 45
Grundsatzerklärung über multinationale Unternehmen und Sozialpolitik Teil 5 1 6

Haftung Teil 4 5 2; Teil 5 2 73
– Außenhaftung Teil 4 5 3
– Begrenzung Teil 4 5 43
– Fahrlässigkeit Teil 5 2 76 f.
– Haftungsausschluss Teil 5 2 76
– Haftungsbeschränkung Teil 5 2 76
– Haftungserweiterung Teil 5 2 85
– Haftungskonzentration Teil 4 5 3
– Höchstbetrag Teil 5 2 81
– Individualvereinbarungen Teil 5 2 85
– Innenhaftung Teil 4 5 14
– Prinzip der Risikobeherrschung Teil 5 2 85
– Vorsatz Teil 5 2 75
– wesentliche Vertragspflichten Teil 5 2 78 f.
Haftungseingrenzung, steuerlich
– Aussetzung bzw. Aufhebung der Vollziehung Teil 5 4 27
– Einspruchsverfahren Teil 5 4 16
– Klageverfahren Teil 5 4 21
– Lohnsteuer Teil 5 4 7
– Steuerberater, Lohnbuchhaltung Teil 5 4 36
– Steuerberater, Schadensersatz Teil 5 4 42
– steuerliche Berater, Einbindung Teil 5 4 31
– Umsatzsteuer Teil 5 4 7
Haftungsrisiko Teil 1 53; Teil 5 5 3
Hauptversammlung Teil 4 5 29
– Beschluss Teil 4 5 29
Heimarbeit
– Arbeitsrecht Teil 2 1 98
– Sozialversicherungsrecht Teil 2 2 21
Hinweisgebersystem Teil 5 1 58, 64
HR Compliance Review Teil 5 1 31

ILO Teil 5 1 6
In dubio pro reo Teil 3 4 17
Inbound
– Solo-Selbstständige Teil 2 5 6
– Werkvertrag im Dreiecksverhältnis Teil 2 5 15
Informationsabfragepflicht Teil 5 1 22
Informationspflicht Teil 5 1 79
Informationsschreiben Teil 5 1 43, 50, 52
Informationsspeicherungspflicht Teil 5 1 22
Informationsweiterleitungspflicht Teil 5 1 22
Insolvenzantrag Teil 4 5 86
– Insolvenzdelikte Teil 4 5 86
– Schadensersatzanspruch Teil 4 5 87

Stichwortverzeichnis

Insolvenzverwalter Teil 4 5 8
Interim Management
– angelsächsisches Modell Teil 7 11
– Compliance Teil 7 12, 14
– holländisches Modell Teil 7 11
– Scheinselbstständigkeit Teil 7 12
– Urheberrechte Teil 7 14
– verdeckte Arbeitnehmerüberlassung Teil 7 12 f.
Interim-Management
– angelsächsisches Modell Teil 1 27
– holländisches Modell Teil 1 27
Internal investigation Teil 4 5 56 f.
Internationale Zuständigkeit
– Inbound-Fälle Teil 2 5 46
– Outbound-Fälle Teil 2 5 46
– Solo-Selbstständige Teil 2 5 22
– Werkverträge im Dreiecksverhältnis Teil 2 5 46
ISO 26000 Teil 5 1 6

Kausalität Teil 4 5 33 ff.
Klagefrist
– Befristungskontrollklage Teil 3 1 24
– Kündigungsschutzklage Teil 3 1 14
– Statusklage Teil 3 1 32
Klagegegner
– Kündigungsschutzklage Teil 3 1 11
– Statusklage Teil 3 1 31
Kontaktsteuerung Teil 5 1 48, 61, 66, 83, 92, 97
Kontrolle Teil 4 5 27
Kontrollpflicht Teil 4 5 24
Kontrollrechte Teil 5 1 84
Konzern Teil 4 5 48
– Konzernvorstand Teil 4 5 48
Konzernleitungspflichten Teil 4 5 46
Kooperationspflichten Teil 5 1 85
Krise Teil 4 5 6
Kriterien
– strafrechtlicher Arbeitgeberbegriff Teil 2 4 21
Kündigungserklärung Teil 5 2 57
Kündigungsfrist Teil 5 2 56
Kündigungsschutzklage Teil 3 1 11, 13 f.
– Darlegungs- und Beweislast Teil 3 1 15
– Dreipersonenverhältnis Teil 3 1 13
– Fiktion der Wirksamkeit Teil 3 1 14
– Klagefrist Teil 3 1 14
– Klagegegner Teil 3 1 11
– Weiterbeschäftigungsanspruch Teil 3 1 39
– Zweipersonenverhältnis Teil 3 1 12

Legalitätspflicht Teil 4 5 16 f., 49, 56
– Legalitätskontrolle Teil 4 5 17

– Legalitätskontrollpflicht Teil 4 5 17
Leiharbeit
– Dreiecksverhältnis Teil 2 3 17
Leistungsklage Teil 3 1 6, 8
Leitlinien Teil 5 1 48
Lieferketten-Compliance Teil 5 1 5
Lieferkettensorgfaltspflichtengesetz Teil 5 1 6
Lohnsteuer Teil 4 5 13
Lohnsteuerabzug Teil 2 3 6
Lohnsteueranrufungsauskunft, § 42e EStG Teil 3 3 9
– Bindungswirkung Teil 3 3 22
– Rechtsbehelf Teil 3 3 28
– Voraussetzungen Teil 3 3 14

Matrix-Organisation Teil 5 1 43, 57
Mindestlohngesetz Teil 5 2 44
Missbrauch
– Werkvertrag Teil 2 4 3
Mitarbeiterinterview Teil 5 1 33
Mitbestimmung des Betriebsrats
– Arbeitsverhalten Teil 6 54, 56
– biometrische Zugangskontrolle Teil 6 38
– Einstellung Teil 6 3
– Fremdunternehmen Teil 6 40
– Kontaktsteuerung Teil 6 58
– Ordnungsverhalten Teil 6 54 f.
– Personalhoheit Teil 6 5
– Schulungen Teil 6 60
– soziale Angelegenheiten Teil 6 35
– Ticketsystem Teil 6 56
– Torkontrolle Teil 6 37
– Überwachung Teil 6 57, 59, 64
– Verpflichtungserklärungen Teil 6 53
– Whistleblowing Teil 6 59
Monitoring Teil 5 1 9, 61
Multinationale Unternehmen Teil 5 1 6

Nachunternehmerhaftung Teil 5 1 7
Nachunternehmerkette Teil 5 2 44
Namensnennung Teil 5 2 104
Nettoentgelt
– Lohnsteuer Teil 5 5 79
Neubürger-Entscheidung Teil 4 5 20
Niederlassungsfreiheit
– Begriffsbestimmung Teil 2 4 34
Nützliche Pflichtverletzung Teil 4 5 16
Nutzungsarten
– unbekannte Teil 5 2 101
– Zweckübertragungsregel Teil 5 2 100
Nutzungsrechte Teil 5 2 93, 96
– Nutzungsart Teil 5 2 100
– Weiterübertragung Teil 5 2 100

Objektive Anknüpfung
- Solo-Selbstständige Teil 2 5 37
OECD-Leitsätze Teil 5 1 6
Operative Umsetzung
- Haftung Teil 5 3 6
Ordnungswidrigkeit
- Aufsichtspflichtverletzung Teil 4 4 86
Organ Teil 4 5 2
- mehrere Mitglieder Teil 4 5 6
Organisationsermessen Teil 4 5 21, 35
Outbound
- Solo-Selbstständige Teil 2 5 10
- Werkvertrag im Dreiecksverhältnis Teil 2 5 18
Outsourcing Teil 5 1 3, 30, 83

Pauschalierter Schadensersatz Teil 5 2 91
Personalgestellung Teil 5 1 106
- gemischte Verträge Teil 5 1 106
Persönliche Abhängigkeit
- tätigkeitsbezogen Teil 2 2 6
- wirtschaftliche Abhängigkeit Teil 2 2 6
Pflichtwidrigkeit Teil 4 5 30
- objektive Teil 4 5 30
Plausibilitätskontrolle Teil 4 5 31
Präjudiz Teil 4 2 3
Privatinsolvenz Teil 4 5 11
Privilegierung Teil 4 2 5
- § 7a Abs. 6 SGB IV Teil 3 2 35
Programmgestalter im Rundfunkbereich Teil 1 42
Projektbeschreibung Teil 5 1 34; Teil 5 2 33
Prorogation Teil 5 2 107
Prüfrecht Teil 5 1 84
Prüfungsausschuss Teil 4 5 38

Qualitätskontrolle Teil 5 2 69

Rahmenvertrag Teil 5 2 32
Rechenschaftslegung Teil 4 5 45
Rechtliche Risiken
- Anwendbarkeit nationalen Sachrechts Teil 2 5 2
- internationale Zuständigkeit Teil 2 5 2
Rechtsabteilung Teil 4 5 18
Rechtsfolgen
- arbeitsrechtlich Teil 1 4
- sozialversicherungsrechtlich Teil 1 4
- strafrechtlich Teil 1 4
Rechtsfolgen im Dreiecksverhältnis
- Arbeitsentgelt Teil 4 1 14
- Arbeitszeit Teil 4 1 14
- Beginn des Arbeitsverhältnisses Teil 4 1 14
- Vertragslaufzeit Teil 4 1 14

Rechtsfolgen im Zwei-Personenverhältnis
- befristetes Arbeitsverhältnis Teil 4 1 4
- Betriebsvereinbarungen Teil 4 1 13
- Entgelthöhe Teil 4 1 7
- Schutzvorschriften Teil 4 1 13
- Tarifverträge Teil 4 1 13
- unbefristetes Arbeitsverhältnis Teil 4 1 4
Rechtsformverfehlung
- Risiken Teil 2 4 5
Rechtsirrtum Teil 4 5 31
Rechtskraft
- Bindungswirkung Teil 3 4 2
Rechtsscheinvollmacht Teil 5 1 17
Rechtswahl Teil 5 2 111
- Solo-Selbstständige Teil 2 5 40
Rechtsweg
- Arbeitsgericht Teil 3 1 5, 9
- Arbeitsverhältnis Teil 3 1 5
- aut-aut-Fall Teil 3 1 9
- sic-non-Fall Teil 3 1 9
Referentenentwurf
- § 611a BGB-E Teil 2 1 14
Risikoanalyse Teil 5 1 30, 33, 39
- Risikobewertung Teil 5 1 41
- Risikopriorisierung Teil 5 1 40
Risikofrüherkennungssystem Teil 4 5 17, 46
Risikomanagement Teil 4 5 38
Risiko-Workshop Teil 5 1 33

Salvatorische Klausel Teil 5 2 114
Säumniszuschläge Teil 4 2 8; Teil 4 5 1, 51 f.
Schaden Teil 4 5 8, 33, 50
- Gutachten Teil 4 5 58
- Kausalität Teil 4 5 8
- Säumniszuschläge Teil 4 5 9
Schadensminimierung Teil 5 5 28
Schnittstellenkontrolle Teil 5 1 8, 66, 91
Schriftformklausel Teil 5 2 112
- doppelte Teil 5 2 112
- einfache Teil 5 2 112
Schulungen
- face to face Teil 5 1 53
Schutzgesetz Teil 4 5 5
Scrum Teil 1 30; Teil 5 1 36
- Compliance Teil 7 10
- Entwicklungsteam Teil 7 8
- Product Backlog Teil 7 8, 10
- Product Owner Teil 7 8, 10
- Scheinselbstständigkeit Teil 7 9
- Scrum Guide Teil 7 7
- Scrum Master Teil 7 8, 10
- verdeckte Arbeitnehmerüberlassung Teil 7 9
Selbstanzeige
- missglückte Teil 5 5 70
- steuerstrafrechtliche, strafbefreiende Teil 5 1 70

Stichwortverzeichnis

- § 266a Abs. 6 StGB **Teil 5** 5 43
- § 371 AO **Teil 5** 5 52

Selbstbelastungsfreiheit
- versus Mitwirkung **Teil 5** 5 37

Selbstständigen-Contracting Teil 5 1 23, 35, 106
- Compliance **Teil 7** 16 f.
- Urheberrecht **Teil 7** 17

Selbstständigkeit Teil 2 3 3
- Scheinselbstständigkeit **Teil 2** 3 4

Selbstständigkeit, steuerlich
- Unternehmerinitiative **Teil 2** 3 46
- Unternehmerrisiko **Teil 2** 3 44

Sic-non-Fall Teil 3 1 9

Software Teil 5 2 104

Solo-Selbstständige
- Anzahl **Teil 1** 11
- Berufsstruktur **Teil 1** 11
- Ein-Mann-GmbH **Teil 1** 11
- Fallbeispiele **Teil 1** 11

Sonderfälle
- Programmgestalter im Rundfunkbereich **Teil 2** 1 76

Sonderkündigungsrecht Teil 5 1 90

Sonstige Folgen Teil 1 5

Sorgfaltspflicht Teil 4 5 16

Sozialgericht
- Untersuchungsgrundsatz **Teil 3** 4 3

Sozialrechtsakzessorietät
- Arbeitgeberbegriff **Teil 2** 4 10

Sozialversicherungsbeiträge Teil 4 5 1 f., 51 f.

Sozialversicherungsrecht Teil 2 5 62

Statusbewertung
- sozialversicherungsrechtlich **Teil 2** 2 2
- Vergütungshöhe **Teil 2** 2 12

Statusfeststellung
- Antrag auf **Teil 3** 2 8
- Bindungswirkung **Teil 3** 2 30
- Gruppenfeststellung **Teil 3** 2 25
- Prognoseentscheidung **Teil 3** 2 27
- Steuerrecht **Teil 3** 3 1

Statusfeststellung, Steuerrecht
- Bindung Sozialversicherung, eingeschränkt **Teil 3** 3 2
- Lohnsteueranrufungsauskunft, § 42e EStG **Teil 3** 3 9

Statusfragen Teil 1 55

Statusklage Teil 3 1 5, 8, 13
- Darlegungs- und Beweislast **Teil 3** 1 35
- Feststellungsinteresse **Teil 3** 1 5, 33
- Feststellungsklage **Teil 3** 1 30
- Klagefrist **Teil 3** 1 32
- Klagegegner **Teil 3** 1 31
- Rechtsweg **Teil 3** 1 5
- sic-non-Fall **Teil 3** 1 9
- Verwirkung **Teil 3** 1 32

Statusverfahren Teil 3 1 4
- sozialrechtlich optionales **Teil 3** 1 4

Statusverfehlung
- Folgen **Teil 4** 3 1
- steuerlich **Teil 4** 3 1
- Umsatzsteuer, Konsequenzen **Teil 4** 3 11
- Zweipersonenverhältnis **Teil 3** 1 6

Statusverfehlung, Steuerrecht
- allgemeine Außenprüfung, §§ 193 AO **Teil 4** 3 65 ff.
- Haftung der Geschäftsleitung, § 69 AO **Teil 4** 3 33
- Haftung des Steuerhinterziehers, § 71 AO **Teil 4** 3 43
- Lohnsteueraußenprüfung **Teil 4** 3 61
- Lohnsteuerhaftung **Teil 4** 3 2
- Lohnsteuerhaftung bei Arbeitnehmerüberlassung **Teil 4** 3 32
- Lohnsteuerhaftung, § 42d EStG **Teil 4** 3 18
- Lohnsteuer-Nachschau, § 42f EStG **Teil 4** 3 49
- Rückgriff Arbeitnehmer **Teil 4** 3 6
- Umsatzsteuer-Nachschau, § 27b UStG **Teil 4** 3 68

Steuerhinterziehung Teil 2 4 59
- Lohnsteuer **Teil 4** 4 50
- Umsatzsteuer **Teil 4** 4 71

Strafrechtliche Risiken
- Mitwirkung **Teil 5** 5 33

Strafrechtsautonom
- Arbeitgeberbegriff **Teil 2** 4 27

Strafschärfung
- besonders schwerer Fall **Teil 4** 4 29

Tarifverträge
- Öffnungsklausel **Teil 8** 23

Tatbestandswirkung Teil 3 2 31

Tatentdeckung Teil 5 5 60

Ticketsystem Teil 5 1 48, 61, 96; **Teil 5** 2 30

Typizität der Vertragsabweichung Teil 5 1 19

Übersicht zur Abgrenzung Teil 2 1 14
- Zwei-Personenverhältnis, Dreipersonenverhältnis **Teil 2** 1 101

Überwachung Teil 4 5 17, 27, 37, 46

Überwachungspflicht Teil 4 5 17, 32, 38 f.

UK Bribery Act Teil 5 1 5

Umfang der Tätigkeit Teil 2 1 67

Umgehungsmodelle Teil 2 1 93
- Ein-Mann-GmbH **Teil 2** 1 94; **Teil 2** 2 14
- Fallschirmlösung **Teil 2** 1 95
- Sozialversicherungsrecht **Teil 2** 2 14
- Stille Gesellschafter **Teil 2** 2 15
- Vorratserlaubnis **Teil 2** 1 95

Umsatzsteuer
- Auskunft, verbindlich **Teil 3** 3 66

UN Global Compact Teil 5 1 6

Unfallversicherungsträger
– Regress **Teil 4 2** 10
Unionsrechtlicher Arbeitnehmerbegriff Teil 2 5 32
UN-Leitprinzipien für Wirtschaft und Menschenrechte Teil 5 1 6
Unterlassen Teil 4 5 62
Unternehmensimage Teil 5 1 12
Unternehmerrisiko Teil 2 1 71
Unterrichtung des Betriebsrats
– Aufgabenbezug **Teil 6** 20
– Auskunftsanspruch **Teil 6** 18
– Beschäftigungssicherung **Teil 6** 15
– einstweilige Verfügung **Teil 6** 34
– Gestaltung von Arbeitsablauf **Teil 6** 12
– Personalplanung **Teil 6** 13
– Rechtsmissbrauch **Teil 6** 26
– Umfang **Teil 6** 24
– Verhältnismäßigkeit **Teil 6** 23
– Vorlage von Unterlagen **Teil 6** 17, 31
– Wirtschaftlichkeitserwägungen **Teil 6** 25
– Zeitpunkt **Teil 6** 27
Untersuchungsgrundsatz Teil 3 4 3
Urheberrecht Teil 5 2 93

Verbandsbuße Teil 4 4 4
Verbandsgeldbuße Teil 4 4 88; **Teil 4 5** 51, 54
Verdachtsprüfung Teil 3 2 13
Verfallklausel Teil 5 2 86
Vergütung Teil 4 2 11; **Teil 5 2** 34
– Aufwendungsersatz **Teil 5 2** 36
– Pauschalhonorar **Teil 5 2** 34
– Stundenlohnzettel **Teil 5 2** 35
– Zeithonorar **Teil 5 2** 34
Verjährung Teil 4 5 12, 67; **Teil 5 1** 70
– Beitragsfestsetzung **Teil 5 3** 4
– Kenntnis **Teil 4 5** 12
– Verjährungsbeginn **Teil 4 5** 69
– Verjährungsfrist **Teil 4 5** 12
– § 266a StGB **Teil 4 4** 43
Verjährungsfrist Teil 4 5 43
Vermögensabschöpfung Teil 4 4 108
– bei Ordnungswidrigkeiten **Teil 4 4** 109
Verpflichtungserklärung Teil 5 1 7, 48
Verschulden Teil 4 5 30
Vertragsgegenstand Teil 5 2 25
Vertragsgestaltung Teil 5 2 2
– abweichende **Teil 2 4** 24
Vertragskette Teil 5 2 59
Vertragsmanagement Teil 1 48; **Teil 5 1** 77
Vertragspraxis Teil 1 47
Vertragsstrafe Teil 5 1 82; **Teil 5 2** 47, 53, 88 f.
– Anrechnung **Teil 5 2** 90

Verwertungsrechte Teil 5 2 100
Vorsatz Teil 4 5 2, 4, 30
– bedingter **Teil 4 5** 4, 7
– vorsätzliche Pflichtverletzung **Teil 4 5** 11
– § 266a StGB **Teil 4 4** 16
Vorstand Teil 4 5 2, 29, 37

Weisung Teil 4 5 29
– höherwertige Leistungen **Teil 2 1** 27
– Inhalt, vertragliche Definition **Teil 2 1** 17
– Ort **Teil 2 1** 33
– werk- vs. arbeitsvertragliche Weisungen **Teil 2 1** 23
– Zeit **Teil 2 1** 30
Weisungsgebundenheit
– gehobene Tätigkeit **Teil 2 3** 36
Weisungsrecht Teil 5 2 27 f., 43
Weiterbeschäftigungsanspruch
– Befristungskontrollklage **Teil 3 1** 39
– Kündigungsschutzklage **Teil 3 1** 39
Weitere Kriterien Teil 2 1 73
– Art der Vergütung **Teil 2 1** 74
– Aufnahme in Telefonverzeichnisse **Teil 2 1** 74
– Fortzahlung der Vergütung im Krankheitsfall **Teil 2 1** 74
– Stellung von Dienstkleidung **Teil 2 1** 74
– Urlaubsgewährung **Teil 2 1** 74
– Verpflichtung zur Leistung in Person **Teil 2 1** 74
Werkunternehmer Teil 4 5 18
Werkverträge im Dreiecksverhältnis
– abgrenzbare Werke **Teil 1** 19
– Anzahl **Teil 1** 19
– neue Werkverträge **Teil 1** 19
– outsourcing **Teil 1** 19
– Repräsentantenmodelle **Teil 1** 19
– Ticketsystem **Teil 1** 19
Wertende Gesamtbetrachtung Teil 2 1 88
– Dreipersonenverhältnis **Teil 2 1** 90 f.
Wettbewerbsverbot Teil 5 2 39, 52, 89
– Karenzentschädigung **Teil 5 2** 54
– nachvertragliches Wettbewerbsverbot **Teil 5 2** 54
Willful blindness Teil 5 1 89
Wirtschaftliche Abgrenzungskriterien
– Nutzung eigener Betriebsmittel **Teil 2 2** 7
– unternehmerisches Risiko **Teil 2 2** 7
– Vertragsstrafen **Teil 2 2** 7
Wirtschaftsausschuss Teil 6 44
Wissensmanagement Teil 5 1 16
Wissenszurechnung Teil 5 1 21
Work on Demand Teil 5 1 4, 31, 33; **Teil 7 1** f.

Stichwortverzeichnis

Zahlungsunfähigkeit
– § 266a Abs. 1 StGB **Teil 4 4** 10
Zurechnung **Teil 5 1** 19
Zurückbehaltungsrecht **Teil 5 2** 50
Zusage, verbindlich, § 204 AO **Teil 3 3** 30

– Rechtsbehelfe **Teil 3 3** 45
– Voraussetzungen **Teil 3 3** 33
Zweipersonenverhältnis **Teil 3 1** 12, 20
– Rückabwicklung **Teil 3 1** 6
– Statusverfehlung **Teil 3 1** 6

Das Manual für die Compliance-Praxis!

- greift die Probleme der Praxis auf, hilft bei deren systematischer Einordnung und bietet konkrete Lösungen an
- behandelt die Themen interdisziplinär
- unterstützt bei der Risiko- und Haftungsminimierung
- liefert aktuelles Wissen
- behandelt alle praxisrelevanten Fragestellungen umfassend.

Das Manual ist eine ideale Arbeitshilfe mit systematischen Einführungen in jedes Rechtsthema, ergänzenden Beiträgen zu konkreten Fragestellungen und aktuellen Entwicklungen, Checklisten, Mustern, Formularen und der aufbereiteten wesentlichen Rechtsprechung. So bleiben Sie immer auf dem neuesten Stand für die gesamte Rechtsordnung im Dreiländereck Deutschland, Österreich, Schweiz!

Compliance aktuell

Herausgegeben von Dr. Felix Ruhmannseder, RA, Dr. Stephan Beukelmann, FA StrR und Dr. Dieter Lehner, FA StR.

Ca. 3 Hefte pro Jahr inkl. Sammelorder
Ca. 1.650 Seiten. € 120,– zzgl. Aktualisierungen
ISBN 978-3-8114-3809-5

Compliance aktuell online

4 Wochen gratis, anschließend € 24,– zzgl. MwSt. pro Monat für 3 Nutzer.
ISBN 978-3-8114-4238-2

Infos und Bestellung: otto-schmidt.de

C.F. Müller GmbH, Waldhofer Str. 100, 69123 Heidelberg
Bestell-Tel. 06221/1859-599, kundenservice@cfmueller.de

C.F. Müller